죽간·목간·백서, 중국 고대 간백자료의 세계 1

이 저서는 2008년 정부(교육과학기술부)의 재원으로 한국연구재단의 지원을 받아 수행된 연구임 (NRF-2008-812-A00069).

연구총서 40

죽간·목간·백서, 중국 고대 간백자료의 세계 1
Bamboo Strip, Wooden Strip, Silk Manuscript: The World of Excavated Texts in Ancient China

지은이   이승률
펴낸이   오정혜
펴낸곳   예문서원

편집   유미희
인쇄 및 제본   주) 상지사 P&B

초판 1쇄   2013년 6월 20일

출판등록   1993년 1월 7일(제307-2010-51호)
주소   서울시 성북구 안암동 4가 41-10 건양빌딩 4층
전화   925-5914 | 팩스   929-2285
홈페이지   http://www.yemoon.com
전자우편   yemoonsw@empas.com

ISBN 978-89-7646-305-0   93150
© 李承律 2013 Printed in Seoul, Korea

YEMOONSEOWON #4 Gun-yang B.D 41-10 Anamdong 4-Ga Seongbuk-Gu Seoul KOREA 136-074
Tel) 02-925-5914 Fax) 02-929-2285

값  40,000원

연구총서 40

# 죽간·목간·백서, 중국 고대 간백자료의 세계 1

이승률 지음

예문서원

# 서문

필자가 죽간·목간·백서와 같은 간백자료에 관한 전체적인 지형도를 제시해 줄 수 있는 글의 필요성을 처음 느낀 것은 일본 도쿄대학에서 전임강사로 첫 해를 맞이했던 2003년의 일이다. 그때 필자에게 직접적으로 자극을 주었던 것은 교토대학의 도미야 이타루(冨谷至) 교수가 2003년에 낸 『木簡·竹簡の語る中國古代 書記の文化史』(이 책은 충북대학교의 임병덕 선생님에 의하여 2005년에 『목간과 죽간으로 본 중국 고대 문화사』라는 제목으로 번역 출간되었다.)라는 책이었다.

당시 필자는 이 책을 도쿄대학 구내서점에서 처음 접했는데, 서가에 꽂혀 있던 이 책을 보는 순간 뭔가에 홀린 듯이 자연스레 손이 가게 되었다. 그리고 몇 장을 넘겨보고 바로 사야겠다는 마음이 들었다. 그리고 나서 책을 손에 들고 집과 학교를 왔다 갔다 하면서 며칠 만에 단숨에 읽어 버렸다. 따분하기 짝이 없는(?) 전공서적을 이렇게 단숨에 읽어 보기란 실로 오랜만의 일이었다. 그만큼 이 책은 필자에게 신선함과 동시에 충격과 흥분을 주기에 손색이 없을 만큼 알찬 내용으로 가득 차 있었다. '목간·죽간과 같은 생경한 자료로 이렇게 재미있는 이야기를 할 수 있구나!' 이것이 필자의 솔직한 심정이었다. 그런데 마음 한 구석에선 또 이런 의문도 들었다. '왜 우리나라에선 이런 책이 안 나오는 걸까?'

도미야 교수의 책을 읽고 나서 그때 느꼈던 충격과 흥분은 한동안 쉽사리 가시지 않았다. 하지만 시간이 흐르면 흐를수록 이번에는 이것만으로는 뭔가 부족한 것 같다는 생각에 또다시 휩싸이게 되었다. 책 제목에는 목간과 함께 죽간이라는 말이 들어가 있지만, 대부분의 내용은 목간과 종이에 집중되어 있고 내용도 역사학 분야에 편중되어 있었기 때문이다.

그로부터 3년이라는 시간이 흐른 2006년 어느 날, 야마구치(山口)대학의 다카기 사토미(高木智見) 선생님으로부터 한 통의 전화 연락을 받았다. 중국 상하이(上海)대학의 주연청朱淵清 교수가 쓴 『再現的文明: 中國出土文獻與傳統學術』이라는 책을 번역했는데 이 책에 대한 서평을 부탁하고 싶다는 것이었다.(다카기 교수의 일본어 번역본은 2006년에 『中國出土文獻の世界: 新發見と學術の歷史』라는 제목으로 출간되었고, 한글 번역본은 2010년에 성균관대학교 김경호 선생님에 의하여 『중국출토문헌자료와 학술사상』이라는 제목으로 출간되었다.) 그 전에 필자는 다카기 선생님의 배려로 야마구치대학에서 집중강의를 한 적이 있는데, 그것이 인연이 되어 서평을 부탁받기에 이른 것이다.

그런데 이 책을 읽고 나서 필자는 도미야 교수의 책에서 받은 것과는 정반대로 일종의 답답함을 느꼈다. 그 이유는 전체적으로 보았을 때 연구방법론에서 '신고信古'적인 경향이 지나치게 강하여 모든 학문의 기본이라고 할 수 있는 비판적인 자료 읽기가 부족하고, 내용 면에서는 현재 출토되어 있는 자료의 양에 비해 극히 일부의 죽간과 백서의 내용을 소개하는 데 그치고 있기 때문이었다.

그런데 이 두 책을 접하면서 필자가 더욱 절실히 느꼈던 것은 외국의 책을 번역 소개하는 것도 물론 중요하지만, 간백자료 분야와 관련하여 종합적인 시야에서, 우리가 주체적으로, 우리나라에서 우리말로 연구한 책이 거의 없다는 암울한 현실이었다. 그렇기 때문에 누군가가 반드시 이 작업을 하지 않으면 안 되겠구나 하는 생각이 머릿속에서 늘 떠나지 않고 있었다.

그때 마침 영남대학교의 최재목 선생님이 출장차 도쿄에 오셨는데, 잠깐 짬을 내어 필자의 연구실에서 함께 담소를 나누던 중 간백자료에 관하여 한국에서 연재할 기회가 있었으면 좋겠다는 의중을 말씀드렸다. 일찍부터 간백자료의 중요성에 대하여 잘 알고 계셨던 최재목 선생님은 귀국 후 예문동양사상연구원에 그 가능성을 적극적으로 타진해 주셨다. 그리고 그것이 성사되어 동양철학 비평·리뷰지인 『오늘의 동양사상』 2006년 10월호부터 연재가 시작된 것이 이 책의 출발점이다.

만약 그때 최재목 선생님을 만나지 못했더라면, 또 예문동양사상연구원에서 연재를 수락해 주지 않았더라면, 이 책은 아마도 세상 밖으로 나오지 못했을 것이다. 최재목 선생님과 예문동양사상연구원 관계자분들께 이 자리를 빌려 깊은 감사의 말씀을 드리고 싶다.

그 뒤 연재는 비교적 순조롭게 진행되었지만, 간백자료의 일부가 아니라 전체를 다룬다는 것은 여간 힘든 작업이 아니었다. 필자는 중국 고대 철학이 전공이기 때문에 그때까지만 해도 마왕퇴백서, 곽점초간, 상박초간과 같은 철학사상 관련 자료의 연구에만 주력하고 있었다. 그러나 간백자료의 단순 소개가 아니라 구체적인 내용과 전체상 및 체계적이고 비판적인 연구방법론을 제시하는 것이 당초의 목표였기 때문에 타 학문 분야에서 다루는 자료와 연구논저까지 직접 보고 분석하지 않으면 안 되었다. 이것은 정말 혼자서는 도저히 감당하기 힘든 고행과도 같은 험난함과 시행착오의 연속이었다.

그나마 많은 연구가 축적되어 있는 분야의 경우는 자료적 접근이 비교적 용이하고 핵심 내용과 중요한 의의를 제시하기 쉬운 반면, 그렇지 못한 분야의 경우는 필자가 처음부터 일일이 보고 고민하고 의의를 찾지 않으면 안 되었다. 일 년에 겨우 두 번 연재하는 것이지만, 둔재인 필자의 미력으로 는 한 번 연재하는 데 장장 4·5개월 가까운 시간이 소요되었다. 분량도 예 상보다 훨씬 늘어나 당초에는 한 장(chapter)으로 작성하려고 했던 것이 몇 배로 늘어난 것도 있다.

그렇게 세월은 흐르고 또 흘러 어느덧 7년이라는 시간이 지났다. 그 사 이 2008년에 한국에 귀국하게 되었고, 같은 해에 한국연구재단에서 공모한 저술출판지원사업(구 인문저술지원사업)에 본 연구과제를 신청하여 선정되었 다. 그 뒤로 이 책의 일부는 이 사업의 일환으로 수행되게 되었다. 이 사업 에 신청했을 당시의 계획은 다음과 같다.

제1장  간백 연구 서설
제2장  간백 발견의 역사
제3장  서사재료의 관점에서 본 간백 Ⅰ
제4장  서사재료의 관점에서 본 간백 Ⅱ
제5장  초간의 종류와 내용
제6장  진간의 종류와 내용
제7장  한간의 종류와 내용
제8장  중국 고대 사상 문화를 연구하기 위한 새로운 자료
　　　—마왕퇴백서·곽점초간·상박초간—
제9장  고힐강의 의고와 왕국유의 이중증거법
　　　—간백 연구의 의의와 전망—

부론

이 계획대로라면 이 책에 위의 내용이 모두 들어가 있었어야 했다. 하지만 이미 언급했듯이 위의 장 중 분량이 몇 배로 늘어난 곳이 생기는 바람에, 당초 계획의 절반 정도밖에 진행되지 못한 상태에서 저술출판지원사업의 최종결과물을 내야 하는 시기를 맞게 되었다. 이 책의 제목에 '1'이 붙은 이유는 바로 이 때문이다. 앞으로 몇 년이 더 걸릴지 이 자리에서 기약할 수는 없지만, 계속 매진하여 나머지 부분도 집필해 나갈 계획이다.

이처럼 이 책은 현재 중국 고대 문화에 관한 거의 모든 분야에서 필수적인 자료로 중요하게 활용되고 있는 간백자료(죽간, 목간, 백서)의 출토 현황 및 연구방법론, 형태론, 내용, 의의 등을 고찰함으로써 한국에서 이 분야를 학문적으로 체계화하고 그 전체상을 제시하는 것을 목표로 집필된 것이다.

현재 전 세계의 중국 고대 문화 연구 분야에서는 커다란 지각변동이 일어나고 있다. 그 진원지는 중국이며, 원인은 지하에서 새롭게 발굴되고 있는 간백자료를 중심으로 한 엄청난 양의 출토자료 때문이다. 그 파장범위는 너무나도 넓어 미국, 일본을 비롯하여 세계 각지에서 동일한 변동이 일어나고 있다. 그러나 그것은 단순한 지각변동의 수준이 아니라, 지금은 고대 중국을 연구하기 위한 가장 중요한 학문분야로 정착되었다고 해야 옳을 것이다. 우리가 이러한 간백자료를 연구해야 하는 이유는 그것이 지금까지 누구의 손에도 전혀 닿지 않은 1차 자료이자 동시대의 자료이며, 가장 객관적이고 원형에 가까울 가능성이 있기 때문이다.

간백자료에는 현존하는 전래문헌과 동정同定 가능한 것이 있다. 예를 들면 『주역』(마왕퇴백서·부양한간·상박초간·청화간), 『상서』(청화간), 『논어』(정주한간), 『노자』(마왕퇴백서·곽점초간·북경대학 소장 한간), 『치의』(곽점초간·상박초간), 『손자』·『안자춘추晏子春秋』·『문자文子』·『울료자尉繚子』·『육도六韜』(이상 은작산한간) 등과 같은 철학사상 관련 자료, 『국어國語』(자리초간), 『일주서逸周書』(자리초간·청화간), 『춘추사어春秋事語』·『전국종횡가서戰國縱橫家書』(이상 마왕퇴백서) 등과 같은 역사학 관련 자료, 『시경』·『초사楚辭』(이상 부양한간) 등과 같은 문학 관련 자료들이 그것이다. 이들 자료에 대한 검토를 통하여 텍스트의 진위의 문제, 텍스트의 형성과 성립, 각 텍스트별 내용의 특징과 변천 및 전개 등을 고찰할 수 있다.

한편 간백자료에는 현존하는 전래문헌과 동정할 수 없는 것은 물론, 지금까지 그 존재조차 알려지지 않은 내용을 담고 있는 것이 훨씬 더 많다. 그것은 곧 철학사상 분야에서는 지금까지 매우 한정된 자료(전래문헌) 속에서 연구가 진행되어 온 이 분야가 이들 간백자료에 의하여 보다 다양하고 풍부한 자료적 여건 속에서 연구가 가능해졌으며, 정보 전달이라는 측면에서는 철학이나 사상의 발신지와 수신지에 대한 추정이 어느 정도 가능해졌음을 의미한다.

역사학 분야에서는 청천목독 진률秦律, 수호지진간 진률, 용강진간 진률, 악록서원진간 진률, 장가산한간 한률漢律, 장가계시 고인제한간 한률, 옥문시 필가탄진간 진률晉律 등과 같은 법제사 관련 자료 및 행정문서 등이 다량으로 출토되었다. 이들 법률이나 행정 관련 자료들이 단순한 조문 해석이나 제도 연구에만 이용되는 것이 아니라는 것은 물론이다. 법률은 권력의 상징이자 가장 강력한 통치 수단이고 행정자료는 각종 제도를 실제로 운용한 산 증거이다. 따라서 그에 대한 연구를 통하여 당시의 통치이념이나 지배구조, 더 나아가서는 통일제국의 형성 과정을 유추해 낼 수 있다.

그 밖에 문학이나 술수(천문, 역법, 수학, 점술) 및 방기(의학, 약학, 성학, 식물학) 관련 분야에서도 수많은 자료들이 다량으로 발견되었다. 그 때문에 지금은 영역별 분과 학문 분야에서 이들 자료에 대한 연구가 개별적으로 진행되고 있다.

간백자료는 2천 년에 걸쳐 수많은 학자들에 의하여 연구되어 온 전래문 헌과는 달리 20세기에 들어 처음으로 세상에 빛을 보게 된 자료이기 때문에, 각각의 전문분야에서 개별적으로 세세히 천착하여 연구를 진행해야 하는 것은 당연한 일이다. 이러한 세분화 전문화된 연구는 앞으로도 지속적으로 수행되어야 마땅하다.

그러나 한편으로 연구가 지나치게 세분화되고 전문화되다 보니 간백자료에 대한 전체적인 지형도를 그려 내거나 전체상을 파악하기가 결코 용이하지 않다. 이것은 곧 중국 고대 문화에 대한 연구를 시작한 초학자에게는 간백자료에 접근하는 것을 어렵게 만들고, 전문가에게는 그것을 자신의 연구에 적극적으로 활용하는 것을 주저하게 만드는 하나의 원인으로 작용하고 있다.

더 나아가 세분화된 개별적 연구만으로는 '중국 고대 문화란 결국 무엇인가'라는 물음에 적절한 해답을 줄 수가 없다. 이것은 전 세계 학계의 공통된 현상이기는 하지만, 특히 한국의 경우 이러한 경향이 더욱 현저하다. 바로 이러한 이유 때문에 간백자료가 출현한 지 한 세기가 지난 현시점에서, 현재까지 발견된 간백자료에 관한 전체적인 지형도와 체계적인 연구방법론 및 그 가치와 의의를 정확하게 또 올바른 방향으로 제시해 줄 수 있는 연구가 절실히 필요하다. 이 책의 존재의의와 연구의 필요성은 여기에 있다고 필자는 생각한다.

한편 『오늘의 동양사상』에 첫 글이 게재되자마자 지인은 물론 여러 선생님들로부터 많은 격려를 받았다. 가만히 생각해 보면 여러 가지 어려운 여건 속에서도 필자가 이 글을 중도에 포기하지 않고 계속 집필할 수 있었던 것은 모두 주위 분들의 격려가 있었기 때문이다. 하지만 한편으로는 그러한 격려가 일종의 부담으로도 다가왔다. 누군가가 자신의 글에 주목하고 있다는 것을 느끼는 순간, 더 잘 써야 한다는 강박관념에 사로잡혀 오히려 함부로 글을 못 쓰게 되는 경험을 누구나 한 번쯤은 해 보았을 것이다. 그래서 더 잘 써야지 하는 마음에 한 줄 쓰는 데 몇 시간이 걸린 적도 있었다.

특히 필자에게는 글을 쓸 때마다 늘 넘어야 할 산으로 생각하는 분이 한 분 계신다. 바로 도쿄대학 대학원 시절 필자의 지도교수님이셨던 이케다 도모히사(池田知久) 선생님이다. 무슨 글을 쓰든 '만약 이 분이 이 글을 본다면 뭐라고 하실까' 하는 심정으로 쓰게 된다. 과거에도 그랬지만 지금도 그렇고 앞으로도 그럴 것 같다. 이것은 어떻게 보면 트라우마와도 같은 것이지만(그만큼 대학원 시절에 이분께 혹독한 훈련을 받았다), 한편으로는 학문을 업으로 삼고 있는 필자에게 그런 존재가 계시다는 것이 늘 감사하고 행복으로 느끼고 있다.

간백자료의 지형도와 전체상을 제시하는 것을 목표로 집필된 이 책도 독자 제현에게 미진이나마 이런 역할을 할 수 있었으면 하는 것이 필자의 작은 소망이다. 뿐만 아니라 이 책의 내용 중에는 필자가 잘못 생각하거나 더 논의해야 할 문제들이 많을 것으로 생각된다. 그런 문제들에 대해서는 독자 제현의 기탄없는 지적과 편달과 가르침이 있기를 간절히 빈다.

끝으로 인문학 관련 전문 서적의 출판 사정이 갈수록 어려워지고 있는 한국의 현실에서 이 책의 출판을 흔쾌히 허락해 주신 예문서원의 오정혜 사장님을 비롯하여, 꼼꼼한 교정과 편집으로 책의 내용이 더욱 빛을 발하도록 진력해 주신 편집부 여러분께도 감사의 마음을 전하고 싶다.


2013년 6월 17일 수원 梅灘 寓居에서

이승률

# 서장: 간백 연구 서설

　20세기는 출토자료의 세기. 중국 고대사나 고대사상사 분야의 새로운 경향을 한마디로 표현하라고 한다면 이보다 더 어울리는 말이 있을까? 지난 세기에 발견된 엄청난 양의 출토자료는 중국 고대 문화 연구의 방향과 경향을 180도로 바꾸어 놓았다. '엄청난 양'이라고 표현했듯이, 그동안 자료의 절대적 부족에 목말라 왔던 고대라는 연구 분야에 정말 홍수라고 할 정도의 방대한 양의 자료가 끊임없이 출토되고 있다. 물론 이러한 경향은 중국뿐만 아니라 이웃나라 일본도 마찬가지이며, 우리나라에서도 목간의 발견으로 관심이 고조되고 있다.

　출토자료의 중요성은 단지 양적인 방대함에만 있는 것은 아니다. 후대인의 손이 전혀 닿지 않은 가장 원형에 가까울 가능성을 지닌 동시대의 생생한 자료, 학문의 거의 전 분야에 걸쳐 관련이 있을 만큼 다양한 내용 등등이 출토자료의 존재 의의와 연구 가치를 더욱 높이고 있는 중요한 요인이다.

　사실 출토자료는 고대 문화의 총체라는 측면에서 보면 하나의 부분에 불과할지도 모른다. 그러나 수천 년 뒤의 현대인이 그 뿌리에 해당하는 고대인의 정신세계나 행동양식, 즉 그들이 무엇을 생각하고 무엇을 고뇌하며 무엇을 추구했는지 알고자 한다면 가장 필수적이고 기본적인 자료가 될 것이다.

물론 역대로 고대를 주제로 한 역사서나 문집이 없는 것은 아니다. 그러나 거기에는 필연적으로 후대인의 주관이나 윤색, 좀 더 추상적으로 말하면 시대정신이 반드시 개입되어 있기 마련이다. 고대에 관한 한 가장 객관적인 자료, 만약 우리가 고대를 알고자 한다면 그 출현을 가장 열망하고 갈망하는 자료, 그것이 바로 출토자료임에 틀림없다.

이러한 출토자료 중 간백은 간독簡牘과 백서帛書를 줄인 말이지만, 그것은 오늘날의 학자들이 그 둘을 줄여서 만들어 낸 조어에 지나지 않는다. 고대문헌에 '죽간이나 백서에 기록한다'(書於竹帛)는 말이 있듯이 서사재료書寫材料로서의 종이가 없거나 아직 보편화되지 않았던 시절, 고대 중국인은 대나무(竹)나 비단(縑帛) 위에 문자를 기록했고 정보 전달의 수단으로 삼았다. 따라서 중국 고대에는 '죽백'이라는 말은 있어도 '간백'이라는 말은 없다.[1]

죽간과 목간은 아울러 간독이라고 한다. 하지만 죽간과 목간은 그 용도도 목적도 서로 다르다. 그 밖에 용도나 목적에 따라 거북의 등딱지나 짐승의 뼈(甲骨), 청동이나 돌(金石), 점토나 옥 등이 서사재료나 정보 전달의 수단으로 쓰이기도 하였다. 한반도에서도 1990년대 초에 죽간이 출토된 예가 있지만, 일본에서는 아직 죽간이 출토된 예가 없다.

20세기에 들어 중국의 간독의 출토 수는 2006년 현재 약 27만 5,000여 점

---

1) '書於竹帛'과 동일하거나 유사한 말은 『墨子』, 『韓非子』, 『呂氏春秋』, 『淮南子』, 『文子』, 『賈誼新書』, 『史記』, 『漢書』, 『論衡』, 『吳越春秋』, 『後漢書』 등에 보인다. 즉, 戰國秦漢시대에 일반적으로 쓰인 관용어라고 할 수 있다. 그런데 거기에는 목간에 대한 언급이 없는 것에도 주의할 필요가 있다. 冨谷至(2003: 97·100쪽) 참조. 참고로 『說文解字』 敍에도 "著於竹帛謂之書"라는 표현이 있다.

에 달한다.[2] 그 후에도 간독은 발굴이나 기증의 형식으로 계속 출현했기 때문에 지금은 28만 점이 넘을 것으로 추산된다. 일본이 그 뒤를 이어 1999년 현재 목간의 출토 수가 20만 2,494점에 달한다.[3] 한국의 목간이 2006년 현재 355점[4]인 것과 비교하면 엄청난 양이 아닐 수 없다.

이러한 엄청난 양의 간백자료는 고고학, 고문자학, 음운학, 서지학(문헌학), 문학, 역사학, 지리, 철학, 예술, 법학, 행정학, 종교학, 사회학, 경제학, 정치학, 군사학, 인류학, 민속학, 민족학과 같은 인문사회과학, 천문, 역법, 수학, 의학과 같은 자연과학 등 중국 고대 문화에 관한 거의 모든 분야에서 귀중한 자료로 활용되고 있으며 다양한 연구가 진행되고 있음은 물론이다.

이 장에서는 이러한 중요한 의미를 지닌 간백자료에 관하여 먼저 그 출토 현황을 개괄적으로 살펴보고, 연구 방법과 연구 시 주의해야 할 점들을 짚어 보기로 하겠다.

## 제1절 20·21세기의 간백자료

동아시아의 고대 문화를 바로 알기 위해서는 객관적이고 과학적인 연구가 필수적이다. 그런데 객관적이고 과학적인 연구를 하기 위해서는 먼저 동시대의 1차 자료가 필요하다. 그렇다면 고대 문화 연구에 필요한 1차 자료에는 어떤 것들이 있는가? 먼저 가장 쉽게 접할 수 있는 것은 전래문헌[5]

---

2) 騈宇騫·段書安 편저(2006: 31쪽).
3) 木簡學會 편(2003: 33쪽).
4) 국립창원문화재연구소(2006: 19쪽).
5) 문헌자료, 편찬자료, 통행본, 현행본, 今本, 版本, 刊本 등으로 불리기도 한다.

일 것이다. 하지만 전래문헌만 가지고는 중국 고대 문화를 객관적이고 과학적이며 총체적으로 인식하는 데 반드시 한계가 있다. 왜냐하면 그것은 대부분의 경우 구전口傳, 전사轉寫, 교수校讎(또는 校勘) 등의 역사적 과정을 통하여 정리되어 오늘날까지 전해 내려온 것이기 때문이다. 즉, 동시대의 자료가 아니다.

동시대의 자료로 가장 중요한 것은 고고학적 발굴에 의하여 새롭게 출토된 자료들일 것이다. 물론 돈황敦煌사본과 같이 우연히 발견되거나, 전란이나 도굴 등으로 유실되고 반출되었던 것을 되찾는 경우도 없지 않다. 하지만 20세기에 발견된 수많은 출토자료들은 대부분이 고고학적 발굴에 의하여 세상에 빛을 보게 된 것들이다.

20세기 초 중국의 저명한 학자 왕국유王國維는 예로부터 새로운 학문이 발생한 것은 거의 대부분 새로운 발견에 의한다고 하면서, 중국의 지상紙上의 학문은 지하地下의 학문에 의존해 온 것이 매우 오래되었음을 지적한 바 있다. 이때 그가 말한 지하의 학문이란 한대漢代에서 20세기 초에 걸쳐 지하에서 발견된 자료에 의하여 새롭게 형성된 학문을 말한다. 구체적으로는 중국 역사상 3번에 걸친 최대의 발견, 즉 한대의 공자벽중서孔子壁中書(孔壁書라고도 한다), 진대晉代의 급총서汲冢書, 그리고 오늘날의 발견 이 3가지를 말한다. 그중 그가 말하는 오늘날의 발견이란 은허殷墟의 갑골문자, 돈황 변경유적이나 서역 각지에서 발견된 한대 및 진대晉代의 목간, 돈황 천불동千佛洞의 육조六朝에서 당대唐代에 이르는 사본전적寫本典籍, 청조내각대고淸朝內閣大庫에 보관되어 있는 원명元明 이래의 기록 문서를 말한다.[6]

---

6) 王國維(1925: 1쪽) 참조. 참고로 王國維는 오늘날의 발견으로 이상의 4가지 자료를 열거한 뒤, 중국 각지에서 산발적으로 발견되는 금석문의 중요성도 부언한다. 또 그 밖에 중요한 자료로 '중국 국내의 고대 이민족이 남긴 문서'도 든다.(王國維,

우리가 출토자료라고 할 때는 사실 왕국유가 지적한 위의 자료를 포함한 지하에서 출토된 모든 자료, 즉 실물자료나 화상畵像자료, 문자자료를 총칭하는 개념이다. 예를 들면, 앞에서 말한 갑골, 금석, 옥, 간독, 겸백뿐만 아니라, 화상석畵像石, 기와(瓦), 벽돌(磚), 고도古陶, 고새古璽, 고전古錢, 봉니封泥 등도 모두 포함된다. 이러한 사항에 대해서는 나중에 자세히 다루기로 하고, 출토자료 중 간독과 백서만을 지칭할 경우 이를 중국에서는 '간백자료'라고 한다.

그렇다면 20세기에 들어 지금까지 출토된 간백자료에는 어떤 것들이 있는가? 그 출토 경위나 내용, 의의 등에 관한 사항은 마찬가지로 나중에 자세히 논하기로 하고, 그 대략적인 내용만을 소개하면 다음과 같다.

간백자료는 서사재료, 자료의 시대, 용도나 목적, 형태나 사용 방법, 출토 상황이나 분포, 장소나 지역, 내용 등을 기준으로 다양하게 분류할 수 있으며, 또 실제로 다양하게 분류되고 있다. 또한 중국에서 가장 오래된 도서 목록인『한서漢書』「예문지藝文志」와 같은 전통적 분류 방식과 근대적 분류 방식도 하나의 기준이 될 것이다. 수많은 간백자료를 어떤 기준으로 어떻게 분류할 것인가의 문제는 이 분야를 학문적으로 체계화시키는 데 선행되어야 할 중요한 사안 중의 하나이다.

이 문제에 대해서는 다른 기회에 논하기로 하고, 여기서는 자료가 출토된 상황이나 분포를 기준으로 '변경유적의 간백과 종이', '무덤에서 출토된 간백', '우물터에서 출토된 간독'의 3종류로 구분하여7) 20세기에서 현재까지 출토된 간백자료를 열거하기로 한다.8)

---

1925: 5~6쪽)

7) 이러한 방식으로 출토자료를 분류하는 학자로는 藤田勝久가 있다.(藤田勝久, 2005a)

8) 제시하는 리스트는 騈宇騫·段書安 편저(2006)를 주로 참조하여 작성했으며, 그 밖

## 1. 변경유적의 간백과 종이

1. 1901년 니야(尼雅)유적에서 위진시대 목간 40여 점, 카로슈티(佉盧文)9) 목독木牘 524점 발견.

2. 1901년 롭 노르(羅布淖爾)10) 호수 부근의 누란樓蘭(크로라이나)유적에서 위진시대 목간 120여 점, 종이 10여 점, 카로슈티 목간 발견.

3. 1907년 니야·누란·돈황 등 한대 봉수烽燧유적에서 목간 700여 점 등 발견.

4. 1907년 서하西夏의 고도古都 하라호토(黑城)유적에서 간독 2점 발견.

5. 1908년 감숙성甘肅省 돈황현敦煌縣에서 백서 2점 등 발견.

6. 1908년 누란유적 해두고성海頭古城에서 이백문서李柏文書 및 위진시대 목독 5점 등 발견.

7. 1913년 감숙성 돈황현 한대유적에서 간독 166점, 누란유적에서 위진시대 간독 49점 발견.

8. 1920년 감숙성 돈황현 소방반성小方盤城에서 목간 17점 발견.

9. 1930년 롭 노르 모타살(黙得沙爾)에서 목간 71점 등 발견.

10. 1930년 지금의 내몽고자치구內蒙古自治區와 감숙성을 흐르는 에치나(額濟納) 강 유역의 한대 봉수유적에서 거연한간居延漢簡 1만 1,000여 점 발견.

11. 1944년 감숙성 돈황현 소방반성 한대 변경유적에서 한간 49점 발견.

12. 1945년 감숙성 무위武威 남산南山 자마만刺麻灣에서 목간 7점 발견.

---

에 冨谷至(2003) 및 朱淵淸(2001; 高木智見 역, 2006)도 부분적으로 참조하였다. 그리고 지명이나 유적명의 경우 현지 발음을 아직 확인하지 못한 부분도 있다. 그 부분은 나중에 다시 보완하기로 하고 여기서는 잠정적으로 한자음을 한글로 표기해 두었다.

9) 브라흐미 문자와 함께 인도 고대 문자의 하나로, 서북 인도를 중심으로 아프가니스탄, 발루치스탄, 동·서투르키스탄에서 널리 사용되었다.(고마츠 히사오 외, 2005: 122쪽 주15 참조) 참고로 카로슈티 문자 목독에 관해서는 고마츠 히사오 외(2005: 137~138쪽) 참조.

10) 『史記』「大宛列傳」에 '鹽澤'이라고 하는 것이 바로 이 호수를 가리킨다는 설이 있다.

13. 1957년 신강위구르자치구(新疆維吾爾自治區) 파초현巴楚縣 탈고자사래고성脫庫孜沙來古城에서 목간 20점과 종잇조각 발견.

14. 1959년 신강위구르자치구 민풍니야(民豐尼雅)유적에서 목간 66점(한문 목간 1점, 카로슈티 목간 65점) 발견.

15. 1972년 감숙성 거연지구居延地區에서 목간 14점과 7점 각각 발견.

16. 1974년 에치나 강 유역의 갑거후관甲渠候官(지금은 모·도르베르진[Mu-durbeljin, 破城子]라고 한다), 갑거새甲渠塞 제4봉수, 견수금관肩水金關에서 거연신간居延新簡 1만 9,700여 점 발견.

17. 1976년 에치나 강 유역 포긍탁니布肯托尼 거연도위居延都尉 30정새井塞 동쪽 봉수에서 목간 173점 발견.

18. 1977년 감숙성 옥문시玉門市 화해향진花海鄉鎭 한대 봉수유적에서 죽간 1점, 목간과 폐편枋片 91점, 공백간空白簡 12여 점, 7면 능형菱形의 고觚 1점 발견.

19. 1979년 감숙성 돈황현 마권만馬圈灣 한대 봉수유적에서 간독 1,217점 발견.

20. 1979년 감숙성 돈황현 염지만鹽池灣 봉수유적에서 목간 8점, 후갱後坑 봉수유적에서 목간 14점, 마권만 봉수유적에서 목독 3점 발견.

21. 1980년 서안西安 장안성長安城 미앙궁未央宮 A구區 유적에서 목간 115점 발견.

22. 1980년 신강위구르자치구 누란유적에서 한문 목독 63점 및 종이 문서 2점 발견.

23. 1981년 감숙성 돈황현 소유토酥油土 한대 봉수유적에서 한간 74여 점 발견.

24. 1981년 에치나 강 유역 갑거후관에서 간독 20매, 갑거새 제4봉수에서 간독 67점 발견.

25. 1982년 감숙성 거연현 모·도르베르진에서 목간 1점 발견.

26. 1986년 감숙성 장액지구張掖地區 고대현高臺縣 나성향羅城鄉 상봉촌常封村에서 목독 1점 발견.

27. 1986∼88년 감숙성 돈황현 후갱後坑 봉수유적에서 목간, 목독, 고 3점, 인두흘답人頭疙搭유적에서 목간 10점, 조호파條湖坡 봉수유적에서 목간 4점, 소방반

성 남쪽 제2봉수유적에서 간독 12점, 염지만유적에서 간독 11점, 안돈安敦도로 첨수정甜水井 도로수리반 동남쪽 삼위산三危山 부근 한대 효곡현效穀縣현천懸泉유적에서 간독 64점, 대파大坡유적에서 간독 1점, 마권만유적에서 간독 4점 발견.

28. 1987년 감숙성 돈황현 소방반성 남쪽 제1봉수에서 목간 5점, 소방반성 남쪽 외남장회구外南墻灰區에서 목간 2점, 취돈자臭墩子 봉수유적에서 목간 2점, 노초정蘆草井 봉수유적에서 목간·고·첨簽 8점, 소월아호小月牙湖 동쪽 봉수유적에서 목간·목독·고·첨 19점 발견.

29. 1990년 감숙성 돈황현 청수구淸水溝 한대 봉수유적에서 한간 1책冊(27점), 산간散簡 14점, 공백간 21점 등 발견.

30. 1992년 감숙성 돈황현 현천치懸泉置유적에서 간독 5,000여 점 발견.

31. 1999~2002년 에치나 강 유역 한대 봉수유적에서 한대 간독 500여 점 발견.

32. 2000년 감숙성 무도현武都縣 비파향琵琶鄕 조평촌趙坪村에서 한대 목간 발견.


## 2. 무덤에서 출토된 간백


### 1) 초간 및 초백서

1. 1942년 호남성湖南省 장사시長沙市 자탄고초묘子彈庫楚墓에서 초백서楚帛書 1점 도굴.

2. 1951년 호남성 장사시 오리패五里牌 406호 초묘에서 죽간 37점 출토.

3. 1953년 호남성 장사시 앙천호仰天湖초묘에서 죽간 43점 출토.

4. 1954년 호남성 장사시 양가만楊家灣 6호 초묘에서 죽간 72점 출토.

5. 1957년 하남성河南省 신양장대관信陽長臺關 1호 초묘에서 죽간 148점 출토.

6. 1965년 호북성湖北省 강릉현江陵縣 망산望山 1호 초묘에서 죽간 207점 출토.

7. 1966년 호북성 강릉현 망산 2호 초묘에서 죽간 66점 출토.

8. 1973년 호북성 강릉현 등점藤店 1호 초묘에서 죽간 24점 출토.

9. 1978년 호북성 수현隨縣(현재 隨州市) 뇌고돈擂鼓墩 증후을묘曾侯乙墓에서 죽간 240여 점 출토.

10. 1978년 호북성 강릉현 천성관天星觀 1호 초묘에서 죽간 70여 점 출토.

11. 1980년 호남성 임례현臨澧縣 구리九里 1호 초묘에서 죽간 100여 점 출토.

12. 1981년 호북성 강릉현 구점九店 56호 초묘에서 죽간 164여 점 출토, 1989년 621호 초묘에서 죽간 127점, 411호 초묘에서 죽간 2점 출토.

13. 1983년 호남성 상덕시常德市 덕산석양파德山夕陽坡 2호 초묘에서 죽간 2점 출토.

14. 1986~87년 호북성 형문시荊門市 포산包山 2호 초묘에서 죽간 448점 출토.

15. 1986~87년 호북성 강릉현 진가취秦家嘴 1호 초묘에서 죽간 7점, 13호 초묘에서 죽간 18점, 99호 초묘에서 죽간 16점 출토.

16. 1987년 호남성 자리현慈利縣 석판촌石板村 36호 초묘에서 죽간 잔간 4,557점 출토.

17. 1991년 호북성 강릉현 계공산鷄公山 48호 초묘에서 죽간 출토.

18. 1992년 호북성 노하구老河口초묘에서 죽간 출토.

19. 1992~93년 호북성 황강시黃岡市 우왕성 남쪽 조가강曹家崗 묘지에서 동주東周 시대 초묘 발굴, 그중 5호묘에서 죽간 7점 출토.

20. 1992년 호북성 강릉현 형주성荊州城 서쪽 강릉전와창江陵磚瓦廠 370호 초묘에서 죽간 잔간 6점 출토.

21. 1993년 호북성 강릉현 범가파范家坡 27호 초묘에서 죽간 1점 출토.

22. 1993년 호북성 형문시 곽점郭店 1호 초묘에서 죽간 804점 출토.

23. 1994년 하남성 신채현新蔡縣 이교진李橋鎭 갈릉촌葛陵村 평야군성묘平夜君成墓 에서 죽간 1,571점 출토.

24. 2002년 호북성 조양시棗陽市 구련돈九連墩 2호묘에서 죽간 1,000여 점(공백간) 출토.[11]

## 2) 진간

1. 1975년 호북성 운몽현雲夢縣 수호지睡虎地 11호 진묘秦墓에서 죽간 1,155여 점 (잔간 80여 점) 출토.

2. 1975~76년 호북성 운몽현 수호지 4호 진묘에서 목독 2점 출토.

3. 1979~80년 사천성四川省 청천현靑川縣 50호 전국시대 진묘에서 목독 2점 출토.

4. 1986년 감숙성 천수시 방마탄放馬灘 1호 진묘에서 죽간 460점 및 전국시대 진의 지도 7점(재질은 나무), 전한前漢 초기 종이 지도 출토.

5. 1986년 호북성 강릉현 악산嶽山 36호 진묘에서 목독 2점 출토.

6. 1989년 호북성 운몽현 용강龍崗 6호 진묘에서 목독 1점 및 죽간 150여 점 출토.

7. 1990년 호북성 강릉현 양가산楊家山 135호 진묘에서 죽간 75점 출토.

8. 1993년 호북성 강릉현 왕가대王家臺 15호 진묘에서 죽간 800여 점 및 죽독 1점 출토.

9. 1993년 호북성 사시沙市 주가대周家臺 30호 진묘에서 죽간 389점 및 죽독 1점 출토.


## 3) 한간

1. 1951~52년 호남성 장사시 장사 203호 한묘漢墓에서 목독 9점 출토.

2. 1951~52년 호남성 장사시 오가령五家嶺 201호 한묘에서 봉검封檢 9점 출토.

3. 1951~52년 호남성 장사시 서가만徐家灣 401호 한묘에서 목갈木楬 1점 출토.

4. 1956년 하남성 섬현陝縣 유가만劉家灣한묘에서 목간 2점 출토.

5. 1957년 강소성 고우현高郵縣 소가구邵家溝한묘에서 부록목편符籙木片 1점 출토.

6. 1959년 감숙성 무위시武威市 마취자磨嘴子 6호 한묘에서 죽간과 목간 469여 점 출토.

7. 1959년 감숙성 무위시 마취자 18호 한묘에서 목간 10점 출토.

---

11) 湖北省文物考古硏究所(2003).

8. 1962년 강소성 연운항시連雲港市 해주망탄장海州網疃莊한묘에서 목독 1점 출토.

9. 1963년 강소성 염성鹽城 삼양돈三羊墩한묘에서 목독 1점 출토.

10. 1971년 감숙성 천수시天水市 감곡현甘谷縣 유가평劉家坪한묘에서 목간 23점 출토.

11. 1972년 산동성山東省 임기현臨沂縣 은작산銀雀山 1호 한묘와 2호 한묘에서 편호로 7,500여 호에 달하는 죽간과 목독 5점 출토.

12. 1972년 감숙성 무위시 한탄파旱灘坡한묘에서 목간 78점 및 목독 14점 출토.

13. 1972년 호북성 운몽현 대분두大墳頭 1호 한묘에서 목독 1점 출토.

14. 1972년 호남성 장사시 마왕퇴馬王堆 1호 한묘에서 죽간 312점 및 목갈木楬 49점 출토.

15. 1973년 하북성河北省 정현定縣(현재 定州市) 40호 한묘(전한 中山國 懷王 劉脩의 무덤)에서 다수의 죽간 출토.

16. 1973년 호북성 강릉현 봉황산鳳凰山 8·9·10호 한묘에서 죽간 428점 및 목독 9점 출토.

17. 1973년 호북성 광화현光化縣 5기基의 광화光化한묘에서 죽간 30여 점 출토.

18. 1973년 강소성 연운항시 해주구海州區 시기요묘侍其繇墓에서 목독 2점 출토.

19. 1973년 강소성 연운항시 해주구 곽하묘霍賀墓에서 목독 7점 출토.

20. 1973년 호남성 장사시 마왕퇴 3호 한묘에서 죽간 및 목간 600여 점과 백서 출토.

21. 1974년 북경시北京市 대보대大葆臺 1호 한묘에서 죽간 1점 출토.

22. 1974년 강소성 우이현盱眙縣 동양고성東陽古城 7호 한묘에서 목찰木札 1점 출토.

23. 1975년 호북성 강릉현 봉황산 167호 한묘에서 목간 74점 및 목갈 수점 출토.

24. 1975년 호북성 강릉현 봉황산 168호 한묘에서 죽독竹牘 1점, 죽간 66점, 목독 6점 출토.

25. 1975년 호북성 강릉현 봉황산 169호 한묘에서 죽간 1점 출토.

26. 1975년 섬서성陝西省 함양시咸陽市 마천馬泉한묘에서 죽간 잔간 3점 출토.

27. 1976년 광서장족자치구廣西壯族自治區 귀현貴縣 나박만羅泊灣 1호 한묘에서 목독 5점, 목간 10여 점, 봉검 2점 출토.

28. 1977년 안휘성安徽省 부양시阜陽市 쌍고퇴雙古堆 1호 한묘에서 죽간 및 목간(수량은 아직 알려지지 않음), 목독 3점 출토.

29. 1978년 산동성 임기현 금작산金雀山 11·13호 한묘에서 죽독 잔간 8점 출토.

30. 1978년 강소성 연운항시 화과산花果山 운대雲臺한묘에서 죽독 1점 및 목독 12점 출토.

31. 1978년 청해성靑海省 대통현大通縣 상손가채上孫家寨 115호 한묘에서 목간 240여 점 및 잔간 400여 점 출토.

32. 1979년 강소성 우이동양盱眙東陽한묘에서 목찰木札 1점 출토.

33. 1980년 강소성 양주시楊州市 한강현邗江縣 호장胡場 5호 한묘에서 목독 13점, 목갈 6점, 봉검 7점 출토.

34. 1981년 감숙성 무위현 마취자한묘에서 『왕장조서령王杖詔書令』 목간 26점 출토.

35. 1983년 강소성 양주시 평산양식장平山養殖場 3호 한묘에서 목갈 3점 출토.

36. 1983~88년 호북성 강릉현 장가산張家山 247·249·258·327·336호 한묘에서 죽간 1,600여 점 출토.[12]

37. 1983년 산동성 임기현 금작산 28호 한묘에서 목독 1점 출토.

38. 1984년 강소성 양주시 의징현儀徵縣 서포胥浦 101호 한묘에서 죽간 17점, 목독 2점, 봉검 1점 출토.

39. 1984년 감숙성 무위시 오패산五壩山 3호 한묘에서 목독 1점 출토.

40. 1989년 감숙성 무위시 한탄파한묘에서 잔간 17점 출토.

41. 1990년 호북성 강릉현 의황宜黃 도로 고대高臺 취토장取土場에서 4·5·18호진 한묘 발굴, 18호묘에서 목독 4점 출토.

42. 1992년 호북성 사시沙市 소가장蕭家場 26호 한묘에서 죽간 35점 출토.

---

12) 327·336호묘 죽간에 관해서는 李學勤(1993) 및 李承律(1999: 54~56쪽·주90·93) 참조.

43. 1993년 강소성 연운항시 동해현東海縣 윤만尹灣 2호 한묘에서 목독 1점, 6호묘
    에서 목독 23점 및 죽간 133점 출토.

44. 1999년 호남성 원릉현沅陵縣 호계산虎溪山한묘에서 죽간 1,336점 출토.

45. 2000년 호북성 수주시隨州市 공가파孔家坡 8호 한묘에서 죽간 700여 점 및
    목독 4점 출토.

46. 2001년 섬서성 서안西安 두릉杜陵 능구陵區 내 한묘에서 목독 1점 출토.

47. 2007년 호북성 형주시荆州市 사가교謝家橋 1호 한묘에서 죽간 208점 및 죽독
    3점 출토.[13]


4) 삼국 · 위진간

1. 1954년 호북성 무창시武昌市 임가만任家灣 육조묘六朝墓에서 목간 3점 출토.

2. 1966~69년 신강위구르자치구 투루판현(吐魯番縣) 아사탑나阿斯塔那 53호 진대
   묘에서 진 태시泰始 9년(273) 목간 1점 출토.

3. 1974년 강서성江西省 남창시南昌市 동호구東湖區 1호 진묘에서 목자木刺 5점 및
   목방木方 1점 출토.

4. 1979년 강서성江西省 남창시南昌市 삼국시대 오지역의 고영묘高榮墓에서 목간
   21점 및 목독 2점 출토.

5. 1980년 호북성 악성현鄂城縣 삼국시대 오지역의 악성鄂城 1호묘에서 목자 6점
   출토.

6. 1984년 안휘성 마안산시馬鞍山市 삼국시대 오지역의 주연묘朱然墓에서 목자 14
   점 및 목갈 3점 출토.

7. 1985년 감숙성 무위시 한탄파 19호 진묘에서 목독 5점 출토.

8. 2002년 감숙성 옥문시玉門市 필가탄畢家灘진묘에서 진률이 적힌 천(종이?) 출
   토.[14]

---

13) 荆州博物館(2009).

### 5) 기타

1. 1987년 호남성 장가계시張家界市(전 大庸市) 고인제古人堤유적에서 목독 · 목갈 · 봉검 등 90점 발견.(漢律 포함)

2. 1989~94년 홍콩중문대학(香港中文大學)에 소장되어 있던 출토지를 알 수 없는 간독 259점. 초간 10점, 한간 229점, 동진東晉 목독 1점, 잔간 8점, 공백간 11점.[15]

3. 1994년 5월 홍콩중문대학의 장광유張光裕 교수가 홍콩 골동품 시장에서 전국 초간 1,200여 점 발견, 상해박물관上海博物館에서 구입, 같은 해 후반기에 홍콩 골동품 시장에서 다시 죽간 497점 발견.

4. 2007년 12월 홍콩 골동품 시장에 나돌던 진간秦簡 2,100점을 호남湖南대학 악록서원嶽麓書院에서 구입, 2008년 8월 홍콩의 익명의 수장가가 진간 76점을 악록서원에 기증.[16]

5. 2008년 7월 청화淸華대학 출신의 조위국趙偉國이 전국시대 죽간 2,388점을 청화대학에 기증.[17]

6. 2009년 초 해외에 유출되었던 전한시대 죽간 3,346점을 북경대학에서 기증받음.[18]


## 3. 우물터에서 출토된 간독

1. 1996년 호남성 장사시 5 · 1광장 동쪽 평화당平和堂 백화점 건설현장 내 주마루走馬樓 22호 우물터에서 삼국오간三國吳簡 14만여 점 출토.

14) 王輝(2004); 張俊民(2005).
15) 陳松長 편저(2001) 참조.
16) 朱漢民 · 陳松長 주편(2010: 「前言」).
17) 淸華大學出土文獻硏究與保護中心 편, 李學勤 주편(2010: 2~4쪽).
18) 北京大學出土文獻硏究所 편(2012: 1쪽).

2. 1997년 호남성 장사시 5·1광장 서북쪽 과문科文빌딩 건설현장 내 우물터에서 후한後漢시대 간독 수백 점 출토.[19]

3. 2000년 하북성 계현薊縣 전국시대 및 한대 우물터에서 목독 출토(도교와 관련).

4. 2002년 호남성 용산현龍山縣 이야진里耶鎭 이야고성里耶古城 1호 우물터에서 진대秦代 간독 3만 6,000여 점 및 소량의 전국초간 출토.

5. 2003년 호남성 장사시 5·1광장 동쪽 성공소사省供銷社 종합동 건설현장 내 8호 우물터에서 전한시대 간독 1만여 점 출토.[20]

6. 2004년 호남성 장사시 5·1광장 동남쪽 상절회상업湘浙匯商業 빌딩 건설현장 동패루東牌樓 구역 내 7호 우물터에서 후한시대 간독 426점(그중 공백간 220 점) 출토.[21]


위의 리스트 중에는 빠진 것도 있을 것으로 예상되지만, 필자가 조사한 바에 의하면 이상이 현재 중국에서 공식적으로 알려져 있는 간백자료의 발견 및 출토 현황이다. 수량 면에서 가장 많은 것은 한간이고 그 다음이 진간, 초간, 위진간의 순이다. 다만 서적류는 초간에서 가장 많은 종류가 발견되었다. 또 시대적으로는 전국시대 이전의 간백자료가 아직 발견되지 않은 것이 한 가지 특색이다.

잘 알려져 있듯이 20세기 초 중국 간백자료의 발견은 영국의 아우렐 스타인(Mark Aurel Stein, 1862~1943)이나 스웨덴의 스벤 헤딘(Sven Anders Hedin, 1865~1952)과 같은 유명한 서양의 탐험가들에 의하여 촉발되었다. 이들은 중앙아시아나 서아시아를 대상으로 고고학적 지리학적 조사를 진행하던 중 지금의 신강위구르자치구나 감숙성 서부 지역에서 수차례에 걸쳐 수많은 간백

19) 人民日報社(1997.8.2).
20) 曹硯農·宋少華·邱東聯(2004.2.18).
21) 長沙市文物考古研究所·中國文物研究所 편(2006).

자료와 종이 등을 발견했는데, 그때 발견된 것들은 대부분 해외로 반출되었다. 그 때문에 이들은 중국 내에서 불법적 도굴자로 낙인이 찍혀 있다. 자국 문화재의 해외 반출 문제는 식민지시대에 아시아의 대부분의 국가들이 경험하고 있는 심각한 문제인데, 간백자료 또한 예외는 아니다. 중국에서 자국의 독자적 역량으로 고고자료의 발굴에 나서기 시작한 것은 1930년대에 들어서부터이다.

한편 제2차 세계대전이 종결되고 신중국이 들어선 후에도 간백자료의 발견은 계속되었다. 그러나 1966년에서 1977년에 이르는 문화대혁명 기간 동안에는 은작산한간이나 마왕퇴백서, 거연신간, 수호지진간과 같이 고대 역사나 철학사상 연구에 획기적인 자료가 발견되었음에도 불구하고 혁명의 여파로 연구 면에서의 커다란 진전은 거의 없었다.

따라서 고고학적 발굴의 진전과 더불어 간독 연구가 비약적으로 발전하게 되는 것은 1980년대 이후로 지금으로부터 불과 30년 남짓밖에 되지 않는다. 물론 1900년대에서 70년대에 이르는 시기의 부단한 연구의 축적이 있었기에 비약도 가능한 것이겠지만, 80년대에 들어 중국의 경제 정책이 실용주의 노선에 입각한 개혁개방 정책으로 180도 전회한 것도 주요한 요인 중의 하나이다. 즉, 앞에서 든 80년대 이후의 수많은 고고학적 발견과 발굴은 도굴 등의 피해나 훼손이 원인인 경우도 있지만, 개혁개방 정책으로 인한 인프라 구축이나 도시화 과정의 부산물인 경우도 결코 적지 않다.

## 제2절 간백자료의 연구 방법

앞 절에서 살펴보았듯이 간백자료는 양적으로 방대한 만큼 종류와 내용
도 다양하여 각각의 연구 분야에서 각기 다른 방법으로 활발히 연구가 진행
되고 있다. 그런데 동일한 자료라 하더라도 어떤 방법으로 분석하느냐에
따라 각기 상이한 결론이 도출되는 경우가 비일비재하다. 그 때문에 연구방
법론 자체에 관한 보다 깊은 논의와 정립이 필요하다는 지적이 많다. 아무
리 좋은 자료가 많더라도 방법론의 정립 없이는 제대로 된 연구를 기대하기
어렵기 때문이다.

한편 간백자료는 자료의 특성상 전래문헌과는 완전히 다른 방법으로 연
구가 진행된다. 왜냐하면 전래문헌의 경우는 오랜 기간 수많은 학자들에
의하여 주석이라는 형태로 고증되고 해석되어 왔고 문자도 고문古文에서 금
문今文으로 바뀌어 비교적 접근이 용이하지만, 간백자료는 그렇지 않기 때
문이다. 그나마 진한秦漢 이후의 간백자료의 문자는 현대인의 눈에도 어느
정도 익숙한 문자이지만(小篆, 隸書, 楷書 등), 전국시대의 육국六國 문자(이른바
육국고문) 그중에서도 가장 난해하기로 정평이 나 있는 초간楚簡 문자의 경우,
같은 한자라 하더라도 오늘날 통용되고 있는 한자와는 사뭇 다른 모습을
띠고 있기 때문에 접근이 용이하지 않다.

그렇다면 구체적으로는 어떤 방법으로 연구를 해야 하는가? 자료의 성
격에 따라 연구 방법도 각각 다르기 때문에 그 모든 것을 다 소개할 수는
없지만,[22] 여기서는 초간자료 중 곽점초간郭店楚簡을 하나의 예로 들어 보겠

---

22) 예를 들면, 문서류(넓은 의미에서의 문서가 아닌 '古文書學'적 의미에서의 문서)의
연구 방법에 관해서는 冨谷至(2003: 104~109쪽)에 비교적 자세히 설명되어 있다.

다. 곽점초간과 같은 서적류의 간독의 연구는 크게 본문 확정과 내용 고찰로 나누어진다.

## 1. 본문 확정

먼저 본문의 확정 작업부터 살펴보기로 하자. 곽점초간을 연구 대상으로 삼았다면, 먼저 도판을 통하여 문자를 판독하는 작업부터 해야 한다. 이 작업은 사실 죽간의 실물을 보면서 판독하는 것이 가장 이상적이긴 하지만, 그것은 중국 내에서도 극히 제한된 전문가, 즉 간백의 정리 작업에 직접 관여하는 사람만이 누릴 수 있는 혜택일 뿐이다. 중국이나 해외의 대부분의 연구자들은 1차적으로 정리되어 책의 형태로 간행된 것을 바탕으로 연구하는 것이 보통이다. 1993년에 출토된 곽점초간은 그 5년 뒤인 1998년에 문물출판사文物出版社에서 『곽점초묘죽간郭店楚墓竹簡』이라는 제목으로 간행되었는데, 그 속에는 죽간의 전 사진(圖版)과 석문釋文 및 기본적인 주석이 달려 있다.

도판의 문자는 반드시 자신의 눈으로 직접 보고 스스로 판독해야 한다. 중국의 연구자들은 대부분 학생시절부터 고도의 훈련을 통하여 도판의 문자를 자신의 눈으로 직접 보고 판독하는 것이 일반화되어 있다. 고대 문헌에 대한 본문비평(textual criticism)의 전통이 일찍부터 발달한 서구에서도 도판을 통하여 문자 하나하나를 판독하는 작업은 필수적인 것으로 간주되고 있다. 그것은 일본에서도 기본 상식으로 되어 있다. 그러나 한국의 경우는 정리자에 의한 1차 작업의 산물인 석문에만 의존하여 연구를 진행하는 경우가 상당히 많다. 그러나 주석은 물론 석문조차도 그것은 제3자에 의한 일종의 해석일 뿐, 선행 해석의 문제점을 지적하고 보다 더 정확한 해석을 시도하기 위해서는 반드시 스스로 도판을 보고 문자를 판독하는 힘을 길러야 한다. 이것은 고도의 훈련을 통해서만 가능하다.

물론 도판을 본다는 것은 문자의 판독만을 하는 것은 아니다. 곽점초간과 같이 죽간이면서 책서冊書(또는 編綴簡)의 경우는 죽간의 보존 상태(完簡, 斷簡의 구분) 및 형태(길이, 너비), 죽간의 상하 양단의 모양(圓形, 菱形, 方形 등), 편철編綴[23]의 유무, 편철용의 홈(보통 삼각 모양을 하고 있다)의 위치, 각종 부호(重文부호, 合文부호 등), 서체, 글자 수, 죽간의 배열 순서(編連이라고 한다), 단간의 연결 상황(拼合이라고 한다), 단간의 결자缺字의 수 등등, 정리자가 행한 죽간 복원의 전 과정을 처음부터 끝까지 도판을 통하여 확인하면서 죽산 전체의 정리 결과가 과연 정확한지의 여부를 판단해야 한다. 선행 연구와는 다른 자신만의 독창적인 연구의 성패는 이 단계에서부터 이미 확연히 갈라지게 된다.

그렇다면 문자는 어떻게 판독하는가? 문자 판독의 경우는 크게 문자의 형태와 의미로 나누어 분석 고찰한다. 앞에서 언급했듯이 초간과 같은 전국 시대 문자는 같은 한자라 하더라도 오늘날의 한자의 형태(이른바 해서)와는 다른 것이 거의 대부분이다. 형태가 다르다는 것은 하나의 문자를 구성하는 각각의 요소가 다르다는 것을 뜻한다. 따라서 문자의 전체적인 모양을 보고 그 문자가 무엇인지를 판단하는 것보다, 문자가 어떤 요소들로 구성 내지는 조합되어 있는지를 먼저 파악하는 것이 보다 중요하다. 즉, 간단히 말하면 하나의 문자를 구성요소별로 해체시키는 작업이 필요하다. 비교적 간단한 예를 들어 보면, 곽점초간에 자주 보이는 '인身'자[24]는 위가 '신身' 아래가

---

23) 편철이란 죽간을 끈으로 묶어 철하는 것을 뜻한다. 편철의 흔적이 있는 경우에는 그 위치, 수, 편철 간의 거리 등을 확인한다.

24) 『老子』丙本 제3호간.

'심心', '인❀'자25)는 위가 '천千' 아래가 '심心'으로 구성되어 있는 문자이다.

이처럼 문자를 구성요소별로 해체시켜 분석하는 이유는 그 문자가 어떤 요소로 구성되어 있는가에 따라 의미가 전혀 달라질 가능성이 있기 때문이다. 또 어떤 구성요소 중에는 그것이 그 문자의 음을 나타내는 성부聲符의 역할을 하는 것도 있다. 위에서 든 '인❀'과 '인❀'의 경우 성부에 해당하는 것은 각각 '신身'과 '천千'이다. 그리고 본문을 확정할 때는 이상의 구성요소가 가능한 한 그대로 재현될 수 있도록 문자를 만드는 것도 하나의 중요한 작업이다.(이것을 중국에서는 造字, 일본에서는 外字라고 한다.)26)

다음으로는 그 문자가 이체자異體字인지 가차자假借字인지를 판단하며, 또 오자誤字(錯字라고도 한다), 연자衍字, 탈자脫字, 결자缺字의 유무도 확인한다. 이것은 문자 그 자체에 의해서만 판단할 수 있는 문제는 아니다. 왜냐하면 전체적인 문맥 속에서 판단해야 할 경우가 많기 때문이다.

이체자란 어떤 문자와 형태는 다르지만 동일한 문자로 인정되는 경우를 지칭하는 말이다.27) 예를 들면 곽점초간『노자』갑본 제1호간에 보이는 '지智'는 '지智', '리❀'는 '리利'의 이체자 등과 같은 것이 그 예이다.28) 그것이

---

25) 『忠信之道』 제8호간.
26) 갑골문자나 금문 연구에서는 松丸道雄이 규정한 Direct Transcription(直寫法, 줄여서 D.T.)과 Modern Character Transcription(楷書法, 줄여서 M.C.T.)이라는 개념이 고문자 판독의 주요한 방법으로 일반화되어 있다. D.T.란 해당 문자의 문자 형태(字形)에 근거하여 고문자를 楷書化하는 약속에 따라 ─해당문자가 사용되었던 당시의 글자 뜻과 현행문자의 글자 뜻과의 차이를 무시하고─ 현행문자로 比定하는 방법이다. 그에 대해 M.C.T.는 해당 고문자와 동시대의 글자의 뜻을 구명하여 그에 해당하는 현행문자로 ─문자 형태의 차이를 무시하고─ 비정하는 방법이다. 간백의 경우도 기본적으로는 이와 같은 방법으로 문자 판독이 이루어진다고 할 수 있다. 鈴木敦(1999: 26쪽) 참조.
27) 기본적 혹은 원칙적으로 중국에서 가장 오래된 한자 자전인 『說文解字』에 수록되어 있는 문자를 기준으로 한다.
28) '❀'는 『說文解字』 「四下 刀部」에 수록되어 있는 '利'의 고문(❀)과 형태가 거의 같다.

이체자인지의 여부를 판단하는 근거로 주로 이용되는 것은 그 문자가 속한 동일한 편이나 동일한 죽간군 혹은 동일 지역 동일 계통의 다른 무덤에서 출토된 문자자료들이 가장 기본이 된다. 전래문헌 중에서 가장 기본이 되는 것은 앞에서 든『설문해자』에 수록되어 있는 소전, 전문, 주문籀文, 고문이며, 그 밖에도 송대宋代에 간행된『한간汗簡』,『고문사성운古文四聲韻』등의 문헌자료들도 주요 참고도서이다. 또 갑골문, 금문金文, 전국시대 초문자(楚系文字라고도 한다), 그 밖에 다른 지역의 문자 등을 참조함으로써, 문자의 형성과 변용 과정 및 지역성을 종적 횡적으로 파악하는 것도 중요한 분석 방법 중의 하나이다. 왜 이러한 작업이 필요한가 하면, 이체자의 용례가 많으면 많을수록 학적 근거가 탄탄한 학설로 자리 잡을 수 있기 때문이다. 그밖에도 각종「문자편」등의 공구서도 이용하면 편리하다.29)

다음으로 가차자란 한자를 만들거나 운용하는 원리를 나타내는 육서六書 중의 하나로, 어떤 사물에 대하여 그것을 표현하는 문자가 없기 때문에 같거나 유사한 음을 빌려 표기하는 것을 지칭하는 말이다. 이미 상식적인 사항에 속하는 것이기는 하지만 한 가지 예를 들면, 손을 의미하는 '우又'가 초간에서 예외 없이 '유有'(있다)라는 의미로 사용되는 것이 그 예이다. 이 경우 '우又'(匣母之部字)와 '유有'(匣母之部字) 사이에는 가차 관계가 성립된다. 앞에서 든 '인𢓜'자의 경우 '신身'이 성부를 나타내며 그것이 '인仁'과 가차 관계

---

29) 초간 관련「문자편」으로는 다음과 같은 것들이 있다. 張光裕 주편·袁國華 합편(1992); 郭若愚 편저(1994); 滕壬生 편저(1995); 張守中(1996); 張光裕·黃錫全·滕壬生 주편(1997); 李正光 외 편(1998); 何琳儀(1998); 張光裕 주편·袁國華 합편(1999); 古文字詁林編纂委員會 편(1999~2004); 張守中·張小滄·郝建文(2000); 湯餘惠 주편(2001); 李守奎 편(2003); 張光裕 편저·袁國華 합저(2004); 李守奎·曲氷·孫偉龍 편저(2007). 이중에서 필자가 개인적으로 자주 이용하는 것은 李守奎의『楚文字編』과 李守奎·曲氷·孫偉龍의『上海博物館藏戰國楚竹書(一-五)文字編』이다. 그 밖에 진간이나 한간 관련「문자편」도 다수 있다.

에 있는 것도 하나의 예이다. 특히 오늘날에 비해 한자의 수가 절대적으로 부족했던 전국시대에 가차자의 사용은 매우 두드러진 현상 중의 하나였다.

다만 가차라는 것은 자칫 잘못하면 연구자의 자의적인 해석이 개입될 여지가 충분히 있기 때문에 신중을 기해야 한다. 통상 그 문자가 갖고 있는 본래의 의미(如字라고 한다)로는 문맥이 통하지 않을 경우 그 차선책으로 가차의 가능성을 생각하게 된다. 그런데 최근에 초간이 다수 출토됨에 따라 지금까지 가차자로 간주되어 왔던 것이 정말로 가차자인지 재검토할 필요성을 제기하는 학자도 있다. 어쨌든 가차나 통가通假의 관계를 구명하기 위해서는 이 또한 천년 이상의 역사를 지닌 음운학에 관한 기초 지식이 절대적으로 필요하다.

다음으로 오자, 연자, 탈자는 모두 서사자의 인위적인 실수가 원인이라는 공통점이 있다. 오자는 잘못 쓴 글자, 연자는 잘못 삽입된 불필요한 글자, 탈자는 빠진 글자를 지칭한다.

이와는 반대로 결자는 발굴이나 정리 과정 중에 생긴 인위적인 실수가 원인인 경우도 있지만, 자연적인 원인에 의하여 생기는 경우도 많다. 간백은 수천 년이라는 긴 세월 동안 무덤이나 유적에 묻혀 있던 것이다. 그 때문에 부패되고 훼손되어 죽간에 쓰인 문자가 과연 어떤 문자인지 판단하기 어려운 경우가 상당히 많은데, 이것이 자연적 원인의 대표적인 예이다. 현재 중국에서는 결자의 문제를 등한시하는 경우가 상당히 많아졌는데, 몇 자의 결자가 인정되는가는 곧 원래 몇 자가 있었는가를 판단하는 중요한 단서가 되기 때문에 간백 연구에서는 반드시 필요한 작업이다.

그 밖에도 의미가 통하도록 문장에 구두점을 찍는 것도 중요한 작업 중의 하나이다. 구두점을 어떻게 찍느냐는 물론 연구자에 따라 조금씩 다를 수 있는데, 그것은 각각의 문장이나 편 전체에 대한 이해 방법과 인식도에 차이가 있기 때문이다.

이상이 본문 확정의 대략적인 방법이다. 말할 것도 없이 본문의 문자를 잘못 판독하는 것은 문장 전체의 내용은 물론 간백자료의 역사적 사상적 특징을 잘못 이해하는 치명적 오류를 가져올 수 있다. 따라서 신중을 기해야 함은 물론 반드시 자신의 눈으로 직접 도판을 확인해야 함은 아무리 강조해도 지나치지 않을 것이다.

## 2. 내용 고찰

본문이 확정되면 다음 단계로 죽간의 내용을 고찰하는 일이 남아 있다. 본문의 확정은 내용을 고찰하기 위한 기초 작업이므로, 역사나 철학사상 등의 분석은 내용 고찰을 통하여 이루어진다. 물론 각 문장의 맥락이나 편 전체의 내용에 대한 이해, 역사나 사상사에 대한 폭넓은 지식 없이는 본문의 확정 자체가 사실상 불가능하기 때문에, 본문 확정과 내용 고찰은 실제로는 동시에 진행하지 않으면 안 된다.

내용을 고찰할 때는 전래문헌과의 비교고찰이 필수적이다. 이 점에 대해서는 일찍이 왕국유王國維가 '이중증거법二重證據法'이라는 방법론으로 실증적으로 증명한 바 있다. 즉, 갑골문이라는 출토자료로 오랫동안 그 진위가 의심되어 왔던 『사기史記』 「은본기殷本紀」의 왕의 계보(世系) 및 은왕조의 실재성을 증명해 낸 것이 바로 그 대표적인 예이다.

이렇게 말하면 마치 출토자료의 출현이 모든 전래문헌의 내용의 신빙성과 신뢰성을 보장해 주는 것처럼 받아들여질지도 모른다. 실제로 중국에서는 왕국유王國維의 '이중증거법'과 곽점초간과 같은 새로운 출토자료를 근거로 '신고信古', 즉 문헌에 기록되어 있는 거의 모든 내용이 역사적 사실이라는 인식이 현재 학계에 팽배해 있다.

그러나 과연 그럴까? 예를 들면, 곽점초간『노자』가 발견되었다고 해서 『사기』「노자한비열전老子韓非列傳」 등에 공자가 노자에게 예를 물었으며 그 노자가 바로 텍스트로서의『노자』의 저자라는 기록이 역사적 사실로 증명되었다고 할 수 있을까? 마찬가지로 상박초간上博楚簡『주역周易』이 발견되었다고 해서 공자가 만년에『역』을 읽었다는『사기』「공자세가孔子世家」의 기록이 역사적 사실로 증명되었다고 할 수 있을까? 또한 곽점초간『치의緇衣』나 상박초간『치의紂衣』, 곽점초간『노목공문자사魯穆公問子思』, 『성자명출性自命出』 등이 출토되었다고 해서『치의』나『중용中庸』이 공자의 손자 자사子思의 작이라든가 곽점초간의 대부분의 유가 계통의 문헌이 자사나 자사 학파의 저작이라는 것이 역사적 사실로 증명되었다고 할 수 있을까?

출토자료는 출토자료로서의 역사성을 띠고 있으며, 전래문헌은 전래문헌으로서의 역사성을 띠고 있다. 이 말은 곧 곽점초간『노자』는 곽점초간『노자』로서의 역사성을 띠고 있고, 현행본『노자』는 현행본『노자』로서의 역사성을 띠고 있다는 것과 같은 말이다. 따라서 이 두 자료는 모두 동등한 가치를 지니고 있다. 여기서 말하는 '역사성'이란 어떤 사상이 동일 계통의 사상이나 이질적인 사상과 수직 혹은 수평적으로 대립적인 구도를 형성할 때, 한편으로는 비판하거나 부정하면서도 또 한편으로는 수용을 통하여 자기변화를 일으키며 또 동시에 타자의 변화도 유발시키는 일련의 역사적 과정을 의미한다. 이러한 역사성을 어떻게 정확히 도출해 내고 부각시키는가, 이것이 바로 연구자의 최대의 과제 중의 하나이며 또한 새로운 자료의 성격을 규정하는 중요한 관건이 된다.

『노자』를 하나의 예로 들어보자. 도가와 유가와의 관계의 문제를 둘러싸고 논란이 되고 있는 곽점초간『노자』갑본 제1호간의 다음의 문장은 역사성이라는 커다란 문제에 하나의 단서를 제공해 주는 좋은 예이다.

朁(絶)智(智)弃𢾍(辯), 民利(利)百(百)伓(倍)■. 朁(絶)攷(巧)弃利(利), 覜(盜)悬(賊)亡(無)又(有)■. 朁(絶)惥(僞)弃慮(慮), 民夏(復)季〈孝〉子(慈)■.[30]

이 문장은 마왕퇴백서『노자』갑본과 을본, 북경대본(北京大學藏西漢竹書), 그리고 현행본(王弼本) 제19장에는 다음과 같이 되어 있다.

백서본(갑본): 絶聲(聖)棄知(智), 民利百負(倍)乚. 絶仁棄義, 民復畜(孝)玆(慈)乚. 絶巧棄利, 盜賊无有.(제126~127행)

백서본(을본): 絶耳口(聖)棄知(智), 而民利百倍. 絶仁棄義, 而民復孝玆(慈). 絶巧棄利, 盜賊无有.(제233하~234상행)

북경대본: 絶聖棄暜(智), 民利百佰(倍). 絶仁棄義, 民復孝玆(慈). 絶巧棄利, 盜賊無有. 此參(三)言, 以爲文未足. 故令之有所屬. 見素抱樸, 少私寡欲. (제168~170호간)

통행본: 絶聖棄智, 民利百倍. 絶仁棄義, 民復孝慈. 絶巧棄利, 盜賊無有.

곽점본의 문장과 백서본, 북경대본, 현행본의 문장을 비교해 보면 그 차

---

30) 이 책에서 사용한 부호를 설명하면 다음과 같다. 缺字의 경우는 그 수만큼 '□'로 표기했고, 결자 수가 불명확한 경우는 '☑'로 표기하였다. 異體字나 假借字의 경우는 어떤 글자의 이체자 또는 가차자인지를 '( )'에 넣어 표기하였다. 誤字의 경우는 어떤 글자의 오자인지를 '〈 〉'에 넣어 표기하였다. 그리고 '●' 乚과 같은 기호는 원래 도판에 있었던 것이다. 이하 동일.

이점은 누구의 눈에도 역력할 것이다. 즉, 곽점본에는 백서본·북경대본·현행본과 같은 유가의 대표적인 덕목인 '인仁'이나 '의義'에 대한 비판이 없다. 이러한 사실을 통하여 도가는 처음에는 유가를 비판하지 않았다든가, 혹은 곽점본이 초록抄錄될 때 유가와의 대립이 아닌 융합을 꾀하기 위하여 문구를 바꾸었다는 식의 결론을 내리거나 그것을 지지하는 견해들이 절대다수이다. 물론 한국에도 이러한 견해에 지지를 보내는 학자들이 적지 않다.

그러나 이렇게 표면적인 면만을 가지고 성급하게 결론을 내리기 전에 우리는 이 문구를 꼼꼼히 분석해 볼 필요가 있다. 이 문구에도 앞서 말한 역사성을 띤 개념이 분명히 포함되어 있는데, 위와 같은 견해를 가진 대부분의 학자들은 그것을 거의 간과하고 있다. 그것은 다름 아닌 '위僞'라는 글자이다.

'위'는 처음에는 '사詐'자로 간주되었지만 나중에 수정되어 '위僞'의 가차자 혹은 이체자라는 설에 거의 대부분의 학자들이 동의하고 있다. '위'는 본래 '거짓'을 뜻하지만 이 문장에서는 그렇게 해석해서는 문맥이 통하지 않는다. 왜냐하면 끊고(絶) 버리는(弃) 대상으로 여겨지고 있는 다른 개념들, 즉 '지智, 변辯, 교巧, 리利, 려慮'는 모두 세속적으로는 긍정적인 플러스의 의미를 지니고 있는데, '위'를 거짓으로 해석하면 그것만이 부정적인 마이너스의 의미를 지니게 되어 전체 문맥이 통하지 않기 때문이다. '거짓'을 비판하고 부정하는 것은 오히려 당연한 것으로 『노자』에서 굳이 부정의 대상으로 삼을 사상사적 필연성은 어디에도 없다.

그렇다면 이 문장에서 '위'는 무엇을 의미하는가? 긍정적인 의미를 지님과 동시에 『노자』가 부정할 만한 중요한 사상 개념으로서의 '위'의 의미는 단 한 가지뿐이다. 즉 '작위'가 바로 그것이다. 그렇다면 '위'를 작위의 의미로 사용하고 또 동시에 자신의 사상의 가장 핵심적인 개념의 하나로 정립시켰던 전국시대의 인물은 과연 누구인가? 답은 자명할 것이다. 바로 순자荀子이다. 순자의 '성위지분性僞之分'은 그것을 단적으로 보여 주는 좋은 예이다. 따라서 '인의'라는 말은 없어도 그것과 동일한 작위나 인위의 범주에 속하는 개념인 '위'라는 말이 사용되고 있는 점으로 볼 때, 곽점본『노자』또한 여전히 유가를 비판이나 부정의 대상으로 삼고 있음은 분명하다고 할 수 있다.[31]

그렇다면 이것으로 우리는 곽점본『노자』의 역사성이라는 수수께끼를 풀 수 있는 하나의 단서를 얻게 되었다. 그 단서란 다름 아닌 순자 사상이다. 곽점본『노자』안에는 그 밖에도 순자 사상을 의식한 또 다른 난서들이 있다. 갑본에 집중적으로 보이는 '자연' 사상이 바로 그중의 하나이다.

순자가 말하는 '위'는 쓰임에 따라 조금씩 의미가 다르긴 하지만, 예禮의 성인제작설聖人制作說을 말할 때의 '위'는 인류 일반이 아니라 성인聖人(정치적으로는 聖王과 같은 최고권력자)이라는 특정인의 작위를 뜻한다.[32] 그에 반해『노자』의 '자연' 사상은 도道나 성인의 '무위'를 전제로 해야만 성립되는 사상이다. 왜냐하면 그때의 '자연'은 번역어 nature로서의 자연이 아니라, 만물이나 백성의 '자연'(타자의 힘을 빌리지 않고 그 자신 속에 내재해 있는 힘에 의하여 자율적 자발적으로 존재하고 운동 변화하는 것)을 의미하기 때문이다.[33] 따라서『노자』가 '자연' 사상을 주장하려고 할 경우 사상적으로 맨 먼저 비판하고 부정해야 할 대상이 다름 아닌 순자가 주장하는 성인의 작위라는 것은 당연할 것이다.

---

31) 이 점에 관해서는 池田知久(1999 · 2000: 60쪽); 同(2006: 247쪽) 참조.
32) 『荀子』, 권17,「性惡」23, "問者曰, 人之性惡, 則禮義惡生. 應之曰, 凡禮義者, 是生於聖人之僞, 非故生於人之性也." 등을 참조.
33) 森三樹三郎(1969); 池田知久(1993).

우리는 곽점본『노자』의 '위'가 순자의 '작위'를 뜻하는 그 사상사적 필연성, 즉 역사성을 바로 여기서 찾을 수 있다.[34]

곽점초간의 그 밖의 문헌[35]이나 현재 공표 중인 상박초간, 그 밖에 모든 출토자료의 내용을 고찰할 때는 위에서 예로 든 것과 같은 본문비평(textual criticism)과 고등비평(higher criticism)이 반드시 수반되어야 할 것이다.[36] 후대인의 손을 거친 전래문헌의 경우는 더 이상 말할 것도 없다.

이러한 모든 과정을 거쳐야만 곽점초간과 같은 간백자료의 내용적 특징, 역사적 위치 및 의의, 성립 연대, 학파 등 그 자료의 성격에 관한 전반적인 사항이 제대로 파악될 수 있다.[37]


## 제3절 중국 고고유형학의 방법론상의 문제

지하나 유적에서 발견된 간백자료의 경우 가장 먼저 문제시되는 것은 그 자료가 과연 언제 성립된 것인가 하는 문제이다. 간백자료에는 기년紀年을 포함하는 자료가 있는가 하면 포함하지 않는 자료가 있다. 지금까지 발

---

34) 郭店楚簡『老子』에 나타난 '자연' 사상에 관해서는 李承律(2008: 209~239쪽) 참조.
35) 郭店楚簡『魯穆公問子思』,『唐虞之道』,『性自命出』에 관해서는 李承律(2007) 참조.
36) 이 점에 관해서는 池田知久・近藤浩之(2001: 172쪽) 참조.
37) 참고로 松丸道雄는 갑골문자 판독의 방법으로 다음의 5가지 사항을 제시한다. ① 금문이나 그 밖에 고문자 중에서 비교 대조할 수 있는 자형상의 유사성을 찾는다. ②『說文』이나『爾雅』등 古字書에서 근거를 찾는다. ③ 다른 고전(이 경우는『주역』)에서 유사한 표현을 찾는다. ④ 동일한 문자의 용법을 갑골문 속에서 널리 찾아 갑골문으로서의 語義를 추정한다. ⑤ 殷代를 중심으로 한 고고유물 중에서 비교 검토할 자료를 찾는다. 이러한 방법은 간독 연구에도 거의 그대로 적용될 수 있다고 생각한다. 松丸道雄(1998: 24쪽) 참조.

견된 간백자료의 일반적인 경향을 보면, 문서류가 다량으로 발견된 변경유적이나 우물터에서 출토된 간독은 기년자료를 포함하고 있는 경우가 많다. 따라서 이들 간독의 경우는 그것이 언제 작성되었는지, 다시 말하면 간독의 절대연대를 알 수 있는 경우가 많다.

무덤에서 출토된 간백의 경우도 기년이 포함되어 있는 자료가 전혀 없는 것은 아니다. 예를 들면, 수호지진간에는 진秦 소왕昭王 원년(B.C. 306)에서 진시황 30년(B.C. 217)에 이르는 90년간, 진국이 전국을 통일하는 전쟁 과정을 기록한 연표(大事年表)에 묘주墓主 희喜 개인의 생애나 경력과 관련된 사항이 병기되어 있는 『편년기編年記』가 포함되어 있다. 따라서 그것을 통해 죽간의 연대는 물론 무덤의 조영 시기도 비교적 정확하게 유추할 수 있다. 그 밖에 그해에 발생한 가장 대표적인 사건으로 연대를 표기하는 이른바 '이사기년以事紀年'이 기재되어 있는 포산초간包山楚簡의 경우도 연대 추정의 단서가 포함되어 있는 경우라고 할 수 있다.

그러나 무덤에서 출토된 간독자료 중에는 이러한 기년자료가 포함되어 있지 않은 경우도 있다. 앞에서 간독 연구 방법을 논하던 중 하나의 예로 들었던 곽점초간은 기년자료가 포함되어 있지 않은 자료 중의 하나이다. 이러한 자료들은 고고학적 방법으로 추정한 무덤의 조영 연대가 간백자료의 연대를 결정짓게 된다.

그렇다면 무덤의 조영 연대는 어떤 방법으로 추정하는가? 현재 중국에서는 '고고유형학考古類型學'이라는 방법이 널리 활용되고 있다. 고고유형학이란 간단히 말하면 동일 지역이나 인근 지역에서 출토된 동일 계통의 무덤에서 나온 부장품들을 서로 비교하는 연대 추정 방식을 말한다.

그 경우 간백은 무덤이 조영되기 전에 서사되어 부장된 것이므로, 그 하한선은 무덤의 조영 연대보다 당연히 앞선다. 그리고 만약 무덤에서 출토된 자료가 원자료가 아니라 사본일 경우, 원자료의 성립 연대는 그보다 더 올라갈 것이다. 예를 들면, 곽점 1호묘에서 출토된『노자』가 원자료가 아니라 사본(실제로 중국에서는 많은 학자들이 초록본 내지는 발췌본이라고 한다)이라면 원자료의 연대는 더 올라가게 된다. 물론 얼마나 더 소급시킬 수 있는지에 대한 명확한 기준은 현재로서는 없는 실정이다.

그렇다면 곽점 1호묘는 언제쯤 조영된 것으로 추정되고 있는가? 고고학계에서는 인접한 초묘에서 출토된 기물과의 비교를 통하여 곽점 1호묘는 '전국중기편만戰國中期偏晚', 즉 전국 중기에서 약간 늦은 시기의 특징을 지니고 있으며, 연대는 B.C. 4세기 중엽에서 B.C. 3세기 초 사이로 보아야 한다고 한다.[38]

이렇게 보면 앞 절에서 필자가 말한 곽점초간『노자』의 성립 연대, 즉 전국 후기에서 말기설과는 맞지 않는다. 그렇다면 고고학적인 방법이 객관적이고 과학적인 방법이기 때문에 그러한 방법으로 추정된 연대를 따라야 하는 것이 아니냐는 의문이 당연히 생길 것이다. 그러나 현재와 같이 기물의 유형을 비교하여 연대를 추정하는 고고유형학적 방법이 과연 객관적이고 과학적인 방법이라고 단언할 수 있는지 매우 의문이다. 필자가 연구한 바에 의하면 고고유형학의 방법론에 의하여 추론된 곽점 1호묘의 연대에 대한 결론에는 다음과 같은 문제점들이 있다.

첫째, 비교 대상으로 삼고 있는 기물의 종류와 수에 문제가 있다. 곽점 1호묘에서는 총 58종의 기물이 출토되었는데, 그중 실제로 비교 대상으로 삼고 있는 것은 14종, 즉 전체의 24.1%에 불과하다. 더구나 다른 초묘에는

---

38) 이 시기는 곧 유명한 '白起拔郢' 이전, 즉 B.C. 278년 이전을 의미한다.

보이지 않는 독특한 특징을 지닌 기물들이 있음에도 불구하고 그것들은 비교 대상에서 제외되고 있다.

둘째, 비교 대상으로 삼고 있는 기물 사이의 유사성을 판단하는 기준에도 문제가 있다. 고고학계의 보고서에 따르면 ①'일치一致', ②'상동相同', ③'여출일범如出一范'(매우 흡사), ④'상사相似', ⑤'근사近似', ⑥'상근相近', ⑦'접근接近'과 같이 판단 결과를 나타내는 7종류의 표현이 사용되고 있다. 앞의 3가지는 비교되는 두 기물이 동일할 가능성이 매우 높음을 나타내는 말이라고 생각해도 좋을 것이다. 그런데 나머지 표현들은 모두 유사성을 차별적으로 나타내는 말인데, 과연 어느 정도 유사하다는 것인지 판단 기준이 매우 애매모호한 결점이 있다는 것은 부인하지 못할 것이다. 유사성이 시대성과 어느 정도로 직결되는 것인지, 혹은 그러한 유사성을 과학적 내지는 수량적으로 환산할 수 있는 것인지 의문을 갖지 않을 수 없다.

셋째, 직접적인 비교 대상으로 삼고 있는 장강長江 중류 일대의 초묘의 연대에도 문제가 있다. 직접적으로 비교 대상이 되고 있는 초묘는 우대산雨臺山초묘, 포산 1·2호묘, 무창의지武昌義地 3·12호묘, 망산 1호묘, 당양조가호當陽趙家湖초묘인데, 이들 초묘 중에는 기년자료가 포함되어 있는 것(포산 2호묘)과 그렇지 않은 것이 있다. 기년자료가 포함되어 있는 초묘의 경우도 사실 간지干支가 맞지 않는 문제가 있기 때문에 절대 연대의 확실성에 문제가 제기되고 있다. 더구나 기년자료가 포함되어 있지 않은 초묘의 경우는 절대 연대를 알 수 없기 때문에 사실상 다른 초묘의 연대 추정의 기준으로 이용될 수 없음에도 불구하고, 곽점 1호묘의 연대 추정의 기준으로서의 역할을 하고 있다.

넷째, 고고유형학적 방법으로 추정된 연대도 우대산초묘와 같이 불과

몇 년 뒤에 큰 폭으로 변경되는 경우가 있다. 이러한 예는 비단 우대산초묘에만 해당되는 것이 아니다. 다른 초묘의 경우에도 종종 보이는 현상이다. 이것은 곧 고고유형학적 방법이 결코 객관적이거나 과학적인 방법이 아니라 매우 개연적이라는 것을 보여 주는 실례일 것이다. 다시 말하면 연구자의 주관적 판단의 개입이 얼마든지 가능하다는 것을 여실히 보여 주는 예라고 생각한다.

고고유형학이 과학적 데이터를 통하여 초묘의 연대를 추정하는 것이 아니라는 것을 보여 주는 사례는 또 있다. 앞에서 곽점 1호묘의 연대를 '전국 중기편만'이라고 했는데, 이때 '편만'의 기준으로서의 역할을 하고 있는 것은 다름 아닌 '백기발영白起拔郢'이라는 역사적 사건이다.

'백기발영'이란 B.C. 278년 진秦의 장군 백기가 초楚의 수도 영郢을 함락시키고 선왕의 묘지인 이릉夷陵을 불살랐는데, 그로 인해 초의 경양왕頃襄王이 동북쪽의 진성陳城으로 천도하고 진이 점령 지역에 남군南郡을 설치했다는 역사적으로 매우 유명한 사건을 말한다.[39]

문제는 남군이 설치된 뒤 초묘는 전혀 존재하지 않는다는 중국 고고학계의 뿌리 깊은 인식에 있다. 그 근거는 이 사건으로 말미암아 초의 수도, 즉 강릉지구 일대가 백기에 의하여 철저히 파괴되고 도시 전체가 폐허로 몰락한 점, 진의 피점령지에 대한 통치와 규제가 엄격하고 견고하여 정치 제도, 사상, 의식, 풍속, 관습을 비롯한 초 문화의 특징들이 모두 진화秦化되어 버린 점, 대략 이 2가지 점을 드는 경우가 많다. 곽점 1호묘가 B.C. 278년 전에 조영된 것이라는 결정적인 근거는 사실 이러한 고고학계의 인식에 있다.

그러나 백기에 의하여 강릉지구 일대가 과연 철저히 파괴되었는지의 여

---

39) 『史記』「秦本紀」나 「楚世家」 등에 보인다.

부는 적어도 『사기』의 기록만 가지고는 판단하기 어렵다. 오히려 이릉을 불살랐다는 것 외에는 아무런 기록도 없다. 더구나 진초秦楚 양국은 이 사건이 발생한 같은 해에 양국의 왕이 양릉襄陵에서 회맹會盟을 가졌으며, 6년 뒤에는 양국 사이에 평화협정이 맺어진다.

또 진의 점령 정책에 대하여 통치와 규제가 엄격하고 견고했다는 견해에 대해서도 최근에 간백자료 연구를 통하여 그것을 반증하는 새로운 견해들이 나오고 있다. 예를 들면, 수호지진간 진률秦律과 『일서日書』를 중심으로 사회사적 시각에서 진대를 연구한 구도 모토오(工藤元男)가 진의 점령 정책의 성격을 '관대하고 현실적인 법치주의'로 규정하고 있는 것은 그 하나의 예이다.[40]

더구나 '백기발영' 후 초묘가 전혀 존재하지 않았다면, 그것은 곧 B.C. 278년 이후부터 진의 천하 통일에 이르는 약 50년간 강릉지구에는 초국 출신의 귀족이나 지식인 혹은 일반 서민이 전혀 존재하지 않았거나 모두 진국에 동화되었다는 것이 된다. 그것은 다시 말하면 초 문화의 철저한 진秦 문화화文化化를 의미하는데, 초국 출신이라는 의식이 매우 강했던 당시의 초나라 사람들이 과연 자국의 문화를 모두 버리고 이질적인 진 문화를 그렇게 빨리 받아들였을지 의문이다. 진의 2세 황제 원년에 반란을 일으켜 국호를 장초張楚(초국을 확대한다는 뜻)라 정하고 진왕陳王이 된 진승陳勝, 이를 계기로 초의 부흥을 기치로 봉기한 항우項羽, 그러한 항우와의 전쟁에서 승리를 쟁취하여 다시 중국의 황제가 된 유방劉邦, 이들 모두 초에 대한 의식이 매우 강했던 초국 출신의 인물들이다. 남군이 설치된 후 초 문화가 모두 진 문화에 동화되었다고 한다면, 이들을 통하여 엿볼 수 있는 강한 초국 의식은

---

40) 工藤元男(1998: 359쪽).

과연 어떻게 설명할 수 있을까?[41]


## 제4절 소결


고고유형학에 대한 위와 같은 문제 제기를 통하여 간백자료를 연구 대상으로 삼을 때 고고학을 포함한 모든 선행 연구를 무비판적으로 받아들여서는 안 된다는 것이 분명해졌을 것이다. 전래문헌에 대한 연구의 경우도 마찬가지다. 아무리 새롭고 좋은 자료가 발굴되었다 하더라도 연구 방법이 잘못되면 의의 있는 연구를 기대하기 어려운 것은 말할 것도 없다.

간백자료를 연구하는 데는 많은 시간과 노력이 필요하다. 그 때문에 선뜻 접근하기 어려운 것이 또한 간백자료이다. 그러나 그렇다고 해서 언제까지나 팔짱을 끼고 수수방관만 하고 있을 수는 없다. 왜냐하면 그렇게 수수방관하고 있는 사이에도 간백연구는 타자에 의하여 계속 진행되고 있기 때문이다.

이 분야에 관한 전 세계의 최고 수준의 연구와 어깨를 나란히 하기 위해서는 지금이라도 학적 체계를 갖추고 지속적 연구를 수행함과 동시에 후속 세대의 양성에도 힘을 기울여야 할 것이다.

---

41) 중국 고고유형학의 문제점에 관한 보다 자세한 사항은 李承律(2007: 577~603쪽) 참조.

# 제1장 간백 발견의 역사

중국의 저명한 고고학자 소병기蘇秉琦는 일찍이 '구계유형설區系類型說'을
주창한 바 있다. 구계유형설이란 고고학적 견지에서 현재의 인구 분포 밀집
지역의 고고문화를 6대 구계로 나누는 이론을 말한다.[1]

소병기는 이 이론에 대한 구체적인 설명에 들어가기에 앞서 다음과 같
이 그 의의를 밝힌 바 있다.

> 6대 구계는 간단한 지리적 구분이 아니라, 주로 그 구계가 각자의 문화적 연원과
> 특징 및 발전 과정을 갖고 있는 데 착안하였다.…… 중원 지역은 6대 구계 중의
> 하나이다. 중원은 다른 지역에 영향을 주고 다른 지역도 중원에 영향을 준다.
> 이것은 지금까지 중화대일통中華大一統이라는 관념하에 형성되어 온 학설……
> 과는 다르다. 이로써 역사고고학계의 뿌리 깊은 중원 중심, 한족漢族 중심, 왕조
> 중심의 전통적 관념에 도전하게 되었다.[2]

위의 문장에서 말하는 문화란 구체적으로는 신석기문화를 지칭한다. 그

---

1) 6대 구계란 ①燕山 남북 및 長城 지대를 중심으로 한 北方, ②山東을 중심으로 한
   東方, ③關中(陝西)·晉南·豫西를 중심으로 한 中原, ④環太湖를 중심으로 한 東南
   部, ⑤環洞庭湖 및 四川盆地를 중심으로 한 西南部, ⑥鄱陽湖와 珠江 삼각주를 잇
   는 선을 중축으로 한 南方으로 나누는 지역적 구분을 가리킨다.
2) 蘇秉琦(1997: 32쪽). 번역 시에는 2004년도 본(張明聲 역)도 참조하였다.

리고 밑줄 표기한 부분에도 나타나 있듯이, 이 학설은 문화대혁명 이전의 중원 중심적 중국 문명 일원론이나 전파론을 극복하고 자연조건을 달리하는 중원을 비롯한 복수의 신석기문화군이 병존하는 고고학적 사실을 토대로 하여, 문화의 지역적 특성이나 독자성·다양성 및 상호 작용성(문화 간 상호 영향·상호 교류)을 부각시키면서 '다원일체多元一體'를 강조하려는 데 주안점이 있다. 미국의 인류학 고고학 역사학 분야의 권위자인 장광직張光直이 이러한 고고학 분야의 환경 변화를 적극적으로 수용하면서 '상호작용권相互作用圈'이라는 새로운 학설을 제기한 것도 같은 맥락에서 이해할 수 있다.3)

한편 중국 사회학의 대부 격인 비효통費孝通은 80년대 말에 독자적인 사회인류학적 견지에서 '중화민족적다원일체격국中華民族的多元一體格局'(중화민족의 다원일체적 구조)이라는 학설을 학계에 제기하였다.4) 중화민족의 다원일체적 구조란 간단히 말하면, 50여의 민족 단위는 다원적이지만 중화민족으로서는 일체적이라는 것이다.5) 이것을 그는 신석기시대를 기점으로 춘추전국시대와 진한시대를 거쳐 현대에 이르는 역사적 추이를 통하여 검증하고, 한족과 소수민족에 대한 필드워크를 기반으로 논증한다.

이들의 학설에 아직 풀어야 할 많은 문제점과 과제가 있는 것은 물론이다. 하지만 여기서 주목하고자 하는 것은 사실 다른 점에 있다. 그것은 곧 그 자립성을 인정할 수 있는 복수의 고고학적 지역권은 수천 년 전의 신석기시대를 통하여 거의 동일한 지역에서 계기繼起했을 뿐 아니라, 하은주夏殷周 삼대의 초기 왕조시대를 거쳐 춘추전국시대에 이르기까지 영향이 남아

---

3) 이 점에 관해서는 Chang, Kwang chih(1986: pp.23~4242) 및 그의 遺稿 張光直(2004: 78~81쪽)도 같이 참조.
4) 費孝通(1999).
5) 西澤治彦(2001: 17쪽).

있으며, 나중에 진秦에 의하여 하나로 통합되는 춘추전국시대의 각국의 문화도 각각의 지역성이라는 측면에서 보면 신석기시대 이래의 지역권에 일정한 기초를 두고 있다는 점이다.[6]

다시 말하면 이 책의 고찰 대상인 '간백시대'[7]도 종래와 같이 수직적 역사적으로만 보는 시각뿐만 아니라, 수평적 지역적으로 보는 시각이 동시에 필요하다는 것이다. 비효통費孝通이 지적하듯이, "초楚나라에서 살면 초나라의 습속을 따르게 되고, 월越나라에서 살면 월나라의 습속을 따르게 되며, 하夏나라에서 살면 하나라의 습속을 따르게 된다"[8]는 것은 이러한 지역성이 고대인의 입을 통하여 직접적으로 표현된 단적인 예라고 할 수 있다.

이 장에서 논하고자 하는 것은 간백 발견의 역사이다. 즉, 간백의 발견이 전래문헌에 어떻게 기록되어 왔고, 전근대라는 시공에서 그 발견이 당시 사회에 어떤 충격과 반향을 불러일으켰는지에 관하여 고찰하는 것을 목적으로 한다. 물론 이러한 작업은 몇몇 선행 연구들에 의하여 이미 대부분 밝혀진 바 있다. 그럼에도 불구하고 여기서 다시 이 문제를 다루는 이유는 다음과 같다.

첫째, 간독의 발견이 전래문헌에 기록으로 남아 있는 것은 동아시아를 통틀어 거의 보기 드문 일이기 때문이다. 둘째, 선행 연구에 의하여 상당히 밝혀졌다고는 하지만, 아직 재고해야 할 몇 가지 문제점들이 남아 있기 때문이다. 셋째, 대부분의 선행 연구들이 전래문헌에 보이는 간백 발견의 기

---

6) 西江淸高(1990: 140쪽).
7) '간백시대'의 역사적 범위를 어떻게 설정할 것인가의 문제는 서사재료로서의 간백이 처음 사용되기 시작한 시점에서 종이로 대체되기까지의 시기적 문제와 맞물려 있다. 간백이 종이로 대체되는 시기는 고고자료를 통하여 그 대략적인 윤곽을 알 수 있지만 그것이 사용되기 시작한 시기는 아직 묘연하다.
8) 『荀子』, 권4, 「儒效」8, "居楚而楚, 居越而越, 居夏而夏." 費孝通(1999: 388쪽) 참조.

록을 위에서 말한 것과 같이 거의 수직적 역사적으로만 보아 왔을 뿐, 수평적 지역적으로 보는 시각, 다시 말하면 지역적 특성을 고려하는 시각이 부족하기 때문이다. 넷째, 이러한 시각의 전환을 통하여 간백이라는 새로운 자료의 발견이 오늘날 우리에게 주는 의미를 보다 분명히 인식할 수 있을 것으로 기대되기 때문이다.

## 제1절 문헌에 보이는 간백 발견의 사례

역대 전래문헌에 기록되어 있는 간백 발견 중 우리에게 가장 잘 알려져 있고 당대뿐만 아니라 후대에까지 심대한 영향을 끼친 중대한 발견을 꼽으라면, 단연 ①한대의 공자벽중서孔子壁中書(이하 공벽서라고 한다)와 ②진대晉代의 급총서汲冢書일 것이다. 이 두 발견은 앞에서도 언급했듯이 일찍이 왕국유王國維가 오늘날의 발견과 더불어 중국 역사상 3대 발견이라고 지칭함으로써 더욱 유명해졌다고 할 수 있다.

물론 전래문헌에 보이는 간백 발견의 기록은 이것만이 전부는 아니다. 한대에 발견된 것으로는 그 밖에도 ③하간헌왕河間獻王이 민간에서 수집한 서적류(이하 하간헌왕서라고 한다), ④하내군河內郡의 여자가 발견했다는 경전류, ⑤민간의 벽 속에서 발견되었다는 『상서尙書』 「태서泰誓」편, ⑥노魯나라 엄중리淹中里에서 발견된 『예고경禮古經』, ⑦하간河間의 안정顔貞이 헌상한 『효경孝經』 등이 있다. 이것들은 시기적으로는 모두 전한前漢시대에 해당한다. 이 시대는 오늘날의 많은 한간漢簡의 발견이 말해 주듯이, 서사재료로서 아직 간독이 주류를 이루고 있던 시대였다. 따라서 이때 발견되었다고 하는 서적들은 아마도 대부분 간독이었을 것이다.

시간이 흘러 위진남북조시대가 되면, 서진西晉시대(265~316)에는 위에서 말한 급총서 외에 ⑧숭고산嵩高山에서 죽간竹簡 1점이 발견되었다. 이때 죽간의 내용에 관하여 아는 사람이 아무도 없었는데, 속석束皙이 그것을 '한 명제明帝(재위 57~75) 현절릉顯節陵의 책문策文'이라고 답한 것은 너무나도 유명하다.9) ⑨그로부터 약 200년 뒤 동진東晉(317~420)의 뒤를 이은 송대宋代(420~479)에는 연릉현延陵縣 계자묘季子廟의 한 우물에서 목간木簡 1점이 출토되었다.10) ⑩또 남제南齊시대(479~502)에는 남군南郡 양양襄陽에 있는 초왕楚王의 무덤에서 전국시대 초죽서楚竹書 10여 점이 발견되었다. 이것을 왕승건王僧虔이 감정한 결과 『주례周禮』「고공기考工記」의 일부로 판명되었다.11) ⑪그로부터 약 100년 뒤인 북주北周 정제靜帝 우문연宇文衍 재위(579~580) 중에 거연居延에서 죽서가 발견되었다.12)

시대가 더 내려와 ⑫500년 후인 북송北宋 휘종徽宗의 숭녕崇寧연간(1102~1106)에는 천도산天都山에서 장초체章草體로 쓰인 후한後漢시대의 목찰木札이 발견되었다.13) ⑬또 정화政和연간(1111~1117) 혹은 선화宣和연간(1119~1125)에는 섬서陝西 지역에서 후한시대의 목간과 죽간이 발견되었다. 그중 1점만이 문장의 형식을 갖추고 있었는데, 그것은 강羌의 토벌을 알리는 격문으로 영초永初 2년(108)의 기년이 보이고 마찬가지로 장초체로 쓰여 있었다고 한다.14)

---

9) 『晉書』,「束皙傳」등.
10) 『南史』齊,「高帝紀」.
11) 『南齊書』,「文惠太子傳」등. 이하 양양초간이라 한다.
12) 李德裕,『玄怪錄』. 이하 거연죽서라고 한다. 大庭脩는 양양초간을 초간 발굴의 선구라고 하고, 거연죽서를 거연한간의 선구라고 한다.(大庭脩, 1979: 47~48쪽)
13) 邵博,『邵氏聞見後錄』.

이상이 전래문헌에 보이는 간백 발견의 대강이다. 다만 12세기 이후의 사례는 필자가 아직 파악하지 못하고 있기 때문에 더 추가될 가능성도 있다. 또 위의 기록들만 가지고 보면, 선진先秦시대나 진대秦代에는 간백 발견의 기록이 없는 것이 하나의 특징이다. 전래문헌에 보이는 간백의 발견이 한대 이후에 집중되어 있는 것은 진시황 때 시행된 협서율挾書律 및 분서焚書와 깊은 관련이 있다. 또 위진남북조시대 이후의 기록의 경우는 대부분 간독의 종류나 구체적인 수량 내지는 치수 등이 기재되어 있는 반면, 한대에 발견된 것들은 그러한 정보가 전혀 없는 것도 하나의 특징이다.

이제 아래에서 이 사례들을 구체적으로 살펴보는 것이 순서일 것이다. 다만 여기서는 이 사례들 중 중요하다고 생각되는 하간헌왕서, 복벽서, 공벽서, 급총서를 중심으로 고찰하기로 하겠다. 그 전에 먼저 이해를 돕기 위하여 진나라의 전국 통일에서 전한 초기에 이르는 학술사를 간략히 살펴보기로 한다.


## 제2절 학술사적 시각에서 본 진시황의 분서갱유와 함양궁 방화사건


B.C. 221년 진왕秦王 정政은 6국 중 마지막 남은 제齊나라를 멸망시키고 중국을 통일하는 데 성공한다. 물론 진나라가 통일 제국을 건설했다고 해서 모든 일이 순조롭게 진행되었던 것은 아니다. 현실적으로는 옛 6국의 반란

---

14) 黃伯思, 『東觀餘論』 등. 이상은 大庭脩(1979: 40~50쪽); 田中有(1981: 317~324쪽); 伊東倫厚(1994: 151~166쪽); 朱淵淸(2001: 21~22쪽) 참조.

세력이 언제 어디서 진나라에 반기를 들고 봉기할지 모르는 상황이었다. 이러한 상황에서 진왕은 통일의 성공을 후세에 전하기 위하여 제왕의 칭호를 바꾸어 황제라고 칭하였다. 중국 최초의 황제가 탄생한 것이다. 또 오덕종시설五德終始說에 입각하여 진나라의 덕을 수덕水德으로 정하고 그에 따라 각종 제도를 정비하였다. 도량형, 수레의 규격, 문자(실제로는 공문서의 서체·서식·규격이나 언어 표기 시스템)를 통일한 것은 그 대표적인 예이다. 한편 전국시대부터 서서히 형성시켜 왔던 군현제를 전국적으로 실시하고, 전국의 무기를 몰수하여 악기나 동상을 만들게 하였다. 또 전국의 부호 12만호를 함양咸陽으로 이주시키고, 전국을 5번이나 순행하면서 7곳에 통일 사업을 기리는 송덕비頌德碑를 세웠다. 이러한 일련의 사업은 결국 동방세력을 견제하려는 데 하나의 목적이 있었을 것이다.

그러던 중 진시황 34년(B.C. 213)에 고대 학술사상 중대한 사건이 일어난다. 함양궁에서 열린 연회에서 제나라 출신의 박사 순우월淳于越이 진시황의 정책을 비판한 것을 계기로 승상丞相 이사李斯의 건의로 시행된 분서와 협서율, 그리고 그 이듬해에 일어난 이른바 갱유로 불리는 사건이 바로 그것이다. 이 사건을 두고 특히 한대인들은 한왕조의 정통성 문제와 관련하여 진나라 정치의 혹독성을 묘사하는 말로 절학絶學 내지는 멸학滅學이라는 표현을 자주 쓴다. 하지만 그것이 역사적 사실이 아닌 지나치게 과장되고 왜곡된 표현이라는 것은 이미 남송南宋의 정초鄭樵가 자신의 저서『통지通志』「진부절유학론秦不絕儒學論」에서 지적한 바 있다. 즉 분서나 협서율의 대상이 된 것은 '민간에서 소장하는'『시詩』나『서書』와 같은 경전이나 제자백가서일 뿐, 박사관博士官에 소장되어 있는 것이나 민간에 소장되어 있는 것 중 의약·점복·농사와 관련된 서적은 분서의 대상에서 제외되었다. 또 갱유라는 것도 사실은 정확한 표현이 아니고, 정확하게는 범금자犯禁者 즉 "법령으로 금한 것을 범한 460여 명을 모두 함양에 생매장하였다"[15]라고 되어 있다. 그 범금자 중에는 물론 유생과 같은 학자들도 있었을 것이다. 하지만 애초에 이 사건의 빌미를 제공한 것은 진시황을 비방한 노생盧生이나 후생侯生과 같은 방사方士들이었다.

학술사적으로 볼 때 서적 유실의 비극은 또 한 차례 있었다. 함양궁 방화사건이 바로 그것이다. 진시황이 죽고 둘째 아들 호해胡亥가 황제에 등극하자 농민 출신의 진승陳勝이 반란을 일으켜 나라를 세우고 국호를 장초張楚라고 하였다. 이것을 계기로 옛 6국 중 연燕, 조趙, 제齊, 위魏가 각기 자립하여 왕을 칭하였다. 옛 초楚나라 장군 집안의 후손인 항우項羽와 지금의 강소성江蘇省 패현沛縣의 농민 출신인 유방劉邦도 이때 타도 진을 외치며 두각을 나타냈다. 이 두 영웅이 본격적인 초한楚漢 전쟁에 돌입하기 직전, 항우의 숙부 항량項梁에 의하여 옹립된 초나라 회왕懷王은 장수들에게 맨 먼저 함곡관函谷關에 들어가 관중關中을 평정하는 자를 그곳의 왕으로 삼겠다고 약속한다. 관중은 지금의 서안西安 동서쪽 위수渭水 분지 일대를 일컫는 말이다. 진나라 수도 함양은 그 중앙에 위치해 있다. 이곳을 제일 먼저 진격해 들어간 유방은 이 지역의 유력자들에게 회유 정책을 취하고 함양궁을 봉인하면서 항우가 도착하기를 기다렸다. 그러나 뒤늦게 도착한 항우는 진나라의 마지막 왕 자영子嬰을 죽인 뒤 함양궁을 불태우고 보물과 부녀자를 약탈한다. 이것이 함양궁 방화사건이다. 이때의 일을 사마천은 다음과 같이 기록하고 있다.

---

15) 『史記』, 권6, 「秦始皇本紀」 6, "犯禁者四百六十餘人, 皆阬之咸陽."

패공(유방)이 함양에 들어갔을 때 장수들은 모두 앞다투어 금과 비단, 보물을 보관해 둔 창고로 가서 그것들을 나누어 가졌다. 소하蕭何만이 먼저 궁으로 들어가 진나라 승상이나 어사의 율령 도서를 가져다 보관하였다. 패공이 한왕이 되자 소하는 승상이 되었다. 항왕(항우)은 제후들과 함께 함양의 진왕과 관민을 도륙하고 궁실을 불사른 뒤 떠났다. 한왕이 전국의 요새나 인구의 분포, 지역의 형세나 백성의 곤궁을 자세히 알 수 있었던 것은 소하가 진나라의 도서를 모두 손에 넣었기 때문이다.[16]

여기서 주의해야 할 점은 소하가 입수했다는 율령 도서는 진의 율령이니 행정, 지리 등에 관한 문서에만 국한되어 있다는 점이다. 다시 말하면 진나라 박사관에 보관되어 있던 유교경전이나 제자백가서는 거기에 포함되어 있지 않았다는 것이다.[17] 이것으로 볼 때 진시황 시대에는 분서에 의하여 민간의 서적이 큰 타격을 받았다고 한다면, 진이 멸망할 즈음에는 항우에 의하여 자행된 방화사건에 의하여 박사관의 서적이 큰 타격을 받았다고 할 수 있다.

이처럼 진의 통일 이후에 일어난 2차례의 재앙은 학술사적으로 큰 비극이었음은 말할 것도 없다. 그러나 그렇다고 해서 이것이 학술의 완전한 단절을 의미하는 것은 결코 아니다. 『역』은 분서의 대상이 아니었고 『시』는 구전으로 전해졌으며, 노나라와 제나라를 중심으로 한 학술은 계속 명맥을 유지하고 있었다.[18] 사마천의 아래의 언설도 이 문제를 이해하는 데 하나의

---

16) 『史記』, 권53, 「蕭相國世家」 23, "沛公至咸陽, 諸將皆爭走金帛財物之府, 分之. 何獨先入, 收秦丞相御史律令圖書藏之. 沛公爲漢王, 以何爲丞相. 項王與諸侯屠燒咸陽而去. 漢王所以具知天下阨塞, 戶口多少, 彊弱之處, 民所疾苦者, 以何具得秦圖書也."; 권7, 「項羽本紀」 7, "居數日, 項羽引兵西, 屠咸陽, 殺秦降王子嬰, 燒秦宮室. 火三月不滅." 참조.

17) 이상은 狩野直喜(1964: 3~24쪽); 田所義行(1965: 145~146쪽) 참조.

단서가 된다.

　　진나라는 천하 통일이라는 목적을 달성하자 전국의 『시』나 『서』를 비롯한 각종
서적을 불태웠다. 그중에서도 전국시대 제후들의 사기(역사기록)가 가장 심했는
데, 그 이유는 진을 비난하는 내용이 많았기 때문이다. 『시』나 『서』 등이 다시
세상에 나온 것은 대부분 민간의 가옥에 소장되어 있었기 때문이다. 그러나 역
사 기록은 주왕실에만 소장되어 있었기 때문에 없어지고 말았다. 애석하구나!
애석하구나![19]

　　필자는 앞에서 진시황 시대의 분서에 의하여 민간의 서적이 큰 타격을
받았다고 하였다. 그런데 사마천은 민간인이 서적을 소장하고 있는 경우가
있음을 분명히 밝히고 있다. 한에 의한 중국의 재통일은 진대의 난을 피해
민간에 감추어져 있던 서적들이 세상 밖으로 나와 빛을 보게 되는 서막에
해당한다고 할 수 있다.
　　사면초가로 유명한 해하垓下의 싸움에서 항우의 초군을 물리친 유방은
B.C. 202년에 황제에 등극한다. 한제국이 탄생한 것이다. 그러나 유방은 황
제에 오르기는 했지만 학문적 소양을 갖춘 자는 아니었다. 더욱이 한제국은

---

18) 이 점에 관해서는 『通志』 「校讎略」 및 福井重雅(2005: 190~199쪽) 참조. 한 가지
　　주의해야 할 점은 『易』이 분서의 대상에서 제외되었던 것은 그것이 사상서가 아니
　　라 점서였기 때문이라는 점이다. 『역』이 사상서로서의 역할을 하기 시작하는 것은
　　거기에 해석이 가미되면서부터이다. 이른바 『易傳』이 바로 그것이다. 초기 형태의
　　『역전』은 주지하는 바와 같이 마왕퇴 3호 한묘에서 백서의 형태로 다량으로 출토되
　　었다. 그리고 '노나라와 제나라를 중심으로 한 학술'이라는 것은 엄밀한 학적 정의
　　는 아니다. 『史記』나 『漢書』에 의하여 관념된 이미지라고 하는 것이 보다 더 정확
　　하다.
19) 『史記』, 권15, 「六國年表」 3, "秦旣得意, 燒天下詩書. 諸侯史記尤甚, 爲其有所刺譏
　　也. 詩書所以復見者, 多藏人家. 而史記獨藏周室, 以故滅. 惜哉, 惜哉."

건국 초기의 혼란을 틈타, 밖으로는 전국 각지에서 반란이 일어나고 흉노匈奴와의 싸움에서는 수세에 몰렸다. 안으로는 신하들의 기강의 해이로 말썽이 자주 일어났다. 이때 조정의 의례를 제정할 것을 건의하고 또 실제로 만든 것이 숙손통叔孫通과 그의 제자들이다. 이들에 의하여 제국의 기틀이 조금씩 갖추어지게 되었다고 할 수 있다.

고조 유방의 뒤를 이은 것은 황후 여후呂后의 아들 혜제惠帝였지만, 재위 7년 만에 단명하고 만다. 그 뒤 실권을 잡은 것은 여후였다. 여후는 황로黃老사상을 좋아하였다. 뿐만 아니라 고조의 넷째 아들로 여후의 사후 황위에 오른 문제文帝도 형명刑名의 학을 좋아했으며, 문제의 황후인 두태후竇太后도 황로의 술術을 좋아했다고 한다. 그 이유는 아마도 법가와 도가를 대표하는 이 두 사상이 공통적으로 군주의 일원적 지배를 정당화하는 일군만민一君萬民 사상을 지향하고 있기 때문일 것이다. 1973년 호남성湖南省 장사시長沙市 마왕퇴 3호 한묘에서 많은 양의 백서帛書(高祖期에서 文帝期에 서사된 것으로 추정)가 발견되었는데, 그중 『경법經法』 등 4편(중국에서는 『黃帝四經』이라고 한다)은 이 시기 황로사상의 편린을 엿볼 수 있는 매우 귀중한 자료이다.


## 제3절 복벽서와 공벽서: 적통 논쟁


한편 민간에서의 서적 소장을 금지하는 협서율이 혜제 4년(B.C. 191)에 해금되었다.[20] 또, 문제는 형명의 학을 좋아하기는 했지만 유자儒者도 등용하

---

20) 이유는 알 수 없지만 협서율의 해금에 관한 기록은 『漢書』 「惠帝紀」에만 보이고 『史記』 「呂后本紀」에는 보이지 않는다.

였다.

유교가 부흥하기 시작한 계기가 마련된 것은 무제武帝 때였던 것 같다. 『사기』「유림열전儒林列傳」에 의하면, 이 시기에 조관趙綰이나 왕장王臧과 같은 유학에 조예가 깊은 학자들이 있었는가 하면, 무제도 유학에 경도되어 방정方正・현량賢良 및 문학文學에 능통한 자를 불러들였다. 두태후가 죽은 뒤에는 유학을 좋아하는 전분田蚡이 승상이 되었는데, 이때 황로・형명이나 제자백가의 학을 물리치고 학식이 있는 유자 수백 명을 불러들였다. 그중 한 사람이 삼공三公의 지위까지 올라간 공손홍公孫弘이다. 그는 유학을 진흥시키기 위하여 무제에게 상주를 올렸고 황제로부터 제가를 받았는데, 그 뒤로 공경公卿・대부大夫・사士・리吏 중에 문학에 밝은 자가 많이 배출되었다고 한다. 통상 이 무제시대에 유교가 국교화(또는 관학화)된 것으로 알려져 있지만, 그 시기의 문제를 놓고 철학계와 역사계의 의견이 완전히 갈라져 있으며 아직도 논란이 계속되고 있다.21)

## 1. 복벽서

앞에서 언급한 문헌상에 보이는 서적의 발견은 문제시대 이후에 일어난 일이다. 그것들은 모두 우연히 발견된 경우이지만, 문제시대에는 『상서』에 정통한 자를 모집한 경우도 있다. 그때의 일을 『사기』「유림열전」은 다음과 같이 전한다.

복생은 제남 사람이다. 원래 진나라 박사였다. 효문제 때 『상서』에 정통한 자를

---

21) 유교의 국교화(또는 관학화)의 문제에 관해서는 福井重雅(2005) 참조.

구했지만 전국에 아무도 없었다. 복생이 정통하다는 소식을 듣고 그를 불러들이려 했지만, 그는 90여 세의 고령이었기 때문에 갈 수가 없었다. 그래서 태상에게 조서를 내려 장고(태상의 속관)인 조조를 제남에 보내 『상서』를 전수받게 하였다. 진나라가 전국의 서적을 불태웠을 때 복생은 『상서』를 벽 속에 숨겨 두었다.…… 한나라가 천하를 평정하자 복생이 벽 속에 숨겨 둔 것을 찾았지만 수십 편이 없어지고 29편만이 남아 있었다. 복생은 이것을 제나라와 노나라 지역에서 가르쳤다.[22]

복생이 『상서』를 벽 속에 숨겨 둔 것을 복벽서라고 한다면, 이 복벽서가 바로 이른바 금문今文『상서』이다. 그리고 이 금문『상서』는 선제 때 학관에 세워졌다. 그런데 복벽서 전래에 관한 위의 기록을 과연 액면 그대로 신뢰할 수 있는지에 대해서는 오래 전부터 많은 학자들이 의문시해 왔다. 그것은 대략 다음의 세 가지 문제 때문이다. 첫째는 복생이 왜 서적을 숨겨야만 했는가라는 동기의 문제이고, 둘째는 복벽서를 숨겨 둔 장소의 문제이다. 그리고 셋째는 복벽서는 과연 역사적 사실인가의 문제이다.

먼저 첫 번째 문제부터 살펴보자. 위의 인용문에 의하면 복생은 분서를 피해 서적을 벽 속에 숨겨 두었다고 한다. 그런데 그는 원래 진나라의 박사였다. 이미 언급했듯이 진시황의 분서 때에는 박사관에 소장되어 있던 서적은 분서의 대상에서 제외되었다. 그렇다면 박사인 그가 왜 서적을 숨겨야만 했을까? 이런 의문이 드는 것은 지극히 자연스러울 것이다. 그러나 한 가지

---

22) 『史記』, 권121, 「儒林列傳」 61, "伏生者, 濟南人也. 故爲秦博士. 孝文帝時, 欲求能治尙書者, 天下無有, 乃聞伏生能治, 欲召之. 是時伏生年九十餘, 老不能行. 於是乃詔太常使掌故朝錯往受之. 秦時焚書, 伏生壁藏之.……漢定, 伏生求其書, 亡數十篇, 獨得二十九篇, 卽以敎於齊魯之間." 『漢書』 「儒林傳」도 내용이 거의 동일하며, 『漢書』 권30 「藝文志」 10에서도 "秦燔書禁學, 濟南伏生獨壁藏之. 漢興亡失, 求得二十九篇, 以敎齊魯之間"이라고 한다.

간과해서는 안 되는 사실이 있다. 분서의 대상에서 제외되었던 것은 박사관, 즉 진나라 조정의 서고에 소장되어 있던 서적들일 뿐, 박사라고 해서 금서를 서고에서 반출하거나 사적으로 소장해도 된다는 것은 아니라는 점이다. 따라서 복생이 아무리 박사였다 하더라도 금서를 개인적으로 소장하고 있었다면, 그것이 법에 저촉됨은 말할 것도 없다.[23] 그러나 자신이 개인적으로 소장하고 있던 금서를 박사관의 서고에 보관하는 것이 벽에 감추는 것보다 더 안전했을 텐데 왜 하필이면 벽 속에 숨겼을까?

그런데 복생은 과연 벽에 숨겼을까? 『한서』는 기본적으로 『사기』를 저본으로 하고 있기 때문에 내용이 같을 수밖에 없다. 그런데 복벽서의 내용을 전하는 또 다른 자료인 『논형論衡』에서는 "진나라가 이사의 의견을 이용하여 5경을 불태우는 일이 일어났을 때 제남의 복생은 100편을 안고 산속에 들어가 숨겨 두었다. 효경황제 때에야 비로소 『상서』를 보존하였다. 복생이 산속에서 꺼내 오자 경제는 조조를 보내 『상서』 20여 편을 전수받게 하였다"[24]라고 하여 산속에 숨겨 둔 것으로 되어 있다. 그렇다면 과연 어느 쪽이 진실에 가까운가?

바로 이러한 문헌 간의 내용의 차이 때문에, 다도코로 기코(田所義行)처럼 복생이 『상서』를 벽 속에 숨겼다는 것은 역사적 사실이 아니라고 주장하는 학자도 있다.[25] 그 근거로 드는 것 중의 하나가 바로 이미 말한 내용상의 차이이다. 그 밖에도 복생을 무능하고 무기력한 학자로 규정하고 그런 학자가 금서를 벽 속에 숨기는 것과 같은 대담한 행동을 할 리가 없다는 것도

---

23) 田所義行(1965: 144~145쪽).

24) 『論衡』, 권28,「正說」81, "遭秦用李斯之議, 燔燒五經, 濟南伏生抱百篇, 藏於山中. 孝景皇帝時, 始存尙書. 伏生已出山中, 景帝遣鼂錯往從受尙書二十餘篇."

25) 田所義行(1965: 134~137쪽).

중요한 이유로 든다. 후자의 경우는 하나의 추측일 뿐 아무런 논거가 없기 때문에 차치하고 내용상의 차이의 문제를 좀 더 살펴보면, 사실『논형』자체 내의 내용상의 불일치가 더욱 현저하다. 즉,「정설」편에서는 산속에 숨겼다고 하지만,「일문佚文」편에서는 땅속이라고 하고,[26]「서해書解」편에서는 아예 장소를 명기하지 않고 있다.[27] 그 밖에도『사기』와『한서』에는 벽에서 꺼낸 시기가 문제시대로 되어 있는 반면,「정설」편에는 경제시대로 되어 있다.『논형』을 지은 왕충王充(27~101?)이 복벽서의 이야기를 어디에서 들었는지는 확인할 길이 없지만, 사실 대개의 경우 그가 입수한 정보의 근원은 분명하지 않은 경우가 상당히 많다.[28] 따라서 이것만 가지고 복벽서를 역사적 사실이 아니라고 단정하기에는 아직은 불충분하다고 생각된다. 물론 복벽서를 둘러싼 전설이 모두 역사적 사실이라고 적극적으로 주장할 만한 근거도 없다. 다만 복생이 전한 초기에 조조에게『상서』를 전수했다는 것은 사실로서 인정해도 큰 지장은 없을 것 같다.

## 2. 하간헌왕서

복벽서가 금문 계통의 서적의 출현 및 그 전래와 관련된 것이라고 한다면, 그와 상대되는 것으로 고문 계통의 서적에 관한 기록이 전래문헌에 보

---

26)『論衡』, 권20,「佚文」61, "始皇前歎韓非之書, 後惑李斯之議, 燔五經之文, 設挾書之律, 五經之儒, 抱經隱匿, 伏生之徒, 竄藏土中."
27)『論衡』, 권28,「書解」82, "今五經遭亡秦之奢侈, 觸李斯之橫議, 燔燒禁防, 伏生之休〈徒〉, 抱經深藏."
28) 복벽서와는 별도로 귀중한 서적을 산속 은밀한 곳에 감춘다는 전설은 한대 이후의 사람들에게 어느 정도 알려져 있었던 것 같다. 이 점에 관해서는 田所義行(1965: 137~139쪽) 참조.

인다. 그 대표적인 것이 바로 공벽서이다. 그런데 공벽서 이전에 고문 계통의 서적의 출현이 한 차례 있었다. 경제시대의 하간헌왕서가 바로 그것이다. 『한서』에는 다음과 같이 기록되어 있다.

(a)하간국의 헌왕 유덕은 효경 전 2년(B.C. 155)에 왕위에 올랐다. (b)학문을 수양하고 옛것을 좋아했으며 사실에 근거하여 진실을 탐구하였다. 민간에서 좋은 서적을 구하면 반드시 정성껏 베껴 쓴 사본을 원주인에게 돌려주고 원본은 자신이 보관했으며, 또 금이나 비단을 하사하고 좋은 서적을 구하였다. 그 때문에 사방에서 학문을 하는 사람들이 천리를 멀다 않고 모여들었으며, 어떤 사람은 조상의 옛 서적을 갖고 와서 헌왕에게 바치는 경우도 많았다. 그로 인해 수집된 많은 서적은 장서의 양에서 한나라 조정과 같았다. 당시 회남왕 유안도 서적을 좋아했지만, 수집한 것들은 내용이 경박한 것이 대부분이었다. 헌왕이 구한 서적은 모두 고문으로 쓰인 선진시대의 고서로 예를 들면 『주관』(즉 『周禮』), 『상서』, 『예』, 『예기』, 『맹자』, 『노자』와 같은 것이 있었다. 이것들은 모두 경전과 그에 대한 해석이나 개인의 기록에 해당하는 것으로 공자의 70제자들이 논한 것이다. 그의 학문은 육예를 숭상했으며 『모시』와 『좌씨춘추』의 박사관을 두었다. (c)예악을 닦고 유학을 실천했으며 긴급한 상황에서도 반드시 유자의 법도를 따랐다.[29]

앞에서 복벽서의 진위의 문제를 논했지만, 진위라는 관점에서 보면 이

---

[29] 『漢書』, 권53, 「景十三王傳」 23, "(a)河間獻王德, 以孝景前二年立. (b)脩學好古, 實事求是, 從民得善書, 必爲好寫與之, 留其眞, 加金帛賜, 以招之, 繇是四方道術之人, 不遠千里, 或有先祖舊書, 多奉以奏獻王者, 故得書多, 與漢朝等, 是時淮南王安, 亦好書, 所招致率多浮辯. 獻王所得書, 皆古文先秦舊書, 周官・尙書・禮・禮記・孟子・老子之屬, 皆經傳說記, 七十子之徒所論, 其學擧六藝, 立毛氏詩・左氏春秋博士. (c)脩禮樂, 被服儒術, 造次必於儒者."

하간헌왕서가 더 큰 문제를 안고 있다. 왜냐하면 전자의 경우는 『사기』와 『한서』가 거의 동일한 내용을 하고 있지만, 후자의 경우『사기』의 아래 문장을 보게 되면 두 문헌의 내용상의 격차가 너무나도 크기 때문이다.

(a)하간국의 헌왕 유덕은 효경제 전 2년에 황제의 아들의 신분으로 하간왕이 되었다. (c)유학을 좋아하여 의복을 입을 때도 긴급한 상황에서도 반드시 유자의 법도를 따랐다.[30]

먼저 분량에서 비교가 안 될 정도로 늘어나 있다. 『사기』의 경우는 글자 수가 30자밖에 안 되지만, 『한서』의 경우는 155자로 3배 이상 늘어나 있다. 구체적으로 늘어난 부분을 보면, 특히 『한서』의 (b)부분이 『사기』에는 전혀 보이지 않는다. 『한서』에서는 (b)부분이 오히려 핵심 부분으로 헌왕의 개인적 학문 성향이나 애서가로서의 면모, 그가 수집한 서적의 종류나 성격, 심지어는 그가 『모시』와 『좌씨춘추』의 박사관을 설치한 일까지 상세히 기록되어 있다.[31] 그뿐만이 아니다. 『한서』「예악지禮樂志」에 의하면 하간헌왕이 예악의 고사古事나 아악雅樂을 수집했다고 되어 있다. 또 「예문지」에 의하면 그가 『시』 중에서도 모공의 학을 좋아했고, 무제 때는 모생毛生과 함께 『주관』이나 제자백가가 음악에 대하여 언급한 것을 수집하여 『악기樂記』를 지었으며, 팔일무八佾舞를 헌상하기도 했다고 한다. 「예문지」「제자략諸子略」 유가자류儒家者流에는 하간헌왕의 저술로 보이는 2편의 문헌도 저록

---

30) 『史記』, 권59, 「五宗世家」 29, "(a)河間獻王德, 以孝景帝前二年, 用皇子爲河間王. (c) 好儒學, 被服造次, 必於儒者."

31) 모공이 하간헌왕의 박사가 된 것은 『漢書』「儒林傳」의 "毛公, 趙人也. 治詩, 爲河間獻王博士." 참조. 「유림전」에 의하면 "誼爲左氏傳訓故, 授趙人貫公, 爲河間獻王博士"라고 하여 賈誼로부터 『좌씨전』을 전수받은 貫公도 헌왕의 박사가 되었다고 한다.

되어 있다.32) 그렇다면『한서』를 편찬한 반고班固는『사기』에도 없는 이런 정보를 과연 어디에서 얻었을까? 이 문제는 공벽서에 관하여 살펴본 뒤 다시 검토하기로 하겠다.

## 3. 공벽서

고문 계통의 서적 중 한대인들이 가장 중요하게 인식하고 있었던 것은 단연 공벽서이다. 또 학술사적으로 볼 때 전한 말기에서 청말에 이르는 약 2000년간 계속되었던 이른바 금고문논쟁의 발단이 되었던 것이 바로 공벽서이다. 비록 결과론이기는 하지만, 공벽서의 출현은 전한 성제成帝 때 동래 현東萊縣의 장패張覇라는 자가 이른바『상서』백량본百兩本을 위작하거나, 동진 원제元帝 때 예장내사豫章內史 매색梅賾이 위고문僞古文『상서』를 위작했듯이(위작자에 대해서는 여러 설이 있다), 경전의 위작 행위를 초래하는 잠재적 가능성을 제공하기도 하였다.

그런데 이 공벽서에 대해서는 일찍이 청말민국 초기에 강유위康有爲 · 최적崔適 · 여사면呂思勉 등이 위서僞書라고 하여 맹렬히 비판한 적이 있다.33) 그러나 앞에서도 언급했듯이 왕국유王國維가 중국 역사상 3대 발견 중의 하나로 꼽은 이래, 현재 중국에서 그 존재나 내용의 진위를 의심하는 학자는 거의 없는 것 같다.34) 그럼에도 불구하고 특히 일본에서는 상당히 오래 전부터 공벽서의 진위를 의심하는 학자들이 많았다. 津田左右吉35) · 本田成

---

32)『漢書』, 권30, 「藝文志」10, "河間周制十八篇."(班固 주, "似河間獻王所述也."); "河間獻王對上下三雍宮三篇."

33) 姜有爲(1956: 55~58쪽); 崔適(1986: 12~14쪽); 呂思勉(1941: 443쪽).

34) 唐蘭(1981: 319쪽); 朱淵淸(2001: 21~22쪽); 沈頌金(2003: 55~58쪽).

之36) · 小林信明37) · 田所義行38) · 伊東倫厚39) 등이 그 대표적인 예이다.

이러한 선행 연구들에 의하여 논의된 바를 참조하면서 이 문제를 정리해 보면 다음과 같다. 먼저 문헌에 보이는 공벽서에 관한 기록 중 시기적으로 가장 빠른 것은 『한서』 「초원왕전楚元王傳」에 보이는 유흠劉歆의 「이양태상박사서移讓太常博士書」일 것이다.

노나라 공왕이 공자의 집을 허물고 궁궐을 짓고자 했을 때 그 허물어진 벽 속에서 고문을 발견했는데 『일례』가 39편, 『서』가 16편 있었다. 천한 연간 이후 공안국이 이것을 헌상했지만 갑작스런 무고의 난으로 인하여 아직 시행되지 못하였다. 또 『춘추』(『춘추좌씨전』)는 좌구명이 지은 것이다. 모두 고문으로 된 옛 서적으로 많은 것은 20여 편이나 되는 것도 있었는데, 비부(서고)에 보관되어 아직 개봉되지도 않았다.40)

이 문장에서는 ①궁궐을 짓기 위하여 허문 것은 공자의 집이라는 점, ②고문이 보관되어 있던 장소는 벽이라는 점, ③그 속에서 발견된 것은 『일례』 39편과 『서』 16편이라는 점(『좌전』은 별도의 유래로 되어 있다), ④공안국이 공벽서를 헌상한 것은 무제 천한 연간이라는 점, ⑤학관의 열에 들지 못한 원인은 무고의 난 때문이라는 점, 이 5가지 사항을 추출해 낼 수 있다. 이러

---

35) 津田左右吉(1964); (1965).
36) 本田成之(1927).
37) 小林信明(1959).
38) 田所義行(1965).
39) 伊東倫厚(1994).
40) 『漢書』, 권36, 「楚元王傳」 6, "及魯恭王壞孔子宅, 欲以爲宮, 而得古文於壞壁之中, 逸禮有三十九, 書十六篇. 天漢之後, 孔安國獻之, 遭巫蠱倉卒之難, 未及施行. 及春秋左氏丘明所修, 皆古文舊書, 多者二十餘通. 臧於祕府, 伏而未發."

한 내용이 앞으로 어떻게 조금씩 변경되어 가는가 하는 점이 이 문제를 푸는 관건이 된다. 다음으로 유향劉向의 『별록別錄』과 유흠의 『칠략七略』을 저본으로 편찬된 『한서』「예문지」에는 다음과 같이 더욱 자세히 기술되어 있다.

(a)고문『상서』는 공자의 벽 속에서 나왔다. (b)무제 말기에 노나라 공왕이 공자의 집을 허물고 자신의 궁궐을 넓히려고 했는데, 그때 거기서 고문『상서』및 『예기』,『논어』,『효경』 수십 편을 발견했으며 모두 한대 이전의 고대 문자로 적혀 있었다. (c)공왕이 그 집에 들어가자 북과 종, 경쇠와 거문고 소리가 들렸다. 이 때문에 두려운 마음이 생겨 허무는 것을 멈추었다. (d)공안국은 공자의 후손이다. 그는 벽 속에서 발견된 고문『상서』를 전부 입수했는데, 그것을 가지고 금문 29편본과 견주어 보니 16편이 더 많았다. (e)공안국은 그것을 헌상했지만 무고의 난으로 인해 아직 학관의 열에 들지 못하였다. (f)유향은 궁궐의 비부에 보관되어 있던 고문으로 구양·대하후·소하후 3가의 경문을 교감해 보았다. 그 결과 「주고」편에는 빠진 죽간이 1개, 「소고」편에는 2개가 있었다. 대개 죽간 1개가 25자인 경우는 빠진 글자도 25자이고, 22자인 경우는 빠진 글자도 22자였다. 글자가 다른 것은 700여 항목, 글자가 빠져 있는 부분은 수십 군데였다.[41]

이 문장을 「이양태상박사서」와 비교해 보면 ①·②·⑤는 내용이 같지만, ③의 경우는 『논어』와 『효경』이 추가되어 있고, 『상서』의 경우는 편수가 일치하지 않는다. ④의 경우는 헌상 시기가 빠져 있다. 그 밖에 (c)와

---

41) 『漢書』, 권30, 「藝文志」 10, "(a)古文尙書者, 出孔子壁中. (b)武帝末, 魯共王壞孔子宅, 欲以廣其宮, 而得古文尙書及禮記·論語·孝經凡數十篇, 皆古字也. (c)共王往入其宅, 聞鼓琴瑟鍾磬之音, 於是懼, 乃止不壞. (d)孔安國者, 孔子後也. 悉得其書, 以考二十九篇, 得多十六篇. (e)安國獻之, 遭巫蠱事, 未列于學官. (f)劉向以中古文校歐陽大小夏侯三家經文, 酒誥脫簡一, 召誥脫簡二. 率簡二十五字者, 脫亦二十五字, 簡二十二字者, 脫亦二十二字, 文字異者七百有餘, 脫字數十."

(f)는 「이양태상박사서」에는 없는 내용이다. 이와 같은 방식으로 공벽서를 전하는 주요 문헌들을 비교해 보면 어떤 결과가 나올까? 그것을 한눈에 알기 쉽게 정리한 것이 〈표 1-1〉이다.

〈표 1-1〉 문헌에 보이는 공벽서의 출현과 내용

| | 출현 시기 | 출현 장소 | 발견 장소 | 발견서적 | 전설의 유무 | 공안국 소장본 | 헌상자 | 헌상 시기 | 유향의 교감 |
|---|---|---|---|---|---|---|---|---|---|
| 「楚元王傳」 | - | 孔子宅 | 壁 | 『逸禮』39, 『書』16 | - | - | 孔安國 | 天漢之後 巫蠱 | - |
| 「藝文志」 | 武帝末 | 孔子宅 | 壁 | 『古文尙書』, 『禮記』, 『論語』, 『孝經』, 凡數十篇 | 有 | 『古文尙書』45 | 孔安國 | 巫蠱 | 有 |
| 「景十三王傳」 | - | 孔子舊宅 | 壁 | 古文經傳 | 有 | - | - | - | - |
| 「佚文」 | 孝武皇帝 | 孔子宅 | 墻壁 | 『佚尙書』100, 『禮』300, 『春秋』30, 『論語』21 | 有 | - | - | 上言武帝 | - |
| 「正說」 | 孝景帝時 武帝 | 孔子教授堂 孔子壁 | 墻壁 壁 | 『尙書』100 『論語』21 | - | - | - | 武帝使使者取視 | - |
| 「案書」 | 孝武 皇帝時 | 孔子教授堂 | 壁 | 『佚春秋』34 (左氏傳) | - | - | - | - | - |
| 「說文解字敍」 | | 孔子宅 | | 『禮記』, 『尙書』, 『春秋』, 『論語』, 『孝經』 | - | - | - | - | - |
| 「孝成」 | - | 孔子宅 | | 『古文尙書』 (16편이 많음), 『論語』, 『孝經』 | - | 왼쪽과 동일 | 孔安國家 | 武帝時 巫蠱 | - |
| 「衛恒傳」 | 漢武時 | 孔子宅 | | 『尙書』, 『春秋』, 『論語』, 『孝經』 | - | - | - | - | - |
| 「尙書序」 | | 孔子舊宅 孔子堂 | 壁 | 先人所藏 古文虞夏商周之書·傳, 『論語』, 『孝經』 | 有 | 왼쪽과 동일 | - | - | - |
| 『書斷』 | 武帝時 | 孔子宅 | 壁內 石函 | 『孝經』, 『尙書』 등 經 | - | - | - | - | - |

* 「초원왕전」·「예문지」·「경십삼왕전」은 『한서』, 「일문」·「정설」·「안서」편은 『논형』, 「효성」은 후한 荀悅의 『前漢紀』, 「위항전」은 『진서』, 「상서서」는 『尙書正義』, 「서단」은 唐의 張懷瓘의 『書斷』에 수록되어 있다.
* '발견서적'란의 숫자는 편수를 나타내고, '공안국 소장본'란의 '왼쪽'은 '발견서적'란을 가리킨다.

이 표를 보면 문헌들 사이의 내용이 유사한 것 같으면서도 상당히 다른 부분이 있음을 알 수 있다. 특히 현저히 다르다고 생각되는 부분은 진하게 표시해 두었다. 이 표를 보면서 문제점들을 하나씩 짚어 보도록 하자.

(1) 공벽서의 출현 시기: 출현 시기는 무제 말기(「예문지」), 무제시대(「일문」·「정설」등), 경제시대(「정설」)의 3가지로 압축할 수 있다. 공벽서의 출현과 관련해서는 거의 모든 문헌이 공왕의 궁궐 조영을 그 계기로 묘사하고 있다. 그렇다면 여기서의 키포인트는 자연히 공왕의 생졸 연대가 된다. 공왕의 생졸 연대는 『사기』「오종세가五宗世家」와 『한서』「경십삼왕전」이 그것을 전하고 있다. 이 두 자료에 의하면 노나라 공왕 유여劉餘는 경제 전 2년에 회남왕淮南王이 되고, 그 이듬해에 노왕이 된 뒤 재위 26년 만에 세상을 떠난다. 유여가 노왕이 된 경제 전 3년은 서력으로 B.C. 154년이고, 몰년은 그로부터 26년 뒤이므로 무제 원광元光 6년(B.C. 129)이 된다. 무제의 몰년은 후원後元 2년(B.C. 87)이므로 몰년만 비교해도 42년의 차이가 난다. 따라서 「예문지」가 무제 말기라고 한 것은 시기적으로 완전히 불가능하다고 하지 않을 수 없다. 이렇게 보면 『논형』「정설」편에서 경제시대라고 한 것이 가장 합치한다고 할 수 있지만, 「정설」편의 경우는 같은 편임에도 불구하고 출현 시기를 달리 기술하고 있어 자료의 신빙성에 문제가 있다. 더구나 「일문」편에는 무제가 동생인 유여를 노왕으로 봉했다고 하는데, 이 또한 역사적 사실로 인정하기는 매우 어렵다.

이상을 종합해 보면, 공벽서의 출현을 경제기에서 무제 초년 사이에 일어난 일이라고 한다면 큰 문제는 없을 것 같다. 하지만 공안국과 시기적으로 비교적 가까운 유향·유흠 부자로부터 정보를 받았을 「예문지」가 왜 무제 말기라고 했는지의 문제는 여전히 수수께끼로 남아 있다. 또 경제기와 무제 초년 중 어느 시기에 해당하는가의 문제도 아직 풀리지 않은 숙제이다.

(2) 출현 장소와 발견 장소: 출현 장소의 경우는 대부분 공자의 집이나 옛집으로 되어 있다. 그런데 「정설」편은 공자의 벽이라고만 하고, 또 다른 곳에서는 「안서」편과 더불어 공자교수당이라고 되어 있다. 동일 문헌 내의 이와 같은 기술상의 차이는 「상서서」에도 보인다. 발견 장소의 경우는 한 대까지만 해도 거의 변함이 없지만, 당대가 되면 갑자기 벽 안의 석함이라 는 식으로 내용이 변경된다. 그 많은 죽서를 벽 속에 무작정 넣어 두었을 리는 없다는 생각에서일까? 아니면 귀중한 경전을 함부로 다루었을 리가 없다는 생각에서일까? 시간이 지날수록 인지의 발달과 함께 내용이 합리화 되어 가는 것을 엿볼 수 있다.

(3) 발견 서적의 종류: 「초원왕전」의 『일례』는 「예문지」에 의하면 곧 『예 기』를 가리키는 것임을 알 수 있다. 그런데 「예문지」의 경우는 「초원왕전」 에는 없는 『논어』와 『효경』이 추가로 삽입되어 있다. 더구나 『논형』의 경 우는 『효경』이 없는 대신 『춘추』 즉 『춘추좌씨전』이 추가되어 있고, 「설문 해자서」의 경우는 『춘추』와 『효경』이 모두 열거되어 있다. 특히 『좌전』은 앞에서 든 「이양태상박사서」에서는 분명 공벽서와는 별개로 다루어지고 있었다. 또 「예문지」는 『상서고문경尚書古文經』 46권, 『예고경禮古經』 56권과 『경經』 17편,[42] 『논어고論語古』 21편, 『효경고공씨孝經古孔氏』 1편은 공벽서와 관련짓고 있지만, 『고문역경古文易經』과 『좌씨전』 30권은 공벽서와 결부시

---

[42] 「藝文志」의 "禮古經者, 出於魯淹中及孔氏. 學七十(與十七)篇文相似, 多三十九篇" 이라는 문장에 의하면 『禮古經』은 노나라의 淹中里와 공벽서 두 군데에서 나온 것 으로 되어 있다. 하지만 엄중본에 대해서는 더 이상 알 수가 없다. 17편의 문장이 서로 비슷하다는 것은 전한 초기에 高堂生이 전한 금문 『士禮』(즉 『儀禮』) 17편과 유사하다는 말이다.

키지 않고 있다. 앞에서 지적했듯이 『논형』에는 내용상 부정확한 부분이 많은 점을 감안하면, 『좌전』을 포함시킨 것은 왕충의 착오가 아닌가 싶다. 아니면 왕충은 『춘추』 3전 중 『좌전』을 가장 높이 평가했고[43) 허신은 고문 학자였기 때문에, 『좌전』을 의도적으로 공벽서에 포함시켰던 것일까?

(4) 공벽서의 헌상자: 이 문제는 헌상 시기와 같이 보도록 하자. 「일문」 편에서는 공왕이 무제에게 직접 상주했다고 하지만 역시 신빙성에 문제가 있다. 여기서 검토해야 할 것은 『한서』와 『전한기』의 내용이며, 이때의 키 포인트는 공안국의 생졸 연대이다. 『사기』 「공자세가孔子世家」에 의하면 공안국은 무제 때 박사가 되었고 일찍 죽었다(蚤卒)고 되어 있다.[44) 『사기』의 기록은 무제 태초太初 연간(B.C. 104~B.C. 101)을 끝으로 하고 있으므로, 공안국은 그 이전에 죽은 것이 된다. 사마천은 일찍이 그의 제자였기 때문에 공안국의 죽음에 관한 기록은 매우 신빙성이 있다고 생각된다. 그런데 『한서』에는 공벽서의 헌상 시기가 천한 연간(B.C. 100~B.C. 97) 이후로 되어 있고, 또 무고의 난으로 학관의 열에 들지 못했다고 되어 있다. 무고의 난은 정화 征和 원년(B.C. 92)에서 2년(B.C. 91) 사이에 일어났다. 이렇게 보면 『한서』의 기록은 천한 연간과 무고의 난 때 이미 이 세상 사람이 아닌 사람이 공벽서 를 헌상했다는 실로 어처구니없는 이야기가 되고 만다. 순열이 '가家'자를 첨가시킴으로써 '공안국의 일족'으로 내용을 바꾼 것은 아마도 『한서』에 이런 문제점이 있다는 것을 간파하고 그 모순을 해결하기 위한 것이 아니었을 까 추측된다. 또 이런 모순된 발언이 유흠에서 비롯되었다는 것도 간과할

---

43) 『論衡』, 권29, 「案書」 83, "公羊高穀梁實胡母氏, 皆傳春秋, 各門異戶, 獨左氏傳爲近 得實."
44) 『孔子家語』 「後序」에서는 60세에 죽었다고 하는데 그렇다면 「蚤卒」이라고 할 수 없게 된다. 『史記』의 기록이 보다 신빙성이 있음은 말할 것도 없다.

수 없는 중요한 사실이다.

그 밖에도 여러 가지 문제점이 있지만, 가장 심각한 문제는 공벽서에 관한 기록이 『사기』에는 전혀 보이지 않는다는 점이다. 즉, 『한서』 「경십삼 왕전」의 저본인 『사기』 「오종세가」는 유여가 노왕이 된 뒤의 행각을 다음과 같이 전할 뿐이다.

> 궁궐과 정원을 짓고 개나 말과 같은 동물을 키우는 것을 좋아했으며 만년에는 음악을 좋아하였다. 반면에 말하는 것은 즐기지 않았고 말을 더듬는 버릇이 있었다.[45]

물론 사마천이 공벽서의 존재를 전혀 몰랐을 가능성도 있다. 그런데 사마천은 「유림열전」에서 "공씨 일족에게는 고문 『상서』가 있었다. 공안국은 금문으로 그것을 해독하여 일가를 이루고 일서(유실된 『상서』) 10여 편을 얻었다. 대개 『상서』의 편수는 이로부터 더욱더 많아진 것 같다"라고 하고 있다.[46] 여기서 중요한 것은 비록 공벽서에 관한 언급은 없다 할지라도, 사마천이 고문 『상서』가 존재했다는 것과 그것을 공안국이 연구했다는 사실을 알고 있었을 가능성이 충분히 있다는 것이다. 왜냐하면 그는 공안국의 제자로 그에게서 학문을 배운 장본인이기 때문이다. 그러나 고문 『상서』가 어떻게 협서율과 분서를 피해 공안국에게까지 전해 왔는지에 대해서는 전혀 언급이 없다. 그렇다면 바로 이 부분의 공백을 메우려고 했던 것이 유흠의

---

45) 『史記』, 권59, 「五宗世家」 29, "好治宮室苑囿狗馬, 季年好音. 不喜辭辯, 爲人吃."
46) 『史記』, 권121, 「儒林列傳」 61, "孔氏有古文尙書, 而安國以今文讀之, 因以起其家, 逸書得十餘篇. 蓋尙書滋多於是矣." 『漢書』 「儒林傳」에는 이 문장 뒤에 "遭巫蠱, 未立於學官. 安國爲諫大夫, 授都尉朝. 而司馬遷亦從安國問故. 遷書載堯典·禹貢·洪範·微子·金縢諸篇, 多古文說"이라는 문장이 추가되어 있다.

「이양태상박사서」와 「예문지」가 아니었을까?

여기서 우리는 잠시 유흠이 「이양태상박사서」를 저술한 의도를 살펴볼 필요가 있다. 유흠은 애제哀帝가 즉위한 뒤 궁중에 비장秘藏된 서적을 교감하는 일을 맡게 된다. 이때 고문으로 된 『좌전』과 공벽서의 존재를 알게 되는데, 특히 그가 『좌전』을 좋아하게 된 경위가 다른 고문 경전에 비해 압도적으로 상세히 기술되어 있다. 그중에서도 특히 주목할 만한 것은 유흠이 『좌전』에 경도하게 된 이유로 다음과 같은 점을 들고 있는 대목이다.

유흠은 다음과 같이 생각하였다. 좌구명은 좋아하고 싫어하는 것이 성인과 같고 또 부자(공자)를 직접 알현한 적이 있다. 그러나 공양과 곡량은 공자 70제자의 후배이다. 그렇기 때문에 전해 들은 것과 직접 알현한 것과는 정밀함과 조략함이라는 면에서 같지 않다.[47]

즉 한마디로 말하면 고문으로 된 『좌전』이 바로 공자의 적통이라는 것이다. 이 때문에 그는 『좌전』뿐만 아니라 그 존재를 알게 된 그 밖에 고문 경전과 『모시』의 박사관을 설치하여 학관의 열에 들게 하려고 했던 것이다. 그러나 결국 금문 경전의 박사들의 반대에 부딪히게 되자 이를 힐책하기 위하여 태상박사에게 보낸 서간이 바로 「이양태상박사서」이다. 고문 경전의 박사관을 설치한다는 것은 한나라의 공인된 교과서로 인정받아 태학太學에서 강의할 수 있는 특권이 주어짐을 의미한다. 그리고 이것이 곧 자신들의 학술적 정치적 세력의 확장과 직결된다는 것은 말할 것도 없다.

강유위 등은 일찍이 고문 경전을 유흠의 위작이라고 의심한 적이 있다.

---

47) 『漢書』, 권36, 「楚元王傳」 6, "歆以爲左丘明好惡與聖人同, 親見夫子. 而公羊穀梁在七十子後. 傳聞之與親見之, 其詳略不同."

위에서 말한 여러 정황으로 볼 때, 이와 같은 의심을 갖는 것은 어쩌면 지극히 자연스러운 현상이라고 할 수 있다. 그러나 공벽서에 대한 언급이 비록 『사기』에 없다 하더라도, 공안국이 소장하고 있던 고문 『상서』의 존재는 『사기』를 통하여 엿볼 수 있다. 또 유향·유흠 부자가 궁중 도서의 관리 책임을 맡고 있었을 당시, 고문 경전이 그곳에 소장되어 있었을 가능성노 전혀 없지는 않다고 생각된다. 물론 위작의 가능성을 전혀 배제할 수는 없지만, 위작이라는 결정적인 근거도 사실은 없다.

그렇다고 한다면 공벽서는 이러한 고문 경전을 공자의 적통으로 삼으려는 과정에서 당시 조정에 강렬한 인상을 주고 있던 금문 계통의 복벽서에서 힌트를 얻어 진한 교체기의 단절된 공백을 메우고자 착안한 것이 아닐까? 즉, 선제 원제 이후 유교의 관학화가 급진전되고 있던 상황에서, 유교의 개조로 공자가 절대적 권위를 갖기 시작한 점, 고문 경전의 박사관 설치를 적극적으로 주장하려고 할 때 그 이론적 근거가 필요했던 점, 복벽서의 존재는 이미 널리 알려져 있었던 점, 노왕이 궁실을 짓거나 음악을 듣는 것을 좋아했던 점, 그 무대가 공자의 출생지인 노나라인 점, 공안국이 공자의 후손이고 그가 한대의 금문보다 더 오래된 고문 경전을 소장하고 있었다고 『사기』가 전하고 있는 점, 그리고 이와 같이 고문 경전을 공자의 적통으로 만들기 위한 거의 모든 소재가 갖추어져 있던 점, 바로 이러한 점들을 토대로 착안한 것이 아니었을까?[48] 그리고 하간헌왕서도 어쩌면 이러한 고문 경전의 출현을 더욱 일반화시키고 보편화시키려는 의도에서 고문학파 쪽에

---

48) 이상은 伊東倫厚(1994: 161쪽)도 함께 참조. 물론 고문 경전의 출현의 문제를 학술사적 측면에서만 접근하는 것은 충분하지 않다. 한왕조의 정통성과 관련하여 漢堯後說과 漢火德說에 이론적 근거를 제공해 준다는 『좌전』의 정치사적 의의나 금고문경전의 해석사적 관점 등 다양한 접근 방법이 필요하다는 것은 주지의 사실이다.

서 착안하여 첨가시킨 것이 아닐까? 다만 이 두 고문 경전의 관계에 대해서는 『한서』 내에 아무런 언급이 없다.

## 제4절 무덤에서 출토된 근대 이전의 최초의 간독, 급총서

때는 서진 무제武帝 태강太康 2년(281), 급군汲郡(지금의 河南省 汲縣) 출신의 부준不準이라는 자가 전국시대 위나라 양왕襄王의 무덤을 도굴하였다. 이 무덤을 어떤 사람은 안리왕安釐王의 무덤(冢)이라고 하였다. 발굴 결과 그곳에서 수레로 수십 대 분, 글자 수로 10여 만 자의 죽서가 출토되었다. 그 밖에 길이 2자(尺) 5치(寸)(약 61㎝)⁴⁹⁾의 동검銅劍 1자루, 옥률玉律, 종, 경쇠(磬)도 함께 부장되어 있었다. 죽서는 묵서墨書, 즉 죽간에 먹으로 글자를 썼으며 모두 과두科斗문자였다. 과두란 과두蝌蚪, 즉 올챙이란 뜻으로 획의 선이 머리 부분은 둥글고 꼬리 부분은 가느다란 특징을 갖고 있다고 해서 붙여진 이름이다. 선진시대의 문자는 크게 진秦나라 계통의 문자와 6국 문자로 나뉘는데,⁵⁰⁾ 과두라는 명칭은 후한 말기 정현鄭玄이나 채옹蔡邕 이래 6국 문자를 지칭하는 말로 사용되었다.⁵¹⁾

부준은 도굴 당시 죽서를 아무 생각 없이 흩뜨리고, 심지어는 부장품을 훔치기 위하여 그것을 횃불로 사용하였다. 또, 발굴 작업에 관여했던 관리들도 의식의 부재로 죽서를 매우 소홀히 다루었다. 그 때문에 관아에 접수

---

49) 중국 고대 度量衡에 관해서는 丘光明 편저(1992) 참조. 이 책에 의하면 전국, 전한, 王莽 시대의 1자의 길이는 약 23.1㎝이고, 후한시대의 1자의 길이는 약 23.5㎝이다.
50) 王國維(1994).
51) 陳夢家(2005: 176쪽).

되었을 때는 불에 타거나 훼손된 죽간이 많아 글자가 잔결殘缺되고 배열 순서도 제대로 복원할 수 없을 정도로 엉망이었다. 무제는 이 죽서를 비서성祕書省에 보내 교감을 통하여 배열 순서, 즉 편련을 정하고 내용을 검토하여 금문(서진시대의 서체)으로 고쳐 베껴 쓰게 하였다. 그때 책임을 맡은 인물이 중서감中書監 순욱苟勖과 중서령中書令 화교和嶠였다. 그 밖에도 속석, 위항衛恒, 서광徐廣, 부찬傅瓚, 왕접王接, 순기苟覬, 진류陳留, 왕정견王庭堅, 반도潘滔, 지우摯虞, 견훈譴勳, 장주張宙, 사형謝衡, 간보干寶, 속함續咸 등도 정리 및 연구 작업에 참여하거나 관여하였다. 이때 순욱은 『중경中經』(『中經新簿』)을, 속함은 『급총고문석汲冢古文釋』을 각각 지었다. 또, 순욱은 『목천자전穆天子傳』을 정리한 뒤 서문을 달았고 곽박郭璞은 주를 달았다. 『춘추경전집해春秋經傳集解』를 지은 두예杜預도 이들 학자들과는 별도로 급총서를 연구한 인물 중의 한 사람이다.[52]

이상이 바로 당대는 물론 후대의 학술에 깊은 영향을 주고, 또 오늘날에도 중국 고대 문화 연구에 매우 중요한 1차 자료로 이용되고 있는 급총서 출토의 전말이다. 이것은 무덤 속에 부장되어 있었으므로, 사마천이 『사기』를 편찬할 때 존재조차 알지 못했던 자료임은 물론이다. 만약 도굴자가 죽간을 횃불용으로 태우지만 않았더라도 보존 상태는 훨씬 양호했을 것이다. 죽간의 정리 작업이 얼마나 난항을 겪었을지 짐작이 가는 대목이다.

그렇다면 무덤에서 나온 죽간군은 구체적으로 어떤 내용을 하고 있었을까? 이것을 『진서』「속석전」에 근거하여 정리한 것이 〈표 1-2〉이다.

---

52) 급총서에 관해서는 神田喜一郎(1920a, 1920b); 朱希祖(1960); 吉川忠夫(1999); 朱淵淸 (2001; 高木智見 역, 2006); 陳夢家(2005) 등을 참조.

〈표 1-2〉 급총서의 서목과 내용

| 서목 | 편수 | 내용 |
|---|---|---|
| 『紀年』<br>(이른바<br>『竹書紀年』) | 13 | 하왕조 이래 주나라 유왕이 견융에 의하여 멸망되기까지를 기록하고 있으며, 다음으로 晉나라의 역사가 이어진다. 또 3家(魏·趙·韓)가 진나라를 분할하고 나서 안리왕 20년까지의 위나라의 역사가 서술되어 있다. 이것은 위나라의 역사서이며 『춘추』와 상응되는 부분이 많다. |
| 『易經』 | 2 | 『周易』 上經, 下經과 동일하다. |
| 『易繇陰陽卦』 | 2 | 『주역』과 내용이 거의 같지만, 「繇辭」는 다르다. |
| 『卦下易經』 | 1 | 「說卦」와 비슷한 것 같으면서도 다르다. |
| 『公孫段』 | 2 | 공손단이 邵陟과 『易』에 관하여 논한 것이다. |
| 『國語』 | 3 | 楚나라와 晉나라의 역사가 기록되어 있다. |
| 『名』 | 3 | 『禮記』와 비슷하며 『爾雅』나 『論語』와도 비슷하다. |
| 『師春』 | 1 | 『좌전』에서 卜筮만 한 데 모은 것으로 師春은 이 글을 지은 사람의 성명인 것 같다. |
| 『瑣語』 | 11 | 여러 제후국의 卜夢, 妖怪, 相書에 관한 것이다. |
| 『梁丘藏』 | 1 | 먼저 위왕의 계보를 말하고, 다음으로 왕의 무덤에 금과 옥이 매장되어 있는 것을 기술하고 있다. |
| 『繳書』 | 2 | 주살(오늬에 줄을 매어 쏘는 화살. 주로 날짐승을 사냥할 때 사용) 쏘는 법을 논한 것이다. |
| 『生封』 | 1 | 제왕에 의한 봉건에 대하여 기술하고 있다. |
| 『大曆』 | 2 | 鄒子(鄒衍)의 『談天』과 유사하다. |
| 『穆天子傳』 | 5 | 주나라 穆王이 四海를 周遊하면서 帝臺와 西王母를 만난다는 이야기. |
| 『圖詩』 | 1 | 그림의 일부 또는 옆에 그 그림을 칭찬하는 뜻으로 적어 놓는 시문. |
| 『雜書』 | 19 | 『周食田法』, 『周書』, 『論楚事』, 『周穆王美人盛姬死事』. |
| 殘簡 | 7 | 죽간이 부러지고 훼손되어 편명을 알 수 없다. |
| 16부 19종 | 76 | |

이 표에 의하면 급총서는 역사서, 유교경전과 같은 사상서, 점서나 병법과 같은 실용서, 시문이나 소설과 같은 문학서 등을 내용으로 하고 있었던 것 같다.[53] 다만 위의 서목에 보이는 서명이 모두 원제목인지, 아니면 정리

---

53) 陳夢家(2005: 182쪽)는 史類, 地理類, 卜筮類, 小說類, 雜類의 5종류로 나눈다.

과정에서 편의상 붙여진 것인지 의심이 가는 부분도 있다. 예를 들면『역경』의 경우 마왕퇴백서『주역』이나 상박초간『주역』과 같이 원제목이 없었을 가능성이 크다.『국어』의 경우도 당시의 통행본『국어』와의 유사성 때문에 편의상 붙여졌을 가능성을 배제할 수 없다. 편수도「속석전」에는 전부 75편이라고 하지만, 위의 표에 의하면 76편으로 1편이 더 많다. 그런데 두예의「춘추경전집해후서春秋經傳集解後序」의 정의正義가 인용하는 왕은『진서』의 목록과『수서隋書』「경적지經籍志」에는 '『기년』12권'으로 저록되어 있다. 따라서 이 자료들에 따른다면 편수의 문제는 해결될 수 있을 것 같다.[54]

한편「속석전」외의 다른 자료에 의하면, 급총서와 그 정리에 관한 또 다른 정보를 얻을 수 있다. 예를 들면 순욱의『목천자전』「서」에 의하면『목천자전』의 죽간은 모두 흰색 끈으로 편철되어 있었는데, 순욱 자신이 예전에 고증한 고척古尺으로 죽간의 길이를 재어 보니 2자 4치(약 55cm)였고 죽간 하나에 40자가 적혀 있었다고 한다.[55] 현재 공표 중인 상박초간에 의하면 이 수치는 상당히 실제에 부합된다고 생각한다.

그런데 이 급총서의 경우도 문제점이 전혀 없는 것은 아니다. 예를 들면 묘주墓主에 대해서는 위의「속석전」에 이미 양왕 설과 안리왕 설이 병기되어 있는데, 최근에는 왕의 무덤이 아니라 봉군封君의 무덤이 아닌가 하고 의문을 제기하는 학자도 있는 만큼[56] 어느 쪽이라고 단정하기는 어려운 것 같다. 출토 연대(혹은 도굴 연대) 또한 마찬가지다. 이 문제에 대해서는 함녕咸

---

54) 그러나 이 결과는『隋書』「經籍志」가 전하는 15부 87권("帝命中書監荀勖令和嶠撰 次爲十五部八十七卷")과는 또 다르다. 陳夢家(2005: 181쪽)는 '八十七'은 '六十七'을 잘못 쓴 것이 아닌가 의심한다.

55)『穆天子傳』,「穆天子傳序」, "皆竹簡素絲編, 以臣勖前所考定古尺, 度其簡, 長二尺四 寸, 以墨書一簡四十字."

56) 藤田勝久(1997: 49쪽).

寧 5년(279) 설, 함녕 연간 설, 태강 원년(280) 설, 태강 2년 설, 혹은 이 모두를 절충하는 설이 있지만, 어느 쪽이 확실하다고 단정하기는 어렵다. 다만 급총서의 성립 연대의 하안선이 B.C. 3세기 초라는 점은 연구자들 사이에서 대체로 의견이 일치하는 것 같다.

이상으로 급총서 출토와 관련된 여러 가지 상황과 문제점에 대하여 간략히 살펴보았다. 그런데 급총서는 유감스럽게도 송명宋明 이전에 거의 모두 유실되고, 지금은 단지 『목천자전』만이 남아 있다. 또, 『죽서기년』의 경우는 여러 문헌에 인용되어 있는 일문佚文을 청의 주우증朱右曾이 집록輯錄하고 왕국유王國維가 교정하여 어느 정도 복원되게 되었다. 이것이 이른바 고본古本 『죽서기년』이다.[57] 한편 이것과는 별도로 명대明代 무렵에 위작되었다는 금본今本 『죽서기년』이 있다. 그러나 이것은 고본과는 완전히 별개의 것이다.[58]

그렇다면 전국시대 문헌인 급총서의 발견이 갖는 학술사적 의의는 과연 어디에서 찾을 수 있을까? 결론부터 말하면, 필자는 그것을 '경학적 세계관과 역사관의 상대화'라고 표현하고 싶다.(『사기』나 『한서』와 같은 정사도 포함) 그리고 그 상대화의 기폭제가 된 것이 다름 아닌 『죽서기년』을 중심으로 한 급총서가 아니었나 생각된다. 사마천이 「육국연표」에서 증언하고 있듯이, 진시황 때의 분서로 말미암아 진나라를 제외한 전국시대 제후들의 역사 기록은 거의 완전히 소실燒失되어 전혀 알 수 없었다. 그러던 차에 전국시대 6국의 하나인 위나라를 위시한 생생한 역사 기록이 발견됨으로써, 자료 부족으로 인한 역사의 공백을 조금이나마 메울 수 있게 되었다. 일찍이 당의

---

57) 王國維(1997).

58) 이 점에 관해서는 王國維(1997: 「今本竹書紀年疏證自序」); 平勢隆郎(1992); 平勢隆郎(2005: 136~137쪽) 참조.

유지기劉知幾가 지적했듯이,『죽서기년』과『춘추』3전의 비교를 통하여『좌전』의 자료적 성격과 가치를 새롭게 인식하게 된 점은 하나의 좋은 예라고 할 수 있다.[59] 특히 그 속에 포함되어 있는 전국시대 기년자료를 이용하여 『사기』「육국연표」와 세가世家 사이의 연대나 내용의 모순을 비교 고증하는 연구가 진행되어 온 것은 주지의 사실이다.

이러한 점들도 물론 중요하지만, 여기서 주목하고 싶은 것은 위에서 말한 경학적 세계관과 역사관의 상대화라는 측면이다. 상대화란 경전을 모두 성현의 언설로 보는 것이 아니라 역사적으로 형성된 것으로 보는 시각을 말하며, 급총서의 출현은 그 스타트 라인에 해당한다. 다시 말하면, 경전은 시간을 초월한 영원불멸의 진리라는 형이상학적 의식을 형이하학의 차원으로 끌어 내리는 것을 의미한다.(물론 그것이 완전히 실현되는 것은 근대 이후이다.) 한대에 출현했다는 복벽서나 공벽서는 유향·유흠 부자나 반고, 왕충 등의 예에서 볼 수 있듯이, 학술이나 학문의 유래를 역사적으로 숙고하게 하는 하나의 계기를 마련해 주었다고 할 수 있다. 그러나 유교의 관학화라는 시대정신과 맞물려, 금문과 고문 중 어느 쪽이 절대적 권위인 공자의 적통인가에 관심이 집중되어 별다른 진전은 없었다.

그런 점에서 급총서의 등장은, 공자의 절대적 권위를 상대화시키는 데까지는 훨씬 더 긴 시간을 요했지만, 경학적 세계관과 역사관을 상대화시키는 촉매로서의 역할을 하게 되었다고 생각한다. 예를 들면, 매우 단편적이긴 하지만, 급총서의 정리 작업에 참여한 속석이『죽서기년』을 독자적으로 연구하여 경전과의 큰 차이점을 다음의 6가지로 요약하고 있는 것은 하나의 좋은 예이다. 즉 첫째, 하夏왕조의 존속기간이 은殷왕조보다 긴 점. 둘째,

---

59)『史通』外篇,「申左」5 참조.

(禹의 신하인) 익益이 (우의 아들인) 계啓의 왕위를 찬탈하자 계가 그를 죽인 점. 셋째, 태갑太甲이 이윤伊尹을 죽인 점. 넷째, 문정文丁이 계력季歷을 죽인 점. 다섯째, 주나라가 천명을 받고 건국하고 나서 목왕穆王 때까지의 기간이 100년이지 목왕의 수명이 100세가 아닌 점. 여섯째, 유왕幽王(정확하게는 厲王)이 달아나자 공백화共伯和라는 자가 천자를 대신하여 섭정한 것이지 두 재상(周公과 召公)이 공동으로 협의하여 정치를 행한 것이 아닌 점.(「속석전」) 그러나 여기에는 이상과 같은 문제 제기만이 남아 있을 뿐, 그것이 경학적 세계관이나 역사관에 어떤 영향을 끼쳤는가에 관해서는 더 이상 알 수가 없다. 하지만 상대화의 계기를 마련하는 중요한 단서를 제공해 준 점은 부인할 수 없다.

경학적 세계관과 역사관의 상대화를 보다 명확한 형태로 엿볼 수 있는 것은 당대 초기의 유명한 비판적 사가史家 유지기(661~721)이다. 그가 생존했던 시대는 새롭게 발견된 급총서의 자극을 받아 역사서 저술이 크게 유행하여 사부史部가 경부經部로부터 독립하고(그 대표적인 예가 『수서』「경적지」), 두예와 같이 6경을 역사적 형성물로 인식하는 시각이 서서히 형성되기 시작한 위진남북조시대를 경험한 뒤의 시대였다.[60] 그의 명저 『사통』은 이러한 시대적 배경 아래에서 탄생하였다. 그중 「잡설상雜說上」편에서는 역대의 중요한 역사서를 몇 가지 골라 고찰하고 있는데, 「급총기년」도 하나의 항목으로 설정하여 평가를 내리고 있다. 그에 의하면 고대의 역사를 전하는 『상서』와 『춘추』는 잘 갖추어져 있기는 하지만, 『죽서기년』이 출토됨으로써 학자들이 「속석전」이 지적하고 있는 것과 같은 내용적 차이를 비로소 알게 되었다고 한다. 한 가지 흥미로운 것은 진晉나라와 관련된 어떤 동일한 역사

---

60) 井波陵一(1989: 321~334쪽).

적 사건에 관하여 급군에서 출토된『급총쇄어汲冢瑣語』와『좌전』이 각각 어떻게 기술하고 있는지 비교하고 있는 부분이다. 그렇다면 만약 진나라의 역사를 전하는 이 두 문헌 사이에 내용상의 차이점이 드러났을 경우, 과연 어느 쪽이 더 확실하다고 볼 것인가라는 문제가 자연히 발생한다. 유지기는 이 경우 급총서가 더 확실하다고 본다. 왜냐하면『좌전』은 전해 들은 것을 기록한 것이지만, 급총서는 직접 본 것을 기록한 것이기 때문이라고 한다. 그러면서 그는 끝으로 다음과 같이 결론짓는다.

> 아아! 만약 이 두 죽서(『죽서기년』과 『급총쇄어』)가 출토되지 않았다면 학자들은 옛 기록에 현혹되었을 것이며, 대대로 귀머거리나 장님이 되어 깨달을 방법이 없었을 것이다.[61]

그가『춘추』3전 중『좌전』을 가장 높이 평가하는 것은 잘 알려져 있는 사실이다.(「신좌」편) 그러나 그러한『좌전』뿐만 아니라 유교경전의 핵심이라고 할 수 있는『상서』조차도 급총서에 미치지 못하는 것으로 평가하고 있다.

그에게서 급총서가 유교경전의 권위나 지위를 상대화하는 역할을 하고 있는 것은「의고疑古」편에 더욱 잘 나타나 있다. '고'란 고대 문헌이 전하는 역사적 사건이나 기록을 의미하며, '의'란 그것을 의심한다는 것이다. 물론 단순히 의심하는 것만으로 그치는 것은 아니다. 보다 정확하게는 6경에도 역사를 잘못 서술하거나 왜곡하고 있는 점이 있다는 것이다. 그는 그것을

---

61)『史通』外篇,「雜說上」7, "嗚呼, 向若二書不出, 學者爲古所惑, 則代成聾瞽, 無由覺悟也."

10개 항목에 걸쳐 거론하면서 조목조목 반박한다. 구체적으로 예를 드는 것은 생략하지만, 그중에는 요순우堯舜禹를 대표로 하는 유교적 이상사회론이나 선양설禪讓說, 탕무湯武(殷周)의 혁명설, 『논어』에서 주周의 덕德을 이상으로 삼거나 『상서』나 『좌전』에서 주공周公을 미화시키는 점 등을 부정하거나 또는 과장되어 있다고 하면서 반박한다. 또 한편으로는 종래에 폭군으로 혹평을 받아 온 걸왕桀王이나 주왕紂王을 보다 공정하고 공평하게 서술할 것을 주장한다. 이때 부정하거나 반박의 근거로 제시하는 문헌에는 『산해경山海經』, 『주서周書』, 『묵자墨子』와 같이 당시 통행하고 있던 자료도 있지만, 급총서도 중요한 자료의 하나로 활용되고 있다. 그가 이처럼 당시에는 좀처럼 생각하기 어려운 대담한 주장을 할 수 있었던 것은 급총서와 같이 경전과는 다른 내용을 담고 있는 새로운 자료가 출토되었기에 가능했던 부분도 있을 것이다. 역사 서술에서의 공정성이나 공평성 또는 객관성이나 사실성의 문제를 부각시킨 사고의 전환, 이것이 곧 결과적으로 경학적 세계관이나 역사관을 상대화시키는 역할을 하게 되었을 것이다. 『사통』이 새롭게 개척한 이와 같은 사평史評의 장르는 송대의 정초鄭樵(1102~1160)로 하여금 그를 사마천 이후의 제1인자로 손꼽게 했으며, 그 후 청대淸代 고증학考證學이나 민국民國 초기의 학술에도 커다란 영향을 끼쳤다.[62]

현재 간행된 상박초간 중에도 고대의 역사를 전하는 문헌들이 다수 포함되어 있다. 예를 들면, 제2권에 수록되어 있는 『용성씨容成氏』는 그 대표적인 예이다. 이것은 고대인이 쓴 중국 고대 왕조사라고 할 수 있는데, 간백자료로는 지금까지 예가 없었던 것이다. 거기에는 태고의 전설적 제왕의

---

62) 이 점에 관해서는 增井經夫(1984)에 잘 정리되어 있으며, 보다 자세한 사항은 稻葉一郎(2006) 참조.

시대에서 은주혁명의 시대의 역사가 서술되어 있다. 그런데 1994년에 발견된 이 새로운 출토자료는 급총서와도 매우 밀접한 관련이 있다. 급총서의 출현으로부터 약 1700년이라는 시간적 거리를 두고 출현한 이 자료가 도대체 무슨 관련이 있단 말인가?

첫째, 이 두 자료는 전국시대라는 시간을 공유한다. 그러나 지역적으로는 분명한 차이를 보인다. 급총서는 전국시대 위나라 지역, 즉 중원 지역에서 출토된 죽간군이다. 반면 상박초간은 홍콩의 골동품 시장에서 발견된 것이기 때문에 정확한 출토지점은 알 수 없지만, 전국시대 초나라 계통 문자로 적혀 있고 출토지점은 남방의 초나라 지역으로 추정되고 있다.

둘째, 급총서 중 『죽서기년』(고본)은 앞에서도 언급했듯이 위나라의 역사서이다. 그런데 그 서술방식을 보면 '우禹'를 기점으로 하고 있다. 그렇다면 왜 오제五帝도 아닌 '우'를 기점으로 하고 있는 것일까? 사실 '우'만큼 천의 얼굴을 지닌 존재는 많지 않다. 그는 때로는 신의 모습으로 때로는 인간의 모습으로 나타난다. 특히 후자의 경우는 『상서』「우공禹貢」편에 잘 나타나 있듯이, 일반적으로 대대적인 치수 사업을 성공적으로 이끈 문화 영웅이자 하왕조의 개조로 그려지는 경우가 많다. 특히 여기서 중요한 것은 그가 하왕조의 개조라는 점이다. 이것은 중국고대사의 기본 상식이며, 그렇기 때문에 모두들 지극히 당연시한다. 그 때문에 전국시대에도 이러한 상식이 통했을 것이라고 지레 짐작하고 어느 누구도 의심을 갖지 않는다.

한편 복원된 『죽서기년』에 의하면[63] 위기魏紀 앞에는 진기晉紀가 있다. 주지하는 바와 같이 진나라는 유력한 신하 위, 조, 한 3씨에 의하여 3국으로 분열되면서 멸망하게 된다. 이른바 하극상이다. 이 경우 주나라 천자가 아

---

63) 텍스트로는 方詩銘·王修齡(2005) 참조.

직은 건재하고 전국 7웅이 할거하는 상황이었기 때문에, 하극상을 정당화시키는 논리가 요청되는 것은 필연적이었을 것이다. 그렇다면 위나라의 경우는 어떤 식으로 자국을 정당화시키려고 했을까? 그 일면을 엿볼 수 있는 자료가 『전국책戰國策』에 보인다. 위나라가 조나라 수도인 한단邯鄲을 정벌한 뒤 철군하면서 봉택逢澤에서 제후의 회합을 가졌다. 이때 위왕은 '하나라 풍으로 장식한 수레'(夏車)를 타고 자신을 '하왕夏王'이라고 칭하면서 천자를 알현하였다. 이것은 곧 자신이 하왕조의 정통正統을 계승하고 있으며 위나라는 그 옛날 하왕조가 도읍을 정한 특별한 영역이라는 것을 상징적으로 드러낸 것이라고 생각된다. 그 결과 어떻게 되었을까? 제나라가 위나라를 공격하여 군신관계를 맺고 굴복시키자 주위의 제후국들이 용서했다고 한다.64) 이것은 과연 무엇을 의미하는가? 위왕이 자신을 하왕이라고 칭했다는 것은 결국 천자와 제후국들을 제치고 자신이 천하에 군림한다는 것을 의미할 것이다. 그리고 그것을 하왕조의 정통의 계승이라는 형태로 정당화시켰다고 볼 수 있다. 주위의 제후국들로부터 환영을 받지 못한 것은 어쩌면 당연하다고 할 수 있다.65) 요컨대 이 자료를 통하여 알 수 있는 것은 위나라는 건국 초기부터 하왕조와의 밀접한 관계 속에서 자신의 정통성과 정당성을 정초시키고 있었다는 점이다.

셋째, 여기서 시각을 초나라로 돌려보자. 초나라는 오래 전부터 중원 지

---

64) 『戰國策』, 권6, 「秦策」 4, "魏伐邯鄲. 因退爲逢澤之遇, 乘夏車稱夏王, 朝爲天子, 天下皆從. 齊太公聞之, 擧兵伐魏. 梁王身抱質執璧, 請爲陳侯臣. 天下乃釋梁." 이와 관련된 내용은 『戰國策』 「秦策」 5와 「齊策」 5도 참조.

65) 平勢隆郎는 『左傳』과 『竹書紀年』이 강조하는 夏의 故地의 차이에 주목하면서, 이것이 韓나라와 魏나라가 자국의 영토를 특별 영역으로 규정하려고 했던 것과 깊은 관련이 있음을 지적한다.(平勢隆郎는 『좌전』을 한나라의 역사서라고 한다.) 또 위나라의 경우 惠成王은 '踰年稱元法'에 의하여(계승) 왕으로 즉위함으로써(혁명) 주나라를 계승함과 동시에 부정했다고 한다.(平勢隆郎, 2005: 134~141쪽)

역의 제후국들로부터 만이蠻夷(야만국)라는 취급을 받아 왔다. 또, 『죽서기년』과 같이 중원 지역에서 자신들의 정통성을 강조하는 역사서를 보유하고 있는 이상, 아마도 더 이상 수수방관하고 있을 수는 없었을 것이다. 『용성씨』와 같은 역사서의 출현은 바로 이러한 시대적 상황과 결코 무관하지 않을 것으로 생각된다. 이미 언급했듯이 위나라는 '하'의 계승자임을 자처했고, 그것은 『죽서기년』에 '우'를 기점으로 서술함으로써 상징화시켰다. 『용성씨』에도 '하'의 역사가 서술되어 있다. 그런데 그 내용을 보면 『죽서기년』과는 근본적으로 다른 부분이 몇 가지 발견된다. 하왕조의 개조 및 '우'의 치수설과 구주설九州說을 서술한 부분이 바로 그것이다.

먼저 하왕조의 개조를 서술한 부분을 보면, 『죽서기년』에는 '우'의 신하인 '익'이 '우'의 아들인 '계'의 왕위를 찬탈하자 '계'가 그를 죽였다고 되어 있다.[66] '우'와 '계'의 왕위 계승 과정은 복원된 『죽서기년』에 남아 있지 않기 때문에 현재로서는 알 수 없다. 하지만 이것은 곧 '우'가 '계'에게 왕위를 세습시켰다는 것이 전제가 되어야 가능한 이야기일 것이다. 그런데 『용성씨』는 '우'가 '익'에게 선양했지만 '계'가 '익'을 공격하여 왕위를 찬탈했다고 한다.[67] 그렇다면 『용성씨』는 하왕조의 개조를 '우'가 아니라 그의 아들인 '계'로 인식하고 있었다는 것이 된다. 『용성씨』에서 "계가 천하의 왕이 되고 나서 16대째에 걸이 즉위하였다"[68]라고 하는 것은 이러한 사실을 뒷받침해 준다. 이 점은 『죽서기년』이 "우에서 걸에 이르기까지 17대이다"[69]라고 하

---

66) "益干啓位, 啓殺之."(方詩銘・王修齡, 2005: 2쪽)
67) 上博楚簡 『容成氏』 제34호간, "**黿**(禹)於是**虐**(乎)壤(讓)益, 啓於是**虐**(乎)攻益自取."
68) 上博楚簡 『容成氏』 제35호간, "[啓]王天下十又(有)六年〈世〉而**傑**(桀)复(作)." 圖版에 의하면 '啓'자는 잘 보이지 않는다. 그러나 남아 있는 글자의 부분과 문맥상으로 볼 때 '啓'자로 판단된다.
69) "自禹至桀十七世."(方詩銘・王修齡, 2005: 20쪽)

는 것과 매우 대조적이다. 요컨대 『용성씨』가 '우'와 하왕조와의 관계를 완전히 단절시키고 있는 점, 이것이 하나의 중요한 포인트이다.

다음으로 '우'의 치수설과 구주설을 서술한 부분을 보자. 복원된 『죽서기년』에는 이에 관한 내용이 보이지 않지만, 아마도 원래는 있었을 것으로 추측된다. 반면 『용성씨』에는 이 부분이 보인다. 따라서 「우공」편과 같은 다른 문헌들에 보이는 치수설이나 구주설과 함께 비교해 보면 그 특징을 보다 명확히 알 수 있다. 필자의 연구에 의하면, 거기에는 크게 다음의 5가지 특징이 있다. ①「우공」편과는 달리 각 주州의 범위가 전혀 기술되어 있지 않다. ②각 주의 위치를 하천이나 소택沼澤으로 나타내고 있다. ③「우공」편과 같이 전국의 토질 · 전부田賦 · 특산물 · 교통망 등에 관한 기재가 전혀 없다. ④구주 중 거주莒州와 한수漢水의 치수가 특기되어 있다. ⑤기주冀州가 우의 치수의 대상에서 제외되어 있다.

이 중에서 위나라와 관련하여 주목되는 것은 ④와 ⑤이다. ⑤의 경우, 예를 들면 『여씨춘추呂氏春秋』 등에 의해서도 알 수 있듯이,[70] 당시 기주는 '진晉'을 상징하는 지역이자 제하諸夏의 지역이었다. 이러 지역을 '우'가 치수 대상에서 제외시켰다는 것은 곧 이 지역은 '우'가 치수를 행한 특별한 지역이 아니라는 것을 의미할 것이다. 그렇다면 앞에서 '우'를 하왕조의 역사와 분리시킨 것과 일맥상통함을 알 수 있다. 즉, 기주를 '우'의 치수의 대상에서 제외시키고 하왕조의 개조를 '계'로 설정함으로써 중원의 중심인 진나라와 그 분가인 위, 조, 한의 정통성을 부정하는 효과를 노린 것이 아닌가 하는 것이다.

한편 자신의 지역의 정통성을 적극적으로 확립하지 않은 채 타 지역의

---

70) 『呂氏春秋』, 권13, 「有始」, "兩河之間爲冀州, 晉也."

정통성만을 부정하는 것으로 끝난다면, 반쪽뿐인 역사 서술이 되고 말 것이다. 그렇다면 초나라는 자국의 정통성을 어떻게 확립시키고 있는가? 그것은 ④에서 그 단서를 찾을 수 있다. 먼저 한수는 주지하는 바와 같이 장강長江과 더불어 초나라를 대표하는 2대 강 중의 하나이다. '우'는 9개의 주를 모두 치수한 뒤 일부러 발길을 돌려 한수를 마지막으로 치수한다. 그것도 한수 이남과 이북 각각 500군데의 골짜기를 두루 돌아다니며 물길을 잡아 소통시켰다고 한다. 즉 한수를 다른 어떤 지역보다도 가장 공들여 치수했다는 것이다. 이러한 치수설은 다른 문헌에는 보이지 않는 『용성씨』만의 특징이다. 바로 이 점 때문에 필자는 『용성씨』의 저자를 초나라 사람으로 추정한다.

이렇게 가정하면 거주가 왜 구주의 하나로 설정되어 있는지도 이해하기 쉬워진다. 거주를 구주의 하나로 설정하는 것 또한 『용성씨』만의 특징이다. 거莒나라는 서주西周 및 춘추시대에 노나라 동쪽에 위치한 제후국의 하나이다. 그런데 이 거나라는 춘추 말기 혹은 전국 초기 간왕簡王 원년에 초나라에 의하여 멸망된 나라이다. 전국 초기에서 중기에 걸쳐 초나라가 제나라의 발밑에까지 크게 세력을 확장할 수 있었던 것은 바로 이 거나라 지역을 손에 넣었기 때문이다.

이처럼 초나라가 '우'의 치수설과 구주설을 동원하여 자국을 특별 지역으로 규정하면서 정통성을 주장하고, 위나라를 위시한 중원 지역의 정통성을 '우'와의 단절을 통하여 말살시키고 있는 점, 이것은 『용성씨』와 같은 새로운 출토자료가 발견되었기에 비로소 알 수 있게 된 사실이다.[71] 『죽서기년』도 마찬가지지만 『용성씨』도 사마천이 그 존재조차 알지 못했던 자료이다. 이들 자료에는 사마천의 역사관과는 상당히 다른 역사관이 투영되어

---

71) 上博楚簡 『容成氏』에 관해서는 李承律(2004a, 2004b, 2004c, 2005a, 2005b) 참조.

있다. 사마천은 중국을 재통일한 한제국이라는 일원적 세계관을 배경으로 역사를 서술하였다. 그러나 전국시대에는 각각의 영역국가들이 자신이 처한 환경과 지역에 뿌리를 둔 역사관을 펼쳤다. 그런 의미에서 다원적이라고 할 수 있다. 그 때문에 각국의 역사관이 때로는 서로 충돌하고 때로는 서로 흡수하며 때로는 서로 변용시키면서 전개되는 양상을 보였던 것이다. 철학 사상의 경우도 마찬가지다. 공자·맹자·순자의 사상이 깊은 영향을 준 지역도 있지만 그렇지 않은 곳도 있다. 노장이나 묵가, 법가 등의 사상도 영향 관계를 인정할 수 있는 곳과 그렇지 않은 곳이 있다. 일원화되기 전의 다원적인 모습, 즉 수평적이고 지역적인 전개 양상은 어떠했는가? 또 그것은 어떻게 일원화되어 갔으며, 어떻게 분열과 일원화를 반복하면서 지금까지 왔는가? 새로운 출토자료는 우리가 중국문화의 생생하고 역동적인 모습의 실상을 구체적이면서 총체적으로 이해하는 데 크게 이바지하고 있다.

## 제5절 소결: 20세기 초의 간백 발견

근대 이전에 발견된 공벽서나 급총서를 비롯한 간백자료들은 서진 회제 懷帝 영가永嘉 연간(307~312)에 일어난 '영가의 난'이나 당대 중기 현종玄宗 말년에 일어난 '안사安史의 난'(755~763) 등 잦은 전란으로 말미암아 많은 서적들이 잿더미로 변하였다. 또, 오늘날과 같은 고고 유물의 과학적 보호와 보존이라는 개념이 부족했던 만큼, 관리 소홀로 인한 손실도 적지 않았을 것이다. 한대 이후 아무리 천재적인 대학자가 정리하고 연구한 것이 문헌의 형태로 남아 있다 하더라도, 그 실물이 남아 있지 않는 이상 그들이 어떻게 복원하고 얼마나 정확하게 판독했는지 우리가 직접 검증할 길은 아무 것도 없다.

오늘날 우리가 육안으로 확인할 수 있는 간백이나 고사본은 모두 20세기 이후에 발견된 것들이다. 현재 실물이 남아 있는 것 중 최초의 발견은 20세기 초 『서유기』의 무대이자 실크로드로도 유명한 중국 서쪽의 서역西域 지방에서 먼저 소식이 전해졌다. 이곳은 천산天山산맥과 곤륜崑崙산맥의 중앙에 위치하는 타림분지의 동쪽, 지금의 신강위구르자치구(新疆維吾爾自治區)에 해당한다. 이 시기는 영국의 유명한 노벨문학상 작가 러디어드 키플링 (Rudyard J. Kipling, 1865~1936)이 1901년에 낸 소설 Kim에서 'Great Game'이라고 표현했듯이, 인도를 식민 지배하고 있던 영국과 남하 정책을 펼치고 있던 러시아가 제국주의적 영토 쟁탈을 위하여 중앙아시아를 중심으로 치열한 스파이전을 벌이고 있던 때였다. 중국의 경우 청조淸朝 광서光緖(1875~1908) 중기 이후가 이 시기에 해당된다. 이 시기는 서양인이나 일본인에 의한 서역 탐험의 황금시대였으며 발굴 경쟁의 시대였다. 세계 각국들은 식민지정책의 일환으로 이들 탐험가들에게 막대한 탐험 자금을 아낌없이 투자하였다. 탐험 조사와 외교 정보 전쟁은 복잡한 관계로 얽혀 있었기 때문이다.

서양인에 의한 서역 탐험과 발굴의 경쟁은 19세기 중후반 무렵부터 본격화되기 시작한다. 특히 타림분지를 중심으로 한 지역에 고대 유적이 있는 것 같다는 소문이 서양에 일기 시작하고, 또 러시아 탐험대의 경우는 타림 강의 말단 부분에서 롭 노르의 잔존부를 발견하는 단서를 얻게 된다. 그리고 결정적인 계기가 된 것은 1889년 신강위구르자치구의 쿠차(庫車) 지방에서 현지 주민에 의하여 밀매된 이른바 바우어 문서(Bauer Manuscript, 5세기경에 작성된 고대 인도의 의학 문서)의 존재가 보고되고 나서부터인 것으로 알려져 있다.

서역 지역의 본격적인 탐험 및 발굴 조사는 스웨덴의 스벤 헤딘이나 영국의 아우렐 스타인과 같은 프로 탐험가에 의하여 시작되었다. 이들은 처음부터 자신들을 후원하는 정치적 배경이 달랐기 때문에 서로 경쟁적인 관계에 있었다. 일찍부터 이 지역의 고대 유적에 매혹되어 있던 헤딘은 1900년에 롭 노르를 우연히 발견하게 된다. 또 이듬해에는 그 호반에서 유명한 누란樓蘭유적을 발견하고, 그곳에서 위진魏晉목간과 종이 및 카로슈티 목간을 발견한다.

지질학자였던 헤딘과 달리 고고학자였던 스타인은 고대 인도어인 산스크리트어, 브마흐미어, 카로슈티어도 가능하였다. 뿐만 아니라 불교미술에 대해서도 상당한 조예가 있었다. 이러한 풍부한 지식을 바탕으로 1차 탐험 때인 1900년에 스타인이 호탄(于闐)의 사원유적(단단위리크 Dandan-Öiliq)에서 간다라 양식의 불교미술품과 함께 카로슈티 목간을 발견한 것은 큰 수확이었다. 1901년에는 타클라마칸 사막에 묻혀 있던 니야(尼雅)유적에서 위진목간과 카로슈티 목독을 발견하였다. 또, 2차 탐험 기간(1906~1908)에는 돈황敦煌·누란·니야 등지에서 많은 한간(이른바 돈황한간)과 위진목간을 발견하였다. 그리고 3차 탐험 기간(1913~1916) 중에도 돈황과 누란 등지에서 한대와 위진시대의 목간을 다수 발견하였다.

영국 유학 중 헤딘과 스타인 등의 서역 탐험의 소식을 들은 일본의 오타니 고즈이(大谷光瑞, 1876~1948, 西本願寺 法主)도 탐험대를 조직하고 1902년부터 약 1년간 1차 서역 탐험을 시도하였다. 그러나 이때 그는 영국에서의 출발이 늦어진 관계로 쿠차나 호탄 지역에는 직접 가지 못하고 인도를 경유하여 일본으로 돌아왔다. 그 뒤 1908년부터 2년간에 걸친 2차 탐험에서 노무라 에자부로(野村榮三郎)와 동행한 다치바나 즈이쵸(橘瑞超)는 누란유적에서 위진

목간을 발견한다. 또 그가 발견한 것 중 서역 장사長史가 쓴 편지의 초고인 이백문서李柏文書(재질은 종이)는 너무나도 유명하다. 그러나 그들은 고고학적 지식을 갖춘 전문가가 아니었기 때문에, 발굴품의 보존이나 기록 정리에 큰 문제가 있었다. 그 때문에 이때 발견된 목간들이 현재 어디에 있는지 그 소재가 분명하지 않은 것도 있다.

또 19세기 말에 왕원록王圓籙이라는 도사道士가 발견함으로써 그 존재가 알려진 돈황 천불동千佛洞 제17굴 장경동藏經洞의 수많은 고사본이 1907~1914년에 스타인이나 프랑스의 폴 펠리오(Paul Pelliot), 오타니 탐험대 등에 의하여 상당수가 해외로 반출된 것도 학술사적으로 커다란 충격이었다. 이처럼 1900년대에서 1920년대까지는 주로 외국의 탐험가들이 각축을 벌인 시기였다.

이와 같은 서역 탐험의 역사는 우리와는 전혀 무관한 먼 나라의 이야기처럼 들릴지도 모르지만 사실은 그렇지 않다. 1914년 2월 사찰의 공금 회령과 문서 위조 혐의로 감옥에 수감된 오타니 고즈이(大谷光瑞)는 5월에 법주직을 사임하고 자신의 별장(二樂莊)에 은거한다. 그리고 중국 여순旅順에서 살기로 결심한 그는 1916년에 별장에 전시하고 있던 자신의 컬렉션을 당시 광산을 경영하고 있던 구하라 후사노스케(久原房之助)에게 매각한다. 그런데 구하라는 같은 해에 이것을 조선총독부에 기증하게 된다. 이런 연유로 오타니 컬렉션은 그 일부가 현재 서울 용산에 위치한 국립중앙박물관에 약 1,500여 점이 소장되어 있다.[72] 또 시간은 조금 거슬러 올라가지만, 1908년 일본을 방문한 뒤 귀국길에 한국을 들른 헤딘은 당시 조선통감이었던 이토 히로

---

[72] 국립중앙박물관 소장 오타니 컬렉션의 내력 및 연구 동향에 관해서는 閔丙勳(2006) 참조.

부미(伊藤博文)를 만난 적이 있다. 이때 이토는 헤딘에게 다음과 같은 말을 했다고 한다.

일본은 세계에서 가장 위대한 제국의 하나가 될 것이오. 그리고 동시베리아는 발칸호까지 영토로 삼고 한국민은 (국적상) 소멸할 것이오.[73]

헤딘이 과연 무엇 때문에 한국을 들렀는지 궁금증을 자아내는 대목이다.

한편 1930년대 이후는 중국 정부가 고고학적 발굴과 보호에 직접 나서기 시작한 시기이다. 1930년에 중국은 스웨덴과 합작으로 탐험대를 조직한다. 서북과학고사단西北科學考査團이 바로 그것이다. 그러나 이때의 단장은 헤딘이 맡고 있었다. 1930~1931년 고사단의 일원이었던 베리만(Folke Bergman)은 지금의 내몽고자치구內蒙古自治區 에치나(額濟納) 강 유역의 한대 봉수유적에서 1만 점이 넘는 한대 목간을 발견하게 되는데, 이것이 유명한 거연한간居延漢簡이다.[74]

이처럼 신중국이 탄생하기 전까지는 거의 대부분 중국의 서북 지역에서 간백이나 종이가 발견되었다. 그러나 신중국 탄생 이후에는 사정이 완전히 달라진다. 1950년대 이후에는 중국 각지에서 고고학적 전문 지식을 갖춘 중국 출신의 학자들에 의한 발굴이 계속되었고, 지금도 물론 멈추지 않고 있다. 구체적으로 어떤 것들이 발굴되었는지에 관해서는 앞으로 장을 거듭하면서 차츰 드러나게 될 것이다. 그 전에 다음 장에서는 서사재료로서의 간백 그 자체에 초점을 맞추어 살펴보기로 한다.

---

73) 金子民雄(2002: 204~207쪽).
74) 이상은 大庭脩(1979); 金子民雄(2002); 池田溫(2003) 참조.

# 제2장 특수한 서사재료와 보편적인 서사재료

돈황敦煌 및 투루판(吐魯番) 고사본古寫本 연구의 최고 권위자 가운데 한 사람인 후지에다 아키라(藤枝晃)는 자신의 저서에서 다음과 같이 말한 적이 있다.

한 권의 고사본을 볼 때 서가書家는 오로지 글자의 형태나 붓끝의 비틀림에만 관심을 갖고, 문학이나 철학의 전문가는 오로지 거기에 적혀 있는 내용이나 사상을 추구할 뿐이다. 그 중간이라고 할 수 있는 사본의 재료나 모양, 책을 만드는 방법, 보관하는 방법, 읽는 방법 등과 같은 서적의 내용 이전의 사항들에 대해서는 그다지 문제 삼지 않는다.[1]

그가 처음 이러한 지적을 한 것은 1971년이며, 그 뒤로 약 40년 가까운 세월이 흘렀다. 70년대라면 일본에서는 이미 60년대에 헤이조 궁(平城宮) 유적에서 목간이 발견되어 그에 대한 연구가 활발해지고, 79년에는 목간학회木簡學會가 설립되어 목간에 대한 조직적이고 체계적인 연구가 진행되고 있었던 시기이다. 그러나 중국에서는 1966년부터 약 10년간 지속된 문화대혁명의 여파로 출토자료뿐만 아니라 학술 연구가 전반적으로 고착되고 침체

---

1) 藤枝晃(1991: 287~288쪽).

되어 있던 시기였으며, '냉전'이라는 말이 상징하듯 자료나 정보나 연구 등 모든 면에서 폐쇄적인 분위기가 팽배해 있었다. 그 여파는 해외에까지 미쳐, 가물에 단비처럼 기존의 학술사를 뒤흔들지도 모를 중요한 자료가 발굴되었음에도 불구하고, 매우 제한된 범위 내에서밖에 연구가 진행되지 못하였다. 그 때문에 출토자료의 중요성에 대한 인식도 아직은 미미한 상황이었다. 한국에서는 1975년에 경주慶州 안압지雁鴨池에서 발견된 신라新羅시대의 목간이 고고학적 발굴에 의한 최초의 성과였다. 후지에다 아키라(藤枝晃)가 말한 고사본이란 돈황사본을 말하는데, 그것이 발견된 지 이미 반세기가 훨씬 지났음에도 불구하고 그와 같은 상황이었던 만큼, 간백자료에 대한 형태론적 연구는 더 이상 말할 것도 없는 상황이었다.

그러나 40년 가까이 지난 지금은 상황이 완전히 달라졌다. 냉전의 종식과 함께 학술과 연구가 개방되고, 동아시아 삼국의 출토자료의 양이 비약적으로 증가함에 따라 그에 대한 인식도 고조되었다. 그에 따라 국제적 학제적 연구의 필요성은 지금은 지극히 당연한 사실로 받아들여지고 있다. 그런 의미에서 이성시李成市의 다음과 같은 발언은 매우 중요한 의미를 지니고 있다고 할 수 있다.

한국에서 출토된 목간 중에는 일본과는 달리 중국적 요소가 농후한 것이 많이 포함되어 있다. 그러나 그와 동시에 일본 목간과 공통되거나 유사한 것도 적지 않다. 그러한 관계를 도식화하면, 중국대륙(A)→한반도(A'→B)→일본열도(B'→ C)와 같이 되지 않을까 생각하고 있다. 다시 말하면, 한반도에서의 부분(A'→B)을 지워 버리면, 중국대륙(A)과 일본열도(B'→C)는 연결시킬 수가 없다. 중국 목간(A)을 수용한 한반도에서는 그것을 수용하고 변용시켜 갔으며(A'→B), 그런 과정을 거친 목간이 일본열도에 수용되었다(B')는 과정이 부각되게 된다.[2]

그런데 그가 이러한 인식을 갖게 된 이유는 일본 목간이 중국 목간에서 유래함에도 불구하고 그 형태나 형식 면에서 유사성이 거의 발견되지 않았던 점에 있다.[3] 이처럼 종래에 점과 점의 상태로 각기 개별적으로 연구되어 왔던 중국과 일본의 목간이 한국 목간의 발견으로 선으로 연결되게 된 것은 학술사적으로 매우 중요한 의의를 띠고 있다고 할 수 있다. 서사재료라는 관점에서 볼 때 중국은 그 원류에 해당하지만, 한국 목간은 중국과 일본 목간의 연구를 통하여, 또 일본 목간은 중국과 한국 목간의 연구를 통해야만 그 수용과 변용의 과정을 제대로 밝힐 수 있을 것이다.

그런 의미에서 중국뿐만 아니라 한국과 일본을 포함한 문자문화, 보다 더 넓게는 서사문화 전반을 구명하기 위해서는 지금까지 중국에서 발견된 간백의 형태론적 분석이 필수불가결함은 말할 것도 없다. 그것을 거꾸로 말하면, 중국 간백에 대한 형태론적 연구는 중국 고대의 서사문화에 대한 구명에만 국한되는 사항이 아니라, 한·중·일 동아시아 3국의 문화적 소통을 다각적으로 고찰하기 위한 기본적 토대이자 중요한 열쇠라고 해야 할 것이다.

## 제1절 특수한 서사재료

흔히 IT사회 또는 IT시대라고 불리는 오늘날과 같은 정보화 시대의 대표적인 서사도구는 분명 컴퓨터이다. 개인용 PC나 휴대폰, 전자수첩, 전자사

---

2) 李成市(2002: 15쪽).
3) 李成市(2002: 14쪽).

전, 전자북 등이 등장하고, CD-ROM이나 DVD, 플래쉬 메모리와 같은 정보 기억 장치가 일상적으로 사용되고 있는 것은 컴퓨터에 의한 디지털 처리 기술의 비약적 발전이 가져온 결과이다.

그러나 그럼에도 불구하고 중국에서 처음으로 발명된 이래 오늘에 이르기까지 인류의 지식 정보를 저장하고(기록·보존) 전달하고(발신·수신) 재생산하며, 그 밖에 다양한 생활도구이자 매체로서(일상용품·위생용품·화폐 등) 문화적 영위의 중심적 역할을 하고 있는 보편적인 재료는 종이(紙, paper)이다. 이렇듯 컴퓨터로 상징되는 고도의 정보화 사회에서도 서사재료는 여전히 종이와 병용되고 있다.

그렇다면 고대 중국에서 종이가 서사재료로 보편적으로 사용되기 전에는 무엇이 그 역할을 담당하고 있었는가? 다름 아닌 간백이 그것이다. 물론 간백만이 서사재료로 쓰였던 것은 아니다. 중국의 고전에는 문자가 없었던 시대에 새끼를 꼬아(結繩) 문자 대신 사용하거나 계약의 증거로 삼았다는 기록이 있다.[4] 하지만 실물이 남아 있지 않아 그 실체를 알 수는 없다.

실물이 남아 있는 것 중에는 신석기시대의 토기 등에 새겨져 있는 부호와 비슷한 것도 있지만, 문자가 기록되어 있는 역사 시대의 서사재료 중 가장 오래된 것은 은대殷代유적에서 발견된 갑골甲骨과 청동기靑銅器와 석기石器이다. 그 밖에도 같은 유적에서 먹(墨)이나 주사朱砂를 이용하여 붓(毛筆)으로 쓴 문자가 남아 있는 도기陶器 조각이나 옥기玉器도 발견되었다. 갑골문 또한 먼저 붓으로 글자를 쓰고 그러고 나서 날카로운 도구로 새긴 것이다. 그렇다면 은대에 이미 문방사보의 하나인 붓과 먹이 사용되고 있었고, 주사를 이용하여 글자에 색채감까지 나타내고 있었다고 할 수 있다. 다만

---

4) 『莊子』,「胠篋」편; 『老子』 제80장; 『周易』,「繫辭下傳」 등.

석기나 도기, 옥기 등은 매우 단편적인 자료에 불과하기 때문에, 문자나 언어로서의 체계를 갖춘 한자 자료라고 한다면 갑골문과 금문이라고 해야 할 것이다.

## 1. 갑골과 갑골문

대개 상식적으로 중국에서 가장 오래된 서사재료와 문자가 뭐냐고 묻는다면 갑골과 갑골문이라고 대답하는 데 주저하지 않을 것이다. 하지만 엄밀히 말하면 그것은 사실과 다르다. 왜냐하면, 갑골문이 작성된 시기와 거의 동일한 시기에 제작된 은대의 청동기와 석우石牛가 있기 때문이다. 이들 청동기와 석우는 은대 후기의 대표적 유적인 은허의 부호묘婦好墓(부호는 武丁의 왕후라는 설이 있다)에서 출토되었는데, 청동 예기禮器 210점 중 190점에 명문銘文(金文, 鐘鼎文이라고도 한다)이 주조되어 있고[그림 2-1~3], 석우 1점

[그림 2-1] 婦好三聯甗
[그림 2-2] 婦好帶蓋偶方彛
[그림 2-3] 부호삼련언 명문(793.1.1)
[그림 2-4] 司辛石牛

에도 명문(石文)이 새겨져 있다[그림 2-4]. 따라서 어느 쪽이 더 오래되었는가라는 문제는 현재로서는 가늠하기 어렵다고 보는 것이 보다 정확한 것 같다. 다만 이들 청동기에 보이는 문자는 문자라기보다는 부족의 문장紋章(族徽)일 가능성이 크기 때문에, 문자와는 구별해야 한다는 주장도 있다.

갑골과 청동기는 재질의 차이만큼 양자가 걸어 온 역사 또한 상당히 다르다. 청동기는 "청동이나 돌에 새기고 대야나 사발에 새겨 후세의 자손들에게 남겼다"라는 말이 있듯이,5) 상당히 오래전부터 그 존재가 알려져 있었다. 또, 송대 이래 축적된 금문에 관한 연구는 청대에 들어 고증학의 발달과 함께 금석학金石學이 하나의 학문 분야로 자리 잡고 있었을 만큼 연구도 매우 활발히 진행되고 있었다. 반면, 갑골의 존재는 19세기 말이 되어서야 비로소 세상에 알려졌다. 그러나 갑골문이 발견된 후 그것을 경이로운 속도로 또 비교적 정확하게 해독할 수 있었던 것은 청대 금석학의 전통이 있었기 때문이다.

20세기 최고의 발견으로 추앙받는 갑골문을 최초로 발견한 것은 흔히 유악劉鶚(호는 鐵雲)[그림 2-5]으로 알려져 있다. 1899년 북경北京에 사는 국자감國子監 제주祭酒 왕의영王懿榮[그림 2-6]의 식객이자 금석학에 조예가 깊었던 유악

은 당시 달인당達仁堂이라는 약방에서 '용의 뼈'(龍骨)라 하여 말라리아 약으로 팔고 있던 것을 구입했는데, 그 표면에 금문보다도 더 오래된 문자가 새겨져 있는 것을 발견했다는 것이 일반적으로 알려져 있는 발견 경위이다. 그러나 갑골문의 출토지인 소둔촌小屯村의 옆을 흐르는 강(洹水)이 범람하여 강가가 붕괴되는 바람에 발견되었다든가, 산동山東의 골동품상이 농민으로부터 사들인 갑골을 금석 수집가인 단방端方(호는 陶齋)에게 가지고 왔다는 설도 있어, 사실 정확하게는 알 수 없다.

[그림 2-5] 劉鶚
[그림 2-6] 王懿榮

현재까지 발견된 갑골은 그중 문자가 새겨져 있는

---

5) 『墨子』, 권7, 「天志中」 27, "鏤之金石, 琢之槃盂, 傳遺後世子孫."

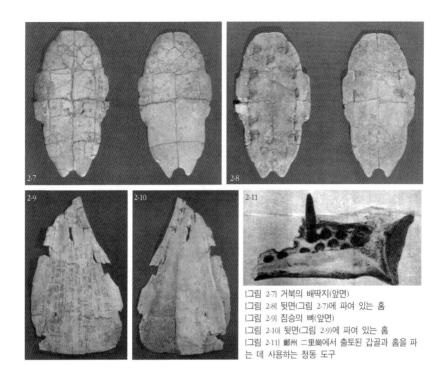

[그림 2-7] 거북의 배딱지(앞면)
[그림 2-8] 뒷면(그림 2-7)에 파여 있는 홈
[그림 2-9] 짐승의 뼈(앞면)
[그림 2-10] 뒷면(그림 2-9)에 파여 있는 홈
[그림 2-11] 鄭州 二里崗에서 출토된 갑골과 홈을 파는 데 사용하는 청동 도구

것만 해도 10만 점이 훨씬 넘는다. 이것들은 거의 대부분이 하남성河南省 안양시安陽市 소둔촌의 이른바 은허(출전은 『史記』「項羽本紀」) 일대에서 발견되었다. 재료로는 거북의 딱지(甲殼)와 소의 뼈(肩胛骨을 가장 많이 사용)가 가장 많으며, 그 밖에도 사슴·양·멧돼지·말 등의 짐승의 뼈, 심지어는 사람의 뼈도 사용한 예가 있다.[그림 2-7·2-9] 다만 짐승의 뼈는 어디서나 구할 수 있지만, 거북의 경우는 먼 해안가에서만 구할 수 있었기 때문에 더 귀하게 여겨졌을 가능성이 있다. 또, 거북의 딱지에는 등딱지(背甲)와 배딱지(腹甲)가 있는데, 전자의 경우는 돌기가 있기 때문에 후자 쪽이 더 많이 사용되었다.

갑골로 점을 칠 때는 먼저 그 뒷면에 일정한 간격의 홈(鑽鑿)을 판다.[그림

2-8 · 2-10 · 2-11] 그 홈을 불로 지지면 그 부분이 팽창하면서 균열이 생기게 된다. 한자의 '복卜'이라는 글자는 그때 생기는 균열의 모양을 본뜬 것이고, 그 음인 'bu'(上古音은 *pok)[6]는 갈라질 때 나는 소리이다. 그리고 아마 이때 점의 내용도 함께 읊었을 것으로 추측된다. 균열(卜兆)이 생기면 그 형상을 보고 신의 의지(길흉)를 판단하며, 마지막으로 그 균열이 생긴 주위에 점을 친 날짜나 연월, 점을 친 사람의 이름, 점의 내용 및 결과 등을 새기게 된다. 글자를 새길 때는 먼저 갑골 위에 붓으로 글자를 쓴 다음 날카로운 도구로 신속하게 새겼다. 그것이 바로 갑골문이다.

갑골문에 관한 연구는 1903년 유악劉鶚의 『철운장귀鐵雲藏龜』가 출판된 이래 1세기 동안 전 세계의 수많은 학자들에 의하여 활발히 연구가 진행되어 왔다. 현재 발견된 것 중 가장 오래된 것은 B.C. 14세기 초의 무정武丁(제22대왕) 시대의 것이고, 가장 늦은 것은 B.C. 12세기 말의 제신帝辛(제30대왕=紂) 시대의 것으로 알려져 있다. 갑골문은 점과 관계가 없는 내용을 담고 있는 것(記事文)도 있지만, 거의 대부분은 점과 관련된 기록이다. 좀 더 구체적으로 말하면, 우주의 지배자이자 그 의지에 의하여 모든 미래가 결정된다고 관념된 제帝[7]나 왕의 조상신(선왕과 그 배우자)에게 왕이나 왕족의 개인적 일상적인 일에서 국가적인 사항 전반에 걸쳐 그 의향을 묻기 위하여 행한 기록들이다. 다시 말하면, 비 · 눈 · 바람 · 홍수 · 가뭄 · 일식 · 월식의 유무와 같은 자연 현상, 그 결과로서 초래될 수 있는 농사의 풍흉이나 수재의 유무, 제사 · 전쟁 · 수렵을 위한 예언, 임신과 같은 후사後嗣와 관련된 문제, 질병 · 생사와 같은 신변의 문제, 꿈과 같은 운세, 매일 밤 혹은 앞으로 열흘간의

---

6) William H. Baxter(1992: p.671) 참조.
7) '上帝', '下帝', '上下帝', '下上帝'라고도 하며, 단지 '上下', '下上'이라고 할 때도 있다.

재앙의 유무,[8] 한마디로 말하면 미래에 대한 불안과 확신, 공포와 안도의 기록이라고 할 수 있다.[9] 이때 중요한 것은 점을 치는 것은 이른바 정인貞人이라는 전문가 집단에 의하여 행해졌지만, 점을 치고 나서 갑골의 갈라진 모양을 보고 그 길흉, 즉 상제나 조상신의 의지를 판단하는 주체는 대개의 경우 왕이었다는 사실이다. 그렇다면 갑골이라는 점구占具를 매개로 신의 의지를 묻고 판단하는 행위 및 제사권祭祀權은 왕이 독점하고 있었다고 해야 할 것이다.

갑골과 그 문자의 발견은 중국 고대 연구에 획기적인 변혁을 불러일으켰다. 한대 이후 유교기 관학화되면서 요순堯舜을 비롯한 하은주夏殷周 삼대三代의 역사는 중국인들에게 의심할 여지가 없는 이상세계로 관념되어 왔다. 그러나 청대에 들어 서구 문명이 들어오면서 전통적인 사고체계를 경시하고 부정하는 풍조가 만연하게 되는데, 유교경전이나 제자백가서, 역사서 등에 기록되어 있는 삼황오제三皇五帝나 하은주의 역사 또한 그 진위의 문제를 둘러싸고 의심하게 되었다. 최술崔述과 같은 청대 고증학자나 강유위康有爲와 같은 사상가, 그리고 그들을 계승한 의고파疑古派의 학자들은 『사기』를 비롯한 고대 문헌의 자료적 가치나 신빙성을 의심하면서 「은본기殷本紀」에 기록되어 있는 은왕조의 실재성의 문제에도 의문을 제기해 왔다. 그러나 갑골문의 발견으로 「은본기」에 보이는 은왕조의 왕통과 갑골 복사卜辭로부터 복원된 왕의 계보가 거의 일치할 뿐만 아니라 약간 수정해야 할 부분도

---

8) 전자를 '卜夕'이라고 하고 후자를 '卜旬'이라고 한다. '夕'은 '저녁'이 아니라 '밤'을 뜻한다. 그중 특히 '복순'이 압도적으로 많은데, '十日神話'를 특징으로 하는 태양 숭배 및 은왕실의 지배 구조와 관련하여 일찍부터 주목받아 왔다. 이 점에 관해서는 松丸道雄(1989)에 자세하다.

9) 松丸道雄(1959)에 수록되어 있는 西嶋定生의 「序」 참조.

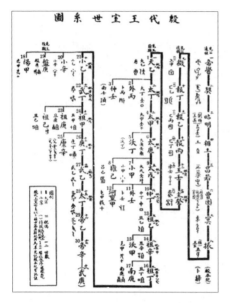

[그림 2-12] 王國維의 연구를 수정 보완하여 董作賓이 복원한 은대 왕실의 계보

있다는 사실이 밝혀짐으로써, 논란이 되어 왔던 『사기』 등의 고대 문헌의 자료적 신빙성의 문제에도 재고의 실마리를 제공해 주었다.[그림 2-12] 뿐만 아니라 은대의 문자, 언어, 사상, 종교, 역사, 정치, 사회, 역법, 더 나아가서는 은대를 전후한 하대나 주대의 역사 등 중국고대사 전체의 재구축을 가능하게 하는 계기를 제공한 것도 갑골문이 발견되었기 때문이다. 그 결정적인 역할을 한 것이 바로 손이양孫詒讓, 나진옥羅振玉, 왕국유王國維, 동작빈董作賓 등이며[그림 2-13·2-14], 그 후의 갑골문 연구는 그들이 이룩한 기초 위에서 진행되어 왔다고 해도 과언이 아니다.

[그림 2-13] 羅振玉          [그림 2-14] 王國維

서사재료로서의 갑골은 은왕조가 멸망한 뒤 곧바로 사라진 것은 아니다. 은을 멸망시킨 주왕조에서도 은대 갑골문화의 전통의 일면은 계승되고 있었다. 이른바 주원周原 갑골이라는 것이 바로 그것이다. 그러나 은대의 갑골문과는 형식과 내용상 근본적

인 차이가 있다는 지적이 일찍부터 있어 왔던 만큼, 앞으로 은 문화와 주 문화의 계승과 단절이라는 보다 넓은 시각에서 연구해야 할 필요가 있다.

한편, 은주시대의 복골卜骨문화는 시간적 차이는 있지만 일본이나 한국에도 전래되었다. 일본에서는 우라베(卜部)라 하여 귀복점의 직책을 맡은 신관神官이 존재했었는데, 이들은 역대 천황이 즉위할 때 그 식전에서 귀복점龜卜占을 쳤다고 한다. 한국의 경우는 청동기시대(B.C. 2세기경)에서 통일신라시대의 패총貝塚이나 저습지, 옛 주거지 유적 등에서 발견되었는데, 거북을 이용한 것은 아직 없고 대부분 멧돼지나 사슴 뼈를 이용한 것들이 발견되었다. 다만 한국과 일본에서 발견된 것은 모두 문자가 없는 무자無字 복골로 유자有字 복골은 아직 발견된 사례가 없다.[10]

## 2. 청동기와 금문

이와 같이 갑골이 대부분의 경우 점 행위와 그 결과를 기록하기 위하여 사용된 서사재료라고 한다면, 청동기는 점과는 무관하다. 갑골과 청동기의 또 다른 차이점은 갑골은 주어진 재료를 거의 그대로 사용하거나 간단히 다듬어서 사용하지만, 청동의 경우는 녹여서 다양한 형태의 기물을 만들 수 있는 이점이 있다는 점이다. 그것을 용도별로 보면, 의례용[11]을 비롯하

---

10) 이상은 貝塚茂樹(1957: 2~69 · 234~315쪽); 松丸道雄(1959: 1~10쪽); 尹乃鉉(1984); 松丸道雄 · 永田英正(1985: 50~78쪽); 吳浩坤 · 潘悠(1985: 1~72쪽); 裴錫圭(1989: 81~84쪽); 沈載勳(1990); 藤枝晃(1991: 20~34쪽); 董作賓(1993, 沈載勳 엮음); 松丸道雄(1999: 16~24쪽); 池澤優(1999: 38~43쪽); 浦野俊則(1999: 52~59쪽); 錢存訓(2002: 18~33쪽) 참조. 한국의 복골에 관해서는 殷和秀(1999); 李釩起(2006) 참조.

11) 주로 宗廟에서 사용하는 禮器의 총칭인 '彝器'가 그것에 해당한다. '이기'라는 말은 『春秋左氏傳』에서 유래하는 말이다. 『春秋左氏傳』, 권34, 「襄公 19년조」, "且夫大伐小也, 取其所得, 以作彝器, 銘其功烈, 以示子孫, 昭明德而懲無禮也."; 권47, 「昭公 15

여 전쟁용, 연회용, 화폐용, 장식이나 장신구용, 거마구車馬具용, 공구용, 일상생활용(예를 들면 거울), 그리고 매우 드물긴 하지만 농기구용도 있다.[12] 그중 종류나 수량 및 명문과의 관계에서 중요시되는 것은 의례용과 전쟁용이다.[13] 그것은 곧 청동기가 제사를 대표로 하는 의례나 전쟁과 불가분의 관계에 있으며, 청동기 자체가 왕의 정치권력 및 제후나 귀족의 권위와 규범의 상징이자 도구였음을 의미한다.[14]

중국 청동기의 기원은 정확하게는 알 수 없다. 다만 갑골문화가 고고학적 발굴 조사에 의하여 신석기시대에 이미 존재해 있었던 것이 알려져 있듯이, 청동기 또한 은대보다 더 거슬러 올라가는 용산龍山문화기와 이리두二里頭문화

[그림 2-15] 綠松石象嵌獸面文飾 장신구
[그림 2-16] 乳釘紋銅爵

기에 속하는 유적에서 발굴된 것이 있다.[그림 2-15·2-16] 특히 이리두유적은 하대인가 은대 전기인가라는 연대 문제를 두고 오래전부터 역사학계와 고고학계에서 의견의 대립이 있었다. 그러던 것이 '중화민족의 위대한 부흥'이라는 기치 아래 1996년부터 국가적 중점 사업으로 진행되어 온 '하상주단

년조」, "諸侯之封也, 皆受明器於王室, 以鎭撫其社稷. 故能薦彝器於王." 등을 참조.

12) 참고로 容庚은 청동 이기를 크게 食器, 酒器, 水器 및 雜器, 樂器로 나누고(容庚, 1941: 21~23쪽), 陳夢家는 식기, 飮器, 承器, 盥器, 악기로 나눈다(陳夢家, 1946: 11 ~12쪽).

13) 이러한 사실은 『春秋左氏傳』 권27 「成公 13년조」의 "國之大事, 在祀與戎"이라는 문장과도 잘 부합된다.

14) '王'자가 청동 '도끼'(鉞)의 상형문자라는 설도 있다. 林澐(1965: 311~312쪽) 참조.

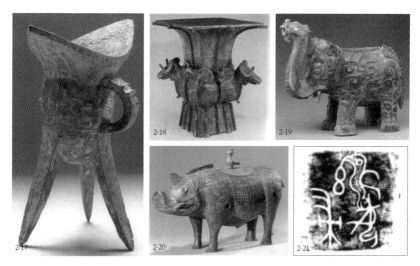

[그림 2-17] 父己角(은대 후기). 손잡이 부분에 명문이 새겨져 있다. [그림 2-18] 四羊方尊(은대) [그림 2-19] 象形尊(은대)
[그림 2-20] 猪形尊(은대) [그림 2-21] 은왕조의 玄鳥 설화(感生 설화)를 연상하게 하는 명문(冊, 9794.1)

[그림 2-22] 서주시대 청동 제기 세트(ⓐ角, ⓑ盉, ⓒⓕⓗⓚ觶, ⓓⓘ盉, ⓔ爵, ⑨尊, ⓙ斗, ⓛ罍, ⓜ瓹, ⓝ禁)

[그림 2-23] 作册大方鼎(서주시대)
[그림 2-24] 작책대방정 명문(2760)
[그림 2-25] 史墻盤(서주 중기)
[그림 2-26] 사장반 명문

[그림 2-27] 王子午銅鼎
[그림 2-28] 왕자오동정 명문
[그림 2-29] 中山王圓鼎
[그림 2-30] 中山王方壺
[그림 2-31] 始皇銅權(B.C. 221)

[그림 2-32] 鳳凰形鈕蓋鼎(전한 중기). 뚜껑 부분에 명문이 새겨져 있다.
[그림 2-33] 祭祀場面銅貯貝器(전한시대)

대공정夏商周斷代工程' 이래 이 유적을 하왕조의 유적으로 확정지으려는 움직임이 활발히 진행되어 왔다. 그 결과 지금은 그것이 거의 정설로 정착된 듯한 인상마저 든다. 그러나 유적의 연대나 정체성을 파악하는 데 결정적인 역할을 하는 문자가 발견되지 않았기 때문에, 하왕조의 유적으로 인정할 수 있는지의 여부에 대해서는 여전히 신중론을 주장하는 학자들도 많다. 또 청동기라는 측면에서 보면, 은주시대에 비해 그 수량이 매우 미비하며, 보다 더 중요한 것은 명문이 새겨져 있는 청동기가 아직 존재하지 않는다는 사실이다. 따라서 명문이 있는 것을 전제로 했을 경우, 청동기시대는 은대[그림 2-17~21], 서주西周시대[그림 2-22~26], 동주東周시대(春秋戰國時代)[그림 2-27~30]를 포괄한다. 또 은주시대에 비하면 현저하게 쇠퇴하긴 하지만, 통일진統一秦[그림 2-31]에서 전한前漢시대[그림 2-32~33]까지도 명맥만은 겨우 유지해 간다. 시간적으로는 약 2,000년이라는 장구한 역사이다.

청동기는 형태나 종류도 다양하고 명문의 내용도 풍부하며, 성립 사정이나 자료적 성격 또한 시대적 지역적으로 매우 큰 차이가 있다. 그 때문에 그것을 일반화하여 말하는 것은 어쩌면 무의미할지도 모른다. 그러나 명문을 하나하나 짚어 가며 구체적으로 설명하는 것은 이 책의 성격상 무리가 따르기 때문에, 그 대략적인 내용만을 소개하면 다음과 같다.

은대의 명문은 일반적으로 짧고 간단하고 상투적인 문구가 많으며, 또 문자에 도형적인 요소가 많다는 점에서 주대와는 차이가 있다. 명문에는 보통 부족이나 개인의 이름, 제사의 대상이 되는 조상의 이름, 기물의 명칭이나 제작자의 이름, 전쟁을 나타내는 내용 등이 새겨져 있는 경우가 많다.

그러던 것이 은대 말기가 되면 명문주조법銘文鑄造法이 확립되어 수십 자의 명문을 갖는 청동기가 등장하기 시작한다. 또, 서주시대로 내려오면 짧고 간단한 것도 있지만, 작책대방정作冊大方鼎이나 영궤榮簋 또는 사장반史墻盤이나 모공정毛公鼎과 같이 수십 자에서 백 자가 넘는 것도 있다. 이들 명문에는 대체로 은주혁명殷周革命의 역사적 사실이나 그 후의 왕의 치세의 정당성과 왕실의 위대함을 과시하는 내용, 제후의 봉건, 전쟁이나 맹약이나 조례, 관직이나 직무의 임명이나 은상恩賞(이른바 冊命金文), 계약이나 재판이나 소송 등과 같은 법률적 기록,15) 의례나 그 밖에 정치적 사회적 사건들이 기록되어 있다. 또, 이 시대의 청동기는 대부분 주왕실의 직속 공방工房에서 제작되었는데(周室工房製作器), 그 밖에도 제후의 공방에서 제작된 것도 있다(諸侯工房製作器). 후자는 열국기列國器라고도 한다. 뿐만 아니라, 주왕실이 그 공방에서 제작하여 제후에게 하사한 것, 제후가 그 공방에서 주왕실로부터 하사받은 청동기에 명문을 개작하여 만든 것(諸侯改作銘器), 하사받은 청동기 명문을 그대로 모방하여 만든 것(諸侯倣製銘器) 등이 있다.16) 그렇다면 서주시대에 이미 제후들이 주왕실로부터 하사받은 것을 개작하거나 모방하거나 심지어는 자신들의 공방에서 청동기를 만들고 있었다는 것이 된다. 그리고

---

15) 이것은『周禮』「秋官・司約」에서 "掌邦國及萬民之約劑, 治神之約爲上, 治民之約次之, 治地之約次之, 治功之約次之, 治器之約次之, 治摯之約次之. 凡大約劑, 書於宗彛. 小約劑, 書於丹圖"라고 하거나『春秋左氏傳』권43「昭公 6년조」에서 "三月, 鄭人鑄刑書"라고 하는 내용과도 부합된다. 참고로『春秋左氏傳』권53「昭公 29년조」의 "冬, 晉趙鞅荀寅帥師城汝濱, 遂賦晉國一鼓鐵, 以鑄刑鼎, 著范宣子所爲刑書焉"이라는 문장에 의하면, 청동이 아닌 철로 기물을 만들었다고 되어 있다.

16) 松丸道雄는 諸侯製作器의 또 하나의 가능성으로 "어디까지나 주왕실에 복속하는 것을 전제로 어떤 문장을 스스로 起草한 다음 그것을 명문으로 새긴 청동기를 鑄作했을 경우도 있을 것이다"라고 하면서, 그것을 '諸侯作製銘器'라고 명명한다. 그 밖에 제후가 자신의 신하를 위하여 제작하는 경우도 있다. 또, 현재까지 알려져 있는 모든 청동기를 어떻게 분류하고 정리할 것인가의 문제는 청동기의 제작 주체의 문제와 매우 밀접하게 연관되어 있다. 그 구체적인 분류법에 관해서는 松丸道雄가 작성한 표를 참조.(松丸道雄, 1980: 77・137~183쪽) 그러나 松丸道雄가 주장하는 주체의 문제에 대해서는 伊藤道治와 같이 정면으로 반대하는 견해도 있다.(伊藤道治, 1987: 13~76쪽)

전체적으로 볼 때, 이 시대의 명문은 은대와는 달리 서사적인 내용이 많아지는 것이 하나의 큰 특징이다.

춘추전국시대가 되면 제후에 대한 주왕실의 힘이 약화되어 제후들이 자신의 공방에서 독자적으로 청동기를 제작하게 되고, 그와 더불어 제후들의 청동기가 주왕실의 청동기의 지위를 대신하는 현상까지 나타나게 된다. 내용도 제후들 스스로의 성취감이나 전공戰功을 기념하거나, 자국의 정당성이나 정통성을 피력하거나, 권세나 부를 상징하는 기물로 간주하는 의식이 매우 현저해진다. 그것은 주왕의 권위가 형해화形骸化하고 전국 7웅이라 일컫는 영역국가의 제후들이 자립하여 왕을 칭했던 것과 같은 천자－제후 사이의 지배구조의 근본적인 변화(봉건제도의 붕괴와 하극상) 및 전국 통일의 현실적 실현 가능성의 가시화 등이 명문에 반영된 것이라고 할 수 있다. 뿐만 아니라 사회경제적으로 철기가 보급됨에 따라 청동기의 용도도 한정되고, 중앙집권적인 관료제의 발달과 함께 통일 왕조가 수립되자 지배 권력을 상징하는 청동기 본래의 역할 또한 그 생명을 다하게 된다.

그런데 청동기를 서사재료라는 관점에서 논할 때 간과해서는 안 되는 것은 그것이 왕이나 왕의 일족, 제후나 그 일족, 또는 공신이나 그 일족 등 일부 지배계층의 점유물로 독점되고 있었다는 사실이다. 그것은 혈연에 기초를 둔 귀족제를 신성화하는 조상제사 의례와 결합되어 있었으며, 그와 동시에 청동기를 제작하는 고도의 기술과 그것을 운용하는 정치기구를 장악한 자만이 소유할 수 있는 것이었기 때문이다. 청동기는 곧 배타적인 권력과 권위의 상징물이자 자자손손 대대로 영구히 계승해야 할 국보이자 가보였다. 청동기를 중국 고대 문화의 정화로 삼을 수 있는 이유가 '비실용성'에 있다는 고미나미 이치로(小南一郎)의 지적을 통해서도 알 수 있듯이[17] 서

사재료로서의 청동기는 처음부터 실용성과는 무관한 것이었다.[18]

그 밖에 중요한 서사재료로 석각石刻에 사용되는 돌(石鼓·秦의 刻石·石經·畵像石·碑石·墓誌 등)이나[그림 2-34~37], 맹서盟書 등에 사용되는 옥玉(石製도 있음)[그림 2-38], 화상전畵像磚(벽돌)[그림 2-39], 와당瓦當(기와)[그림 2-40], 고도古陶(질그릇)[그림 2-41], 고새古璽(인장)[그림 2-42~43], 고전古錢(화폐)[그림 2-44] 등도 있다. 그러나 이것들도 갑골이나 청동기와 마찬가지로 사용 주체나 목적이나 용도나 내용에 제약을 받는 특수한 서사재료임은 말할 것도 없다.

## 제2절 보편적인 서사재료: 죽간, 목간, 백서

지금까지 살펴본 바에 의하면, 갑골, 청동, 석재, 옥 등은 보편적인 서사재료가 아니라는 것이 분명해졌다. 그것이 보편적인 서사재료가 아닌 가장 큰 이유는 특정한 지배계급에 의하여 독점되고 있었고, 특정한 용도나 목적에 의하여 매우 제한적으로 사용되고 있었기 때문이다. 그렇기 때문에 특수한 서사재료라고 해야 한다. 그렇다면 중국 고대에 보편적인 서사재료로 일반적으로 사용되고 있었던 것은 무엇인가? 나무, 대나무, 비단이 바로 그것이다. 이 점은 거의 대부분의 학자들이 공통적으로 인식하고 있는 사항이다. 대나무를 서사용으로 다듬어 먹으로 글씨를 쓴 것을 '죽간'이라고 하고,

---

17) 小南一郎(2006: 7쪽).

18) 이상은 容庚(1941: 1~98쪽); 松丸道雄(1980: 11~129쪽); 林巳奈夫(1984: 3~34쪽); 松丸道雄·永田英正(1985: 79~102쪽); 張光直(1989: 17~51쪽); 江村治樹(2000: 141쪽); 張光直(2000: 165~185쪽); 錢存訓(2002: 34~52쪽); 松丸道雄 등 편(2003: 152~154·208~210·253~254·299~300·322~326쪽); 岡村秀典(2003); 宮本一夫(2005: 294~353쪽); 小南一郎(2006) 참조.

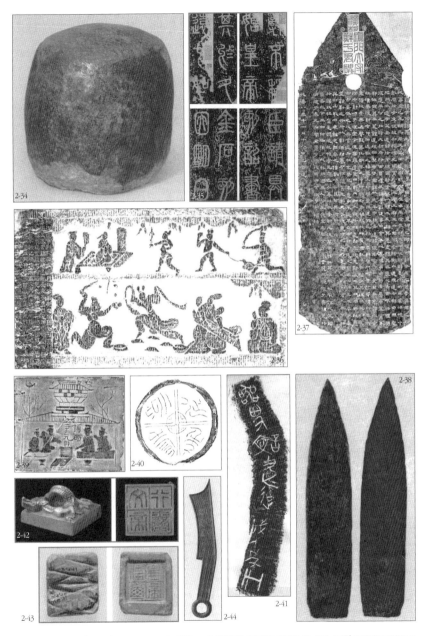

[그림 2-34] 石鼓  [그림 2-35] 泰山刻石(B.C. 219)  [그림 2-36] 南陽東關 許阿瞿墓志畵像(A.D. 170)  [그림 2-37] 鮮于璜碑(A.D. 165)  [그림 2-38] 侯馬盟書  [그림 2-39] 六博畵像磚(후한시대)  [그림 2-40] 延年益壽瓦當(한대)  [그림 2-41] 서주시대 陶文  [그림 2-42] ʻ文帝行璽ʼ 金印(전한 전기)  [그림 2-43] ʻ皇帝信璽ʼ 封泥(전한시대)  [그림 2-44] 齊刀(선진시대 제나라 화폐)

나무의 경우는 '목간'이라고 하며, 양자를 아울러 '간독'이라고 한다. 그리고 비단의 경우는 '백서'라고 한다.[19] 고대 이집트나 그리스에서는 파피루스를, 유럽에서는 양피지羊皮紙를, 바빌로니아에서는 점토판粘土板을 보편적으로 사용하고 있었지만, 중국에서는 간독과 비단을 보편적인 서사재료로 사용하고 있었다.

여기서 잠시 용어의 의미를 짚어 보자. 후한시대에 허신許愼이 지은 『설문해자』에 의하면, '간簡'은 뜻을 나타내는 '죽竹'과 소리를 나타내는 '간間'으로 구성되어 있으며, 의미는 '첩牒'(글자를 적는 나무판)이라고 풀이되어 있다. '첩'은 다시 패를 의미하는 '찰札'이라고 풀이되어 있는데, '찰'을 찾아보면 또 '첩'이라고 되어 있다. 『설문해자』에는 이처럼 쳇바퀴 도는 듯이 글자를 풀이하는 경우가 종종 있는데, 이 경우 '간'='첩'='찰'이라는 의미인지 아니면 다른 의미인지 애매모호하다. 그 때문에 후대에는 이들 용어의 의미를 저마다 나름대로 정의하려는 시도가 난무하게 된다. 어쨌든 오늘날에는 '간'은 '대죽머리'가 뜻을 나타내는 부분이므로 기본적으로는 죽간을 가리키고, '찰'은 '나무목변'이 뜻을 나타내는 부분이므로 목찰을 가리키지만, 후자의 경우는 목찰보다 목간이라는 말을 더 많이 사용한다. 그 밖에도 '독牘'이라는 말이 있다. 『설문해자』는 이것을 '서판書版'이라고 풀이하지만, 오늘날에는 나무든 대나무든 구별 없이 '간'보다 폭이 넓은 것을 총칭하는 말로 사용하고 있다.

---

19) '죽간'이나 '목간'이라는 말은 필자가 조사한 바에 의하면 南朝, 宋시대에 편찬된 范曄의 『後漢書』나 『漢書』의 唐代 주석 등에 보이는 것이 가장 오래된 용례이다. 그에 비해 '간독'이라는 말은 『論衡』 「對作」편에 "恐其廢失, 著之簡牘"이라고 하듯이 후한시대의 문헌에 이미 보인다. '백서'라는 말은 연대가 더욱 올라가 전한시대의 자료인 『史記』 「孝武本紀」나 居延漢簡(185.14,258.1)(中國社會科學院考古硏究所, 1980: 126쪽) 등에 보인다.

[그림 2-45] 陽朔二年車輦簿((一行)간과 兩行이 함께 편철되어 있다.)  [그림 2-46] 里耶秦牘
[그림 2-47] 江西省 南昌市 東湖區 1호 晉墓에서 출토된 木方

한편 '간'이나 '찰'은 세로로 한 줄 정도 쓸 수 있게 만든 폭이 좁은 것을 기본으로 하는데, 그 폭을 두 배로 늘려 두 줄로 쓸 수 있게 한 것을 '양행兩行'이라고 한다.[20] 폭을 더 넓혀 세 줄 이상 쓸 수 있게 한 것을 '독'이라고 하며, 그것을 더욱 넓혀 거의 정방형에 가깝게 만든 것을 '방方'이라고 한다. [그림 2-45~47] 다만 이러한 폭의 넓이에 의한 구분이 정확하게 몇 자 몇 치로 규정되어 있는 것은 아니기 때문에, 양행 이상의 경우는 대개 '독'으로 불리는 경우가 많다.[21]

나무와 대나무는 갑골이나 금석에 비해 주위에서 손쉽게 구할 수 있고 내구성이 강하며, 가공하기 쉽고 부피가 작다. 또, 짧은 문장은 물론 긴 문장을 작성하는 데도 편리하고, 휴대 및 보관이 비교적 용이하다는 이점이

---

20) 서북 변경 지역에서 발견된 목간을 연구 대상으로 분석한 角谷常子(2003: 98쪽)에 의하면, 문서의 正本의 경우는 兩行을 사용한다. 또 草稿의 경우는 양행과 찰을 모두 사용하지만, 찰을 사용하는 경우가 조금 더 많다.
21) 나무나 대나무의 서사재료를 구별하여 말하는 용어에 관해서는 陳夢家(1980: 292~293쪽); 大庭脩(1979: 17~20쪽); 大庭脩(1984: 31~41쪽) 참조.

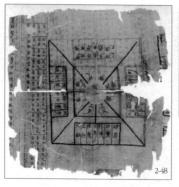

[그림 2-48] 마왕퇴백서 『陰陽五行』(부분)
[그림 2-49] 마왕퇴백서 『天文氣象雜占』(부분)

있다. 비단은 나무나 대나무에 비해 훨씬 가볍기 때문에 휴대나 보관이 더욱 용이하고, 재료의 특성상 원하는 형태로 쉽게 가공이 가능하며, 사람들에게 고급스러운 인상까지 준다. 또, 편철編綴해야 할 필요가 없기 때문에 그림이나 지도를 작성하는 데 매우 편리한 장점도 있다.[그림 2-48~49] 다만 비단은 가격이 비싸 누구나 손쉽게 사용할 수 있는 재료는 아니다. 그렇기 때문에 비단은 특수한 서사재료가 아닌가라는 의문을 가질지도 모른다. 그러나 선진시대 사람들이 '서어죽백書於竹帛'(대나무나 비단에 기록한다)이라는 말을 입버릇처럼 사용하고 있었듯이, 비단은 엄연히 보편적인 서사재료 중의 하나였다.

그렇다면 나무는 어떠한가? 위의 구절에는 대나무와 비단에 대해서는 언급이 있지만, 나무에 대해서는 언급이 없다. 그렇다면 나무는 보편적인 서사재료가 아니라는 말인가? 그렇지는 않다. 나무 또한 보편적인 서사재료 중의 하나였다. 그렇다면 왜 나무에 대한 언급은 없는가? 이 물음에 대해서는 죽간과 목간의 용도나 기능에 대한 고찰을 통하여 조금씩 밝혀질 것이다.

그런데 한국이나 일본의 목간 연구자들 중에는 죽간과 목간의 쓰임에 대하여 오해를 하고 있는 경우가 종종 있다. 한국의 경우를 예로 들어 보면,

한국 목간을 소개하는 자리에서 박종익은 "목간木簡은…… 종이가 보편화되기 전에는 고대 동아시아 사회에서 가장 일반적으로 사용되었다"라고 하고, 또 "그런데 중국에서는 나무에 글을 쓰기 전에 주로 대나무(竹)를 사용하였다"라고 한다.[22] 이때 말하는 동아시아가 한·중·일 삼국을 가리키는 것은 말할 것도 없다. 그런데 문제는 다음과 같은 점에 있다. 첫째는, 한·중·일 삼국에서 죽간과 목간이 사용되었을 때의 각각의 역사적 특수성을 무시하고 있는 점이다. 둘째는, 중국에서 나무와 대나무의 사용 시기에 마치 시간적인 선후 관계가 있는 것처럼 기술하고 있는 점이다. 이러한 오해는 한국이나 일본에서 죽간이 발견된 예가 아직 없는 데서 비롯된 것일지도 모른다.[23] 그러나 보다 더 근본적으로는 앞에서 말한 죽간과 목간의 용도나 기능의 차이를 정확히 알지 못한 데에서 비롯된 것이라고 생각한다.

그가 그렇게 오해하고 있는 것은 그만의 탓은 아닌 것 같다. 일찍이 전존훈錢存訓은 죽간이 목독木牘보다 먼저 사용되었다고 하고, 또 목독은 죽간의 대용품이며, 사용 시기는 한대의 기원 전후라고 주장한 바 있다. 그 근거

---

22) 국립창원문화재연구소(2006: 10~11쪽).
23) 류병홍(1992: 2쪽)에 의하면, 해방 후 북한의 평양시 낙랑 구역 일대에서 『논어』의 책 제11권(「先進」편)과 제12권(「顔淵」편) 전문이 적혀 있는 '참대쪽묶음'이 출토되었다고 한다. '참대쪽묶음'이란 죽간의 冊書를 가리킨다.(책서에 관해서는 후술) 이것이 漢四郡시대에 중국에서 유입된 것인지 아니면 한반도에서 제작된 것인지에 대해서는 좀 더 고증이 필요하지만, 이 죽서에 의하여 이 시기에 한반도에도 죽간이 존재했던 예가 있다는 것이 확실해졌다.(이 죽간에 관해서는 국립창원문화재연구소, 2006: 18쪽; 橋本繁, 2007: 404~405쪽; 李成市·尹龍九·金慶浩, 2009: 127~166쪽; Kim Kyungho, 2011: 65~78쪽 참조) 또 시대는 상당히 내려오지만, 조선시대에 경서의 구절을 죽간에 적어 암기용으로 사용한 經書筒은 종이가 이미 보편적인 서사재료로 정착한 시기에 죽간이 특수한 목적으로 사용된 예라고 할 수 있다. 그런데 여기서 주의해야 할 점은 이 경서통의 죽간은 編綴簡 즉 서적이 아니라 單獨簡이라는 점이다.(편철간과 단독간에 관해서도 후술) 그런 점에서 중국 고대의 편철용의 죽간과는 자연히 구별된다.

[그림 2-50] 갑골문에 보이는 '册'

로 ①'간簡'의 표면은 좁기 때문에 보통 한 줄밖에 쓸 수 없는데, 만약 목독이 먼저 사용되고 있었다면 면이 넓기 때문에 그렇게 좁을 까닭이 없는 점, ②'간'이라는 글자는 '죽竹'으로 구성되어 있고, 대나무와 비단이 함께 사용되고 있었던 것은 선진시대의 옛 문헌에 종종 보이지만, '독牘'이라는 글자가 사용되는 것은 한대 이후의 문헌에만 보이는 점, ③문헌상의 기록과 근년에 출토된 전국시대에서 한대 초기의 간책簡策은 대부분 재질이 대나무이고, 종종 출토되는 목독은 모두 후한 무렵의 것으로, 어떤 것은 대나무가 나지 않는 서북 지역에서 출토된 것인 점을 든다.[24] 그러나 그가 든 세 가지 근거는 전국시대 중기의 진秦나라 무덤이나 우물에서 목독이 출토됨으로써(青川木牘 · 里耶秦牘 등, [그림 2-46]) 더 이상 설득력이 없어지고 말았다. 다시 말하지만, 죽간과 목간을 구별할 때 보다 더 중요한 것은 사용 시기가 아니라 용도나 기능, 즉 쓰임의 차이이다.

그렇다면 간독과 백서는 언제부터 사용되었을까? 이 기원의 문제에 대해서는, 외국학자들은 대부분 언급을 피하는 편이지만, 중국학자들은 주저하지 않고 은대나 그 이전부터 사용되었다고 주장한다. 그러나 결론부터 말하면, 심증은 있지만 아직 물증은 없다. 심증이란 ①이미 신석기시대에 붓이 사용되고 있었던 점, ②여러 개의 죽간 또는 목간을 편철한 모양을 본뜬 글자인 '책册' 및 선반이나 책상(丌) 위에 책을 올려놓은 것을 나타내는

---

24) 錢存訓(2002: 72~73쪽).

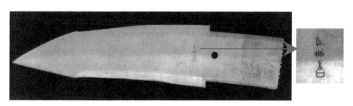

[그림 2-51] 은대 후기의 玉戈. '乍(作)册吾'라는 글자가 선명하게 새겨져 있다.

'전典'이라는 글자가 갑골문이나 금문에 보이는 점[그림 2-24·2-50], ③전래문헌에도 은대에 '책'과 '전'이 있었다는 기록이 있는 점,25) ④갑골문이나 금문이나 옥 등에 '작책作册'이라는 관직명이 보이는데[그림 2-51], 이것은 '전책典册'을 만드는 것을 의미하는 점 등이다.26) 그뿐만이 아니다. 청동기 명문의 경우 문장을 처음부터 직접 청동기에 새기는 것이 아니라는 것은 말할 것도 없는데, 마쓰마루 미치오(松丸道雄)에 의하면 그 초고는 간독이나 포백布帛에 서사했을 것이라고 한다.27) 그렇다면 청동기시대라고 할 수 있는 은주시대에 간독과 백서가 일반적인 서사재료로 이미 사용되고 있었을 가능성은 있다고 추측할 수 있다. 그러나 춘추시대 이전의 간독과 백서가 출토된 예는 현재까지는 없고, 가장 오래된 것이라 하더라도 모두 전국시대 이후의 것들이다. 따라서 이 책에서 대상으로 삼고 있는 간독과 백서도 모두 전국시대 이후의 것이 된다.28) 아래에서는 죽간과 목간의 서사재료로서의 특징에 관

25) 『尚書』, 권13, 「金縢」 8, "旣克商二年, 王有疾弗豫.……史乃冊祝曰,…….";「多士」, "惟爾知惟殷先人有冊有典, 殷革夏命.";『毛詩』, 권9, 「小雅·出車」, "王事多難, 不遑啓居. 豈不懷歸, 畏此簡書." 등을 참조. 다만 『모시』의 '간서'에 대해서는 '盟書'로 해석하는 학자도 있다.

26) 이상은 王國維(1912: 42~43쪽); 大庭脩(1984: 46쪽); 裵錫圭(1989: 82~84쪽); 錢存訓 (2002: 72쪽); 李均明(2003: 2쪽) 참조. 갑골문이나 금문에 보이는 '冊' 또는 '册'을 구성 요소로 하는 문자들에 대해서는 다양한 해석이 있다. 예를 들어 '册'을 희생을 가두어 두는 牢閑의 문짝이라고 하는 白川靜의 설은 그 하나의 예다.(白川靜, 1976: 182쪽)

27) 松丸道雄(1980: 43쪽).

하여 보다 더 자세히 논하기로 한다.

## 제3절 죽간의 제작 방법과 용도 및 기능

중국에서 대나무는 북쪽의 추운 지역이나 서북쪽의 메마른 사막 지역 외에는 거의 대부분의 지역에서 자생하거나 재배되고 있었다. 따라서 서북 변경 지역에서 편철된 목간[그림 2-45]이 발견되는 것은 원래는 죽간에 서사해야 하는 것을 대나무가 거의 서식하지 않는 자연적 제약 때문에 나무로 대용한 것이라는 견해도 있다.[29]

서북 변경 지역의 편철된 목간이 왜 죽간의 대용품인가를 설명하기 위해서는 죽간과 목간의 용도와 기능의 차이에 대하여 논해야 한다. 여기서는 먼저 죽간의 제작 방법을 재현하면서 이 문제를 논해 보기로 한다. 그러나 필자가 조사한 바에 의하면 한대까지의 문헌 중 죽간의 제작 방법이 상세히 기록되어 있는 문헌은 없기 때문에 세세한 부분까지 정확히 알 수는 없다. 물론 그렇다고 해서 전혀 실마리가 없는 것은 아니다. 비록 후대의 문헌이기는 하지만, 여러 문헌에 단편적으로 보이는 기록과 현재까지 출토된 죽간의 실례, 거기다 추측과 상상력을 발휘하여 재현시켜 보면 다음과 같다.

---

28) 죽간이 서사된 시기를 춘추시대 혹은 전국시대로 구분할 때 거기에는 한 가지 문제가 있다. 그것은 곧 전국시대의 시작을 언제로 규정하느냐에 따라 죽간의 시대도 달라지는 문제이다. 전국시대의 시작은 B.C. 481년설, B.C. 476년설, B.C. 468년설, B.C. 453년설, B.C. 403년설 등이 있는데, 예를 들면, 1978년 湖北省 隨縣 曾侯乙墓에서 출토된 B.C. 433년경의 것으로 추정되는 죽간은 위의 설 중 어느 쪽을 따르느냐에 따라 춘추시대도 되고 전국시대도 된다.

29) 冨谷至(2003: 101쪽).

죽간을 제작하기 위해서는 말할 것도 없
이 먼저 대나무가 필요하다. 대나무는 현재
전 세계에 수백 종이 서식하고 있는데, 중국
고대에 몇 종의 대나무가 있었는지 정확히
알 수는 없다. 1994년에 발견된 상박초간의
경우[그림 2-52] 죽간의 재질을 과학적으로 분
석한 결과 맹종죽孟宗竹인 것으로 밝혀졌
다.30) 맹종죽은 강남죽江南竹이라고도 하듯
이 주로 중국 강남 지역이 원산지이다. 또
한국이나 일본 등지에도 유입되었는데 큰
것은 25m나 된다.31)

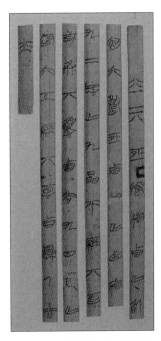

『논형』「양지量知」편에 의하면, 대나무
는 먼저 결의 반대 방향 즉 가로로 자른다.

[그림 2-52] 상박초간 『주역』 제28호간(恒卦)

그러면 가운데가 비어 있기 때문에 원통 모
양의 죽통竹筒이 생긴다. 그것을 다시 일정한 간격으로 세로로 자르게 되는
데, 이와 같은 초기 과정에서 죽간의 길이와 폭이 결정되게 된다.32) 그것은
곧 죽간 하나에 기입할 수 있는 글자의 수가 결정됨을 의미한다. 죽간의
길이의 문제는 나중에 다시 논하겠지만, 적어도 선진시대에는 특별히 정해
진 규격은 없었던 것 같다. 또 죽간의 매수는 문서나 서적의 분량에 비례하
여 결정되게 된다.

「양지」편에는 그 다음에 바로 내용을 적는 것으로 되어 있지만, 아직

---

30) 濮茅左 저, 田中良明 역(2007a: 193쪽).
31) 한국에서는 맹종죽을 왕대 또는 참대라고 한다.
32) 『論衡』, 권12, 「量知」 35, "截竹爲筒, 破以爲牒, 加筆墨之迹."

몇 가지 공정을 더 거쳐야 한다. 대나무의 겉은 표피로 둘러싸여 있기 때문에 거기에 직접 먹글씨를 쓰면 쉽게 지워진다. 그래서 일반적으로는 표피를 벗겨 내고(벗기지 않는 경우도 있다) 칼로 안쪽을 다듬은 다음 안쪽 면에 내용을 쓴다. 표피를 벗겨 내고 대략 폭 0.6㎝, 두께 0.1㎝ 정도로 다듬은 다음 해야 하는 것이 '살청殺靑' 처리이다. 막 잘라낸 대나무는 푸른빛을 띠고 있는데, 그것을 불에 쏴어 기름을 빼면 푸른 빛깔이 없어지게 된다. 이것을 다른 말로 '한청汗靑' 또는 '한간汗簡'이라고 한다. 송宋나라 곽충서郭忠恕(?~977)가 지은 『한간汗簡』이라는 책의 이름은 바로 여기에서 유래된 것이다. 이처럼 살청 처리를 하는 이유는 그렇게 해야만 부식이나 충해를 방지할 수 있기 때문이다.[33] 따라서 살청은 때로는 문서나 서책을 의미하기도 하고 때로는 정본定本을 의미하기도 한다.

그런데 한 가지 주의해야 할 점은 살청 처리는 대나무의 경우에만 해당된다는 점이다. 즉, 나무의 경우는 살청 처리라는 공정이 없다. 그 점에서 나무가 대나무에 비해 처리 공정이 비교적 간단하다고 할 수 있다. 후한시대에 남해태수南海太守였던 오회吳恢가 청간靑簡을 살청하여 경서를 서사하려고 했다는 일화는 살청 처리에 관한 구체적인 기록임과 동시에 경서와 같은

---

33) 보통 살청을 설명할 때는 『太平御覽』 권606 「文部」 22 「簡」에 "劉向別傳曰, 孫子書 以殺青, 簡編以縹絲繩"이라고 하고, 또 같은 책에 "風俗通曰, 劉向別錄, 殺青者, 直 治竹作簡書之耳"라고 인용되어 있는 劉向의 설, 『後漢書』 권64 「吳延史盧趙列傳」 54의 '恢欲殺青簡以寫經書'에 대하여 "殺青者, 以火炙簡令汗, 取其青易書, 復不蠹, 謂之殺青, 亦謂汗簡"이라고 주석하는 唐의 李賢의 설, 그리고 『青溪暇筆』에서 "古 者著書以竹, 初稿書於汗青. 汗青者, 竹皮浮滑如汗, 以其易於改抹, 既正則殺青, 而書 於竹素. 殺, 削也. 言去青皮而書竹白, 不可改易也"라고 하는 明의 姚福의 설이 자주 인용된다. 하지만 유향의 경우는 대나무가 시들기 전에 죽간을 만들어 서사하는 것을 의미한다고 하고, 이현의 경우는 대나무의 기름기를 빼는 것을 의미한다고 하며, 요복의 경우는 대나무의 푸른 껍질을 벗겨내는 것을 의미한다고 하고 있어 3자의 설이 모두 다르다.(大庭脩, 1984: 39~40쪽)

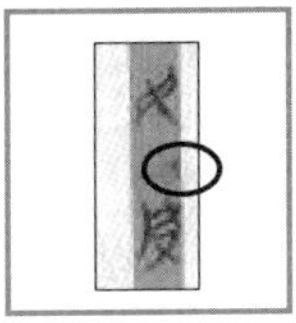

[그림 2-53] 편철용의 홈(契口)
(곽점초간 『노자』)

'서적류'의 경우 목간이 아닌 죽간에 서
사한다는 것을 직접적으로 보여 주는 좋
은 에이다.[34] 또, 그보다 앞서 전한 말기
에 유향劉向은 당시에 전해지고 있던 서
적들을 산정刪定하면서 "본문을 교정하
고 살청한 다음 정서淨書하였다"라고 하
는데,[35] '살청하였다'는 것은 그가 정서
할 때 사용한 서사재료가 목간이 아니라
죽간임을 나타내는 말이다.

살청 처리가 끝나면 죽간의 상하 양
단의 모양을 다듬고, 편철할 부분에 삼

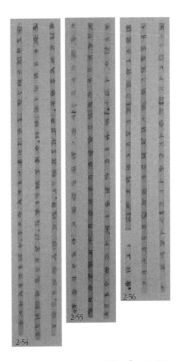

[그림 2-54] 곽점초간 『노자』 갑본
[그림 2-55] 곽점초간 『노자』 을본
[그림 2-56] 곽점초간 『노자』 병본

각형의 홈(契口)을 파 놓는다.[그림 2-53] 현재 출토되어 있는 죽간을 보면 상하
양단의 모양에는 사각형, 원형, 마름모형이 있다. 고대인들은 이러한 모양
을 통하여 문헌을 차별화시켰다. 예를 들면, 곽점초간郭店楚簡 『노자老子』 갑
본甲本은 마름모형, 을본乙本과 병본丙本은 사각형의 모양을 하고 있다. 참고
로, 을본과 병본은 다시 길이로 차별화시키고 있다.[그림 2-54~56] 계구는 보
통 상하 두 군데 또는 상중하 세 군데에 홈을 파둔다.[36] 죽간의 경우는 통상

---

34) 『後漢書』, 권64, 「吳延史盧趙列傳」 54, "吳祐字季英, 陳留長垣人也. 父恢, 爲南海太
守. 祐年十二, 隨從到官. 恢欲殺靑簡以寫經書."
35) 그 하나의 예로 『戰國策』, 「劉序」, "皆定以殺靑書, 可繕寫." 참조.

오른쪽에 위치해 있다.

그런데 여기서 한 가지 문제가 있다. 그것은 죽간을 편철하고 나서 내용을 적는가, 아니면 그 반대로 내용을 적고 나서 편철하는가의 문제이다. 얼마 전까지만 해도 필자는 죽간은 편철하고 나서 내용을 적었을 것으로 생각했었다. 왜냐하면, 곽점초간이나 상박초간을 예로 들어 보면 편철한 흔적이 남아 있는 부분을 사이에 두고 그 위아래의 글자 간격이 편철하지 않은 부분의 글자 간격보다 상당히 떨어져 있기 때문이다. 글자 간격에 이러한 차이가 있는 것은 편철하고 나서 내용을 적었기 때문이라고 생각하였다.

그런데 최근에는 다음과 같은 의문을 갖게 되었다. 실제로 서사할 경우 가령 죽간이 10매 이내라면 그다지 큰 불편은 없을지도 모른다. 그러나 10매 이상, 심지어는 5·60매 혹은 그 이상의 내용을 서사할 경우 그것을 미리 편철해 놓고 적는다면 그 불편은 이루

[그림 2-57] 청자대서용

다 말로 표현할 수 없을 것이다. 또, 시대는 상당히 내려오지만 1958년 호남성湖南省 장사시長沙市 금분령묘金盆嶺墓에서 출토된 서진西晉 영녕永寧 2년(302)의 유물로 추정되는 유명한 청자대서용青瓷對書俑[그림 2-57]을 통해서도 간독의 서사 방식을 엿볼 수 있다. 이 대서용은 두 사람이 서로 마주보고 서적을 서사하는 형상을 묘사한 것이다. 이때 한

---

36) 武威漢簡 중에는 네 군데에 편철한 흔적이 있는 것이 있는데, 사진이 선명하지 않아 홈의 유무를 확인하기 어렵다.

사람은 두루마리 형태의 편철된 서적을 들고 있고, 또 한 사람은 오른손에는 붓, 왼손에는 간독을 들고 막 쓸 준비를 하고 있다. 그런데 흥미로운 것은 서사하는 쪽이 들고 있는 간독은 아직 편철하지 않은 것이라는 점이다. 앞서 말한 글사 간격의 문제도 편철할 부분에 미리 홈을 파두고 그 부분에 충분한 공간을 확

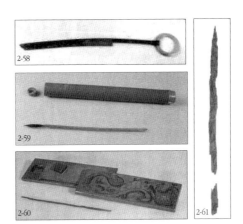

[그림 2-58] 삭도(곽점 1호묘 출토)
[그림 2-59] 전국시대 붓(包山 2호묘 출토)
[그림 2-60] 漆盒石硯과 붓(山東 臨沂 金雀山 11호 한묘 출토)
[그림 2-61] 폐

보해 두면서 적어 가면 나중에 편철하는 데 아무런 지장이 없을 것이다. 이러한 정황을 종합해 볼 때, 죽간을 편철하기 전에 간 하나하나에 내용을 서사했을 것으로 추측된다.

한편 내용을 쓰다 보면 글자를 잘못 쓰거나(오자) 빠뜨리거나(탈자) 불필요하게 삽입된 경우(연자)가 있게 마련이다. 그럴 경우에는 어떻게 했을까? 지금의 지우개나 화이트의 역할을 했던 것, 그것이 바로 삭도削刀이다.(小刀·書刀 등으로도 불린다.)[그림 2-58] 이것은 나무나 대나무의 성질을 이용한 것으로, 잘못된 부분을 칼로 깎아 내고 그 위에 글자를 다시 썼다. 또 필요 없게 된 간독의 표면을 깎아 내고 다시 사용할 때도 썼다. 범엽范曄의 『후한서』에 왕충이 칼과 붓을 두고 『논형』을 저술했다고 하는 것은 칼이 붓과 함께 필기도구의 하나였음을 보여 주는 예이다.(물론 필기도구로 벼루와 먹도 빼놓을 수 없다.)[37][그림 2-59·2-60] 그래서 진한시대에는 하급관리를 '도필지리刀筆

之吏'라고 하였다. 또, 잘못 쓰거나 삽입된 부분을 깎아 내면 잔조각이 생기는데 이것을 '폐'(柿 또는 柿)라고 한다.[38] 중국의 거연한간居延漢簡이나 일본의 평성平城목간에는 폐가 상당수 포함되어 있으며,[39] 한국의 부여扶餘 능산리陵山里 사지寺址에서도 출토된 예가 있다.[그림 2-6] 삭도는 한·중·일 삼국에서 출토된 예가 적지 않다. 한 가지 예를 들면, 곽점 1호 초묘楚墓에서 출토된 삭도는 보존 상태가 매우 양호하며, 삭도 끝에는 장식용으로 고리 모양의 옥이 달려 있다.

탈자의 경우는 글자 사이에 작게 삽입하는 경우도 있지만, 비교적 긴 문구가 빠졌을 경우에는 죽간의 뒷면에 적는 경우도 있다. 오자의 경우도 뒷면에 적은 예가 있다. 이미 수년 전의 일이지만, 일본여자대학日本女子大學의 야나카 신이치(谷中信一) 교수가 형문시박물관荊門市博物館을 방문하여 곽점초간『오행五行』의 죽간의 실물을 볼 기회가 있었을 때, 죽간 앞면의 오자가 뒷면에 수정되어 있는 것을 발견한 것은 유명한 일화이다. 백서의 경우 오자가 생겼을 때는 간독처럼 깎아낼 수 없기 때문에 우선 틀린 글자 위에 오자 표시를 하고 그 바로 밑에서부터 다시 내용을 적어 내려간다.

내용을 다 적고 교정이 끝나면 죽간을 편철한다.(반대로 편철하고 나서 교정했을지도 모른다.) 편철할 때는 먼저 끈을 반으로 접는데, 반으로 접었을 때의 길이가 죽간을 모두 철하고 나서도 충분히 남도록 해야 한다. 왜냐하면, 맨 마지막 죽간을 편철하고 나서 그것을 두세 번 묶어 단단히 고정시켜야 함은

---

37) 『後漢書』, 권49, 「王充王符仲長統列傳」 39, "戶牖牆壁各置刀筆, 著論衡八十五篇, 二十餘萬言." 謝承이 지은 『後漢書』에서는 "王充於宅內門戶壚柱, 各置筆硯簡牘, 見事而作著論衡八十五篇"(『藝文類聚』, 권58, 「雜文部」 4, 「筆」)이라고 하고 있듯이 내용이 약간 다르다.

38) 『說文解字』, 「六上·木部」, "柿, 削木札樸也. 从木, 市聲. 陳楚謂櫝爲柿."

39) 大庭脩(1979: 38~39쪽).

물론, 보관할 때 권자본卷子本처럼 두루 만 다음 편철하고 남은 끈으로 매어 두어야 하기 때문이다. 끈을 반으로 접고 가로로 놓은 다음 그 가운데에 첫 번째 죽간을 세로로 끼워 넣는다. 그리고 나서 끈을 위아래로 교차시키면서 고정시킨 뒤 그 다음 죽간을 차례로 철해 간다. 그 경우 간독의 용도에 따라 오른쪽에서부터 철하는 경우가 있고 왼쪽에서부터 철하는 경우가 있다. 왜 이런 차이가 있는지에 대해서는 다음에 상술하기로 한다. 이러한 요령으로 죽간을 편철한 것을 '책서冊書'라고 한다. 그 모양새는 마치 김밥을 말 때 사용하는 발과 같다.

　　그렇다면 편철할 때 사용했던 끈은 어떤 끈이었을까? 이 문제와 관련하여 '위편삼절韋編三絶'이라는 유명한 말이 있다. 이것은 『사기』 「공자세가孔子世家」에 나오는 말로, 공자가 만년에 『역易』을 좋아하여 애독한 나머지 편철한 가죽 끈이 세 번이나 끊어졌다고 해석하는 것이 보통일 것이다.[40] '위韋'란 무두질하여 부드럽게 만든 다룸가죽 또는 유피柔皮를 뜻한다. 그렇다면 당시의 편철용의 끈은 정말로 가죽 끈이었을까? 거연, 돈황, 현천懸泉 유적에서 발견된 목간 중에는 드물긴 하지만 편철된 형태를 그대로 유지하고 있는 책서들이 있는데, 그 끈은 삼(大麻)이었다.[그림 2-45] 또, 전래문헌에 의하면 명주실을 사용한 경우도 있는 것 같다.[41] 그 때문에 '위'는 '위緯'의 가차자로 '씨실'을 의미한다고 주장하는 학자들도 있다.[42] 일리가 전혀 없는 것

---

40) 『史記』, 권47, 「孔子世家」 17, "孔子晚而喜易, 序象繫象說卦文言. 讀易韋編三絶. 曰, 假我數年, 若是, 我於易則彬彬矣." 이 문장은 『論語』 「述而」편의 "子曰, 加我數年, 五十以學易, 可以無大過矣"를 근거로 했을 것으로 추측된다. 그런데 「술이」편의 '學易'의 '易'자는 『經典釋文』이 인용하는 『魯論語』나 定州漢簡 『論語』 제157호간(河北省文物研究所定州漢墓竹簡整理小組, 1997: 33쪽)에는 '亦'자로 되어 있다. 이러한 점을 근거로 「공자세가」의 기록은 역사적 사실이 아니라 『역』의 유교화가 낳은 공자 전설이라고 주장하는 학자들도 있다. 池田知久(1996: 153～155쪽) 참조.
41) 王國維(1912: 55쪽); 陳夢家(1980: 296쪽).

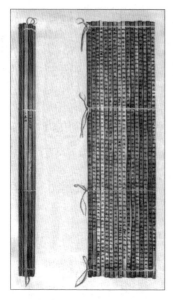

[그림 2-62] 「사상견지례」 복원도

은 아니지만, 죽목간을 철할 때 가로로 철하는 것은 지극히 당연한데, 그것을 굳이 '위편緯編'이라고 할 필요가 있었을까 하는 의문이 든다. 또, 왕국유王國維나 진몽가陳夢家가 들고 있는 전래문헌의 예를 보면 '소사편素絲編'(흰색 명주실로 편철), '청사편靑絲編'(청색 명주실로 편철)이라고 하듯이, '편編' 앞에는 모두 구체적인 재료명이 기술되어 있다. 또, 현재까지 출토된 예가 없다고 해서 앞으로도 그럴 것이라는 보장도 없기 때문에, 이 문제에 대해서는 좀 더 지켜보아야 할 것 같다.

책서를 보관할 때는 펼쳐 놓은 상태로 보관하면 여러모로 불편한 점이 많기 때문에 두루 만 다음 끈으로 매어 둔다. 이러한 책서를 복원한 예로 자주 인용되는 것이 무위한간 『의례儀禮』「사상견지례土相見之禮」편이다.[그림 2-62] 그런데 복원한 사진을 보면, 왼쪽에서 오른쪽으로 편철해야 할 것을 반대로 하는 바람에, 책서를 매어 두어야 할 끈이 안쪽으로 말려 들어가고 말았다. 아이러니컬하게도 책서를 복원한 예로 가장 많이 인용되는 사진이 사실은 근본적으로 잘못된 것이다.[43]

---

42) 林小安(1991); 冨谷至(2003: 70~72쪽); 淺野裕一·湯淺邦弘 편(2004: 80~83쪽). 李零(2004: 119쪽)은 '위편삼절'의 '삼'을 '세 번'이 아니라 '세 군데에 편철한 끈'이라는 새로운 해석을 내놓고 있는데, 이 점에 대해서는 福田哲之가 반대 의견을 제시하고 있다.(淺野裕一·湯淺邦弘 편, 2004: 83쪽)

43) 冨谷至(2003: 73~74쪽).

지금까지 죽간에 대하여 살펴보았는데, 죽간은 결국 죽독[그림 2-63]과 같이 폭이 넓은 경우를 제외하고는 단독으로 사용되는 예는 없다고 해야 한다. 다시 말하면, 죽간은 반드시 편철하여 사용했다고 해야 한다. 이것을 '편철간'이라고 하는데, 이러한 편철간은 당시에 일반적으로 사상이나 역사를 담은 서적류, 사법 문서나 행정 문서와 같은 문서류, 의서나 점서와 같은 실용 서적, 부장품의 리스트 등을 작성하는 데 사용되었다. 즉, 죽간은 필요한 양의 데이터나 정보나 내용을 기록하고 편철한 뒤 휴대하거나 보관하는 데 적합하였다. 바로 이런 점이 죽간의 기능상의 특징이라고 할 수 있다. 이 점은 지금까지 출토된 수많은 죽간이 증명해 주고 있다. 그렇다면 목간의 경우는 어떠한가?

[그림 2-63] 포산 2호묘에서 출토된 죽독. 목독과는 달리 대나무의 원래 형태에 따라 자연스럽게 다면체 모양을 하고 있다.

## 제4절 목간의 형태와 용도 및 기능

세계사적인 시야에서 볼 때, 보편적인 서사재료로 죽간을 사용한 예는 중국 외에 아직 보고된 바가 없다. 일본의 경우도 죽간이 발견된 예는 아직 없다. 그러나 목간의 경우는 사정이 다르다. 한국과 일본에서는 이미 상당수의 목간이 출토되어 있으며, 티베트 목간이나 서하西夏 목간, 자작나무 껍

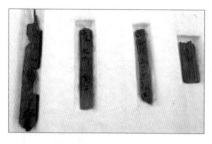
[그림 2-64] 고려 목간

질에 서사한 러시아의 중세 문서, 인도의 패엽경貝葉經(貝多羅葉), 그리고 더 서쪽으로 가면 이집트 미라의 목에 걸려 있던 목찰, 고대 로마시대의 서판書板(tablet)이 출토된 예를 통해서도 알 수 있듯이, 세계 각지에서 서사재료로 사용되고 있었다.44)

특히 2007년 충청남도 태안 대섬 인근 해역의 수중에서 고려시대 청자 1만 9천여 점과 함께 발견된 목간은 보편적인 서사재료로 종이의 사용이 이미 정착되어 있던 고려시대에도 목간이 여전히 중요한 서사재료로 사용되고 있었음을 보여 주는 점에서 그 의의는 매우 크다고 할 수 있다.[그림 2-64] 만약 그것이 목간이 아니라 종이였다면 바다 속에 가라앉자마자 흔적도 없이 사라졌을 것이다.

앞에서 살펴보았듯이, 죽간은 문헌을 차별화시키기 위하여 길이나 상하 양단의 모양에 약간의 변화를 주는 것 외에 형태상의 뚜렷한 차이는 없었다. 그에 비해 목간은 용도에 따라 형태의 차이가 매우 뚜렷하다. 앞에서 인용한 『논형』에는 죽간의 제작법에 이어 목간의 제작법에 관해서도 언급하고 있는데, "나무를 잘라 큰 널빤지를 만들고, 그것을 다시 쪼개어 얇고 편평한 판을 만든 다음, 표면을 깎고 다듬으면 상주上奏할 때 쓰는 목독이 된다"45)라고 한다. 이 문장에서는 목간 제작의 기본적인 특징은 간접적으로

44) 大庭脩(1984: 26~30쪽); 大庭脩(1998: 6~10쪽); Roger Tomlin(2006) 참조.
45) 『論衡』, 권12, 「量知」 35, "斷木爲槧, 柝之爲板, 力加刮削, 乃成奏牘." '槧'은 『說文解字』 「六上·木部」에서는 "槧, 牘樸也. 从木, 斬聲"이라고 설명하지만, 後漢의 劉熙가 지은 『釋名』 「釋書契」에서는 "槧, 板之長三尺者也"라고 한다. 『史記』 「酷吏

알 수 있지만, 전체상을 파악하는 데는 정보가 턱없이 부족하다. 그러나 지난 세기와 금세기의 고고학적 발굴 성과와 전래문헌과의 비교 연구를 통하여 지금은 그 전모가 서서히 드러나고 있다.

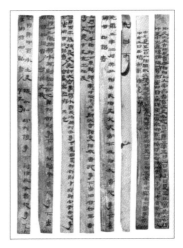

[그림 2-65] 大庭脩에 의하여 복원된 元康 5년 조서

한편 목간 중에도 황제의 조서詔書[그림 2-65]나 부적簿籍 등의 행정 문서[그림 2-45]의 경우는 비록 하나의 목간에 내용이 완결되어 있다 하더라도, 관련된 여러 개의 목간을 죽간과 같이 편철하여 보관하거나 전달하는 데 사용하는 경우가 있다. 이러한 경우는 목간이라 하더라도 편철간에 해당한다고 보아야 한다.

그에 반해 특수한 목적, 특수한 용도로 단독으로 사용되는 목간이 있다. 목간의 이러한 특징을 일컬어 '단독간'이라고 한다. 단독간으로서의 목간은 형태상 저마다 고유한 특징이 있다. 또, 형태는 같지만 기재되어 있는 내용이나 용도에 따라 명칭이 달라지는 경우도 있고, 명칭은 같지만 복합적인 용도로 쓰이는 경우도 있다.

단독간의 명칭은 형태와 내용과 용도를 종합하여 결정하게 되는데, 그 방식은 대략 다음과 같다. 첫째, 출토된 목간에 명칭이 명기되어 있는 경우. 이 경우는 기재되어 있는 명칭이 곧 단독간의 명칭을 연역적으로 결정하게 된다. 둘째, 명칭이 명기되어 있지 않은 경우. 이런 경우가 많은데, 이 경우

列傳」에는 '三尺法'이라는 말이 있고, 『漢書』「薛宣朱博傳」에는 '三尺律令'이라는 말이 있는데, 이것을 종합해 보면 한대에는 3자의 槧이 법률을 기록하는 서사재료로 사용되는 경우도 있었던 것 같다.(大庭脩, 1998: 24쪽)

는 다시 다음의 2가지 경우로 나누어 귀납적으로 판단한다. ①목간에 형태상의 특징이 있는 경우. 이 경우는 그 특징과 기재 내용 및 용도를 분석한 뒤 전래문헌의 기록과 비교 검토함으로써 명칭을 추정한다. ②형태상의 특징이 없는 경우. 이 경우는 목간에 기재된 내용을 분석한 뒤 마찬가지로 전래문헌의 기록과 비교 검토함으로써 추정한다. 목간에 명칭이 명기되어 있는 경우는 명칭상의 혼란이 일어날 확률이 매우 적다. 그러나 그렇지 않은 경우는 학자들에 따라 다르게 부르는 경우도 있고, 또 때에 따라서는 전래문헌의 기록이 잘못된 경우도 있다. 한국에서 발견된 목간의 경우도 이러한 명칭의 문제는 사실 심각한 문제로 논란의 대상이 되어 왔다. 아래에서는 이러한 점에 유의하면서, 단독간의 특징 및 용도를 하나씩 살펴보기로 한다.

## 1. 수신자 기입용, 봉함용 목간(檢)

우리가 다른 사람에게 우편물을 보낼 때 어떻게 보내는가? 편지의 경우는 편지지를 편지봉투에 넣고 봉함해서 보낼 것이고, 소포의 경우는 상자 등에 넣어 마찬가지로 봉함해서 보낼 것이다. 봉함만 한다면 누가 누구에게 보내는 것인지 알 수 없기 때문에 수신자와 발신자의 주소 및 성명 등을 기입하고, 일반·등기·속달 등의 방법으로 보낼 것이다. 또 요즘은 인터넷과 통신기술의 발달로 이메일이나 메신저를 사용하는 것이 일상화되어 있는데, 그때에도 자신의 ID와 패스워드가 필요하다. 중국 고대에 이것과 유사한 역할을 했던 목간이 바로 '검檢'이다.

'검'은 『설문해자』의 뜻풀이에 의하면 '서서書署'를 의미하는데, '서서'는 단옥재段玉裁에 의하면 서함書函에 표서表署하는 것을 의미한다.[46] 이것은 곧 수신자를 기입하는 것을 의미한다. 그런데『석명釋名』에는 수신자를 기입한다는 뜻 외에 "검은 금한다는 뜻이다"라고 하여 '봉함한다'는 의미가 있다고 풀이하고 있다.[47] 이처럼 '검'은 문서나 물품이나 서신의 우송용으로만 쓰였던 것이 아니라, 문서와 물품을 보관할 때 봉함하는 용도로도 쓰였다. 실제로 거연이나 돈황과 같은 서북 변경의 군사시설(烽燧施設)에서 발견된 '검'을 보면—구체적인 기재 내용은 '검'마다 조금씩 다르긴 하지만—발송용의 경우 수신자 외에 문서의 수와 종류, 우송 수단이나 방법 등을 기재하고, 수신인은 발신자, 도착한 날짜, 우편을 배달한 사람의 성명 등등을 작은 글씨로 기록해 둔 것이 있다.[그림 2-66~68]

'검'은 모양이나 길이가 일정하지 않다. 또 물품이나 문서나 서신에 '검'을 올려놓

[그림 2-66] 거연에서 발견된 내검(EPT40.8)
[그림 2-67] 거연에서 발견된 외검(EPT51.128)
[그림 2-68] 마왕퇴 1호묘에서 출토된 물품 봉함용 봉니갑과 봉니

---

46)『說文解字』,「六上·木部」, "檢, 書署也. 从木, 僉聲.";『說文解字注』,「六篇上·木部」, "書署謂表署書函也."

47)『釋名』, 권6,「釋書契」19, "檢, 禁也. 禁閉諸物, 使不得開露也.";"書文書檢曰署. 署, 予也. 題所予者官號也.";"璽, 徙也. 封物使可轉徙, 而不可發也. 印, 信也. 所以封物爲信驗也. 亦言因也. 封物相因付也."

고[48] 전체를 끈으로 묶은 다음, 묶은 매듭 위에 점토(封泥)를 넣어 압착시킬 수 있도록 만들어 놓은 사각 모양의 홈, 즉 봉니갑封泥匣[49]이 있는 것도 있다. 점토를 넣은 다음에는 발신자나 봉함한 사람의 인장印章을 그 위에 찍는다.[그림 2-43·2-68] 인장에는 발신지와 발신자의 관직명(보관물의 경우는 봉함한 사람의 관직명) 등이 새겨져 있기 때문에, 개봉(發)하는 쪽에서는 봉인封印을 보고 누가 봉하고 보냈는지를 확인한다. 따라서 봉니의 역할이 우편물이나 보관물의 기밀을 유지하기 위한 것이라는 것은 말할 것도 없다. 왜냐하면, 만약 누군가가 무단으로 개봉했다면 인장을 위조하지 않는 이상 원래 상태로 복구시키는 것은 불가능하기 때문이다.[50] 여후呂后 2년(B.C. 186)의 한대 법률로 알려져 있는 장가산한간張家山漢簡 『이년율령二年律令』 제16호간 및 제274~275호간에는 봉니를 파손시켰을 때의 처벌 규정이 보인다.

'검'은 중국에서는 주로 서북 변경 지역에서 많이 출토되었으며, 한반도에서는 일찍이 낙랑유적에서 출토된 예가 있다. 참고로 봉니는 개봉과 동시에 폐기처분하게 되는데, 당시에는 용무가 끝나면 폐기처분되는 것이었지만, 지금은 인장과 함께 고문자학이나 역사학의 중요한 자료로 그 활용가치를 인정받고 있다.

---

48) 문서나 물품이나 서신은 자루나 상자 안에 넣어 보내거나 보관하는 경우도 있다.
49) 봉니갑은 다른 말로 印齒 또는 璽室이라고도 한다.
50) 冨谷至는 검을 內檢과 外檢으로 나눈다. 내검은 봉니갑이 있는 검이고, 외검은 봉니갑이 없는 검이다. 또 내검에는 수신자만 기재되어 있는 반면, 외검에는 수신자와 함께 우송 방법이 기재되어 있다. 외검에 봉니갑이 없는 이유는 우편송달기관인 郵나 亭에서 도중에 개봉되는 것을 전제로 만들었기 때문이다. 왜냐하면, 내검으로 봉인한 여러 뭉치의 문서는 하나의 자루에 한꺼번에 넣어 배송하게 되는데, 외검에 기재되어 있는 수신지는 최종 도착지를 가리키고, 내검에 기재되어 있는 수신지는 도중에 경유하는 우나 정이 목적지이기 때문이라고 한다.(冨谷至, 2003: 145~149쪽)

〈서북변경에서 발견된 다양한 형태의 갈〉
[그림 2-69] 갈 [그림 2-70] 갈(2000ES9SF3:23A) [그림 2-71] 갈(1335B) [그림 2-72] 갈(1336A)

## 2. 꼬리표, 운송표, 푯말(楬·箋)

돈황이나 거연 한간 중에는 상단을 반원 모양으로 둥글게 깎고 그 부분을 검게 칠하거나 그물 모양으로 빗금을 쳐 놓은 것, 또는 상단이나 상하 양단의 좌우에 V자 홈을 깊숙이 깎아 놓은 목간이 있다. 전자의 경우는 그 가운데 부분에 구멍을 뚫어 줄을 꿸 수 있게 만들어 놓았다. 또 후자의 경우는 ①V자 홈만 깎아 놓은 경우, ②홈의 상단부가 마름모형으로 되어 있는 경우, ③홈의 상단부가 삼각형으로 되어 있는 경우, 대략 이 3가지 형태를 하고 있다. 이 경우는 V자 홈에 줄을 묶어 사용하였다.[그림 69~72] 이러한 목간을 보통 '갈楬'이라고 하는데, 전자의 경우 부서簿書명을 적는 데 사용하는 '전箋'과 물품명을 적는 데 사용하는 '갈'로 구별해야 한다는 견해도 있다.[51]

그런데 이 '갈'은 처음부터 그렇게 불리지는 않았던 것 같다. 예를 들면, '목패木牌' 또는 '부검簿檢' 등으로 불리는 경우도 있었는데, 이것을 '갈'이라고 명명할 것을 처음으로 제안한 것은 오바 오사무(大庭脩)이다.[52] 그가 그렇게 명명한 근거는 『주례周禮』에 있다. 즉, 『주례』에는 "공물貢物을 받았을 때는 물품에 하자가 있는지 또 그 수량이 맞는지 확인하고 나서, 갈에 기입하고 인장을 찍는다"[53]라는 문장이 있는데, 이에 대해 정현鄭玄이 "갈은 그 수량을 적어 물품에 매달아 둔다"라고 하고, "지금(후한시대)도 기입하여 표식으로 삼는 것이 있는데, 그것을 갈저楬櫫라고 한다"[54]라고 주석한 것을 근거로 삼고 있다.[55] 실제로 현재 출토되어 있는 '갈'의 기재 내용을 보면, 물품·문서·장부의 명칭이나 수량 등이 적혀 있는 것이 있다. 따라서 위에서 말한 형태의 목간을 꼬리표라는 의미에서 '갈'이라고 부르는 것에 대해서는 특별히 반대할 이유는 없다. 다만 '갈'에는 운반용뿐만 아니라 보관용도 있다는 사실에 주의할 필요가 있다.[56]

참고로, 『주례』의 인용문에는 물품의 수량이나 불량품의 유무 등을 기입하고 인장을 찍는다고 되어 있는데, '인장을 찍는다'란 '갈'에 찍는다는 것이 아니라 '검'에 압착시킨 봉니에 찍는다는 의미일 것이다. 그렇다면 '갈'과 '검'을 함께 부착하는 경우가 있다는 것을 시사하는데, 그 하나의 예로 마왕퇴 1호묘의 부장품 중에는 '갈'과 '검'을 함께 매달아 놓은 죽사竹笥(대나무 상

---

51) 井上亘(2002: 11쪽).

52) 大庭脩(1979: 33~34쪽).

53) 『周禮』, 권36, 「秋官·職金」, "受其入征者, 辨其物之媺惡與其數量, 楬而璽之."

54) "楬, 書其數量, 以著其物也.……今時之書有所表識, 謂之楬櫫."

55) 大庭脩는 鄭玄의 두 해석을 동일시하고 있는데 사실은 다르다. '楬櫫'는 후술하듯이 꼬리표가 아니라 푯말을 의미한다.

56) 冨谷至(2003: 86쪽).

자)가 출토된 예가 있다.[57]

한국 목간 중에도 '갈'이 출토된 예가 많은데, 앞에서 언급한 태안 대섬 인근 해역에서 발견된 목간 중에도 '갈'이 있다.[그림 2-64] 이것은 고려시대에도 꼬리표의 기능을 하는 '갈'이 여전히 사용되고 있었음을 보여 주는 매우 중요한 증거이다.

한편 '갈'에는 꼬리표라는 의미 외에 무덤에 세운 나무로 된 표식, 즉 푯말이라는 의미도 있다.[58] 도미야 이타루(冨谷至)는 그러한 '갈'이 돌로 된 표식(碣), 즉 묘비墓碑로 바뀌게 되었다는 새로운 가설을 제기한다. 그 근거로 묘비의 상단부의 둥근 모양, 그물 모양의 빗금, 가운데 뚫린 구멍 등의 유사성을 든다.[59]


## 3. 격서, 격문(檄)


'격檄'은 『설문해자』에는 "길이 2자의 문서이다"라고 설명되어 있는데, 길이에 대해서는 1자 2치라는 설도 있다.[60] 한편 『석명』의 "격은 격하다는 것이다. 하급기관이 상급기관의 명령을 엄격하게 받아들여야 할 문서이

---

57) 大庭脩(1979: 115쪽).

58) 『周禮』, 권36, 「秋官·蜡氏」, "若有死於道路者, 則令埋而置楬焉, 書其日月焉." 『說文解字』의 "楬, 桀也"가 이 뜻이다. 참고로 段玉裁 『說文解字注』는 '桀'을 '楬櫫'로 쓴다.

59) 冨谷至(2003: 87~88쪽).

60) 『說文解字』, 「六上·木部」, "檄, 二尺書. 从木, 敫聲."; 『漢書』, 권1下, 「高帝紀」1下, '吾以羽檄徵天下兵'에 대한 顔師古 注, "檄者, 以木簡爲書, 長尺二寸, 用徵召也. 其有急事, 則加以鳥羽插之, 示速疾也. 魏武奏事云今邊有警, 輒露檄插羽."; 『後漢書』, 권1上, 「光武帝紀」1上, '王郎移檄購光武十萬戶'에 대한 李賢 注, "說文曰, 檄, 以木簡爲書, 長尺二寸. 謂之檄, 以徵召也.……魏武奏事曰, 若有急, 卽插以雞羽, 謂之羽檄."; 『後漢書』, 권29, 「申屠剛鮑永郅惲列傳」19, '使封胡降檄'에 대한 이현 주, "檄, 軍書也. 若今之露布也." 참조.

[그림 2-73] 격
(2000ES9SF4:17A)

다"[61]라는 설명에 의하면, 후한시대에는 어떤 사항에 대하여
위에서 아래로 명령이나 지시를 내릴 때 사용했던 하행문서下
行文書로 이해하고 있었던 것 같다. 그러나 '격'은 문서의 명칭
이 아니라 서사재료의 명칭이라는 견해도 있다.[62]

에치나 강 유역에서 발견된 '격'을 보면 봉니갑이 있다.[그
림 2-73] 그 점에서는 '검'과 유사하다고 할 수 있다. 다만 격문
을 기재할 수 있도록 봉니갑의 아래 부분은 다면체 모양으로
길게 만들어 놓았다. 이런 점에서 볼 때 '격'은 하나의 목간에
문서와 '검'의 두 가지 용도를 일체화시킨 것이라고 할 수 있
다. 그런 점에서 '검'과는 확연히 구별된다. 또 봉니갑의 윗부
분은 수신자 등을 기입할 수 있도록 편평하게 깎아 놓았다.

앞 절에서 언급했듯이 '검'은 문서의 기밀이 노출되는 것
을 막기 위하여 사용하는 것이었다. 그에 반해 문서와 '검'이
일체화되어 있는 '격'은 '검'의 역할과는 반대로 오히려 문서
의 내용을 노출시켜 신속하게 알리거나 선전하는 데 목적이
있었다고 할 수 있다.[63] 바로 이러한 특징 때문에 격문이 후대
에 사람들을 선동하거나 의분을 고취시키려고 쓴 글이라는 의
미로 전용되었던 것 같다. 또, 긴급한 사항을 전달하고자 할

---

61) 『釋名』, 권6, 「釋書契」 19, "檄, 激也. 下官所以激迎其上之書文也." 번역 시에는 大
庭脩(1992: 108쪽) 참조.
62) 鷹取祐司(2003: 135~136쪽).
63) 앞에서 인용한 李賢 注에 격을 지금(당나라)의 '露布'와 같다고 하는 구절이 있는데,
당의 封演이 지은 『封氏聞見記』 권4 「露布」에 의하면, "露布, 捷書之別名也. 諸軍破
賊, 則以帛書建諸竿上兵部, 謂之露布. 蓋自漢以來, 有其名. 所以名露布者, 謂不封檢
而宣布, 欲四方速知. 亦謂之露版. 魏武奏事云, 有警急, 輒露版揷羽是也"라고 한다.

경우 앞에서 인용한 안사고顔師古나 이현李賢 주에 '우격羽檄' 즉 '새의 깃털을 끼운 격'이라는 말이 있듯이, 긴급을 요하는 중요한 명령이나 지시를 전달하는 데에도 사용되었다. 『육도六韜』와 같은 병서나 『사기』·『한서』·『후한서』와 같은 편찬자료에 군사의 소집(軍書)에 '격'이 사용된 예가 많은 것은 바로 '격'에 이러한 용도가 있었기 때문일 것이다.[64] 그러나 실제로 발견된 '격'의 내용을 보면 반드시 군사용으로만 사용되었던 것은 아니다.[65] 앞에서 언급한 『이년율령』 제275호간에는 봉니가 파손되었을 경우 다른 봉니로 대체했음을 명기한 '격'을 함께 송부해야 한다는 규정이 있다.

## 4. 다면체 목간(觚)

다면체 모양을 하고 있는 목간 중에 '격'이라는 것이 있다는 점에 대해서는 이미 언급하였다. 그런데 다면체 모양을 하고 있으면서도 용도가 전혀 다른 목간이 있다. '고觚'가 바로 그것이다. 물론 다면체라고 해서 '고'와 '격'의 모양이 완전히 같은 것은 아니다. '격'은 봉니갑이 있는 것이 있고 수신자 등을 기입하는 부분은 단면으로 되어 있지만, '고'는 봉니갑이 없고 전체가 다면체 모양을 하고 있으며, 그 밖에 약간 둥그스름한 모양을 하고 있는 것도 있다. '고'의 이러한 특징은 곧 적은 양의 목간으로 많은 양의 내용을 기록할 수 있다는 장점이 된다. 그것은 동시에 목간의 양을 줄이거나 절약

---

64) 『六韜』, 「犬韜」, 권6, 「分合」 51, "太公曰, 凡用兵之法, 三軍之衆, 必有分合之變. 其大將先定戰地戰日, 然後移檄書與諸將示期, 攻城圍邑, 各會其所……."; 『史記』, 권 93, 「韓信盧綰列傳」 33 및 『漢書』, 「高帝紀」 1下, "吾以羽檄徵天下兵."; 『後漢書』, 「光武帝紀」 1上, "王郎移檄購光武十萬戶." 참조.

65) 檄이 다양한 용도로 쓰인 점에 관해서는 角谷常子(2003: 111~117쪽) 참조.

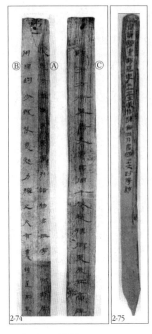

[그림 2-74] 고(급취편, 1972A/B/C)
[그림 2-75] 고(456,5A)

할 수 있다는 것을 의미한다.

'고'는 『설문해자』에 의하면 '향음주용의 술잔' 또는 '3되 용량의 술잔'을 의미하는 한자로,[66] 목간과는 관계가 없는 글자였던 것 같다. 그것이 다면체 목간을 의미하는 말로 쓰이게 된 이유는 모나 모서리를 의미하는 '고觚'나 네모진 널쪽을 의미하는 '고柧'와 음이 통하기 때문인 것 같다. 또 오바 오사무(大庭脩)처럼 아동의 글자 학습용(習字)의 서사재료를 의미하는 '첨笘'이나 '약籥'[67]과 동일시하는 설도 있다.[68] 그렇다면 '고'는 그 전부가 아동의 습자용 목간인가? 이러한 의문을 갖지 않을 수 없다.

예를 들면, 거연이나 돈황에서 발견된 '고'를 보면, 프리즘 모양의 목간의 상단을 다시 삼각 모양으로 비스듬히 잘라 내고 그 중간 부분에 구멍을 뚫어 줄을 꿸 수 있게 만든 것이 있다.[그림 2-74] 또는 목간의 밑부분을 뾰족하게 깎아 놓은 것도 있다.[그림 2-75] 전자의 경우는 천장에 매달아 돌려가며 보기 위한 것이고, 후자의 경우는 지면에 꽂아 놓고 보기 위한 것으로 추정된다. 그런데 그 내용 중에는 『급취편急就篇』이나 『창힐편蒼頡篇』과 같은 자서字書(識字敎本)

---

66) 『說文解字』,「四下·角部」, "觚, 鄕飮酒之爵也. 一曰, 觴受三升者, 謂之觚. 从角, 瓜聲."
67) 『說文解字』,「五上·竹部」, "笘, 折竹箠也. 从竹, 占聲. 潁川人名小兒所書寫曰笘.";
    "籥, 書僮竹笘也. 从竹, 龠聲." 段玉裁는 '籥'에 대해 주석하면서 "按笘謂之籥, 亦謂之觚"라고 한다. 王國維(2004: 66~67쪽) 또한 『설문해자』를 인용하면서 약·첨·고를 동일시하고 있는데, 大庭脩의 설은 아마도 이것에 의거한 것으로 추측된다.
68) 大庭脩(1979: 25~26쪽); (1998: 32쪽).

에 해당하는 것이 상당수 출토되어 있다. 그렇다면 이 자서들은 모두 아동의 습자용 또는 교육용 목간인가?

전래문헌에 의하면 『창힐편』은 진나라의 승상 이사李斯가 지었고 『급취편』은 한나라의 사유史游가 지은 것으로, 통상적으로 아동에게 문자를 가르치기 위한 학습서로 알려져 있다. 거연이나 돈황에서 발견된 것들은 거의 대부분 글자를 익히기 위하여 연습하고 나서 버려진 것이라고 하는데, 문제는 이러한 자서들이 왜 변경의 군사 시설에서 발견되는가 하는 점이다. 과연 그러한 곳에도 글자를 공부해야 할 아동들이 있었는가? 이러한 의문에 매우 설득력 있는 가설을 제시하고 있는 것이 도미야 이타루(冨谷至)이다. 그는 『급취편』 제6장에 보이는 인명 중 '파군罷軍'(병역을 끝내다)은 다른 거연한간이나 돈황한간에도 보이는 점, 제13장의 '간찰검서참독가簡札檢署槧牘家'는 문서 행정에 필수불가결한 서사재료의 종류를 나열해 놓은 것인 점, 제28장의 '귀신백찬겸체곤鬼薪白粲鉗釱髡'은 한대의 형벌이나 형구의 명칭을 나열해 놓은 것인 점 등을 들어, 이러한 자서는 아동의 교육용이 아니라 행정 문서나 사법 문서를 작성해야 할 입장에 있는 사람들의 편의를 위하여 마련된 참고서라고 한다.[69]

이러한 '고'는 한국에서도 발견된 예가 있다. 그중에서도 세간을 놀라게 한 것이 『논어』 잔간殘簡이다. 현재까지 두 곳에서 발견되었는데, 2000년에 김해金海 봉황동鳳凰洞 신라시대 유적에서 발견된 서기 6~8세기경으로 추정되는 것[그림 2-76]과 2005년에 인천仁川 계양산성桂陽山城에서 발견된 서기 3~4세기경의 백제百濟 한성 도읍기의 것으로 추정되는 것[그림 2-77]이 그것이다. 전자는 4면체이고 후자는 5면체이다. 중국에서는 1973년 하북성河北省 정현定

---

69) 冨谷至(2003: 140~145쪽).

[그림 2-76] 김해봉황목간 『논어』
[그림 2-77] 인천계양목간 『논어』

縣 49호 한묘(전한 말기 무덤)에서 죽간본 『논어』 가 출토된 예가 있지만, '고'의 형태로 발견된 예는 아직 없다.

그런데 이 목간의 성격을 한국에서는 습서용褶書用으로 인식하고 있는 학자도 있는 것 같다.[70] 이것을 습서용으로 인식하고 있는 것은 앞에서 언급한 것과 같이, '고'에 대한 잘못된 선입견에서 비롯된 것이라고 생각한다. 필자는 이들 목간을 당시 신라와 백제의 정치 사회와 국학 정책, 더 나아가서는 동아시아 삼국의 서사문화 및 유교문화와 관련시켜 좀 더 깊이 있게 구명해야 할 것으로 생각한다.[71]

## 5. 부절, 부신(符)

목간 중에는 내용 증명이나 신용의 증표로 삼고자 할 때 사용하는 것이 있다. '부符'라고 하는 것이 바로 그것이다. '부'는 우리말로는 '부절符節' 또는 '부신符信'이라고 한다. '부'는 나무 또는 대나무의 표면에 문자나 문장

---

70) 국립창원문화재연구소(2006: 106쪽).
71) 橋本繁(2004: 25~26쪽)는 김해 봉황 목간 『논어』를 지방의 小京에 이주한 골품 신분의 사람이 관리가 되기 위하여 암송용으로 사용한 것이라고 한다. 또 橋本繁(2007: 409~410쪽)는 인천 계양 목간 『논어』를 김해 봉황 목간과 마찬가지로 암송용이라고 하고, 같은 유적에서 '主夫吐'郡이라는 명문이 새겨져 있는 기와가 출토된 점을 들어 군의 官人이 사용한 것이라고 한다. 橋本繁의 설에는 경청해야 할 부분이 많지만, 한·중·일 삼국의 고의 형태론적 분석 및 당시의 유교문화와의 관련에서는 아직 구명해야 할 점도 많다고 생각한다.

또는 약속된 표시를 해 두고 그것을
반으로 쪼갠 다음 서로 한쪽씩 따로
보관하고 있다가, 나중에 필요한 일이
생겼을 때 그 두 쪽을 대조하여 증거
로 삼았다고 하는 것이 일반적인 이해

[그림 2-78] 진대 동호부

일 것이다. 그러나 전래문헌이나 서북 변경에서 출토된 것에 의하면, 형태
도 다양하고 사용 목적에 따라 용도에도 차이가 있다. 형태상으로는 반으로
쪼갠 것 외에, 봉니갑이 있으면서 다면체 모양을 하고 있는 것, 목간의 표면
이나 측면에 약속된 형태의 홈을 파놓은 것도 있다.

『설문해자』에 의하면 '부'의 재료로는 대나무를 사용하고 길이가 6치(약
15㎝)라고 되어 있는데,[72] 실제로 출토된 예를 보면 6치가 아닌 것도 있고
재료는 대나무보다 나무로 된 것이 훨씬 더 많다. 그 밖에『사기』와『한서』
에 의하면, 한문제漢文帝 2년(B.C. 178) 9월에 동호부銅虎符와 죽사부竹使符 제도
가 신설되었다고 기록되어 있다.[73] 전자의 경우는 군사를 징발할 때, 후자
의 경우는 지방장관인 군수들에게 중요한 연락사항이 생겼을 때 각각 그
증거로 사용되었다고 한다.[74] 호부의 경우는 동을 사용하고 사부의 경우는

---

72) 『說文解字』,「五上·竹部」, "籥, 信也. 漢制, 以竹長六寸, 分而相合. 从竹, 付聲." 참
　　고로『釋名』권6「釋書契」19에는 "符, 付也. 書所勅命於上付使轉行之也"라고 설명
　　되어 있다.
73) 『史記』, 권10,「孝文本紀」10, "九月, 初與郡國守相爲銅虎符·竹使符.";『漢書』,「文
　　帝紀」4, "九月, 初與郡守爲銅虎符·竹使符."
74) 『漢書』,「文帝紀」, 2년 9월의 顔師古 注, "應劭曰, 銅虎符第一至第五, 國家當發兵遣
　　使者, 至郡合符, 符合乃聽受之. 竹使符皆以竹箭五枚, 長五寸, 鐫刻篆書, 第一至第
　　五. 張晏曰, 符以代古之圭璋, 從簡易也. 師古曰, 與郡守爲符者, 謂各分其半, 右留京
　　師, 左以與之." 군사 징발용의 호부를 만들었던 것은 물론 한문제기가 처음은 아니
　　다. 진대에 주조된 新郪虎符와 陽陵虎符[그림 2-78]가 존재하기 때문이다.(北文,
　　1973: 4~5쪽)

[그림 2-7의 부권(39). 오른쪽에 각치가 보인다.

대나무를 사용하고 있었음을 알 수 있는데, 안사고가 인용하는 장안張晏의 주석에 의하면 '부'가 고대의 규장圭璋을 대신한 것이라고 한다. 규장의 재료로 쓰였던 것은 옥인데, 그렇다면 그 전에는 '부'를 옥으로 만들었다는 것이 된다. 하지만 옥으로 된 '부'는 아직 출토된 예가 없다.

'부'의 용도에는 호부나 사부와 같이 군사의 징발이나 연락용도 있지만, 관소關所를 통과할 때 통행증의 역할을 한 것도 있다. 『주례』에서 "문과 관소에서는 부절을 사용한다"[75]라고 하는 것은 이러한 통행증으로서의 '부'를 일컫는 말이다. 거연 지역과 그 남쪽에 있는 견수금관肩水金關 사이에서 실제로 통행증으로 사용된 '부'가 발견되기도 하였다.[76] 또 거연에서 발견된 목간 중에는 매매계약이나 관아의 물품과 금전 출납 등에 사용되는 '부권符券'이라는 것이 있다.[그림 2-7의] 그런데 그 부권에는

표면이나 측면에 홈을 파놓았는데, 그것이 무엇을 의미하는지 오랫동안 수수께끼로 남아 있었다. 그러한 홈을 '각치刻齒'라고 하는데, 그것이 특정한 숫자를 의미한다는 것이 모미야마 아키라(籾山明)에 의하여 밝혀진 바 있다.[77]

---

75) 『周禮』, 권15, 「地官·掌節」, "門關用符節."

76) 鷹取祐司(2003: 146~153쪽)에 의하면 부 중에서 봉니갑이 있는 것은 근무지로부터 외출하거나 이동할 때 허가증으로 사용되었다고 한다.

77) 籾山明(1995). 이것은 『說文解字』의 "券, 契也.……券別之書, 以刀判契其旁. 故曰書契"라는 설명과도 부합된다. 참고로 『釋名』, 권6, 「釋書契」 19, "券, 綣也. 相約束, 纏綣, 以爲限也"도 참조.

계약문서로서의 '권券'은 나무로 되어 있는 이상 얼마든지 위조가 가능하며, 또 실제로 그런 일이 빈번히 발생했을 것이다. 수호지진간睡虎地秦簡 『법률답문法律答問』 제179호간이나 『이년율령』 제14~15호간, 장가계張家界 고인제古人堤 목독 제14호간 등에 보이는 '권' 또는 '권서券書'에 관한 법률은 바로 그러한 현실이 조문에 반영된 예라고 할 수 있다.[78]

그 밖에 '부'의 일종으로 '별莂'이라는 것도 있는데, 『석명』에 의하면 이것은 중앙에 큰 글자를 쓰고 그 가운데를 세로로 쪼갠 것이다.[79] 실제로 위진남북조시대의 진간 중에는 목간의 상단에 '동同'이라는 글자를 크게 쓰고 반으로 쪼갠 것이 있다.[80]

그리고 『사기』의 기록에 의하면, 유방이 항우와의 전쟁에서 승리한 뒤 공신들을 제후국의 왕으로 봉하거나 작위나 식읍을 하사할 때 부절을 나눠 주면서 대대로 세습하도록 했다는 기록이 있다. 이것은 곧 그 옛날 청동기가 그랬듯이, 황제의 입장에서는 제후들의 정치적 또는 경제적 지배권의 근원이자 소재가 황제에게 있음을, 제후의 입장에서는 자신의 영역의 지배권의 정당성이나 정통성을 황제로부터 부여받았음을 보증하는 의미를 지닌 것이라고 할 수 있다.

## 6. 명함(謁)

『사기』 「고조본기高祖本紀」에는 패현沛縣의 정장亭長으로 있었을 때의 유

---

78) 張家山漢簡 『二年律令』 제52호간에는 부권을 분실했을 때의 처벌 규정도 보인다.
79) 『釋名』, 권6, 「釋書契」 19, "莂, 別也. 大書中央, 中破別之也."
80) 大庭脩(1979: 38쪽).

방劉邦의 다음과 같은 유명한 일화가 기록되어 있다. 산동성山東省에 사는 여공呂公이라는 사람이 있었는데, 그는 패현의 현령縣令과 친분이 두터웠다. 어느 날 여공은 사람을 살해한 일 때문에 그 보복을 피해 현령의 집에 머물고 있었다. 패현의 내로라하는 관리들이 현령 댁에 귀한 손님이 와 있다는 소문을 듣고 모두 가서 축하연을 베풀고 있었다. 그때 패현의 서기관이었던 소하蕭何는 진상물을 관리하고 있었는데, 연회에 참석하러 온 관리들에게 "진상물이 1천 전錢에 못 미치는 자는 당堂 아래에 앉게 하겠소"라고 하였다. 유방도 소문을 듣고 찾아오긴 했지만, 돈은 1전도 갖고 있지 않았다. 그러나 그는 거짓으로 명함에 '하전만賀錢萬'(하례금 1만 전)이라고 적은 뒤 건네주었다. 그것을 보고 깜짝 놀란 여공은 그를 마중하러 문 앞까지 나갔다고 한다. 그것을 계기로 유방은 여공의 눈에 들어 그의 여식과 혼인을 하게 되는데, 그가 바로 여후呂后이다.

유방이 그때 건네주었다는 명함은 원문에는 '알謁'이라고 되어 있다. '알'은 『설문해자』

[그림 2-80] 윤만 6호묘에서 출토된 알
(YM6D14). 오른쪽이 앞면
[그림 2-81] 니야에서 발견된 알

에 의하면 '백白'(고하다, 여쭈다, 아뢰다)을 의미하는데, 『석명』에는 "알은 예詣이다. 예는 아뢴다는 것이다. 자신의 성명을 그 위에 적고 그것을 가지고 방문하는 곳에 가서 아뢰는 것이다"라고 하여 보다 자세히 설명되어 있다.[81] 지금도 마찬가지지만 옛날에도 누군가를 방문하거나 면회를 가거나 문안 인사를 드릴 때 선물을 보내거나 지참하는 것이 예의였다. 그 때문에 목간에 자신의 이름은 물론 선물의 내역까지 구체적으로 기입하여 선물과 함께 건넸던 것 같다. 전한 성제기成帝期의 무덤인 윤만尹灣 6호묘에서 출토된 목간 중에는 '알'이 10점 포함되어 있으며[그림 2-80], 니야(尼雅)에서 발견된 진간에도 '알'이 있다[그림 2-81]. 전자의 경우는 직사각형 모양을 하고 있지만, 후자의 경우는 마치 '갈'을 180도 돌려놓은 것처럼 하단부에 V자 홈이 파여 있고 홈의 밑부분은 삼각 모양을 하고 있다. 홈이 있는 것으로 보아 아마도 그 부분을 줄로 묶어 선물에 매달아 놓았던 것 같다. 특히 진간의 경우 한쪽 면에는 받는 사람의 이름, 반대 면에는 문안 인사의 내용이 적혀 있는 것이 있다. '배알'이나 '알현'이라는 말은 이러한 '알'의 기능에서 유래된 것이다. 그렇다면 '알'을 명함이라 하더라도, 지금의 명함의 기능과는 사뭇 다르다고 해야 할 것이다.

'알'은 또 '자刺'라고도 하는데, 하급관리의 '자' 중에는 '장자長刺'나 '작리자爵里刺'와 같은 것이 있었다.[82] 남창南昌의 동진東晉시대 무덤에서 출토된 '자' 중에는 '중랑예장남창도향양리오응년칠십삼자자원中郞豫章南昌都鄉陽里吳應年七十三字子遠'이라고 기재되어 있는 것이 있다. 이것을 분석해 보면 '중랑'은 관직명, '예장(군)·남창(현)·도향·양리'는 지명, '오응'은 인명, '연칠십삼'

---

81) 『說文解字』, 「三上·言部」, "謁, 白也. 从言, 曷聲."; 『釋名』, 권6, 「釋書契」19, "謁, 詣也. 詣, 告也. 書其姓名於上, 以告所至詣者也."
82) 『史記』 「高祖本紀」의 '謁'자에 대한 顔師古 注, "謁, 謂以札書姓名, 若今之通刺, 而兼載錢穀也."; 『釋名』, 권6, 「釋書契」19, "書姓字於奏上曰書刺. 作再拜起居字, 皆達其體, 使書盡邊, 徐引筆書之如畫者也. 下官刺曰長刺, 長書中央一行而下之也. 又曰爵里刺, 書其官爵及郡縣鄉里也."

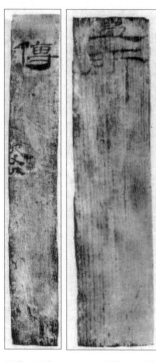

[그림 2-82] 전          [그림 2-83] 과소

은 연령, '자원'은 자字를 의미한다. 그렇다 면 이것이 바로 『석명』에서 말하는 '작리 자' 목간이라고 할 수 있다.

## 7. 신분증, 여권(傳)

마지막으로 단독으로 사용하는 목간 중 에는 '전傳'이라는 것이 있다. '전'은 『설문해 자』에는 '거遽'(파발)를 의미한다고 되어 있지 만, 목간의 일종으로서의 '전'은 『석명』에서 "전은 옮기는 것이다. 거처를 옮겨 다닐 때 그것을 소지하고 있다가 신(信(증명)으로 삼는 다"라고 하고,83) 또 안사고顔師古가 『한서』 에 주석을 내리면서 "전은 관소를 나갈 때

사용하는 부절이다"84)라고 하는 것이 '전'을 이해하는 데 오히려 도움이 된 다. 지금으로 말하면, 여권과 같은 여행자의 신분증명서 또는 신분증이라고 할 수 있다.

'전'은 또 '계棨'라고도 한다. '계'는 『설문해자』에 의하면 '전신傳信'을 뜻 하는데, 전신은 『한서』의 주에서 장안이 "지금의 과소過所와 같다"라고 하 듯이 '과소'로 불리기도 하였다.[그림 2-82~83] 또, 여순如淳 주에 의하면 백서

---

83) 『說文解字』, 「八上・人部」, "憸, 遽也. 从人, 專聲.";『釋名』, 권6, 「釋書契」 19, "傳, 轉也. 轉移所在, 執以爲信也."
84) 『漢書』, 권90, 「酷吏傳」 60, "詐刻傳出關歸家."; 顔師古 注, "傳, 所以出關之符也." 傳은 관소 밖으로 나갈 때만 필요한 것이 아니라 돌아올 때도 필요하다.

에 두 줄로 내용을 기입하고 반으로 나눈 뒤 한 쪽을 소지하고 있다가 관소를 출입할 때 나머지 한 쪽과 부합되면 통과할 수 있었다. 또한 안사고는 여순 주에 약간의 수정을 가하여 '계'의 경우는 재료가 나무라고 하고 있다.[85] 여순이 살았던 삼국시대에는 '전'의 재료로 비단을 사용했을지는 모르지만, 현재까지 발견된 것은 거의 대부분 목간이다.

지금까지 앞에서 언급한 목간들의 경우는 독특한 모양을 하고 있기 때문에 형태만으로도 식별이 가능하다. 그러나 '전'은 목간의 형태에 특별히 변화를 주거나 하는 것은 없기 때문에 형태만 보아서는 알 수 없고 내용을 통해서만 식별이 가능하다.

'전'에는 공용公用과 사용私用이 있다. 전자의 경우는 여행자의 신분, 성명, 여행 목적, 숙박 시설의 이용 등을 '전'에 기재하고 그 기재 사항을 율령과 동일한 효력을 갖고 있는 것으로 취급하라고 명령하는 내용이 기재되어 있으며, 주로 관리들이 출장할 때 소지한다.[86][그림 2-84] 그리고 후자의 경우는 주로 민간인이 소지하고 다니는데, 먼저 여행자가 사는 마을(鄕)의 행정을 담당하는 색부嗇夫가 여행자의 여행 목적이나 전

[그림 2-84] 전(170.3A/B, 공용). 오른쪽이 앞면

---

85) 『說文解字』, 「六上·木部」, "驛, 傳信也. 从木, 啓省聲.";『漢書』, 권4, 「文帝紀」 4, '除關無用傳'의 注, "張晏曰, 傳, 信也. 若今過所也. 如淳曰, 兩行書繒帛, 分持其一, 出入關, 合之乃得過, 謂之傳也. 李奇曰, 傳, 棨也. 師古曰, 張說是也. 古者或用棨, 或用繒帛. 棨者, 刻木爲合符也."

86) 돈황이나 거연 한간에 보이는 '如律令'의 의미에 관해서는 鷹取祐司(2003: 136~141쪽) 참조.

과가 없음을 증명하는 내용을 기재한다. 또, 그 마을을 관할하는 현승縣丞이 여행자가 목적지까지 가는 도중에 거쳐야 할 관소에 또 다른 문서를 보내, 여행자가 관소를 통과하려고 할 경우 마찬가지로 '전'을 율령과 동일한 효력을 갖고 있는 것으로 취급할 것을 명령하였다. 그렇다면 민간인의 경우 만약 전과가 있는 자가 관소를 통과하려고 한다면, 그런 자는 특별히 검문하도록 주의를 환기시킨 경우도 있지 않았을까 추측된다. 또, 여행자가 여러 곳의 관소를 통과할 경우는 '전'에 통과할 관소를 모두 기재하는 것이 원칙인데, 장거리 여행의 경우는 간단히 '과소현도하진관過所縣道河津關'이라고 기재하는 경우도 있다.(170.3A/A21)

그런데 위에서 인용한 여순이나 안사고의 주석에 보이는 '전'의 사용법을 보면 마치 부절을 연상하게 한다. 그러나 실제로는 어떠했을까? 단거리 여행이자 관소를 한 곳만 통과한다면 하나의 부절로 충분할 것이다. 그러나 장거리 여행의 경우는 여러 곳의 관소를 거치게 되는데, 그렇다면 거치는 관소의 수만큼 '전'이 필요하다는 계산이 된다. 그런데 실제로 서북 변경에서 출토된 '전'의 내용을 보면 반드시 그렇지는 않은 것 같다. 거연에서 출토된 것을 보면 목간의 뒷면에 '거연령인居延令印'과 '칠월정해출七月丁亥出'이라는 글자가 적혀 있는 것이 있다.(170.3B/A21) 이러한 사실로 볼 때 '전'의 원본은 처음에는 '검'으로 봉인되어 있었는데, 관소를 통과할 때마다 '검'을 개봉하여 기재 내용을 확인한 다음 그 사본을 만들어 보관했던 것 같다. 왜냐하면 '거연령인'은 봉니에 찍혀 있는 인장을 확인하고 개봉했다는 것을 의미하고, '칠월정해출'은 여행자가 관소를 통과하여 다음 목적지로 향한 날짜를 의미하기 때문이다. 이 두 문구가 '전'의 뒷면에 기재되어 있다는 것은 그것이 원본이 아니라 관소에 보관되어 있던 사본임을 말해 주는 것이다.

원본은 아마도 다시 봉인한 후 본인이 소지하고 다녔을 것으로 추정된다.[87] 그렇다면 여순이나 안사고의 주석은 통행증의 역할도 했던 부절을 '전'이나 '계'로 혼동했을 가능성도 배제할 수 없다고 생각한다.

진률秦律이나 한률漢律에는 '부'나 '전'을 소지하지 않거나 혹은 위조하거나 혹은 타인에게 대여·양도했을 때의 처벌 규정이 있다.[88] 또 한문제 12년에는 관소를 없애고 '전'의 사용을 폐지시킨 적도 있지만, 그 다음 황제인 한경제漢景帝 4년에 다시 부활하게 된다. 그 이유는 그 전해에 일어난 유명한 오초칠국吳楚七國의 난 때문이다. '전'이 단순한 신분증으로서의 의미뿐만 아니라, 한제국의 지배 체제 유지에 얼마나 중요한 역할을 했는지 말해 주는 대목이라고 할 수 있다.[89]


## 제5절 소결


중국 고대에 죽간과 목간은 보편적인 서사재료로 사용되었다. 그것은 보편적인 서사재료로 종이가 사용되기 전부터 그러했고, 종이가 본격적으로 사용되기 시작한 후에도 그러하였다. 그러나 보편적인 서사재료라 하더라도 죽간과 목간은 용도에 따라 엄밀한 차이가 있었다. 죽간은 재질의 성

---

87) 冨谷至(2003: 89~90쪽).
88) 雲夢龍崗秦簡 제2·4호간, 『二年律令』 제488~491호간(津關令) 등 참조. 참고로 이 두 조문에는 '符傳'이라는 말이 보인다.
89) 『漢書』, 「文帝紀」; 「景帝紀」. 이상 목간에 관해서는 大庭脩(1979: 27~35쪽); 大庭脩(1984: 15~70쪽); 鄭有國(1989); 大庭脩(1998: 32~50쪽); 李均明·劉軍(1999); 李均明(2003: 134~198쪽); 冨谷至(2003: 82~95·197~198쪽); 李零(2004: 115~130쪽) 참조.

질상 가늘고 길고 얇게 만들어도 탄력성이 있어 잘 부러지지 않고, 또 나무에 비해 상대적으로 부피도 크지 않았다. 그 때문에 대부분의 경우 서적이나 기록과 같은 비교적 많은 내용을 서사하고 끈으로 묶어 철하는 편철간으로 사용되었다. 그러나 그에 반해 죽간이 단독간으로 사용된 예는 거의 없다.

한편 서적이나 기록용의 경우 목간을 편철간으로 사용한 예가 없는 것은 물론 아니지만, 목간의 경우는 문서, 검, 갈, 격, 고, 부, 알, 전 등과 같이 특수한 목적이나 용도에 따라 단독간으로 사용되는 경우가 많았다. 전래문헌에 의하면 그중 일부는 죽간이 사용된 예도 있지만, 현재까지 출토된 간독을 보면 거의 대부분 목간이 사용되고 있다. 그 이유는 나무는 원통형의 속이 빈 대나무와는 달리, 길이는 물론 너비와 두께의 조절 및 표면이나 측면에 가공이 용이한 점에 기인한다고 할 수 있다.[90] 따라서 죽간과 목간은 내용이나 용도 면에서 공통되는 점도 있지만, 확연히 구분되는 점도 있다는 사실에 유의하지 않으면 안 된다.

따라서 고대인들이 '서어죽백'이라 하여 죽간과 백서에 대해서만 언급하고 목간에 대해서는 언급하지 않은 근본적인 이유는, 죽간과 백서의 경우는 주로 서적이나 기록용의 서사재료라는 공통점이 있었던 데 반해, 목간은 특수한 목적이나 용도에 따라 단독으로 사용되는 서사재료였기 때문일 것으로 생각된다.

---

90) 冨谷至(2003: 98~100쪽).

# 제3장 백서

앞에서 이미 수차례 언급했듯이, 백서는 중국 고대의 보편적인 서사재료 중의 하나이다. 백서의 재료는 말할 것도 없이 비단이다. 이러한 비단은 중국 고대에 의복, 악기의 현, 서적 편철용의 줄, 포장용, 화폐용[1] 등 종이가 발명되기 훨씬 전부터 다양한 용도로 사용되었다.[2]

그런데 중국에서 서사재료로서의 백서가 과연 언제부터 사용되었는가 라고 묻는다면, 죽간과 목간의 사용 시기의 문제와 마찬가지로 그것을 구명하기란 그리 간단하지가 않다. 섬서성陝西省 남부에 있는 서음촌西陰村의 신석기시대 유적에서 인공적으로 절단된 흔적이 있는 누에고치가 발견되거나 같은 시대 유적에서 견직물과 돌이나 점토로 만든 방추거紡錘車(물레)가 발견된 점, 안양安陽 은허에서 견직물로 보이는 천의 일부가 부착된 동으로 만든 도끼(斧)나 독(甕) 및 누에가 새겨져 있는 3.15㎝ 길이의 옥이 발견된 점, 서주西周 초기의 무덤에서도 옥으로 만든 누에와 견직물의 일부가 발견된 점, 이러한 점들로 미루어 볼 때 양잠이나 견직 기술은 춘추시대 이전부터 상당히 발달했던 것으로 추정된다.[3] 그러나 이것들은 의복이나 포장용으로 쓰

---

1) 『漢書』, 권24下, 「食貨志」 4下, "凡貨, 金錢布帛之用, 夏殷以前其詳靡記云."
2) 錢存訓(2002: 93~94쪽).
3) 이상은 李濟(1927); 郭寶鈞(1936); Creel(1937); 聞一多(1948); 馬得志(1955); 夏鼐(1972); 胡厚宣(1972); 李也貞 등(1976); 錢存訓(2002) 참조.

인 것일 뿐 서사용은 아니다.

서사재료로서의 백서가 실물자료의 형태로 발견된 것은 그보다 한참 뒤인 전국시대 이후의 일로, 춘추시대 및 그 이전의 유적이나 무덤에서 발견된 예는 아직까지는 없다. 물론 선진시대나 진한시대에 성립된 전래문헌에 '서어죽백書於竹帛'이라는 말이 있듯이, 춘추시대 이전에 이미 비단이 서사재료로 사용되고 있었을 것이라고 추정할 수는 있다. 다만 실물자료가 없는 관계로 그 시대의 것을 형태론적으로 분석할 수 없는 아쉬움이 있다.

따라서 이 장에서는 전국시대 이후 서북 변경 지역의 한대 유적이나 자탄고子彈庫초묘 및 마왕퇴 한묘와 같은 무덤에서 출토된 실물자료로서의 백서를 형태론적 관점에서 고찰하기로 한다. 이들 백서의 성격이나 기능이나 용도는 출토 지점의 성격과 밀접하게 관련되어 있다. 따라서 그 성격과 용도를 가능한 한 정확하게 파악하기 위해서는 출토 지점의 위치, 성격, 연대, 고고학적 발굴 성과 등도 함께 고려하지 않으면 안 된다.

특히 서북 변경의 한대 유적에서 발견된 백서는 간독자료와 비교할 수 없을 정도로 수량이 적고 또 대부분의 경우 단편적인 형태로 발견되었기 때문에 현재까지 그다지 주목받지 못한 측면이 있다. 이 장에서는 이러한 연구사적 한계를 고려하여 이들 백서의 한글화 작업을 병행하면서 그 의미와 기능 및 용도에 대하여 살펴보고자 한다.

또, 무덤에서 출토된 백서의 경우는 백서 그 자체뿐만 아니라 출토를 둘러싼 매우 복잡하고 미묘한 사정이나 경위가 있는 경우도 있다. 그 경우 해당 백서의 성격을 좀 더 깊이 있게 이해하고 또 원래의 형태를 가능한 한 정확하게 복원하기 위해서는 그러한 사정이나 경위를 제대로 알 필요가 있다. 이 장에서는 이러한 문제에 대해서도 초점을 맞추어 논하고자 한다.

# 제1절 사막에서 발견된 백서

서사재료로서의 백서가 중국에서 처음 발견된 것은 20세기에 들어서이다. 영국의 유명한 탐험가이자 고고학자인 아우렐 스타인은 제2차 탐험기간(1906~1908) 중 돈황의 한대 봉수烽燧유적이나 누란樓蘭 · 니야(尼雅) 등지에서 많은 한간漢簡과 위진목간魏晉木簡 및 카로슈티(佉盧文) 목간 등을 발견한다. 바로 이 기간 중 1907년에 돈황의 T.XIII.ii.001a 지점에서 직방형과 정방형의 백서 각 1점, T.XV.a.i.3 지점에서 직방형의 백서 1점을 발견하게 된다.[4](이하 앞에서부터 차례대로 백서①, 백서②, 백서③이라고 한다.) 그로부터 72년 뒤인 1979년에는 같은 돈황 지역의 마권만馬圈灣 한대 봉수유적에서 간독 1,200여 점 및 다량의 유물과 함께 백서 1점이 발견되었다.(이하 백서④라고 한다.) 또, 그로부터 13년 뒤인 1992년에는 마찬가지로 같은 돈황 지역이지만 이번에는 한대의 교통 · 통신 기관인 현천치懸泉置('置'는 驛站을 뜻한다)에서 간독 3만 5,000여 점(그중 글자가 있는 간독은 2만 3,000여 점), 종이 잔편殘片 10점,[5] 현천치 건물 벽면의 묵서墨書[6] 등과 함께 백서 10점이 출토되었다. 이들 백서를 용도별로 분류하여 살펴보면 다음과 같다.

---

4) 林梅村 · 李均明 편(1984: 8쪽)은 제2차 탐험 때 백서 10여 점이 발견되고, 제3차 탐험 때 백서 200여 점이 발견되었다고 한다. 하지만 그 전모는 아직 알려져 있지 않다.
5) 시기적으로는 前漢 武帝에서 昭帝 시기의 것이 3점, 전한 宣帝에서 成帝 시기의 것이 4점, 後漢 초기의 것이 2점, 西晉 시기의 것이 1점 있다.
6) 이 묵서는 정리자에 의하여『使者和中所督察詔書四時月令五十條』또는 간단히『月令詔條』라고 한다.『월령조조』에 관한 자세한 사항은 中國文物研究所 · 甘肅省文物考古研究所 편(2001) 참조.

## 1. 편지

위에서 언급한 백서 중 스타인이 발견한 백서①과 백서② 및 현천치에서 출토된 것이 편지에 해당한다. 편지에는 공적인 것과 사적인 것이 있는데, 이들 백서는 모두 사적인 편지이다. 먼저 스타인이 발견한 백서①과 ②에 대하여 살펴보자. 스타인이 제2차 탐험 때 발견한 간백 중 한문 목간은 프랑스의 저명한 역사학자인 샤반(Édouard Chavannes)이 체계적으로 정리하고 고찰하는 작업을 하고 있었는데, 그 소식을 접한 나진옥羅振玉은 당시 함께 일본에 망명 중이던 왕국유王國維와 함께 샤반으로부터 입수한 자료(手校本)를 가지고 석문釋文을 작성하고 고증을 하였다. 그 결과물로 일본에서 출판한 것이 유명한 『유사추간流沙墜簡』이다.[7] 『유사추간』에는 위의 백서①② 및 백서③의 도판圖版

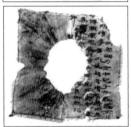

[그림 3-1] 백서①(T.XIII.ii.001a)
[그림 3-2] 백서②(T.XIII.ii.001a)

이 목간과 함께 게재되어 있다. 나진옥羅振玉과 왕국유王國維가 작성한 석문과 고증 및 전존훈錢存訓의 연구를 참조하고, 또 필자가 직접 도판을 육안으로 확인한 것을 종합하여 정리해 보면 다음과 같다.[8]

---

7) Stein(1921); Chavannes(1913); 羅振玉·王國維 편저(1993) 참조.
8) 백서①~③의 도판과 석문은 甘肅省文物考古研究所 편(1991: 圖版壹伍玖·壹捌

백서①[그림 3-1]과 백서②[그림 3-2]는 함께 발견된 기년간紀年簡의 연대로 보아 전한 말에서 후한 초 사이에 작성된 것으로 추정된다. 크기는 백서① 은 가로 약 6㎝, 세로 약 15㎝의 직방형의 모양을 하고 있다.[9] 전존훈錢存訓 은 이 편지는 폭 6∼7㎝의 비단으로 된 봉투에 넣어져 있는 상태로 발견되 었다고 하지만,[10] 봉투의 존재는 『유사추간』 등 어느 자료에도 수록 내지는 언급되어 있지 않기 때문에 그것을 확인할 수는 없다. 나중에 다시 거론하 겠지만, 그런 봉투가 당시에 실제로 존재하고 사용되고 있었는가 하는 점에 대해서는 매우 의심스럽다. 백서②는 가로 세로 약 9㎝의 정방형의 모양을 하고 있다. 도판에 의하면 백서②는 가운데 부분이 원 모양으로 크게 잘려 나가 있으며, 상하 양단도 남아 있는 글자의 상태로 보아 일정 부분이 잘려 나가 있는 듯하다. 잘려 나간 상태로 보아 편지로 받은 것을 나중에 다른 용도로 사용한 듯한 인상을 준다. 백서의 경우 출토된 예가 아직은 매우 적기 때문에 무어라 단정 지어 말할 수는 없지만, 이러한 형태상의 특징으 로 볼 때 편지의 경우 오늘날의 규격 봉투나 편지지처럼 특별히 규격이 정 해져 있는 흔적은 발견할 수 없다.

백서①과 ②가 편지라면 가장 기본적인 정보, 즉 발신인과 수신인 및 그 주소가 기재되어 있어야 할 것이다. 오늘날 그 역할을 하는 것은 편지봉 투인데, 당시 그런 역할을 했던 서사재료는 산일되어 함께 발견되지는 않았 던 것 같다. 그러나 그렇다고 해서 전혀 추정 불가능한 것은 아니다. 편지의

---

玖 · 292 · 296쪽)에도 수록되어 있다. 이 책에서는 이 자료도 참조하였다.
9) 도판을 보면 직방형 모양의 백서 바로 아래에 약 20자 정도의 글자가 적혀 있는 백서의 작은 조각이 보인다. 앞에서 든 백서의 가로 세로의 길이가 이것을 포함한 것인지 아직은 불분명하다.
10) 錢存訓(2002: 97쪽).

내용을 읽어 보면 추정 가능한 경우도 있다. 백서①과 ②의 전체 내용을 보면 다음과 같다.

〈백서①〉(T.XIII.ii.001a)

저 정은 땅에 엎드려 두 번 절하며 말씀드립니다.

유경 님과 군명 님께서는 그동안 별고 없는지요? 오랫동안 서로 만나지 못한 것 같습니다. 제가 땅에 엎드려 바라옵건대, Ⓐ더운 여름에 유경과 군명께서는 옷을 잘 챙기시고 식사도 잘 드시면서 군郡의 일을 살피시기 바랍니다. Ⓑ저는 성락현에 5년여 동안 있으면서 아직 다른 곳으로 옮기지 못하였습니다. Ⓒ거리가 너무 멀어 왕래가 뜸하고, 관직이 낮고 신분이 미천하여 제가 보낸 편지가 배달되지 않은 모양입니다. 머리를 조아리며 거듭 사죄의 말씀을 드립니다. 因同吏郞(?) Ⓓ지금은 자리를 옮겨 돈황 어택후의 승丞의 서리직을 맡게 되었습니다. 王子方(?) 저는 유경께서 幸爲存請□君倩不曾御(?) 머리를 조아리며 바랍니다. 북쪽 변방에 있지 않았기 때문에 돌아와서 아직 말씀드리지 못하였습니다. 머리를 조아리며 거듭 사죄의 말씀을 드립니다. Ⓔ임 태수님께서 정월 중에 병에 걸리셨는데, 불행하게도 별세하셨습니다. 태수님께서는 □□□猛(?) 저는 오랫동안 유경과 군명의 가르침을 얻고 또 집안 자제분들이 무탈하다는 소식을 들을 수 있어서 얼마나 다행인지 모릅니다. 삼가…… 에 의하여☑ 유경 님과 군명 님께 因請長實子仲少實諸弟(?)[11]

---

11) "政伏地再拜言(1)

幼卿君明足下無恙. 久不明相見. Ⓐ夏時, 政伏地, 願幼卿君明, 適衣·進食·察郡事. Ⓑ政(2)居成樂五歲餘, 未得遷. Ⓒ道里遠辟, 回往來, 希官薄身, 賤書不通, 叩頭叩頭. 因(3)同吏郞, Ⓓ今遷爲敦煌魚澤候守丞. 王子方, 政叩頭, 願幼卿幸爲存請□君倩(4)不曾御, 不北邊居, 歸未有奉奏, 叩頭叩頭. Ⓔ大(太)守任君正月中病, 不幸死. 大(太)守□□□(5)猛. 政得長奉聞幼卿君明嚴敎舍中諸子毋恙, 政幸甚. 謹因☑(6)幼卿君明足下, 因請長實子仲少實諸弟.(7)" 괄호 안의 숫자는 줄 수를 나타낸다. 이하 동일.

〈백서②〉(T.XIII.ii.001a)

☑유경과 군명 댁의 자제분들도 별고 없으신지요? 제가 변변치 못하여☑

☑광연현의 장양군을 잘 섬기고 있습니다. □가 유경 님과 …… 할 수 있었

습니다. ☑

☑두터운 은덕을 입을 수 있어서 저는 머리를 조아리고 또 조아리며 정말 다행

으로 생각하고 있습니다. 일전에 제가 자주 편지를 올렸습니다만☑

☑정양태수가 되었습니다. □□□□□□ 유경께서 기記[12]를 보내 주시기 바랍

니다. ☑

☑배拜.[13]


백서①의 경우는 첫 번째 줄에 '정복지재배언政伏地再拜言'이라고 적혀 있

고, 두 번째 줄은 '유경군명족하幼卿君明足下'로 문장이 시작되고 있다. '복지

재배언'은 발신인이 수신인에게 경의를 표할 때 쓰는 상투적인 표현이고,

'족하'는 윗사람이나 같은 또래에게 쓰는 경칭으로 오늘날의 '∼님'이나 '∼

씨'에 해당하는 말이다. 그렇다면 백서①은 '정'이 발신인이고 '유경·군명'

이 곧 수신인이다.

돈황이나 거연에서 발견된 목간의 편지를 보면 발신인의 경우는 자신의

이름을 쓰고 수신인의 경우는 자字를 쓰는 것이 통례이다. 또, 나중에 검토

---

12) '記'에는 上申文書, 下達文書, 私信, 疏를 내용으로 하는 것 외에 그 어느 것에도
   해당하지 않는 것도 있다. 여기서는 구체적으로 무엇을 가리키는지 정확하게 알
   수는 없다. 아래에서 검토할 다른 백서에도 '기'자가 나오는데, 전후 문맥으로 판단
   했을 때 '편지'의 의미로 사용하고 있는 것이 아닌가 추측된다. '기'에 관하여 비교
   적 최근에 연구한 것으로는 鷹取祐司(2003) 참조.
13) "☑幼卿君明力(?)舍中兒子毋恙. 政不肖☑(1)
   ☑所厚事廣衍長楊君侍□得與幼卿☑(2)
   ☑得蒙厚恩, 政叩頭叩頭, 幸甚幸甚. 前政數奏書☑(3)
   ☑爲定襄大(太)守□□□□□□願幼卿賜記☑(4)
   ☑拜(5)"

할『건치중공부인서』나『원치자방서』의 예를 통해서도 알 수 있듯이, 자는 보통 두 글자인 경우가 많다. 그런데 백서①과 ②의 경우는 '유경군명'이라 하여 네 글자로 되어 있다. 그렇다면 이 경우는 어떻게 보아야 할 것인가? 이 문제에 관해서는 다음의 세 가지 가능성을 생각해 볼 수 있다. 첫 번째는 '유경군명'을 한 사람의 자로 보는 경우이다. 두 번째는 '유경'과 '군명'으로 나누어 두 사람의 자로 보는 경우이다. 그리고 세 번째는 첫 번째와 마찬가지로 한 사람으로 간주하되 '유경'을 자, '군'을 남자에 대한 미칭, '명'을 이름으로 보는 경우이다. 이 세 가지 가능성 중 먼저 세 번째는 편지글에서 상대방을 지칭할 때 이름을 직접 쓰는 것은 실례로 여겨졌기 때문에 가능성은 거의 없어 보인다. 그렇다면 남은 것은 첫 번째와 두 번째인데, 앞에서도 언급했듯이 자의 경우는 통상 두 글자인 경우가 많기 때문에 첫 번째보다는 두 번째일 가능성이 더 높다고 생각한다. 따라서 여기서는 '유경군명'을 '유경'과 '군명'의 두 사람의 자로 나누어 해석해 보았다.

한편 백서②는 위아래에 잘려 나간 부분이 있기 때문에 '정복지재배언'에 해당하는 말은 보이지 않지만, '전정삭주서前政數奏書'라는 구절이 있는 것을 보면 백서①과 마찬가지로 '정'이 발신인인 것 같다. 또, '유경군명력(?)사중아자무양幼卿君明力(?)舍中兒子毋恙'이라는 표현에 의하면, '유경·군명'이나 그들과 혈연적으로 관계가 있는 곳에 발송된 편지인 것 같다.[14]

다음으로 문제가 되는 것은 이 편지에 등장하는 인물들의 근무지이다. 전존훈錢存訓은 두 백서 모두 지금의 산서성山西省 북쪽의 성락현에 주재하고 있던 지방관이 돈황 변경에 있는 지인에게 보낸 편지로 본다.[15] 그러나

---

14) 錢存訓(2002: 97쪽)도 이 두 편지의 발신인을 동일인으로 간주한다.
15) 錢存訓, 97쪽.

실제로 백서의 내용을 보면 반드시 그렇지는 않은 것 같다.

백서①의 밑줄⑧에 의하면 발신인은 성락현에서 5년간 근무하고 있었지만, ⑩에 의하면 편지를 작성한 현시점에서는 돈황 어택후의 승의 서리로 있다고 하고 있다. 돈황은 무위武威, 장액張掖, 주천酒泉과 함께 한무제漢武帝 때 흉노 구축驅逐·방어 및 서역으로의 영토 확장을 목적으로 설치된 이른바 하서사군河西四郡의 하나이다. 변경의 군사계통은 군郡 아래에 '도위부都尉府', 그 아래에 '후관候官', 그 아래에 '수燧'(망루)로 편성되어 있다. 또, 여러 개의 '수'를 하나로 묶어 '부部'라고 하였다. 소륵하疏勒河유역의 돈황군에는 의화도위부宜禾都尉府, 중부도위부中部都尉府, 옥문도위부玉門都尉府가 각각 소륵하의 동쪽에서 서쪽으로 위치하고 있었다. 또, 옥문도위부의 남쪽에는 양관도위부陽關都尉府가 위치하고 있었던 것으로 알려져 있다. 돈황에서 발견된 한간[그림 3-3]을 보면 의화도위 밑에 5개의 후관이 속해 있고, 어택후는 의화도위가 통괄하는 네 번째 후관임을 알 수 있다.[16]

- 의화도위 지휘하의 후관의 순서. 제1 광한후, 제2 미직후, 제3 곤륜후, 제4 어택후, 제5 의화후.[17]

그런데 백서①과 ②는 모두 T.13, 즉 대파돈大坡墩이라는 망

[그림 3-3]
**敦煌漢簡**
(T.Ⅵ.b.i.
151)

---

16) 한대 변경의 통치 조직에 관해서는 藤枝晃(1955); 永田英正(1989: 411~444쪽); 大庭脩(1990: 29~34쪽); 籾山明(1999: 45~58쪽); 冨谷至(2003: 125~127쪽) 참조.
17) "●宜禾部鑫第, 廣漢第一, 美稷第二, 昆侖第三, 魚澤第四, 宜禾第五."(T.Ⅵ.b.i.151). 번역시에는 大庭脩(1990: 66쪽) 참조.

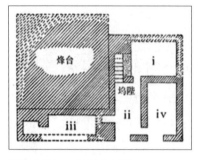

[그림 3-4] 돈황 T13 봉수유적 평면도

루[그림 3-4]에서 발견되었다. 대파돈은 소방반성小方盤城에서 약 4㎞ 정도 떨어진 곳에 위치하고 있으며, 당시 옥문도위의 관할 구역에 속해 있던 망루이다. 그렇다면 이들 편지는 의화도위 어택후관의 승(어택후관의 최고 책임자인 候官의 副官)의 서리로 있던 정(발신인)이라는 인물이 옥문도위가 관할하는 대파돈에서 근무하고 있던 유경과 군명(수신인)이라는 사람들에게 보낸 것이라고 해야 할 것이다. 정이라는 인물이 성락현에서 근무할 당시에는 거리가 너무 멀어 거의 소식을 전하지 못하다가 근무지를 돈황으로 옮기면서 비로소 편지의 왕래가 비교적 용이하게 된 것은 아닌가 추측된다.[18] 그 밖에 편지의 내용을 통하여 편지의 작성 시기(Ⓐ), 임 태수의 사망(Ⓔ) 등의 정보도 알 수 있다.

한편 편지는 현천치에서도 출토되었다. 그런데 현천치는 한대에 역참의 역할을 했던 곳이라는 점에서 위의 백서들이 출토된 지점과는 성격이 다르다. 현천치유적은 지리적으로 지금의 돈황시와 안서시安西市의 중간 지점인 첨수정甜水井 부근의 해발 1,700m나 되는 고지대에 위치해 있다. 유적 북쪽은 멀리 소륵하와 한대 만리장성을 따라 설치된 봉수유적과 마주하고 있다. '현천'이라는 지명은 당대唐代 이전의 문헌에는 거의 보이지 않는다. 그러나 이 유적은 교통의 요충지이자 수원이 있어 물을 공급하는 곳이기도 하였다. 또, 역사적으로는 한무제 때 흉노를 압박하기 위하여 서역의 대월지大月氏로

---

18) 편지의 출토 지점 및 한대 봉수유적의 분포에 관해서는 林梅村·李均明 편(1984); 大庭脩(1990); 吳礽驤·李永良·馬建華 釋校(1991); 甘肅省文物局 편(2001) 참조.

향한 장건張騫이나 당시 명마名馬의 산지로 유명한 대원국大宛國의 말을 확보하기 위하여 서역으로 정벌에 나선 이사장군貳師將軍 이광리李廣利가 반드시 거쳐야 하는 곳이기도 하였다.[19)]

현천치에서는 1990년부터 2년에 걸친 발굴 작업의 결과 다량의 유물 및 간독과 함께 백서 10점이 출토되었다. 필자가 조사한 바에 의하면, 그중 현재 공표되어 있는 것은 정리자에 의하여『건치중공부인서建致中公夫人書』및『원치자방서元致子方書』라고 명명된 백서 2점뿐이다.[20)] 현천치에서 출토된 유물의 연대는 함께 출토된 기년간에 의하여 창설기(전한 무제기, B.C. 111~B.C. 92년), 발전기(전한 소제에서 후한 초기, B.C. 86~A.D. 29년), 쇠퇴기의 3기로 구분된다. 따라서 이들 백서 또한 이 시기에 서사된 것으로 추정된다. 또 내용적으로는 둘 다 사적인 편지이다. 구체적인 내용은 다음과 같다.


〈건치중공부인서〉(II0114③:610)[21)]
　저 건은 땅에 엎드려 말씀드립니다. 중공 님과 부인께서는 일을 하시는 데 노고가 많으신 줄 압니다만 그동안 별고 없으셨는지요? Ⓐ저 같이 변변치 못한 사람이奴□(?) 중공의 은덕에 힘입어 능력이 없는 제가 다행히도 시어사의 직책을 맡게 되었습니다. 한동안 중공□의 소식을 거의 듣지 못했습니다만, Ⓑ중공과

---

19) 『元和郡縣志』, 권40, "懸泉水, 在縣東一百三十里, 出龍勒山腹. 漢將李廣利伐大宛還, 士衆渴乏, 引佩刀刺山, 飛泉湧出, 卽此也. 水有靈, 車馬大至卽出多, 小至卽出少." 현천치유적에 관해서는 甘肅省文物考古硏究所(2000) 참조.
20) 『建致中公夫人書』와『元致子方書』의 석문은 胡平生·張德芳 편찬(2001: 184~187쪽)에, 『원치자방서』의 도판은『文物』2000-5 및 胡平生·張德芳 편찬(2001)에 각각 수록되어 있다.
21) 『建致中公夫人書』의 도판은『中國書法』1992-2에 수록되어 있지만 아직 보지 못했기 때문에 胡平生·張德芳 편찬(2001: 184~185쪽)에 수록되어 있는 석문에만 의존하였다. 그 때문에 석문과 내용은 앞으로 다시 검토해야 할 여지가 있음을 미리 밝혀 둔다.

당신께서 자식처럼 아끼는 분들께서 돈황에 가셨다고 들었습니다. □何君(?), 절대로 소홀하게 하지 않겠습니다. ⓒ돈황 졸사가 태수님의 편지를 저에게 전해 주었는데, 제가 졸사에게 물었더니 중공의 근황을 알려 주었습니다. ⓓ중공의 더욱 크신 은덕 덕분에 저의 변변치 못한 자식들도 매년 자금 지원을 받고 있습니다. 중공께서 부인을 이끌고 밤낮으로 일하시는 모습이 모두 태수의 공명이나 덕행에 부합하오니, 어찌 편할 수 없음을 근심하오리까! 추운 날씨에도□ 관리의 직무를 잘 살피시고 앞으로도 記를 자주 보내 주셔서, 중공께서 제가 바라는 바 무탈하게 지내는 소식을 전해 주시면 저로서는 더 이상 바랄 것이 없겠습니다. ⓔ돈황 졸사를 통하여 중공 님께 (이 편지를 보냅니다). ⓕ●저를 대신하여 장경과 부인과 자제분들 및 그분이 자식처럼 아끼는 동생분들과 그 부인과 자제분들께도 안부를 전해 주시길 바라며, □謝(?) 식사도 잘 드시기 바랍니다. ⓖ● 다음 편지에는 장군과 차공□□의 소식도 전해 주십시오.22)

〈원치자방서〉(II0114③:611)[그림 3-5]

저 원은 땅에 엎드려 두 번 절하며 말씀드립니다.

자방님께서는 그동안 별고 없으셨는지요? ⓐ자방께서 고된 길을 떠나셨는데, 제가 때를 놓쳐 직접 모시지 못하여 죽을죄를 지었습니다. 춘부장과 자당, 부인과 자제분도 별고 없으신지요? 저는 자방께서 우환이 없으시길 땅에 엎드려 기원합니다. 춘부장과 자당과 부인은 제가 한 치의 소홀함도 없이 잘 모시겠습니다. ⓑ저는 창고를 관리하는 업무를 맡고 있습니다만, 자방의 가르침을 잘 받들도록 하겠습니다. 제가 땅에 엎드려 바라옵건대, 더운 날씨에 자방께서는 옷을

---

22) "建伏地請. 中公夫人足下, 勞苦臨事善毋恙. ⓐ建不肖奴□賴中公恩澤, 幸得待罪侍御史. 頃闕希聞中公□ⓑ忽也數屬中公及子惠於敦煌□何君, 不敢忽忽. ⓒ敦煌卒史奉太守書賜建, 建問卒史, 言中公頃. ⓓ中公幸益長矣, 子孫未有善, 歲賜錢, 率夫人日夜有以稱太守功名行者, 何患不得便哉. 寒時□, 愼察吏事, 來者數賜記, 使建奉問中公所欲毋恙, 建幸甚幸甚. ⓔ謹因敦煌卒史中公足下. ⓕ●幸爲建多請長卿夫人諸子及子惠諸弟婦兒子□謝彊(强)飯. ⓖ●來者言長君次公□□."

잘 챙기시고 식사도 잘 드시면서 직무를 살피신다면 저로서는 더 이상 바랄 것이 없습니다. 삼가 말씀드립니다. ⓒ 저는 지금 돈황에 주둔하고 있습니다만, 그곳에 가죽신이 부족하다는 것은 자방께서도 잘 아실 것입니다. ⓓ저는 근무지를 이탈할 수 없기 때문에, 바라옵건대 자방께서 가죽신 한 켤레, 비단과 다룸가죽으로 만든 길이 1자 2치(약 27.7cm)의 천(?), 붓 5자루를 좋은 것으로 구입해 주시면 정말 감사하겠습니다. (물건들을 구입하는 데 드는) 비용은 적당한 때에 댁으로 보내드릴 것이며, 지불하지 않는 일은 절대로 없을 것입니다. 바라옵건대, 자방께서는 가죽신이 두껍고 신고 걸어 다니기에 편

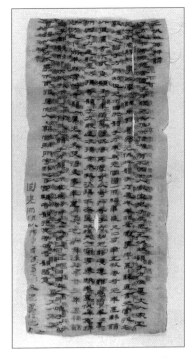

[그림 3-5] 元致子方書(II0114③:611)

한지 잘 살펴 주시기 바랍니다. 자방께서는 제가 자꾸 번거롭게 해드리는 것이 가죽신을 만들기가 어렵기 때문이라는 것을 잘 아실 줄로 압니다. 자방께서 일전에 차유에게 기記를 전해 주신 것은 정말 기쁘고 감사하게 생각하고 있습니다. ⓔ자방께서 이번에 외출하여 차유의 집을 지나갈 때 그에게 답장을 보내달라는 말씀을 전해 주시기 바랍니다. 만약 차유가 부재중일 경우에는 차유의 부인인 용군에게 답장을 보내달라고 말씀해 주시면 정말 감사하겠습니다. 땅에 엎드려 두 번 절하며 자방께 간곡히 부탁드립니다. ●가죽신을 구입하셨으면 맨 먼저 복귀하는 관리에게 부탁하여 여기서 바로 사용할 수 있게 해 주시면 정말 감사하겠습니다. ⓕ저 원은 땅에 엎드려 두 번 절하고 또 두 번 절하며 간곡히 부탁드립니다. ⓖ●여자도가 인장을 새기고 싶어 합니다만, 자방께 말씀드리지 못한

모양입니다. 그는 제가 변변치 못한 것도 모르고 자방께 부탁드려 7푼(약 1.6㎝)
크기에 손잡이 부분이 ⑪거북 모양이고 인문印文은 '여안지인呂安之印'으로 새긴
어사 인장 하나를 만들어 주었으면 좋겠다고 합니다. 자방께서 신경을 써주셔서
다른 사람에게 또 부탁하지 않아도 될 수 있도록 잘 처리해주셨으면 합니다.
①●곽영위가 맡긴 돈 200전은 때리면 소리가 잘 나는 채찍을 구입해주시기 바랍
니다. 그럼, 좀 신경을 써주시기 바랍니다. ①자서, 물건을 구입하실 때 다른
사람이 부탁한 것을 특히 신경을 써주시기 바랍니다.23)

이상의 내용에 의하면, 『건치중공부인서』는 '건'이라는 인물이 발신인
이고, '중공'과 그의 부인이 수신인이다. Ⓐ에 의하면 건은 현재 '시어사'의
직책을 맡고 있다. 한대에 시어사는 삼공三公의 하나인 어사대부御史大夫의
속관屬官(대략 秩六百石에 해당)으로 백관百官의 감찰이나 탄핵 등을 직책으로
하는 감찰관이었다.24) 다음으로 Ⓑ에 의하면 중공은 현재 가족과 함께 돈황
으로 간 것으로 되어 있는데, 이 백서가 출토된 곳이 현천치인 점을 감안하
면 그곳이 바로 중공의 근무지인 것으로 추정된다. 또, Ⓓ에 의하면 중공이

---

23) "元伏地再拜請(1)
子方足下, 善母恙. Ⓐ苦道子方發, 元失候不侍賀, 有死罪. 丈人家室兒子母恙, 元伏地
願子方毋憂. 丈人家室(2)元不敢忽驕. Ⓑ知事在庫, 元謹奉教. 暑時元伏地願子方適
衣·幸酒食·察事, 幸甚. 謹道. Ⓒ會元當從屯⑤敦煌, 乏沓(鞜), 子方所知也. Ⓓ元不
自外, 願子方幸爲元買沓(鞜)一兩, 絹韋, 長尺二寸, 筆五枚, 善者, 元幸甚. 錢請(4)以
便屬舍, 不敢負. 願子方幸留意, 沓(鞜)欲得其厚, 可以步行者. 子方知元數煩擾, 難爲
沓(鞜). 幸甚幸甚,(5) 所因子方進記差次孺者, Ⓔ願子方發過次孺舍, 求報. 次孺不在,
見次孺夫人容君求報, 幸甚, 伏地再拜(6)子方足下. ●所幸爲買沓(鞜)者, 願以屬先來
吏, 使得及事, 幸甚. Ⓕ元伏地再拜再拜.(7)
Ⓖ●呂子都願刻印, 不敢報. 不知元不省, 使元請子方, 願子方幸爲刻御史七分印一, ⑪
龜上, 印曰, 呂安之印. 唯子方留(8)意, 得以子方成事, 不敢復屬它人. ①●郭營尉所寄
錢二百買鞭者, 願得其善鳴者. 願留意.(9)
①自書. 所願以市事, 幸留意留意毋忽, 異於它人.(10)"
24) 福井重雅(1988: 448쪽).

건의 자식들에게 경제적인 원조를 할 만큼 두 집안 사이의 친분이 매우 두터웠음을 알 수 있다.

한편 ⓒ와 ⓔ에 의하면 건이 태수나 중공과 편지를 주고받을 때 돈황 졸사가 중간에서 편지를 전달하는 역할을 하고 있었던 것 같다. 졸사는 도위부에 소속되어 있는 관으로 문관이자 각종 문서행정을 담당하는 서기관이다. 이 경우 그가 돈황군에 설치되어 있는 4개의 도위부 중 어느 도위부의 소속이었는지는 알 수 없지만, 변경의 군사 계통의 통치조직 중 상급 기관에 소속되어 있었던 것만은 분명하다. 건이 졸사에게 중공의 근황을 물어본 이유는 물론 친분 관계에 의한 것도 있겠지만, 졸사의 일상적인 업무가 공문서를 작성하고 관리하며 보관하는 일이기 때문에 중공에 관한 정보를 그가 가장 신속하고 정확하게 파악하고 있었기 때문인지도 모른다.

그 밖에도 ⓕ와 ⓖ에 의하면, 건이라는 인물의 인맥 관계도 엿볼 수 있다. 즉, 이 편지의 수신인인 중공을 비롯하여 장경, 장군, 차공 등이 편지 왕래를 통하여 발신인과 지속적으로 친분 관계를 유지해 왔던 것으로 보인다. 장경의 처자나 그 동생의 처자의 안부까지 묻는 것을 보면 상당히 두터운 친분 관계를 형성하고 있었음을 알 수 있다. 아마도 이 사람들(중공, 장경, 장군, 차공 등)은 당시 현천치에서 함께 근무하고 있던 구성원들이었을 가능성이 클 것으로 추측된다. 참고로 중공이라는 이름은 돈황한간 T.XⅡ.a.ⅱ.12, T.XⅣ.ⅱ.2에도 보인다.

『원치자방서』는 현재까지 출토된 편지 중 보존 상태가 가장 양호하고 글자 수도 가장 많다. 간보簡報(초기보고서)에 의하면 백서의 감은 황색이고 크기는 가로 10㎝, 세로 34.5㎝이다. 글자는 세로로 총 10줄 322자가 예서隸書로 서사되어 있다.[25] 출토되었을 당시에는 작은 사각형 모양으로 몇 겹으로 접혀 있었고, 습기로 인하여 먹으로 쓴 글씨의 흔적이 접힌 부분의 양쪽에 배어 있었다.

이 편지는 '원'이라는 인물이 발신인이고 '자방'이 수신인이다. 편지의 내용은 '●'을 기점으로 크게 네 부분으로 나뉘어 있는데, ⒝와 ⒞에 의하면 원이라는 인물은 돈황에 근무하면서 창고를 관리하는 업무를 담당하고 있었음을 알 수 있다. 또 ⒜에 "자방께서 고된 길을 떠나셨는데, 제가 때를 놓쳐 직접 모시지 못하여 죽을죄를 지었습니다"라고 하는 것에 의하면, 원과 자방은 거리상 서로 어느 정도 가까운 곳에서 근무하고 있었던 것이 아닌가 추측된다. 원이 자방에게 위의 편지를 보낸 주된 이유는 ⒟·⒠·⒢·⒤에 잘 나타나 있듯이, 자신이 구입하고자 하는 물품과 전언傳言 및 자신의 지인이 구입하고 싶어 하는 물품을 부탁하려는 데 있다. 다만 자방이라는 인물의 직위나 직책 등은 정확하게는 알 수 없다.

그런데 한 가지 흥미로운 것은 본문의 기타 부분과 ⒡·⒣·⒥부분의 필체 및 묵적墨迹의 농담濃淡이 전혀 다르다는 점이다. 호평생胡平生은 본문은 다른 사람이 대필하고 ⒥부분만 자필이라고 하지만,26) 도판에 의하면 ⒡와 ⒣도 ⒥와 마찬가지로 자필로 인정된다. 자필로 서사한 부분의 필체를 보면 대필한 부분에 비해 글씨가 졸렬하다는 것을 한눈에 알 수 있다. 원의 직무가 창고 관리인 점으로 미루어 볼 때, 편지를 쓰는 것은 아마도 자신이 없었던 모양이다. 그렇기 때문에 문서 작성을 전문으로 하는 서기관

---

25) 甘肅省文物考古硏究所(2000: 13~14쪽). 그런데 胡平生·張德芳 편찬(2001: 188쪽)은 가로 10.7cm, 세로 23.2cm, 글자 수 319자(그중 重文 4자)라고 하고 있어 상당한 차이가 난다. 간보에 게재되어 있는 도판은 실물을 일정 비율로 축소시킨 것 같은데, 그 비율로 보아 후자 쪽의 치수가 맞는 것 같다. 그러나 글자 수는 필자가 직접 세어 본 결과 322자(그중 중문 6자)이다.

26) 胡平生·張德芳 編撰(2001: 191쪽).

과 같은 사람에게 대필을 부탁한 것이 아닌가 추측된다. 시간적으로는 먼저 본문을 대필하고, 그러고 나서 내용을 읽어 보면서 마지막으로 자필로 수정 보완한 것으로 보인다.

또 한 가지 흥미로운 것은 간보가 지적하듯이 출토되었을 당시 이 편지가 작은 사각형 모양으로 접혀 있었던 점이다. 이것은 도판을 통해서도 분명히 확인할 수 있다. 구체적으로는 내용을 다 적고 나서 먼저 백서를 세로로 2번 접고, 그러고 나서 다시 가로로 3번 접은 것으로 보인다. 필자도 종이를 가지고 동일한 요령으로 실험해 보았다. 그러고 나서 펼쳐 보았더니 가로 약 2.6cm, 세로 약 2.9cm의 거의 정방형에 가까운 모양이 총 32개가 생겼다.

여기까지는 비교적 간단하게 추정 가능하지만, 그 다음으로 그렇다면 발신인이 왜 이렇게 접었을까 하는 것이 문제가 된다. 이 문제와 관련하여 호평생胡平生이 소개하는 모미야마 아키라(籾山明)의 견해는 매우 시사적이다. 그에 의하면 위진시대 누란에서 발견된 종이로 작성한 편지도 위와 같은 방식으로 접혀 있었다. 그런데 그렇게 접은 것은 이번에는 나무로 된 봉검封檢을 이용하여 봉함하고 나서 우송했다고 한다.[27) 그렇다면 이 백서를 위와 같이 접은 이유는 봉검(목간)의 봉니갑封泥匣에 위와 같은 사이즈로 접은 편지를 집어넣고 줄로 묶은 뒤, 그 위에 봉니封泥를 채워 넣은 다음 인장을 찍고 발송하기 위한 것이었음을 알 수 있다. 봉니에 발신인의 인장이 찍혀 있고 봉검에 수신인의 성명 및 주소나 배달 방법 등이 기재되어 있었을 것이므로, 편지에 그러한 사항이 기재되어 있지 않은 것은 오히려 당연하다고 해야 할 것이다. 이와 같이 오늘날의 편지봉투 역할을 했던 것

---

27) 胡平生·張德芳 編撰(2001: 188쪽).

[그림 3-6] 백서③
(T.XV.a.i.3)

은 다름 아닌 목간이었다. 앞에서 비단으로 된 편지봉투의 존재를 의심했던 것은 바로 이와 같은 이유에서이다.

## 2. 꼬리표·운송표

지금까지는 편지에 관하여 살펴보았는데, 스타인이 돈황의 봉수유적에서 발견한 백서 중에는 꼬리표나 운송표로 추정되는 것이 있다. 앞에서 언급했듯이, T.XV.a.i.3 지점에서 발견된 백서③[그림 3-6]이 바로 그것이다. 참고로 이 봉수유적은 소방반성에서 북쪽으로 약 3.2㎞ 떨어진 곳에 위치하고 있으며, 당시 옥문도위의 관할 구역이었다.[28]

백서③은 앞면에 1줄 28자, 뒷면에 1줄 3자 및 봉니인封泥印의 흔적으로 보이는 인영印影이 남아 있다. 『유사추간』은 이것을 용구나 도구나 조달품목을 내용으로 하는 '기물류器物類'로 분류하고 있는데,[29] 그것은 앞면에 다음과 같은 내용이 기재되어 있기 때문이다.

임성국 항부, 비단 1필, 너비 2자 2치, 길이 4장(1장은 10자), 무게 25량, 가격 618전.[30]

---

28) 林梅村·張德芳 편(1984: 18쪽).
29) 羅振玉·王國維 편저(1993: 186쪽).
30) "任城國亢父, 縑一匹, 幅廣二尺二寸, 長四丈, 重廿五兩, 直錢六百一十八."

임성국은 후한 장제章帝 원화元和 원년元年(A.D. 84)에 동평국東平國에서 나뉜 군국郡國의 하나이다.[31] 그렇다면 A.D. 84년이 곧 이 백서의 작성 시기의 상한선이 된다. 또 항부는 임성국의 속현屬縣의 하나로 지금의 산동성山東省 제녕시濟寧市 남쪽에 위치하고 있었다. 그 밖에 기재되어 있는 내용들과 아울러 판단하면, 이 백서는 비단의 공급지, 수량, 크기, 중량, 가격을 기재하기 위하여 사용된 것임을 알 수 있다. 이러한 기물류의 서사재료는 돈황이나 거연 등지에서 발견된 자료들을 보면, 통상 '갈楬'(꼬리표·운송표)[32]이라고 불리는 목간이 사용되는 경우가 많다. 그런데 백서③에 의하여 백서가 사용된 경우도 있다는 것이 증명된 것은 매우 중요한 사례라고 할 수 있다. 형태상으로도 폭이 비교적 넓은 편지와는 달리 가늘고 긴 목간의 형태와 매우 유사하다. 다만 이것이 항부에서 돈황으로 비단을 발송할 목적으로 사용한 것인지(운반용), 아니면 항부에서 발송해 온 비단을 보관할 목적으로 사용한 것인지(보관용) 불분명한 점도 있다.

한편 '2자 2치'(약 51.7cm)와 '4장'(약 940cm)은 문헌자료에도 그와 관련된 기록이 보인다. 먼저 너비의 단위 '2자 2치'와 관련해서는 다음과 같은 문장이 있다.

> 태공은 주나라를 위하여 구부의 원법을 만들었다.…… <u>천과 비단의 너비는 2자 2치를 1폭으로 삼고, 길이 4장을 1필로 삼았다.</u>[33]

---

31) 『後漢書』,「郡國志」21,「郡國」3, "任城國, 章帝元和元年, 分東平爲任城. 雒陽東千一百里. 三城, 戶三萬六千四百四十二, 口十九萬四千一百五十六."
32) '楬'에 관해서는 이 책 제2장 제4절 참조.
33) 『漢書』, 권24下,「食貨志」4下, "太公爲周立九府圜法.…… <u>布帛廣二尺二寸爲幅, 長四丈爲匹.</u>"

현재 관포(관아의 화폐)의 너비는 2자 2치이다.[34]

『한서』에 보이는 '태공'은 제齊나라를 세운 태공망太公望(呂尙)을 가리키고, '구부'는 주대周代에 재폐財幣를 주관하던 9개의 관官을 의미하며, '원법'은 화폐 제도를 의미한다. 그런데 그 시대의 포백布帛의 너비가 '2자 2치'였다고 하지만, 이 기록이 과연 태공 시대의 역사적 사실을 그대로 반영한 것인지 그것을 확인할 방법은 없다. 또, 설령 역사적 사실을 반영한 것이라하더라도, 그것이 제나라 이외의 다른 나라에서도 동일하게 규정되어 있었다고 일반화시킬 수 있을지 매우 의심스럽다. 다음으로 정현 주에 보이는 '현재'란 말할 것도 없이 정현이 생존했던 후한시대를 의미한다. 정현이 후한시대의 인물이라는 점을 감안하면, 적어도 한대에는 포백 너비의 표준규격이 '2자 2치'였다고 인정해도 좋을 것 같다.

다음으로 길이의 단위 '4장'과 관련해서는 위에서 든 『의례』 외에도 다음과 같은 예가 있다.

옛날에 도량의 경중을 정할 때는 하늘의 원리를 따랐다.…… 음의 수는 5이고 5를 8배하면 40(=40자)이 된다. 그 때문에 4장(=40자)을 1필로 삼고, 1필을 (천이나 비단의) 단위로 정하였다.[35]

여기서도 마찬가지로 '4장'이 1필의 단위라고 되어 있는데, 『회남자』에서는 4장이라는 길이를 왜 1필의 단위로 정했는가를 원리적으로 설명하고

---

34) 『儀禮』, 권13, 「鄕射禮」, '中十尺'에 대한 鄭玄 注, "今官布幅廣二尺二寸."
35) 『淮南子』, 권3, 「天文」, "古之爲度量輕重, 生乎天道.……音之數五, 以五乘八, 五八四十. 故四丈而爲匹, 一匹而爲制."

있는 점에 특징이 있다. 이것이 한대의 표준 규격이었다는 것
은 『설문해자』의 '필匹'자의 해설을 통해서도 알 수 있다.[36]
또, 그것은 한대뿐만 아니라 그 뒤에도 표준 규격으로 사용된
예가 있다.[37] 이상에 의하면, 포백 제도는 적어도 한대에는 이
미 공식적으로 규격화되어 있었던 것 같다. 그러나 규격화되
어 있었다 하더라도 '구부의 원법'이나 '관포'라는 말이 나타내
듯이, 그것이 서사재료로서의 백서의 제도가 아니라 화폐로서
의 비단의 제도라는 점에 주의해야 한다.[38]

## 3. 기타

그 밖에 백서①~③과 마찬가지로 변경의 옛 군사시설에
서 발견된 것 중 현재 도판과 석문이 공표되어 있는 것으로는
마권만 봉수유적에서 발견된 백서④[그림 3-7]가 있다. 이 봉수
유적은 스타인의 제2, 3차 탐험 때는 조사 대상에서 누락된 곳
이다. 그 뒤 1979년 감숙성문물공작대甘肅省文物工作隊가 돈황에
서 하서 지역의 한대 망루를 조사하던 중 T12:067 지점에서 발
견한 것이 백서④이다. 이때 함께 발견된 목간 중에는 전한 선제에서 왕망

[그림 3-7]
백서④(馬圈灣
출토 백서)

---

36) 『說文解字』, 「十二下·匸部」, "匹, 四丈也. 从八匸. 八揲一匹. 八亦聲."
37) 『魏書』, 권110, 「食貨志」 15, "舊制, 民間所織絹布, 皆幅廣二尺二寸, 長四十尺爲一
匹, 六十尺爲一端, 令任服用. 後乃漸至濫惡, 不依尺度. 高祖延興三年秋七月, 更立嚴
制, 令一準前式, 違者罪各有差, 有司不檢察與同罪." 참고로 두 번째 밑줄 부분에 보
이는 고조 연흥 3년은 서력으로 A.D. 473년이다.
38) 이상은 羅振玉·王國維 편저(1993: 50·186쪽); 錢存訓(2002: 97쪽); 甘肅省文物考古
研究所 편(1991: 上冊 圖版壹伍玖·下冊 296쪽) 참조.

시기의 기년간이 포함되어 있는데, 이 백서도 그 시기에 작성된 것으로 추정된다. 백서의 크기는 길이 43.4㎝, 너비 1.8㎝로 백서③과 마찬가지로 가늘고 긴 모양을 하고 있지만, 상단 부분이 반원 모양인 점이 다르다. 백서는 적색으로 염색한 뒤 글자를 서사했는데, 가운데에서 약간 왼쪽으로 치우친 부분에 1줄 30자가 적혀 있다.[39] 글자 판독이나 해석상 난해한 부분도 있지만 판독 가능한 부분을 유추하여 대략적으로 해석해 보면 다음과 같다.

> 중효좌장 윤봉심(?)이 비단 1필, 431銖币(?)을 전하였다. 10월 정유에 정장 연수와 도리 치가 도착할 것이다.[40]

위의 문장을 보면, 이 백서는 윤봉심(?)이라는 인물이 전달한 물품의 리스트 및 연수와 치라는 두 인물이 기재된 날짜에 도착할 것이라는 것을 내용으로 하고 있는 것 같다. 그런데 여기에 보이는 '전傳'에 대하여 발굴 보고서는 『한서』 「문제기文帝紀」 12년 3월조에 '관소를 폐지하고 전傳을 사용하지 못하게 하였다'는 문장에 대한 주에 장안張晏이 "전은 신信이고 지금의 과소過所와 같다"라고 설명한 것을 인용한다.[41] 이것은 곧 위의 문장에 보이는 '전'의 용법을 동사가 아니라, 관소 등을 통과할 때 사용하는 여행자의 신분증이나 통행증이라는 명사로 파악했다는 것이 된다. 이와 같은 논리라

---

39) 이상은 甘肅省文物考古硏究所 편(1991: 下冊 51~97쪽) 참조.

40) "尹逢深(?)中殺左長傳帛一匹, 四百卌乙(一)株(銖)币(?). 十月丁酉, 亭長延壽, 都吏稚, 鉉(訖)." 甘肅省文物考古硏究所 편(1991: 上冊 66쪽)은 '左長' 아래의 글자를 '傳'자로 쓰고 있지만, 도판에 의하면 해당 글자의 오른쪽 부분을 '專'으로 보아도 되는지 의심스럽다. 여기서는 잠정적으로 '傳'자로 쓴다. 또 '傳' 아래의 글자는 '一'자로 쓰고 있지만, 도판을 보면 '一'자가 아니라 '傳'과 '帛' 사이를 구분하기 위하여 그어 놓은 선 내지는 단순한 자국처럼 보인다.

41) 吳礽驤 외 釋校(1991: 303쪽); 甘肅省文物考古硏究所 편(1991: 下冊 66쪽).

면 이 백서는 그 자체가 서사재료로서의 '전'이라는 것이 될 것이다. 그러나 돈황이나 거연 등지에서 발견된 실제 '전'과 비교해 보면, 형식과 내용 면에서 상당히 동떨어져 있다.[42] 따라서 여기에 보이는 '전'은 동사로 해석하는 것이 무난하다고 생각한다. 다만 이것이 '전'이 아니라면 어떤 서사재료인지 아직은 불분명하다.

## 제2절 자탄고초백서: 현존하는 가장 오래된 백서

중국에서 도굴의 역사는 정사正史의 역사만큼 길다. 아니 어쩌면 그 보다 훨씬 더 길지도 모른다. 백서 중에도 도굴에 의하여 그 존재가 세상에 알려진 것이 있다. 학자들에 의하여 초증서楚繒書, 초견서楚絹書, 초백서楚帛

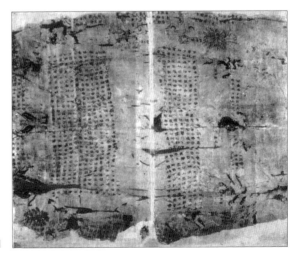

|그림 3-8| 초백서

42) '傳'에 관해서는 이 책 제2장 제4절 참조.

書, 자탄고초백서 등으로 불리는 백서가 바로 그것이다.(이하 초백서라고 한다.)
[그림 3-8] 1942년 호남성 장사시 자탄고에서 도굴된 것으로 알려져 있는 이
백서는 현존하는 백서 중 시기적으로 가장 오래된 채색화(적색·자홍색·청색)
이자,[43] 1950년대 이후 초간자료가 본격적으로 출토되기 이전의 초나라 문
자와 문화를 전하는 유일한 자료라는 점에서 일찍부터 주목을 받아 왔다.
그러한 중요성으로 인하여 근 60년 동안 상당한 양의 연구가 축적되어 온
것은 물론, 출토자료를 논할 때 단골 메뉴로 등장할 만큼 유명한 자료이기
도 하다.

## 1. 도굴된 초백서와 해외 유출 경위

그런데 초백서에 대한 연구가 처음부터 순탄하게 진행되어 온 것은 아
니다. 왜냐하면 백서가 도굴되자마자 곧 그 실물자료가 미국으로 유출되어
버렸기 때문이다. 도굴 경위와 해외로 유출된 경로에 대한 정보에 불명확한
점이 많고 또 실물자료의 부재라는 악재가 겹쳐, 도굴로부터 약 30년 뒤인
1973년에 이 백서가 출토된 무덤에 대한 과학적 조사가 행해지기 전까지
초백서에 대한 연구는 난항에 난항을 거듭하였다.
따라서 초백서를 형태론적으로 검토하기 전에 먼저 초백서의 출토 시
기, 출토 지점, 해외로 유출된 시기, 백서가 부장된 장소 및 정황, 출토된
백서의 수 등 제반 문제에 대하여 지금까지 어떻게 이해되어 왔는지 여기서
잠깐 정리해야 할 필요가 있다. 초백서가 도굴된 무덤에 대한 과학적 조사
가 실시된 1973년이 하나의 커다란 획기라고 생각되기 때문에, 도굴된 시점

---

43) 商承祚(1964: 8쪽).

에서 1973년 이전까지를 제1
기, 그 이후부터 현재까지
를 제2기로 나누어 정리하
기로 한다.[44]

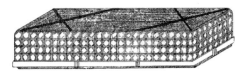

[그림 3-9] 竹笈. 초백서는 이 상자 안에 보관되어 있었다고 한다.

1) 제1기: 모색기

초백서를 처음으로 입수하여 연구한 사람은 장사 출신의 골동품 수집가
인 채계양蔡季襄이다. 그에 의하면 초백서는 도로 공사 중 장사시 동쪽 교외
의 두가파杜家坡에 위치한 만주晩周 시기의 목곽묘木槨墓에서 발견되었다. 관
은 묘실墓室의 동쪽에 안치되어 있고, 관 오른쪽에는 나무로 된 함(木槨)이
있었다. 그 함 속에는 길이 8인치, 너비 4.5인치, 높이 1.5인치의 대나무 상자
(竹笈)[그림 3-9]가 있었는데, 백서는 이 상자 안에 보관되어 있었다. 상자와 함
께 출토된 기물로는 칠반漆盤, 칠병漆鞞, 옥필玉珌, 동독銅櫝, 동검銅劍, 목우룡
木寓龍 등이 있다. 백서는 발견 당시 상자 안에 접혀 가지런히 놓여 있었는
데(상자 안에는 얇은 비단이 붙어 있었다고 한다), 애석하게도 출토 시 부주의로 절
반 이상이 손상되어 함 안에는 백서의 잔편殘片이 많이 흩어져 있었다.(잔편
중에는 적색 글씨로 서사되어 있는 것도 있다고 한다.) 그러나 이 백서만은 상태가 양
호하였다. 백서의 치수는 가로 18인치(약 45.72㎝), 세로 15인치(약 38.1㎝)이고
오랫동안 부장되어 있던 탓에 이미 짙은 갈색으로 변하여 문자가 잘 보이지
않았다고 한다.[45]

이처럼 그가 초백서의 출토 경위를 비교적 상세히 알고 있었던 것은 아

---

44) 이하 초백서의 발견 경위 및 연구 현황에 관해서는 李零(1985: 1~11쪽); 李零(1994:
42~62쪽); 池澤優(2002: 503~510쪽)를 주로 참조하였다.
45) 蔡季襄(1972).

마도 도굴자로부터 당시의 상황을 직접 들었기 때문일 것이다. 그러나 그럼에도 불구하고 도굴 시기에 대해서는 '근년'이라고만 할 뿐 구체적인 시기를 밝히지 않고 있다. 또, 출토 지점도 '두가파'라 하여 잘못 파악하고 있는 부분도 있다.

그 뒤 백서는 미국인의 손에 넘어가게 되고 그가 본국으로 귀국하는 바람에 그때 백서도 해외로 유출되게 된다. 그때의 정황을 장현이蔣玄怡는 다음과 같이 설명한다. 백서가 출토되었을 때 어떤 재봉사—나중에 상승조商承祚가 말하는 당감천唐鑒泉을 가리키는데, 당시 그는 이미 골동품상으로 전업한 상태였다—가 그것을 손에 넣었다. 그는 여러 가지 방도를 강구하여 국내의 수집가(=상승조)에게 구입할 것을 요청했지만 수포로 돌아갔다. 그 뒤 어떤 미국인이 보증금을 내고 이 백서를 빌려 미국으로 가지고 간 사실을 알게 되었다고 한다.[46] 이때까지만 해도 구매자에 대한 구체적인 언급은 없었지만, 장현이蔣玄怡의 책이 출간된 바로 그해 연말에 그 장본인이 바로 미국의 존 콕스(John Hadley Cox, 중국명 柯克思 또는 考克斯 또는 柯强)라는 것이 알려지게 된다.[47]

이 시기에 무덤의 도굴과 해외 유출의 정황을 비교적 정확히 파악하고 있었던 것은 상승조商承祚이다. 그가 그 사실을 비교적 정확히 파악하고 있었던 것은 해방 후 도굴에 가담했던 당사자(4인)를 직접 찾아가 그 정황을 들었기 때문이다.[48] 그에 의하면, 백서의 출토 시기는 1942년 9월, 출토 지점

---

46) 蔣玄怡(1950).

47) 中央人民政府文化部文物局 편(1950).

48) 참고로 그가 백서의 존재를 처음 알게 된 것은 1942년 겨울 重慶에 있었을 때 唐鑒泉으로부터 백서를 사지 않겠냐는 편지를 받고 나서부터였다. 그러나 唐鑒泉과 여러 차례 가격을 흥정하는 사이에 蔡季襄이 장사로 돌아와 백서가 그의 손에 들어가고 말았다. 그 때문에 결국 실물은 보지 못하고 2년 뒤인 44년에 蔡季襄이 쓴 책을

은 두가파가 아니라 장사시 동쪽 교외에 위치한 자탄고 지원충紙源冲(혹은 王家祖山)의 목곽묘이다. 부장품은 그 보관함인 두상頭箱과 변상邊箱에서 발견되었는데, 백서는 8번 접어 두상에 보관된 대나무 상자(竹匣 길이 약 23cm, 너비 약 13cm) 안에 보관되어 있었다. 백서는 불균등하게 접혀 있었는데, 접힌 부분 중 가운데 부분의 길이는 약 17.5cm, 너비는 약 11.5cm이다. 관의 오른쪽에 위치한 변상 안에는 칠반 1점, 칠이배漆耳杯 4점, 동검 1점, 동과銅戈 1점, 목용木俑 24점, 도정陶鼎, 도돈陶敦, 도호陶壺 각각 1점이 출토되었다고 한다.

그는 또 백서 잔편에 대해서도 언급한다. 채계양蔡季襄과 왕래가 비교적 긴밀했던 서정립徐楨立이 생전에 채계양으로부터 그 일부를 얻은 것이라고 하면서 상승조商承祚에게 백서의 잔편을 보여 준 적이 있는데, 그 내용을 보고 그것이 점사占辭와 관련된 것이라는 것을 알았다고 한다. 그런 정황으로부터 상승조는 상자를 덮고 있던 백서의 잔편이 상자 표면에 붙어 있었는데, 채계양이 그것을 떼어 내어 소유하고 있었던 것으로 추측한다. 또, 백서 잔편 중에는 적색이나 흑색 칸 안에 글자를 서사한 것이 있는데, 그것으로부터 두 종류의 백서가 있었다는 것을 알았다고 지적한다. 그 밖에도 채계양이 장사에 있었을 때 직인을 불러 자신의 집에서 백서를 표구한 점, 1946년에 존 콕스가 상해上海에서 백서를 속임수로 약탈하여 워싱턴으로 가져가 예일대학 도서관에 비밀리에 소장했고, 프리어미술관(The Freer Gallery of Art)에서 사진판을 만들었지만 공표되지 않은 점에 대해서도 언급한다.[49]

도굴 시기 및 유출 경위와 관련하여 중국 내에서는 이상과 같은 상승조 商承祚의 견해가 그 후에도 주류를 이루게 된다. 그러나 1950년대 이후 특히

---

통하여 백서의 개황을 알게 되었다고 한다.
49) 商承祚(1964).

해외에서는 다른 설을 주장하는 학자들도 있었다. 일본의 우메하라 스에지(梅原末治)는 백서가 출토된 시기를 1930년대 후반이라고 하고, 전존훈錢存訓은 1934년이라 하여 약간 다르기는 하지만 역시 30년대로 보고 있다.[50] 호주의 노엘 바너드(Noel Barnard, 중국명 巴納德)도 도굴 시기를 1934년이라고 주장한다. 그가 그렇게 주장하는 데는 나름대로 이유가 있다. 첫 번째 이유는 그도 또한 당시 도굴에 가담했던 9~10명의 도굴자 중 무덤 안에서 부장품을 직접 꺼낸 당사자의 증언에 근거하고 있는 점이다. 두 번째 이유는 1938년에 미국으로 귀국한 콕스는 39년 3월에서 5월까지 예일대학에서 장사 출토 중국 고대 문물 전람회를 개최하고,[51] 또 39년 이후에는 중국에 간 사실이 없는 점이다. 따라서 그는 백서가 유출된 시기를 1938년경으로 보고 있으며, 채계양蔡季襄이 소유하고 있었다는 백서는 초백서가 아닌 백서의 잔편으로 본다. 또, 초백서는 도굴자로부터 골동품상을 거쳐 콕스의 손으로 들어갔을 것이라고 주장한다.[52]

이와 같이 이 시기에 백서의 도굴과 유출 경위에 대하여 다양한 설이 제기되었던 것은 그들이 의거했던 정보의 출처와 시기 및 지역이 각기 달랐던 것도 하나의 원인일 것이다. 그러나 초백서의 최초의 입수자이자 연구자인 채계양蔡季襄이 언제 어떤 경위로 백서를 손에 넣었는지, 자신이 소유하고 있던 것이 원본인지 사진인지, 원래 소장하고 있던 사람은 누구인지에 대한 언급이 전혀 없는 등 기술상에 애매모호한 점이 많거나, 위에서 바너드가 지적한 콕스의 행적과 유출 시기와의 모순이 가장 큰 이유일 것이다.[53]

---

50) 梅原末治(1954: 35쪽); 錢存訓(2002: 98쪽).
51) 그러나 한 가지 주의해야 할 것은 콕스가 이 전람회에 관하여 직접 쓴 설명서에는 초백서에 대한 언급이 없다는 점이다.(李零, 1994: 45쪽)
52) Barnard(1973).

2) 제2기: 과학적 발굴 및 검증기

이 시기는 초백서가 도굴된 무덤에 대한 고고학적 발굴 조사가 시행된 시기이다. 1973년 5월 호남성박물관湖南省博物館은 장사시 동남쪽의 자탄고에 위치한 전국시대 목곽묘를 발굴하고 '73장자長子M1'이라는 일련번호를 붙였다.(이하 자탄고초묘라고 한다.) 초백서가 도굴된 지 이미 30년 이상의 세월이 흘렀음에도 불구하고 무덤의 소재를 정확히 찾아낼 수 있었던 것은 당시 도굴에 가담했던 임전생任全生이나 채계양蔡季襄·당감천唐鑑泉이 신중국 수립 후 이 박물관의 직원으로 채용되었기 때문이다.[54] 이 무덤에 대한 간보는 그 이듬해인 1974년에 발표되었다. 이 간보에 의거하여 묘장墓葬의 구조와 새롭게 출토된 부장품 등을 정리하면 다음과 같다.

1942년에 도굴의 피해를 입은 자탄고초묘는 지면에서 수직으로 파내려간 장방형의 무덤이다. 무덤의 방향은 115°이고 동남쪽으로는 너비 1.5m의 묘도墓道가 나 있으며 높이 약 1m가량의 봉토封土가 있다. 무덤의 북쪽 벽에는 도굴용으로 뚫어 놓은 1.3×0.78m 크기의 장방형의 구멍이 나 있다. 이 구멍은 지표면에서 곽개판槨蓋板(겉 널 덮개용 판자)을 뚫고 속 널(棺)로 연결되어 있다.

고인을 안치한 속 널은 이중으로 되어 있고(內棺·外棺) 겉 널(槨)은 한 겹으로 되어 있다.(1곽 2관) 겉 널과 외관 사이에는 0.3×0.9m 크기의 두상과 0.27×2.6m 크기의 변상이 있다. 부장품의 대부분은 변상에 보관되어 있었다. 두상과 변상에서 새롭게 출토된 부장품에는 도기류, 칠기류, 직물류 등이 있다. 시신은 신장 약 170㎝, 연령은 감정 결과 약 40세 정도의 남성으로

---

53) 池澤優(2002: 506쪽).
54) 李零(1994: 44쪽).

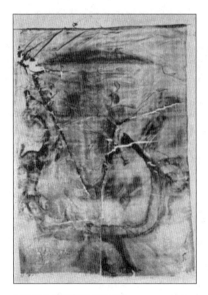

[그림 3-10] 자탄고초묘 출토 백화

판명되었다.

그런데 이때 출토된 부장품 중 세상을 놀라게 한 것은 곽개판과 외관 사이의 두께 약 6cm 정도 되는 칸막이(隔板) 위에 놓여 있던 백화帛畵 1점이다.[그림 3-10] '인물어룡백화人物御龍帛畵'라고 명명된 이 백화는 길이 37.5cm, 폭 28cm의 장방형의 모양을 하고 있다. 백화의 윗부분에는 길이 30cm 정도의 대나무를 덧대고, 그 가운데 부분에는 갈색으로 된 비단 줄을 달아 놓았다. 백화의 중앙에는 거대한 용을 모는 남성의 옆모습이 그려져 있다. 남성의 머리 위에는 양산이 그려져 있고, 용의 꼬리 부분에는 학이 그려져 있으며, 용의 왼쪽 아래에는 잉어가 그려져 있다. 이 그림의 전체 내용은 묘주墓主를 형상화한 남성이 신선이 되어 용을 타고 승천하는 모습을 묘사한 것으로, 전국시대에 성행했던 신선사상이 반영된 것으로 이해되고 있다. 묘주의 신분은 1곽 2관의 무덤 양식으로 유추해 볼 때 사대부의 귀족 신분이고, 무덤의 연대는 전국시대 중기에서 만기 사이(B.C. 300년경)로 추정되고 있다.[55]

이상이 간보의 주요 내용이다. 그런데 과학적 조사를 했다 하더라도 도굴 시기까지 알 수는 없음에도 불구하고, 그 시기를 1942년이라고 한 것은 위에서 언급한 상승조商承祚의 견해에 전적으로 따랐기 때문이다. 또, 간보

[55] 이상은 湖南省博物館(1973); 湖南省博物館(1974) 참조.

의 부록에는 초백서의 부장 지점이
나 보관 방법과 관련하여, 고고학
적 발굴 결과 및 1942년 당시 도굴
에 가담했던 사람의 기억을 참조하
여 도굴 전의 부장 상태를 기술한
부분과 설명도[그림 3-11]가 있다. 그
에 의하면, 초백서의 한쪽 끝은 삼

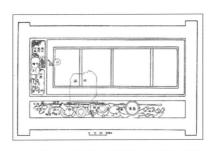

[그림 3-11] 도굴 전 자탄고초묘 부장 기물 설명도

각 '목우룡'의 꼬리 부분에 걸쳐 있었고, 다른 한쪽 끝은 대나무 상자(竹筒)의
뚜껑 위에 걸쳐 있었다고 한다. 이 부분은 분명 상승조商承祚와의 견해 차이
를 보여 주는 대목이다. 하지만 어느 쪽이 정확한 정보인지 아직까지도 가
늠하기 어렵다.

이처럼 70년대에 자탄고초묘에 대한 과학적 발굴이 이루어졌음에도 불
구하고, 초백서의 도굴 시기 및 해외 유출 경위를 둘러싼 문제에 대한 중국
학자와 해외 학자 사이의 견해 차이는 좀처럼 좁혀지지 않았다. 이 문제가
거의 일단락되는 것은 90년대에 들어서이며, 그때 큰 공헌을 한 것은 현 북
경北京대학 교수인 이령李零이다. 그는 자탄고초묘의 도굴자(漆孝忠·胡德興)와
발굴 관계자(高至喜·傅擧有·何介鈞) 및 콕스의 학생이었던 인물들(王宗石·吳柱
存)에 대하여 1992년에 취재한 기록, 1993년 1월에서 5월까지 미국의 삭클러
박물관(Arthur M. Sackler Museum)과 프리어미술관에서 행한 연구 성과, 채계양蔡
季襄이나 콕스의 편지 등을 바탕으로 그때까지 좀처럼 알려지지 않았거나
왜곡되어 왔던 몇 가지 중요한 사실들에 대하여 다음과 같이 밝혀내었다.
①초백서의 도굴 시기는 1942년 9월이다. 이 점은 상승조商承祚의 견해와 같
다. ②초백서는 채계양이 콕스에게 부탁하여 미국에서 1만 달러에 팔아 주

기를 원했던 것이지 콕스가 일방적으로 속이고 약탈한 것은 아니다. 이 점은 종래의 약탈설을 정면으로 반박하는 것이어서 매우 흥미롭다. ③바너드는 콕스가 1939년 이후에 중국에 간 사실이 없다고 하지만, 사실은 1946년에 상해에서 채계양과 만나 초백서를 미국에서 팔 것을 논의한 적이 있다. 그때문에 바로 그해에 백서가 미국으로 유출되게 되었다. ④미국으로 유출된 뒤 1949년에서 1964년까지는 뉴욕의 메트로폴리탄박물관(The Metropolitan Museum of Art)에 보관되어 있었다. ⑤또 1964년에서 1966년까지는 뉴욕의 골동품상이었던 대윤재戴潤齋가 입수하여 소장하고 있었다. ⑥그리고 1966년에는 의사이자 골동품 수집가인 폴 싱거(Paul Singer)의 권유로 마찬가지로 의사이자 미술품 수집가인 아서 삭클러(Arthur M. Sackler, 중국명 薩克勒 또는 賽克勒)가 구입하여 죽기 전까지 소장하고 있었다. ⑦삭클러가 죽은 뒤 초백서 및 백서 잔편의 일부는 1987년에 그를 기념하여 하버드대학에 건립된 삭클러박물관에 소장되었다.56)

## 2. 형태론적 관점에서 본 초백서

초백서는 보존 상태가 비교적 양호한 백서 1점과 상승조商承祚가 소장하고 있던 잔편 13점 및 콕스에 의하여 미국으로 유출되어 현재 삭클러박물관에 소장되어 있는 잔편으로 구성되어 있다. 이학근李學勤은 위의 상승조의 백서 잔편에 대한 언급을 토대로 ①적색 칸(朱絲欄)의 백서 1점, ②흑색 칸(烏絲欄)의 백서 1점, ③칸이 없는 백서 1점, ④보존 상태가 양호한 초백서 1점, 적어도 이 4점이 부장 당시 대나무 상자에 보관되어 있었을 것으로 추정한

---

56) 李零(1994: 43~46쪽).

다.[57] 이에 대해 이령李零은 ③을 더욱 세분하여 적색 글씨로만 서사되어 있는 것과 흑색 글씨로만 서사되어 있는 것의 2종으로 구분한다. 그렇다면 자탄고초묘에 부장되어 있던 백서는 우리가 흔히 알고 있는 보존 상태가 양호한 백서 외에 3점이나 4점의 백서가 더 있었다는 것이 된다. 백서 잔편은 남아 있는 부분이 얼마 되지 않아 본래의 내용은 잘 알 수 없지만, 오행五行이나 월령月令이나 형덕刑德 등과 관련이 있는 것 같다.[58] 잔편에 대해서는 물리적인 제약상 논의하는 데 한계가 있기 때문에 생략하기로 하고, 아래에서는 보존 상태가 양호한 백서에 대하여 형태론적 관점에서 논급하기로 한다.

먼저 초백서의 치수는 앞에서 언급했듯이 채계양蔡季襄은 18×15인치(약 45.72×38.1㎝)라고 했지만, 바너드는 47×38.7㎝라고 하여 학자마다 조금씩 견해 차이를 보이고 있다. 그 뒤 치수의 문제에 대해서는 이령李零이 새로운 설을 제기하였다. 즉, 현재 남아 있는 필적으로 미루어볼 때 위아래 및 오른쪽 가장자리에 약간의 잔결된 부분이 있을 것이라는 것이다. 이령은 그 부분을 고려하여 대략 48×40㎝라고 추정한다.[59] 현재 대부분의 학자들이 이 설을 따르고 있다.

초백서가 어떤 형태로 부장되어 있었는가라는 문제에 대해서도 여러 설이 있어 일정하지 않다. 백서를 접어서 보관했다는 점에 대해서는 이견이 없지만, 그것을 어떻게 접었는가라는 문제에 대해서는 학자마다 조금씩 견해가 다르다. 예를 들면 앞에서 언급했듯이 상승조商承祚는 8번 접었다고만 할 뿐 구체적으로 어떻게 접었는지에 대해서는 언급이 없다. 그에 대해 바

---

57) 李學勤(1992: 36쪽).
58) 李零(1994: 46쪽).
59) Barnard(1971: p.11); 李零(1994: 48쪽) 참조.

너드는 위아래로 1번, 좌우로 2번 접었다고 한다.[60] 현재는 이 견해가 가장 유력한 것 같다.[61]

다음으로 초백서의 구성에 대하여 살펴보자. 초백서는 먼저 네 귀퉁이에 청색 · 적색 · 백색 · 흑색의 나무 그림이 배치되어 있다. 중앙의 좌우에는 13줄의 문장(이하 13행문이라고 한다)과 8줄의 문장(이하 8행문이라고 한다)이 서사되어 있으며, 백서의 네 변에는 한 변당 3개씩 총 12개의 기괴한 형상의 동물 그림 및 문장이 서사되어 있다.(이하 변문이라고 한다.) 이처럼 초백서는 크게 세 부분으로 구분된다.[62] 8행문과 13행문에는 그림은 없지만, 무엇 때문인지 서로 반대 방향으로 서사되어 있다. 변문에 대해서는 좀 더 설명이 필요하다. 변문에는 이미 언급했듯이 12개의 동물 그림이 있다. 동물은 머리를 안쪽으로 향하도록 그려져 있다. 각각의 동물 그림의 아래쪽에는 문장이 서사되어 있다. 구체적으로는 안쪽 머리 아래 부분에는 세 글자씩 서사되어 있고, 바깥쪽 다리 아래 부분에는 2줄에서 4줄로 문장이 서사되어 있다. 전자의 경우는 『이아爾雅』 「석천釋天」에 보이는 12개월의 명칭과 거의 일치하는 점을 근거로 12개월의 명칭 또는 신의 이름으로 인식되고 있고,[63] 정월을 건인建寅(한 해의 시작)으로 하는 '하정夏正'(夏나라의 역법)을 이용한 것으로 간주되고 있다.[64] 그리고 후자의 경우는 각 달의 금기 사항이나 권장 사항이 기록되어 있다.

초백서는 출토된 지 이미 반세기 이상이 지났다. 그동안 고문자학, 천문

---

60) Barnard(1971: p.11).
61) 李零은 또 다른 부분에도 접힌 흔적이 있음을 지적한다.(李零, 1994: 48쪽) 그러나 그 흔적이 왜 생겼는지에 대해서는 아무런 언급이 없다.
62) 초백서의 각 부분의 명칭은 池澤優(2002: 508쪽)의 견해를 따랐다.
63) 林巳奈夫(1967: 202쪽).
64) 李學勤(1960: 68쪽).

역법, 철학사상, 종교 등 다양한 분야에서 연구가 진행되어 왔다. 그러나 출토되고 나서 상당히 오랜 시간이 지난 만큼, 내용에 대한 종래의 연구도 각 시기마다 연구 조건의 제약이라는 불가피한 한계를 안은 채 진행될 수밖에 없었다. 연구 조건의 제약이란 곧 연구자들이 연구 시 이용한 원자료의 제약을 의미한다. 구체적으로는 백서가 미국으로 유출된 상태에서 모본에만 의존하여 연구가 진행된 시기(40년대 중반에서 50년대 중반), 1952년에 프리어 미술관에서 촬영한 사진에 의거하여 연구가 진행된 시기(50년대 중반에서 60년대 중반), 1966년에 메트로폴리탄박물관에서 적외선 카메라로 촬영한 사진에 의거하여 연구가 진행된 시기(60년대 중반 이후)로 나눌 수 있다.[65] 이러한 원자료의 질적 향상이 연구의 질적 향상을 초래한 것은 말할 것도 없다. 그러나 1990년대 이후 망산초간과 포산초간을 비롯하여 구점초간, 곽점초간, 상박초간 등의 초간자료가 비약적으로 증가함에 따라, 글자 하나하나에 대한 해석은 물론 보다 다양한 각도에서 논의가 활발히 진행되고 있다.

그 한 가지 예로 초백서를 서사한 순서와 읽는 순서의 문제가 있다. 전자의 문제에 대해서는 지금까지는 대부분의 학자들이 백서의 긴 쪽을 가로로 짧은 쪽을 세로로 생각해 왔지만, 오히려 그 반대라는 것을 이령李零이 지적하면서 서사된 순서도 함께 재검토되었다.[66] 그리고 후자의 문제에 대해서는 이미 많은 학자들이 나름대로의 기준을 가지고 논쟁을 벌여 왔다. 즉, 8행문과 13행문의 경우는 전자를 먼저 읽어야 하는가 후자를 먼저 읽어야 하는가라는 문제를 놓고 의견이 완전히 둘로 나뉘어 있다. 또, 변문은 [그림 3-8]을 기준으로 보면, 좌측 변에는 1월·2월·3월(봄)에 해당하는 달의

---

65) 曾憲通(1993a: 378~388쪽).
66) 李零(1994: 49쪽).

이름, 상단에는 4월·5월·6월(여름)에 해당하는 달의 이름, 우측 변에는 7 월·8월·9월(가을)에 해당하는 달의 이름, 하단에는 10월·11월·12월(겨울)에 해당하는 달의 이름이 각각 기술되어 있다. 이처럼 변문은 1년 12개월을 하나의 주기로 끊임없이 순환하는 구조로 되어 있는데, 초백서의 역법을 정월을 기점으로 하는 하정에 입각한 것으로 볼 것이냐, 4월을 기점으로 하는 초나라 역법에 입각한 것으로 볼 것이냐에 따라 읽는 순서가 완전히 달라진다.[67] 이것은 비단 읽는 순서라는 단순한 문제에 그치는 것이 아니라, 초백서의 전체 내용이나 자료적 성격과 밀접하게 결부되어 있는 매우 중요한 사항이다. 다만 백서를 형태론적으로 고찰하는 이 장의 취지에는 벗어나는 문제이기 때문에, 이 문제에 관해서는 다른 기회에 논하기로 한다.

## 제3절 마왕퇴한묘 백서: 중국 고대 문헌의 보고

### 1. 마왕퇴한묘의 고고학적 고찰

자탄고초묘가 발굴되기 1년 전인 1972년에서 74년까지 2년여에 걸쳐, 같은 장사시 동쪽 교외 오리패五里牌 밖의 마왕퇴라는 곳에서 전한 초기에 조영된 대형 무덤 3기가 발굴되었다.[68] '마왕퇴'라는 명칭의 유래에 대해서는

---

67) 초백서의 역법의 문제에 관해서는 하정설 외에 建子周正說, 建寅顓頊曆說 등이 있다. 최근에 森利는 이 설들을 모두 비판하고 楚曆에 근거한 자료라고 주장한다.(森利, 2005) 그러나 그러한 그의 주장도 결정적인 근거가 있는 것은 아니다.

68) 이하 마왕퇴한묘와 관련된 내용에 관해서는 馬雍(1972); 文物編輯委員會 편(1972); 湖南省博物館·中國科學院考古研究所 편(1973); 湖南省博物館·中國科學院考古研究所(1974); 曉菡(1974); 朱桂昌(1978); 李學勤(1979); 韓中民(1981); 湖南省博物館·

오대五代시대의 초왕楚王 마은馬殷(852~930)의 무덤에서 유래한다는 설, 무덤 군의 형태가 말의 안장처럼 생겨 '마안퇴馬鞍堆'로 불리던 것이 나중에 마왕 퇴로 음이 변한 것에서 유래한다는 설, 전한시대 장사왕 유발劉發(漢景帝의 아들)의 모친인 정희程姬와 당희唐姬를 매장한 쌍녀총雙女塚이라는 설 등이 있 었다. 그러나 발굴 결과 이 무덤군은 전한 초기 초대 대후軑侯 이창利蒼 일가 의 무덤으로 판명되었다.

1호묘는 1972년 3월에 발굴되었다. 이 무덤은 남북의 길이가 19.5m, 동서 의 너비가 17.8m, 깊이가 16m 정도 된다. 북쪽에 묘도가 나 있으며, 속 널과 겉 널은 2곽 4관으로 세 무덤 중 규모가 가장 크다. 곽실槨室에는 내외의 벽에 의하여 4개의 공간이 마련되어 있으며 부장품은 모두 그곳에 보관되 어 있었다. 부장품으로는 도기, 칠기, 나무 인형, 대나무 상자, 각종 견직물 및 의복, 악기 등 1,400여 점의 기물이 출토되었다. 그 밖에 간독자료로 죽간 200여 점(遺策)이 출토되었으며, T자형의 백화 1점이 출토된 것으로도 유명하 다. 특히 이 무덤에서는 우리에게『마왕퇴의 귀부인』[69]으로도 친숙한 여성 의 미라(50세가량)가 발굴된 것으로 더욱 유명하다. 이 귀부인은 2호묘와의 위치 관계에 따라 이창의 아내라는 것이 정설로 되어 있다. 무덤의 연대는 기년자료가 출토되지 않았기 때문에 절대 연대는 알 수 없다. 다만 3호묘의 봉토 위에 1호묘의 봉토가 조영되어 있는 점이나 3호묘의 묘주와의 사망 연령의 비교를 통하여, 3호묘가 조영되고 나서 수년 뒤에 조영된 것으로

---

中國科學院考古研究所(1981); 何介鈞·張維明 편저(1992); 何介鈞(1993); 湖南省博 物館·湖南省文物考古研究所 편저(2004); 池田知久(2006)를 참조하였다. 인용 시에 는 번잡을 피하기 위하여 특별한 경우를 제외하고는 일일이 주를 달지 않았다. 그 리고 이들 논저에 내용상의 차이가 있을 경우에는 가장 최근의 믿을 만한 정보에 의거하였다.

69) 웨난 지음(2005).

[그림 3-12]
마왕퇴 3호 한묘 출
토 기년목독

추정된다.

그로부터 1년 뒤인 1973년 11월과 12월에는 3호묘와 2호
묘가 각각 발굴되었다. 불도저로 봉토를 밀어낸 결과 2호묘
는 이미 도굴의 피해를 입은 상태였기 때문에, 보존 상태가
양호한 3호묘부터 발굴되었다.

3호묘는 1호묘의 남쪽 아래에 위치해 있다. 이 무덤은
남북의 길이가 16.3m, 동서의 너비가 15.45m, 깊이가 10m 정
도 된다. 묘도는 마찬가지로 북쪽에 나 있다. 속 널과 겉
널은 2곽 3관으로 구성되어 있고, 부장품은 두상과 동서 양
쪽의 변상 및 족상足箱에서 1,600여 점이 출토되었다. 부장
품으로는 칠기, 도기, 악기, 식기, 무기, 견직물, 의복, 모자,
나무 인형, 식품이나 음식물 등을 담아 둔 상자나 자루, 간
독, 백서, 백화, 지도 등이 출토되었는데, 종류 면에서 가장
풍부하고 다양하다. 또 칠기 중에는 '대후가軑侯家', '군행주
君幸酒', '군행식君幸食', '~석石', '~두斗', '~승升' 등 소유주
나 용도나 용량을 나타내는 문구가 적혀 있는 것이 약 300
점 남짓 있다. 묘주는 30세가량의 남성으로 이창과 부인 사이에 태어난 아
들인 점은 분명하다. 그러나 『사기』와 『한서』에 보이는 2대 대후인 이희利
豨(재위 B.C. 185~B.C. 165)는 아니다. 왜냐하면 이희는 문제文帝 전원前元 15년
(B.C. 165)에 사망한 것으로 되어 있는데, 이 무덤에서 출토된 기년목독紀年木
牘[그림 3-12]에 의하면 3호묘의 연대는 문제 전원 12년(B.C. 168)이기 때문이
다.70) 따라서 묘주는 이희의 형이나 동생으로 추정된다.

---

70) 기년목독에는 "十二年二月己巳朔戊辰, 家丞奮移主贓(葬), 郎中移贓(葬)物一編, 書

2호묘는 1호묘에서 서쪽으로 약 36m 떨어진 곳에 위치해 있다. 이 무덤은 남북의 길이가 11.23m, 동서의 너비가 8.9m, 깊이가 5.25m 정도 된다. 묘도는 마찬가지로 북쪽에 나 있다. 속 널

[그림 3-13] 마왕퇴 2호 한묘 출토 인장. 오른쪽부터 '長沙丞相', '利蒼', '軑侯之印'

과 곁 널은 2곽 2관으로 구성되어 있고, 부장품은 두상과 족상에서 가장 많이 출토되었다. 예를 들면 칠기, 옥기, 동기 등 2,700여 점이 출토되었는데, 그중에는 진시황 23년(B.C. 224)에 주조된 무기(銅弩機)도 있다. 그런데 부장품 중 가장 많은 주목을 받은 것은 '이창利蒼', '대후지인軑侯之印', '장사승상長沙丞相'의 인문印文이 각각 새겨져 있는 인장 3점이다.[그림 3-13] 왜냐하면 이 인장이 출토됨으로써 이 무덤의 묘주가 초대 대후 이창(재위 B.C. 193~B.C. 186)인 것으로 밝혀졌기 때문이다. 『사기』와 『한서』의 기록에 의하면, 그는 혜제惠帝 2년(B.C. 193)에 장사국長沙國의 승상으로 임명됨과 동시에 그 공적(軍功 등)에 의하여 대국軑國(지금의 河南省 光山縣과 羅山縣 사이)의 후侯로도 봉해진다. 또 사망 시기는 여후呂后 2년(B.C. 186)으로 되어 있다.[71] 따라서 이해가 바로

___

到先選(撰)具奏主賢(葬)君'이라고 기술되어 있다.(석문은 陳松長, 2003: 59·66쪽도 참조하였다. 그러나 원문 중 일부는 도판에 의거하여 필자가 고친 부분도 있다.) 이 목간은 당시 관리였던 사람이 죽어서 저승길을 통과할 때 사용하라고 넣어 둔 통행증(傳·過所)이다. 맨 앞에 '十二年'이라고 적혀 있는 것을 참조.

71) 『史記』, 권19, 「惠景閒侯者年表」 7, "(國名)軑, (侯功)長沙相侯, 七百戶. (惠帝)二年四月庚子, 侯利倉元年. (呂后)三年, 侯豨元年. (文帝)十六年, 侯彭祖元年. (武帝)元封元年, 侯秩爲東海太守, 行過不請, 擅發卒兵爲衛, 當斬, 會赦, 國除."; 『漢書』, 권16, 「高惠高后文功臣表」 4, "軑侯黎朱蒼, 以長沙相侯, 七百戶. (惠帝)二年四月庚子封, 八年薨. (位次)百一〈二〉十. 高后三年, 孝侯豨嗣, 二十一年薨. 孝文十六年, 彭祖嗣, 二十四年薨. 侯扶嗣, 元封元年, 坐爲東海太守行過擅發卒爲衛, 當斬, 會赦, 免."

이 무덤의 조영 시기 즉 절대 연대에 해당하며, 세 무덤 중 가장 먼저 조영
되었다.

## 2. 형태론적 관점에서 본 마왕퇴백서

여기서 고찰하고자 하는 백서는 모두 마왕퇴 3호묘에서 출토되었다. 물
론 3호묘에서는 백서만 출토된 것은 아니다. 이 무덤에서 출토된 문자자료
및 화상자료에는 간독, 백서, 그림(圖), 지도, 백화가 있다. 간독을 제외한 나
머지는 모두 비단을 재료로 한 것이다.

간독 중 일부는 동쪽 변상과 서쪽 변상에서 각각 출토되었다. 구체적으
로 말하면, 동쪽 변상에서는 위에서 언급한 기년목독 1점만이 출토되었고,
나머지 목독 5점과 죽간 402점은 모두 서쪽 변상에서 출토되었다. 간독의
치수는 27.5×1cm이고 내용은 기년목독을 제외하고는 모두 부장품의 리스트
인 견책이다. 간독의 또 다른 일부는 동쪽 변상에서 출토된 59×37.5×21cm

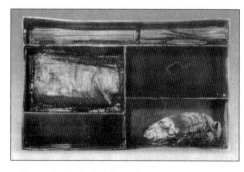

크기의 칠렴漆奩(물품 보관함)
[그림 3-14] 안에 백서나 지도
와 함께 보관되어 있었다.
보관 시 두 권으로 둘둘 말
아 각각 따로 넣어져 있었
기 때문에 편의상 갑권甲卷
과 을권乙卷으로 구분한다.

[그림 3-14] 마왕퇴 3호 한묘 출토 漆奩

초대 대후의 이름은 2호묘에서 출토된 인장에 의하여 『사기』의 기록이 정확하다는
것이 입증되었다.

두 권 모두 의서醫書인데 내용에 의거하여 갑권은 『십문十問』(죽간)과 『합음양방合陰陽方』(죽간)으로 구분하고, 을권은 『잡금방雜禁方』(목간)과 『천하지도담天下至道談』(죽간)으로 구분한다.(총 4종)

그 밖에 그림은 『상복도喪服圖』, 『택위초도宅位草圖』, 『부택도府宅圖』, 『물즉유형도物則有刑圖』, 『택형택위길흉도宅形宅位吉凶圖』, 『성읍도城邑圖』, 『괘상도卦象圖』, 『태일장행도太一將行圖』, 『목인점木人占』이 출토되었고, 지도는 『지형도地形圖』와 『주군도駐軍圖』가 출토되었다. 그리고 백화는 T자형의 『비의非衣』 백화와 『도인도導引圖』(도교식 건강 체조)를 비롯하여 관실棺室 서쪽 벽에 걸어 둔 『거마의장도車馬儀仗圖』(혹은『軍陣送葬圖』) 및 동쪽 벽에 걸어 둔 『행락도行樂圖』가 출토되었다.

한편 학계뿐만 아니라 일반인에게까지 엄청난 반향을 불러일으킨 것은 다름 아닌 백서이다. 그 이유를 필자는 다음과 같이 생각한다. 첫째, 1973년 발굴 당시를 기준으로 가장 많은 양의 백서가 출토된 점. 둘째, 출토된 백서의 거의 대부분이 서적류이고 종류도 가장 풍부하며 보존 상태가 매우 양호한 점. 셋째, 『노자』나 『주역』과 같이 전래문헌과 비교 가능한 문헌이 포함되어 있는 점. 넷째, 서적류의 대부분이 오늘날에는 전해지지 않거나 그 존재조차 알 수 없었던 고일서古佚書인 점. 다섯째, 『한서』「예문지藝文志」에는 저록되어 있지만 지금은 모두 산일되어 버린 술수術數(천문·역법·수학·점술 등)나 방기方技(의학·약학·性學·食物學 등) 관련 문헌들이 다량으로 발견된 점. 바로 이런 점 때문에 출토자료학이나 간백학 연구의 기폭제 역할을 함과 동시에, 오늘날 이 분야가 새로운 학문 분야로 자리 잡게 된 계기를 제공했다고 생각한다. 구체적인 텍스트의 종류 및 이 장의 주제와 관련된 서지사항을 정리해 보면 〈표 3-1〉[72]과 같다.

마왕퇴백서는 위에서도 언급했듯이 칠렴에 보관되어 있었다. 칠렴의 내부는 다섯 칸으로 나뉘어 있는데, 백서의 일부는 세로 약 24㎝ 정도의 폭(반폭)에 서사한 것을 가늘고 긴 나무막대에 두루마리처럼 말아 칠렴의 한쪽 칸에 넣고 그 위에 두 권의 의서 간독을 올려놓은 상태로 발견되었다.[73] 오랜 세월 습기로 인하여 백서끼리 달라붙고 또 무거운 간독에 짓눌려 있었기 때문에 보존 상태는 그다지 양호하지 않았다. 그 때문에 복원하는 데에도 어려움이 많았다고 한다.

한편 거의 대부분의 백서는 세로 폭이 약 48~50㎝ 정도 되는 장방형의 정폭이나 반폭의 비단에 서사한 것을 마찬가지로 장방형으로 여러 번 접어 칠렴의 다른 칸에 보관되어 있었다. 〈표 3-1〉에 의하면 마왕퇴백서는 비단 총 19면이 사용되었고, 텍스트는 총 38점으로 구성되어 있다.(『導引圖』와 같은 그림이나 도면은 제외) 『한서』「예문지」의 분류 방식에 의하면, 내용은 크게 '예문류', '제자류', '술수류', '방기류', '병서류'의 5류로 분류된다.(분류란 참조) 물론 이것은 크게 분류했을 때 이렇게 된다는 것이고, '예문류'는 다시 '주역'

---

72) 이 표는 周世榮(1981); 何介鈞 등 편저(1992); 湖南省博物館 등 편저(2004); 池田知久 (2006)를 참조하고, 또 필자가 개별적으로 검토하여 작성한 것이다. 다만 백서에 관한 정식 보고서나 도판 중 일부가 아직 공표되지 않은 것이 있기 때문에 나중에 재검토해야 할 부분도 있다는 것을 미리 밝혀 둔다. 예를 들면 계종과 자종의 경우 종래에는 한 면의 비단에 서사되었고, 폭은 반폭으로 알려져 있었다. 그러나 최근의 연구에 의하면 두 면의 백서에 서사되었고, 폭도 정폭인 것으로 밝혀졌다.(小曾戶洋 등, 2007: iii~x쪽) 참고로 이 표의 제목 줄의 의미를 설명하면 다음과 같다. '종'은 한 면의 독립된 비단을 의미한다. 각각의 텍스트는 '문헌'에 명기하고, 해당 텍스트가 다시 여러 편으로 나누어질 경우에는 '편'에 명기하였다. '유무'는 문헌명이나 편명이 원래 백서에 기재되어 있는가의 유무를 의미한다. '폭'은 整幅인 경우는 '정', 半幅인 경우는 '반'이라고 표기하였다. '글자수'는 원래 백서에 명기되어 있는 경우는 명기되어 있는 대로 표기하고, 명기되어 있지 않은 경우는 '무'로 표기하였다.

73) 두루마리로 말아서 보관한 것은 〈표 3-1〉의 갑종·무종·축종의 백서이다.

〈표 3-1〉 백서의 종류

| 종 | 문헌 | 편 | 유무 | 폭 | 글자수 | 분류 |
|---|---|---|---|---|---|---|
| 甲 | 『老子』甲本 | | 無 | 반 | 無 | 諸子 |
| | 『五行』 | | | | | |
| | 『九主』 | — | | | | |
| | 『明君』 | | | | | |
| | 『德聖』 | | | | | |
| 乙 | 『經法』 | 「道法」「國次」「君正」「六分」「四度」「論」「亡論」「論約」「名理」 | 有 | 정 | 凡五千 | 諸子 |
| | 『十六經』 | 「立命」「觀」「五正」「果童」「正亂」「姓爭」「雌雄節」「兵容」「成法」「三禁」「本伐」「前道」「行守」「順道」「名刑」 | | | 凡四千六□□六 | |
| | 『稱』 | — | | | 千六百 | |
| | 『道原』 | | | | 四百六十四 | |
| | 『老子』乙本 | 「德」「道」 | | | 三千冊一 / 二千四百廿六 | |
| 丙 | 『周易』 | | 無 | 정 | 無 | 藝文 |
| | 『二三子問』 | | | | | |
| | 『易之義』 | — | | | | |
| | 『要』 | | 有 | | 千六百冊八 | |
| | 『繆和』 | | | | 六千 | |
| | 『昭力』 | | | | | |
| 丁 | 『繫辭』 | — | 無 | 정 | 無 | 藝文 |
| 戊 | 『春秋事語』 | — | 無 | 반 | 無 | 藝文 |
| 己 | 『戰國縱橫家書』 | — | 無 | 반 | 無 | 藝文 |
| 庚 | 『五星占』 | — | 無 | 정 | 無 | 術數 |
| 辛 | 『天文氣象雜占』 | — | 無 | 반 | 無 | 術數 |
| 壬 | 『相馬經』 | — | 無 | 반 | 無 | 術數 |
| 癸 | 『足臂十一脈灸經』 | | 無 | 정 | 無 | 方技 |
| | 『陰陽十一脈灸經』甲本 | | | | | |
| | 『脈法』 | — | | | | |
| | 『陰陽脈死候』 | | | | | |
| 子 | 『五十二病方』 | | | | | |
| 丑 | 『却穀食氣』 | | 無 | 정 | 無 | 方技 |
| | 『陰陽十一脈灸經』乙本 | | | | | |
| | 『導引圖』 | | | | | |
| 寅 | 『養生方』 | | 無 | ? | 無 | 方技 |
| | 『雜療方』 | — | | | | |
| | 『胎産書』 | | | | | |
| 卯 | 『刑德』甲本 | | 無 | 정 | 無 | 兵書 |
| 辰 | 『刑德』乙本 | | 無 | 정 | 無 | 兵書 |
| 巳 | 『刑德』丙本 | | 無 | 정 | 無 | 兵書 |
| 午 | 『陰陽五行』甲本 | | 無 | 정 | 無 | 術數 |
| 未 | 『陰陽五行』乙本 | | 無 | 정 | 無 | 術數 |
| 申 | 『出行占』 | — | 無 | ? | 無 | 術數 |
| 19종 | 39점 | | | | | 5류 |

과 '춘추'로(『隋書』「經籍志」의 분류 방식에 따르면 '經部'와 '史部'), '제자류'는 '유가'나 '도가' 등으로 세분할 수 있다.

또, 이들 텍스트는 내용적으로만 구분되는 것이 아니라 형식적으로도 구분된다. 즉, 예를 들면 『노자』와 같이 '▥'형의 윤곽선을 먼저 긋고 문장을 서사한 것과 『오십이병방五十二病方』과 같이 그러한 윤곽선 없이 서사한 것이 있다. 예문류, 제자류, 술수류, 병서류에 해당하는 텍스트는 대부분의 경우 ▥형의 윤곽선이 있지만, 방기류에 속하는 텍스트 중에는 윤곽선 없이 서사한 것들이 있다. 그렇다면 이것은 과연 무엇을 의미하는가?

▥형의 윤곽선이란 다름 아닌 여러 개의 죽간을 편철한 책서冊書 또는 간책簡冊을 본뜬 것이라고 볼 수 있다. 앞에서는 이러한 책서나 간책을 '편철간'(또는 書籍簡)이라고 한다고 했는데, 고대 중국인들은 서적이나 기록용의 서사재료로 주로 죽간을 편철하여 사용하였다. 백서 위에 ▥형의 윤곽선이 그어져 있는 것은 이것과 동일한 맥락에서 이해할 수 있다. 이러한 관점에서 ▥형의 윤곽선이 없는 텍스트를 보면, 그것은 처음에는 책서의 형태가 아니라 단독으로 존재하고 있던 것을 백서라는 서사재료의 특성상 나중에 한데 모아 연이어서 기록한 것이 아닌가 추측된다. 『오십이병방』과 같이 오늘날의 처방전에 해당하는 기록들은 처음부터 서적이나 전적典籍과 같은 완성된 형태로 존재했던 것이 아니라, 그때그때 상황이나 필요에 따라 추가되는 '서류철'(file簡)과 같은 성격을 지닌 것이었을 것이다. 따라서 그것이 초기에는 단독간으로서의 목간이나 소량의 죽간의 형태로 존재했을 것이라는 것은 충분히 상상할 수 있다. 물론 일정 정도 시간이 지나 그 같은 서류철이 쌓이게 되면, 다시 내용별로 분류하고 정리하여 책서의 형태로 정서淨書하게 될 것이다. 백서와 함께 칠렴에서 출토된 의서 간독의 일부는 처음에는

서류철의 형태로 존재했던 것이 어느 시점에 책서의 형태로 정서된 하나의
예라고 생각한다.

그렇다면 ▥형의 윤곽선이 있다고 해서 모두 동일한 성격의 문헌으로
볼 수 있을까? 예문류나 제자류 등으로 분류하는 것은 물론 문헌의 내용이
서로 다르기 때문이다. 그러나 필자가 여기서 문제 삼고자 하는 것은 내용
상의 차이가 아니라, 문헌명과 편명 및 글자 수가 명기되어 있지 않은 텍스
트와 명기되어 있는 텍스트의 차이점에 대한 것이다. 가장 알기 쉬운 예로
갑종과 을종을 보면 거기에는 『노자』가 공통적으로 포함되어 있음에도 불
구하고, 갑종에는 문헌명과 편명 및 글자 수가 없고 을종에는 있다. 그렇다
면 이러한 차이는 어떻게 이해해야 할 것인가?

여기서 한 가지 짚고 넘어가야 할 것은 갑종과 을종의 서사 시기의 문제
이다. 이 문제에 대해서는 서체의 역사라는 관점에서 전서篆書에서 예서 사
이의 고례古隷로 서사된 갑종(보통 高祖期에서 呂后期의 사본으로 본다)이 한례漢隷
(또는 今隷)로 서사된 을종(보통 文帝期의 사본으로 본다)보다 오래된 것으로 간주
하는 것이 현재 학계의 공통된 의견이다. 이것은 곧 갑종과 을종 사이에는
시간적 간극이 있다는 것이다.

또 한 가지 고려해야 할 점은 어떤 텍스트에 문헌명과 편명 및 글자
수까지 명기되어 있다는 것은 해당 텍스트가 형식과 내용 면에서 완성된
텍스트, 즉 정본定本이라는 것을 서사자가 명확히 의식하고 서사했다는 점
이다. 왜냐하면 미완의 텍스트인 경우 문헌명과 편명은 차치하더라도 글자
수까지 적을 리는 만무하기 때문이다.

그렇다면 문헌명과 편명 및 글자 수의 유무에 따라 우리는 해당 텍스트
가 아직 형성 과정에 있는 텍스트인지, 아니면 안정기에 들어선 완성된 텍

스트인지를 유추해 볼 수 있다. 이러한 점은 곧『노자』에 관한 현존하는 7종의 텍스트, 즉 곽점초간 갑본·을본·병본→마왕퇴 갑본→마왕퇴 을본→북경대본→현행본으로의 텍스트의 형성과 내용의 변천 과정에 대한 면밀한 고찰을 통하여 충분히 검증 가능하다.[74]『주역』과 관련된 병종·정종 및 그 밖에 문헌들도 이와 같은 관점에서 이해할 수 있을 것이다.

마왕퇴 3호묘에서 발견된 백서는 백서의 보관(收卷) 방식에 관한 우리들의 궁금증에 대해서도 매우 중요한 정보를 제공해 주고 있다. 통상 백서는 책서와 마찬가지로 두루마리 형태로 말아서 보관했을 것으로 생각되어 왔다. 그러나 마왕퇴백서가 발견됨에 따라 그것이 사실의 절반만을 전하는 것에 불과하다는 것이 밝혀졌다. 왜냐하면 이미 언급한 바와 같이 두루마리 형식의 백서(卷子本)와 접는 형식의 백서(冊子本)가 동시에 발견되었기 때문이다. 이러한 책자본 형식의 백서가 출토된 의의를 고소토 히로시(小曾戶洋)는 다음과 같이 말한다.

지금까지의 서지학의 정설로는 비단으로 된 백서는 죽목간과 마찬가지로 두루마리 형식이었을 것으로 생각되었다. 종이도 마찬가지로 수백 년 동안은 두루마리 형식이었는데 그것이 나중에 접책摺册(帖裝·法帖)이 되고, 다시 선풍장旋風裝→점엽장粘葉裝→선장線裝으로 발전해 갔다. 즉, 책자본은 후대에 발명되었다고 한다. 그러나 마왕퇴백서에 대한 새로운 지견에 의하면, 책자본은 훨씬 오래전인 전국시대에 이미 존재하고 있었다는 것이 밝혀짐으로써 종래의 정설은 뒤집

---

74) 필자는『노자』에 보이는 '自然' 개념 및 '道'의 존재론과 인식에 대한 연구를 통하여 그것을 검증한 적이 있다. 李承律(2008; 2012a; 2012b) 참조. 아울러 북경대본은 2009년 초에 북경대학에서 기증받은 3,346매의 죽서를 가리키며, 거기에는 漢武帝期에 서사된 것으로 추정되는『노자』가 포함되어 있다. 북경대본『노자』에 관해서는 北京大學出土文獻硏究所 편(2012: 1~4·207~235쪽) 참조.

했다. 이것은 서지학상의 획기적인 발견이라고 할 수 있다.[75]

그런데 접는 형식의 백서는 어떤 방식으로 접었는지 어느 정도 윤곽이 드러나 있지만, 두루마리 형식의 경우는 백서의 앞에서 뒤로 말아서 보관했는지 아니면 그 반대인지 아직까지 그에 관한 아무런 정보가 없다. 이 수권 방식이라는 것은 사실은 해당 백서가 '서적류'인지 '파일류'인지를 구분할 수 있는 중요한 정보를 담고 있다. 앞으로 이에 관한 정식 보고가 나오길 기대해 본다.

마지막으로 검토해야 할 문제의 하나로 백서의 너비(폭)의 문제가 있다. 여기서 말하는 너비란 백서의 세로의 폭을 의미하는데, 이것도 이미 언급했듯이 정폭과 반폭이 있다. 정폭은 대체로 48~50㎝ 정도이지만『형덕刑德』과 같이 44㎝인 경우도 있다. 반폭은 정폭의 절반으로 대략 24㎝ 정도 된다. 그렇다면 왜 어떤 문헌은 정폭에, 또 어떤 문헌은 반폭에 서사한 것일까? 사실 여기에는 간백자료의 치수와 내용의 관계라는 매우 중요한 문제가 숨어 있다.

이 문제와 관련하여 일찍이 후한시대 왕충王充은 "죽간에 서사한 것 중 긴 것은 경經에 해당하고 작은 것은 전기傳記에 해당한다", "2자 4치 길이의 간책은 성인의 글이나 말을 기록한 것이다", "1자 길이의 제자백가의 서적은······"이라는 발언을 한 적이 있다.[76] 이러한 그의 발언에 의하면 한대 서적에는 2자 4치(전한의 척도로는 약 55.44㎝, 후한의 척도로는 약 56.4㎝) 길이의 긴 죽간에 서사한 것과 1자 2치(전한의 척도로는 약 27.72㎝, 후한의 척도로는 약 28.2㎝)

---

75) 小曾戶洋・長谷部英一・町泉壽郎(2007: x쪽).
76)『論衡』, 권12,「量知」35, "大者爲經, 小者爲傳記."; 권12,「謝短」36, "二尺四寸, 聖人文語."; 권28,「書解」82, "諸子尺書······."

내지는 1자 길이의 짧은 죽간에 서사한 것이 있는데, 전자는 '경전'을 서사하는 데 사용하고 후자는 그 해석에 해당하는 '전'이나 '기'를 서사하는 데 사용했다는 것이 된다. 이 같은 발언이 전혀 근거가 없는 것이 아니라고 한다면, 이러한 제도가 왕충 시대에 갑자기 정해진 것은 아닐 것이다. 즉, 전한시대의 어느 시점에서부터 서서히 규정되기 시작하여 왕충 시대에 이르러 거의 완전히 정착되었다고 보는 것이 오히려 자연스러울 것이다. 어느 시점이란 이른바 유교의 국교화 내지는 관학화가 시작되는 한무제 이후를 말한다.

그렇다면 이것을 근거로 마왕퇴백서의 정폭은 '경'에 해당하고 반폭은 '전'에 해당한다고 할 수 있을까? 필자는 왕충의 이 같은 발언을 사회정치적으로 아직 기틀이 완전히 잡히지 않고 황실의 권위도 확립되지 않은 한대 초기에까지 그대로 적용시키는 것은 조금 지나치다고 생각한다. 그러나 문헌의 중요도라는 측면에서 갑종과 을종을 보면, 당시 사람들이 고조기에서 여후기 사이에 서사된 반폭의 갑종보다 황로黃老사상이 더욱 성행했던 시기에 서사된 정폭의 을종 쪽을 더욱 중요하게 여겼을 가능성은 충분히 있다고 생각한다.[77] 병종이나 정종에 해당하는 정폭의 문헌도 앞에서 언급한 진시황 때의 분서와 초한 전쟁 돌입 직전의 함양궁 방화사건이라는 두 번의 학술사적 대참사 이후 『주역』을 유교경전의 하나로 편입시키려고 했던 일련의 움직임과 맞물려 생각한다면 이것 또한 충분히 이해할 수 있을 것이다.

그와 동시에 더욱 중요한 것은 술수류나 방기류나 병서류에 해당하는 문헌 중에도 정폭에 서사된 것이 있다는 사실이다. 이들 문헌이 정폭에 서사된 이유에 대해서는 앞으로 보다 면밀한 고찰이 필요하다. 그러나 적어도

---

77) 何介鈞 등 편저(1992: 109쪽); 池田知久(2006: 413~414쪽) 참조.

철학사상 관련 서적뿐만 아니라 천문, 역법, 점술, 의학, 약학, 군사 등과 관련된 서적도 당시에 그와 동등한 가치를 지닌 것으로 인식되고 있었다는 점은 결코 간과해서는 안 될 것이다.

참고로 앞에서 이령李零이 초백서의 한쪽 길이의 치수를 48㎝로 추정한 것은 사실은 마왕퇴백서의 이러한 정폭의 길이를 의식했기 때문이다.


## 제4절 소결

지금까지 살펴본 바에 의하면, 서사재료로서의 백서는 서적 외에도 편지, 그림, 지도, 백화, 심지어는 꼬리표·운송표 등 다양한 용도로 사용되었다는 것이 밝혀졌다. 그런데 백서는 고가의 서사재료이기 때문에, 일반 서민들은 사용하기 어려운 단점이 있었다. 더구나 금석이나 목재에 비해 훨씬 쉽게 손상되거나 부식되기 때문에 내구성이 떨어지는 단점도 있었다. 그 때문에 백서가 출토되는 예도 다른 서사재료에 비하면 상대적으로 적다. 그러나 서북 변경의 옛 군사 시설이나 역참에서 사적인 편지의 용도로 목간 외에 백서가 사용되었던 점을 보면, 고가이기 때문에 반드시 부유층만이 독점적으로 사용했을 것이라고 단정 짓기는 어렵다. 또, 당시에 식자층이 매우 한정되어 있었던 것을 고려하면 특수한 서사재료라고 할 수도 없다.

한편 '서어죽백'이라는 말이 있듯이, 서적이나 기록용으로는 죽간도 물론 많이 사용되었다. 그런데 만약 마왕퇴백서의 모든 문헌을 죽간에 서사한다면 과연 어느 정도의 양이 필요할까? 마왕퇴백서의 총 글자 수는 대략 11만 5천 자 정도라고 한다.[78] 이것을 같은 무덤에서 출토된 의서 죽간 중 하나의 죽간에 가장 많은 34자가 서사되어 있는 것을 표본으로 계산해 보면, 29cm의 죽간 약 3,380매가 필요하다는 계산이 나온다. 그 두 배 길이의 죽간에 서사한다 하더라도 약 1,690매의 죽간이 필요하다. 실로 엄청난 양이 아닐 수 없다.

실제로 전래문헌에 의하면, 진시황이 하루에 결제한 간독의 공문서의 양은 1석石(약 71kg)이었다고 한다. 또 전한시대에 동방삭東方朔이라는 학자가 상주문을 한무제에게 헌상할 때 3,000매의 간독을 사용했는데, 남자 두 명이 간신히 들어 옮겼다고 한다.[79] 만약 마왕퇴백서의 모든 내용을 죽간에 서사했다고 한다면, 그렇게 작은 칠렴에 그 모든 죽간을 절대로 넣을 수 없었을 것이다. 그것이 19면의 비단에 모두 서사되어 있다는 사실 하나만으로도, 당시 백서가 후한시대 이후의 종이와 거의 유사한 장점을 지니고 있었다는 것을 알 수 있다. 유사한 장점이란 적은 양으로 많은 내용을 서사할 수 있고, 열람이나 휴대 및 보관에 편리하다는 것이다. 뿐만 아니라 길이와 폭을 원하는 형태로 손쉽게 가공할 수 있기 때문에, 그림이나 지도나 백화를 작성하는 데에도 매우 적합하다. 이것은 간독이 대신할 수 없는 백서만의 고유한 기능이나 용도라고 할 수 있다.(물론 간독도 전혀 불가능한 것은 아니다.)

한편 서사재료로서의 간백의 문제와 관련하여 아직 좀 더 검토해야 할 문제가 있다. 예를 들면 앞에서 간백 제도의 문제를 논할 때 간백의 치수와 내용의 상관관계에 관하여 논급했는데, 그것을 과연 선진시대에까지 그대

---

78) 湖南省博物館·湖南省文物考古硏究所 편저(2004: 88쪽).

79)『史記』, 권6, 「秦始皇本紀」 6, "天下之事無小大皆決於上, 上至以衡石量書, 日夜有呈, 不中呈不得休息.";『史記』, 권126, 「滑稽列傳」 66, "武帝時, 齊人有東方生名朔, 以好古傳書, 愛經術, 多所傳觀外家之語. 朔初入長安, 至公車上書, 凡用三千奏牘. 公車令兩人共持擧其書, 僅然能勝之." 何介鈞·張維明 편저(1992: 106~107쪽) 참조.

로 적용시킬 수 있는가라는 문제가 있다. 다음 장에서는 이것과 관련된 여러 문제들에 대하여 다루어 보기로 하겠다.

# 제4장 간독의 치수와 내용의 관계

때는 전한前漢 문제文帝 6년(B.C. 174). 노상老上 선우單于(匈奴의 최고 군주의 칭호) 계육稽粥은 흉노의 제2대 선우 자리에 등극하였다. 계육은 북아시아에서 최초로 여러 부족을 통합하고 거대한 흉노 제국을 건설하여 이 일대에 맹주로 명성을 떨쳤던 묵돌(冒頓)의 아들이다. 묵돌 시대에 한고조漢高祖 유방劉邦은 이른바 평성平城에서의 굴욕적 패배 이후 흉노와 화친 조약을 맺고 종실의 공주를 선우의 연지閼氏(흉노의 왕비의 칭호)로 삼게 하고 해마다 정량의 조공을 헌상함으로써 형제의 나라가 될 것을 약속하였다.

계육이 선우가 되자 문제는 종전의 조약에 따라 종실의 딸을 선우에게 보내게 되는데, 이때 연燕나라 출신의 환관 중항열中行說을 공주의 시중으로 함께 보냈다. 그러나 흉노에 도착한 중항열은 곧 선우에게 귀순하고, 또 흉노를 위하여 여러 가지 중요한 개혁 정책을 펼치게 된다. 그 개혁의 방향은 흉노족이 한족에 동화되는 것을 막고 흉노 고유의 정체성을 되찾는 것이었다. 그 일련의 개혁 정책 중 이 장의 주제와 관련하여 한 가지 흥미로운 기록이 있다. 한나라로 보내는 국서國書의 규격을 제도적으로 정한 것이 바로 그것이다. 그 내역을 사마천은 다음과 같이 기록하고 있다.

한나라가 선우에게 국서를 보내올 때는 1자 1치의 독을 사용하고 그 문구의 첫머리는 다음과 같았다. "황제는 삼가 흉노의 대선우께 안부 말씀 올립니다. 보내는 물품은 ○○이고 용건은 ○○입니다." 중항열은 선우가 한나라에 국서를 보낼 때는 1자 2치의 독을 사용하게 하고 봉인도 모두 한나라보다 넓고 크고 긴 것을 사용하게 했으며, 그 문구도 다음과 같이 거만하게 쓰게 하였다. "하늘과 땅이 낳으시고 해와 달이 세워 주신 흉노의 대선우는 삼가 한나라 황제께 안부 말씀 올립니다. 보내는 물품은 ○○이고 용건은 ○○입니다."[1]

이 문장에 의하면, 중항열은 흉노와 한나라와의 관계에서 외교 문서로서의 간독과 봉인의 치수 및 내용의 형식을 문제 삼고 있다는 것을 알 수 있다. 그것은 곧 문서의 치수와 형식이 국가 간의 힘의 역학적 관계를 반영한다는 인식이 당시 한나라와 흉노 사이에 공통적으로 존재하고 있었다는 것을 의미한다. 이처럼 흉노가 한나라와의 외교 관계에서 문서의 치수와 형식을 통한 힘의 역학 관계에 눈을 뜨게 된 원인은 기본적으로는 거대하고 강력해진 흉노의 정치력과 군사력에 기인한 바도 있지만, 보다 직접적으로는 한나라에서 흉노로 귀순한 중항열의 역할이 매우 크다. 왜냐하면 중항열이 그러한 사실을 알고 있었던 것은 열후국列侯國인 연나라의 환관 출신인 그가 한나라의 문서 행정 및 제도에 대하여 기본적인 지식이 있었기에 가능한 것이었기 때문이다.

이것을 서사재료로서의 간백이라는 관점에서 다시 말하면 다음과 같다. 즉, 서사재료의 문제는 단순히 형태론적 차원에 그치는 문제가 아니다. 국

---

1) 『史記』, 권110, 「匈奴列傳」 50, "漢遺單于書, 牘以尺一寸, 辭曰, 皇帝敬問匈奴大單于無恙, 所遺物及言語云云. 中行說令單于遺漢書以尺二寸牘, 及印封皆令廣大長, 倨傲其辭曰, 天地所生日月所置匈奴大單于敬問漢皇帝無恙, 所以遺物言語亦云云."

제 관계에서 국가 간의 힘의 역학 관계나 외교적 주도권을 상징하는 매우 커다란 의의가 내포되어 있다. 바로 이러한 이유 때문에 간백, 그중에서도 특히 간독의 치수와 내용의 관계의 문제는 간백을 서사재료라는 관점에서 논할 때 반드시 검토해야 할 문제 중의 하나이다. 더욱이 근 100년 이래 출토자료의 양이 비약적으로 증가하면서 이 문제에 대한 종래의 학설을 정리하고 재검토해야 할 단계에 이르렀다고 생각한다. 이 장에서는 이 문제에 관하여 살펴보기로 한다.

## 제1절 간독의 치수에 대한 연구사적 검토

본론에 들어가기에 앞서 간독의 치수와 내용의 관계에 대한 논의가 선행 연구에 의하여 어떻게 진행되어 왔는지 먼저 검토해 볼 필요가 있다. 왜냐하면 선행 연구를 검토해야 문제의 소재가 더욱 분명해지기 때문이다.

간독의 치수와 내용의 관계의 문제에 대해서는 이미 많은 학자들이 깊은 관심을 가지고 심도 있게 논의해 왔다. 그 이유는 아마도 중국 고대라는 시기가 서사재료나 필기도구의 형성 및 성립의 역사에서 가장 원초에 해당하는 시기이기 때문일 것이다. 그러나 보다 더 중요한 이유는 앞에서도 언급했듯이 1900년대 이래 중국 각지에서 다량의 고고자료가 발견되었기 때문이다.

이 문제를 연구사적 관점에서 보았을 때 하나의 획기로 볼 수 있는 것은 단연 왕국유王國維의 「간독검서고簡牘檢署考」이다.[2] 물론 왕국유 이전에 이 문제에 대하여 전혀 논의가 없었던 것은 아니다. 예를 들면 왕계배汪繼培,

서양원徐養原, 조탄趙坦, 엽덕휘葉德輝, 시마다 칸(島田翰) 등의 저술이 있고, 그보다 훨씬 앞선 명말청초明末淸初의 방이지方以智도 간독의 치수에 대하여 언급한 적이 있다.[3] 이들 저술은 전래문헌의 몇몇 기록에 의거하여 천자天子의 책서策書나 육경六經이나 법률 문서 등의 치수가 각각 다르다는 점을 단순히 열거하고 있는 수준에 머물러 있다. 더구나 전래문헌에 보이는 간백의 치수에 관한 기록 중 특히 선진시대와 관련된 기록을 마치 역사적 사실인 것처럼 무비판적으로 다루고 있는 점은 시대적 한계로 지적할 수 있다.

그러나 프랑스의 저명한 역사학자인 샤반처럼 전래문헌에 의거하면서도 이들 연구와는 약간 다른 견해를 제시하는 연구도 있다. 즉, 샤반은 주대周代 죽간의 치수의 경우는 급총서汲冢書를 예로 들면서『목천자전』「서序」에서 순욱荀勖이『목천자전』의 죽간의 길이를 2자 4치라고 한 것은 근거가 없는 억측에 불과하다고 한다. 그러나 진대秦代와 한대의 경우는 후한의 정현鄭玄의 발언에 의거하면서 길이가 같았다고 단언할 수 있다고 한다. 그것은 한대 사람들이 사용한 서사용의 간독은 옛 제도(秦代의 제도)를 따랐기 때문인데, 경서經書·예제禮制·법률·군사·신주神主나 천자의 조책詔策(2자·1자 2치·1자 1치), 다시 말하면 종교나 예법을 내용으로 하는 간독의 치수는 진대에도 주대의 제도를 바꾼 것은 아니라고 한다.[4] 결국 그가 말하고자 하는

---

2) 王國維의 「簡牘檢署考」는 1912년 鈴木虎雄의 번역을 통하여 일본에서 먼저 발표되었다.(王國維, 1912) 당시 그는 羅振玉과 함께 일본에 체류 중이었기 때문이다. 중문판은 그로부터 2년 뒤인 1914년에『雲窗叢刻』에 게재되었다.(王國維, 1914) 이 책에서「간독검서고」를 인용할 때는 王國維 원저, 胡平生·馬月華 校注(2004)를 이용하였다.

3) 汪繼培(1985); 徐養原(1985); 趙坦(1985); 葉德輝(1994); 島田翰(2006); 方以智,『通雅』31(四庫全書本), 「器用」. 이상은 余嘉錫(1976: 539～540쪽); 高大倫(1987: 247쪽); 胡平生(2004: 7쪽) 참조.

4) 沙畹(Edouard Chavannes) 저, 馮承鈞 역(1931: 55～56쪽).

것은 선진시대의 간독의 치수와 관련된 전래문헌의 기록은 신빙성에 문제가 있기 때문에 믿을 만한 것은 없지만, 종교나 예법과 관련된 간독의 치수는 한대는 진대의 제도를 계승하고 진대는 주대의 제도를 계승했다는 것이다.

고대 중국의 간독 제도와 관련하여 후대에 가장 큰 영향을 끼친 것은 이미 언급했듯이 왕국유王國維의 「간독검서고」이다. 그의 연구가 이 분야의 고전적 연구로서 지금도 많은 학자들의 주목을 받고 있는 것은 아마도 다음의 두 가지 이유 때문일 것이다. 하나는 위로는 선진시대에서 아래로는 수당시대에 이르기까지 이 문제와 관련된 거의 모든 전래문헌을 고찰의 대상으로 삼고 있는 점이다. 또 하나는 그러한 고찰을 통하여 그 이전의 어느 누구도 생각하지 못했던 독특한 견해를 제시하고 있는 점이다. 그렇다면 방대한 문헌적 고증을 통하여 구체적으로 어떤 견해를 제시하고 있는가? 간독의 치수와 내용의 관계의 문제에만 한정하여 정리해 보면 다음과 같다.5)

① 옛 책(占策)에는 긴 것과 짧은 것이 있는데, 가장 긴 것은 2자 4치, 그 다음은 그것의 2분의 1(1자 2치), 그 다음은 그것의 3분의 1(8치), 가장 짧은 것은 그것의 4분의 1(6치)이다.(14쪽)

② 간책의 크기로 서적의 존비尊卑를 나타냈던 것은 그 유래가 깊다.(14쪽)

③ 주나라 말기 이후 경서는 모두 2자 4치의 간책을 사용하였다.(14~15쪽)

④ 정현鄭玄이 육경 간책이 모두 2자 4치라는 것을 알고 있었던 것은 『구명결鉤命決』에서 말하는 『춘추』 책에 근거하여 추측한 것일 뿐, 결코 육경 간책을 직접 본 것은 아니다. 정현은 왕충王充보다 후대 사람인데, 그때 중원中原의 간책 제도는 이미 바뀌어 있었다.(18쪽)

---

5) 괄호 안의 쪽수는 王國維 원저, 胡平生·馬月華 校注(2004)의 쪽수를 가리킨다.

⑤ 주나라 때 역사를 기록한 간책 및 예제나 법령 서적도 2자 4치였다.(19쪽)

⑥ 『구명결』에서 말하는 『효경』이나 한대 이후 관부官府의 책적冊籍(口籍, 黃籍 등)은 1자 2치를 사용하였다.(24~25쪽)

⑦ 『논어』나 제자백가의 서적은 8치이다.(25~26쪽)

⑧ 『좌전』의 경우는 『효경』보다도 짧은 8치의 간책을 사용하기도 했는데, 『예 기』도 경經을 풀이한 간책이기 때문에 그 길이는 『좌전』과 같다고 보아야 한다.(39쪽)

⑨ 부신(符)과 산가지(筭)는 6치인데, 이처럼 짧은 죽간은 편철하는 데 용이하지 않기 때문에 서적용으로는 사용되지 않는다. 산筭과 주籌(산가지)는 본래 구 별하여 사용했는데, 짧은 것이 더 편리하였다. 그래서 주대에는 1자 2치를 사용했지만, 한대에는 6치도 사용하였다.(26~27쪽)

⑩ 제책制策은 귀신에게 고하거나 제후를 임명하는 것에서 비롯되었는데, 『설문 해자』에서 '책冊'에 대하여 해설한 것(특히 '一長一短'이라고 한 부분)은 주나 라 제도를 말한 것이다. 한대의 책에도 긴 것과 짧은 것이 있었는데, 이러한 제도는 북제北齊시대에까지 이어진다. 이때의 책은 책명策命뿐만 아니라 『전 국책戰國策』과 같은 서적의 경우도 해당된다.(35~37쪽)

⑪ 독牘을 긴 것부터 차례대로 나열하면 참檄(3자), 격檄(2자), 전신傳信(파발용 신분증, 1자 5치), 독牘(1자), 전傳(관문 통행증, 5치)의 순이다. 그중 전신의 경우는 어사대부御史大夫의 인장印章으로 봉하고 전의 경우는 어사의 인장으 로 봉하는 점에서 존비의 차이가 있다.(51~58쪽)

⑫ 오직 천자의 조서詔書만 1자 1치의 독을 사용하였다. 한대에는 긴 독으로 존귀함을 나타냈기 때문에, 신하는 1자를 사용하고 천자는 1자 1치를 사용하 였다.(54·56쪽)

⑬ 위진시대에는 조금씩 더 커져서 1자 2치인 것도 있고 1자 3치나 2자 5치인 것도 있지만, 1자 3치나 2자 5치는 특별한 경우에만 사용되는 것이었다.(56~ 57쪽)

⑭ 이상에 의하면 진한시대 간독의 치수에는 일정한 비율이 존재한다. 간簡은 2자 4치로부터 그 2분의 1, 3분의 1, 4분의 1의 비율로 되어 있다. 독牘은 3자로부터 2자, 1자 5치, 1자, 5치의 비율로 되어 있다. 전자의 경우는 '24의 분수分數'이고, 후자의 경우는 '5의 배수倍數'이다. 이것은 곧 간은 진나라 제도(秦制), 독은 한나라 제도(漢制)라는 것을 의미한다. 그 이유는 진자의 경우는 진나라의 제도나 유물이 대부분 6을 기본으로 하기 때문이고, 후자의 경우는 한나라의 제도가 5를 기본으로 하기 때문이다.(58~61쪽)

⑮ 스타인이 돈황 서북의 만리장성유적에서 발견한 목찰木札은 길이가 한척漢尺으로 1자이고 너비는 반 치 정도이다. 일본의 다치바나 즈이쵸(橘瑞超)가 투유크(吐峪溝, 新疆 吐魯番) 지역에서 발견한 것도 대체로 동일하다.(64쪽)

이상이 간독의 치수와 내용의 관계에 대한 왕국유王國維의 견해이다. 이것을 통하여 그의 학설의 요지를 간단히 말하면, 간독의 치수와 관련된 제도는 이미 선진시대부터 존재해 있었고, 간독의 치수의 차이는 내용의 존비 내지는 중요도나 용도와 관련이 있으며, 각각의 치수 사이에는 일정한 비율이 있다는 것으로 요약할 수 있다. 그의 유명한 '24분수·5배수'설과 '진제·한제'설은 바로 이러한 논리와 추리 과정 속에서 배태된 것이다. 그렇다면 이와 같은 왕국유의 학설은 그 후 어떤 반향을 불러일으켰을까? 필자는 그것을 크게 다음의 세 가지 입장으로 분류해 보았다. 첫째는 간독의 치수와 관련된 제도가 존재한다는 왕국유의 학설에 큰 이견 없이 대체로 동의하거나 유사한 견해를 나타내는 입장이다. 둘째는 간독의 치수와 관련된 제도는 존재하지 않는다고 하면서 왕국유의 학설을 전면적으로 비판하는 입장이다. 셋째는 왕국유의 학설 중 계승할 만한 부분과 극복해야 할 부분을 분별한 후 새로운 시각에서 제도의 유무를 논하는 입장이다.

먼저 첫 번째 입장에 해당하는 연구에는 마숙평馬叔平, 부진륜傳振倫, 반숙潘菽, 굴만리屈萬里, 히라오카 다케오(平岡武夫), 이서화李書華, 유국균劉國鈞, 전존훈錢存訓, 진몽가陳夢家 등이 있다.[6] 특히 진몽가의 경우는 왕국유王國維의 연구를 직접적으로 거론하고 있지는 않지만, 무위한간武威漢簡이나 양가만초간楊家灣楚簡 등 출토자료를 통하여 다시금 논증하고 있다. 물론 특별히 큰 이견을 제시하지는 않는다 하더라도 부진륜과 같이 실제로 발견된 간독자료에 의거하여 전래문헌에 기록되어 있는 내용과 합치하지 않는 부분도 있다는 것을 의식하고 있는 경우도 있고, 히라오카나 전존훈과 같이 '책'의 '일장일단一長一短'의 의미와 관련하여 왕국유의 견해를 비판하는 경우도 있다. 또, 한 가지 주의해야 할 점은 마숙평과 전존훈을 제외한 대부분의 연구들이 왕국유의 '24분수·5배수'설이나 '진제·한제'설에 대하여 전혀 언급조차 하지 않고 있다는 점이다. 이것은 곧 이 설들이 거의 지지를 받지 못하고 있다는 것을 의미한다.

두 번째 입장에 해당하는 연구에는 노간勞榦이나 상승조商承祚나 유홍劉洪도 있지만,[7] 그보다 더 이론적으로 이 문제를 다루고 있는 것은 마선성馬先醒[8]이다. 마선성의 비판을 결론부터 말하면 선진시대에는 왕국유王國維가 주장하는 것과 같은 간독 제도는 없다는 것이다. 그 이유 중의 하나로 '24분수·5배수'설과 같은 완정完整된 제도는 강력한 정부가 그 통일을 적극적으로 시행하지 않으면 도저히 불가능한 점을 지적한다. 그리고 보다 구체적으

---

6) 馬叔平(1926); 傳振倫(1937); 潘菽(1941); 屈萬里(1942); 平岡武夫(1942); 李書華(1954; 1965); 劉國鈞(1962); 錢存訓(2002); 陳夢家(1980). 王國維나 그의 연구를 직접적으로 거론하지는 않는다 하더라도 그 내용이 매우 흡사하다고 판단될 경우에는 여기에 포함시켰다.
7) 勞榦 저(1967); 商承祚 편저(1995); 劉洪(1999).
8) 馬先醒(1993).

로는 대략 다음의 두 가지 점을 중점적으로 다룬다. 첫째는 20세기 이후에 발견된 실제 간독자료의 치수의 문제이고, 둘째는 출토된 간독자료 및 치수가 기록되어 있는 전래문헌의 성립 시기의 문제이다.

먼저 전자의 경우는 실제로 출토된 자료 중 선진 시기에 속하는 간독의 길이를 보면 75~13.2㎝로 일정한 제도가 존재하지 않는다. 그러던 것이 진한시대로 내려오면 간독 제도가 조금씩 정비되기는 하지만, 수호지진간睡虎地秦簡 진률秦律이나 은작산한간銀雀山漢簡 제자서諸子書의 경우 길이가 대부분 27㎝로 24의 분수나 5의 배수는 아니다. 또, 왕국유王國維의 설에 부합하는 것은 서북 변경 지역에서 발견된 간독(河西簡牘)에 지나지 않는다. 그러나 무위한간『의례儀禮』와 같이 간독의 재질 문제에서 왕국유의 설과 부합되지 않는 것도 있다. 다만 무위한간『의례』 갑본과 병본이 2자 4치인 점은 왕국유 설을 입증해 주는 유력한 증거이다.

다음으로 후자의 경우는 무위한간『의례』는 전한에서 왕망王莽 시기에 속하는 것이고, 하서간독은 전한 무제기武帝期(B.C. 141~B.C. 87)에서 안화安和 연간(A.D. 10세기 초)에 걸쳐 제작된 것인데, 이 또한 전한에서 왕망 시기에 제작된 간독이 가장 많다. 또, 내용의 존비와 관련하여 왕국유王國維가 들고 있는 '2자 4치'에 관한 전래문헌 상의 기록은 아무리 빨라도 전한 소제昭帝 (B.C. 87~B.C. 74) 및 선제宣帝 연간(B.C. 74~B.C. 49)이나 그 이후의 것이고, 나머지는 모두 왕망 이후에 편찬된 문헌들이다. 특히 1980년대 이전까지 출토된 선진 시기의 간독자료 중에 2자 4치의 간독이 없는 것도 그 시기에 간독 제도가 존재하지 않았다는 중요한 이유의 하나로 들고 있다.

그리하여 왕국유王國維가 주장하는 것은 한무제漢武帝 건원建元 연간(B.C. 140~B.C. 135)에 시행된 제도 개혁 이후의 일로 오히려 신제도와 부합하며,

다시 위진시대로 내려가게 되면 일치하지 않게 된다고 한다.9) 그러나 이러한 그의 학설은 새롭게 출토된 간독자료의 성격이 서로 다름에도 불구하고 그것을 유형별로 분류하지 않고 단순 비교하고 있는 점에 문제가 있다.

그 밖에 고대륜高大倫10)도 왕국유王國維의 설을 비판하는데, 기존에 출토된 간독자료의 길이가 대부분 23~27㎝인 점, 2자 4치 길이의 간독은 휴대나 열람에 불편한 점을 들면서 한무제 이전의 경서나 제자서는 1자가 일반적인 길이였을 것이라고 한다. 그리고 경서의 길이의 경우 2자 4치가 제도로서 확립되게 되는 것은 한무제 때 경전을 존중하게 되면서부터라고 한다.11)

마지막으로 세 번째 입장에 해당하는 대표적인 연구는 호평생胡平生12)이다. 그는 왕국유王國維의 '24분수·5배수'설과 '진제·한제'설에 동의하지는 않는다. 그런 점에서는 두 번째 입장과 같다. 그러나 간독 제도의 유무에 대해서는 존재한다는 쪽을 지지하며, 특히 왕국유가 '간책의 크기로 서적의 존비를 나타냈다'고 지적한 점(②)은 기존의 연구가 대부분 간과하고 있는 간독 제도의 '중요한 법칙'이라고 강조한다. 또, 무덤에서 출토된 간독은 실제로 사용되었던 원본이 아니라 부장副葬을 목적으로 특별히 제작하거나 베껴 쓴 사본일 가능성이 있기 때문에 그 제도도 실제 사용된 간독과 다를 수 있으며, 정부 쪽에서 반포한 간책과 민간에서 자체적으로 제작한 초본抄本의 형태도 각기 다를 수 있다는 매우 시사적인 지적도 한다. 호평생은 이

---

9) 馬先醒은 그 이전에도 馬先醒(1976)과 馬先醒(1980)에서 간독의 치수의 문제를 논한 적이 있다. 특히 후자의 논문에서 선행 연구를 자세히 검토하면서 그 속에 간독의 '시간 문제', '공간 문제', '척도의 표준 문제'가 공통적으로 존재한다고 지적한 것은 경청할 만하다.(馬先醒, 1980: 96쪽)
10) 高大倫(1987).
11) 高大倫은 아무런 언급도 하고 있지 않지만, 사실 이 점에 대해서는 이미 馬先醒이 지적하였다.(馬先醒, 1980: 114쪽)
12) 胡平生(2004).

러한 점에 주의를 환기시키면서, 기존의 출토된 간독을 그 종류와 성격 및 시대에 따라 복서제도卜筮祭禱와 견책遣策(부장품의 리스트), 문서, 서적, 율령의 네 부분으로 나누어 분석한다.

먼저 복서제도와 견책은 전국시대 초간의 경우 모두 편철한 죽간을 사용하고 그 길이는 무덤에 안치된 고인의 신분의 존비와 비례 관계에 있다. 그에 비해 진한시대 이후의 견책은 목제로 된 방판方板을 사용하고 길이는 한척으로 1자를 사용하는 것이 일반화되어 있었기 때문에 일정한 규율이 있었다고 추측한다.

다음으로 문서(서신, 공문서, 簿籍)의 경우는 사정이 더욱 복잡하지만, 선진시대에서 진한시대 이래로 '일의 경중에 따라 간책의 크기가 결정된다'는 일관된 원칙이 존재해 있었다. 또, 진한시대 공사公私문서의 경우는 견책과 마찬가지로 거의 대부분이 1자인데, 1자 이상의 간독의 경우는 왕국유가 지적했듯이 길이가 긴 것으로 존귀함을 나타낸 것이라고 한다.

다음으로 서적의 경우는 춘추전국시대에는 제자백가 사이에 고하존비高下尊卑의 구분이 없었기 때문에 간책의 크기도 휴대용을 제외하고는 대체로 개인의 취향에 따라 결정되었다. 게다가 긴 간책은 제작이나 서사가 용이하지 않기 때문에 일종의 가치를 보여 주는 것이기도 했고 소유자의 신분이나 지위의 상징이 될 수도 있었다. 그렇기 때문에 왕가나 귀족이 소장하는 서책의 규격은 비교적 크고 길며, 평민 백성이 사용하는 것은 비교적 짧고 작다.[13] 진한시대 서적 간책의 길이는 이러한 전국시대 서적 간책의 길이와 유사하며, 양자 사이에는 일정한 계승 관계가 있다.

마지막으로 율령의 경우는 성격이 다른 몇 가지 종류의 판본이 있다.

---

13) 다만 왕가 및 귀족과 평민 백성의 서책을 비교할 만한 재료가 많지 않다고 한다.

하나는 봉건왕조 즉 중앙정부가 직접 반포한 율령책으로서 이 경우는 길이가 3자이다. 또 하나는 군국郡國 이하 각급 관부나 개인이 배포한 것, 또는 이용의 편리를 위하여 전자에 근거하여 발췌한 책서로서 이 경우는 일반 문서 간책과 길이가 같다고 한다.

이와 같은 분석을 통하여 호평생은 다음의 2가지 경우에 해당되는 문서의 경우 비교적 크고 긴 간독을 사용했다고 한다. 하나는 신분과 지위의 존비를 나타내야 할 필요가 있는 문서의 경우이고, 또 하나는 진귀하고 중요하다고 생각되는 서적이나 문서의 경우이다. 그중 후자는 왕국유에 의하여 이미 지적된 사항이지만, 전자는 호평생의 독자적인 견해이자 시각이다.

지금까지 간독의 치수와 내용의 관계에 관한 선행 연구를 역사적으로 정리해 보았다. 이 문제에 관한 본격적인 연구는 돈황이나 서역에서 발견된 간독이 연구되기 시작한 20세기 초부터 시작된다고 할 수 있다. 그러나 1960년대까지만 해도 고고학적 발굴에 의하여 발견된 출토자료가 수량이나 종류 면에서뿐만 아니라 지역적으로도 매우 한정되어 있었기 때문에 왕국유 王國維의 학설을 극복할 만한 연구는 거의 없었다. 그러던 것이 1970년대 이후가 되면서부터 변경 유적뿐만 아니라 무덤이나 옛 우물터 등지에서 엄청난 수량의 간독이 발견되고 또 종류도 매우 다양해지자 전래문헌에 의존해 왔던 기존 연구의 한계를 실물자료의 검토를 통하여 서서히 극복할 수 있게 되었다. 그러나 그럼에도 불구하고 특히 선진시대의 간독 제도에 대해서는 그 존재 유무를 둘러싸고 다 같이 출토자료를 근거로 삼고 있음에도 불구하고 전혀 상반된 결론이 도출되고 있다. 그렇다면 왜 이렇게 상반된 결론이 생기게 되었을까? 또 어느 쪽 결론이 더 설득력이 있는가? 아래에서는 이 점에 유의하면서 전래문헌과 출토자료의 분석을 통하여 간독의 치수와 내용의 관계를 구체적으로 살펴보기로 한다.


## 제2절 전국 및 진한시대 서적간의 치수: 문사철 관련 서적


간독의 치수와 내용의 관계의 문제를 논할 때 가장 논란이 되어 왔던 것은 바로 서적간書籍簡의 치수의 문제이다. 그렇기 때문에 여기서는 서적간의 치수의 문제를 먼저 다루기로 한다. 서적간의 치수와 내용의 상호 관계에 대해서는 앞에서 살펴본 선행 연구의 검토 결과에 의하면, 왕국유王國維 이래 간책 제도는 주대부터 이미 존재했으며 그 크기는 서적의 존비와 관계가 있다는 설과 처음부터 그런 제도는 존재하지 않았다는 설, 그리고 이 양자를 모두 비판하면서 제도의 유무를 역사적으로 파악할 것을 주장하는 설로 구분된다.

본격적인 논의에 들어가기에 앞서 제도의 유무의 문제와 관련하여 먼저 주의해야 할 점이 있다. 그것은 곧 아무리 이 문제와 관련된 전래문헌이 존재하고 또 아무리 많은 간백자료가 출토되었다 하더라도, 간독 제도와 관련된 공식 기록은 아직은 없다는 사실이다. 따라서 간독 제도의 존재 여부를 논의할 때 한 가지 오해해서는 안 되는 것은 그것은 결코 공식적으로 규정된 실제 제도의 유무를 묻는 것이 아니라는 점이다. 엄밀하게 말하면 우리가 이 문제를 논의함으로써 알 수 있는 것은 제도 그 자체가 아니다. 단지 그 속에 내재되어 있는 어떤 규칙성이나 규정성 내지는 정형성定型性을 찾아내고 그것이 의미하는 것이 무엇인가를 밝혀내는 것에 불과하다. 그러나 그렇다고 해서 이 문제가 중요하지 않다는 것을 말하려는 것은 아니다. 오히려 그와는 반대로 이 문제는 해당 문헌의 자료적 성격과 매우 밀접한 관계가 있기 때문에, 아직은 자료적 제약에 의하여 그 실상을 완전히 파악할 수는 없다 하더라도 앞으로도 지속적으로 논의해야 할 긴요한 문제라고 생각한다.

그럼 다시 본론으로 돌아와 이 문제에 대하여 논의해 보자. 서적의 경우는 다른 성격의 자료에 비해 전래문헌에 치수와 관련된 기록이 가장 많이 남아 있기 때문에 먼저 그것을 검토하고, 다음으로 지하에서 출토된 서적간의 치수를 검토한 후 양자를 비교하는 방식으로 논의를 진행하기로 한다.

## 1. 전래문헌에 보이는 서적의 치수

매우 단편적이긴 하지만, 고대 중국의 전래문헌 중에는 서적의 치수와 내용과의 관계에 관하여 언급하고 있는 기록이 있다. 그중에서도 가장 유명하고 또 가장 많이 인용되는 것은 『의례』 「빙례聘禮」편의 "100자 이상은 책에 서사하고 100자 미만은 방에 서사한다"[14]라는 문장에 대한 가공언賈公彦 소疏의 다음의 문장일 것이다.

정현은 『논어』에 서문을 쓰면서 "『역』·『시』·『서』·『예』·『악』·『춘추』의 간책의 길이는 모두 1자 2치이고, 『효경』은 그것을 절반으로 줄였으며, 『논어』가 8치 길이의 간책인 것은 (육경의 길이를) 다시 3분의 1로 줄였기 때문이다"라고

---

14) 『儀禮』, 권24, 「聘禮」, "百名以上書於策, 不及百名書於方." '策'은 '冊'과 통가 관계에 있는 글자로 策書 내지는 冊書를 의미하고, '方'은 '牘'의 너비를 더욱 늘려 거의 정방형에 가깝게 만든 서사재료를 의미한다. 편의상 한대의 독을 예로 들면, 보통 '尺牘'이라고 하듯이 1자 길이의 것이 대부분인데 대략 한 줄에 30~40자 정도 서사가능하다. 그렇다면 100자 정도는 방 1매에 넉넉히 서사할 수 있다.

했는데, 이것이 바로 간책의 길이이다.[15)

이 문장에서 육경의 길이가 '척이촌尺二寸'(1자 2치)이라고 되어 있는 것은 일찍이 청대의 완원阮元이 적확하게 지적했듯이 '이척사촌二尺四寸'(2자 4치)의 오기이다. 왜냐하면 『논어』의 경우 '8치'라는 치수가 나오기 위해서는 2자 4치의 ⅓이어야만 가능하기 때문이다.[16) 뿐만 아니라 진晉의 두예杜預(222~284)의 「춘추좌씨전서春秋左氏傳序」에 대한 공영달孔穎達의 소에도 다음과 같이 위의 문장과 유사한 문장이 보이기 때문이다.

> 정현은 『논어』를 주석하면서 서문을 썼는데, 〔효경〕구명결』에 의거하여 "『춘추』는 2자 4치에 서사하고 『효경』은 1자 2치에 서사한다"라고 하였다. 그러므로 육경의 간책은 모두 길이 2자 4치라고 칭한다는 것을 알 수 있다.[17)

이들 문장을 종합해 보면, 정현(127~200)이 생존했던 후한 말기에는 '『역』·『시』·『서』·『예』·『악』·『춘추』'와 같은 경은 2자 4치, 『효경』은 그 절반 크기인 1자 2치, 『논어』는 육경의 ⅓ 크기로 가장 짧은 8치에 서사하는 것이 하나의 정형 내지는 원칙으로 여겨지고 있었다고 해석할 수 있다.

---

15) 『儀禮』, 권24, 「聘禮」, "百名以上書於策"에 대한 賈公彦 疏: "鄭作論語序云, 易詩書禮樂春秋, 策皆尺二寸, 孝經謙半之, 論語八寸策者, 三分居一, 又謙焉. 是其策之長短."

16) 『儀禮注疏』, 「校勘記」, "按,……此云尺二寸, 乃傳寫之誤, 當作二尺四寸, 下云孝經謙半之, 乃尺二寸也. 又云論語八寸策者, 三分居一, 又謙焉, 謂論語八寸居六經三分之一, 比孝經更少四寸, 故云又謙焉."

17) "鄭玄注論語序以鉤命決云, 春秋二尺四寸書之, 孝經一尺二寸書之, 故知六經之策皆稱長二尺四寸." 그 밖에 唐의 杜佑가 편찬한 『通典』 권54 「禮」 14, 「沿革」 14, 「吉禮」 13, 「封禪」의 本注에는 "孝經鉤命決云, 六經冊長尺四寸, 孝經冊長尺二寸"이라 하여 '尺四寸'으로 기술되어 있다. 이것도 賈公彦 疏와 마찬가지로 '二尺四寸'의 오기일 것이다.

그렇다면 위와 같은 서적의 치수와 내용의 정형화된 인식의 시점은 과연 어디까지 거슬러 올라갈 수 있을까? 정현이 의거했다고 하는 『효경구명결』은 『수서隋書』「경적지經籍志」에 저록되어 있다. 그러나 일찍부터 텍스트가 산일散佚되어 그 내용을 직접 확인할 수는 없다. 또, 위서緯書라는 특성상 이 텍스트가 후한시대에 성립된 것인지, 아니면 전한시대 내지는 그보다 더 오래전에 성립된 것인지 그 정확한 연대는 현재로서는 알 수가 없다. 전래문헌에 기록되어 있는 것 중 성립 연대가 어느 정도 추정 가능한 자료에 의하면, 그것은 아무리 빨라도 후한 전기까지인 것 같다.[18] 정현보다 약 100년 앞선 후한 전기에서 중기 사이의 사상가인 왕충의 『논형』에도 다음과 같이 정현과 유사한 인식이 보인다.

(a) 대나무를 가로로 잘라 죽통을 만들고 그것을 다시 세로로 쪼개어 패(竹簡)를 만든다. 거기에 붓으로 묵흔墨痕이 가해지면 곧 문자를 이루게 되는데, (죽간에 서사한 것 중) 긴 것은 경에 해당하고 작은 것은 전기에 해당한다.[19]

(b) 그 사람들은 다음과 같이 말할 것이다. "2자 4치는 성인의 글이나 말을 기록한 것이므로 아침저녁으로 강습해야 하며 의리와 관련된 사항은 반드시 알도록 노력해야 한다. 한왕조와 관련된 일은 아직 경에 기재되어 있지 않기 때문에 '척적'이나 '단서'라고 하며, 비유하자면 작은 도와 같은 것이기 때문에

---

18) 鄭玄 이후로는 예를 들면 『尙書正義』「尙書序」 '更以竹簡寫之'에 대한 孔穎達 疏에 "顧氏云, 策長二尺四寸, 簡長一尺二寸"(顧氏는 顧彪, 隋나라 때 사람)이라고 하는 것에 의하면, 적어도 隋唐 이후까지 이러한 인식이 지속되고 있다는 것을 알 수 있다. 다만 策과 簡의 길이를 이와 같이 구분하고 규정하는 것은 顧彪의 독특한 견해이다.
19) 『論衡』, 권12, 「量知」 35, "截竹爲筒, 破以爲牒, 加筆墨之跡, 乃成文字, 大者爲經, 小者爲傳記."

그런 것을 아는 것은 유가가 귀하게 여기는 바가 아니다."[20]

(c) 당우나 하나라 및 은나라에 관한 것은 모두 2자 4치에 기록되어 있기 때문에 유자들은 열심히 읽고 아침저녁으로 강습한다. 그러나 『한서』를 보지도 않고 한나라는 뒤떨어져 있고 전대에 미치지 못한다고 한다.[21]

(d) 성인은 경을 저술하고 현자는 그에 대한 전(해석서)을 만들었는데, 저술한 사람의 의중을 기술하고 성인의 의지를 수록하고 있기 때문에 경은 전을 필요로 한다. 모두 현자가 만든 것인데 어떻게 경전만 옳다고 하고 다른 서적들은 잘못되었다고 할 수 있겠는가?[22]

(e) 진나라는 도리에 어긋난 정치를 행했지만 제자서를 불태우지는 않았다. 1자 길이의 제자서는 문장과 편수篇數가 모두 갖추어져 있기 때문에, 그것을 보고 읽음으로써 경전經典의 내용을 바로잡을 수 있고 그것을 채택함으로써 후세 사람들에게 보여 줄 수 있다.…… 1자 길이의 제자서는 문장이 명료하고 사실에 부합되어 정확하다.[23]

위의 문장을 보면 (a)에는 치수에 대한 언급은 없지만 '경'인가 '전기'인가, 즉 서사된 내용에 따라 치수가 다르다는 것을 말하고 있고, (d)에서는

---

20) 『論衡』, 권12, 「謝短」 36, "彼人問(問은 衍字)曰, 二尺四寸, 聖人文語, 朝夕講習, 義類所及, 故可務知. 漢事未載於經, 名爲尺籍短書, 比於小道, 其能知, 非儒者之貴也."
21) 『論衡』, 권19, 「宣漢」 57, "唐虞夏殷, 同載在二尺四寸, 儒者推讀, 朝夕講習. 不見漢書, 謂漢劣不若."
22) 『論衡』, 권28, 「書解」 82, "聖人作其經, 賢者造其傳, 述作者之意, 探聖人之志, 故經須傳也. 俱賢所爲, 何以獨謂經傳是, 他書記非."
23) 『論衡』, 권28, 「書解」 82, "秦雖無道, 不燔諸子. 諸子尺書, 文篇具在, 可觀讀以正說, 可采掇以示後人.……諸子尺書, 文明實是." 王國維 원저, 胡平生·馬月華 校注(2004: 26쪽)는 여기에 보이는 '尺'은 八寸尺을 의미한다고 한다.

경과 전의 저술자는 전자가 성인, 후자가 현자로 역시 각각 다르다는 것을 언급하고 있다. 구체적인 치수는 (b)·(c)·(e)에 보인다. 먼저 (b)에 의하면 성인의 글이나 말은 2자 4치에 기록하고, 한사漢事와 같이 소도小道에 속하는 내용은 척적이나 단서와 같은 1자에 기록한다고 한다. (c)에 의하면 '당우하은唐虞夏殷'과 같은 이상적인 시대의 일은 '2자 4치'에 기록되어 있다고 한다. 여기서 말하는 '2자 4치'가 유교경전을 의미하는 것은 말할 것도 없다. (e)에 의하면 제자서는 '척서尺書'라 하여 1자에 기록되어 있다고 한다. 한 가지 중요한 점은 (c)의 경우는 왕충 자신의 인식을 보여 주는 대목이지만, (b)의 경우는 왕충이 한 말이 아니라 '그 사람들' 즉 당시의 유생儒生들이 한 말을 왕충이 인용한 문장이라는 점이다. 이것은 곧 (b)와 같은 인식은 왕충 개인뿐만 아니라 당시 유생들의 일반적인 인식으로도 볼 수 있다는 것을 의미한다.

이상 앞에서 든 가공언 및 공영달 소와 『논형』의 내용을 종합해 보면, 적어도 후한시대에는 '경'은 유가의 성인이 저술한 것으로 2자 4치에 서사했던 반면, 『효경』과 『논어』는 각각 1자 2치와 8치에 서사했다고 하는 점을 미루어 볼 때 아직 경으로 인식되지 않고 있었다는 것을 알 수 있다. 또, 현자가 경에 대하여 해석한 '전'은 구체적인 치수는 나와 있지 않지만 경보다 길이가 짧은 점, 한왕조와 관련된 내용을 기록한 서적이나 제자서는 '척적'이나 '단서'나 '제자척서'라는 개념이 말해 주듯이 1자 남짓 길이의 간책에 서사되었던 점,24) '경과 전', '경과 척적·단서' 및 '경과 제자척서'의 대비

---

24) 王充이 제자서의 치수를 왜 1자라고 했는지 정확한 이유는 알 수 없다. 그러나 경을 성인이 지은 것이라고 하고 전을 현자가 지은 것이라고 하는 것에 대하여 제자서를 '척서'라고 표현한 점, 『漢書』 권34 「韓彭英盧吳傳」 4의 '奉咫尺之書'(咫尺之書는 간단한 편지를 뜻한다)에 대하여 顔師古 注가 "八寸曰咫. 咫尺者, 言其簡牘或長咫, 或長尺, 喩輕率也. 今俗言尺書, 或言尺牘, 蓋其遺語耳"라고 하여 '咫尺·尺書·尺牘'이 '輕率'을 비유하는 의미로 사용되고 있는 점 등을 보면, 경이나 전에 비해 내용의

와 같이 서적의 내용에 따라 치수에 차별을 두는 것이 당시의 일반적인 인식 내지는 원칙으로 정형화되어 있었다는 점도 추정해 볼 수 있다. 그리고 그러한 인식이 정형화되는 시기는 일단 후한 전기까지 거슬러 올라갈 수 있다.

이러한 사실은 후한 장제章帝 장화章和 원년元年(A.D. 87)에 조포曹褒가 황제의 명을 받아 예제禮制를 개정했을 때 150편을 짓고 그것을 2자 4치의 간책에 서사한 일이나,25) 후한 안제安帝 건광建光 원년(A.D. 121)에 주반周磐이 제자들에게 자신의 죽음을 예언하면서 죽게 되면 2자 4치의 간책에 『상서尚書』 「요전堯典」 1편을 써서 붓과 삭도削刀와 함께 묻어 달라고 유언한 고사故事26) 등을 통해서도 다시 한 번 확인할 수 있다.

그렇다면 『효경』과 『논어』의 경우는 왜 각각 1자 2치 및 8치와 같이 길이가 짧은 죽간에 서사했던 것일까? 『효경』의 경우는 전래문헌 상에 기록이 보이지 않기 때문에 정확한 사정은 잘 알 수 없지만, 『논어』의 경우는 『논형』에서 그 단서를 찾을 수 있다.

『논어』를 해설하는 사람은 글귀를 설명하고 어구를 해석할 줄만 알 뿐, 『논어』가 본래 몇 편으로 구성되어 있었는지에 대해서는 모른다. 또, 주대에는 8치를 1자로 삼았다는 것만 알 뿐, 왜 『논어』만 1자인지 그 의미에 대해서는 모른다. ⓐ대개 『논어』는 제자들이 다 같이 공자의 언행을 기록한 것이다. 기록되어

---

중요도가 떨어지는 서책이나 서간 등을 지칭하는 말로 당시에 쓰였던 것 같다.
25) 『後漢書』, 권35, 「張曹鄭列傳」 25, "(曹)襃旣受命, 乃次序禮事, 依準舊典, 雜以五經讖記之文, 撰次天子至於庶人冠婚吉凶終始制度, 以爲百五十篇, <u>寫以二尺四寸簡</u>."
26) 『後漢書』, 권39, 「劉趙淳于江劉周趙列傳」 29, "建光元年, 年七十三, (周磐)歲朝會集諸生, 講論終日, 因令其二子曰, ……旣而長歎, 豈吾齒之盡乎. 若命終之日, ……<u>編二尺四寸簡, 寫堯典一篇, 幷刀筆各一, 以置棺前, 示不忘聖道.</u>"

온 기간이 매우 길기 때문에 수십백 편에 달한다. ⓑ또, 8치를 1자로 삼은 것은 기록을 간략하게 하고 휴대하기 편하게 하기 위해서이다. ⓒ또, 현재 남아 있는 것은 경이 아니라 전이 기록된 것이라는 것을 망각하지 않을까 염려하여 2자 4치가 아니라 8치를 1자로 삼아 기록했던 것이다.[27]

이 문장에서 왕충은 『논어』의 편수와 치수라는 2가지 사항에 대하여 문제를 제기하고 있다. 편수의 문제는 차치하고 치수의 문제에 대해서만 보면, 『논어』가 경과 같이 2자 4치가 아니라 1자에 서사되어 있는 것은 다음의 2가지 이유 때문이라고 한다. 첫째는 ⓑ에 나타나 있듯이 기록의 간략함과 휴대의 편리함이라는 '실용성'과 '기능성' 때문이고, 둘째는 ⓒ에 나타나 있듯이 경이 아니라 전이라는 '내용의 존비' 때문이다. 그것이 경이 아닌 이유는 ⓐ에 나타나 있듯이 공자 본인이 아닌 그의 제자들이 기록한 것이기 때문이다. 단, 여기서 말하는 1자란 주척周尺을 척도로 했을 경우이고, 그것을 한척으로 환산하면 8치에 해당한다.

이상과 같이 전래문헌에만 의거하면 간독의 치수의 정형화와 관련된 관념은 기껏해야 후한 전기에 머무를 뿐, 그 위로는 더 이상 거슬러 올라갈 수 없게 된다. 그렇다면 과연 후한 전기가 상한선이라고 해야 할 것인가? 이러한 전래문헌의 한계를 극복하기 위해서는 출토자료를 검토하지 않으면 안 된다.

---

27) 『論衡』, 권28, 「正說」 81, "說論者, 皆知說文解語而已, 不知論語本幾何篇. 但[知]周以八寸爲尺, 不知論語所獨一尺之意. ⓐ夫論語者, 弟子共紀孔子之言行, 敕記之時甚多, 數十百篇. ⓑ以八寸爲尺, 紀之約省, 懷持之便也. ⓒ以其遺非經, 傳文紀識恐忘, 故但以八寸尺, 不二尺四寸也."

## 2. 전국시대 서적간의 치수

선진시대에서 진한시대에 이르는 시기에 조영된 무덤이나 유적에서 발견된 출토자료 중 서적간에 해당하는 것은 아직은 양적으로 그다지 많다고 할 수는 없다. 그러나 1990년 이전의 상황과 비교해 보면 비약적으로 증가한 것도 사실이다. 〈표 4-1〉은 20세기 초부터 2007년에 이르기까지 무덤이나 기타 골동품 시장 등지에서 발견된 전국시대 초간 중 서적간에 해당하는 것을 길이의 순으로 정리한 것이다.[28] 선행 연구 중 출토자료의 치수를 가장 잘 정리한 것은 호평생胡平生이지만, 그가 작성한 표에는 중대한 오류가 있다. 그것은 곧 지금의 분류로 이른바 ①문사철文史哲에 해당하는 서적과 ②점서占書·의서醫書·양생養生·수학서 등과 같은 실용 서적, ③역보 등을 구분하지 않고 있는 점이다. 그가 "진한시대 서적 간책의 길이는 이러한 전국시대 서적 간책의 길이와 유사하며, 양자 사이에는 일정한 계승 관계가 있다"[29]라고 한 것은 사실은 이러한 오류에서 비롯된 것이다. 이들 세 부류의 서적은 성격이 서로 다르기 때문에 구분하지 않으면 안 된다.

〈표 4-1〉 전국시대 서적간(文史哲)의 길이[30] (단위: cm)

| 소그룹 | 출토지점 | 내용 | 길이 | | 너비 | 비고 |
| --- | --- | --- | --- | --- | --- | --- |
| | | | 범위 | 평균 | | |
| 제1그룹 | 上博楚簡 | 采風曲目 | 56.1 | 56.1 | - | 斷簡 중 最長簡 |
| 제2그룹 | 동상 | 性情論 | 54.5~57.2(2.7) | 55.9 | - | |
| | 동상 | 孔子詩論 | 55.5 | 55.5 | - | |

---

28) 이하 이 장의 모든 표는 馬先醒(1980); 馬先醒(1993); 胡平生(2004); 駢宇騫·段書安 편저(2006)를 참조하여 작성하였다. 그러나 해당 출토자료에 관한 초기보고서(簡報)나 정식보고서 등에 의거하여 내용을 수정하거나 첨가 및 삭제한 부분도 있다. 참고한 문헌의 구체적인 서지사항에 관해서는 해당 표의 주를 참조하기 바란다.

29) 胡平生(2004: 31쪽).

| | 동상 | 子羔 | 55.5 | 55.5 | 0.6 | 복원[31] |
|---|---|---|---|---|---|---|
| | 동상 | 魯邦大旱 | 54.9~55.4(0.5) | 55.2 | - | |
| 제3그룹 | 동상 | 競公虐 | 55.0 | 55.0 | - | |
| | 동상 | 弟子問 | 54.8 | 54.8 | - | 복원[32] |
| | 동상 | 孔子見季趄子 | 54.6 | 54.6 | 0.6 | |
| | 동상 | 紂衣 | 54.2~54.3(0.1) | 54.3 | 0.7 | |
| | 동상 | 君子爲禮 | 54.1~54.5(0.4) | 54.3 | - | |
| 제4그룹 | 동상 | 彭祖 | 53.0 | 53.0 | - | |
| | 동상 | 鬼神之明 | 53.0 | 53.0 | - | |
| | 동상 | 融師有成氏 | 53.0 | 53.0 | - | |
| 제5그룹 | 동상 | 曹沫之陳 | 46.8~47.5(0.7) | 47.2 | - | |
| | 동상 | 中弓 | 47.0 | 47.0 | - | |
| 제6그룹 | 동상 | 民之父母 | 45.8 | 45.8 | - | |
| | 동상 | 用曰 | 45.0~45.9(0.9) | 45.5 | - | |
| | 信陽楚墓M1 | 諸子書 | 45.0 | 45.0 | 0.7~0.8 | |
| | 慈利楚墓M36 | 歷史書 | 45.0 | 45.0 | 0.4~0.6 | |
| 제7그룹 | 上博楚簡 | 三德 | 44.7~45.0(0.3) | 44.9 | - | |
| | 동상 | 天子建州 甲 | 44.4~45.0(0.6) | 44.7 | - | |
| | 동상 | 容成氏 | 44.0~44.7(0.7) | 44.4 | - | |
| | 동상 | 昔者君老 | 44.2 | 44.2 | - | |
| | 동상 | 內禮 | 44.2 | 44.2 | - | |
| | 동상 | 姑成家父 | 43.7~44.4(0.7) | 44.1 | 0.4~0.5 | |
| 제8그룹 | 동상 | 昭王毁室<br>昭王與龔之脾 | 43.7~44.2(0.5) | 44.0 | - | |
| | 동상 | 周易 | 43.0~44.0(1.0) | 43.5 | 0.6 | |
| 제9그룹 | 동상 | 天子建州 乙 | 42.1~43.9(1.8) | 43.0 | - | |
| | 동상 | 競建內之 | 42.5~43.3(0.8) | 42.9 | - | |
| | 동상 | 從政 甲 | 42.5~42.8(0.3) | 42.7 | - | |
| | 동상 | 從政 乙 | 42.6 | 42.6 | - | |
| 제10그룹 | 동상 | 鮑叔牙與隰朋之諫 | 40.4~43.2(2.8) | 41.8 | - | |
| 제11그룹 | 동상 | 互先 | 39.1~39.4(0.3) | 39.3 | - | |
| | 동상 | 季庚子問於孔子 | 38.6~39.0(0.4) | 38.8 | 0.6 | |
| 제12그룹 | 동상 | 申公臣靈王 | 33.7~33.9(0.2) | 33.8 | 0.6 | |
| | 동상 | 莊王旣成 | 33.1~33.8(0.7) | 33.5 | 0.6 | |
| | 동상 | 平王問鄭壽 | 33.0~33.2(0.2) | 33.1 | 0.6 | |
| | 동상 | 平王與王子木 | 33.0 | 33.0 | 0.6 | |

| | 郭店楚墓M1 | 緇衣 | 32.5 | 32.5 | - | |
|---|---|---|---|---|---|---|
| | 동상 | 五行 | 32.5 | 32.5 | - | |
| | 동상 | 成之聞之 | 32.5 | 32.5 | - | |
| 제13그룹 | 동상 | 尊德義 | 32.5 | 32.5 | - | |
| | 동상 | 性自命出 | 32.5 | 32.5 | - | |
| | 동상 | 六德 | 32.5 | 32.5 | - | |
| | 동상 | 老子 甲 | 32.3 | 32.3 | - | |
| | 上博楚簡 | 愼子曰恭儉 | 32.0 | 32.0 | 0.4~0.5 | |
| 제14그룹 | 郭店楚墓M1 | 老子 乙 | 30.6 | 30.6 | | |
| 제15그룹 | 동상 | 忠信之道 | 28.2~28.3(0.1) | 28.3 | - | |
| | 동상 | 唐虞之道 | 28.1~28.3(0.2) | 28.2 | - | |
| | 동상 | 老子 丙 | 26.5 | 26.5 | - | |
| 제16그룹 | 동상 | 太一生水 | 26.5 | 26.5 | - | |
| | 동상 | 魯穆公問子思 | 26.4 | 26.4 | - | |
| | 동상 | 窮達以時 | 26.4 | 26.4 | - | |
| 제17그룹 | 上博楚簡 | 柬大王泊旱 | 23.8~24.0(0.2) | 23.9 | 0.6 | |
| 제18그룹 | 郭店楚墓M1 | 語叢 3 | 17.6~17.7(0.1) | 17.7 | - | |
| 제19그룹 | 동상 | 語叢 1 | 17.2~17.4(0.2) | 17.3 | - | |
| 제20그룹 | 동상 | 語叢 2 | 15.1~15.2(0.1) | 15.2 | - | |
| | 동상 | 語叢 4 | 15.1~15.2(0.1) | 15.2 | - | |
| - | 上博楚簡 | 逸詩 | - | - | - | 모두 斷簡 |
| | 동상 | 相邦之道 | - | - | - | 모두 斷簡 |

* '출토지점'란의 '상박초간'은 지점을 알 수 없는 자료이지만, 편의상 여기에 포함시켰다.
* '길이'란의 '범위'는 동일 문헌에 속하는 竹簡群의 길이가 고르지 않을 경우 最短簡과 最長簡의 길이를 범위 형식으로 게시하였다. 괄호 안의 수치는 그 차를 나타낸다. 이하 동일.
* '길이'란 내의 '평균'은 소수점 2자리에서 반올림하였다. 이하 동일.

---

30) 표 작성 시에는 河南省文物研究所(1986); 湖南省文物考古研究所・慈利縣文物保護管理研究所(1990); 荊門市博物館 편(1998); 馬承源 주편(2001); 馬承源 주편(2002); 馬承源 주편(2003); 馬承源 주편(2004); 馬承源 주편(2005); 馬承源 주편(2007)을 참조하였다.

31) 上博楚簡『子羔』는 총 14매의 죽간으로 구성되어 있지만, 모두 殘缺되어 있기 때문에 完簡은 없다. '55.5cm'라는 수치는 다음과 같은 필자의 복원 방법에 의한다. 총 14매의 죽간 중 가장 보존 상태가 양호한 것은 제1호간인데, 필자가 저본(馬承源 주편, 2002)의 도판을 실측한 바에 의하면 54.1cm이다(저본은 54.2cm라고 한다). 제1호간은 죽간의 상단이 약간 잔결되어 있는데, 그 잔결된 부분에서 제1契口까지의 길이는 7.3cm이다. 죽간의 상단이 양호한 제6호간과 제7호간에 의하면, 죽간의 상단에서 제1계구까지의 평균 길이는 8.7cm이다. 그렇다면 제1호간 상단의 잔결된 부분

위의 표에 의하면 전국시대 서적간 중 내용상 문사철에 속하는 것은 모두 초간이다. 이 시기는 지역과 지역 간에 상호 교류를 하고 있었던 것은 물론이지만, 한편으로는 영역국가별로 지역 중심의 고유한 문화를 발전시키고 있었다. 그렇기 때문에 초간만으로 치수의 정형화와 관련된 그 전체상을 파악하는 데는 자연히 한계가 있다. 따라서 처음부터 이런 한계가 있다는 것을 전제로 논의를 진행시킬 수밖에 없다.

다시 길이의 문제로 돌아와서 위의 표를 보면, 초간의 경우 마치 정형성이 전혀 없는 것처럼 보인다. 따라서 초묘에서 출토된 서적간의 길이를 분석한 호평생胡平生이 간책의 크기는 개인의 취향에 따라 결정되었다고 하거나, 상박초간의 정리 작업을 직접 담당하고 있는 복모좌濮茅左가 상박초간의 경우 1㎝마다 1종의 죽서竹書가 존재하기 때문에 정해진 제도가 없었다33)고 지적한 것은 어느 정도 수긍이 가는 면도 있다.

그러나 필자는 위의 결과를 단지 현상적으로만 볼 것이 아니라, 좀 더 다른 시각에서 분석해야 할 필요가 있지 않나 생각한다. 그것은 다음의 세 가지 점이다. 첫째는 출토지점은 다르지만 내용이 거의 같거나 매우 유사한 문헌 사이의 길이의 관계라는 시각이고, 둘째는 7~8치 간책의 존재와 관련된 시각이며, 셋째는 동일 문헌을 구성하는 죽간군 내부의 길이의 편차라는 시각이다.

먼저 첫 번째 시각의 경우를 살펴보자. 출토지점은 다르지만 내용이 거

---

은 8.7-7.3=1.4㎝가 된다. 이것을 다시 54.1과 더하면 55.5㎝라는 결과가 나온다. 이상 저본의 도판의 실측 결과에 관해서는 李承律(2007: 95쪽), 「表一」 참조.

32) 上博楚簡 『弟子問』을 구성하는 죽간의 복원은 海老根量介(2010) 참조.

33) 濮茅左 저, 田中良明 역, 「二, 上海博物館楚竹書槪述」, 渡邊義浩 편, 『兩漢における 詩と三傳』(汲古書院, 2007b), 411쪽.

의 같거나 매우 유사하다고 인정되는 문헌에는 ①곽점초간『치의』와 상박초간『치의』, ②곽점초간『성자명출』과 상박초간『성정론』이 있다. 그 길이를 보면 ①의 경우는 32.5㎝와 54.3㎝, ②의 경우는 32.5㎝와 55.9㎝로 현상적으로만 보았을 때는 양자 사이에 현격한 차이가 있다. 그런데 매우 흥미로운 점은 곽점초간과 상박초간 내부에서 각각의 길이를 비교해 보면 이 네 문헌 모두 최장간最長簡의 그룹에 속한다는 점이다. 더구나 이 네 문헌은 필체가 모두 다르다. 따라서 이 네 문헌의 서사자는 각기 다르다. 그렇다면 이러한 현상은 무엇을 의미하는 것일까? 추측컨대 그것은 곧 이 네 문헌의 서사자가 죽간의 크기를 선택할 때 그 내용의 중요성도 동일하게 의식하고 있었다는 것을 의미하는 것은 아닐까? 아직은 용례가 매우 적기 때문에 단언할 수는 없지만, 어쩌면 전국시대 초 지역에서는 서적간의 경우도 그 길이로 내용의 중요도를 나타내려는 의식이 존재하지 않았을까 조심스럽게 제기해 본다. 이것은 마선성馬先醒, 고대륜高大倫, 호평생胡平生, 복모좌濮茅左 등의 주장에 대한 반론이기도 하다.

다음으로 두 번째 시각에 대하여 살펴보면, 곽점초간『어총語叢』이 출토됨으로써 일찍이 왕충이 지적했던 '8치'간과 동일하거나 유사한 간책이 사실은 전국시대에 이미 존재했었다는 것이 판명되었다. 왕충은 '8치'간을 실용성과 기능성 및 내용의 존비라는 두 가지 측면에서 그 성격을 설명하고 있는데, 내용의 존비까지는 아직 말할 수 없다 하더라도 실용성과 기능성이라는 측면은 충분히 공감할 수 있다고 생각한다. 거기에 한 가지 더 덧붙이면『어총』은 형태와 내용상 이른바 수진본袖珍本(문고본)의 기능과 더불어 메모장의 역할도 했던 것 같다.

마지막으로 세 번째 시각에 대하여 살펴보자. 해당 죽간군의 발굴 보고서에 의거하여 동일 문헌을 구성하는 죽간군 내부의 길이의 편차를 분석해 보면, 전체 28건 중 0.1(5건)·0.2(5건)·0.3(3건)·0.4(2건)·0.5(2건)·0.6·0.7(4건)· 0.8·0.9·1.0·1.8·2.7·2.8cm와 같이 총 13종의 편차가 있다. 다시 말하면 동일 문헌을 구성하는 죽간군 내부의 길이는 작게는 0.1cm에서 크게는 2.7cm 나 2.8cm와 같이 엄청난 편차를 보이는 것도 있다는 것이다. 전국시대에서 왕망시대의 1자 길이를 약 23.1cm, 후한시대의 1자 길이를 약 23.5cm로 보고 계산하면,[34] 2.7cm나 2.8cm는 1치(약 2.31cm나 2.35cm) 이상의 차이가 있다는 것이 된다. 또, 이들 내부의 길이의 편차를 모두 합산하여 평균치를 내보면 17.6÷28=0.6cm가 된다. 그렇다면 총 28건 중 10건은 평균치보다 더 큰 편차를 보이고 있다는 것이 된다.

한편 또 다른 각도에서 보면 동일 문헌을 구성하는 죽간군 내부의 길이의 편차가 간보에 의하는 한 곽점초간의 경우는 거의 없고 상박초간의 경우는 매우 크다. 이것은 곧 이 문제를 고찰할 때 '해당 간독이 어느 지역의 어느 무덤이나 유적에서 어떤 상태로 발견되었는가' 하는 점도 고려해야 할 중요한 사항이라는 것을 말해 준다. 그런 점을 고려하여 다시 분석해 보면, 곽점초간은 0.1(4건)·0.2(3건)cm로 편차가 거의 없고, 상박초간은 0.1· 0.2(3건)·0.3(3건)·0.4(2건)·0.5(2건)·0.6·0.7(4건)·0.8·0.9·1.0·1.8·2.7·2.8cm 로 편차가 현격하다. 평균치로 계산하면 곽점초간은 1.0÷7=0.14 즉 약 0.1cm 의 편차가 있고, 상박초간은 16.8÷22=0.76 즉 약 0.8cm의 편차가 있다.(소수점 두 자리에서 반올림) 이들 죽간은 2천 년 이상 지하에 묻혀 있었던 점은 동일하지만, 곽점초간은 무덤 안에 있었던 것을 발굴해 낸 것이고 상박초간은 골동품 시장에서 우연히 발견된 것이다. 따라서 비록 완간이라 하더라도 죽간

---

34) 丘光明 편저(1992).

의 발견 경위나 보존 상태나 유통 경로 등 자연적 내지는 인위적인 원인에 의하여 비틀어지거나 휘어지거나 눌리거나 하여 원간原簡보다 길이가 늘어나거나 줄어들었을 가능성이 있다. 이런 것들이 동일 문헌 내부의 길이의 편차를 더 작게 혹은 더 크게 만드는 하나의 원인이 되었을 가능성은 충분히 있다.

곽점초간의 경우는 동일 문헌을 구성하는 죽간군 내부의 편차가 거의 없는 것으로 보고되었기 때문에 차치하더라도, 곽점초간보다 수량이 더 많은 상박초간에 나타나는 위와 같은 현격한 편차를 우리는 어떻게 이해해야 할까? 필자는 이것은 곧 '전국시대에 적어도 초 지역에서는 동일 문헌 내부에서조차도 죽간의 길이를 동일하게 혹은 어느 정도 고르게─위의 평균치 이하를 '고르다'고 판단하기로 한다─해야 한다는 의식이 상대적으로 그다지 강하지 않았다'는 것을 의미하는 것은 아닐까 추측해 본다. 동일 문헌 내부에서조차도 이러한 현상이 있으니, 다른 문헌들 사이의 경우는 말할 것도 없을 것이다.

만약 위의 작업 가설이 인정된다고 한다면, 다음과 같은 또 하나의 작업 가설을 설정할 수 있지 않을까? 즉, 비록 서적간의 길이에 서로 차이가 있다 하더라도 평균치의 편차 범위 내에서는 동일 길이의 그룹에 속하는 문헌으로 인정할 수 있지 않는가라는 점이다. 평균치의 편차 범위란 위에서 계산한 편차의 평균치, 즉 상박초간의 경우는 약 0.8㎝, 곽점초간의 경우는 약 0.1㎝를 가리킨다. 이것을 계산의 편의상 위의 〈표 4-1〉의 평균 길이를 기준으로 나누어 보면 총 20개의 소그룹으로 구분된다. 그리고 이것을 다시 상박초간과 곽점초간으로 나누어 보면, 전자의 경우는 13그룹, 후자의 경우는 7그룹으로 세분된다.

| 소그룹 | 대표치수 | 尺寸 | 대그룹 |
|---|---|---|---|
| 제1그룹 | 56.1 | 2자 4치~2자5치 | Ⓐ |
| 제2그룹 | 55.9 | 2자 4치 | Ⓑ |
| 제3그룹 | 55.0 | | |
| 제4그룹 | 53.0 | 2자 3치 | Ⓒ |
| 제5그룹 | 47.2 | 2자 | Ⓓ |
| 제6그룹 | 45.8 | | |
| 제7그룹 | 44.9 | 1자 9치 | Ⓔ |
| 제8그룹 | 44.0 | | |
| 제9그룹 | 43.0 | | |
| 제10그룹 | 41.8 | 1자 8치 | Ⓕ |
| 제11그룹 | 39.3 | 1자 7치 | Ⓖ |
| 제12그룹 | 33.8 | 1자 5치 | Ⓗ |
| 제13그룹 | 32.5 | 1자 4치 | Ⓘ |
| 제14그룹 | 30.6 | 1자 3치 | Ⓙ |
| 제15그룹 | 28.3 | 1자 2치 | Ⓚ |
| 제16그룹 | 26.5 | 1자 1치 | Ⓛ |
| 제17그룹 | 23.9 | 1자 | Ⓜ |
| 제18그룹 | 17.7 | 8치 | Ⓝ |
| 제19그룹 | 17.3 | 7치 | Ⓞ |
| 제20그룹 | 15.2 | | |

그렇다면 각 그룹의 치수를 전국시대의 척촌尺寸으로 환산하면 어떻게 될까? 〈표 4-2〉는 각 그룹의 대표치수를 기준으로 환산한 결과이다. 그 결과에 의하면 20개의 소그룹은 척촌으로 환산했을 경우 총 15개의 대그룹으로 축소된다.

그런데 여기에는 한 가지 문제가 있다. 그것은 곧 해당 죽간군의 정리를

---

35) '대표치수'란 각 소그룹 내의 가장 큰 치수를 가리킨다. 또, 대표치수를 척촌으로 환산할 때는 소수점 두 자리에서 반올림하였다. 이하 동일.

담당한 정리자가 동일 문헌을 구성하는 죽간군 내부의 길이의 편차를 얼마만큼 뚜렷하게 의식하고 길이를 측정했는지 의심이 가는 부분이 있는 점이다. 예를 들면 곽점초간 중 최장간인『치의』는 총 47매로 구성되어 있는데, 정리자는 이것을 일괄적으로 32.5㎝라고 하여 마치 길이의 차가 전혀 없는 것처럼 기술하고 있다. 그러나 도판에 의거하여 제1호간에서 마지막 간까지 실제로 측정해 보면 31.8·31.4·31.8·31.7·31.9·31.8·31.6·31.9·31.7·32.0·31.6·31.6·32.1·32.1·31.8·31.7·31.7·32.0·32.1·31.8·32.0·32.1·31.9·31.9·32.0·32.1·32.1·31.9·32.0·31.9·31.8·32.1·31.7·32.0·31.7·31.9·31.6·31.8·32.0·31.8·31.9·31.9·31.7·31.6·31.8·31.9·31.6·31.9㎝로 실제 길이는 제각기 다르다. 또, 최장간과 최단간最短簡도 32.1㎝와 31.4㎝로 무려 0.7㎝나 차이가 난다. 이러한 차이는 위에서 말한 상박초간의 평균치의 범위인 0.8㎝와 거의 흡사하다. 이와 같은 문제점이 있기 때문에 발굴 보고서에만 의존해서는 그 정확한 편차를 밝히는 데 자연히 한계가 있다. 그리고 이러한 문제는 사실 기타 간책의 경우도 상황은 마찬가지다. 따라서 동일 문헌을 구성하는 죽간군 내부의 길이의 편차가 약 0.1㎝정도밖에 나지 않는다는 곽점초간의 경우도 좀 더 면밀하게 길이를 측정해 보면, 그 편차의 폭이 좀 더 벌어지고 그만큼 그룹의 수가 더 줄어들 가능성은 충분히 있다.

한편 위의 〈표 4-2〉의 결과를 놓고 보면, 왕국유王國維가 일찍이 지적한 전래문헌에 보이는 간독의 치수가 거의 모두 나타나 있음을 알 수 있다. 더구나 대그룹 사이의 간격은 최장간의 그룹에서 최단간의 그룹까지 거의 1치 간격으로 길이가 존재한다. 이것은 한편으로는 전국시대 초 지역의 서적간의 치수에 체계가 거의 없었다는 것을 의미할지도 모른다. 그러나 그것은 어디까지나 '유교의 경과 전' 혹은 '유교의 경과 제자서'를 의식적으로 구별하고자 했던 후한시대 사람들의 관점에서 보았을 때 체계가 없는 것처럼 보이는 것은 아닐까? 왜냐하면 전국시대에는 아직 그러한 관념이 형성되지 않았거나 혹은 말기에 가서야 겨우 싹트기 시작했을 것이기 때문이다. 또 최장간과 최단간 사이에는 겉으로는 체계가 없는 것처럼 보이지만 현재까지 발견된 서적간 중 최장간의 경우는 2자 4치~2자 5치, 최단간의 경우는 7~8치를 벗어나는 예는 없기 때문이다. 이러한 최장간과 최단간의 치수의 범위는 앞에서 살펴본 후한시대 문헌에 보이는 치수의 범위와 거의 일치한다. 그렇다면 전국시대의 이러한 형식적 체계는 후한시대에까지도 그대로 이어진다고 해야 할 것이다.36) 그러나 왕충이 『논형』에서 제자서를 '척서'라 하여 1자라고 한 것은 전국시대의 실상에는 전혀 부합되지 않는 관념이다. 그런 의미에서 선진시대 서적간의 형태와 내용의 관계의 실상은 후한시대에는 거의 대부분 잊힌 것이 아닌가 추측된다.

## 3. 진한시대 서적간의 치수

이처럼 전국시대 초간자료 중 서적간의 치수는 후한시대나 그 후의 전래문헌의 기록과는 다른 양상을 띠고 있는 점이 많았다. 그렇다면 진한시대 (統一秦~漢代)로 내려오면 어떻게 달라지는가? 현재까지 발견된 진한시대 서적간의 길이를 정리해 보면 〈표 4-3〉과 같다.

---

36) 西晉시대에 汲郡의 魏墓에서 발견된 汲冢書의 정리를 담당한 荀勖이 『穆天子傳』의 길이를 2자 4치라고 한 점(『목천자전』 「穆天子傳序」)이나 南齊시대에 襄陽의 초묘에서 발견된 『周禮』 「考工記」가 2자인 점(『南齊書』 「文惠太子傳」)은 이상의 분석 결과에 의하면 모두 전국시대 서적간의 실상에 부합된다.

〈표 4-3〉 진한시대 서적간(文史哲)의 길이[37] (단위: ㎝)

| 소그룹 | 출토지점 | 내용 | 길이 | | 너비 | 비고 |
|---|---|---|---|---|---|---|
| | | | 범위 | 평균 | | |
| 제1그룹 | 武威磨嘴子漢墓 M6 | 儀禮 丙(喪服) | 56.5 | 56.5 | 0.9 | 죽간 |
| 제2그룹 | 동상 | 儀禮 甲 | 55.5〜56.0(0.5) | 55.8 | 0.75 | 목간 |
| 제3그룹 | 동상 | 儀禮 乙(服傳) | 50.5 | 50.5 | 0.5 | 목간 |
| 제4그룹 | 張家山漢墓M247 | 蓋廬 | 30.0〜30.5(0.5) | 30.3 | - | 죽간 |
| 제5그룹 | 睡虎地秦墓M11 | 爲吏之道 | 27.5 | 27.5 | 0.6 | 죽간 |
| | 銀雀山漢墓M1 | 孫子兵法, 孫臏兵法, 尉繚子, 晏子, 六韜, 守法守令等十三篇 | 27.5 | 27.5 | 0.5〜0.7 | 죽간 |
| 제6그룹 | 阜陽漢墓M1 | 詩經 | 26.0 | 26.0 | - | 죽간, 복원[38] |
| 제7그룹 | 居延新簡 T50.1 | 蒼頡篇 | 23.0 | 23.0 | - | |
| | 동상 T51.390 | 晏子 | 23.0 | 23.0 | - | |
| | 尹灣漢墓M6 | 神烏賦 | 23.0 | 23.0 | 1.0〜1.2 | |
| 제8그룹 | 居延新簡 T5.14 | 急就篇 | 17.7 | 17.7 | - | |
| | 롭노르한간 | 論語 | 7寸7分 | 7寸7分 | 3分 | 목간, 복원[39] |
| 제9그룹 | 定州漢墓M40 | 論語 | 16.2 | 16.2 | 0.7 | 죽간 |
| - | 阜陽漢墓M1 | 周易, 蒼頡篇 | - | - | - | 모두 斷簡 |
| | 定州漢墓M40 | 儒家者言, 哀公問五義, 保傅傳, 六韜, 文子 | - | - | - | 모두 斷簡 |

현재까지 발견된 이 시기의 서적간은 통일진에서 전한 내지는 왕망시대, 즉 모두 후한시대 이전의 무덤이나 유적 등지에서 발견된 것이다. 또, 이 시기의 서적간은 전국시대 서적간에 비해 종류가 그다지 많지 않다. 더구나 보존 상태가 양호하지 못하여 단간의 형태로 발견된 것도 적지 않다. 그렇기 때문에 이것만 가지고 그 전체상을 파악한다는 것은 여전히 많은 한계가 있다. 이런 한계가 있기 때문에 여기서 내린 결론은 어디까지나 이

---

37) 표 작성 시에는 ≪雲夢睡虎地秦墓≫編寫組(1981); 河北省文物研究所(1981); 銀雀山漢墓竹簡整理小組 편(1985); 連雲港市博物館 등 편(1997); 甘肅省博物館·中國科學院考古研究所 편(2005)을 참조하였다.
38) 阜陽漢簡『詩經』을 구성하는 죽간의 복원은 胡平生·韓自强 편저(1988)에 의한다.
39) 樓蘭漢簡『논어』의 복원에 관해서는 黃文弼(1981) 참조.

시기의 하나의 경향성에 불과하다는 것을 먼저 지적하지 않으면 안 된다.

〈표 4-4〉 각 그룹별 대표치수와 尺寸 환산치

| 소그룹 | 대표치수 | 尺寸 | 대그룹 |
|---|---|---|---|
| 제1그룹 | 56.5 | 2자 4치 | Ⓐ |
| 제2그룹 | 55.8 | 2자 4치 | |
| 제3그룹 | 50.5 | 2자 2치 | Ⓑ |
| 제4그룹 | 30.3 | 1자 3치 | Ⓒ |
| 제5그룹 | 27.5 | 1자 2치 | Ⓓ |
| 제6그룹 | 26.0 | 1자 1치 | Ⓔ |
| 제7그룹 | 23.0 | 1자 | Ⓕ |
| 제8그룹 | 17.7 | 8치 | Ⓖ |
| 제9그룹 | 16.2 | 7치 | Ⓗ |

이 시기의 서적간별 간독의 길이를 소그룹으로 나누어보면 총 9개의 그룹으로 구분된다. 이 소그룹을 다시 진한시대의 척촌으로 환산하면 〈표 4-4〉와 같이 총 8개의 대그룹으로 축소된다. 길이의 분포를 보면 최장간은 2자 4치, 최단간은 7치로 앞에서 살펴본 전국시대 서적간의 길이의 범위와 거의 완전히 일치한다. 따라서 길이의 범위라는 측면에서 말하면, 진한시대 서적간은 전국시대 서적간을 그대로 계승했다고 할 수 있다.

그러나 범위 내의 세부적인 수치의 분포는 전국시대와는 사뭇 다르다. 전국시대의 경우는 거의 1치 간격으로 분포되어 있었지만, 진한시대의 경우는 2자 2치와 1자 3치 사이의 길이에 해당하는 간독이 아직은 보이지 않는다. 이것을 다른 각도에서 말하면, 후한시대 문헌에 서적간의 길이로 기록되어 있는 '2자 4치', '1자 2치', '8치'라는 범주에 점점 더 가까워지고 있다는 것을 의미할 것이다. 그것은 곧 서적간의 길이가 통일진을 거쳐 한대로 내려오면서 점점 더 정리되고 정형화되고 있다는 것을 말해 주는 것이라고 생각한다. 또, 통일진 시기의 서적간인 수호지진간『위리지도』와 전한 전기 무덤인 은작산한묘에서 출토된 서적간의 길이가 거의 동일한 것을 보면, 한대는 진대를 계승한 부분도 있다는 것을 알 수 있다.

이 시기의 서적간의 특징으로 특기할 만한 사항은 다음의 두 가지이다. 첫째는 2자 4치의 육경에 해당하는 서적간의 출현이고, 둘째는『논어』간독의 출현이다. 다만 두 문헌 모두 한대의 무덤이나 유적에서 발견되었다.

먼저 첫 번째 경우를 보면, 육경에 해당하는 서적에는 1977년 안휘성安徽省 부양시阜陽市 쌍고퇴雙古堆 1호 한묘에서 출토된『시경』과 1959년 감숙성 무위시武威市 마취자磨嘴子 6호 한묘에서 출토된『의례』갑본·을본·병본이 있다.

부양한간『시경』이 발견된 무덤은 고고학적 조사 결과 전한 제2대 여음후汝陰侯인 하후조夏侯竈의 무덤으로 밝혀졌다. 하후조는 한왕조의 개국공신인 하후영夏侯嬰의 아들로, 사망 시기는 전한 문제 15년(B.C. 165)이다. 따라서 이『시경』은 적어도 B.C. 165년 이전, 즉 전한 초기에 서사된 것이라고 할 수 있다. 이 죽서는 발굴 당시 모두 단간의 형태로 발견되었는데, 호평생胡平生과 한자강韓自强이 복원한 결과 길이가 26㎝인 것으로 판명되었다. 26㎝는 진한시대 척촌으로 약 1자 1치에 해당한다. 이 자료만 가지고 단정 짓는 것은 매우 위험하지만, 일단 잠정적인 결론을 내리면 문제기文帝期까지만 해도 유교경전을 2자 4치의 간책에 서사하거나 간책의 길이로 경과 전을 구별하는 의식은 아직 존재하지 않거나, 설령 존재했다 하더라도 아직은 완전히 정착되지 않았다고 보아야 할 것 같다.

그에 비해 무위한간『의례』는 왕망 시기에 조영된 것으로 추정되는 무덤에서 출토된 간독이다. 이 무덤은 부부 합장 무덤인데, 간독은 남성의 무덤에 부장되어 있었다. 무덤에 유교경전을 부장한 것으로 보아 묘주의 신분은 그다지 높지 않았던 것 같고, 또 같은 무덤에서 출토된『일기日忌』목간 뒷면에 묘주가 "하평 □년 4월 4일 여러 문학 제자들이 곡식 5천여 곡을 내었다"[40]라고 자필로 쓴 것으로 보아 당시 무위군武威郡의 문학관文學官이었을 것으로 추정된다.

무위한간『의례』에는 갑·을·병 3종의 텍스트가 있다. 그중 갑본과 을본은 목간에 서사되어 있는 반면, 병본만 죽간에 서사되어 있다. 갑본과 병본의 길이는 2자 4치로 후한시대 문헌의 기록과 합치하지만, 을본의 경우는 2자 2치로 전자의 두 간책보다 짧다. 두 그룹의 길이의 차이에 대하여 진몽가陳夢家는 갑본과 병본은 '경'이기 때문에 2자 4치이고 을본은 단책單冊의 경전經傳이기 때문에 약간 짧다고 설명한다.[41] 그러나 갑본에도 '경'과 함께 '전'과 '기記'가 같이 서사되어 있고(이 점은 을본도 동일), 병본에도 '경'과 함께 '기'가 같이 서사되어 있기 때문에 이것만으로는 만족스러운 해답이 되지 못한다. 그 원인을 좀 더 설득력 있게 구명하기 위해서는 앞으로 새로운 자료가 나오기를 기대해 보는 수밖에 없을 것 같다.

한편 정리자에 의하면 서사된 시기는 병본이 가장 빠르고(성제 전후) 을본은 갑본보다 약간 빠를지도 모른다고 한다. 또, 병본은 초본鈔本이기 때문에 원본의 서사 연대는 더욱 빠르다고 한다.(昭帝~宣帝)[42] 그렇다면 아직 의문점이 남아 있기는 하지만, '경은 2자 4치에 서사한다'는 인식은 실물자료를 통

---

40) "河平□年四月四日, 諸文學弟子出穀五千餘斛." '하평'이라는 연호는 전한 말기 成帝 하평 연간(B.C. 28~B.C. 25)을 가리킨다.

41) 陳夢家(1980: 294쪽).

42) 甘肅省博物館·中國科學院考古研究所 편(2005: 52쪽).

하여 적어도 전한 성제기成帝期, 더 이르면 선제기宣帝期까지 거슬러 올라갈지도 모른다.('하평' 기년 목간의 존재도 참조)

다음으로 두 번째 경우를 보면, 『논어』 간독은 현재 옛 무덤에서 1종, 옛 유적에서 1종이 발견되었다. 전자는 1973년 하북성河北省 정현定縣(현 定州市) 40호 한묘에서 출토되었고, 후자는 1930년 서북과학고사단西北科學考査團에 의하여 서역 롭 노르(羅布淖爾) 호수 부근의 누란樓蘭(크로라이나)유적에서 발견되었다.

정주 40호 한묘는 고고학적 발굴 조사 결과 전한 중산국中山國 회왕懷王 유수劉脩의 무덤으로 판명되었다. 유수의 사망 시기는 전한 선제 오봉五鳳 3년(B.C. 55년)이다. 따라서 정주한간『논어』는 이 무덤에 부장되기 직전이나 그 전에 제작된 것임을 알 수 있다. 또, 이 시기는 『노론魯論』, 『제론齊論』, 『고론古論』 3종의 『논어』 텍스트가 이미 존재해 있었던 시기이기도 하다.[43] 이 정주한간 『논어』 간책은 총 620매가 출토되었지만, 거의 대부분 단간의 형태로 발견되었다. 그중 비교적 상태가 양호한 죽간의 경우 길이는 16.2cm로 진한시대 척촌으로 환산하면 약 7치이다.

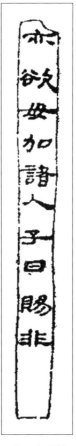

[그림 4-1] 누란한간 『논어』 摹本

다만 자연적 내지는 인위적인 원인에 의하여 탄화되거나 비틀리거나 마모되었을 가능성을 감안하면, 원형의 길이는 아마도 8치에 매우 가까웠을 것으로 추측된다.

누란한간 『논어』는 단간 1매가 발견되었다.[그림 4-1] 발견된 장소는 롭

---

43) 『漢書』, 「藝文志」.

노르 옛 봉수정烽燧亭 남쪽 병사兵舍이다. 목간의 제작 연대는 같은 봉수정 북쪽 병사에서 '황룡黃龍'(전한 선제기 B.C. 49년), '하평', '원연元延'(전한 성제기 B.C. 12~B.C. 9년)이라는 연호가 기재되어 있는 기년紀年 간독이 발견되었기 때문에 이 목간도 바로 그 시기에 작성된 것으로 추정된다. 이것은 곧 이 시기에 『논어』가 서역으로까지 전파되었다는 것을 의미한다. 목간에 서사되어 있는 내용은 「공야장公冶長」편의 일부이다.[44] 현재 총 10자가 남아 있는데, 황문필黃文弼은 간독을 복원하면 8치가 된다고 한다. 그의 복원의 요지는 다음과 같다. 현재 남아 있는 부분이 3치 5푼인데 여기에 '아我' 아래의 '야也'자를 뺀 나머지 12자(子貢曰我不欲人之加諸我吾)를 보충하게 되면 4치 2푼이 된다. (글자 1자와 1자 사이의 간격을 3푼 반으로 계산한 듯하다.) 이것을 3치 5푼과 더하면 7치 7푼이 되는데, 목간의 상단에는 하단과 마찬가지로 1자의 공백이 있을 것이므로 그것까지 합하면 거의 8치가 된다고 한다.[45] 그런데 이 복원 방식에는 한 가지 중대한 문제점이 있다. 그것은 곧 이 복원이 정당성을 확보하기 위해서는 이 목간의 첫 글자가 반드시 '자子'로 시작한다는 대전제가 검증되어야 한다는 점이다. 만약 그 위에도 글자가 더 있었다고 한다면 목간의 길이는 당연히 더 길어진다. 이런 맹점이 있기는 하지만, 지금 현재 그것을 검증할 수 있는 구체적인 자료는 아무 것도 없다.

어쨌든 만약 누란한간 『논어』까지 그 길이가 8치라고 한다면 정주한간과 더불어 후한시대의 기록을 입증해 줄 수 있는 자료가 2종이나 존재하는 셈이 된다. 그렇다면 '『논어』는 8치에 서사한다'는 인식은 실물자료를 통하

---

44) 구체적으로는 "亦欲毋加諸人子曰賜非"의 10자가 서사되어 있다. 이것은 현행본 『論語』, 「公冶長」, "子貢曰, 我不欲人之加諸我也, 吾亦欲無加諸人, 子曰, 賜也, 非爾所及也"의 밑줄 친 부분과 대응된다.

45) 黃文弼(1981: 337~338 · 351쪽).

여 적어도 전한 선제기에서 성제기까지 거슬러 올라가게 된다.


# 제3절 전국 및 진한시대 서적간의 치수: 실용 서적

## 1. 전국시대 실용 서적의 치수

다음으로 전국시대 서적간 중 실용 서적의 경우를 살펴보자. 현재까지 출토된 실용 서적을 정리해 보면 〈표 4-5〉와 같다.

앞에서 살펴본 문사철 관련 서적간에 비해 실용 서적간은 아직은 그 종류가 많은 편은 아니다. 그나마 출토된 것도 단간인 경우가 많아 그 실상을 파악하기가 더욱 어렵다. 이런 점을 감안하고 그룹별로 나누어 보면 총 4개 그룹으로 구분된다. 그런데 〈표 4-5〉를 보면 몇 가지 흥미로운 사실을 발견할 수 있다. 첫째는 제1그룹에 해당하는 서적간의 경우 동일 서적을 구성하는 죽간군 내의 길이의 편차가 작게는 2.5cm, 크게는 7cm로 엄청난 차이를 보이고 있는 점이다. 2.5cm면 1치, 7cm면 3치를 넘는 수치이다. 문사철 관련 서적간의 경우도 편차가 많은 경우가 있었지만, 이렇게까지 심한 경우는 없었다. 그렇다면 그 원인은 과연 어디에 있을까? 여러 가지 추측이 가능하겠지만, 문사철 관련 서적간의 경우는 어느 정도 완성된 내용을 간독에 정서淨書하는 경우가 많았을 것이다. 그에 비해 복서제도간의 경우는 점을 칠 때마다 추가되는 파일간의 성격을 지녔을 것으로 추정된다. 그 때문에 이전에 기록했던 간책과 나중에 기록한 간책의 길이가 달라졌을 가능성은 충분히 상상해 볼 수 있다.

〈표 4-5〉 전국시대 서적간(실용서적)의 길이[46] (단위: cm)

| 그룹 | 출토지점 | 내용 | 길이 범위 | 길이 평균 | 너비 | 비고 |
|---|---|---|---|---|---|---|
| 제1그룹 | 包山楚墓M2 | 卜筮祭禱簡(歲貞) | 67.1〜69.6(2.5) | 68.4 | 0.65〜0.95 | 術數 |
| | 天星觀楚墓M1 | 卜筮祭禱簡 | 64.0〜71.0(7.0) | 67.5 | 0.5〜0.8 | 術數 |
| | 包山楚墓M2 | 卜筮祭禱簡 (疾病貞) | 64.4〜69.7(5.3) | 67.1 | 0.65〜0.85 | 術數 |
| - | 望山楚墓M1 | 卜筮祭禱簡 | 52.1 | 52.1 | 1.0 | 斷簡 중 最 長簡, 術數 |
| | 新蔡楚墓M1001 | 卜筮祭禱簡 | - | - | 0.8 | 모두 斷簡, 術數 |
| | 秦家嘴楚墓M1 | 卜筮祭禱簡 | - | - | - | 모두 斷簡, 術數 |
| | 동상M13 | 卜筮祭禱簡 | - | - | - | 모두 斷簡, 術數 |
| | 동상M99 | 卜筮祭禱簡 | - | - | - | 모두 斷簡, 術數 |
| 제2그룹 | 九店楚墓M56 | 농작물 관련, 日書 | 46.6〜48.2(1.6) | 47.4 | 0.6〜0.8 | 術數 |
| 제3그룹 | 放馬灘秦墓M1 | 日書 甲 | 27.5 | 27.5 | 0.7 | 術數 |
| 제4그룹 | 동상M1 | 日書 乙 | 23.0 | 23.0 | 0.6 | 術數 |
| - | 王家臺秦墓M15 | 日書 | - | - | - | 術數 |
| | 동상M15 | 易占(歸藏) | - | - | - | 術數 |

또 한 가지 흥미로운 것은 최장간인 제1그룹의 치수를 보면 긴 것은 71
cm나 되는 것도 있는 점이다. 71cm는 척촌으로 환산하면 약 '3자'이다. 그렇
다면 『석명釋名』에서 3척간이라고 하는 '참槧'이나,[47] '삼척법三尺法' 내지는

---

46) 표 작성 시에는 湖北省荊州地區博物館(1982); 荊沙鐵路考古隊(1988); 甘肅省文物考
    古所·天水市北道區文化館(1989); 湖北省荊沙鐵路考古隊 편(1991a); 荊州地區博物
    館(1995); 湖北省文物考古硏究所 편저(1995); 湖北省文物考古硏究所·北京大學中文
    系 편(1995); 陳偉(1996); 湖北省荊州市周梁玉橋遺址博物館(2001); 河南省文物考古
    硏究所 편저(2003)를 참조하였다. 포산 2호 초묘의 경우 죽간의 치수는 湖北省荊沙
    鐵路考古隊 편(1991a)에 의거하고, 각 편의 내용에 속하는 죽간은 陳偉(1996)에 의
    거하였다. 이하 동일.
47) 『釋名』, 「釋書契」, "槧, 板之長三尺者也."

'삼척율령三尺律令'(후술)이라고 할 때의 3척간이 전국시대에 이미 존재했다는 것이 된다. 물론 복서제도간은 율령 서적이 아니기 때문에 내용까지 합치하는 것은 아니다.

〈표 4-6〉 각 그룹별 치수와 尺寸 환산치

| 그룹 | 치수 | 尺寸 |
|------|------|------|
| 제1그룹 | 67.5 | 2자 9치 |
| 제2그룹 | 47.4 | 2자 |
| 제3그룹 | 27.5 | 1자 2치 |
| 제4그룹 | 23.0 | 1자 |

한편 〈표 4-5〉의 그룹별 치수를 척촌으로 환산하면 〈표 4-6〉과 같은 결과가 나온다. 여기서 한 가지 흥미로운 것은 복서제도간과 『일서』의 길이가 다르다는 점이다. 왜 이런 차이가 있는 것일까? 정확한 원인은 아직까지는 잘 알 수 없지만, 이들 자료의 성격이나 출토된 무덤의 규모와 묘주의 신분 등과 같은 여러 정황을 고려해 보면 그 단서는 찾을 수 있을 것 같다.

먼저 자료의 성격을 살펴보면, 복서제도간은 점복을 통하여 일정 기간 내에 의뢰인 본인과 그의 신변 및 정치적인 지위 등에 우환이나 재앙이 발생할 징조가 있다고 판단되거나 병에 걸렸을 경우, 그 우환·재앙이나 질병의 원인을 제거하기 위하여 정인貞人이 의뢰인에게 제사 방법을 제시하거나 그것을 실행한 것을 기록한 것이다.[48] 그런 의미에서 이것은 특수한 목적과 특정한 대상에 한정되어 작성된 것이다. 그에 비해 『일서』는 역법曆法의 원리를 이용하여 택일擇日의 길흉을 점칠 때 사용하는 일종의 매뉴얼과 같은

---

48) 복서제도간에 관한 보다 자세한 내용은 이 책 제8장 참조.

것이다. 그런 의미에서 이것은 서인庶人에서 귀족, 개인적 차원에서 국가적 차원에 이르기까지 보편적으로 사용되었던 것이다.

다음으로 무덤의 규모와 묘주의 신분을 살펴보면, 천성관 1호 초묘는 1곽槨 3관棺의 대형 무덤으로 묘주는 초나라 상경上卿이고, 포산 2호 초묘도 3곽 2관의 대형 무덤으로 상대부급上大夫級의 귀족묘이다. 망산 1호 초묘는 1곽 2관의 중형 무덤이기는 하지만 묘주는 초나라의 왕족이다. 그에 비해 구점 56호 초묘는 1관의 소형 무덤으로 묘주는 서인으로 추정되고, 방마탄 1호 진묘는 1곽 1관의 소형 무덤으로 묘주는 하급 지방관, 왕가대 15호 진묘는 1관의 소형 무덤으로 묘주의 신분은 거의 서인에 가까운 것으로 추정된다. 이렇게 보면 복서제도간은 주로 상경이나 귀족의 무덤에서 출토되는 데 반해, 『일서』는 주로 하급관리나 서인의 무덤에서 출토되는 경향이 있다고 볼 수 있다.

뿐만 아니라 지역적으로도 차이가 있다. 즉, 지금까지 출토된 복서제도간은 모두 초 지역의 초묘에서만 출토되었지만, 『일서』의 경우는 초 지역과 진 지역에서 모두 출토되었다. 또, 초 지역이라 하더라도 초묘에서 출토된 것과 진묘에서 출토된 것으로 다시 구분된다. 무덤의 조영 시기는 천성관 1호 초묘·포산 2호 초묘·망산 1호 초묘·구점 56호 초묘는 모두 B.C. 278년 이전으로 추정되지만, 방마탄 1호 진묘와 왕가대 15호 진묘는 B.C. 278년 이후에 조영된 것으로 추정된다.

이처럼 복서제도간은 귀족이나 왕족에 한정되어 병상이나 기복을 목적으로 작성되었던 것이고, 『일서』는 신분의 고하를 막론하고 누구나가 사용하고 있었던 보편적인 서적이었다. 그렇다면 양자 사이에는 자연히 자료의 성격의 차, 신분의 존비의 차, 중요도의 차, 용도의 차라는 인식이 작용하고 있었을 것이다. 양자 사이의 길이의 차이는 바로 이러한 인식의 차이에 기인하는 것은 아닐까?

그 밖에 같은 『일서』라 하더라도 초 지역에서 출토된 구점초간과 진 지역에서 출토된 방마탄진간은 길이가 절반 가까이 차이가 난다.[49] 하지만 같은 『일서』이기 때문에 양자 사이의 차이의 원인은 아직은 분명하지 않다.

## 2. 진한시대 실용 서적의 치수

그렇다면 진한시대로 내려오게 되면 실용 서적간의 길이는 어떻게 변화하게 될까? 이 시기의 실용 서적간의 길이를 정리해 보면 〈표 4-7〉과 같다.

현재까지 출토된 전국시대 실용 서적의 경우는 전통적인 분류 방식[50]에 의하면 술수류에 속하는 것만 발견되었는데, 진한시대로 내려오면 종류가 좀 더 다양해진다. 즉, 크게 나누면 술수류(天文·曆法·數學·占術 등)와 방기류(醫學·藥學·養生學·食物學·食品學 등)로 구분된다. 술수류는 다시 『일서』와 같은 점서류와 『산수서』와 같은 수학서로 나뉘고, 방기류는 다시 『미식방』과 같은 식품학 관련 서적, 「의약간」과 같은 의서, 『인서』와 같은 양생학 관련 서적으로 세분된다. 따라서 엄밀하게 말하면 이들 각각의 서적은 성격이 서로 다르기 때문에 함께 논의하는 것은 위험할 지도 모른다. 다만 너무 세분화시키면 논의가 오히려 더 복잡해질 우려가 있기 때문에 크게 술수와 방기로 나누어 살펴보기로 한다.

---

49) 발굴 보고서에 의하면 王家臺秦簡은 45㎝와 23㎝로 나뉜다고 하지만, 『日書』와 『歸藏』 중 어느 쪽이 45㎝이고 어느 쪽이 23㎝인지 전혀 언급이 없다.
50) 『漢書』, 「藝文志」.

〈표 4-7〉 진한시대 서적간(실용서적)의 길이[51] (단위: cm)

| 소그룹 | 출토지점 | 내용 | 길이 범위 | 길이 평균 | 너비 | 비고 |
|---|---|---|---|---|---|---|
| 제1그룹 | 孔家坡漢墓M8 | 日書 | 33.8 | 33.8 | 0.7~0.8 | 術數 |
| 제2그룹 | 張家山漢墓M247 | 算數書 | 29.6~30.2(0.6) | 29.9 | - | 術數 |
| | 周家臺秦墓M30 | 日書 | 29.3~29.6(0.3) | 29.5 | 0.5~0.7 | 術數 |
| | 동상 | 日占 | 29.3~29.6(0.3) | 29.5 | 0.5~0.7 | 術數 |
| 제3그룹 | 虎溪山漢墓M1 | 日書 | 27.0 | 27.0 | 0.8 | 術數 |
| 제4그룹 | 睡虎地秦墓M11 | 日書 甲 | 25.0 | 25.0 | 0.5 | 術數 |
| 제5그룹 | 武威磨嘴子漢墓 M6 | 日忌(日書) | 23.2~23.6(0.4) | 23.4 | - | 術數 |
| | 睡虎地秦墓M11 | 日書 乙 | 23.0 | 23.0 | 0.6 | 術數 |
| | 尹灣漢墓M6 | 刑德行時 | 23.0 | 23.0 | 0.4 | 術數 |
| | 동상 | 行道吉凶 | 23.0 | 23.0 | 0.4 | 術數 |
| | 동상 | 神龜占·六甲占雨, 博局占 | 23.0 | 23.0 | 9.0 | 목독, 術數 |
| 제6그룹 | 銀雀山漢墓M1 | 占書[52] | 18.0 | 18.0 | 0.5 | 術數 |
| 제1그룹 | 虎溪山漢墓M1 | 美食方 | 46.0 | 46.0 | 0.8 | 方技 |
| 제2그룹 | 張家山漢墓M247 | 脈書 | 34.2~34.6(0.4) | 34.4 | - | 方技 |
| 제3그룹 | 동상 | 引書 | 30.0~30.5(0.5) | 30.3 | - | 方技 |
| 제4그룹 | 馬王堆漢墓M3 | 天下至道談 | 29.0 | 29.0 | 0.5 | 方技 |
| 제5그룹 | 武威旱灘坡漢墓 | 醫藥牘版 | 22.7~23.9(1.2) | 23.3 | 1.1~4.0 | 목독, 方技 |
| | 동상 | 醫藥簡 甲 | 23.0~23.4(0.4) | 23.2 | 1.0 | 목간, 方技 |
| | 동상 | 醫藥簡 乙 | 23.0~23.4(0.4) | 23.2 | 0.5 | 목간, 方技 |
| | 馬王堆漢墓M3 | 十問 | 23.0 | 23.0 | 0.6, 0.9 | 方技 |
| | 동상 | 合陰陽方 | 23.0 | 23.0 | 0.6, 0.9 | 方技 |
| 제6그룹 | 동상 | 雜禁方 | 22.0~23.0(1.0) | 22.5 | 1.0~1.2 | 方技 |
| | 周家臺秦墓M30 | 病方及其它 | 21.7~23.0(1.3) | 22.4 | 0.4~1.0 | 方技 |

---

51) 표 작성 시에는 甘肅省博物館(1960); 甘肅省博物館·甘肅省武威縣文化館(1973); ≪雲夢睡虎地秦墓≫編寫組(1981); 甘肅省文物考古所·天水市北道區文化館(1989); 荊州地區博物館(1995); 連雲港市博物館 등 편(1997); 張家山二四七號漢墓竹簡整理小組 편저(2001); 湖北省荊州市周梁玉橋遺址博物館(2001); 湖南省文物考古硏究所 등(2003); 何介鈞 주편(2004); 甘肅省博物館·中國科學院考古硏究所 편(2005); 湖北省文物考古硏究所·隨州市考古隊(2006)를 참조하였다.

52) 占書는 銀雀山漢墓竹簡整理小組 편(2010: 105~115쪽)에 수록되어 있는 『天地八風

먼저 술수류에 속하는 서적간의 길이를 보면 앞에서 살펴보았던 서적들과 마찬가지로 동일 서적을 구성하는 죽간군 내의 길이에 편차가 발견된다. 그 편차의 평균치를 계산해 보면 약 0.4㎝가 된다.(1.6÷4=0.4) 이것을 기준으로 그룹을 나누어 보면 총 6개의 소그룹으로 구분된다. 그것을 다시 진한시대의 척촌으로 환산하면 〈표 4-8〉과 같이 되는데, 대그룹과 소그룹의 수에 변동은 없다.

〈표 4-8〉 각 그룹별 대표치수와 尺寸 환산치

| 소그룹 | 대표치수 | 尺寸 | 대그룹 |
|---|---|---|---|
| 제1그룹 | 33.8 | 1자 5치 | Ⓐ |
| 제2그룹 | 29.9 | 1자 3치 | Ⓑ |
| 제3그룹 | 27.0 | 1자 2치 | Ⓒ |
| 제4그룹 | 25.0 | 1자 1치 | Ⓓ |
| 제5그룹 | 23.4 | 1자 | Ⓔ |
| 제6그룹 | 18.0 | 8치 | Ⓕ |
| 제1그룹 | 46.0 | 2자 | Ⓐ |
| 제2그룹 | 34.4 | 1자 5치 | Ⓑ |
| 제3그룹 | 30.3 | 1자 3치 | Ⓒ |
| 제4그룹 | 29.0 | | |
| 제5그룹 | 23.3 | 1자 | Ⓓ |
| 제6그룹 | 22.5 | | |

진한시대 실용 서적의 길이를 전국시대와 비교해 보면 절반 정도로 짧아진다. 또, 같은『일서』끼리 비교해 보면 초묘에서 출토된 것보다는 진묘에서 출토된 것과 유사성이 발견된다. 따라서 진한시대의 실용 서적은 초나라 계통보다는 주로 진나라 계통의 실용 서적의 길이를 계승했다고 할 수

五行客主五音之居』를 가리킨다.

있다. 그 밖에도 은작산한간『점서』와 같이 8치의 간책이 있다는 것은 실용 서적의 경우도 휴대의 편리를 위하여 문고본 형태로 만들기도 했다는 것을 말해 준다.

시기적으로는 수호지진묘가 진시황 30년경으로 가장 빠르고, 그 다음으로는 통일진에서 전한 초기에 속하는 것이 주가대 30호 진묘, 전한 초기에 속하는 것이 장가산 247호 한묘와 호계산 1호 한묘, 전한 중기에 속하는 것이 은작산 1호 한묘와 공가파 8호 한묘, 전한 말기에서 왕망 시기에 속하는 것이 윤만 6호 한묘와 무위 6호 한묘이다. 이렇게 보면 반드시 시대가 내려오면 내려올수록 길이가 짧아지는 것은 아닌 것처럼 보일지도 모른다. 그러나 상대적으로 비교해 보면 통일진에서 전한 초기 사이는 1자 3치간이 많고, 전한 중기에서 왕망 시기 사이는 1자간이 많다. 이러한 경향성을 놓고 보면, 이 시기의 실용 서적은 대체로 1자 3치→1자로 서서히 정형화되어 가고 있었던 것은 아닌가 추측된다. 다만 묘주의 신분이 더 높은 무덤 쪽에서 더 긴 간독이 출토된 것은 아니기 때문에 묘주의 신분과 길이의 상관관계는 아직 발견되지 않는다.

방기류에 속하는 서적간의 경우도 동일 서적을 구성하는 죽간군 내의 길이에 편차가 있다. 그 편차의 평균치를 계산해 보면 약 0.7㎝가 된다.(5.2÷7=0.74) 이것을 기준으로 그룹을 나누어 보면 술수류와 마찬가지로 6개의 소그룹으로 구분되며, 그것을 다시 척촌으로 환산하면 총 4개의 대그룹으로 축소된다. 그중에서 최장간은 호계산 1호 한묘에서 출토된『미식방』으로 이 시기의 간독 중에서는 드물게 2자 길이이다. 호평생胡平生은 이 간책이 이처럼 긴 이유에 대하여 일반 가정의 식단이 아니라 궁중의 식단이기 때문이라고 한다.[53] 호계산 1호 한묘의 묘주는 장사왕長沙王 오거吳巨의 아들인 오양吳陽으로 그는 제1대 원릉후沅陵侯(재위 B.C. 187~B.C. 162)를 지낸 인물이다. 그렇다면 호평생이 지적하듯이 이 간책의 길이는 묘주의 신분과 밀접한 관련이 있을지도 모른다.

『미식방』을 제외하면 방기류의 경우는 현재 전한 초기의 간책과 후한 초기의 간책만이 출토되어 있기 때문에 경향성을 논하기에는 무리가 있다. 더구나 후한 초기의 간책도 무위 한탄파한묘에서 출토된 1종뿐이다. 따라서 이런 한계를 전제로 하고 잠정적인 결론을 내리면, 전한 초기에는 1자 5치, 1자 3치, 1자와 같이 여러 길이의 간책이 공존해 있었지만, 전한에서 후한시대로 내려오면서 1자 길이로 정형화되어 가지 않았나 추측된다. 〈표 4-7〉에 나타나 있듯이 1자 길이의 간책이 가장 많은 것도 방중자료 중의 하나이다.


## 제4절 전국 및 진한시대 견책간의 치수


### 1. 전국시대 견책간의 치수

앞에서 복서제도간과 『일서』와 같은 전국시대 실용 서적의 경우는 자료의 성격의 차, 신분의 존비의 차, 중요도의 차, 용도의 차라는 인식이 작용하고 있었고, 양자의 길이의 차이는 그러한 인식의 차이에 기인한다는 것을 지적하였다. 자료의 성격·중요도·용도의 차는 아니지만, 신분의 존비

---

53) 胡平生(2004: 33쪽).

의 차라는 시각에서 본다면 견책간遣策簡의 경우도 그러한 경향성이 나타난
다. 먼저 전국시대 초묘에서 출토된 견책간의 경우를 보면 〈표 4-9〉와 같다.

〈표 4-9〉 전국시대 초묘 출토 견책간의 길이[54] (단위: cm)

| 그룹 | 출토지점 | 길이 | | 尺寸 | 너비 | 비고 |
|------|---------|------|------|------|------|------|
| | | 범위 | 평균 | | | |
| 제1그룹 | 曾侯乙墓 | 70.0~75.0(5.0) | 72.5 | 3자 1치 | 1.0 | |
| | 包山M2 | 72.3~72.6(0.3) | 72.5 | | 0.7~1.0 | |
| | 동상M2 | 72.3~72.4(0.1) | 72.4 | | 0.95~1.0 | |
| | 동상M2 | 72.3 | 72.3 | | 0.7 | |
| 제2그룹 | 長臺關M1 | 68.5~69.5(1.0) | 69.0 | 3자 | 0.5~0.9 | |
| | 天星觀M1 | 64.0~71.0(7.0) | 67.5 | 2자 9치 | 0.5~0.8 | |
| | 包山M2 | 64.8~68.0(3.2) | 66.4 | | 0.75~0.85 | |
| 제3그룹 | 望山M2 | 64.1 | 64.1 | 2자 8치 | 0.6~0.67 | |
| 제4그룹 | 仰天湖M25 | 20.2~21.6(1.4) | 20.9 | 9치 | 0.9~1.1 | |
| 제5그룹 | 楊家灣M6 | 13.5 | 13.5 | 6치 | 0.6 | |
| | 馬山磚廠M1 | 11.0 | 11.0 | 5치 | 0.7 | 竹簽 |
| - | 包山M2 | 殘簡 | - | - | - | 모두 斷簡 |
| | 五里牌M406 | 15.5 | 15.5 | - | - | 모두 斷簡? |
| | 藤店M1 | 斷簡最長18.0 | - | - | 0.9 | 모두 斷簡 |
| | 新蔡M1001 | - | - | - | 0.8 | 모두 斷簡 |

이 표에 의하면 동일 문헌을 구성하는 죽간군 내의 길이의 편차는 전술
한 전국시대 실용 서적과 마찬가지로 작게는 0.1cm, 크게는 7cm로 엄청난

---

54) 표 작성 시에는 湖南省調查發掘團(1952); 湖南省文物管理委員會(1953); 湖南省文物
管理委員會(1957a); 湖南省文物管理委員會(1957b); 中國科學院考古硏究所(1957); 荊
州地區博物館(1973); 湖北省荊州地區博物館(1982); 荊州地區博物館(1982); 河南省文
物硏究所(1986); 荊沙鐵路考古隊(1988); 湖北省博物館 편(1989); 湖北省荊沙鐵路考古
隊 편(1991a); 湖北省文物考古硏究所・北京大學中文系 편(1995); 陳偉(1996); 湖南省
博物館 등(2000); 河南省文物考古硏究所 편저(2003)를 참조하였다.

차이를 보인다. 이 편차를 모두 합산하여 평균치를 내 보면 약 2.6㎝가 된다.(18÷7=2.57) 이것을 기준으로 전국시대 초묘에서 출토된 견책간의 길이를 그룹별로 나누어 보면 총 5개의 그룹으로 구분된다. 그러나 각각의 죽간군의 평균 길이를 척촌으로 환산하면 총 7개의 그룹으로 오히려 늘어난다.

그런데 척촌으로 환산한 치수의 분포를 보면 매우 흥미로운 사실이 발견된다. 즉, 전국시대 초묘에서 출토된 견책간은 3자 1치~2자 8치의 장책간長策簡과 9치~5치의 단책간短策簡으로 완전히 양분된다는 점이다. 그렇다면 그 원인은 어디에 있을까?

호평생胡平生이 이미 지적했듯이 그 원인은 아마도 묘주의 신분의 존비와 관련이 있는 것 같다. 장책간이 출토된 제1그룹에서 제3그룹에 속하는 무덤의 묘주를 보면, 증후을묘는 제후국의 군주, 포산 2호묘는 상대부, 장대관 1호묘는 대부, 천성관 1호묘는 상경, 망산 2호묘는 왕족으로 추정된다. 그에 대해 양가만 6호묘의 묘주는 여성이고, 1곽 1관의 묘장 형태로 보았을 때 신분은 그다지 높지 않았을 것으로 추정된다. 또, 마산 전창 1호묘의 묘주는 사士로 추정된다. 그렇다면 비록 초묘에 한정되는 것이기는 하지만, 전국시대에는 신분의 존비에 따라 견책간의 길이에 구별이 있었다고 할 수 있을 것이다. 단, 예외가 없는 것은 아니다. 예를 들면 앙천호 25호묘의 경우 묘주는 초나라의 귀족으로 추정되지만, 무슨 이유에서인지 견책간의 길이는 약 9치~1자로 매우 짧다.

〈표 4-10〉 진한시대 건책간의 길이[55] (단위: ㎝)

| 그룹 | 출토지점 | 길이 | | 尺寸 | 너비 | 비고 |
| | | 범위 | 평균 | | | |
|---|---|---|---|---|---|---|
| 제1그룹 | 羅泊灣漢墓M1 | 38.0 | 38.0 | 1자 6치 | 5.7 | 목독, 從器志 |
| 제2그룹 | 馬王堆漢墓M1 | 27.6 | 27.6 | 1자 2치 | 0.7 | 죽간 |
| | 동상M3 | 27.5 | 27.5 | | 1.0 | 죽간 |
| 제3그룹 | 동상M3 | 23.0~28.5(5.5) | 25.8 | 1자 1치 | 2.2~6.0 | 목독 |
| | 羅泊灣漢墓M1 | 25.2 | 25.2 | | 4.8 | 목독 |
| | 大墳頭漢墓M1 | 24.6 | 24.6 | | 6.1 | 목독 |
| | 鳳凰山漢墓M168 | 24.2~24.7(0.5) | 24.5 | | 0.7~0.9 | 죽간 |
| | 蕭家草場漢墓M26 | 23.7~24.2(0.5) | 24.0 | | 0.6~0.9 | 죽간 |
| 제4그룹 | 胥浦漢墓M101 | 23.6 | 23.6 | 1자 | 7.5 | 목독 |
| | 張家山漢墓M247 | 23.1 | 23.1 | | - | 죽간 |
| | 江陵高臺漢墓M18 | 23.1 | 23.1 | | 5.5~5.7 | 목독 |
| | 海州霍賀墓 | 23.0 | 23.0 | | 6.7 | 목독 |
| | 侍其繇漢墓 | 23.0 | 23.0 | | 7.5 | 목독 |
| | 鳳凰山漢墓M9 | 23.0 | 23.0 | | 0.7 | 죽간 |
| | 동상M10 | 23.0 | 23.0 | | 0.7 | |
| | 동상M167 | 23.0 | 23.0 | | 1.0~1.5 | 목간 |
| | 海州網疃莊漢墓 | 23.0 | 23.0 | | 6.7 | 목독 |
| | 鳳凰山漢墓M8 | 22.4~23.8(1.4) | 22.9 | | 0.7 | 죽간 |
| | 楊家山秦墓M135 | 22.9 | 22.9 | | 0.6 | 죽간 |
| | 三羊墩漢墓 | 22.8 | 22.8 | | 3.5 | 목독 |
| 제5그룹 | 香港中文大學文物館藏簡牘 | 19.9~21.7(1.8) | 20.8 | 9치 | - | 한대죽간, 圖版 實測 |
| - | 羅泊灣漢墓M1 | 斷29.0 | - | - | 4.9 | 목독 |

---

55) 표 작성 시에는 南京博物院(1963); 江蘇省文物管理委員會 등(1964); 湖南省博物館·中國科學院考古硏究所(1972); 湖北省博物館 등(1973); 長江流域第二期文物考古工作人員訓練班(1974); 南京博物館·連雲港市博物館(1974); 南波(1975); 紀南城鳳凰山168號漢墓發掘整理組(1975); 鳳凰山167號漢墓發掘整理小組(1976); 廣西壯族自治區文物工作隊(1978); 荊州地區博物館(1985); 揚州博物館(1987); 荊州地區博物館(1992); 荊州地區博物館(1993a); 荊州地區博物館(1993b); 湖北省荊州市周梁玉橋遺址博物館(2001); 陳松長 편저(2001); 何介鈞 주편(2004)을 참조하였다.

## 2. 진한시대 견책간의 치수

전국시대 견책간의 이러한 경향성은 진한시대에도 거의 그대로 계승되었던 것 같다. 진한시대 견책간의 길이를 정리해 보면 〈표 4-10〉과 같다.

이 표에 의하면 동일 문헌을 구성하는 죽간군 내의 길이의 편차는 약 1.8 cm이다.(10.6÷6≒1.76) 이 수치를 기준으로 그룹별로 나누어 보면 총 5개의 그룹으로 구분된다. 이것을 다시 진한시대 척촌으로 환산하면 마찬가지로 5개의 그룹으로 나뉘지만, '그룹'란과 '척촌'란이 반드시 대응되는 것은 아니다.

'척촌'란에 의하면 한대 견책간의 가장 일반적인 길이는 1자라는 것을 알 수 있다. 그렇다면 1자보다 더 긴 견책이 존재하는 원인은 어디에 있을까? 이 시점에서 우리는 견책의 성격에 대하여 살펴볼 필요가 있다. 일반적으로 견책은 『의례』 「기석례旣夕禮」편에 의거하여 산 자가 죽은 자에게 보내는 물품 목록으로 이해하는 경향이 많다.[56] 그러나 전한 초기 무덤에서 견책과 함께 발견된 이른바 '저승의 여권' 또는 '고지권告地券'으로 불리는 간독을 보면 견책의 실제 성격은 그것과는 상당히 다르다는 것을 알 수 있다. 몇 가지 예를 들어 보자. 먼저 마왕퇴 3호 한묘에서 출토된 목독에는 다음과 같은 문장이 기재되어 있다.

(문제) 12년(B.C. 168) 2월 24일 가승 분이 (지하의) 주장낭중(재무 담당 관리)에게 (이 문서를) 이송합니다. 부장품을 기재한 문서 1편을 이송하오니, 문서가 도착하면 먼저 물품들을 잘 정리하여 주장의 장관에게 상주해 주시기 바랍니다.[57]

---

56) 『儀禮』, 권38, 「旣夕禮」 13, "知死者贈, 知生者賻. 書賵於方, 若九, 若七, 若五. 書遣於策."
57) "十二年二月乙巳朔戊辰, 家丞奮, 移主賢(藏)郞中, 移賢(藏)物一編, 書到, 先選具奏主賢(藏)君."

마왕퇴 3호묘는 장사국의 승상丞相이자 대국軑國의 초대 후侯인 이창利蒼의 아들의 무덤이다. '가승'은 이 대후가軑侯家의 관리官吏를 가리키고 '분'은 그의 이름이다. 또 '주장'은 물품의 관리를 주관한다는 뜻이다. 가승은 당시 열후가列侯家의 재무를 담당하던 관리인데, 위의 목독은 바로 그 가승이 지하 재무를 담당하는 주장낭중에게 고인의 재산 목록에 해당하는 견책을 이송한다는 것을 내용으로 하고 있다. 다음으로 강릉 봉황산 168호 한묘에서 출토된 다음의 죽독竹牘을 보자.

(문제) 13년(B.C. 167) 5월 13일 강릉의 승이 지하의 승에게 감히 알려드립니다. 시양리市陽里 오대부 영추가 '대노 양 등 28인, 대비 익 등 18인, 초거 2승, 우거 1량, 추마 2필, 유마 2필, 기마 4필과 함께 (지하로) 간다'는 것을 스스로 신고한다고 합니다. 지하의 관리는 정해진 규정에 따라 잘 처리해 주시기 바랍니다. 감히 지하의 담당자께 알려드립니다.58)

이 죽독에 보이는 강릉의 '승'도 마왕퇴 3호묘 목독에 보이는 것과 마찬가지로 가승을 의미할 것이다. 여기에는 '이송한다'(移)는 표현은 없지만, '감히 고한다'(敢告)라든가 '스스로 신고한다'(自言)라는 표현이 보인다. 뿐만 아니라 묘주인 영추가 지하 세계로 갖고 갈 재산 목록도 함께 기재되어 있다. 그렇다면 견책은 단순한 물품 목록이 아니라 재산 목록의 성격을 띤 것으로 이해해야 한다. 그리고 두 간독에는 모두 날짜까지 명기되어 있으므로, 그 성격은 단순한 '기록'이 아니라 고문서학古文書學에서 정의하는 이른바 '문

---

58) "十三年五月庚辰, 江陵丞敢告地下丞, 市陽五大夫黯隊自言, 與大奴良等廿八人, 大婢益等十八人, 軺車二乘, 牛車一兩, 驂馬四匹, 騮馬二匹, 騎馬四匹可行, 吏以從事, 敢告主."

서'에 해당한다고 보아야 한다. 이러한 기재 양식이 당시에 통용되었던 '전傳', 즉 여권이나 통행증의 양식과 일치하는 점에 대해서는 일찍부터 지적되어 왔던 사항이다.

이처럼 '전'과 동일한 양식의 송부送付문서를 견책과 함께 무덤에 부장하는 이유는 지하에 사후 세계가 존재한다고 믿고, 그러한 사후 세계 즉 저승에서도 이승에서의 생활과 동일한 생활이 기다리고 있다는 매우 구체적이고 현실적인 저승관이나 생사관을 당시 고대인들이 보편적으로 갖고 있었기 때문일 것이다. 견책이 이러한 구체적이고 현실적인 저승관이나 생사관에 입각하여 작성된 것이라고 한다면, 그것이 고인의 이승에서의 실제 생활 정도와 밀접한 관련이 있는 것은 말할 것도 없다. 실제 생활 정도란 묘주의 생전의 지위와 신분의 차, 빈부의 차, 성별의 차 등을 가리킨다.[59]

따라서 견책의 경우 묘주의 신분이 높고 경제적으로 부유하면 부유할수록, 무덤의 규모가 크면 클수록, 부장품의 종류가 많으면 많을수록 간책의 길이뿐만 아니라 수량도 많아지는 것은 어쩌면 매우 자연스러운 경향이라고 해야 할 것이다. 예를 들면 마왕퇴 3호묘는 열후의 아들의 무덤으로 그 속에서 엄청난 양의 부장품이 출토된 것은 주지하는 바이다. 나박만 1호묘(전한 초기)의 묘주는 고위 무관武官으로 추정되며 무덤의 규모도 상당히 크다. 그에 비해 봉황산 한묘의 경우는 8호묘의 묘주가 남군南郡 태수太守이거나 그에 버금가는 고급 관리, 9호묘는 그 부인, 10호묘는 평리平里에 사는 지주 겸 상인인 오대부(第九等爵) 장언張偃, 168호묘는 시양에 사는 지주 겸 상인인 오대부 영추, 167호묘는 여성으로 추정되고 있다.[60] 이처럼 묘주의

---

59) 이상은 黃盛璋(1977); 大庭脩(1979); 田中有(1979); 山田勝芳(1994) 참조.
60) 田中有(1979: 154쪽).

신분이나 무덤의 규모 면에서 마왕퇴한묘와 나박만한묘는 봉황산한묘보다 크다. 그렇다면 이 시대도 전국시대와 마찬가지로 견책간의 길이가 묘주의 신분과 밀접하게 관련이 있었다고 해야 할 것이다.


## 제5절 전국 및 진한시대 율령간의 치수


### 1. 전래문헌에 보이는 율령의 치수

지금까지 서적간과 견책간의 길이와 내용의 관계에 대하여 고찰하였다. 다음으로는 율령간律令簡에 대하여 살펴보기로 한다. 율령의 길이도 전래문헌에 단편적인 기록이 보인다. 앞에서 말한 '삼척법'이나 '삼척율령'과 같은 표현이 바로 그것이다.

    (a) 빈객 중 어떤 사람이 두주에게 "당신은 천자를 위하여 공정한 판결을 내려야 할 지위에 있음에도 불구하고 <u>삼척법</u>을 따르지 않고 오로지 임금의 의향에만 편승하여 판결하고 계십니다. 사법관이란 정말로 그런 것입니까?"라고 비난하자 두주는 다음과 같이 말하였다. "<u>삼척</u>이란 어디에서 나온 것입니까? 그 전의 임금이 옳다고 한 것을 기록하여 율律이라고 하고, 뒤의 임금이 옳다고 한 것을 나열하여 영令이라고 하듯이 시대에 적합한 것을 옳다고 할 따름입니다. 어찌 옛날 법만 법이겠습니까?"[61]

---

61) 『史記』, 권122, 「酷吏列傳」 62, "客有讓周曰, 君爲天子決平, 不循<u>三尺法</u>, 專以人主意指爲獄. 獄者固如是乎. 周曰, <u>三尺</u>安出哉. 前主所是著爲律, 後主所是疏爲令, 當時爲是, 何古之法乎." 『漢書』 「杜周傳」에도 거의 유사한 문장이 보이는데 '不循三

(b) 문학의 유가 관리들이 때때로 상소를 올릴 때 '(성인의 도를) 칭송하여 아룁니다' 운운이라는 표현을 쓰는 경우가 있었는데, 주박은 그것을 보고 다음과 같이 말하였다. "태수와 같은 한나라의 관리는 <u>삼척율령</u>을 받들어 직무를 수행할 뿐이다. 유생들이 말하는 성인의 도가 무슨 도움이 되겠는가?……"[62]

위의 문장 중 (a)에 보이는 두주는 '쥐 재판'의 고사로 유명한 장탕張湯의 수하로 있다가 어사대부에까지 오른 사람으로 전한 무제 시기에 활약한 인물이고, (b)에 보이는 주박은 전한 성제에서 애제哀帝 시기에 활약한 사람으로서 재상의 지위에까지 오른 인물이다. 그렇다면 적어도 전한 중기나 그 이전에는 '삼척법'이나 '삼척율령'이라는 표현, 그리고 율령간이 3자라는 인식이 존재하고 있었다는 것이 된다. 그런데 전한 선제 때 환관桓寬이 편찬한 것으로 알려져 있는 『염철론鹽鐵論』에는 다음과 같이 '이척사촌지률二尺四寸之律'이라는 또 다른 표현이 보인다.

대부가 다음과 같이 말하였다. "…… 탕왕과 무왕 때는 육체를 온전하게 했기 때문에(肉刑이 없었기 때문에) 은나라와 주나라는 잘 다스려졌습니다. 그러나 진나라는 그것을 사용했기 때문에 법은 피폐해지고 (사람들이 그것을) 어기게 되었습니다. <u>2자 4치의 법률은 예나 지금이나 같습니다.</u> 그렇지만 어떤 경우에는 정치가 잘 행해지고 어떤 경우에는 혼란이 발생합니다. 『춘추』는 죄를 묻고 『보형』은 송사를 판가름하는 책입니다. 여기서 치란의 근본은 어디에 있고 주나

---

尺法'에 대한 注에 "以三尺竹簡書法律也"라는 孟康의 발언이 보인다.
62) 『漢書』 권83, 「薛宣朱博傳」 53, "文學儒吏時有奏記稱說云云, 博見謂曰, 如太守漢吏, 奉<u>三尺律令</u>以從事耳, 亡奈生所言聖人道何也.……"「주박전」의 아래 문장에는 "廷尉本起於武吏, 不通法律, 幸有樂賢, 亦何憂, 然廷尉治郡斷獄以來且二十年, 亦獨耳剽日久, <u>三尺律令</u>, 人事出其中.……"이라 하여 '삼척율령'이라는 말이 또 한 번 보인다.

라와 진나라가 그렇게 달랐던 이유는 무엇인지 묻고 싶습니다."[63]

일찍이 방이지方以智는 『사기』나 『한서』에 보이는 '삼척법'과 '삼척율령'
의 3자는 주척으로 8치를 나타내는 것으로 3×8=24, 즉 2자 4치가 된다고 지
적한 적이 있다.[64] 왕국유王國維는 주척에는 10치가 1자인 것과 8치가 1자인
것의 2종이 있는데, 후자의 경우 주대의 3자는 한대의 2자 4치에 해당한다고
하여 방이지와 동일한 주장을 한다.[65] 그러나 진몽가陳夢家는 전국 및 진한
의 척도는 23.1이 기수基數이기 때문에 주척이 8치라는 설은 신빙성이 없다
고 비판하면서, 삼척율령도 한대의 제도라고 한다.[66]

## 2. 전국시대 율령간의 치수

이처럼 전래문헌에는 율령의 길이가 3자나 2자 4치인 것으로 기록되어
있다. 그렇다면 무덤이나 유적에서 실제로 출토된 율령간의 길이는 어떠할
까? 먼저 전국시대의 경우를 살펴보자.

---

63) 『鹽鐵論』, 권10, 「詔聖」 58, "大夫曰,……湯武全肌骨而股周治, 秦國用之, 法弊而犯.
二尺四寸之律, 古今一也. 或以治, 或以亂. 春秋原罪, 甫刑制獄. 今願聞治亂之本, 周
秦所以然乎." 대부의 질문에 대한 문학의 답변에도 "非二尺四寸之律異, 所行反古
而悖民心也"와 같이 동일한 표현이 보인다.
64) 『通雅』 27, 「貨賄」, "三尺書律之簡也. 鹽鐵論曰, 二尺四寸之律, 古今一也. 客謂杜
周, 書不循三尺法. 周曰, 三尺安在哉. 朱博傳, 三尺律令, 人事出其中. 言三尺者, 周
尺八寸, 三八二十四也."
65) 王國維 원저, 胡平生·馬月華 校注(2004: 20~23쪽).
66) 陳夢家(1980: 275쪽).

〈표 4-11〉 전국시대 율령간의 길이[67] (단위: cm)

| 출토지점 | 내용 | 길이 | 너비 | 비고 |
|---|---|---|---|---|
| 靑川秦墓M50 | 更修田律 | 46.0 | 3.5 | 목독 |

〈표 4-11〉에 보이는 것처럼 전국시대 무덤이나 유적에서 출토된 율령간
은 현재로서는 청천목독 1점밖에 없기 때문에, 이 목독이 당시의 율령간의
실상을 전부 대변할 수는 없다. 하지만 이것이 현재 유일한 실물자료이기
때문에 이것을 통하여 전국시대 진 지역의 율령간의 하나의 단면을 엿보는
것은 가능할 것이다.

이 목독에는 진나라 무왕武王 2년(B.C. 309)이라는 기년이 기재되어 있으
므로, 이것이 이 목독의 제작 연대가 된다. 그런데 이 목독의 정면에는 전률
만 기재되어 있는 것은 아니다. 전률 앞에는 무왕이 승상에게 토지 규정에
관한 조문을 개정할 것을 명령한 조령詔令이 함께 기재되어 있다. 길이는
46cm인데, 이것을 전국시대 척촌으로 환산하면 약 2자이다. 따라서 길이는
위에서 살펴본 전래문헌에 보이는 율령간의 길이와 합치하지 않는다. 진몽
가陳夢家는 영은 3자 길이의 나무에 서사하고 조서는 그보다 더 짧은 것에
서사한다고 한다. 그 근거로『한제도漢制度』와『독단獨斷』에 의하면 조서 간
책은 '긴 것은 2자, 짧은 것은 그 절반' 길이이며 이른바 '척일목尺一木' 또는
'척일판尺一版'이 그것이라고 한다.[68] 그러나 그가 인용하고 있는『한제도』
와『독단』의 문장은 정확히 말하면 조서가 아니라 책서에 관하여 설명한
것이기 때문에 사실과 맞지 않는다.[69]

---

67) 표 작성 시에는 四川省博物館·靑川縣文化館(1982)을 참조하였다.
68) 陳夢家(1980: 275쪽).
69)『後漢書』, 권1上,「光武帝紀」1上, '詔曰'에 대한 注, "漢制度曰, 帝之下書有四. 一曰

〈표 4-12〉 진한시대 율령간의 길이[70] (단위: cm)

| 소그룹 | 출토지점 | 내용 | 길이 | | 너비 | 비고 |
|---|---|---|---|---|---|---|
| | | | 범위 | 평균 | | |
| 제1그룹 | 居延漢簡 | 詔令目錄 | 67.5 | 67.5 | - | 詔令(前漢) |
| 제2그룹 | 張家山漢墓 M247 | 二年律令 | 31.0 | 31.0 | - | 漢律(前漢) |
| 제3그룹 | 龍崗秦墓M6 | 禁苑, 馳道, 馬牛羊, 田贏 등 | 28.0 | 28.0 | 0.5～0.7 | 秦律 |
| | 睡虎地秦墓 M11 | 秦律十八種 | 27.5 | 27.5 | 0.6 | 秦律 |
| | 동상M11 | 秦律雜抄 | 27.5 | 27.5 | 0.6 | 秦律 |
| 제4그룹 | 동상M11 | 效律 | 27.0 | 27.0 | 0.6 | 秦律 |
| 제5그룹 | 武威磨嘴子 漢墓M18 | 王杖十簡 | 23.0～24.0(1.0) | 23.5 | 1.0 | 목간, 漢代詔令 (前漢) |
| | 武威磨嘴子 漢墓收集 | 王杖詔書令 | 23.2～23.7(0.5) | 23.5 | 0.9～1.1 | 목간, 漢代詔令 (前漢) |
| | 武威旱灘坡 後漢墓 | 令乙, 公令, 御史挈令, 蘭臺挈令, 衛尉挈令, 尉令, 田律 등 | 23.0～24.0(1.0) | 23.5 | - | 律令(後漢) |
| | 敦煌懸泉置 | 律令, 詔書 등 | 23.0～23.5(0.5) | 23.3 | - | 王莽 以前 |
| - | 王家臺秦墓 M15 | 效律 | - | - | - | 秦律 |
| - | 張家界古人 堤遺蹟 | 賊律 | - | - | - | 斷簡, 漢律(後漢) |

策書, 二曰制書, 三曰詔書, 四曰誠敕. 策書者, 編簡也. 其制長二尺, 短者半之, 篆書, 起年月日, 稱皇帝, 以命諸侯王. 三公以罪免亦賜策, 而以隷書, 用尺一木, 兩行, 唯此 爲異也. 制書者, 帝者制度之命. 其文曰制詔三公, 皆璽封, 尙書令印重封, 露布州郡 也. 詔書者, 詔, 告也. 其文曰告某官云[云], 如故事. 誠敕者, 謂敕刺史太守, 其文曰有 詔敕某官. 它皆倣此.";『獨斷』, 卷上, "策書, 策者, 簡也. 禮曰, 不滿百文, 不書於策. 其制長二尺, 短者半之, 其次一長一短, 兩編, 下附篆書, 起年月日, 稱皇帝曰, 以命諸 侯王三公. 其諸侯王三公之薨於位者, 亦以策書誄諡其行而賜之. 如諸侯之策, 三公以 罪免, 亦賜策, 文體如上策而隷書, 以尺一木兩行, 唯此爲異也." 밑줄 친 부분 참조. 이 두 문헌에 보이는 策書는 詔書가 아니라 封冊이라는 점도 주의해야 한다. 참고 로 봉책의 실물자료는 아직 발견된 예가 없다.

## 3. 진한시대 율령간의 치수

그렇다면 진한시대 무덤이나 유적에서 발견된 율령간의 길이는 어떨까? 그것을 정리한 것이 〈표 4-12〉이다.

이 표에 의하면 진한시대 율령간은 동일 문헌을 구성하는 죽목간군竹木簡群 내의 길이에 약 0.8cm의 편차가 있다.(2.5÷3=0.8) 이것을 기준으로 율령간별 길이를 소그룹으로 나누어 보면 총 5개 그룹으로 구분된다. 이 소그룹을 진한시대 척촌으로 환산하면 〈표 4-13〉과 같이 총 4개의 대그룹으로 축소된다. 참고로 왕가대진간은 앞에서도 언급했듯이 간보에 의하면 45cm와 23cm의 2종의 간독이 있는데, 『효율』은 그중 어느 쪽에 해당되는지 불명확하다.

〈표 4-13〉 각 그룹별 대표치수와 尺寸 환산치

| 소그룹 | 대표치수 | 尺寸 | 대그룹 |
|---|---|---|---|
| 제1그룹 | 67.5 | 2자 9치 | Ⓐ |
| 제2그룹 | 31.0 | 1자 3치 | Ⓑ |
| 제3그룹 | 28.0 | 1자 2치 | Ⓒ |
| 제4그룹 | 27.0 | | |
| 제5그룹 | 23.5 | 1자 | Ⓓ |

이 대그룹 중 위에서 살펴본 전래문헌의 기록에 가장 가까운 것은 길이 67.5cm인 「조령목록」이다.[71][그림 4-2] 이 목록은 거연居延 지만地灣에서 발견

---

70) 표 작성 시에는 甘肅省博物館(1960); ≪雲夢睡虎地秦墓≫編寫組(1981); 甘肅省文物工作隊 · 甘肅省博物館 편(1984); 武威地區博物館(1993); 荊州地區博物館(1995); 甘肅省文物考古研究所(2000); 中國文物研究所 · 湖北省文物考古研究所 편(2001); 胡平生 · 李均明(2003)을 참조하였다.

71) 陳夢家는 이것을 '詔書目錄'이라고 하고(陳夢家, 1980: 275~284쪽), 大庭脩는 '令甲

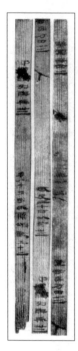

된 것인데, 같은 지역에서는 이 목록에 보이는 조령의 본
문으로 추정되는 단간도 발견되었다. 현재 길이는 비록 3
자에는 약간 못 미치는 수치이지만, [그림 4-2]에 의하면 하
단 부분이 잔결되어 있기 때문에 실제 길이는 3자에 거의
가까웠을 가능성이 매우 크다. 진몽가陳夢家는 이 목록을
전한 무제 천한天漢(B.C. 100~B.C. 97) 이전에 편저編著된 것으
로 보지만,72) 오바 오사무(大庭脩)처럼 영갑제육令甲第六의
'누법漏法'을 전한 선제 시대(B.C. 74~B.C. 49)의 조령으로 간
주하면73) 시대는 더욱 내려간다. 이처럼 학자마다 연대에
대한 고증에는 차이가 있다. 연대야 어쨌든 3자에 가까운
전한시대 「조령목록」의 발견은 전래문헌의 기록을 입증해
주는 귀중한 실물자료가 된다. 또, 호평생胡平生이 지적했
듯이, 돈황 현천치에서 발견된 간독에 '삼척정령三尺廷令'이

[그림 4-2] 詔令目錄

라는 표현이 보이는 것도 또 하나의 중요한 증거이다.74)
이 간독은 왕망 이전에 작성된 것으로 추정되고 있다.

그런데 무덤이나 유적에서 발견된 율령간은 삼척율령의 절반에도 못 미
치는 1자 3치에서 1자 길이의 간독이 거의 대부분이다. 이것을 시기적으로
보면 대그룹 중 ⓒ는 전국시대에서 통일진, ⓑ는 전한 초기, ⓓ는 전한 후
기에서 왕망 사이에 작성된 것이다. 그런데 그 특징을 보면, 전한 초기 이전

---

　　目錄'이라고 한다(大庭脩, 1992: 178~186쪽).
72) 陳夢家(1980: 281쪽).
73) 大庭脩(1992: 182쪽).
74) 胡平生(2004: 35쪽). 구체적으로는 제13호간(Ⅱ0114S:36)에 "•告縣置食傳馬皆爲□
　　札, 三尺廷令齊壹三封之"라고 기재되어 있다.(胡平生·張德芳, 2001: 18쪽)

과 후기 이후를 경계로 길이가 양분되고 있으며, 또 시대가 내려오면 내려올수록 짧아지고 정형화되는 경향이 있다.

그렇다면 전래문헌에 기록되어 있는 것과는 다른 이러한 현상을 어떻게 이해하면 좋을까? 이 문제를 구명하기 위해서는 각각의 율령간의 성격을 개별적으로 연구하지 않으면 안 된다. 다만 이 장에서 그것을 모두 세밀하게 논구할 수는 없다. 따라서 여기서는 이 방면의 몇 가지 중요한 선행 연구의 검토 결과를 참조하면서 이 문제를 풀어 보고자 한다.

먼저 수호지진간 진률의 성격에 대해서는 일찍이 오바 오사무(大庭脩)가 이 간책들은 '법조문집法條文集, 율문답집律問答集, 원서문례집爰書文例集과 같은 서적'이라고 정의를 내린 적이 있다.[75] 이 정의에 동의하는 모미야마 아키라(籾山明)는 오바가 서적이라고 한 이유에 대하여 다음과 같이 부연 설명한다. 즉, 수호지진간 진률은 서사자의 의지를 타자에게 전달하기 위하여 편찬된 서적이 아니며, 그런 의미에서 보편성을 지닌 서적이 아니다. 그것은 여러 관리 업무나 옥안獄案의 처리나 관련 문서의 작성 등 특정한 직무를 수행하는 데 필요한 조문이나 예문을 주체로 하며, 어디까지나 자기 자신에게 도움이 되도록 하기 위하여 작성한 편람(매뉴얼)에 지나지 않는다. 모미야마는 용강진간 진률의 성격도 마찬가지로 편람이라고 한다.[76]

또, 장가산한간『이년율령』의 성격에 대하여 도미야 이타루(冨谷至)는 다음과 같이 지적한다. 즉,『이년율령』은 율령을 발췌한 것을 책서의 형태로 만든 것이다. 그렇기 때문에 '이년율령'은 법전의 명칭이 아니라 임시로 표

---

75) 大庭脩(1984: 105쪽).
76) 滋賀秀三 편(1993: 109쪽). 冨谷至도 이 설에 동의한다.(冨谷至, 1998: 4쪽) 앞에서 언급했듯이, 胡平生이 율령에는 성격이 다른 몇 가지 종류의 판본이 있다고 지적한 것도 이것과 같은 맥락일 것이다.

제를 붙인 것이다—'이년율령'의 '이년'은 여후呂后 2년을 가리킨다. 그 표제는 ①여후 2년에 발포되거나 시행된 율령을 의미하는 것이 아니라, ②여후 2년 단계에 시행되고 있었던 율령 내지는 ③여후 2년에 서사된 율령이라는 것을 의미한다고 한다. ①의 가능성이 지극히 낮은 이유에 대해서는 출토된 율의 조문, 예를 들면 질률秩律에는 고조高祖 7년(B.C. 200)에 시행된 장안長安 천도遷都 이전의 수도인 역양櫟陽이 수도라는 전제하에 입법화된 조문이 포함되어 있는 점, 운몽 수호지 진률과 유사하거나 공통된 법령이 적지 않은 점, 여후 2년에 대대적인 법령 편찬이 행해졌다는 것은 적어도 문헌사료에서는 검증이 불가능한 점, 한대에는 율령이 공포·시행된 해로 '~년률'이라고 한 예가 없는 점 등을 든다. 더구나 출토된 율령은 한률의 원본이 아닐 뿐만 아니라 여러 사람이 서사한 것이고, 서사자는 한률을 정확하게 서사하는 것을 중요하게 생각하지도 않았다고 한다. 또, 율문의 선택은 어디까지나 임의적이고, 서사자는 법률을 전문으로 하거나 일상에서 이용하고 있었던 인물도 아니라고 한다.[77]

이러한 설들은 물론 재검토의 여지가 전혀 없는 것은 아니다. 다만 그 문제는 일단 차치하고 위의 설들을 다시 정리해 보면, 수호지 진률이나 용강 진률이나 장가산 한률 등에는 국가나 관아 등에서 반포하거나 유포한 율령이 그 기재 내용 속에 반영되어 있기는 하겠지만, 그 자체가 국가적 차원에서 공식적으로 편찬된 율령은 아니라는 것을 의미할 것이다.[78] 이러한 시각에서 본다면 이들 율령간의 길이가 3자가 아니라 1자 3치에서 1자 사이라는 것은 앞에서 살펴본 진한시대 서적간의 일반적인 길이를 고려해

---

77) 冨谷至(2005: 244~248쪽).
78) 宮宅潔(2004: 215쪽) 참조.

볼 때 어쩌면 매우 당연한 현상이라고 해야 할 것이다. 이 점은 〈표 4-14〉에 나타나 있듯이, 수호지 11호 진묘에서 출토된 하행문서·문례집·묘주의 연보 및 장가산 247호 한묘에서 출토된 재판 관련 기록 등과 길이가 거의 유사한 점(1자 3치~1자)을 통해서도 다시 한 번 확인할 수 있다.

〈표 4-14〉 진한시대 기록간의 길이[79] (단위: cm)

| 그룹 | 출토지점 | 내용 | 길이 | | 너비 | 비고 |
|---|---|---|---|---|---|---|
| | | | 범위 | 평균 | | |
| 제1그룹 | 張家山漢墓M247 | 奏讞書 | 28.6~30.1(1.5) | 29.4 | - | 裁判記錄 |
| 제2그룹 | 睡虎地秦墓M11 | 語書 | 27.8 | 27.8 | 0.6 | 下行文書 |
| 제3그룹 | 동상 | 法律答問 | 25.5 | 25.5 | 0.6 | 기록 |
| | 동상 | 封診式 | 25.4 | 25.4 | 0.5 | 기록, 通知文書, 文例集 |
| 제4그룹 | 동상 | 編年記 | 23.2 | 23.2 | 0.6 | 기록 |

또, 제5그룹에 속하는 양한대兩漢代 율령의 경우도 그 성격에 대해서는 좀 더 면밀한 검토가 필요하겠지만, 만약 이들 율령도 매뉴얼과 같은 성격이었다고 한다면 길이가 왜 1자인지에 대한 의문도 자연히 풀리게 될 것이다. 그렇다면 한 걸음 더 나아가—모든 경우가 그렇다는 것은 아니지만—율령간의 경우 간독의 길이가 곧 그것이 율령의 원본인지 매뉴얼인지를 판별할 수 있는 하나의 기준이 되지는 않을까? 따라서 필자는 이상의 검토에 의거하여 한대 문헌에 보이는 '삼척법'이나 '삼척율령'이라는 것은 일반 매뉴얼이 아니라 국가에서 공식적으로 편찬한 율령을 가리키는 개념이었을 가능성을 조심스럽게 제기해 본다. 다만 '삼척법'이나 '삼척율령'이라는 관

---

79) 표 작성 시에는 ≪雲夢睡虎地秦墓≫編寫組(1981); 張家山二.四七號漢墓竹簡整理小組 편저(2001)를 참조하였다.

념은 한대 문헌에만 보이기 때문에, 그러한 관념을 통일진이나 전국시대까지 소급 적용할 수 있는지에 대해서는 아직은 미지수이다.

그런데 또 다른 시각에서 보면 좀 더 다른 추정도 가능하다. 한 가지 예를 들어보면, 〈표 4-15〉는 전국시대 초묘에서 출토된 기록간 중 사법 관련 기록이나 초왕이 묘주에게 하사한 기록을 정리한 것이다.

〈표 4-15〉 전국시대 기록간의 길이[80] (단위: cm)

| 출토지점 | 내용 | 길이 | | 尺寸 | 너비 | 비고 |
|---|---|---|---|---|---|---|
| | | 범위 | 평균 | | | |
| 德山夕陽坡楚墓M2 | 下賜記錄 | 67.6 | 67.6 | 2자 9치<br>(3자) | 1.05 | |
| 包山楚墓M2 | 集箸 | 64.7～69.5(4.8) | 67.1 | | 0.7～0.95 | 司法關連記錄 |
| 동상 | 所詎 | 64.1～65.3(1.2) | 64.7 | 2자 8치<br>(2자 9치) | 0.65～0.9 | 동상 |
| 동상 | 疋獄 | 64.0～65.1(1.1) | 64.6 | | 0.6～1.1 | 동상 |
| 동상 | 受期 | 63.7～65.1(1.4) | 64.4 | | 0.65～1.0 | 동상 |
| 동상 | 集箸言 | 54.9～70.3(15.4) | 62.6 | 2자 7치<br>(2자 8치) | 0.5～0.9 | 동상 |
| 江陵磚瓦廠M370 | 司法關連記錄 | 61.1～62.4(1.3) | 61.8 | | 0.8～0.9 | 동상 |

이 표에 의하면 특히 사법 관련 기록은 2자 9치～2자 7치로 거의 3자에 육박한다. 안휘安徽 수현壽縣에서 출토된 22.5cm의 초동척楚銅尺과 장사에서 출토된 22.7cm 및 22cm의 초동척[81]을 평균한 길이인 22.4cm로 환산하면 약 3자～2자 8치가 된다.(위의 표 중 '척촌'란의 괄호 안 치수 참조) 그렇다면 비록 성격은 조금 다르지만, 전국시대에 사법 관련 문서를 약 3자 길이의 간책에 기록했던 것과 같은 관례가 진한시대 이후에도 '삼척법'이나 '삼척율령'과 같

---

80) 표 작성 시에는 中國考古學會 편(1985); 湖北省荊沙鐵路考古隊 편(1991a); 陳偉 (1996); 滕壬生·黃錫全(2001)을 참조하였다.
81) 濮茅左(2007b: 411쪽).

은 관념으로 계승되어 간 것은 아닌가 추측된다.


# 제6절 소결


지금까지 중국 고대 간독의 길이와 내용의 관계에 대하여 그 대략적인 경향성을 살펴보았다. 방법론적으로는 자료의 성격에 따라 서적·견책·율령으로 나누고, 전래문헌의 기록과 출토자료를 시대별로 나누어 비교 분석하는 방법을 취하였다. 본론에서 논의가 매우 장황해진 감이 있기 때문에 여기서 다시 요점을 정리해 보면 다음과 같다.

먼저 근대적 분류 방식으로 문사철에 해당하는 서적간의 특징은 다음과 같이 요약할 수 있다. 첫째, 동일 문헌을 구성하는 죽목간군의 치수에는 상당한 편차가 있다. 따라서 동일 문헌의 죽목간군의 길이를 같거나 고르게 해야 한다는 의식은 상대적으로 희박했던 것 같다. 이 점은 중국 고대의 모든 간책에 해당된다. 둘째, 비록 초 지역에 한정되기는 하지만, 전국시대에는 간책의 길이로 내용의 중요도를 나타내고자 하는 의식이 있었다고 인정된다. 셋째, 전국시대에서 전한시대까지의 서적간의 치수의 범위는 후한시대 문헌에 보이는 치수의 범위와 거의 일치한다. 그런 의미에서 전국시대 서적간의 형식적 체계는 후한시대에까지 그대로 계승되었다고 할 수 있다. 넷째, 서적간의 길이의 범위는 통일진을 거쳐 한대로 내려오면서 점점 더 정리되고 정형화된다. 다섯째, 후한시대 전래문헌에 보이는 8치의 수진본(문고본)은 전국시대에 이미 존재해 있었고, 실용적 기능적인 성격과 함께 메모장의 역할도 하고 있었다. 여섯째, 후한시대 전래문헌에 보이는 '경은 2자

4치에 서사한다'는 인식과 '『논어』는 8치에 서사한다'는 인식은 실물자료에 의하면 적어도 전한 선제기에서 성제기까지 거슬러 올라간다.

다음으로 실용 서적간의 특징은 다음과 같이 요약할 수 있다. 첫째, 전국시대의 실용 서적은 자료의 성격·신분의 존비·중요도·용도 등에 따라 길이에 구별이 있었다. 둘째, 진한시대의 실용 서적은 초나라 계통보다는 주로 진나라 계통의 실용 서적의 길이를 계승하였다. 셋째, 진한시대의 실용 서적은 대체로 1자 3치→1자로 서서히 정형화되었다. 다만 묘주의 신분과 길이의 상관관계는 아직 인정되지 않는다. 넷째, 전한 초기에는 여러 길이의 간책이 공존해 있었지만, 전한시대에서 후한시대로 내려오면서 1자 길이로 정형화되어 갔다. 다섯째, 실용 서적의 경우도 실용성과 기능성을 고려하여 문고본의 형태로 만들기도 하였다.

다음으로 견책간의 특징은 다음과 같이 요약할 수 있다. 첫째, 전국시대 견책간의 길이는 묘주의 지위와 신분의 차, 빈부의 차, 성별의 차이에 따라 장책간과 단책간으로 극명하게 구별된다. 둘째, 진한시대 견책간의 길이는 전국시대만큼 극명하지는 않지만, 동일한 차이에 의한 구별은 있었던 것으로 인정된다. 따라서 진한시대는 전국시대를 계승했다고 할 수 있다. 셋째, 견책은 사후 세계가 존재한다고 믿고 그러한 사후 세계에서도 생전의 생활과 동일한 생활이 기다리고 있다는 고대 중국인의 저승관이나 생사관과 밀접한 관련이 있다. 따라서 견책 간독의 길이의 차이는 대체로 묘주의 생전의 실제 생활 정도의 차이에 비례하는 경향이 있다.

마지막으로 율령간의 특징은 다음과 같이 요약할 수 있다. 첫째, 전래문헌에 보이는 '삼척법'이나 '삼척율령'에 해당하는 간독은 전국시대에는 아직 출토된 예가 없다. 둘째, 전한시대 율령간 중에는 '삼척법'이나 '삼척율령'에 해당하는 간독이 실제로 출토된 예가 있다. 이것은 곧 전래문헌의 기록을 입증해 주는 귀중한 자료이다. 셋째, 율령간은 전한 초기와 후기를 경계로 길이가 양분되며, 시대가 내려오면 내려올수록 짧아지고 정형화되는 경향이 있다. 넷째, 율령 간독 중 1자 3치~1자 길이의 단책간은 국가적 차원에서 공식적으로 편찬한 율령이 아니라, 옥안 처리나 관련 문서 작성 등 특정 직무를 수행하는 데 필요한 조문이나 예문을 수집하여 작성한 일종의 매뉴얼이다. 다섯째, 한대 문헌에 보이는 '삼척법'이나 '삼척율령'은 이러한 매뉴얼이 아니라 국가에서 공식적으로 편찬한 율령을 가리키는 개념이었거나, 전국시대에 사법 관련 문서를 약 3자 길이의 간책에 기록했던 것과 같은 관례가 진한시대 이후에도 '삼척법'이나 '삼척율령'이라는 관념으로 계승되어 갔을 가능성이 있다.

이상의 검토 결과에 의하면, 왕국유王國維의 '24분수·5배수'설 및 '진제·한제'설은 더 이상 설득력이 없다는 것이 판명되었다. 그러나 호평생胡平生이 지적했듯이 '간책의 크기로 서적의 존비를 나타냈다'고 지적한 점은 여전히 유효하다고 생각한다. 또, 종래에 끊임없이 거론되어 온 간독 제도의 유무의 문제도 출토자료의 수량이 비약적으로 증가하고 연구 수준이 크게 향상됨에 따라 단순한 표면적인 현상만 가지고 결론을 내리는 것은 매우 위험하다는 것도 판명되었다. 특히 간독의 성격을 전혀 고려하지 않거나 일종의 선입견, 즉 후대인의 관념(특히 후한시대)에 사로잡혀 그 이전 시대의 여러 복잡하고 미묘한 상황을 '제도의 유무'라는 말로 단순화시키는 것은 가장 경계해야 할 점이라고 생각한다.

한편 간독의 길이와 내용의 관계라는 문제와 관련하여 앞으로 풀어 나가야 할 과제는 여전히 산적해 있다. 그중에서도 특히 기록간과 문서간의 치수와 내용의 관계의 문제는 이 책에서는 전혀 다루지 못하였다. 그 이유는 그것이 중요하지 않아서가 아니다. 오히려 그 반대로 매우 중요하고 또 수량도 가장 많다. 특히 '기록'과 '문서'를 어떤 기준으로 분류하고, 10만 매가 넘는 간독의 각각의 개별적 성격을 어떻게 규정하는가가 이 문제를 푸는 중요한 관건이다. 그렇기 때문에 이러한 문제를 해결하기 위해서는 개별 간독의 내용에 대한 검토가 반드시 선행되어야 한다. 따라서 이것만 가지고도 최소한 책 1권 분량의 연구가 필요하기 때문에, 여기서는 신중을 기하기 위하여 경솔하게 다루지는 않았다. 이 문제에 대해서는 앞으로 다른 기회에 논해 보고자 한다.

# 제5장 초간의 종류

초간楚簡이란 서북쪽의 진秦이 중국을 통일하게 되는 B.C. 221년 이전에 초나라 지역에서 출토되고 초나라 문자로 서사되어 있는 간독을 총칭하는 말이다. 그러나 엄밀하게 말하면 이러한 정의가 반드시 정확한 것은 아니다. 왜냐하면 증후을묘죽간曾侯乙墓竹簡과 같이 지역적으로 초나라 영역은 아니지만 초나라와 정치적으로 매우 밀접한 관계가 있던 지역에서 출토된 간독도 초나라 문자로 서사되어 있는 점에서 초간의 범주에 포함시키고 있기 때문이다. 따라서 '초나라 및 초나라와 정치적으로 밀접한 관계가 있던 지역에서 출토된 간독'이라고 하는 것이 보다 더 정확한 표현일 것이다. 여기서 '간독'이라고 표현한 것은 죽간竹簡 외에 죽독竹牘이나 목간木簡의 형태로 출토된 것도 있기 때문이다.

현재까지 초간은 초묘와 초묘 이외의 무덤을 합하여 총 26기의 무덤에서 출토되었고 그 수량은 1만 매가 넘는다. 이러한 수량은 언뜻 보기에 상당히 많은 것 같지만, 1996년을 기준으로 호북湖北 지역에서만 5,000기가 넘는 초묘가 발굴된 것[1]을 감안하면 결코 많은 양은 아니다. 더구나 최근에는 도굴되어 골동품 상점에 나돌던 것이 우연한 기회에 발견되어 박물관 등에

---

1) 湖北省文物考古研究所(1996: 218쪽).

서 매입하거나, 도굴되어 해외로 유출된 것을 경매를 통하여 입수한 사람이 대학에 기증하는 등의 사례가 늘고 있다.

이러한 초간은 중국 고대 출토자료 연구 분야에서도 특히 붐을 이룰 정도로 현재 가장 활발히 연구가 진행되고 있는 자료 중의 하나이다. 그러나 초간 연구가 처음부터 붐을 이루었던 것은 아니다. 졸고에서 이미 지적했듯이[2] 초기에는 간독에 대한 처리 보존 기술이나 촬영 기술 등의 수준이 지금처럼 높지 않았고, 발견된 간독의 내용도 부장품의 리스트인 견책遣策이 주를 이루고 있었기 때문에 그다지 큰 주목을 받지 못하였다. 더욱이 몇몇 획기적인 자료가 출토되었음에도 불구하고 약 10년에 걸친 문화대혁명의 여파로 학술적인 연구는 거의 진전이 없었다.

초간 연구는 문화대혁명이 종료되고 개혁 개방 정책이 추진되던 1980년대 후반 이후 90년대 초반이 되어서야 비로소 본격적인 연구가 진행된다. 그 계기가 되었던 것은 바로 포산包山초간의 출토이다. 포산초간은 견책뿐만 아니라 복서제도간卜筮祭禱簡이나 사법司法 관련 문서와 같이, 전래문헌만으로는 그 실태를 알 수 없었던 전국시대 초 지역의 일상생활이나 풍습 및 제도와 관련된 자료를 포함하고 있는 점에서 획기적인 자료로 인식되었다. 그러나 전래문헌과 대조 가능한 자료가 없는 점에서 문자를 해독하고 내용을 이해하는 데 많은 어려움이 있었다.

한편 90년대 전반기에 발견된 곽점초간과 상박초간은 그 이전에 발견된 초간의 해독과 해석상의 어려움을 해결하는 데 결정적인 역할을 했으며 지금도 그 역할을 하고 있다. 그런 의미에서 이들 자료가 발견된 것은 초간

---

2) 초간 연구사에 대한 보다 자세한 사항은 李承律(2005a: 25~27쪽); 李承律(2007: 5~8쪽) 참조.

연구사상研究史上 하나의 획기라고 할 수 있다. 이들 자료가 이러한 역할을 할 수 있었던 이유는 그 내용이 경학, 제자학, 역사학 등과 관련된 서적류라는 점, 그중에는『노자』나『주역』이나『치의』등과 같이 내용상 전래문헌과 대조 가능한 문헌이 있는 점, 현재는 전해지지 않는 고일서古佚書를 다수 포함하고 있는 점, 서적류의 특성상 내용이 매우 풍부한 점 등에 있다. 따라서 단순히 문자 해독과 해석상의 문제를 해결해 주는 역할뿐만 아니라, 중국 고대 학술사 전반을 다시 쓰게 하는 기폭제나 촉매제 역할도 하고 있다고 해도 과언이 아니다. 또, 최근에는 청화대학에서 기증받은 죽간(이하 청화간이라고 한다) 중에 고문古文『상서』나『역易』이나『시경』과 관련된 문헌 및 『죽서기년』과 유사한 내용을 지닌 문헌이 있다는 것이 알려지면서, 초간 연구는 이제 바야흐로 중국 고대 문화 연구에 필수적인 연구 분야로 그 지위를 더욱 확고히 하고 있다.

이 장에서는 이러한 중요한 의의를 지닌 초간의 내용을 살펴보기에 앞서 초간에 어떤 것이 있는지 먼저 그 종류를 살펴보기로 한다. 초간의 종류를 살펴볼 때는 간독의 정보만을 기술하는 방식은 취하지 않는다. 왜냐하면 이러한 기술 방식으로는 초간의 자료적 성격을 구명하는 데 한계가 있기 때문이다. 이러한 한계를 극복하기 위해서는 초간이 출토된 무덤의 위치, 발굴 경위, 형태, 규모, 조영 시기는 물론 부장품의 종류와 묘주의 신분 등도 함께 고찰해야 한다.

# 제1절 20세기 이래 발견된 초간의 종류

## 1. 1950년대

### 1) 1951년: 오리패초간(호남성 장사시)

오리패五里牌초간은 20세기 이래 중국에서 최초로 발견된 전국시대 초간이다. 신중국 성립 후 호남성湖南省 장사시長沙市 근교에서는 건설 공사가 한창 진행 중이었는데 그때마다 옛 무덤이 발견되었다. 이에 중국과학원中國科學院 고고연구소考古研究所에서는 발굴단을 파견하여 1951년 10월에서 그 이듬해 2월에 걸쳐 발굴 작업을 진행하였다. 이때 발굴된 무덤은 오가령伍家嶺, 진가대산陳家大山, 오리패, 식자령識字嶺의 네 지점에서 총 162기인데, 죽간은 그중 오리패 406호묘에서 출토되었다. 이 무덤은 1948년 겨울에 도굴의 피해를 입었다. 무덤의 규모를 살펴보면, 장방형의 무덤 입구의 길이는 5.0m이고, 너비는 4.2m이다. 무덤 바닥의 길이는 4.8m이고 너비는 3.75m이다. 무덤

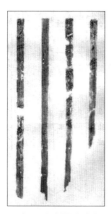

[그림 5-1] 오리패초간(견책)

입구에서 바닥까지의 깊이는 7.5m이고, 묘도墓道가 있다.(길이 6m, 너비 2.1m, 높이 2.8m, 경사 각도 약 50°) 무덤의 방향은 85°이다. 장구葬具는 2곽槨 2관棺의 중형 목곽묘木槨墓이다.

부장품은 죽간 외에 나무인형(木俑), 나무창(木矛), 활(漆弓), 사직품絲織品, 마직품麻織品, 대나무 상자(竹篋) 잔편殘片, 대자리(竹席), 방패(漆盾) 잔편, 동띠고리(銅帶鉤), 감은동식嵌銀銅飾, 칼집(劍鞘), 가죽띠(皮帶), 옥벽玉

璧 등이 출토되었다. 무덤의 조영 시기는 전국 후기이고,[3] 묘주의 신분은 하대부下大夫로 추정된다.[4]

죽간은 총 37매가 출토되었는데,[5] 보존 상태가 양호하지 않아 모두 단간 斷簡의 형태로 발견되었다. 이들 죽간이 출토된 곳에는 많은 대나무 상자 잔편이 있었기 때문에 죽간은 아마도 그 상자 안에 보관되어 있었을 것으로 추측된다. 죽간의 길이는 최장간은 13.2cm이고 최단간은 2.0cm이며,[6] 너비는 약 0.6~0.7cm이다. 죽간 중 글자가 많은 것은 11자이고 적은 것은 2자이다. 죽간은 오랫동안 진흙에 파묻혀 갈색으로 변했기 때문에 필적은 또렷하지 않다. 이들 단간은 중산대학초간정리소조中山大學楚簡整理小組가 병합拼合한 결과 총 18매로 복원되었다.[그림 5-1] 죽간의 내용은 견책으로 상단에는 기물 器物의 명칭과 수량이 기재되어 있고, 하단에는 기물을 넣어 둔 장소가 기재 되어 있다.[7]

### 2) 1953년: 앙천호초간(호남성 장사시)

오리패초간이 20세기에 최초로 발견된 초간이라고 한다면, 앙천호仰天湖

---

3) 商承祚 편저(1995: 2쪽).
4) 劉國勝(2005: 238쪽).
5) 考古研究所湖南調査發掘團(1952a: 72쪽)과 考古研究所湖南調査發掘團(1952b: 494 쪽)은 37매라고 하지만, 中國科學院考古研究所 편저(1957: 54쪽)는 38매라고 한다.
6) 죽간의 길이에 대해서는 오리패초간에 대한 초기보고서인 考古研究所湖南調査發掘 團(1952a)과 考古研究所湖南調査發掘團(1952b)에서는 아무런 언급이 없었다. 그런데 中國科學院考古研究所 편저(1957: 55쪽)와 胡平生·李天虹(2004: 173쪽)은 2.0~13.2 cm라고 하고, 商承祚 편저(1995: 127쪽)와 駢宇騫·段書安 편저(2006: 386쪽)는 최장 간을 15.5cm 최단간을 4.9cm라고 하여 수치가 일치하지 않는다.
7) 이상은 考古研究所湖南調査發掘團(1952a: 68~72쪽); 考古研究所湖南調査發掘團(1952b: 493~495쪽); 中國科學院考古研究所 편저(1957: 6~8·25~27·37·54~69·170쪽); 商 承祚 편저(1995: 1~2·127쪽); 胡平生·李天虹(2004: 172~175쪽); 駢宇騫·段書安 편저 (2006: 386쪽) 참조.

[그림 5-2]
앙천호초간(견책)

초간은 필적이 선명하고 글자 수도 비교적 많다는 의미에서 최초의 초간이다. 앙천호초간은 호남성 장사시 남쪽 근교에 있는 앙천호라는 작은 산언덕의 고대 묘장 중 제25호 초묘에서 출토되었다.(編號: 53長·仰墓025 또는 53長仰M25) 1953년 5월 호남성공정공사湖南省工程公司가 건축기지로 사용하기 위하여 산비탈을 편평하게 깎고 최고 4m 이상의 깊이로 흙을 파내려 갔을 때 무덤의 입구가 발견되었는데, 이것을 계기로 호남성문물관리위원회湖南省文物管理委員會의 주관하에 같은 해 7월에서 8월까지 발굴이 진행되었다.

앙천호 25호묘는 두 차례에 걸쳐 도굴의 피해를 입었는데, 두 번째 피해를 입은 것은 1947년의 일이다. 이 무덤은 장방형의 토갱수혈식土坑竪穴式 중형 목곽묘이다. 무덤의 방향은 100°이고 묘도가 있다.(길이 1.8m, 너비 2.2m, 경사각도 30°) 무덤 입구의 크기는 남쪽 길이는 4.75m 북쪽 길이는 4.48m이고, 동쪽 너비는 3.23m 서쪽 너비는 3.48m이다. 무덤 바닥의 크기는 남쪽 길이는 4.58m 북쪽 길이는 4.4m이고, 동쪽 너비는 3.16m 서쪽 너비는 3.46m이다. 무덤의 깊이는 현존 3.98m이다. 장구는 2곽 2관이다.

부장품은 죽간 외에 조각화판雕刻花板, 나무인형, 나무빗(木梳), 동검銅劍, 가죽띠, 띠고리, 도정陶鼎, 도돈陶敦, 도호陶壺, 견직물, 철제 괭이(鐵钁) 등이 출토되었다. 무덤의 조영 시기는 전국만기戰國晩期이고,[8] 묘주의 신분은 초나라 귀족으로 추정된다.[9]

---

8) 商承祚 편저(1995: 2쪽)는 무덤의 연대를 전국 후기라고 한다.
9) 劉國勝(2005: 238쪽)은 묘주의 신분을 오리패 406호묘와 마찬가지로 하대부라고 한다.

죽간은 총 42매가 출토되었는데,[10] 그중 완간完簡은 19매이고 나머지는 단간이다.[그림 5-2] 완간의 길이는 20.2~21.6cm이고,[11] 너비는 0.9~1.1cm이며, 두께는 0.12cm이다. 죽간의 오른쪽에는 위아래 두 군데에 편철용의 계구契口 (삼각형의 홈)가 있으며, 계구 사이의 간격은 8~9cm이다. 글자 수는 2자에서 21자로 일정하지 않다. 죽간의 내용은 견책이다.[12]

### 3) 1954년: 양가만초간(호남성 장사시)

양가만楊家灣은 장사시 북쪽 교외에 위치해 있는데, 원래는 의총義塚이었다. 1954년 7월 이곳에서 토목공사가 진행되고 있었을 때 호남성문물관리위원회가 8월에 지하 문물 조사에 착수했는데, 죽간은 그중 제6호묘(편호: 54· 長·楊6號 또는 54長楊M6)에서 발견되었다. 전술한 오리패초묘나 앙천호초묘와는 달리 도굴된 흔적은 없다.

양가만 6호묘는 장방형의 토갱수혈식 목곽묘이다. 방향은 100°이고 묘도가 있다.(길이 1.3m, 너비 1.48m, 경사 각도 36°) 무덤 입구의 크기는 남쪽 길이는 3.68m 북쪽 길이는 3.65m이고, 동쪽 너비는 2.65m 서쪽 너비는 2.68m이다. 현재의 지면을 기준으로 했을 때, 무덤의 깊이는 왼쪽은 3.75m이고 오른쪽은 4.62m이다. 장구는 1곽 1관이다.

부장품은 죽간 외에 목기류木器類, 죽기류竹器類, 칠기류漆器類, 도기류陶器類 등 총 215점이 출토되었다. 무덤의 조영 시기는 전국 말기에서 전한 초기

---

10) 湖南省文物管理委員會(1957b: 91쪽)와 商承祚 편저(1995: 59쪽)는 43매라고 한다.
11) 商承祚 편저(1995: 59쪽)는 20.6~23.1cm라고 한다.
12) 이상은 中央人民政府文化部文物局(1953: 109쪽); 中央人民政府文化部文物局(1954: 53쪽); 湖南省文物管理委員會(1957a: 93·99~101쪽); 湖南省文物管理委員會(1957b: 85~94쪽); 商承祚 편저(1995: 59쪽); 湖南省博物館 등 편저(2000: 24~26·420쪽); 胡平生·李天虹(2004: 175~178쪽); 駢宇騫·段書安 편저(2006: 387쪽) 참조.

[그림 5-3] 양가만초간
[그림 5-4] 양가만 6호묘
출토 大漆盒

라는 설도 있고,[13] 전국말이라는 설도 있다.[14] 묘주는 30세가량의 여성으로 추정된다.

죽간은 총 72매가 출토되었는데[그림 5-3], 비단에 싸서 직경 34cm의 화장용 상자(大漆盒 또는 大漆奩)[그림 5-4] 안에 작은 화장용 상자(小漆奩), 머리빗, 동경銅鏡 등과 함께 보관되어 있었다. 죽간의 오른쪽 위아래 두 군데에는 편철용의 계구를 파 놓고 명주실로 편철했는데 그 끈은 이미 부식되어 있었다. 계구 사이의 간격은 3.6~4.0cm이다. 죽간의 길이는 13.5~13.7cm이고,[15] 너비는 0.6cm이다. 글자 수는 대부분의 경우 상단에 1자가 서사되어 있지만 2자가 서사되어 있는 것이 4매이다. 또, 27매의 죽간에는 글자가 없다.[16] 이 초간은 앙천호초간에 비해 짧고 작음은 물론, 자형字形 및 필법筆法에도 차이가 있다. 간문簡文의 내용은 실제 무덤 속에 부장되어 있는 기물과 대응되지 않고 기물의 수량도 기재되어 있지 않기 때문에 견책과는 다르다. 그 의미나 성격에 대해서는 앞으로 좀 더 연구가 필요하다.[17]

---

13) 湖南省文物管理委員會(1957a: 101쪽).

14) 商承祚 편저(1995: 2쪽).

15) 商承祚 편저(1995: 271쪽)는 14.0~14.8cm라고 하고, 駢宇騫·段書安 편저(2006: 387쪽)는 14.8cm이지만 짧은 것은 14.1cm라고 하여 연구서마다 일치하지 않는다.

16) 商承祚 편저(1995: 271쪽)는 글자가 없는 無字簡의 매수를 22매라고 한다.

17) 이상은 湖南省文物管理委員會(1954: 20~32쪽); 湖南省文物管理委員會(1957a: 96~101쪽); 商承祚 편저(1995: 2·271쪽); 湖南省博物館 등 편저(2000: 53~57·428쪽); 胡平生·李天虹(2004: 184쪽); 駢宇騫·段書安 편저(2006: 387~388쪽) 참조.

4) 1957년: 신양장대관초간(하남성 신양시)

신양장대관信陽長臺關초간은 20세기 이래 발견된 초간 중 서적류(또는 典籍類)의 죽서竹書를 내용으로 하는 최초의 죽간이다. 이 초간은 하남성河南省 신양시信陽市에서 북쪽으로 20㎞ 떨어진 장대관 서북쪽 소류장小劉莊 뒤의 흙언덕 위에 위치한 2기의 무덤 중 1호 초묘에서 출토되었다. 1956년 봄 이 지역의 농민이 이 언덕 위에서 우물을 파다가 무덤을 발견했는데,[18] 곽판槨板을 파내고 무덤 안으로 들어가 부장품을 꺼내기도 하였다. 나중에 그 사실이 알려지게 되자 현縣의 인민위원회人民委員會에서 사람을 파견하여 조사한 후 무덤을 봉쇄하고, 이듬해인 1957년 3월에 고묘발굴위원회古墓發掘委員會가 조직되고 정식 발굴에 착수하여 5월에 종료되었다.

1호묘는 무덤의 방향은 102°이고, 묘갱墓坑 동쪽 중앙에 묘도가 있다.(평면 길이 14m, 경사 길이 17.9m, 경사 각도 22°) 장방형의 무덤 입구는 동서 길이는 14.5m이고, 앞쪽 너비(東端)는 12.55m이며, 중간 너비는 12.3m이고, 뒤쪽 너비(西端)는 12.05m이다. 무덤 바닥의 크기는 동서 길이는 9.7m이고, 앞쪽 너비는 7.6m이며, 중간 너비는 7.5m이고, 뒤쪽 너비는 7.35m이다. 무덤 벽에는 역피라미드 형태의 4단의 층계가 있고, 무덤의 깊이는 지면에서 바닥까지 10.35m이다. 장구는 2곽 3관의 비교적 큰 목곽묘이고, 외곽外槨은 7개의 묘실로 구획되어 있다.

부장품은 죽간 외에 악기[19], 생활용구(漆器·陶器·銅器 등), 무기, 거마기車馬

---

18) 초기보고서에서는 張崗"五一"農業社의 社員이 우물을 파다가 발견한 것으로 보고되어 있다. 河南省文化局文物工作隊第一隊(1957: 21쪽).

19) 신양장대관 1호묘에서는 13점을 한 세트로 하는 銅編鐘이 출토된 것으로 유명한데, 그중 표본1-119에는 "隹(惟)郬(荊)簹(歷)屈柰, 暜(晉)人救戎, 於楚競"(楚曆 2월 진나라 사람이 융을 구하려고 했지만 초나라에 유리하였다)이라는 12자의 銘文이 주조되어 있다.(명문을 해석할 때는 饒宗頤, 1980: 132~136쪽을 참조하였다.) 이 무덤에

器, 나무인형, 진묘수鎭墓獸, 견직물, 죽제품, 서사공구함(書寫工具箱)[그림 5-5][20] 등 총 903점이 출토되었다.

무덤의 조영 시기에 대해서는 춘추만기春秋晩期[21], 전국조기戰國早期[22], 전국중만기戰國中晩期나 전국 중기 전후[23], 전국 후기[24]의 4가지 설이 제기되어 있는데, 현재는 전국중기설이 유력한 것 같다. 묘주의 신분은 초기보고서에서는 제후나 그에 버금가는 통치계급의 인물이라고 추정했지만,[25] 정식보고서에서는 사대부士大夫와 같은 노예주로 추정하고 있다.[26]

죽간은 전실前室의 동쪽 부분에서

[그림 5-5] 신양장대관 1호묘 출토 서사공구함
[그림 5-6] 신양장대관 1호묘 출토 서사도구 및 공구 세트(1. 붓, 2. 붓통, 3 · 4. 각도, 5. 톱, 6. 송곳, 7. 자귀, 8 · 9. 삭도)

---

서는 編磬은 출토되지 않았지만, 편종이나 편경은 묘주의 신분과 밀접한 관련이 있기 때문에 그 유무는 묘주의 신분을 판단하는 하나의 중요한 요소가 된다.
20) 이 공구함은 재질은 나무이고 길이는 35.9cm, 너비는 16.1cm, 높이는 14.7cm이다. 공구함 안에는 서사도구와 죽간을 만들고 다듬을 때 쓰는 공구 세트 12점이 들어 있다. 구체적으로는 붓 1점, 붓통 1점, 톱(鋸) 1점, 자귀(錛) 1점, 削刀 2점, 夾刻刀 2점, 刻刀 3점, 송곳(錐) 1점이다.[그림 5-6]
21) 郭沫若(1958: 5쪽)은 春秋末年이라고 하고, 林巳奈夫(1999: 64쪽)는 春秋後期後半이라고 한다.
22) 河南省文物研究所(1986: 121쪽).
23) 商承祚 편저(1995: 2~3쪽); 胡平生 · 李天虹(2004: 189쪽).
24) 河南省文化局文物工作隊第一隊(1957: 22쪽).
25) 河南省文化局文物工作隊第一隊(1957: 22쪽).
26) 河南省文物研究所(1986: 121~122쪽). 胡平生 · 李天虹(2004: 189쪽)은 卿大夫級의 귀족이라고 하고, 劉國勝(2005: 238쪽)은 封君이나 경대부라고 한다.

119매(1組)[그림 5-7], 좌후실左後室에서 29매(2組)[27][그림 5-8], 도합 148매가 출토되었다. 2조의 경우는 보존 상태가 비교적 양호하지만, 1조의 경우는 농민이 우물을 팔 때 발로 짓밟은 탓에 죽간 전체가 파손되어 모두 단간의 형태로 발견되었다. 죽간의 치수는 1조의 경우는 단간 중 최장간의 길이가 33cm인데, 원래의 길이는 아마도 약 45cm이고 죽간마다 약 30자 정도 서사되어 있었을 것으로 추정된다. 현존 글자 수는 470여 자이다. 너비는 약 0.7~0.8cm이고, 두께는 0.1~0.15cm이다. 2조의 경우는 길이는 68.5~68.9cm (최장간 69.5cm)이고, 너비는 0.5~0.9cm이며, 두께는 0.1~0.15cm이다. 편철용의 계구는 위아래 두 군데에 있는데, 특이하게도 죽간

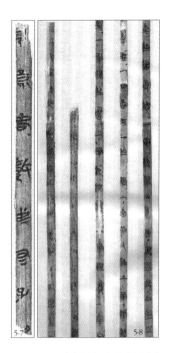

[그림 5-7] 신양장대관초간 제10호간. 여기에 기재되어 있는 '敗弟君子'는 『毛詩』「大雅·洞酌」편에 보이는 구절이다.
[그림 5-8] 신양장대관초간(견책)

의 뒷면에 파 놓았다. 죽간의 상단에서 첫 번째 계구 사이의 간격은 약 18cm이고 두 번째 계구에서 하단까지의 간격은 약 15.5cm이다. 그중 일부는 글자가 서사되어 있는 면이 서로 마주보도록 포갠 다음 4개씩 한 묶음으로 편철되어 있는 것도 있다.[28] 각각의 묶음은 다시 비단으로 싸고 명주실로 묶어서 보관했는데, 이러한 보관 방식은 비교적 특수한 예에 속한다. 글자 수는

---

27) 초기보고서에서는 28매라고 한다. 河南省文化局文物工作隊第一隊(1957: 22쪽).
28) 이것은 河南省文物研究所(1986)의 견해이다. 그런데 이러한 견해에 대하여 劉國勝(2001: 주석 2)·70쪽)은 타당하지 않다고 지적하면서, 일반적인 편철 방법과 동일하게 1冊으로 편철했을 것으로 본다.

많은 것은 48자이고 적은 것은 16자이며, 현존 글자 수는 957자이다. 또, 어떤 죽간의 경우는 표면을 삭도로 깎은 흔적이 있는 것도 있다. 죽간에 잔존해 있는 끈의 흔적을 분석한 결과, 1조의 죽간의 경우는 상중하 세 군데에 황색 명주실로 편철되어 있었고, 2조의 경우는 위아래 두 군데에 너비 0.4㎝의 흑색 명주실로 편철되어 있었다. 죽간의 내용은 1조는 서적류이고, 2조는 견책이다. 정식보고서에서는 서적류의 내용에 대하여 후대의 묘지명墓誌銘과 같이 고인의 생전의 행적을 찬미한 것이라고 하는가 하면, 다른 한편으로는 사맹학파思孟學派의 사상을 연구하는 데 도움이 된다고 하여 앞뒤가 맞지 않는 분석 결과를 내놓고 있다.[29] 또, 견책의 경우는 실제 부장된 기물과 대조해 본 결과 명칭과 수량이 일치하는 것도 있지만 그렇지 않은 것도 있다.[30]

## 2. 1960년대

### 1) 1965년: 망산 1호 초묘죽간(호북성 강릉현)

망산望山 1호 초묘죽간은 2호묘 죽간과 함께 20세기 이래 호북성湖北省 일대에서 최초로 출토된 초간이다. 이들 무덤이 발굴된 망산묘지는 호북성 강릉현江陵縣 재봉향裁縫鄉의 재봉점裁縫店과 등점藤店 사이에 위치해 있으며, 형천荊川도로가 묘지를 관통하고 있다. 이 묘지에서 동남쪽으로 약 7㎞ 떨어진 곳에는 옛 초나라의 수도인 기남성紀南城이 있으며, 이 묘지는 초나라

---

29) 河南省文物研究所(1986: 21 · 123쪽).
30) 이상은 河南省文化局文物工作隊第一隊(1957: 21~22쪽); 河南省文物研究所(1986: 1~3 · 18~69 · 120~123쪽); 商承祚 편저(1995: 2~3 · 157쪽); 胡平生 · 李天虹(2004: 187~190 · 193쪽); 駢宇騫 · 段書安 편저(2006: 388~389쪽) 참조.

도㟨(悼)씨 왕계王系 일족의 묘지로 추정된다. 망산 1호묘는 형천도로 옆, 장하漳河 저수지의 두 번째 수로 선상에 있다. 이 초묘는 1965년 겨울 호북성문화국문물공작대湖北省文化局文物工作隊가 장하댐 수로 건설 공사의 일환으로 문물을 탐사하던 중, 두 번째 수로가 지나는 강릉현 기산紀山 서쪽 기슭과 팔령산八嶺山 동쪽 기슭 일대의 공사 구간에서 발견된 대형·중형 무덤 25기 중의 하나이다. 발굴 작업은 1965년 10월 중순에 시작하여 이듬해인 1966년 1월 중순에 종료되었다.

망산 1호묘는 장방형의 토갱수혈식 중형 목곽묘이다. 묘장은 봉토封土, 묘도, 묘갱, 묘실의 4부분으로 구성되어 있으며 도굴의 흔적은 없다. 무덤의 방향은 100°이고, 묘갱의 동쪽 중앙에 묘도가 있다.(평면 길이 12.2m, 동쪽 입구 너비 2.7m, 서쪽 입구 위쪽 너비 5.2m, 입구 아래쪽 너비 2.3m, 경사 각도 19°) 무덤 입구의 크기는 동서 길이는 16.1m이고, 남북 너비는 13.5m이다. 무덤 바닥의 크기는 동서 길이는 6.5m이고, 남북 너비는 4.2m이다. 무덤 벽에는 역피라미드 형태의 5단의 층계가 있고, 묘갱 입구에서 바닥까지의 깊이는 8.4m이다. 장구는 1곽 2관이고,[31] 외곽은 3개의 묘실로 구획되어 있다.

부장품은 죽간 외에 도기, 동기(容器·武器·車馬器·服飾器·雜器), 칠기, 죽기, 견직물, 서사공구함(漆文書工具盒), 삭도(銅削), 삭도집(漆削鞘) 등 총 783점이 출토되었다. 무기 중 "월왕구천邸(越)王句湝(踐), 자작용검自乍(作)甬(用)鐱(劍)" (월왕 구천이 직접 제작하여 사용한 검)이라는 양행兩行의 조전鳥篆 명문이 있는 월왕구천검越王句踐劍은 특히 유명하다.[32] 또, 서사공구함(길이 84cm, 너비 16cm, 높

---

31) 초기보고서인 湖北省文化局文物工作隊(1966: 34쪽)와 商承祚 편저(1995: 223쪽)는 2곽 1관이라고 하지만 1곽 2관이 정확하다.

32) 월왕구천검은 초나라가 월나라를 멸망시키고 난 뒤, 그 전리품으로 功臣들에게 사여한 것으로 풀이하는 것이 일반적이다.(商承祚 편저, 1995: 3쪽)

이 21cm)에는 동자귀(銅鐼) 1점, 동협각도銅夾刻刀('王'자 陽文이 있
다) 2점, 조마석粗磨石 1점, 세마석細磨石 1점이 들어 있다.

무덤의 조영 시기에 대해서는 의견이 분분하지만, 최근
에는 초 위왕威王(재위 B.C. 339~B.C. 329) 시대나 회왕懷王(재위
B.C. 328~B.C. 299) 전기, 즉 전국중기후단戰國中期後段으로 추정
하는 설이 가장 유력시되고 있다.33) 이 무덤의 묘주는 남성
이고, 이름은 간문의 14군데에 나오는 '도고邸(悼)固'[그림 5-9]로
추정된다. 그러나 일각에서 주장하는 『사기』「감무열전甘茂
列傳」이나 『한비자韓非子』「내저설하內儲說下」편이나 『전국책
戰國策』「조책趙策」 등에 나오는 '소활邵滑(淖滑ㆍ卓滑ㆍ昭滑이라
고도 한다)과는 무관하다.34) 묘주의 연령은 25~30세가량이고
신분은 하대부下大夫이며, 초 도왕悼王의 증손으로 초나라 귀
족으로 추정된다.

죽간은 변상邊箱의 동쪽 부분에서 출토되었다. 그러나 곽
실에 고인 물에 떠다니거나 칠기 등의 기물에 압착되어 있
었기 때문에, 출토 시에는 이미 모두 손상되어 있었고 조각
난 기물들의 잔재와 뒤섞여 있었다. 단간 중 최장간의 길이

[그림 5-9] 망산 1
호묘 초간 제13호
간(복서제도간).
왼쪽 가운데 부분
에 '邸固'라는 글
자가 보인다.

---

33) 陳振裕(1980: 229~232쪽); 陳振裕(1981: 319~327쪽); 湖北省文物考古硏究所(1996:
208~210쪽) 참조. 그 밖에 劉彬徽(1991: 536쪽)는 B.C. 332~330년 사이라고 한다.
참고로 中國科學院考古硏究所實驗室(1977: 203쪽)이 망산 1호묘의 棺木에서 채취한
표본에 대하여 탄소14 연대 측정을 하고, 1950년을 기점으로 5730년과 5570년이라는
2종의 半減期로 연대를 환산한 결과, 전자의 경우는 B.C. 295±90년, 후자의 경우는
B.C. 235±90년이라는 연대가 나왔다고 한다. 그 밖에 망산 1호묘의 조영 시기에
대한 선행 연구에 관해서는 李承律(2007: 581~582쪽) 참조.
34) 中文系古文字硏究室楚簡整理小組(1977: 91쪽)와 商承祚 편저(1995: 3쪽)는 邸固와
邵滑을 동일 인물로 간주한다.

288    죽간ㆍ목간ㆍ백서, 중국 고대 간백자료의 세계 1

는 39.5cm이고 최단간의 길이는 약 1cm이며, 일반적으로는 대부분 10cm 이하이다. 너비는 약 1cm이고 두께는 0.1cm이다. 단간을 병합하여 복원한 결과 총 207매가 되었다. 그중 최장간의 길이는 약 52.1cm이다. 죽간의 오른쪽에는 상중하 세 군데에 편철용의 계구가 있다. 편철한 끈은 이미 부식되어 죽간의 원래 순서는 알 수 없게 되었지만, 계구의 표면에는 편철 때 사용한 명주실의 흔적이 남아 있다. 글자 수는 가장 많은 것은 30자이고 가장 적은 것은 1자인 것도 있지만 일반적으로는 6~15자 사이이며, 총 글자 수는 1,000여 자이다.[35] 죽간의 서법에는 많은 차이가 있기 때문에, 아마도 다수의 사람들이 서사한 것으로 추정된다. 이것은 곧 이들 죽간이 일정한 시기에 여러 사람들에 의하여 작성된 것을 나중에 한데 묶어 편철한 파일간이라는 것을 의미한다. 죽간의 내용은 묘주를 위하여 점을 치고 제사를 지낸 것을 기록한 것인데, 이것을 학계에서는 복서제도기록卜筮祭禱記錄 또는 복서제도간卜筮祭禱簡이라고 한다. 망산 1호묘는 20세기 이래 발굴된 초묘 중 복서제도간이 최초로 출토된 무덤이다.[36]

## 2) 1966년: 망산 2호 초묘죽간(호북성 강릉현)

망산 2호묘는 1호묘의 발굴이 종료된 해와 같은 해인 1966년 봄에 발굴되었고, 지리적으로는 1호묘에서 동북쪽으로 약 500m 떨어진 곳에 위치한

---

35) 商承祚 편저(1995: 223쪽)는 복원 작업 전의 최장간의 길이는 42.5cm라 하여 치수가 일치하지 않는다. 또, 복원 작업 후의 죽간의 총수는 167매인데, 그중 완간의 길이는 60cm이고 글자 수는 40자라 하여 이것 또한 정보가 일치하지 않는다.

36) 이상은 湖北省文化局文物工作隊(1966: 33~39쪽); 商承祚 편저(1995: 3·223쪽); 湖北省文物考古研究所·北京大學中文系 편(1995: 3~7쪽); 湖北省文物考古研究所 (1996: 1~110·208~222쪽); 胡平生·李天虹(2004: 56~58쪽); 駢宇騫·段書安 편저 (2006: 392~393쪽) 참조.

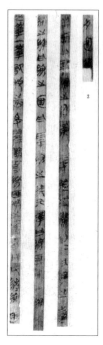

[그림 5-10] 망산 2호묘 초간
제2호간(견책)

다. 이 무덤도 1호묘와 마찬가지로 장방형의 토갱수혈식 중형 목곽묘이고, 봉토, 묘도, 묘갱, 묘실로 구성되어 있다. 다만 도굴의 피해를 입은 점이 다르다. 무덤의 방향은 94°이고, 묘갱의 동쪽 중앙에 묘도가 있다. (위쪽 입구 길이 8.6m, 바닥 길이 11.2m, 동쪽 끝 너비 1.8m, 서쪽 끝 너비 3.7m, 경사 각도 18°) 무덤 입구의 크기는 동서 길이는 11.84m이고, 남북 너비는 9.43m이다. 무덤 바닥의 크기는 동서 길이는 5.75m이고, 남북 너비는 3.3m이다. 무덤 벽에는 역피라미드 형태의 3단의 층계가 있고, 무덤 입구에서 바닥까지의 깊이는 6.69m이다. 장구는 1곽 3관이다.[37]

부장품은 죽간 외에 도기, 동기(용기·무기·거마기·잡기), 칠기, 옥기玉器, 석기石器 등 총 617점이 출토되었다. 무덤의 조영 시기는 전국중기만단戰國中期晚段으로 추정된다. 묘주는 50세가 넘는 여성으로 도씨 왕계 일족의 가족구성원이고, 신분은 1호묘의 묘주와 마찬가지로 하대부로 추정된다.

죽간은 변상의 위층에서 출토되었다. 죽간은 단간의 형태로 곳곳에 흩어져 있었으며 일부는 변상 바닥에 떨어져 있었다. 한데 모아 병합한 결과 죽간의 매수는 총 66매이고[38] 그중 완간은 5매이다. 죽간의 오른쪽에는 위아래 두 군데에 편철용의 계구가 있다. 완간의 길이는 63.7~64.1cm이고, 너비는 0.6~0.7cm이며, 두께는 0.1~0.16cm이다. 글자 수는 가장 많은 것은 73

---

37) 초기보고서인 湖北省文化局文物工作隊(1966: 34쪽)는 2곽 2관이라고 하지만 1곽 3관이 정확하다.
38) 商承祚 편저(1995: 97쪽)는 총 67매라고 한다.

자이고, 총 글자 수는 1,000자에 육박한다. 이 죽간도 1호묘의 죽간과 마찬가지로 여러 사람이 서사한 것으로 추정된다. 죽간의 내용은 견책이다.[그림 5-10] 견책에 기재되어 있는 것과 실제로 부장된 기물의 수량을 대조해 보면 일치하는 것도 있지만 그렇지 않은 것도 있다. 그 원인 중의 하나는 아마도 도굴의 피해를 입었기 때문인 것으로 추정된다. 그러나 그와는 반대로 부장된 기물의 수량이 견책에 기재되어 있는 것보다 많은 경우도 있다.[39]

## 3. 1970년대

### 1) 1973년: 등점초간(호북성 강릉현)

등점藤店초간은 호북성 강릉현 등점공사藤店公社 등점대대藤店大隊에 위치한 등점 1호묘에서 출토되었다. 등점 1호묘에서 동남쪽으로 약 9km 떨어진 곳에는 기남성이 있다. 이 무덤은 1973년 3월 농지 수리 건설 중 등점공사의 농민에 의하여 발견되었으며, 형주지구박물관의 주관하에 3월 중하순부터 발굴 작업이 진행되었다.

등점 1호묘는 장방형의 토갱수혈식 목곽묘이다. 이 무덤은 원래는 봉토가 있었지만 발굴 당시에는 없었다. 방향은 90°이고 무덤 동쪽에 묘도가 있다.(평면 잔존 길이 5.6m, 경사 길이 9.7m, 동쪽 상단 입구 너비 1.9m, 서쪽 상단 입구 너비 2.9m, 서쪽 하단 입구 너비 1.43m, 경사 각도 22°) 무덤 입구의 크기는 동서의 잔존 길이는 11m이고, 남북의 너비는 9.6m이다. 무덤 바닥의 길이는 4.85m이고,

39) 이상은 湖北省文化局文物工作隊(1966: 33~39쪽); 商承祚 편저(1995: 97쪽); 湖北省文物考古研究所(1996: 111~163·210·215쪽); 湖北省文物考古研究所·北京大學中文系 편(1995: 7~10쪽); 胡平生·李天虹(2004: 62~64쪽); 駢宇騫·段書安 편저(2006: 394쪽) 참조.

[그림 5-11] 등점초간
[그림 5-12] 증후을묘 출토 의상함

너비는 3.05m이다. 무덤 벽에는 역피라미드 형태의 5단의 층계가 있고, 무덤의 깊이는 6.6m이다. 장구는 1곽 2관이고, 관곽 사이에 기물 부장용의 두상頭箱과 변상이 있다.

부장품은 죽간 외에 무기, 거마기, 생활용구, 악기 등 총 300여 점이 출토되었다. 무기 중에는 "월왕주구戉(越)王州(朱)句(勾), 자작용검自乍(作)用僉(劍)"(월왕 주구가 직접 제작하여 사용한 검)이라는 양행의 조서鳥書 명문이 있는 월왕주구검越王州句劍이 있다. 무덤의 조영 시기는 망산 1호묘와 유사한 전국중기후단이고, 묘주의 신분은 대부로 추정된다.[40)]

죽간은 변상의 서쪽에서 출토되었는데, 모두 단간의 형태로 산란되어 있었다.[그림 5-11] 수량은 총 24매이고 글자 수는 총 47자이다. 단간 중 최장간의 길이는 18cm이고, 너비는 0.9cm이다. 글자 수는 가장 많이 서사되어 있는 죽간의 경우 7자이다. 정식 도판과 석문은 아직 공표되지 않았다.[41)]

2) 1978년: 증후을묘죽간(호북성 수현)

증후을묘는 초묘는 아니지만 이 무덤에서 출토된 죽간의 문자가 초나라

---

40) 劉國勝(2005: 238쪽)은 하대부로 추정한다.
41) 이상은 荊州地區博物館(1973: 7~13쪽); 騈宇騫·段書安 편저(2006: 402~403쪽) 참조.

문자와 차이가 없기 때문에 학계에서는 일반적으로 초나라 계통의 문자로 간주한다. 이것은 곧 당시 증나라가 초나라와 정치적으로 매우 긴밀한 관계에 있었고, 문화적으로도 초 문화의 영향을 깊게 받고 있었다는 것을 의미한다. 증후을묘는 명문이 주조되어 있는 현존 최대 규모의 편종과 문자가 새겨져 있는 편경 및 현존 최고最古의 28수宿의 명칭이 칠서漆書되어 있는 의상함(衣箱)[그림 5-12]이 출토된 것으로도 유명하다.

이 무덤은 호북성 수현隨縣(현 隨州市) 성관진城關鎭 서북 교외의 구릉지대인 뇌고돈擂鼓墩 부근에 위치해 있다. 원래의 편호編號는 수현뇌고돈 1호묘이며, 속칭 동단파東團坡라고도 한다. 이 무덤은 1977년 9월 중국 인민해방군人民解放軍의 모 부대가 공장건물을 증축하기 위하여 동단파에서 토지 평탄작업을 하던 중 발견되었다.[42] 발굴 작업은 호북성수현뇌고돈고묘발굴영도소조湖北省隨縣擂鼓墩古墓發掘領導小組의 주관하에 1978년 5월 11일에 시작하여 같은 해 6월 28일에 종료되었다.

증후을묘는 석갱수혈식石坑竪穴式 무덤으로 평면은 불규칙한 다변형의 모양을 하고 있고, 무덤의 방향은 정남正南이다. 초묘에 보편적으로 보이는 묘도와 역피라미드 형태의 층계가 없는 점, 무덤 내에 큰 석판石板을 사용하고 있는 점, 적탄積炭이 있는 점 등으로 볼 때 초 지역보다는 중원中原 지역의 장례 습속과 일치한다. 무덤 입구의 크기는 동서의 최장 길이는 21m이고 남북의 최장 너비는 16.5m이며 총면적은 220㎡이다. 무덤 벽은 수직으로 반듯하게 깎아놓았으며, 무덤 입구의 가장 높은 곳에서 바닥까지의 깊이는 11m이다. 이 무덤은 동·서·북·중의 4개의 묘실 및 21구의 순장관殉葬棺과

---

42) 隨縣擂鼓墩一號墓考古發掘隊(1979: 1쪽)에 의하면 인민해방군 모 부대의 숙영지를 건설하기 위하여 평탄 작업을 하던 중 발견되었다고 한다.

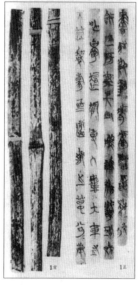

[그림 5-13] 초나라 왕 熊章이 曾侯乙의 장례식 때 보낸 鎛鐘 명문 가운데 줄 하단에 '曾侯乙'이라는 글자가 보인다.
[그림 5-14] 증후을묘죽간 제1호간. 오른쪽은 앞면이고 왼쪽은 뒷면이다.

1구의 순구관殉狗棺으로 구성된 대형 목곽묘이다. 묘주의 관은 동쪽 묘실에 안치되어 있었다. 무덤 북쪽 부근에는 전국 말기나 진한시대에 도굴을 목적으로 파 놓은 구덩이가 있다.

부장품은 죽간 외에 악기(부품을 포함하여 1,851점), 청동예기靑銅禮器(117점), 청동공구(17점), 무기(4,777점), 거여車輿와 거마기(도합 1,127점), 투구와 갑옷(수량은 未詳), 칠기(5,012점), 죽기(26점), 삭도(4점) 등 총 15,404점이 출토되었다. 이것은 현재까지 발굴된 무덤 중 가장 많은 수량이다. 특히 이들 부장품 중에는 명문이 주조되어 있거나 새겨져 있는 기물이 다량으로 출토되었다. 구체적으로는 편종 명문 2,828자, 편종 지지대와 고리 명문 및 각문刻文 927자, 편경 각문 696자, 편경 보관용 상자(磬匣) 각문 99자, 편경 묵서墨書 12자, 편경 지지대 명문 5자, 북 받침대 명문 7자, 예기 및 용기 명문 871자, 과명戈銘 277자, 극명戟銘 198자, 수명殳銘 18자, 거세車軎(차축 굴대 머리) 명문 3자, 의상함 각문 12자, 의상함 칠서 42자, 둥근 목병木柄 묵서 5자 등 약 6,000자의 문자가 확인되었다.

무덤의 조영 시기는 B.C. 433년에서 B.C. 400년 사이, 즉 B.C. 433년보다 약간 늦은 시기로 추정된다. 이 무덤의 묘주는 증나라의 군주인 '증후을曾侯乙'이다.[그림 5-13] 성별은 남성이고 연령은 약 42~45세로 추정된다.

죽간은 북쪽 묘실에서 출토되었다. 수량은 총 240매이고, 편철용의 끈은 부식되어 이미 끊어져 있었다. 출토 당시 무덤 안에 고인 물에 의하여 산란되어 있었지만 보존 상태는 양호하다. 완간의 길이는 일반적으로 70~75㎝이고, 너비는 약 1㎝이며, 위아래 두 군데에 편철한 흔적이 있다. 문자는 제1호간만 양면에 서사되어 있을 뿐[그림 5-14], 나머지는 모두 한 면(黃面)에 서사되어 있다. 글자 수는 가장 많은 것은 62자에 달하고 가장 적은 것은 4자에 불과한 것도 있다. 총 글자 수는 6,696자이다. 죽간의 내용은 견책이며, 장례에 사용하는 거마와 무기 및 갑옷과 투구에 관한 내용이 기재되어 있다. 좀 더 구체적으로는 제1~121호간에는 전차에 배치된 거마기와 무기 장비에 관한 것이 기재되어 있고, 제122~141호간에는 전차에 배치된 병사와 말의 투구와 갑옷에 관한 것이 기재되어 있으며, 제142~209호간에는 전차를 끄는 말에 관한 것이 기재되어 있다. 또, 제210~214호간에는 나무인형의 수량으로 추정되는 내용이 기재되어 있다. 다만 간문에 기재되어 있는 거마기나 무기의 수량과 실제 무덤에서 출토된 수량 사이에는 상당한 차이가 있다. 그 밖에 북쪽 묘실에서는 말 투구와 관련된 내용이 기재되어 있는 죽첨竹簽 2매도 출토되었다.[43]

3) 1978년: 천성관 1호 초묘죽간(호북성 강릉현)

천성관天星觀 1호묘는 현재까지 호북성 강릉현 일대에서 발견된 초묘 중

---

43) 이상은 隨縣擂鼓墩一號墓考古發掘隊(1979: 1~14쪽); 裴錫圭(1979: 25~33쪽); 湖北省博物館 편(1989: 1~12・45・55~56・60・75・175・250・252・332・352~355・452~464・482~483쪽); 胡平生・李天虹(2004: 86~88쪽) 참조.

최대 규모이다. 천성관이라는 명칭은 청대에 이 무덤의 봉토 위에 '천성관'이라는 도관道觀을 세운 것에서 유래한다. 이 초묘는 호북성 강릉현 관음당 공사觀音塘公社 오산대대五山大隊 안에 위치해 있으며, 동쪽으로는 장호長湖와 면하고 있고, 서쪽으로는 기남성이 약 30㎞ 떨어진 곳에 있다. 오산대대에는 동쪽에서 서쪽으로 활모양으로 5기의 큰 무덤이 나란히 자리 잡고 있는데, 1호묘는 오산의 동쪽에 위치해 있으며 높이는 해발 40.4m이다. 이 무덤군은 반潘씨 가족의 묘지로 추정된다.

이미 언급했듯이 1호묘는 장호와 맞닿아 있는데, 호수 물에 의하여 장기간 침식되어 봉토의 5분의 2와 묘갱을 매운 흙의 일부분이 이미 붕괴되어 있었다. 그 때문에 지하 문물을 보존하기 위하여 형주지구박물관荊州地區博物館의 주관하에 1978년 1월 8일에서 같은 해 3월 28일까지 발굴 작업이 진행되었다. 발굴이 진행되던 중 도굴자들이 파 놓은 구덩이가 발견되었는데, 거기에서 나온 도굴용 공구나 생활용기 등을 조사한 결과, 전국 말기에서 통일진 사이에 진秦나라 사람들에 의하여 도굴된 것으로 추정된다.

천성관 1호묘는 장방형의 토갱수혈식 대형 목곽묘이다. 무덤의 방향은 185°이고, 묘실의 남쪽에는 묘도가 있다.(입구 길이 18.8m, 바닥 길이 32.8m, 경사 각도 10°) 현존 묘갱 입구의 크기는 남북의 길이는 30.4m이고, 동서의 너비는 33.2m이다.(묘갱 입구의 원래 길이는 41.2m이고 너비는 37.2m이다.) 무덤 바닥의 크기는 남북의 길이는 13.1m이고, 동서의 너비는 10.6m이다. 무덤 벽에는 역피라미드 형태의 15단의 층계가 있고, 묘갱 입구에서 바닥까지의 깊이는 12.2m이다. 장구는 2곽 2관이고, 외곽은 7개의 묘실로 구획되어 있다.

부장품은 죽간 외에 청동용기와 잡기(도합 33점), 도기(5점), 무기(166점), 거마기(2,116점), 악기(114점), 칠기(110점) 등 총 2,440여 점이 출토되었다. 악기 중

에는 신분과 밀접한 관련이 있는 편종과 편경이
있다.

무덤의 조영 시기는 망산 1호묘와 유사한 전
국 중기, 좀 더 구체적으로는 B.C. 361년보다는
늦은 B.C. 340년 전후, 즉 초 선왕宣王이나 위왕 시
기로 추정된다. 묘주는 이 무덤에서 출토된 복서
제도간에 "위저양군번칙정爲(爲)邵(邸)昜君番勠(勅)
貞(貞)"(저양군 번칙을 위하여 묻습니다)라는 구절이 자
주 보이는 것에 의하면 '저양군 번칙'이다.[44][그림
5-15] '번칙'은 묘주의 성명이고 '군'은 봉호封號이
며 '저양'은 그의 봉읍封邑이다. 따라서 번칙의
신분은 봉군임을 알 수 있다. 또, 무덤의 형태와
출토된 유물에 의하면, 그의 작위는 초나라의 상
경上卿에 해당되고 관직은 영윤令尹이나 상주국上

[그림 5-15] 천성관초간. 맨 왼쪽에 '爲邸昜君番勅貞'이라는 글자가 보인다.

柱國이었을 것으로 추정된다.

죽간은 서쪽 묘실에서 출토되었다. 그중 일부는 옷칠 한 가죽(漆皮) 안에
끼여 무기 아래에 깔려 있었고 도굴꾼들이 밟아 파손되어 있었다. 또 다른
일부는 대나무 바구니(竹筒) 안에 보관되어 있었는데, 이 경우는 보존 상태
가 양호하다. 죽간의 수량은 완간은 70여 매이고, 단간도 있지만 정확한 수
량은 알려져 있지 않다. 완간의 길이는 64~71cm이고, 너비는 0.5~0.8cm이
다. 죽간의 왼쪽에는 위아래 두 군데에 편철용의 계구가 있다. 총 글자 수는

---

44) '昜'자는 湖北省荊州地區博物館(1982: 109쪽)과 胡平生·李天虹(2004: 74쪽)은 '膓'자
로 쓰지만, [그림 5-15]를 보면 '昜'자이다. 따라서 여기서는 '昜'자로 쓴다.

약 4,500자이다.

죽간의 내용은 견책과 복서제도간으로 구분된다. 견책의 경우는 비교적 심하게 파손되어 있는데, 묘주인 저양군의 장송 때 사용된 전차와 의장儀仗, 전차를 모는 사람(御者)의 관직과 성명, 전차 대열에서 탑승한 전차의 명칭과 위치 및 탑재한 의장, 무기, 갑옷과 투구, 장식물 등이 기재되어 있다. 또, 저양군의 장례를 도운 사람의 이름과 관직 및 증정한 물품도 기재되어 있다.

복서제도간은 비교적 수량이 많은데, 글자 수는 약 2,700자이다. 내용은 다음의 세 가지로 구분된다. 첫째는 묘주를 위하여 '시왕侍王'이 순조로울지 점친 것이다. 둘째는 우환이나 질병의 길흉을 점친 것이다. 셋째는 이사한 새집에서 오랫동안 지낼 수 있는지의 여부와 미래의 전망에 대하여 점친 것이다. 천성관초간의 도판은 초기보고서에 견책과 복서제도간 각각 1점만 실려 있을 뿐 아직 정식으로 공표되지 않았다.[45)]

4) 1980년: 구리초간(호남성 임례현)

1979년 이래 호남성 각지에서 인프라 구축을 위하여 전국시대 묘지나 무덤 1,000여 기를 대대적으로 발굴하게 되는데, 이때 발굴된 임례현臨澧縣의 구리초묘군九里楚墓群 중 제1호묘에서 죽간이 출토되었다. 이 무덤은 1980년 6월에서 10월 사이에 발굴되었는데, 당시로서는 호남성에서 발굴된 초묘 중 규모가 가장 큰 것이었다. 무덤의 규모는 입구의 동서 길이는 34.5m이고, 남북의 너비는 32.8m이다. 깊이는 20m이고, 무덤 벽에는 역피라미드 형태의

---

45) 이상은 湖北省荊州地區博物館(1982: 71~115쪽); 胡平生·李天虹(2004: 73~76쪽) 참조.

11단의 층계가 있다. 묘갱의 동쪽에는 길이 19m의 묘도가 있다. 장구는 2곽 3관의 목곽묘이고, 4개의 변상이 있다. 이 무덤은 오래전에 도굴의 피해를 입었다. 부장품은 죽간 외에 칠기, 목기, 동기, 옥기, 도기, 유리제품, 과일류 등 300여 점이 출토되었다. 무덤의 조영 시기는 전국 중기이고, 묘주의 신분 은 무덤의 규모와 부장품의 종류로 볼 때 봉군으로 추정된다. 죽간의 내용 은 견책이다. 정식 도판과 석문은 아직 공표되지 않았다.[46]

## 4. 1980년대

### 1) 1981년: 구점초간(호북성 강릉현)

1978년 강릉 구점공사전와창九店公社磚瓦廠(현 紀南第二磚瓦廠)이 우대대대雨 臺大隊(현 紀南鄉 雨臺村)의 시가와施家窪에서 공장을 건설하고 토양을 채취하던 중 이 일대에서 계속 초묘가 발견되어 성省과 현縣의 문물국이 수차례에 걸 쳐 조사를 진행하였다. 전와창의 규모가 확대되고 토양의 사용량이 증가하 자, 1981년 5월 호북성박물관 강릉사무소는 토양 채취에 협력하기 위하여 발굴 작업을 정식으로 진행하였다. 발굴 작업은 9년간 지속되어 1989년에 종료되었다. 이 기간 동안 발굴된 구점묘지의 동주東周시대 무덤은 총 597기 로 역대 최다이다. 이 묘지에서 서남쪽으로 1.2~1.5㎞ 떨어진 곳에는 기남 성이 있다.

이들 무덤은 조영 방식과 부장품의 특징에 따라 희주姬周 문화 계통(甲組) 과 초 문화 계통(乙組)으로 구분되고, 또 묘지의 분포에 따라 동북쪽에서 서 남쪽으로 Ⅰ, Ⅱ, Ⅲ의 세 묘구墓區로 구분된다. 그중 죽간이 출토된 56호묘

---

46) 이상은 文物編輯委員會 편(1990: 211쪽) 참조.

는 '을조 B형型 Ⅲ식式묘', 411호묘는 '을조 D형 Ⅰb식묘', 621호묘는 '을조 C형 Ⅱa식묘'이다.

56호묘는 장방형의 토갱수혈식 소형 무덤이다. 묘갱 입구의 잔존 길이는 2.56m이고, 동쪽 너비는 0.84m이며, 서쪽 너비는 0.93m이다. 묘갱 바닥의 길이는 2.5m이고, 동쪽 너비는 0.76m이며, 서쪽 너비는 0.85m이다. 묘갱의 깊이는 1.18m이고, 방향은 104°이다. 무덤 내부에는 두감頭龕과 측감側龕이 있고 부장품은 모두 이곳에서 출토되었다. 장구는 1관만 있고 곽은 없다. 인골은 부식되어 남아 있지 않기 때문에 묘주의 연령이나 성별은 알 수 없다. 부장품은 죽간 1권 외에 예기, 생활용구, 무기, 서사공구(삭도, 먹) 등 30여 점이 출토되었다. 무덤의 조영 시기는 전국만기조단戰國晚期早段이고, 묘주의 신분은 서인庶人으로 추정된다.[47]

죽간은 측감에서 출토되었다. 죽간은 먹을 보관한 묵합墨盒[그림 5-16]과 철제 삭도를 안에 넣고 두루마리 형태로 둘둘 말아 묶은 상태로 부장되어 있었다. 전체 수량은 총 205매가 출토되었는데, 그중 비교적 완전한 것은 35매이고 나머지는 단간이다.[그림 5-17] 완간의 길이는 46.6~48.2cm이고, 너비는 0.6~0.8cm이며, 두께는 0.1~0.12cm이다. 죽간의 오른쪽에는 상중하 세 군데에 편철용의 계구가 있다. 총 글자 수는 약 2,700자이지만, 식별이 가능한 것은 2,332자 정도이다. 죽간 중 글자 수가 가장 많은 것은 57자이다. 죽간의 내용은 제1~12호간까지는 농작물의 수량을 기재한 것으로 보이며, 나머지는 『일서』이다. 초간 중에서 『일서』가 출토된 것은 현재까지 구점초간

---

47) 湖北省文物考古硏究所·北京大學中文系 편(2000: 163쪽)은 구점묘지에서 발굴된 동일 규모의 무덤 중 부장품이 상당히 풍부하고 『日書』와 서사공구가 함께 부장되어 있는 점에 주목하면서, 묘주의 신분은 서인 중에서도 지위가 비교적 높거나 몰락한 '士'이며 직업은 占卜과 관련이 있을 것으로 추정한다.

이 유일하다.

411호묘도 장방형의 토갱수혈식 소형 무덤이다. 무덤 입구의 길이는 2.86m이고, 너비는 1.2m이다. 무덤 바닥의 길이는 2.84m이고, 너비는 1.04m이다. 무덤의 깊이는 2.6m이고, 방향은 187°이다. 장구는 1곽 1관이다. 무덤의 조영 시기는 동주시대로만 추정된다. 부장품은 죽간 외에 동검 1점, 동과銅戈 1점, 나무빗 1점, 죽편竹片 1묶음이 출토되었다. 죽간은 관곽 사이의 동측 남쪽 부분에서 2매가 출토되었다. 죽간의 보존 상태는 하나는 완전하지만 하나는 잔결되어 있다. 완간의 길이는 68.8㎝이고, 너비는 0.6㎝이며, 두께는 0.11㎝이다. 글자는 흐릿하여 선명하지 않고 구체적인 내용도 알려져 있지 않다. 정식 도판과 석문은 아직 공표되지 않았다.

621호묘도 장방형의 토갱수혈식 소형 무덤이다. 무덤 입구의 길이는 3.86m이고, 너비는 2.3m이다. 무덤 바닥의 길이는 3.46m이고, 너비는 1.9m이다. 무덤의 깊이는 3.24m이고, 방향은 199°이다. 장구는 1곽 1관이다. 부장품은 동제예기, 도제예기, 장례용구, 생활용구, 무기, 악기 등 총 50여 점이 출토되었다. 무덤의 조영 시기는 56호묘보다 이른 전국중기만단이고, 묘주의 신분은 56호묘보다 높은 사士로 추정된다.

죽간은 관곽 사이의 동측 중앙 부분에서 총 127매가 출토되었다. 그중 글자가 흐릿한 57매의 죽간과 글자가 없는 38매의 죽간

[그림 5-16] 구점 56호묘 출토 墨盒
[그림 5-17] 구점 56호묘 초간 제13호간. 『日書』「建除」

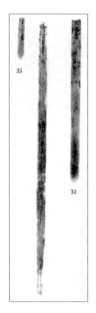

을 제외하면, 글자가 선명한 것은 32매에 불과하다. 단간 중 최장간의 길이는 22.2㎝이고, 너비는 0.6〜0.7㎝이며, 두께는 0.1〜0.13㎝이다. 자형이 판독 가능한 것은 92매 이다. 죽간에는 편철한 흔적이 있지만, 모두 심하게 파 손되어 배열순서 등의 복원은 매우 어려운 상태이다. 이 들 죽간의 자료적 성격은 아마도 서적류에 해당하는 것 으로 추정된다. 내용은 요리와 관련된 것이고, 제34호간 에 '계자여훈季子女訓'[그림 5-18]이라고 서사되어 있는 것이 아마도 이 서적의 제목일 것으로 추정된다.[48]

[그림 5-18] 구점 621호묘 초간 제34〜35호간. 제 34호간에 '季子女訓'이라 는 글자가 보인다.

2) 1983년: 상덕석양파초간(호남성 상덕시)

상덕석양파常德夕陽坡초간은 상덕지구문물공작대常德 地區文物工作隊가 1983년 12월에서 1984년 12월에 걸쳐 원수 沅水의 지류인 왕수枉水 서안의 언덕 위에 분포되어 있는 무덤 145기를 발굴하던 중 제2호 초묘에서 출토되었다.

상덕석양파 2호묘는 장방형의 토갱수혈식 소형 목곽묘이다. 무덤의 입 구는 크고 바닥은 작으며 바닥의 길이는 3.8m이고, 너비는 2.5m이다. 장구는 1곽 1관이고, 곽실은 관실·두상·변상의 3부분으로 구획되어 있다. 부장품 은 죽간 외에 무기, 생활용구, 칠기, 도기 등 40여 점이 출토되었다. 무덤의 조영 시기는 전국중만기로 추정된다.

죽간은 곽실에서 2매가 출토되었다. 하나는 상단이 약간 잔결되어 있고

48) 이상은 湖北省文物考古研究所 편저(1995: 1〜11·49〜51·84〜85·339〜340·432 쪽); 湖北省文物考古研究所·北京大學中文系 편(2000: 149〜163쪽); 胡平生·李天虹 (2004: 76〜83쪽); 駢宇騫·段書安 편저(2006: 434〜435·452〜453쪽) 참조.

길이는 67.5cm이다. 또 하나는 상태가 완전하고 길이는 68cm이다. 너비는 두 죽간 모두 1.1cm이며, 두께는 0.3cm이다. 글자 수는 하나의 죽간에는 32자가 서사되어 있고, 다른 하나의 죽간에는 22자가 서사되어 있다. 정식 도판과 석문은 아직 공표되지 않았지만[49] 초나라 고유의 기년자료(以事紀年)를 포함하고 있으며,[50] 내용은 조손윤造遜尹이 왕명을 받들어 서방舒方이 초나라에 바치는 내해의 세수稅收를 사윤士尹에게 상으로 하사한 것을 기록한 것 같다.[51]

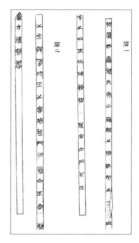

[그림 5-19] 상덕석양파초간(摹本)

### 3) 1986년: 포산초간(호북성 형문시)

포산초간은 80년대 중반까지 발견된 초간 중 수량이 가장 많고 보존 상태가 가장 양호할 뿐만 아니라, 처음으로 사법 관련 문서가 발견된 것으로도 유명한 초간이다. 포산초간은 포산 2호묘에서 출토되었는데, 이 무덤은 묘주를 포함하여 총 5기의 무덤으로 구성된 가족묘인 포산묘지에 속해 있는 무덤이다.[52] 포산묘지는 호북성 형문시荊門市 십리포진十里鋪鎭 왕장촌王

---

49) 죽간의 摹本은 劉彬徽(2001: 216쪽)에 실려 있다.[그림 5-19]

50) "邨(越)涌君龜(贏)遷(將)元(其)眾(衆)邑(以)逞(歸)楚之戠(歲)劀(刑)夷之月己丑之日"(월용군이 많은 사람들을 이끌고 초나라에 귀순한 해 楚曆 4월 기축일). 李學勤(2004: 312쪽)은 이해를 B.C. 307년으로 추정한다.

51) 이상은 董國安(1985: 197쪽); 楊啓乾(1987: 336~347쪽); 何琳儀(1999: 15~16·22쪽); 劉彬徽(2001: 215~218쪽); 李學勤(2004: 311~312쪽); 駢宇騫·段書安 편저(2006: 437쪽) 참조.

52) 포산묘지에 속하는 무덤은 총 8기이다. 그중 1·2·4·5·6호묘가 묘주 및 그의 가족묘에 해당한다. 나머지 3·7·8호묘는 전한시대 무덤이다.

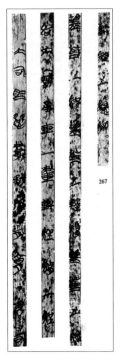

[그림 5-20] 포산초간 제267호간 (견책). 왼쪽에서 두 번째 줄 상단에 '左尹葬'이라는 글자가 보인다.

場村에 위치해 있으며, 남쪽으로 약 16km 떨어진 곳에는 기남성이 있다. 이 묘지는 형사荊沙 지방철도의 건설을 계기로 조직된 형사철로고고대荊沙鐵路考古隊에 의하여 발굴되었다. 정식 발굴은 1986년 11월 8일에 시작되어 그 이듬해인 1987년 1월 25일에 종료되었다.

포산 2호묘는 장방형의 토갱수혈식 대형 목곽묘이다. 봉토가 있고 동쪽에 묘도가 있다.(묘도 입구 길이 19.8m, 경사면 길이 32.8m, 경사 각도 16°, 묘도 입구 너비 4.65m, 西端 위쪽 입구 너비 10.2m, 아래쪽 입구 너비 3.2m) 봉토의 서북부에는 도굴시 파 놓은 큰 구덩이가 있는데, 곽槨 동실東室 덮개판 위쪽 1.5m 부근에서 사라지고 없다. 구덩이를 아래로 더 파 내려가지 못하고 도굴에 실패한 이유는 아마도 곽 내에 유기물이 부패하면서 생긴 메탄가스 때문인 것으로 추정된다. 묘갱의 방향은 93°이고, 무덤의 크기는 동서 길이는 34.4m이고, 남북 너비는 31.9m이며, 깊이는 12.45m이다. 무덤 바닥의 크기는 동서 길이는 7.8m이고, 남북 너비는 6.85m이다. 무덤 벽에는 역피라미드 형태의 14단의 층계가 있다. 장구는 2곽 3관(外槨·內槨, 外棺·中棺·內棺)이다. 외곽은 5개의 묘실로 구획되어 있고, 그곳에 거의 대부분의 기물이 부장되어 있었다.

부장품은 간독 외에 예기 59점, 악기 14점, 생활용기 269점, 무기 72점, 공구 8점, 거마기 1,435점, 장례용품 23점, 장식품 25점 등 총 1,935점이 출토되었다. 그중에는 붓과 붓통(각 1점) 외에 동삭도銅削刀(3점)나 각도(1점)와 같은 서사도구도 있다.(각도의 刀身에는 양문으로 '王'자가 주조되어 있다.)

무덤의 절대연대는 B.C. 316년(초력 6월 25일)이라는 것이 정설로 되어 있다.[53] 묘주는 감정 결과 35～40세가량의 남성으로, 복서제도간 제197호간의 '위좌윤타정邸(爲)左尹旄貞(貞)'(좌윤 타를 위하여 묻습니다)이나 제218호간의 '위좌윤소타정邸(爲)左尹邵(昭)旄貞(貞)'(좌윤 소타를 위하여 묻습니다) 등의 구절에 의하면 이름은 '소타邵(昭)旄'이고 관직은 좌윤左尹이다. 좌윤은 영윤의 중요한 보좌관으로, 무덤에 부장된 많은 사법 관련 문서간의 내용에 의하면 좌윤은 초나라에서 사법과 관련된 일을 주관했던 것으로 보인다.[54] 신분은 대부로 추정된다.

문자자료로는 죽간 448매, 죽독竹牘 1매, 첨패簽牌(재질은 나무와 대나무) 35매, 봉니封泥 18점 등이 출토되었다. 죽간은 외곽 동서남북 4실에 각각 분산되어 부장되어 있었다. 총수량은 448매이지만 그중 문자가 서사되어 있는 것은 278매이고, 총 글자 수는 12,472자이다. 각 실별로 출토된 수량과 내용을 정리하면 다음과 같다.

먼저 동실과 남실에는 각각 8매와 17매가 부장되어 있었는데 모두 견책이다. 서실에는 135매가 부장되어 있었는데 그중 1매는 문서류에 속하고, 6매는 견책에 속하며(모두 단간, 복원 결과 2매), 나머지 128매에는 문자가 기재되어 있지 않다. 북실에는 288매가 부장되어 있었는데 그중 54매는 복서제

---

53) 포산초간의 견책 중 제267호간에는 묘주의 사망 시기 및 하장 연대와 관련하여 "大司馬悼(悼)愲(愲)愲(愲)救(救)郚之愲(歲)宦月丁亥之日, 左尹愲(葬)"이라고 기재되어 있는 죽간이 있다.[그림 5-20] 여기에 기재되어 있는 '救郚之歲'가 서력으로 B.C. 316년을 가리킨다는 것이 정설로 되어 있다.

54) 물론 그의 직무가 사법 업무에만 국한되어 있었던 것은 아니다. 이 점에 관해서는 이 책 제7장 제3절 참조.

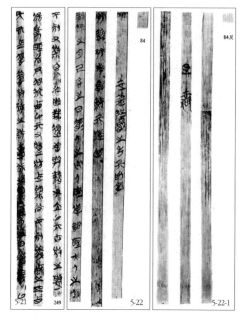

[그림 5-21] 포산초간 제249호간(복서제도간). 가운데 줄 상단 부분에 '爲左尹郔舵貞'이라는 글자가 보인다.

[그림 5-22] 포산초간 제84호간 앞면(사법 관련 문서). '訟'(소송기록).

[그림 5-22-1] 포산초간 제84호간 뒷면. 가운데 줄에 기재되어 있는 '疋獄'(소송을 受理한 내역을 기재한 문건)은 篇名이다.

도간[그림 5-21]에 속하고, 231매는 사법 관련 문서[그림 5-22·5-22-1]에 속하며 사법 관련 문서 위에는 대나무로 된 첨패 1매가 있었다.

　죽간은 발굴 당시 편철용의 끈이 이미 부식되어 있었고 곽 속의 물 위에 떠서 흩어져 있었기 때문에 원래의 배열 순서는 알 수 없다. 죽간의 두께는 0.1~0.15cm이지만, 길이와 너비는 내용에 따라 차이가 있다. 먼저 견책 중 최장간은 일반적으로 72.3~72.6cm이고, 너비는 0.8~1cm이다. 이것보다 길이가 짧고 폭이 좁은 것도 있는데, 예를 들면 제255호간의 길이는 68cm이고 너비는 0.75cm이다. 복서제도간의 길이는 다음의 3종류로 분류된다. 먼저 가장 긴 것은 69.1~69.5cm이고, 그 다음은 68.1~68.5cm이며, 가장 짧은 것은 67.1~67.8cm이다. 너비는 기본적으로 0.7~0.85cm이지만, 일부 죽간의 너비는 0.95cm에 달하는 것도 있다. 문서간의 상황은 비교적 복잡하여 대부분의 길이는 62~69.5cm의 범위를 초과하지 않지만, 소수의 죽간 중에는 55cm가량의 짧은 것도 있다. 너비는 일반적으로 0.6~0.85cm이지만 0.95cm에 달하는 것도 있다. 문서류나 복서제도간의 경우는 죽간 오른쪽 위아래 두 군데에 편철용의 계구가 있다. 견책류의 경우도 위아래 두 군데에 계구가 있는 것이 있지만 그것은 극소수에 불과하다. 대다수의 경우는 상중하 세 군데에 계구가 있다. 계구 부근에는 편철할 때 사용한 명주실의 흔적이 남아 있는 것도 있다.

문자는 매우 선명하고 대부분 대나무 안쪽 황색 면에 서사되어 있지만, 일부는 바깥쪽 청색 면에 서사되어 있는 것도 있다. 글자체와 붓의 위세 및 서사습관이라는 관점에서 보면, 다수의 서사자가 서사한 것으로 보인다. 글자 수는 일반적으로는 50~60자이지만, 가장 적은 경우는 2자, 가장 많은 경우는 92자가 서사되어 있는 것도 있다. 죽간의 뒷면에 글자가 서사되어 있는 것은 모두 24매이다. 죽독은 남실 2:381호 말 갑옷(馬甲) 속에 부장되어 있었다. 글자 수는 총 154자이다. 죽독에 기재되어 있는 장거葬車 1량輛은 다른 사람이 묘주의 장례용으로 보내 준 것인데, 그런 의미에서 이 죽독은 봉서贈書에 해당한다. 죽간의 내용은 견책, 복서제도, 사법 관련 문서이다.[55]

### 4) 1986년: 진가취초간(호북성 강릉현)

진가취秦家嘴초간은 구점초간과 함께 죽간의 부장에 대한 종래의 잘못된 인식, 즉 죽간은 대형 무덤에서만 출토되고 소형 무덤에서는 출토될 수 없다는 인식을 전환시킨 계기를 제공한 죽간이다. 이 죽간은 1986년 5월에서

---

55) 이상은 湖北省荊沙鐵路考古隊包山墓地整理小組(1988: 1~14쪽); 吳順靑·徐夢林·王紅星(1988: 15~24쪽); 包山墓地竹簡整理小組(1988: 25~29쪽); 湖北省荊沙鐵路考古隊 편(1991a: 1~7·45~277·330~340쪽); 陳偉(1996: 181쪽); 彭浩(1996: 54쪽) 참조.

1987년 6월에 걸쳐 형사철도 건설 공사에 협력하기 위하여 강릉묘호어장江陵廟湖漁場이 관할하는 진가취철도 선상에서 초묘 105기를 발굴하던 중 제1호묘, 제13호묘, 제99호묘에서 각각 출토되었다.

이 세 무덤은 장방형의 토갱수혈식 목곽묘이고, 장구는 1곽 1관이다. 죽간은 모두 단간의 형태로 출토되었는데, 전체 수량은 41매이다. 1호묘의 죽간은 변상에서 출토되었으며, 수량은 7매이고 내용은 주로 복서제도와 관련된 것이다. 13호묘의 죽간은 변상에 가까운 두상에서 출토되었으며, 죽간위에는 진흙이 퇴적되어 있었다. 수량은 18매이고 내용은 점('占之曰吉')과 관련된 것이다. 99호묘의 죽간은 변상과 관실에서 출토되었으며, 전체 수량은 16매이고 내용은 점('貞之吉无咎')과 관련된 것과 소량의 견책으로 구성되어 있다.56) 정식 도판과 석문은 아직 공표되지 않았다.57)

### 5) 1987년: 자리초간(호남성 자리현)

자리慈利초간은 발견 당시까지 호남성에서 발견된 초간 중 시대가 가장 오래되고 수량도 가장 많은 초간이다. 이 초간은 1987년 5월에서 6월 사이에 호남성문물고고연구소湖南省文物考古研究所와 자리현문물보호관리위원회慈利縣文物保護管理委員會가 석판촌石板村에서 전국시대 무덤 18기와 전한시대 무덤 12기를 발굴하던 중 제36호 전국시대 무덤에서 출토되었다.

자리 석판촌 36호묘는 현재까지 석판촌에서 발견된 전국시대 무덤 중 규모가 가장 큰 무덤으로 장방형의 토갱수혈식 목곽묘이다. 이 무덤은 봉토

---

56) 駢宇騫·段書安 편저(2006: 447쪽)는 13호묘와 99호묘도 복서제도와 관련된 내용이라고 한다.

57) 이상은 荊沙鐵路考古隊(1988: 36~43쪽); 胡平生·李天虹(2004: 83~84쪽); 駢宇騫·段書安 편저(2006: 447쪽) 참조.

가 남아 있고, 동쪽 벽 중앙에 묘도가 있다.(위쪽 너비 1.93m, 아래쪽 너비 1.76m, 경사 각도 25°) 무덤의 방향은 100°이다. 무덤 입구의 길이는 8.35m이고, 너비는 6.7m이며, 깊이는 5.4m이다. 무덤 벽에는 역피라미드 형태의 3단의 층계가 있다. 장구는 1곽 1관이고, 곽실은 두상, 변상, 관실로 구성되어 있다. 부장품은 죽간 외에 동기, 도기, 칠기, 무기, 악기 등이 출토되었다. 무덤의 조영 시기는 전국중기전단戰國中期前段이고, 묘주의 신분은 하대부로 추정된다.

[그림 5-23] 자리초간

죽간은 두상의 북쪽에서 출토되었다. 발견 당시에는 도호陶壺와 칠렴漆奩 위에 덮여 있었는데, 격판隔板이 함몰되면서 관 안으로 침투한 진흙에 눌려 서로 달라붙거나 휘어지거나 부러져 있었다.[그림 5-23] 단간의 전체 수량은 4,557매이다. 완간의 길이는 정확하게는 알 수 없지만 아마도 약 45cm 정도이고, 수량은 약 800~1,000매 정도이며, 글자 수는 약 21,000자였을 것으로 추정된다. 단간 중 최장간의 길이는 36cm이고, 최단간의 길이는 1cm 정도이다. 너비는 0.4 ~0.6cm이고, 두께는 0.1~0.2cm이다. 문자의 서풍이나 풍격은 다르기 때문에 한 사람이 서사한 것은 아닌 것 같다. 초보적인 정리 결과 초楚·오吳·월越과 관련된 사료이며, '오제황지지맹吳齊黃池之盟'이나 '오월쟁패吳越爭霸' 등의 내용이 기록되어 있는 것에 의하면 『국어國語』 「오어吳語」, 『일주서逸周書』, 『관자管子』 일문佚文, 『영월자寧越子』(『漢書』 「藝文志」에는 儒家者類에 저록되어 있다) 등과 같은 고대 역사나 제자백가 사상 관련 서적인 것으로 추정된다. 정식 도판과 석문은 아직 공표되지 않았다.[58]

6) 1990년: 계공산 48호묘 초간(호북성 강릉현)

계공산鷄公山초간은 1990년 겨울에서 1992년 6월 사이에 의황宜黃도로 건설 사업에 협력하기 위하여 형주지구박물관의 주관하에 의황도로 선강단仙江段의 계공산묘지에서 고대 무덤 944기를 발굴하던 중 제48호묘에서 출토되었다. 이 무덤은 전국시대 목곽묘이고, 부장품으로는 곽실에서 청동예기가 출토되었다. 죽간은 곽개판槨蓋板 부근의 흙 속에서 발견되었는데 내용은 견책이다. 정식 도판과 석문은 아직 공표되지 않았다.[59]

## 5. 1990년대

1) 1992년: 노하구초간(호북성 노하구)

1992년 호북성 노하구시老河口市에서 전국시대 초묘 2기를 발굴했을 때 각각 초간이 발견되었다. 내용은 견책으로 알려져 있지만, 초기보고서조차 보고되지 않은 상태이기 때문에 구체적인 정보는 현재로서는 거의 알 수 없다.[60]

2) 1992년: 조가강초간(호북성 황강시)

조가강曹家崗초간은 1992년 12월에서 1993년 4월 사이에 황강시박물관黃岡市博物館과 황주구박물관黃州區博物館이 황주구黃州區 우왕禹王사무소의 인프라

---

58) 이상은 湖南省文物考古硏究所·慈利縣文物保護管理硏究所(1990: 37~47쪽); 湖南省文物考古硏究所·慈利縣文物保護管理硏究所(1995: 173~206쪽); 胡平生·李天虹(2004: 186~187쪽) 참조.
59) 이상은 張緖球(1992: 89~90쪽); 胡平生·李天虹(2004: 84쪽) 참조.
60) 이상은 陳振裕(1993: 5쪽) 참조.

구축에 협력하기 위하여 공동으로 우왕성禹王城 남쪽 조가강묘지에서 9기의 초묘를 발굴하던 중 제5호묘(편호: 曹M5)에서 출토되었다. 우왕성은 호북성 황강시 시내에서 북쪽으로 약 5㎞ 떨어진 곳에 위치해 있으며, 그 부근에는 동주시대 초묘 100여 기가 산재해 있다.

조가강 5호묘는 장방형의 토갱수혈식 중형 목곽묘이다. 봉토는 원래는 있었지만 현재는 없다. 무덤의 방향은 78°이고 묘갱의 동쪽 벽 중앙에 묘도가 있다.(위쪽 입구 잔존 길이 6.44m, 너비 2.08~2.28m, 경사 각도 32°) 무덤 입구의 동서의 잔존 길이는 6.4m이고, 남북의 잔존 너비는 6m이며, 깊이는 6.56m이다. 무덤 바닥의 길이는 4.16m이고, 너비는 3.44m이다. 장구는 1곽 3관이고, 곽실은 두상, 변상, 관실의 3부분으로 구획되어 있다.

부장품은 죽간 외에 도기, 동기, 칠기, 죽기, 석기 등 73점이 출토되었다. 무덤의 조영 시기는 전국만기전단戰國晩期前段이고 하한선은 진秦나라 장수 백기白起가 초나라 수도 영郢을 함락시킨 B.C. 278년으로 추정된다. 묘주의 성별은 여성이고, 신분은 하대부로 추정된다.

죽간은 변상의 대나무 상자(竹笥) 안에 보관되어 있었는데, 전체 수량은 7매이다. 죽간의 길이는 12.8~12.9㎝이고, 너비는 0.7~0.75㎝이며, 두께는 0.15㎝이다. 죽간에는 위아래 두 군데에 계구가 있으며, 계구에는 편철용의 명주실이 부식한 흔적이 남아 있다. 이들 죽간 중 글자 수가 가장 많은 것은 10자이고, 가장 적은 것은 2자이며, 총 글자 수는 40자이다. 내용은 견책이며, 죽간에 기재되어 있는 것과 출토된 것은 대체로 일치한다.[61]

---

61) 이상은 陳振裕(1993: 5쪽); 黃岡市博物館・黃州區博物館(2000: 257~258・262・269・281~283쪽); 胡平生・李天虹(2004: 171~172쪽); 駢宇騫・段書安 편저(2006: 460쪽) 참조. 도판과 석문은 黃岡市博物館・黃州區博物館(2000)에 실려 있다.

[그림 5-24] 강릉전와창초간(사법문서)

3) 1992년: 강릉전와창초간(호북성 강릉현)

1992년 형주박물관고고공작대荊州博物館考古工作隊가 형주성荊州城에서 서쪽으로 약 1.5km 떨어져 있는 강릉전와창江陵磚瓦廠에서 370호 전국시대 초묘를 정리하던 중 죽간 6매를 발견하였다. 그중 3매는 비교적 길고 3매는 비교적 짧으며, 4매에는 글자가 있지만 2매에는 글자가 없다. 완간인 제3호간의 길이는 62.4cm이고, 너비는 0.8cm이다. 죽간의 내용은 사법 관련 문서이다.[62] 이것은 초간자료에서는 포산초간에 이어두 번째로 발견된 것이다. 이러한 죽간의 성격으로 볼 때 묘주는 아마도 사법과 관련이 있는 관리로 추정된다. 정식 도판과 석문은 아직 공표되지 않았다.[63]

4) 1993년: 범가파초간(호북성 강릉현)

1993년 호북성 강릉현 범가파 27호 초묘에서 전국시대 죽간 1매가 출토되었다. 보고서 및 도판과 석문은 아직 공표되지 않았다.[64]

---

62) 滕壬生(1995: 9쪽)과 滕壬生(2008: 4쪽)은 내용을 복서제도기록이라고 하지만, 陳偉(1998: 116~121쪽)에 의하여 사법 관련 문서로 밝혀졌다. 이 죽간이 사법 관련 문서라는 점에 대해서는 滕壬生·黃錫全(2001: 219쪽)도 같은 의견이다.

63) 이상은 滕壬生(1995: 9쪽); 陳偉(1998: 116~121쪽); 滕壬生·黃錫全(2001: 218~221쪽); 胡平生·李天虹(2004: 84~85쪽); 駢宇騫·段書安 편저(2006: 457~458쪽); 滕壬生(2008: 4쪽) 참조. 도판의 摹本은 滕壬生·黃錫全(2001: 221쪽)에 실려 있다.[그림 5-24]

64) 이상은 滕壬生(1995: 9쪽); 駢宇騫·段書安 편저(2006: 470쪽); 滕壬生(2008: 4쪽) 참조.

5) 1993년: 곽점초간(호북성 형문시)

곽점초간은 호북성 형문시 사양구沙洋區 사방향四方鄕 곽점촌郭店村에 위치한 곽점묘지 중 제1호묘에서 출토되었다. 이 묘지에서 남쪽으로 약 9㎞ 떨어진 곳에는 기남성이 있고, 묘지 동쪽 약 1㎞ 떨어진 곳에는 국도 207호선이 남북으로 뻗어 있으며, 서쪽으로는 강릉 천점진川店鎭 호림촌豪林村과 인접해 있다. 1993년 8월 23일 곽점 1호묘는 곽판槨板 부근까지 도굴의 피해를 입었다. 10월 중순에 또 한 차례 도굴의 피해를 입었는데, 도굴꾼은 곽개판 동남쪽(변상 남단)에 톱으로 0.4~0.5m의 장방형의 구멍을 뚫은 다음 변상을 비틀어 열고 문물을 도굴하였다. 그 때문에 무덤 안에 있던 기물은 파손되고 산란되었으며, 빗물과 진흙이 곽실 안으로 침투하였다. 이에 지하문물을 보호하기 위하여 같은 해 10월 18일에서 24일 사이에 발굴 작업이 진행되었다.

속칭 탑총자塌冢子라고 불리는 곽점 1호묘는 언덕 남단에 위치해 있으며, 발굴 전에는 경지였고 봉토는 오래전에 없어져 평지로 변해 있었다. 이 무덤은 장방형의 토갱수혈식 소형 목곽묘이다. 무덤 입구의 크기는 동서 길이는 6m이고, 남북 너비는 4.6m이다. 무덤 바닥의 길이는 3.4m이고, 너비는 2m이다. 깊이는 7.44m이고 방향은 100°이다. 묘실의 동쪽 벽에는 장방형의 묘도가 있다.(길이 9m, 너비 2~2.32m) 도굴용의 구덩이는 묘갱의 동남쪽에 있으며 길이 3m, 너비 2.4m, 깊이 6m이다. 장구는 1곽 1관이고 보존 상태는 비교적 양호하다.

부장품은 주로 두상과 변상에 안치되어 있었고, 죽간 외에 예기, 장례용구, 생활용구, 무기, 거마기, 악기, 공구, 장식품 등 약 59종이 출토되었다. 그중에는 묘주의 연령 및 신분과 관련하여 논란을 불러일으키고 있는 구장

[그림 5-25] 곽점 1호묘 출토 구장
[그림 5-26] 곽점 1호묘 출토 칠이배
[그림 5-26-1] 곽점 1호묘 출토 칠이배 각문 摹本

鳩杖 2점[그림 5-25]과 칠이배漆耳杯[그림 5-26]가 있다. 이 칠이배의 바닥 뒷면에는 '동궁지배東宮之杯'[그림 5-26-1]라는 글자가 새겨져 있다. 그 밖에 서사공구인 삭도 1점도 출토되었다. 무덤의 조영 시기는 기년자료가 포함되어 있지 않기 때문에 인접 초묘와의 기물의 유형 비교를 통하여 전국중기편만戰國中期偏晚, 즉 B.C. 4세기 중엽에서 B.C. 3세기 초로 추정하고 있다.[65] 묘주의 신분은 무덤에 봉토가 있고 부장품 중에 예기가 있는 점에 의거하여 전록田祿(토지와 녹봉)을 받는 사士, 즉 상사上士일 것으로 추정된다. 다만 초기보고서에서는 묘주의 성별이나 연령에 대해서는 아무런 언급이 없다.

죽간은 두상에서 총 804매가 출토되었다. 그중 글자가 서사되어 있는 죽간은 총 730매이다. 출토 당시 편철용의 끈은 부식되어 있었기 때문에 배열순서는 흐트러져 있었다. 총 글자 수는 13,000여 자이고, 잔결된 것도 있지만 보존 상태는 대부분 양호하다. 다만 죽간 중 일부는 도굴 당한 것도 있다. 죽간의 길이는 32.5cm 정도의 긴 치수, 26.5~30.6cm의 중간 치수, 15~17.5cm의 짧은 치수의 3종류로 구분된다. 너비는 0.45~0.65cm이다. 죽간의

---

65) 대부분의 학자들이 고고학계에서 추정한 '전국중기편만'설을 따르고 있지만, 일부 학자들 중에는 이견을 제기하는 사람도 있다. 이 점에 관해서는 李承律(2007: 577~603쪽) 참조. 참고로 필자 또한 고고학계의 설에 동의하지 않는 입장이다.

형태에는 두 종류가 있는데, 상하 양단이 네모꼴인 것과 사다리꼴인 것이 있다. 죽간 오른쪽에는 상하 두 군데나 상중하 세 군데에 편철한 흔적이 있다.

죽간은 모두 서적류이다. 정리자에 의하면 이들 서적류는 내용에 따라 『노자』(甲·乙·丙, 갑: 39매·을: 18매·병: 14매), 『태일생수太一生水』(14매), 『치의』(47매), 『노목공문자사魯穆公問子思』(8매), 『궁달이시窮達以時』(15매), 『오행五行』(50매)[그림 5-27], 『당우지도唐虞之道』(29매), 『충신지도忠信之道』(9매), 『성지문지成之聞之』(40매), 『존덕의尊德義』(39매), 『성자명출性自命出』(67매), 『육덕六德』(49매), 『어총語叢』(1~4, 1: 112매·2: 54매·3: 72매·4: 27매)과 같이 13종 18편으로 구분된다. 편명은 원래는 모두 없으며 정리자가 편의상 임의로 붙인 것이다.[66]

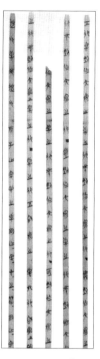

[그림 5-27] 곽점초간 『오행』 (부분). 맨 오른쪽 죽간에 '五行'으로 시작되는 문장이 보인다.

문헌의 성격은 앞 2편은 도가 계통의 문헌이고, 그 다음 10편은 유가 계통의 문헌이다. 이들 문헌 중 『노자』와 『치의』는 전래문헌과 대조 가능한 문헌이지만, 나머지는 그 존재조차 알려지지 않은 고일서이다. 또, 『노자』와 『오행』은 전한 초기 무덤인 마왕퇴 3호묘에서 출토된 예가 있으며, 『치의』와 『성자명출』은 같은 전국시대 초간인 상박초간에도 포함되어 있다. 『어총』은 가장 짧은 죽간에 서사되어 있으며, 내용은 모두 격언과 유사한 문구로 구성되어 있다. 또, 그 체제는 『회남자淮南子』「설림說林」편이나 『설원說苑』「담총談

---

66) 『五行』 제1호간에서 '五行'으로 시작되는 글자를 편명으로 간주하는 학자도 있다. 池田知久(1999: 注釋[1]·19쪽) 참조.

叢」편과 유사하다.[67] 내용적으로는 유가적인 것도 있고, 극히 소량이기는 하지만 현행본『장자』「거협胠篋」편과 유사한 문장도 있다.[68]

한편 앞에서 언급했듯이 묘주의 신분과 연령은 일찍부터 논쟁의 대상이 되어 왔지만, 아직까지 의견의 일치를 보지 못하고 있다. 먼저 묘주의 신분에 대해서는 '상사'가 아니라 '하대부'라는 설을 주장하는 학자도 있지만,[69] 그보다도 칠이배 바닥 뒷면에 새겨져 있는 '동궁지배'라는 4자의 각문을 둘러싸고 묘주가 초나라 태자의 선생인가의 여부가 보다 더 첨예한 문제로 대두되었다. '동궁'이 태자를 의미하는 것에 대해서는 이론이 없지만, 맨 마지막 글자를 '불不'자로 볼 것인가 '잡市'자로 볼 것인가에 따라 해석이 완전히 달라진다. '잡'자로 보게 되면 '사師'로 읽어 태자의 선생이라는 의미가 되지만, '불'자로 보게 되면 '배杯'의 통가자通假字가 되어 태자의 선생이라는 해석은 불가능하게 된다.[70]

그렇다면 왜 이렇게 의견이 갈리게 되었는가? 그것은 초나라 계통 문자

---

67) 필자의 생각으로는『어총』은 단편적인 문장을 나열식으로 기록해놓은 것으로, 메모용 또는 문고관 형식의 책으로 추정된다.

68)『어총 4』제7호간. 이상은 湖北省荊門市博物館(1997: 35~48쪽); 荊門市博物館 편 (1998: 1~2쪽); 李承律(2007: 8~13쪽) 참조. 곽점초간 각 편의 세부적인 길이와 너비에 관해서는 이 책 제4장 제2절 〈표 4-1〉 참조.

69) 方旭東(1999: 148~150쪽); 周建忠(2000: 13~15쪽).

70) 湖北省荊門市博物館(1997: 41쪽); 李零(2000: 47~49쪽); 周建忠(2000: 15~17쪽) 등은 '不'자로 보는 반면, 李學勤(1999a: 79쪽); 李學勤(1999b: 14쪽); 龐樸(1999: 7쪽); 劉宗漢(1999: 391쪽); 姜廣輝(1999: 396쪽); 羅運環(2000: 68~71쪽); 李裕民(2000: 25쪽); 李學勤(2001: 44~45쪽); 姜國鈞(2002: 162~166쪽); 高華平(2003: 66쪽) 등은 '市'자로 본다. 그 밖에 裘錫圭도 '동궁지사'로 읽지만 '사'를 스승이 아니라 '工師'로 해석한다.(王博, 1999: 3쪽) 또, 서양학자 중에는 칠이배는 지인이 보내준 선물일지도 모르기 때문에 묘주의 신분을 설명하는 데 반드시 도움을 주지는 못한다고 지적하는 사람도 있다.(王博, 1999: 3쪽) 彭浩(1999: 16쪽)는 태자의 선생이나 동궁의 공사라는 설을 비판하면서, 다른 사람이 묘주에게 보내 준 것이거나 묘주가 생전에 얻은 것이라고 한다.

에서 '불'자와 '잡'자의 자형이 매우 유사하여 구분하기 어려운 데 원인이 있다. 물론 학자들 중에는 '불'자와 '잡'자의 차이는 상단 가로획 바로 아래의 왼쪽 삐침(一撇)과 오른쪽 삐침(一捺)이 X자로 교차하는지에 따라 분명한 차이가 있다고 지적하는 사람도 있다. 즉, 교차할 경우는 '불'자이고 그렇지 않을 경우는 '잡'자라는 것이다. 이러한 지적은 양자의 자형의 특징과 차이점을 잘 지적하고 있다고 생각한다. 그런데 모본摹本인 [그림 5-26-1]을 보면 마치 두 획이 교차하지 않는 것처럼 그리고 있지만, [그림 5-26]을 보면 사진이 매우 흐릿하여 교차 여부를 판단하기가 매우 어렵다. 따라서 이 문제에 대하여 생산적인 논의를 하기 위해서는 보다 더 선명한 사진이 공표되기를 기다리는 수밖에 없다.

묘주의 연령에 대해서는 이학근李學勤이 1호묘에서 출토된 2점의 구장에 의거하여 나이가 많은 남자라고 하고, 유종한劉宗漢과 강광휘姜廣輝는 『주례』와 『후한서』에 의거하여[71] 70세 이상 또는 80세 이상이라고 단정한다. 그 뒤 많은 학자들이 이 설에 찬동하고 있다.[72] 그러나 문제는 그렇게 간단하지가 않다. 국가에서 일정한 기준하에 나이든 노인에게 지팡이(杖)를 하사하는 것이 '존로尊老'나 '경로敬老' 사상과 관련이 있다는 것은 전래문헌이나 출토자료를 통하여 확인할 수 있다.[73] 그런데 연령과 관계된 구장 제도를 비

71) 『周禮』, 권30, 「夏官·羅氏」, "中春羅春鳥, 獻鳩以養國老.";『後漢書』, 「禮儀志中」 5, "仲秋之月, 縣道皆案戶比民. 年始七十者, 授之以王杖.……八十九十, 禮有加賜. 王杖長[九]尺, 端以鳩鳥爲飾. 鳩者, 不噎之鳥也. 欲老人不噎."
72) 李學勤(1999b: 14쪽); 劉宗漢(1999: 391쪽); 姜廣輝(1999: 396쪽); 李裕民(2000: 25쪽) 등.
73) 전래문헌의 예로는 위에서 든 『後漢書』 외에 『周禮』, 권37, 「秋官·伊耆氏」, "掌國之大祭祀共其杖咸. 軍旅, 授有爵者杖. 共王之齒杖.";『呂氏春秋』, 권8, 「仲秋」, "是月也, 養衰老, 授几杖, 行糜粥飮食.";『禮記』, 권16, 「月令」 6, "是月也, 養衰老, 授几杖, 行糜粥飮食.";『水經注』 7, 「濟水一」, "風俗通曰, 俗説高祖與項羽戰于京索, 遁于薄中, 羽追求之. 時鳩止鳴其上, 追之者以爲必無人, 遂得脱. 及卽位, 異此鳩, 故作鳩杖以扶老.";『論衡』, 권12, 「謝短」 36, "七十賜王杖, 何起, 著鳩於杖末, 不著爵, 何

교적 신뢰할 만한 문헌에서 명확하게 확인할 수 있는 것은 한대에 들어와서이다.(『여씨춘추』의 경우는 전국 말기) 반면 선진시대 초나라에 한대와 동일한 사상이나 제도로서의 구장 제도가 존재했는가에 대해서는 그것을 구명할 만한 문자자료는 아직 발견된 것이 없다. 더구나 곽점 1호묘의 초기보고서에서는 이 무덤에서 출토된 구장을 수장手杖이 아닌 무기류로 분류하고 있다. 실제로 앞에서 인용한 『주례』 「추관」 「이기씨」에서 "軍旅, 授有爵者杖"(군대에서는 작위가 있는 자에게 지팡이를 수여한다)이라고 하는 것에 의하면 지팡이의 기능은 존로나 경로의 상징물로서의 의미뿐만 아니라, 권력이나 신분의 상징으로서의 역할을 하는 경우도 있다. 곽점 1호묘의 구장이 이들 기능 중 과연 어느 쪽에 해당하는지, 엄밀한 의미에서 그것을 확정지을 수 있는 자료는 아직 없다고 해야 한다.[74] 따라서 이 문제 또한 아직은 섣불리 결론을 내릴 수 없는 문제라고 생각한다.

6) 1994년: 상박초간(홍콩 골동품 시장)

지금은 고인이 된 마승원馬承源은 상해박물관 취임 후 1991년에 홍콩 골동품 시장에서 청동기, 석각, 칠기 등 국보급 유물을 회수하는 작업을 진행하고 있었는데, 그때 초묘가 도굴되었다는 사실과 함께 초간이 발견될 가능성이 매우 높다는 사실을 알게 된다. 이러한 사실을 홍콩중문香港中文대학

---

杖. 苟以鳩爲善, 不賜鳩而賜鳩杖, 而不爵, 何說." 등에 보인다. 출토자료의 예로는 1959년 甘肅省 武威市 磨嘴子 18호 漢墓에서 출토된 「王杖十簡」 목간 10매와 1981년 감숙성 무위현 마취자한묘에서 출토된 「王杖詔書令」 목간 26매가 있다. 또, 1983년 호북성 강릉현 張家山 247호 한묘에서 출토된 『二年律令』 「傅律」 제355호간에는 '杖'에 대하여 "大夫以上年七十, 不更七十一, 簪裊七十二, 上造七十三, 公士七十四, 公卒士五(伍)七十五, 皆受仗(杖)"이라는 규정이 있다.

74) 周建忠(2000: 21쪽)과 같이 '禮儀性 兵器'라고 규정하는 설도 있다.

교수인 장광유張光裕에게 알렸고, 장광유는 다시 홍콩의 골동품 상인들에게 죽간을 구입하고 싶다는 뜻을 전달하여 주의를 환기시켰다. 그러자 그로부터 3년 후인 1994년 봄 예상했던 대로 홍콩의 골동품 시장에 죽간이 출현했고, 골동품상의 연락을 받은 장광유는 그곳 상점에서 비닐 포대에 담겨 있는 진흙 덩어리 속에서 죽간을 발견하게 된다. 장광유는 죽간을 발견하자마자 마승원에게 연락하고 수차례에 걸쳐 죽간 100매 분량의 모사본模寫本 30여 장을 팩스로 주고받았다. 초보적인 감정 결과 죽간의 내용은 『주역』을 제외한 대부분이 지금까지 알려지지 않은 초문자로 서사된 선진시대 고적古籍으로 판명되어 상해박물관에서 구입하게 된다. 이때 구입한 죽간의 수량은 1,200여 매이다. 한편 1994년 가을과 겨울 사이에 홍콩 골동품 시장에서 처음 발견되었던 것과 그 특징과 상태가 동일한 죽간 497매를 다시 발견하게 된다. 이 죽간은 상해박물관의 재정상의 문제로 박물관과 교분이 깊은 홍콩의 지인들이 공동 출자 형식으로 구입하여 상해박물관에 기증하였다. 이상이 상박초간의 발견 경위이다.[75]

상박초간은 도굴된 것을 구입한 것이기 때문에 출토 지점과 출토 시기는 알 수 없다. 「전언前言」에 의하면 당시 소문으로는 호북 지역에서 나온

---

75) 이상의 내용은 馬承源 주편(2001: 1~2쪽) 「前言」과 濮茅左 저・田中良明 역(2007b: 392쪽)에 보고된 내용을 종합한 것이다. 그런데 후자에는 상박초간의 구입 시기와 수량이 전자와 다르게 기술되어 있다. 구체적으로는 1994년에서 2000년까지 총 네 덩어리의 죽간을 구입했는데, 첫 번째는 1994년 3월 12일에 400여 매, 두 번째와 세 번째는 같은 해 4월 27일에 총 800여 매, 네 번째는 2000년 3월 6일에 400여 매를 구입했다고 한다. 그렇다면 총 세 번에 걸쳐 1,600여 매를 구입했다는 것이 된다. 그런데 전자의 보고에 의하면 죽간을 구입한 횟수도 두 번으로 다르고, 또 수량도 첫 번째에 구입한 것은 1,200여 매, 두 번째에 구입한 것은 497매로 총 1,700여 매가 되어 수치상 약 100매의 차이가 생기게 된다. 馬承源이나 濮茅左나 같은 기관에서 같은 시기에 죽간을 구입하여 정리 작업에 참여한 사람들인데 왜 이런 차이가 생긴 것인지 그 원인은 알 수 없지만, 여기서는 일단 전자의 내용에 의거하였다.

것으로 전해지고 있다. 곽점초묘는 1993년 겨울에 발굴되었는데, 유실된 죽간이 1994년 봄에 처음 출현했기 때문에 이 양자는 시기적으로 그다지 멀지 않다. 다만 상박초간은 발굴된 것이 아니기 때문에 출토 지점이 곽점 묘지인지의 여부에 대해서는 확증이 없다.

상박초간은 출토 상황이 불분명하기 때문에 절대연대 또한 알 수 없지만, 탄소14에 의한 연대 측정 결과 표본의 연대는 전국만기戰國晩期, 즉 2257±65년이라고 한다. 이 연대는 1950년을 정점定點으로 하는 국제 기준에 의하면 B.C. 308±65년, 즉 B.C. 373년에서 B.C. 243년 사이가 된다. 또, 상박초간에는 두 편의 『부賦』 잔간殘簡이 있는데, 현재 전해지고 있는 『부』의 대부분은 전국만기의 작품이고 순자荀子의 부편賦篇이나 굴원屈原의 「이소離騷」편도 모두 이 시기에 속하는 문헌이다. 따라서 상박초간의 『부』도 대체로 이와 동일한 시기의 작품이다. 상해박물관 측에서는 이상의 정황 및 곽점초간과의 비교를 통하여 상박초간은 초나라가 수도인 영郢을 천도하기 전인 B.C. 278년 전에 조영된 귀족묘貴族墓에 부장되어 있었던 부장품일 것으로 추정한다. 그러나 곽점초간의 성립연대가 아직 확정적이지 않고 탄소14에 의한 측정 결과도 하나의 참고자료에 불과하기 때문에, 상박초간의 성립연대의 문제는 앞으로 좀 더 종합적으로 신중히 검토할 필요가 있다고 생각한다.

상박초간의 전체 편수는 100종이 넘는다고 한다. 현재 제9권까지 공표되어 있는데 구체적으로는 다음과 같다.

제1권: 『공자시론孔子詩論』(29매, 原無篇題)[그림 5-28], 『치의緇衣』(24매, 原無篇題),
『성정론性情論』(40매＋잔간 5매, 原無篇題) 3종 3편 98매.

제2권: 『민지부모民之父母』(14매, 原無篇題), 『자고子羔』(14매, 原有篇題), 『노방대한

[그림 5-28] 상박초간 『공자시론』
제2호간
[그림 5-29]상박초간 『포숙아여습
붕지간』 제9호간 뒷면. 왼쪽에서
두 번째 줄에 '鮑叔牙與隰朋之諫'
이라고 기재되어 있는데, 이것이
편명이다.

魯邦大旱』(6매, 原無篇題), 『종정從政』(甲篇: 19매, 乙篇: 6매, 原無篇題), 『석자
군로昔者君老』(4매, 原無篇題), 『용성씨容成氏』(53매, 原有篇題) 6종 7편 116매.

제3권: 『주역』(58매, 原無篇題), 『중궁中弓』(28매, 原有篇題), 『항선亙先』(13매, 原有篇
題), 『팽조彭祖』(8매, 原無篇題) 4종 4편 107매.

제4권: 『채풍곡목采風曲目』(6매, 原無篇題), 『일시일시逸詩』(6매, 原無篇題), 『소왕훼실昭
王毀室 소왕어공지추昭王與龔之脽』(19매, 原無篇題)76), 『간대왕박한柬大王泊
旱』(23매, 原無篇題), 『내례內豊』(10매, 原有篇題), 『상방지도相邦之道』(4매, 原
無篇題), 『조말지진曹沫之陳』(65매, 原有篇題) 7종 8편 133매.

제5권: 『경건내지競建內之』(10매, 原有篇題), 『포숙아여습붕지간鮑叔牙與隰朋之諫』(9
매, 原有篇題)[그림 5-29], 『계경자문어공자季庚子問於孔子』(23매, 原無篇題), 『고
성가보姑成家父』(10매, 原無篇題), 『군자위례君子爲禮』(16매, 原無篇題), 『제자
문弟子問』(25매, 原無篇題), 『삼덕三德』(22매, 原無篇題), 『귀신지명鬼神之明 융
사유성씨融師有成氏』(8매, 原無篇題) 8종 9편 123매.

---

76) '龔之脽'의 '脽'는 大西克也(2008)에 의거하여 '推'로 읽었다.

제6권: 『경공학競公瘧』(13매, 原有篇題), 『공자견계환자孔子見季趄子』(27매, 原無篇題), 『장왕기성莊王既成 신공신영왕申公臣靈王』(9매, 莊王既成: 原有篇題, 申公臣靈王: 原無篇題), 『평왕문정수平王問鄭壽』(7매, 原無篇題), 『평왕여왕자목平王與王子木』(5매, 原無篇題), 『신자왈공검愼子曰恭儉』(6매, 原有篇題), 『용왈用曰』(20매, 原無篇題), 『천자건주天子建州』(甲本: 13매, 乙本: 11매, 原無篇題) 8종 10편 111매.

제7권: 『무왕천조武王踐阼』(15매, 原無篇題), 『정자가상鄭子家喪』(甲本: 7매, 乙本: 7매, 原無篇題), 『군인자하필안재君人者何必安哉』(甲本: 9매, 乙本: 9매, 原無篇題), 『범물류형凡物流形』(甲本: 30매, 乙本: 22매, 原有篇題), 『오명吳命』(9매, 原有篇題) 5종 8편 108매.

제8권: 『자도아子道餓』(6매, 原無篇題), 『안연문어공자顔淵問於孔子』(14매, 原無篇題), 『성왕기방成王既邦』(16매, 原無篇題), 『명命』(11매, 原有篇題), 『왕거王居』(7매, 原有篇題), 『지서내언志書乃言』(8매, 原無篇題), 『이송李頌』(3매, 原無篇題), 『난부蘭賦』(5매, 原無篇題), 『유황장기有皇將起』(6매, 原無篇題), 『유률鶹鷅』(2매, 原無篇題) 10종 10편 78매.

제9권: 『성왕위성복지행成王爲城濮之行』(甲本: 5매, 乙本: 4매, 原無篇題), 『영왕수신靈王遂申』(5매, 原無篇題), 『진공치병陳公治兵』(20매, 原無篇題), 『거치왕천하舉治王天下(五篇)』(35매, 原無篇題), 『방인불칭邦人不稱』(13매, 原無篇題), 『사류문어부자史蒥問於夫子』(12매, 原無篇題), 『복서卜書』(10매, 原無篇題) 7종 8편 104매.

이상에 의하면 현재까지 공표된 것은 총 58종 67편 978매이다. 그중 죽간 뒷면에 편제가 기재되어 있는 것은 총 15편이다. 이들 문헌은 모두 서적류이고, 내용적으로는 경학류(易·詩·禮·樂 관련), 제자백가류(儒家·道家·墨家·兵家 등), 역사류(齊·魯·楚 지역)로 구분된다. 그 밖에 아직 공표되지는 않았지만

전국시대 초문자로 작성된 자서字書도 포함되어 있는 것으로 알려져 있다.[77]

### 7) 1994년: 신채갈룽초간(하남성 신채현)

신채갈룽新蔡葛陵초간은 신양장대관초간과 함께 중원에 가까운 지역에서 출토된 초간이다. 이 초간은 하남성 신채현新蔡縣 이교회족진李橋回族鎭 갈룽촌葛陵村 갈룽고성葛陵古城 동북부 성벽 부근에 위치한 신채갈룽 1호묘(편호: 94XGM1001)에서 출토되었다. 또, 무덤 서쪽 벽에서 15m 떨어진 곳에서는 거마순장갱車馬殉葬坑(편호: 94XGC1)도 발견되었다. 이 일대는 서주시대에서 춘추 후기까지 채蔡나라의 영토였는데, 초 영왕靈王 10년(B.C. 531)에 채나라가 초나라에 의하여 멸망당함으로써 초나라의 판도로 들어오게 된다.

1985년 신채현의 문물보관소文物保管所가 현 전체의 문물을 일제히 조사했을 때, 갈룽고성 동북부에서 2기의 대형 무덤을 발견하였다. 그때는 지하수위가 너무 높았기 때문에 충분한 조사가 이루어지지 못했는데, 1992년 봄에 갈룽촌의 촌민이 무덤 부근에 가마를 만들고 벽돌을 굽기 위하여 토양을 채취하는 과정에서 무덤에 심각한 훼손을 입히게 된다. 이에 지하문물을 보존하기 위하여 1994년 5월 하남성문물고고연구소의 주관하에 발굴이 시작되었고 8월 21일에 종료되었다.

신채 갈룽 1호묘는 갑자형甲字形의 토갱수혈식 중형 목곽묘이다. 이 무덤은 이미 양한시대에 각각 한 차례씩 도굴의 피해를 입어 큰 타격을 받았

---

77) 이상은 馬承源 주편(2001); 馬承源 주편(2002); 馬承源 주편(2003); 馬承源 주편(2004); 馬承源 주편(2005); 馬承源 주편(2007); 馬承源 주편(2008); 馬承源 주편(2011); 馬承源 주편(2012); 朱淵淸(2002: 1~8쪽); 濮茅左 저·田中良明 역(2007b: 389~414쪽) 참조.

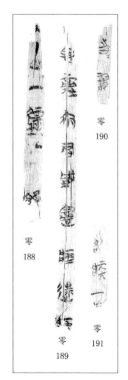

다. 그 뒤에도 5차례에 걸쳐 도굴을 당한 흔적이 있다. 봉토도 1958년 이전에는 10여 미터가량의 거대한 봉토가 있었지만 발굴 당시에는 없어지고 경지로 이용되고 있었다. 무덤의 크기는 동서 길이는 25.25m이고, 남북 너비는 22.50～23.25m이며, 묘실의 동쪽 중앙에는 묘도가 있다.(동서 잔존 길이 16m, 남북 너비 3.5～6.4m, 경사 각도 23.3°) 무덤 입구에서 곽실의 상단 부분까지의 깊이는 5.6m이고, 무덤 바닥까지의 깊이는 9.6m이다. 무덤 벽에는 역피라미드 형태의 7단의 층계가 있고, 무덤의 방향은 103°이다. 장구는 2곽 2관이다. 곽실은 '아亞'자형이고, 외곽은 5개의 묘실로 구획되어 있다.

[그림 5-30] 신채갈릉초간 零188～191호간. 零189호간에 '平夜君成'이라는 글자가 보인다.

부장품은 죽간 외에 예기, 악기, 무기, 거마기, 생산공구, 생활용구, 장식품 등이 출토되었다. 악기 중에는 묘주의 신분과 밀접한 관련이 있는 유종鈕鐘 1점이 있고, 동과銅戈와 동극銅戟 중에는 '평야군성지용과坪(平)夜君成之用戈'나 '평야군성지용극坪(平)夜君成之用戟' 등의 명문이 주조되어 있는 것이 있다.

무덤의 조영 시기는 B.C. 340년 전후, 즉 초 도왕 말년으로 추정된다. 이 무덤의 묘주는 위의 청동무기나 복서제도간에 의하면 초나라의 봉군인 '평야군平夜君 성成'이다.[그림 5-30] '성成'은 묘주의 이름이고 '군君'은 봉호이며 '평야平野'는 그의 봉읍이다. 성별은 남성이고 연령은 35～40세로 추정된다. 봉군의 신분은 초나라의 상경上卿에 상당하며 신분의 등급은 초왕 바로 다음이다. 또, 이 무덤에는 7구의 여성의 유골도 함께 매장되어 있었다. 이들 여성은 묘주와 함께 순장된 것으로 보인다.

죽간은 남쪽 묘실에 부장되어 있었는데, 도굴꾼에 의하여 훼손되고 산란되어 모두 단간의 형태로 발견되었다. 죽간은 발견 당시의 퇴적 상황에 따라 상층인 갑구甲區와 하층인 을구乙區로 구분된다. 수량은 갑구에 속하는 것이 523매이고, 을구에 속하는 것이 299매이며, 파손 상태가 심하여 편호를 부여하지 못한 것이 749매로 죽간의 총수량은 1,571매이다. 완간의 길이는 알 수 없다. 너비는 일반적으로는 약 0.8㎝이지만, 좁은 것은 약 0.6㎝이고, 넓은 것은 약 1.2㎝에 달하는 것도 있다. 묵흔墨痕은 대부분 선명히 남아 있지만, 서사 풍격이라는 점에서 보면 다수의 서사자가 서사한 것으로 보인다. 죽간의 내용은 부서簿書와 복서제도간이다.[78] 견책은 20매 정도로 수량이 매우 적다. 대부분의 죽간은 복서제도간이다. 복서제도간은 내용에 따라 다시 세 부분으로 구분된다. 첫째는 묘주인 평야군 성의 병세를 점친 것이다. 둘째는 '소신小臣 성成'(=평야군 성)이 기도한 것을 기록한 것이다. 이 경우는 수량은 적지만 죽간의 너비가 비교적 넓고 글자 또한 크다. 셋째는 제도祭禱와 관계된 기록으로 점복은 보이지 않는다. 이 경우는 내용은 단순하지만 이전에 발견된 예가 많지 않다. 또, 양식이 통일되어 있고 죽간의 길이도 상당히 짧다.[79]

---

78) 정식보고서인 河南省文物考古研究所 편저(2003: 173쪽)에서는 봉서가 출토된 것으로 보고하고 있지만, 陳偉 외(2009: 395·446~460쪽)는 전체 내용을 '복서제도'와 '簿書'로 분류하고 있듯이 견책이 없는 것으로 보고 있다. 이 점에 관해서는 廣瀨薫雄(2006: 211~221쪽)도 참조.

79) 이상은 河南省文物考古研究所·河南省駐馬店市文化局·新蔡縣文化保護管理所(2002: 4~19쪽); 河南省文物考古研究所 편저(2003: 1~9·17~21·38~42·167~185쪽); 胡平生·李天虹(2004: 204~206쪽) 참조.

## 6. 2000년대

### 1) 2008년: 청화간(기증)

2008년 7월 15일 청화대학은 홍콩에 유출되었던 죽간을 기증받게 된다. 기증자는 청화대학 출신인 조위국趙偉國이라는 인물로 해외에서 경매를 통하여 구입한 것으로 알려져 있다. 발견 당시 죽간은 오랫동안 유출되어 있었기 때문에 곰팡이가 생길 위험이 있었다. 그리하여 청화대학에서는 즉시 전문적인 작업실을 설립하여 보호·정리 작업을 진행하였다. 10월 초에 초보적인 보호 작업은 일단락되었다. 10월 14일에는 북경北京대학, 복단復旦대학, 길림吉林대학, 무한武漢대학, 중산中山대학, 홍콩중문대학, 국가문물국國家文物局, 중국문화유산연구원中國文化遺産研究院, 상해박물관, 형주박물관의 학자들[80]을 초빙하여 '청화대학소장죽간감정회淸華大學所藏竹簡鑒定會'를 개최하였다. 이 감정회에서는 여러 가지 의견이 제기되었는데, 그중에는 죽간의 형태나 문자의 측면에서 보았을 때 이들 죽간은 초나라 지역에서 출토된 전국시대 간책이라는 의견을 제시한 학자도 있다.

정리 결과 기증받은 죽간의 총수는 완간과 단간을 포함하여 총 2,388매이다.[81] 단간들을 병합하면 완간은 원래 1,700∼1,800매 정도 있었을 것으로 추정된다. 죽간의 길이는 편마다 다른데, 길이가 가장 긴 것은 46㎝이고(전국시대 尺寸으로 환산하면 2자) 가장 짧은 것은 10㎝ 미만인 것도 있다. 비교적 긴

---

80) 李伯謙(組長)·裘錫圭(組長)·宋新潮·李家浩·吳振武·陳偉·陳佩芬·張光裕·胡平生·曾憲通.

81) 초기보고서인 淸華大學出土文獻硏究與保護中心(2008: 3쪽)은 단간을 포함하여 약 2,100매 전후라고 하지만, 李學勤(2009a: 76쪽)과 淸華大學出土文獻硏究與保護中心 편, 李學勤 주편(2010: 4쪽)은 2,388매라고 한다.

죽간은 대부분 상중하 세 군데에 편철용의 계구가 있으며, 일부 죽간에는 편철에 사용한 끈의 흔적이 선명히 남아 있는 것도 있다. 대다수 죽간에는 검은 먹으로 문자를 서사했는데, 보존 상태가 양호하여 판별하기 어려운 문자는 거의 없다. 또, 일부 죽간에는 도형이 그려져 있는 것도 있고 어떤 것은 붉은 색의 매우 선명한 선(朱絲欄)이 그어져 있는 것도 있다. 그 밖에 죽간이 기증되었을 때 옻칠한 나무상자(彩繪漆木書笥)의 잔해도 함께 들어왔다. 죽간은 아마도 이 상자 안에 넣어 보관했던 것으로 보이며, 그 문양은 초나라 예술의 풍격을 띠고 있다.

청화간은 현재 제3권까지 공표되어 있는데 구체적으로는 다음과 같다.

제1권:『윤지尹至』(5매, 原無篇題),『윤고尹誥』(4매, 原無篇題),『정오程寤』(9매, 原無篇題),『보훈保訓』(11매, 原無篇題),『기야耆夜』(14매, 原有篇題),『주무왕유질주공소자이대왕지지(금등)周武王有疾周公所自以代王之志(金縢)』(14매, 原有篇題),『황문皇門』(13매, 原無篇題),『제공지고명(제공)祭公之顧命(祭公)』(21매, 原有篇題),『초거楚居』(16매, 原無篇題) 9종 9편 107매.

제2권:『계년繫年』(138매, 原無篇題) 1종 1편 138매.

제3권:『열명상說命上』(7매, 原有篇題: "傅說之命"),『열명중說命中』(7매, 原有篇題: "傅說之命"),『열명하說命下』(10매, 原有篇題: "傅說之命"),『주공지금무周公之琴舞』(17매, 原有篇題),『예량부비芮良夫毖』(28매, 原無篇題),『양신良臣』(11매, 原無篇題),『축사祝辭』(5매, 原無篇題),『적구지집탕지옥赤鵠之集湯之屋』(15매, 原有篇題) 8종 8편 100매.

이상에 의하면 현재까지 공표된 것은 총 18종 18편 345매이다. 그중 죽간 뒷면에 편제가 기재되어 있는 것은 총 8편이다. 청화간의 문자는 전국시대

고문에 속하며 대부분 초문자의 특징을 띠고 있지만, 일부 죽간의 경우 초문자와는 풍격이 다른 것도 있기 때문에 초간이라고 단언하지는 않고 있다. 곽점초간과 유사하기 때문에 그 연대는 전국중만기戰國中晚期, 즉 B.C. 300년경으로 추정된다. 2008년 12월 북경대학가속기질량실험실(北京大學加速器質譜實驗室)과 제4기연대측정실험실第四紀年代測定實驗室에 위탁하여 청화간 중 문자가 없는 죽간 잔편에 대하여 AMS 탄소14 연대 측정을 하고 수륜樹輪 교정을 거친 결과, 죽간의 연대는 B.C. 305±30으로 밝혀졌다. 또, 청화대학분석중심淸華大學分析中心에 의뢰하여 죽간 잔편의 함수율含水率을 과학적으로 측정했더니 400%라는 결과가 나왔다. 만약 이 죽간이 위작僞作된 것이라면 이런 수치가 나올 수 없기 때문에, 이 결과는 곧 청화간이 위작이 아님을 말해주는 것이다.

청화간은 지금까지 정리된 결과에 의하면 견책이나 문서나 역보曆譜 등은 없고 거의 대부분 사부四部분류에서 경經과 사史에 속하는 서적류(또는 전적류)이다. 구체적으로는 현행본『상서』나『죽서기년』과 유사한 편년체編年體의 사서史書인『계년』과 같이 거의 대부분 중국고대사나 고대 사상과 관련된 간책들이다. 청화간『상서』는 진시황제秦始皇帝 때 일어난 분서焚書 이전의 이른바 '고문『상서』'로 그중 일부는 현행본『상서』「금등金縢」편, 「강고康誥」편, 「고명顧命」편과 유사한 것도 있지만 문구에 많은 차이가 있으며 편명도 현행본과 상당히 다르다. 또, 청화간「부열지명傅說之命」은 위고문僞古文『상서』「열명」편과 다르다. 현행본『상서』 외에도『일주서』와 유사한 내용도 있지만, 이들 문헌에는 보이지 않는 일편佚篇도 있다. 청화간 중『죽서기년』류의 역사서인『계년』에는 주나라 초기에서 전국시대 전기까지의 역사가 기술되어 있다. 현행본『춘추』나『좌전』과 대비되면서도 새로운 내

용을 많이 포함하고 있으며, 현존하는
역사서에는 존재하지 않는 역사적 사
건도 기록되어 있다. 그 밖에 현행본
『국어』, 『의례』, 『주역』과 유사하거
나 관련이 있는 내용을 담고 있는 문
헌도 있으며, 지금까지 본 적이 없는
악서樂書도 있다.[82] [그림 5-31]은 『문
물文物』 2009년 6기期에 수록되어 있는
청화간 『보훈』의 도판이다.

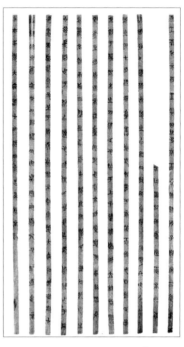

[그림 5-31] 청화간 『보훈』(全)

그 밖에 홍콩중문대학문물관(香港
中文大學文物館)에는 홍콩의 골동품 시
장에서 과거 수년간 구입한 전국 및
진한시대 간독 총 259매가 소장되어
있는데, 그중 전국시대 초간은 10매이
다. 이들 초간은 모두 단간이며, 내용은 서적류에 속한다. 연구 결과 그중
제1호간은 상박초간 『치의』 제9호간의 일부이고, 제2호간은 상박초간 『주
역』 제32호간의 일부이며, 제3호간은 상박초간 『자고』 제10호간의 일부라
는 것이 밝혀져 있다.[83] 또, 2002년 호남성 용산현龍山縣 이야진里耶鎭에 위치

---

82) 이상은 淸華大學出土文獻硏究與保護中心(2008: 3~5·7~8쪽); 李學勤(2009a: 76
    쪽); 李學勤(2009b: 5~6쪽); 淸華大學出土文獻硏究與保護中心 편, 李學勤 주편
    (2010); 淸華大學出土文獻硏究與保護中心 편, 李學勤 주편(2011); 淸華大學出土文獻
    硏究與保護中心 편, 李學勤 주편(2012) 참조. 참고로 淸華大學出土文獻硏究與保護
    中心(2008)은 日本 山梨縣立大學의 名和敏光 교수로부터, 李學勤(2009b)은 東京大學
    의 大西克也 교수로부터 제공받았다.
83) 이상은 陳松長 편저(2001: 4~16쪽); 馬承源 주편(2001: 184쪽); 馬承源 주편(2002:
    193~194쪽); 馬承源 주편(2003: 179쪽) 참조.

한 이야고성里耶古城을 발굴했을 때 제1호 우물터에서 다량의 진간秦簡과 함께 소량의 초간이 출토되었다. 이들 초간의 재질은 1점만 나무인 것을 제외하고 모두 대나무이며 단간의 형태로 발견되었다. 정식 도판과 석문은 아직 공표되지 않았고 구체적인 내용도 알려져 있지 않다.[84] 또, 2002년 호북성 조양시棗陽市 구련돈九連墩 2호묘(대부급 무덤)[85]에서 죽간 1,000여 점이 출토되었지만, 모두 글자가 없는 공백간이다.[86]

## 제2절 소결

이상이 20세기 이래 중국의 옛 초나라 지역에서 출토된 초간의 전모이다. 현재까지 출토된 죽간과 죽독의 총수량은 전자의 경우는 유자간有字簡과 무자간無字簡을 합하여 14,000매에 육박하며 후자의 경우는 단 1매이다.

시기적으로는 1950년대부터 출토되기 시작했으며, 지금도 고고학적 발굴이나 기타 여러 경로를 통하여 새로운 자료가 계속 출현하고 있다. 지역적으로는 중원 지역인 하남성에서도 출토되었지만, 대부분 호북성과 호남성에서 출토되었다. 좀 더 구체적으로 보면 하남성에서는 신양시에서 1종, 신채현에서 1종이 출토되었다. 호북성에서는 강릉현에서 11종, 수현에서 1종, 노하구에서 1종, 황강시에서 1종, 형문시에서 2종이 출토되었다. 호남성에서는 장사시에서 3종, 임례현에서 1종, 상덕시에서 1종, 자리현에서 1종,

---

84) 湖南省文物考古研究所(2007: 5·179쪽).
85) 王紅星(2005: 437쪽) 참조.
86) 湖北省文物考古研究所(2003: 10~14쪽).

용산현에서 1종이 출토되었다. 이렇게 보면 초간이 가장 많이 출토된 곳은 강릉현임을 알 수 있다. 주지하는 바와 같이 강릉현은 선진시대 초나라의 도성都城인 기남성이 있는 곳이다. 이것은 곧 당시 이 지역이 문자 문화와 정보 유통의 중심지였다는 것을 말해 준다.

묘주를 신분별로 보면 초나라 부용국附庸國 군주의 무덤에서 출토된 것이 1종(증후을묘죽간), 봉군의 무덤에서 출토된 것이 3종(천성관초간, 구리초간, 신채갈릉초간), 봉군 또는 경대부급 무덤에서 출토된 것이 1종(신양장대관초간), 대부급 무덤에서 출토된 것이 2종(등점초간, 포산초간), 하대부급 무덤에서 출토된 것이 6종(오리패초간, 앙천호초간, 망산 1호묘 초간, 망산 2호묘 초간, 자리초간, 조가강초간), 상사급 무덤에서 출토된 것이 1종(곽점초간), 사士 무덤에서 출토된 것이 1종(구점 621호묘 초간), 서인 무덤에서 출토된 것이 1종(구점 56호묘 초간), 묘주의 신분이 아직 불확실한 것이 10종이다(양가만초간, 구점 411호묘 초간, 상덕석양파초간, 진가취초간, 계공산초간, 노하구초간, 강릉전와창초간, 범가파초간, 상박초간, 청화간, 이야초간).

내용적으로는 상장간喪葬簡, 복서제도간, 일서간日書簡, 사법 관련 문서간, 서적간書籍簡으로 구분된다. 다음 장에서는 상장간의 내용에 관하여 개괄적으로 살펴보기로 한다.

# 제6장 초간: 상장간

무덤에서 출토되거나 그 밖에 여러 경로를 통하여 발견된 초간의 종류에 관해서는 앞 장에서 자세히 논급하였다. 이들 초간 중에는 관혼상제로 대표되는 통과의례 중 죽은 자의 상장례喪葬禮와 밀접한 관련이 있는 문자 자료가 있다. 학자들에 의하여 견책遣策(또는 遣冊)이나 봉서賵書(또는 賵方) 등으로 불리는 것이 바로 그것이다. 이것을 여기서는 편의상 '상장간'이라고 부르기로 한다. 이 상장간은 중국 고대의 상장 제도나 문화를 엿볼 수 있는 귀중한 자료이다.[1]

상장 제도란 말할 것도 없이 상례와 장례 제도를 통칭하는 말이다. 그 기원에 해당하는 고대의 상장 제도는 전 세계적으로 각 지역이나 민족마다 다양하고 독특한 제도가 있었다. 중국만 하더라도 소수민족과 한족의 제도가 달랐으며, 지역이나 기후 · 정치 · 경제 · 사회 · 관습 · 종교 등의 요소에 따라 다양한 양상을 띠고 있었다.[2] 위에서 말한 상장간과 관련해서는 중국의

---

1) '저승의 여권'으로 불리는 告地券도 상장간 중의 하나이다. 종래에는 초묘에서 고지권이 출토된 예가 없는 것으로 간주되어 왔지만, 劉國勝(2002: 240쪽)은 포산초간 제278호간의 성격이 告地書와 유사하다고 주장한다. 그러나 그의 설은 문자 판정 단계에서 추측에 의한 추론에 지나치게 의존하는 면이 강하며, 형식이나 내용 면에서도 제278호간은 그가 예로 들고 있는 한대 이후의 고지권과 다를 뿐만 아니라, 그가 정의하는 '산 자가 죽은 자를 안정시키기 위하여 저승의 관리에게 공문서로 신청하는 고지문'과도 다르다. 이 문제에 대해서는 앞으로 좀 더 검증이 필요하다고 생각된다.

부장副葬 풍습이 주요한 대상이 된다.

토장이 가장 오래되고 보편적인 매장 제도였던 고대 중국에서는 — 묘주의 신분이나 사회적 지위에 따라 차별화되어 있기는 하지만 — 사람이 죽음을 맞이했을 경우 고인이 평소에 쓰던 물건이나 상주가 준비한 명기冥器 및 타인이 증정한 물품 등을 시신과 함께 무덤에 부장하는 풍습이 있었다.[3] 또, 어떤 경우에는 이러한 부장품과 함께 살아 있는 사람이나 짐승을 순장하는 경우도 있었다. 그런데 이들 물품만 부장하는 것이 아니라, 물품의 세목을 기재한 간독도 함께 부장하는 경우가 있었다. 이것이 바로 위에서 말한 견책과 봉서이다.[4]

상장간은 초간의 내용에서 주요한 부분을 차지하기 때문에 중국에서는 일찍부터 많은 학자들에 의하여 연구가 진행되어 왔다. 그러나 한국에서는 그 중요도에 대한 인식이 상대적으로 매우 부족한 편이다. 초간 내용의 골격을 이루는 상장간은 선진시대 초 지역 및 그 주변 지역의 상장문화와 문물제도를 연구하는 데 필수적인 자료이다. 이 장에서 상장간을 다루는 의의

---

2) 가장 대표적인 土葬과 火葬 외에 懸棺葬, 樹葬, 天葬 등이 있다. 보다 자세한 사항은 강진석(2006: 85~109쪽) 참조.
3) 『呂氏春秋』, 권10, 「節喪」편에 "國彌大, 家彌富, 葬彌厚, 含珠鱗施, 夫玩好貨寶, 鍾鼎壺濫, 轝馬衣被戈劍, 不可勝其數"라고 하고, 『史記』, 권57, 「絳侯周勃世家」 27에 "居無何, 條侯子爲父買工官尙方甲楯五百被可以葬者.……廷尉責曰, 君侯欲反邪. 亞夫曰, 臣所買器, 乃葬器也, 何謂反邪"라고 기재되어 있는 것은 장례 때 고인이 평소에 쓰던 물건이나 상주가 준비한 명기를 부장하는 풍속이 있었다는 것을 말해 주는 하나의 예이다.
4) 상장간을 부장하는 풍속이 언제부터 시작되어 언제까지 지속되었는지에 대해서는 아직 분명하지 않다. 劉國勝(2005: 229쪽)과 같이 남방 지역에서 전국시대에서 六朝시대까지 사용되었다고 개략적으로 말하는 학자도 있다. 일례로 남송시대에 朱熹가 지은 것으로 전해지는 『朱子家禮』 권4 「喪禮」에서도 "조상하고 전제하고 부의한다"(弔奠賻)고 하고 또 "부의에는 돈과 비단을 사용한다"(賻用錢帛)고 하여 그 조의의 형식은 이어지고 있지만 견책에 관한 규정은 보이지 않는다.

는 바로 여기에 있다. 논의의 순서상 상장간의 정의와 기능 및 기재 형식과 내용을 먼저 살펴보고, 그것이 장례 절차에서 언제 작성되고 어떻게 사용되는지, 더 나아가서는 상장간을 통하여 무엇을 알 수 있고 앞으로의 과제가 무엇인지에 대하여 논하고자 한다.

## 제1절 상장간의 정의

상장간 중 '견책'이나 '봉서'라는 용어는 지금은 학자들 사이에서 거의 일반화되어 가고 있다. 그러나 이 두 용어가 선진시대부터 이미 사용되었던 것은 아니다. 많은 학자들이 지적하고 있듯이, 그것은 『의례儀禮』「기석례旣夕禮」편의 아래의 문장에서 따온 말이다.

봉賵은 방方에 기재하는데 아홉 줄이나 일곱 줄이나 다섯 줄로 쓴다. 견遣은 책策에 기재한다.[5]

이 문장에서는 '봉'과 '견'의 작성 요령과 서사재료에 대하여 언급하고 있는데, 견책은 '서견어책書遣於策'에서 따온 말이고 봉서는 '서봉어방書賵於方'에서 유래하는 말이다.[6] 그렇다면 후자의 경우는 '봉방賵方'이라고 해야 하는데 왜 '봉서'라고 하는가? 이 문제 대해서는 나중에 다시 논하기로 한다.

그런데 위의 문장을 통하여 견책과 봉서의 유래는 알았다 하더라도, 그

---

5) 『儀禮』, 권39, 「旣夕禮」, "書賵於方, 若九, 若七, 若五. 書遣於策."
6) '견책'과 '봉방'이라는 용어는 宋代의 聶崇義가 지은 『三禮圖集注』에 이미 보인다.

때의 '봉'과 '견'이 각각 무엇을 의미하는지 위의 문장만 가지고는 전혀 알수 없다. 그래서 참고가 되는 것이 후대의 주석이다.

먼저 후한 말기의 정현鄭玄의 주석에서는 '방'은 서판書板을 의미하며, 봉賵·전奠·부賻·증贈을 보낸 사람의 이름과 그 물품을 서판에 기재한다고 한다. 또, '책'은 '간簡' 즉 죽간을 의미하고 '견'은 '보내다'(送)라는 의미이며 인茵(관 아래에 까는 자리) 이하의 물품을 부장해야 하는 것을 의미한다고 한다. 또, '독견讀遣'에 대한 주석에서는 '견'은 '무덤 속에 넣는 물품'이라고 한다.[7]

다음으로 당대唐代 가공언賈公彦의 소疏에서는 빈객賓客이 보내는 것으로는 '봉' 외에도 '부'와 '증'과 '전'이 있는데, '봉을 기재한다'(書賵)고 한 것은 첫 번째 것을 들어 언급한 것이며, 보내 온 물품에 수량의 차이가 있기 때문에 줄의 수가 다르다고 한다. 또, 위의 문장에서 '봉'을 먼저 언급하고 '견'을 나중에 언급한 이유에 대해서는 '책'은 명기를 기재한 것이기 때문에 '봉'보다 먼저 언급해야 하지만, '견' 중에는 빈객이 보낸 물품도 포함되어 있기 때문에 '봉' 다음에 쓴 것이라고 한다.[8]

이 두 주석을 통하여 다음의 사항을 알 수 있다. '봉'은 서판 즉 독牘에 서사하고 '견'은 간책에 서사한다는 점, '봉서'라고 할 때는 '봉'만을 의미하는 것이 아니라 '전' '부' '증' 등 조문객이 보내 온 물품 전체를 의미한다는

---

7) 『儀禮』, 권39, 「旣夕禮」, 鄭玄 注, "方, 板也. 書賵奠賻贈之人名與其物於板. 每板若九行, 若七行, 若五行."; "策, 簡也. 遣猶送也. 謂所當藏物茵以下."; "遣者, 入壙之物." 鄭玄은 策을 簡이라고 주석하지만, 賈公彦이 疏에서 "云策, 簡者, 編連爲策, 不編爲簡"이라고 지적하듯이, 보다 정확하게는 여러 개의 간을 편철한 策書(또는 冊書)를 의미한다. 참고로 정현이 '當藏物茵以下'라고 한 것은 『의례』 「기석례」편에 의하면 관을 무덤에 안장할 때 가장 먼저 넣는 것이 茵이기 때문이다.

8) 『儀禮』, 권39, 「旣夕禮」, 賈公彦 疏, "以賓客所致, 有賻·有賵·有贈·有奠. 直云書賵者, 擧首而言, 但所送有多少, 故行數不同.……策書明器之物, 應在上文, 而於此言之者, 遣中幷有贈物, 故在賓客贈賻與賵之下特書也."

점, 서판에는 물품을 보낸 사람의 이름과 물품명을 기재한다는 점, '견'은 죽은 자를 위하여 '보낸다'(葬送)는 뜻과 함께 부장해야 하는 물품의 리스트를 의미한다는 점, 견책의 기재 내용은 상가에서 준비한 명기뿐만 아니라 조문객이 보내 온 물품도 포함하고 있는 점, '봉'과 '견'은 결국 조상助喪제도와 관련이 있는 점 등이다.

이상은 어디까지나 후대의 해석에 불과하기 때문에 이것을 선진시대의 조상제도에 그대로 적용시킬 수 있는지는 별개의 문제이다. 더구나 '견'의 의미에 대해서는 어느 정도 윤곽이 드러났지만, '봉'에 대해서는 여전히 아무런 설명이 없다. 조상제도와 관련된 용어는 단편적으로나마 선진시대에서 양한兩漢시대의 다른 문헌에 보이기 때문에 그것을 열거하면 다음과 같다.

상복과 관계있는 형제(大功 이상이나 小功 이하나 외척 중 상복과 관계있는 자)의 경우는 '봉'과 '전'을 함께 행해도 좋지만, 지인의 경우는 '봉'은 행해도 '전'은 행하지 않는다. 죽은 자와 아는 사이인 경우는 '증'을 행하고, 유족과 아는 사이인 경우는 '부'를 행한다.9)

'봉'이란 무엇인가? 상례와 관련된 의식으로는 '봉'이 있는데, '봉'이란 대개 말 두 필이나 말 네 필과 비단 한 묶음을 보내는 것이다. 수레와 말을 '봉'이라고 하고, 재물을 '부'라고 하며, 의복과 이불을 '수'라고 한다.10)

'봉'이란 무엇인가? 말 네 필을 '봉'이라고 하고, 의복과 이불을 '수'라고 하며, 조개와 옥을 '함'이라고 하고, 금전과 재물을 '부'라고 한다.11)

---

9) 『儀禮』, 권39, 「旣夕禮」, "兄弟, 賵·奠可也. 所知, 則賵而不奠. 知死者賵, 知生者賻."
10) 『春秋公羊傳』, 권1, 「隱公 원년조」, "賵者何. 喪事有賵, 賵者蓋以馬, 以乘馬束帛. 車馬曰賵, 貨財曰賻, 衣被曰襚."

죽은 자에게 보내는 것은 '봉'이라고 하고, 산 자에게 보내는 것은 '부'라고 한
다.12)

(조문을 위하여 상가에 보내는 물품 중) 금전이나 재화의 경우는 '부'라고 하고,
수레와 말의 경우는 '봉'이라고 하며, 의복의 경우는 '수'라고 하고, 관상용의
진귀한 보물의 경우는 '증'이라고 하며, 옥과 조개의 경우는 '함'이라고 한다.
'부'와 '봉'은 유족을 (경제적으로) 돕기 위한 것이고, '증'과 '수'는 죽은 자에게
보내기 위한 것이다.13)

이상의 문장을 종합해 보면 조상의식助喪儀式에는 '봉'뿐만 아니라 '부'
'수' '증' '함' 등이 있으며, 내용에 따라 구분되어 있었다는 것을 알 수 있다.
구체적으로는 '봉'은 수레와 말, '부'는 돈이나 재화, '수'는 의복이나 이불,14)
'증'은 관상용의 진귀한 보물, '함'은 옥과 조개를 각각 의미한다. 그 밖에
『의례』에 의하면 상복과 관계있는 형제만이 행할 수 있는 조상의식으로
'전'이라는 것도 있다. 또, 초나라 왕 웅장熊章이 증후을曾侯乙의 장례식 때

---

11) 『春秋穀梁傳』, 권1, 「隱公 원년조」, "賵者何也. 乘馬曰賵, 衣衾曰襚, 貝玉曰含, 錢財
曰賻."

12) 『春秋穀梁傳』, 권1, 「隱公 원년조」, "歸死者曰賵, 歸生者曰賻."

13) 『荀子』, 권19, 「大略」 27, "貨財曰賻, 輿馬曰賵, 衣服曰襚, 玩好曰贈, 玉貝曰唅. 賻賵
所以佐生也. 贈襚所以送死也." 그 밖에 『說苑』과 『白虎通義』에도 이와 관련된 내용
이 보인다. 『說苑』, 권19, 「脩文」, "賵者何. 喪事有賵者, 蓋以乘馬束帛, 輿馬曰賵, 貨
財曰賻, 衣被曰襚, 口實曰唅, 玩好曰贈. 知生者賻賵, 知死者贈襚. 贈襚所以送死也,
賻賵所以佐生也."; 『白虎通義』, 권11, 「崩薨」, "贈襚者, 何謂也. 贈之爲言稱也, 玩好
曰贈. 襚之爲言遺也, 衣被曰襚. 知死者則贈襚, 所以助生送死, 追恩重終, 副至意也.
贈賵者, 何謂也. 贈者, 助也. 賵者, 覆也. 所以相佐給不足也. 故弔辭曰, 知生則賻賵.
貨財曰賻, 車馬曰賵."

14) 馬山 1호 초묘에서는 견책은 출토되지 않았지만, 의복 1벌과 함께 "□以一緂衣見於
君"이라고 쓴 簽牌를 부착한 대바구니가 출토되었다. 彭浩(1996: 54쪽)는 이것을 '襚'
의 구체적인 예라고 지적한다.

박종鑄鐘을 보낸 예가 있듯이,[15) 제후간의 조의 물품으로 종을 보내는 경우
도 있었다.

〈표 6-1〉 조상의식의 명칭과 내용

|  | 賵 | 賻 | 襚 | 贈 | 唅 | 奠 |
|---|---|---|---|---|---|---|
| 儀禮 | 玄纁束·馬兩(公) | - | - | - | - | - |
| 公羊傳 | 車馬 | 貨財 | 衣被 | - | - | - |
| 穀梁傳 | 乘馬 | 錢財 | 衣衾 | - | 貝玉 | - |
| 荀子 | 輿馬 | 貨財 | 衣服 | 玩好 | 玉貝 | - |
| 說苑 | 輿馬 | 貨財 | 衣被 | 玩好 | 口實 | - |
| 白虎通義 | 車馬 | 貨財 | 衣被 | 玩好 | | |

한편 〈표 6-1〉에 의하면 각 의식의 내용적 함의는『곡량전』과『순자』의
단계에 이르게 되면 안정적으로 정착된다고 할 수 있다.(조상의식에 대한 규정
이 없는『의례』는 제외) 그런데 조상의식의 기능상의 차이라는 측면에서 보면
매우 흥미로운 사실을 발견할 수 있다. 조상의식의 기능상의 차이란 죽은
자에게 보내는 것은 기본적으로 부장용副葬用이지만, 산 자(유족)에게 보내는
것은 부장용이 아니라는 기능상의 차이를 말한다. 다만 죽은 자를 위한 것
이든 산 자를 위한 것이든 양자 모두 의례적인 의미 외에 상가에 대한 경제
적 원조라는 공통된 의미는 있다. 그 차이를 〈표 6-2〉에 의거하여 구체적으
로 보면, 죽은 자를 대상으로 하는가 산 자를 대상으로 하는가에 따라 내용
에 차이가 있는 문헌이 있다. 즉,『의례』와『곡량전』의 경우는 각각 두 가
지 의식에 대하여 기능을 구별하고 있는데, 그중 공통되는 것은 '부'뿐이다.
그런데 전국 말기에서 한대 초기에 저작된 것으로 추정되는『순자』「대략」

---

15) 湖北省博物館 편(1989: 87쪽).

편에서는 『의례』와 『곡량전』에 비해 기능별 해당 의식의 수가 각각 2배로 증가하고 있다. 더구나 『곡량전』에서는 '죽은 자'로 규정하고 있는 '봉'을 『순자』에서는 '산 자'로 규정하고 있다. 이러한 차이가 생긴 원인이나 이 두 문헌 사이의 시기적 선후 관계를 정확히 판정하는 것은 용이하지 않다. 다만 정현이 "봉은 주인의 장송을 돕기 위한 것이다"라고 하거나 "봉과 전은 죽은 자와 산 자 모두에게 행한다"라고 지적하고 있는 점,[16] 고고학적 발굴 성과에 의하면 구련돈九連墩초묘와 같이 고인의 무덤과 함께 거마갱車馬坑이 발견되는 경우도 있지만, 대부분의 경우 수레나 말의 부품이나 장식품이 부장되어 있는 점 등으로 미루어 보면, '봉'의 기능은 반드시 부장용이라고 단정지을 수는 없는 것 같다. 다만 이상의 기능상의 구별은 『순자』에서 규정하고 있는 것이 양한시대에 그대로 계승되는 것만큼은 틀림없는 사실이다.

〈표 6-2〉 조상의식에서 생자와 사자의 구분

|  | 賵 | 賻 | 襚 | 贈 | 唅 | 奠 |
|---|---|---|---|---|---|---|
| 儀禮 | - | 生者 | - | 死者 | - | - |
| 穀梁傳 | 死者 | 生者 | - | - | - | - |
| 荀子 | 生者 | 生者 | 死者 | 死者 | - | - |
| 說苑 | 生者 | 生者 | 死者 | 死者 | - | - |
| 白虎通義 | 生者 | 生者 | 死者 | 死者 | - | - |

이러한 조상 풍습과 관련해서는 예를 들면 『춘추좌씨전』에는 — 약간 과장된 부분도 있지만 — 천자의 상에는 온 나라에서 조문하러 오고, 제후

---

16) 『儀禮』, 권39, 「旣夕禮」, '公賵'에 대한 鄭玄 注, "賵, 所以助主人送葬也."; 同, '兄弟 賵奠可也'에 대한 정현 주, "賵奠於死生兩施."

의 상에는 동맹국에서 조문하러 오며, 대부의 상에는 동일한 신분의 사람들이 조문하러 오고, 사士의 상에는 친가는 물론 외가의 친척들까지 조문하러 온다고 기술되어 있다.[17] 또, 『예기禮記』「문왕세자文王世子」편에는 공족公族간에 조문해야 할 때 조문하지 않을 경우에는 관리가 처벌한다든가, '봉' '부' '증' '함'에는 모두 올바른 의례가 있다고 기술되어 있다.[18] 이러한 기록들은 중국 고대에 조상과 관련된 예제가 상당히 일찍부터 존재해 있었음은 물론, 정례화 및 차별화되어 있었다는 것을 암시한다. 다만 중국 고대 각국에 어떤 제도가 있었는지 그 구체적인 정황에 대해서는 자료상의 제약으로 현재로서는 알 수가 없다.

## 제2절 20세기 이후 상장간의 출현

제도는 알 수 없다 하더라도 고고학적 발굴에 의하여 견책과 봉서와 같은 상장간이 출토됨으로써 조상제도가 존재했었다는 사실만큼은 분명해졌다. 현재까지 발굴된 초묘와 초나라 부용국附庸國의 무덤 중 견책이나 봉서가 발견된 무덤은 다음과 같다. 먼저 견책의 경우는 ①오리패五里牌 406호묘(戰國後期, 下大夫級 무덤)에서 37매(복원 결과 18매), ②앙천호仰天湖 25호묘(전국 후

---

17) 『春秋左氏傳』, 권2, 「隱公 원년조」, "天子七月而葬, 同軌畢至. 諸侯五月, 同盟至. 大夫三月, 同位至. 士踰月, 外姻至." 좀 더 구체적으로는 曹瑋(2002: 39~40쪽)도 지적하듯이, 周王과 제후 및 제후와 제후가 서로 조상하거나 혈연 관계 및 비혈연 관계에 있는 사람들이 상호간에 조상하는 예, 심지어는 주왕이 제후에게 조상을 강요하는 예 등을 전래문헌을 통하여 확인할 수 있다.

18) 『禮記』, 권20, 「文王世子」 8, "族之相爲也, 宜弔不弔, 宜免不免, 有司罰之. 至于賵賻承〈贈〉含, 皆有正焉."

기, 하대부급 무덤)에서 42매, ③신양장대관信陽長臺關 1호묘(戰國中期, 封君 또는 卿大夫級 무덤)에서 29매, ④망산望山 2호묘(전국 중기에서 약간 늦은 시기, 하대부급 무덤)에서 66매(복원 결과), ⑤증후을묘曾侯乙墓(隨縣 擂鼓墩 1호묘, 戰國前期, 초나라 부용국 제후의 무덤)에서 240매, ⑥포산包山 2호묘(전국 중기, 대부급 무덤)에서 27매(東室 8매, 南室 17매, 西室 6매[복원 결과 2매]), ⑦조가강曹家崗 5호묘(전국 후기에서 약간 이른 시기, 하대부급 무덤)에서 7매가 출토되었다.

그 밖에 ⑧천성관天星觀 1호묘(전국 중기, 봉군 무덤), ⑨구리九里 1호묘(전국 중기, 봉군 무덤), ⑩진가취秦家嘴 99호묘(연대 및 묘주 신분 未詳), ⑪계공산鷄公山 48 호묘(연대 및 묘주 신분 미상), ⑫노하구老河口초묘(연대 및 묘주 신분 미상)에서도 출토되었지만 정확한 수량 및 도판과 석문은 아직 공표되지 않았기 때문에 그 전모는 알 수 없다.[19]

다음으로 봉서의 경우는 출토된 예가 매우 적은데, 특히 '방方'과 비교적 유사한 형태의 봉서는 포산 2호묘에서 1매가 출토된 것이 현재까지는 유일하다. 참고로 고대륜高大倫[20]과 같이 봉서와 견책이 동시에 출토된 무덤은 없다고 주장하는 학자도 있지만, 포산초간의 출토로 이러한 설은 더 이상 성립할 수 없게 되었다.

시기적으로 보면 견책은 전국시대 전반에 걸쳐 출토되고 있지만, 전국 중기 무덤에서 가장 많이 발견되고 있다. 봉서는 전국 중기의 무덤에서만 발견되었다. 신분적으로 보면 아직 묘주의 신분이 확실하지 않은 무덤도

---

19) 彭浩(1996: 49쪽)는 湖北省 江陵縣 藤店公社 藤店大隊에 위치한 등점 1호 초묘(전국 중기후단, 대부급 무덤)에서도 견책 간간 24매가 출토되었다고 한다. 다만 정식 도판과 석문이 아직 공표되지 않았기 때문에, 이 초묘에서 출토된 것이 과연 견책인지의 여부에 대해서는 확인이 불가능하다.

20) 高大倫(1988: 106~107쪽).

있지만, 현재까지 발견된 견책이나 봉서는 대부분 대부급 이상의 무덤에서 출토되는 경우가 많다. 그렇다면 아직은 잠정적인 결론에 불과하지만, 견책과 봉서와 같은 상장간은 신분에 상관없이 모든 사람들이 부장했던 것이 아니라 대부급 이상, 아무리 내려가도 사士 이상의 신분의 사람들이 부장했던 것이 아닌가 추측된다.[21]

## 제3절 초간별 상장간의 기재 형식과 내용

다음으로 각 초간별 견책의 기재 형식과 내용을 대략적으로 살펴보기로 하자. 그 경우 편의상 신분이 낮은 무덤에서 높은 무덤의 순으로 살펴보기로 한다. 다만 견책에 기재되어 있는 대부분의 기물의 명칭은 아직도 그 실체가 제대로 파악되어 있지 않은 경우가 많다. 그 이유는 문자 판독의 어려움은 물론, 해당 기물이 실제로 어떤 기물인지 가늠하기 어려운 경우가 많기 때문이다. 그 해결책 중의 하나로 견책에 기재되어 있는 것과 부장되

---

21) 여기서 士 계층까지도 포함시킨 이유는 예를 들면 湖北省荊沙鐵路考古隊 편(1991a: 337쪽)과 같이 통상 대부급 무덤으로 추정하는 망산 1호묘와 등점 1호묘를 元士의 무덤으로 추정하고, 胡雅麗(2007: 44쪽)와 같이 오리패 406호묘·앙천호 25호묘·망산 1호묘를 士의 무덤, 조가강 5호묘를 下士의 무덤으로 보는 견해도 있기 때문이다. 이것은 초묘의 묘주의 신분을 판정하는 것과 관련이 있는데, 이 문제에 관해서는 劉國勝(2005: 230~232쪽)이 자세하다. 그는 견책이 출토된 초묘의 묘주의 신분이 모두 대부급 이상인 이유에 대하여, 실제보다 신분이 높게 책정되었을 가능성, 『儀禮』「士喪禮」편과 「旣夕禮」편에 기재되어 있는 士의 신분이 비교적 높은 諸侯의 士일 가능성, 제후의 士가 禮를 참람했을 가능성, 기타 여러 가지 이유로 견책을 사용했지만 부장하지 않았을 가능성, 앞으로 士의 무덤에서 견책이 출토될 가능성 등을 지적한다. 그 밖에 彭浩(1996: 54쪽)는 대부나 그 이상의 사람이어야만 견책을 사용할 수 있다고 하지만, 이상과 같은 이유로 인하여 그렇게 단정 짓는 것은 아직은 시기상조라고 생각된다.

어 있는 것을 서로 대조하여 의미를 확정하려는 시도가 종종 이루어지고 있다. 그러나 그것조차도 대부분 추측에 의존하는 경우가 많다. 기물 자체에 명칭이 기재되어 있다면 그것을 실마리로 의미를 어느 정도 확정지을 수 있지만 그런 경우는 극히 드물다. 더구나 도굴의 피해를 입은 무덤의 경우는 해당 기물의 의미를 확정하기가 더욱 어렵다. 따라서 아래에 기술한 기물의 명칭과 의미는 대부분 잠정적인 추론에 의거한 것임을 미리 밝혀 둔다. 참고로 견책의 내용은 기본적으로 호아려胡雅麗[22]의 분류 방식에 의거하여 '제기祭器', '연기燕器'(생활용구), '악기樂器', '무기武器', '거마기車馬器', '공구工具'(농기구 포함)의 6가지로 분류하였다. 호아려의 분류 방식에 문제가 있다고 판단될 경우에는 포산초간의 표제어 및 분류 방식(후술)을 기준으로 삼아 다시 분류하였다. 그 전체적인 정황은 〈표 6-3〉과 같다.[23] 다만 제기와 연기를 학적으로 명확히 구분하는 것은 현재로서는 사실상 거의 불가능하기 때문에, 이것도 어디까지나 개연적인 분류에 지나지 않는다는 것을 미리 밝혀 둔다.[24]

---

22) 胡雅麗(2007).
23) 각 초간별 문자 및 의미를 확정할 때에는 劉國勝(2003); 胡平生・李天虹(2004); 陳偉 等著(2009) 외에 다음의 자료를 참조하였다. 조가강: 黃岡市博物館・黃州區博物館 (2000), 오리패: 商承祚 편저(1995: 123～132쪽), 앙천호: 史樹靑(1955: 6～16・21～44 쪽); 商承祚 편저(1995: 45～75쪽), 망산: 湖北省文物考古研究所・北京大學中文系 편 (1995); 湖北省文物考古研究所(1996), 포산: 湖北省荊沙鐵路考古隊 편(1991a); 李家 浩(1995: 375～392쪽); 陳松長(1995: 393～397쪽); 陳偉(1996: 187～197쪽); 劉信芳 (1997a); 劉信芳(1997b), 신양장대관: 河南省文物研究所(1986); 商承祚 편저(1995: 3～ 41쪽), 증후을묘: 湖北省博物館 편(1989); 蕭聖中(2005a).
24) 이하 각 문물의 명칭을 해석할 때는 林巳奈夫 편(1976)과 孫機(2008)도 참조하였다.

〈표 6-3〉 초묘별 부장품의 종류와 내용

| | 祭器 | 燕器 | 樂器 | 武器 | 車馬器 | 工具 |
|---|---|---|---|---|---|---|
| 曹家崗 | 鼎, 杯, 豆 | 嚢, 瓶, 席 | - | - | - | 釿 |
| 五里牌 | 鼎, 壺, 杯, 勺, 匜 | 鑪, 箕, 几, 革圓 | - | 戈, 弩弓 | 車 | |
| 仰天湖 | 壺, 匜 | 衣, 袷, 帽, 箕, 帶, 屨, 柜, 巾, 席, 鎬, 皿, 鑑, 膚, 梳 | - | 甲衣, 劍, 矛, 矢 | - | 鋌 |
| 望山 | 牛樻, 羊樻, 豕樻, 尊樻, 大房, 皇俎, 皇豆, 薈, 𦥑(賷), 桯, 居梟, 餴鼎, 湯鼎, 登, 卵缶, 匜, 卵盞, 金匕, 金勺, 雕杯, 瑚, 合盞, 房几, 盤 | 羽嚢, 竹嚢, 小笾, 小雕, 羽嚢, 膚, 机, 茵, 裖, 鑑, 葦圓, 笲, 策筅, 莞筵, 枕, 箕, 竹笱, 革帶, 緹帶, 大冠, 屨, 幀, 席, 櫛, 環, 端環, 璜, 琥, 玉鈎, 辻缶, 垵匕, 小紡冠, 觟冠 | 瑟과 筑 | 劍과 劍帶, 戈 | 女乘, □車, 敗車 (부품, 설비, 장식은 제외) | - |
| 包山 | 牛鑒, 豕鑒, 鎬鼎, □鹰之鼎, 餴鼎, 升鼎, 鑑, 卵缶, 辻缶, 湯鼎, 貫耳鼎, 合瑚, 薈鑫鼎, 小壺, 枳盞, 盤, 匜, 甗, 廣樾, 灰樾, 屠樾, 宰樾, 大房, 小房, 禁, 房几, 𦥑(賷), 薈, 皇俎, 合豆, 皇豆, 食桯 | 餅釿, 金匕, 醬白之膚, 羽膚, 鼎, 犧冠, 生□之脈, 生穀冠, 芋穀冠, 冠, 藕, 豹靑之表, 狐罞, 紫韋之帽, 魚皮之屨, 軽乾, 鞮, 盪, 縡笭, 笲, 縡, 縟粉, 櫛, 横枳, 編席, 筵, 茵, 寑席, 俾席, 跪席, 莞席, 凳几, 收牀, 瑟, 羽嚢, 竹笾, 蔽戶, 竹枳, 缶, 縞衣, 臭䑋, 燭鋪, 白氈, 鑑, 緒, 會, 骨篓, 絢, 縞之緯, 金鈔, 革圓 | 瑟과 筑 | 矢, 戈, 鄭弓, 戟, 償, 笮, 甲, 冑, 盾, 矛 | 軒, 正車, 韋車, 羊車, 輶轂 및 각종 馬具 | 刀 |
| 長臺關 | 華壺, 團壺, 鋊匕, 圓缶, 靑鈁, 方鑑, 圓鑑, 盤, 鉄, 酆, 房几, 匜, 方琦, 豆, 耆, 湯鼎, 藏, 廷桯, 杯, 杯豆, 皇豆, 合豆, 鼎, 鷺刀 | 鈔席, 沬盤, 沈盤, 笲, 浣帕, 沬帕, 捉□之帕, 布帕, 方鑑, □瓶, 緅與素錦之繁囊, 緅與靑錦之繁囊, 耿堲, 合釦, 錯釦, 翠珥, 齒珥, 組帶, 革, 鈎, 兩繡鐸屨, 絲紙屨, 漆糶屨, 簠, □箕, 糚箕, 豆箕, 簹箕, 繡□衣, 組帶, 小鐶, 靑綢綬組, 絑裳, 丹紙之衿, 布帕, 絲裏, 紡絹, 友齊綟之袷, 見鬼之衣, 紅介之留衣, 篚, 璽笲, 小塦笲, 醬白膚, 友蠃膚, 汲瓶, 辻缶, 淺缶, 鑪, 澮之䑋鼎, 釪, 澮盤, 承燭之盤, 盛箕, 箭箕, 漆棗, 鋪首, 茵, 緛紫之寑茵, 錦坐茵, 席, 長羽嚢, 翠嚢, 竹笾, 廷桯, □食醬, 梅醬, 帚, 小囊糧, 大囊糧, 錦終枕, 寑莞, 寑筵, 篋筵, 笱 | □坐棧鐘, 笙, 簫笋, 臺, 雕鼙, 牘과 瑟, 良羽嚢 | 戈 | 良圓軒, 良女乘, 良輇, 緣迏輇 | - |

## 1. 조가강초간

조가강초간은 전체 수량은 7매, 총 글자 수는 40자로 현재까지 발견된 견책 중 가장 수량이 적다. 기재 형식도 매우 간략하여 명칭과 수량만이 기재되어 있다. 다만 제1호간에 아래와 같이 부장품을 의미하는 '장기葬器'라는 제목과 함께 '정鼎'이 가장 먼저 기재되어 있는 것은 다른 견책에서는 볼 수 없는 조가강초간만의 특징이다.

부장 기물. 솥 4점, 樌(?) 1점.[25]

내용은 정鼎(솥)·배杯(술잔)·두豆 등의 제기, 삽翣(깃털로 만든 부채)·병瓶·석席(자리) 등의 연기, 근斤(도끼) 등의 도구만 확인이 가능하고 악기나 무기, 거마기는 확인되지 않는다. 조의한 사람의 이름이나 관직명은 보이지 않기 때문에, 여기에 기재되어 있는 것은 고인이 생전에 쓰던 물건이나 상가에서 준비한 물품으로 추정된다.

## 2. 오리패초간

오리패초간은 도굴의 피해를 입었기 때문에 죽간의 원래의 수량은 불투명하다. 뿐만 아니라 죽간이 모두 손상을 입고 글자도 희미하여 잘 보이지

---

25) 曹家崗楚簡 제1호간, "覵(葬)盤(器). 四眞(鼎), 一樌(?)." 부장품을 의미하는 '葬器'의 용례는 위에서 든 『史記』「絳侯周勃世家」 외에 『呂氏春秋』 권10 「節喪」편에도 다음과 같이 보인다. "且死者彌久, 生者彌疏. 生者彌疏, 則守者彌怠. 守者彌怠, 而葬器如故, 其勢固不安矣."

않기 때문에 문자를 판정하는 것이 용이하지 않다. 현재 복원된 18매 중 기물의 명칭이 판독 가능한 것은 12매뿐이다. 기재 형식은 대부분 기물의 명칭과 수량을 먼저 기재하고 그 다음에 부장한 장소를 기재하고 있는 것이 특징이다. 예를 들면 다음과 같다.

단지 4점, 거함(邊箱)에 있음.(제4호간)

청동창 8점, 거함에 있음.(제7호간)

조각한 장식이 있는 구기 2점, 장사(槨室의 尾箱 또는 脚箱)에 있음.(제13호간)[26]

위와 같은 기재 형식은 현재까지는 오리패초간이 유일하다. 내용은 정鼎·호壺(단지)·배杯·작勺(구기)·이匜(주전자) 등의 제기, 노鑪(화로)·기箕(쓰레받기)·궤几(작은 탁자)·혁원革圓(가죽으로 만든 둥근 상자) 등의 연기, 과戈(갈고리 모양의 창)·노궁弩弓 등의 무기, 거車(차량) 등의 거마기만 확인이 가능하고 악기와 공구는 확인되지 않는다. 조가강초간과 마찬가지로 조의한 사람의 이름이나 관직명은 보이지 않기 때문에, 여기에 기재되어 있는 것은 고인이 생전에 쓰던 물건이나 상가에서 준비한 물품으로 추정된다.

---

26) 五里牌楚簡 제4호간, "鈛(壺)四, 才(在)匽臧."; 제7호간, "金戈八, 才(在)匽臧."; 제13호간, "敞勺二, 才(在)夭(長)厵." 참고로 오리패초간의 도판과 죽간 번호는 商承祚 편저(1995)에 의한다.

## 3. 앙천호초간

앙천호초간은 총 42매가 출토되었으며, 도굴의 피해를 입었지만 죽간과 문자의 상태는 오리패초간에 비해 양호한 편이다. 기재 형식을 보면 먼저 기년자료로 추정되는 죽간이 있다. 제22호간에 "초효탈지년楚孝敓之年"(초나라 효탈의 해)이라고 기재되어 있는 것이 바로 그것이다. 이것은 예를 들면 포산 초간 제197호간의 "송객성공면빙어초지세宋客盛公䕼聘於楚之䖢(歲)"(송나라 사신 성공면이 초나라에 초빙된 해)를 제132호간에서는 간단히 줄여 "송객성공면지세 宋客盛公䕼之䖢(歲)"(송나라 사신 성공면의 해)라고 하는 것과 같은 형식으로, 그 해 에 일어난 중대한 일로 기년을 나타내는 '이사기년以事紀年'일 것으로 추정된 다. 망산초간이나 증후을묘간 등에 의하면 이것이 본래 제1호간이었을 가 능성이 크다.27) 또, 제36호간에는 문장이 끝나는 부분에 '▬'와 같은 부호가 있다. 이것은 통상 장이나 절이나 편의 종료를 의미한다. 그렇다면 이것이 마지막 죽간일 가능성이 크다.

다음으로 앙천호초간은 오리패초간과는 달리 물품의 명칭을 기재한 후 해당 물품의 재료나 색깔, 장식, 신분을 나타내는 액세서리 등을 비교적 상 세히 기재하고 있는 것이 특징이다.(물론 예외도 있음) 예를 들면 다음과 같다.

---

27) 胡平生 · 李天虹(2004: 178쪽) 참조. '孝敓'은 商承祚 편저(1995: 54 · 68쪽) · 劉國勝 (2003: 104쪽) · 陳偉 等著(2009: 471쪽)는 "孝敓"로 판독하지만, 史樹靑(1955:36쪽) · 胡平生 · 李天虹(2004: 178쪽)은 '孝般'으로 판독한다. 도판에 의하면 글자가 거의 보 이지 않기 때문에 정확한 판독은 어렵다. 여기서는 잠정적으로 전자의 판독을 따랐 다. 그 밖에 劉國勝(2003: 104쪽)은 제22호간의 문자를 "楚孝敓之年荊尸之月癸□ [之日]……"로 판독하지만, 도판 상으로는 '荊尸之月癸□[之日]'을 확인할 수 없다. 참고로 앙천호초간의 도판과 죽간 번호는 商承祚 편저(1995)에 의한다.

자주색 □ 겹옷 □ 벌, 큰 천연색 끈의 □, 귀繢(옷감을 의미하는 듯함) 테두리 장식, 적색 띠 모양의 리본이 있고, 골제 패옥이 있음.[28]

또, 죽간 중에는 ①하단에 '이已'자를 표기해 놓은 것, ②하단에 '구句'자를 표기해 놓은 것, ③위에서 든 제6호간과 같이 아무런 표기가 없는 것의 3종류가 있다. '이已'자나 '구句'자를 표기하고 있는 예를 각각 하나씩 들면 다음과 같다.

테두리에 장식이 있는 대자리 1점, 요 자리 1점. 이已.(제17호간)

새 가죽신 1점, 헌 가죽신 1점, 모두 차蘆(草名)로 만든 깔창이 있는 신발임. 새 신은 구句.(제34호간)[29]

'이已'자를 표기한 것은 죽간에 기재한 물품을 이미 부장했다는 것을 의미하고, '구句'자를 표기한 것은 부장하지 않았다는 것을 의미한다고 한다.[30] 그렇다면 아무런 표기가 없는 것은 과연 무엇을 의미하는지 문제가 된다. 다만 현재로서는 그 의미를 추정할 만한 단서가 없다.

내용은 호壺와 이匜 등의 제기, 의衣(옷)·겹袷(겹옷)·모帽(모자)·공箕(箅: 대

---

28) 仰天湖楚簡 제6호간, "□紐(紫)□之繢(袷), 大緙(纂)之□, 繂純, 又(有)紅組之綏(緌), 又(有)骨夬(玦)."
29) 仰天湖楚簡 제17호간, "一純緹(筵)筍(席), 一偃(蓐)筍(席), 已."; 제34호간, "一新(新)鞜(鞮)縷(屨), 一岙(舊)鞜(鞮)縷(屨), 皆又(有)蘆(蘆)疋(且)縷(屨), 新(新)縷(屨), 句." 제34호간의 '皆又(有)蘆(蘆)疋(且)縷(屨)'에 관해서는 吳振武(2007: 39~44쪽) 참조.
30) 胡平生·李天虹(2004: 177쪽). 제34호간과 제35호간의 경우는 앞의 문장과 약간 간격을 떨어뜨린 후 각각 '新縷(屨)句', '亓(其)焚柜句'라고 기재하고 있다. 전자는 같은 죽간에 기재한 '新屨'와 '舊屨' 중 '신구'를 부장하지 않았다는 것을 의미하고, 후자는 '箅柜'와 '樊柜' 중 '樊柜'를 부장하지 않았다는 것을 의미한다.

바구니)³¹⁾ · 대帶(띠) · 구屨(끈으로 묶는 신) · 거柜(虡: 높은 탁자) · 건巾(덮개) · 석席 · 호鎬(냄비) · 명皿(그릇) · 감鑑(거울) · 곡膚(술잔의 일종) · 유梳(머리빗) 등의 연기, 갑의甲衣(갑옷) · 검劍 · 무矛(창) · 시矢(화살) 등의 무기, 질銍(벼 수확용 낫) 등의 공구만 확인되고 악기나 거마기는 확인되지 않는다. 부장품 중에는 생활용품이 압도적으로 많은 것이 특징 중의 하나이다. 또 하나의 특징은 의복 중에 '허양공일방의鄇(許)易(陽)公一紡衣'(제1호간), '중군지일소의中君之一綃(疏)衣'(제29호간), '하마지소의何馬之綃(疏)衣'(제4호간)와 같이 타인(허양공 · 중군 · 하마)이 보낸 물품도 함께 기재되어 있는 점이다. 여기서 '공公'은 현령縣令, '군君'은 초읍楚邑의 봉군으로 추정된다.³²⁾ 이처럼 비교적 높은 신분의 인물들이 조의 물품을 보낸 것이 묘주의 신분 및 사회적 지위와 밀접한 관련이 있는 것은 말할 것도 없다. 그리고 보내온 것이 모두 '의衣'로 기재되어 있는 것에 의하면, 이들 물품은 조의 물품 중 '수襚'에 해당한다고 할 수 있다.

기재 내용 중 특기할 만한 사항은 '새 가죽신'과 '헌 가죽신'이라는 표현이 있는 점이다. 더욱이 '새 가죽신'은 부장하지 않았다고 기재되어 있다. 그렇다면 '헌 가죽신'만 부장했다는 것이 되는데, 여기서 말하는 '헌 가죽신'이란 곧 죽은 자가 평소에 신고 다녔던 신발을 의미할 것이다. 그와 상대되는 개념인 '새 가죽신'은 아마도 상가에서 장례용으로 새로 준비한 것으로 추측된다. 장례용품으로 죽은 자가 생전에 쓰던 물건을 부장하는 것이 예에 부합되는가의 문제는 일찍부터 논란의 대상이 되어 왔지만, 앙천호초간의

---

31) 이하 각 견책에 보이는 '箕'과 '筭' 및 '籚'에 관해서는 胡雅麗(2009: 247~264쪽) 참조. 그는 포산 2호묘에서 출토된 부장품과 견책의 기재 내용을 비교 검토하여, 이 무덤에서 출토된 대나무로 짠 장방형의 작은 용기가 '箕'이고, 대나무로 짠 방형의 용기가 '筭'이며, 대나무로 짠 장방형의 큰 용기가 '籚'이라고 한다.

32) '公'과 '君'에 관해서는 胡雅麗(1994: 513~515쪽) 참조.

위의 문장의 해석을 통하여 죽은 자가 생전에 쓰던 물건도 부장한다는 사실
이 밝혀진 것은 의의가 크다고 생각한다.[33]

## 4. 망산초간

망산초간도 도굴의 피해를 입어 대부분 단간의 형태로 발견되었지만,
글자의 상태는 비교적 양호한 편이다. 복원 결과 총 66매이고, 그중 완간은
5매이다. 기재 형식은 먼저 제1호간에 '이사기년'을 기재한 후 부장 물품의
내용이 '거車'와 '기器'임을 명기하고 있다.

□□□□□□□□□□주의 해 초력楚曆 8월(夏曆 5월) 신□일. 차량과 기물
을 기재한 간책.[34]

이러한 기재 형식은 '이사기년'을 기재하고 있는 점에서 앙천호초간과
유사하고, 부장 물품임을 명기하고 있는 점에서 조가강초간과 유사하다. 다
만 죽간 상단에 잔결된 부분이 있기 때문에 '이사기년'이 서력으로 정확히

---

33) 楊華(2003: 58쪽).
34) 望山楚簡 제1호간, "□□□□□□□□□□周之歲(歲)八月辛□之日. 車與器之
典." '周之歲'의 '之'자 윗부분은 '周'자 절반 부분에서 위로 죽간이 잔결되어 있다.
完簡인 제2호간을 기준으로 계산하면, 전체 길이 65.95cm 중 상단에서 첫 번째 契口
사이의 길이(제1단)는 19.1cm, 첫 번째 계구에서 두 번째 계구 사이의 길이(제2단)는
30.55cm, 두 번째 계구에서 하단 사이의 길이(제3단)는 16.3cm이다. 제1호간의 남아
있는 죽간의 각 단별 길이는 제1단은 7.5cm, 제2단은 30.6cm, 제3단은 12.9cm이다.
따라서 제1단의 잔결된 부분은 19.1-7.5=11.6cm가 된다. 또, 망산초간의 경우 1자가
차지하는 공간은 대략 1.1cm이다. 이로써 잔결된 글자를 계산하면 11.6÷1.1=11자가
된다. 여기에 '周'자의 절반 부분이 남아 있는 것을 고려하면 약 10자 정도가 잔결되
었을 것으로 추측된다.

언제를 나타내는지에 대해서는 알 수 없다. 그러나 여기에 기재된 날짜가 묘주가 사망한 날이 아니라 간책을 작성한 날이라는 점만큼은 분명한 사실일 것이다. 후술하듯이 『의례』 「기석례」편에 의하면 고인이 사망한 날과 견책을 작성하는 날은 다르다. 그 밖에 이 문장의 맨 마지막 글자인 '전奠'은 '책冊'을 탁자 위에 올려놓은 것을 형상화한 문자이다. 이를 통해 '견'은 '책'에 기록한다는 『의례』의 기술 내용이 당시의 현실을 일정 정도 반영한 것임을 확인할 수 있다.

기재 형식의 또 하나의 특징은 제1호간에 기재되어 있듯이 '거車'에 해당하는 부분과 '기器'에 해당하는 부분을 분류하여 기재하고 있는 점이다. 물론 원래 죽간을 편철했던 끈은 부식되어 없어지고 죽간의 대부분은 손상되어 원형을 알 수 없기 때문에 실제 분류 상황을 완벽하게 복원할 수는 없다. 다만 정리자의 복원 결과에 의하면, 먼저 부장품을 크게 '거'와 '기'로 분류하고, 그러고 나서 각각 종류별로 세목을 정한 다음 다시 분류하는 형식으로 기재한 것 같다. 예를 들면 '거'의 경우는 '여승일승女乘一乘(제2호간)', '□거일승□車一乘(제4호간)', '전거일승戰車一乘(제5호간)' 등으로 분류하고 있는 점, '기'의 경우는 '금기金器(제46호간)라는 표제어가 보이는 점 등을 통하여 그 정황의 일단을 엿볼 수 있다. 조가강초묘나 오리패초묘와 같이 부장품의 양이 적을 경우에는 분류할 필요가 없지만, 망산초묘와 같이 종류와 수량이 많을 경우에는 나중에 장례 참석자들 앞에서 낭독할 것을 고려하면 종류별로 체계적으로 분류하고 나서 기재하는 것이 훨씬 더 효율적이었을 것이다. 이러한 경향은 부장품의 종류가 다양하고 풍부한 무덤에서 출토된 견책에 거의 공통적으로 나타난다. 그렇다면 이것은 당시에 견책의 서사 양식이 일정 정도 제도화되어 있었다는 것을 말해 주는 것이 아닌가 추측된다.

기재 내용은 먼저 '거'의 경우는 위에서 언급했듯이 '여승', '□거', '전거'(사냥용) 등과 같이 용도별로 분류한 뒤, 각 차량별 부품이나 설비, 장식, 말의 수나 마구馬具 등을 상세히 기록하고 있다. 그중 '여승'은 전래문헌에 보이는 '용거容車', '안거安車', '병거軿車'와 같이 주로 여성이 타는 사방을 완전히 가린 수레를 의미한다.[35] 이것은 이 무덤의 묘주가 여성인 것과 밀접한 관련이 있다. 참고로 '거'와 관련된 대부분의 죽간의 상단 부분이 잔결되어 있기 때문에 지금은 확인이 불가능하지만, 아마도 원래 견책에 기재되어 있던 차량의 종류는 이보다 더 많았을 것으로 추정된다.

다음으로 '기'의 경우는 공구를 제외하고 우선牛欋(밥상의 일종. 梡도매이라는 설도 있음)·양선羊欋·시선豕欋·존선尊欋·대방大房(큰 도마의 일종)·황조皇俎(도마의 일종)·황두皇豆(豆의 일종)·근즐(술잔의 일종)·찬杜(饌: 제기의 일종, 枓구기라는 설도 있음)·경桱(桯: 탁자의 일종)·거조居枭(구기의 일종)·궤정餽鼎·완결(같은 무덤에서 출토된 銅敦이라는 설과 銅壺라는 설이 있음)·난부卵缶(타원형의 항아리)·이匜·난잔卵盞(타원형의 잔)·금비金匕(숟가락)·금작金勺(구기)·조배雕杯(술잔)·승鼎(솥의 일종)·탕정湯鼎(솥의 일종)·호瑚(제기의 일종, 오늘날에는 簠라고도 함)·합잔合盞(같은 무덤에서 출토된 陶敦을 가리킨다는 설도 있음)·방궤房几(탁자의 일종)·반盤(대야) 등의 제기, 우삽羽翣·죽삽竹翣·소삽小翣·소조우삽小雕羽翣·곡膚·궤机(책상)·인茵(자리의 일종)·거裾(이불)·감鑑·위원葦圓(갈대로 만든 둥근 상자)·번笲(죽제 상자의 일종)·책완策莞(자리의 일종)·완연莞筵(자리의 일종)·침枕(베개)·여籅(죽제 상자의 일종)·죽사竹笥(죽제 상자의 일종)·혁대革帶·곤대緄帶(띠의 일종)·대관大冠·소방관小紡冠·해관觟冠·구屨·수帨(두건)·석席·즐櫛(빗)·환環(환옥)·단환端環·황璜(통상 環을 두 쪽 낸 모양)·호琥(호박)·옥구玉鉤(띠고리)·복부辻缶(동이)[36]·담비埮

35) 劉國勝(2003: 89쪽).

匕(숟가락의 일종) 등의 연기, 슬瑟(거문고, 桼은 그 부속품) 등의 악기, 검劍(부속품으로 劍帶)·과戈 등의 무기 등이 확인된다. 재질별로는 동기銅器, 도기陶器, 목기木器, 죽기竹器, 옥기玉器, 복식服飾류 등 매우 다양한 물품으로 구성되어 있다. 그 밖에 상장용품으로 '망동亡童(인형)도 있다. 이것은 다른 말로 '맹동盲僮 또는 '명동明童'이라고도 한다.[37] 같은 무덤에서 목용木俑이 출토되었는데, 이것이 바로 망동에 해당한다. 다만 죽간에는 9점으로 기재되어 있지만 실재로 출토된 것은 16점으로, 부장되어 있는 것이 기재되어 있는 것보다 훨씬 더 많다. 이상에 의하면 망산초간의 경우 종류나 수량 면에서 제기와 연기가 압도적으로 많다는 것을 확인할 수 있다.

망산초간에도 앙천호초간과 마찬가지로 타인이 보낸 것으로 추정되는 물품이 기재되어 있는 죽간이 있다. 제63호간의 '봉양공奉昜(陽)公☑', 제64호간의 '장왕손長王孫☑'이 바로 그것이다. 이들은 관명이나 인명으로 추정된다. 다만 죽간이 잔결되어 있기 때문에 구체적으로 어떤 물품을 보냈는지에 대해서는 알 수 없다. 그 밖에 대부분의 물품들은 아마도 고인이 생전에 쓰던 물건이나 상가에서 준비한 물품일 것이다.

## 5. 포산초간

포산초간은 동급 무덤 중 도굴의 피해를 입지 않은 거의 유일한 죽간이다. 따라서 보존 상태도 양호하고 글자도 비교적 선명하여 상장간의 실태를

---

36) '辻缶'에 관한 최근의 새로운 연구로는 廣瀨薰雄(2010: 504~509쪽)가 있다. 廣瀨薰雄는 실제 기물과 銘文과의 비교 및 季旭昇의 의견에 따라 '辻'을 '沐'으로 읽는다.
37) 湖北省文物考古硏究所(1996: 299쪽).

파악하는 데 가장 적합한 자료라고 할 수 있다. 전체 수량은 죽간 448매와 죽독 1매 및 첨패簽牌 35매가 출토되었다. 먼저 죽독은 남실南室의 마갑馬甲 (말 갑옷) 안에 부장되어 있었으며, 후술하듯이 이른바 봉서에 해당된다. 다음으로 견책은 전체 수량은 총 27매이고 곽실槨室별로 분산되어 부장되어 있었는데, 정리자는 이것을 총 4그룹으로 분류한다. 구체적으로는 제1그룹은 총 8매(제251~258호간)로 동실東室에서 출토되었고, 주로 식품과 식기가 기재되어 있다. 제2그룹과 제3그룹은 모두 남실에서 출토되었는데 전자는 부장품의 아랫부분에서, 후자는 부장품의 중간 부분에서 각각 출토되었다. 수량은 전자의 경우는 2매(제265·266호간)가 출토되었고, 주로 청동기와 칠목기가 기재되어 있다. 후자의 경우는 15매가 출토되었는데 그중 유자간有字簡은 11매(제267~277호간)이고, 주로 차량과 관련된 사항이 기재되어 있다. 제4그룹은 총 6매(제259~264호간)로 서실西室에서 출토되었고, 주로 연기가 기재되어 있다.

죽간의 길이와 계구의 수도 각 그룹마다 차이가 있다. 제1그룹의 경우는 길이는 평균 65.9cm이고 폭은 0.7~0.85cm이며 위아래 두 군데에 계구가 있다. 제2그룹과 제3그룹의 경우는 길이는 72.3cm이고 폭은 0.7~1.0cm이며 상중하 세 군데에 계구가 있다. 제4그룹의 경우는 모두 잔결되어 있기 때문에 알 수 없다. 이처럼 각 그룹마다 형태가 다른 이유는 분류의 목적도 있겠지만, 신분과 부를 상징하는 차량 관련 사항이 기재되어 있는 제2·3그룹의 죽간이 가장 길고 폭도 넓은 것을 보면, 물품의 중요도도 하나의 기준이 아니었나 추측된다.

기재 형식을 보면 먼저 각 그룹별로 표제어를 설정해 놓고 해당 기물을 나열하는 형식으로 기재하고 있다. 이러한 형식은 기본적으로 망산초간과

궤를 같이 한다고 볼 수 있다.

구체적으로는 먼저 제1그룹의 경우는 ①'식실지금기飤(食)室之金器'(제251호
간), ②'☒지금기☒之金器'(제252호간), ③'식실지식飤(食)室之飤(食)', ④'식실소이
구공飤(食)室所以购箕'(제257호간)과 같은 표제어가 보인다. ①은 '식실의 청동
기'로 해석할 수 있는데, 그렇다면 '식실'은 곽실을 가리키는 고유명사임을
알 수 있다. ② 또한 '☒의 청동기'를 의미하지만, 죽간의 윗부분이 잔결되
어 있기 때문에 의미가 분명하지 않다. ③은 '식실의 음식물'을 의미하고,
④는 '식실은 대바구니를 관리하는 곳'을 의미하는 것 같다. 이것은 곧 식실
의 기능을 표현한 말로 추정된다.

제2그룹의 경우는 '대조지금기大兆之金器'(제265호간)와 '목기木器'(제266호간)
라는 표제어가 보인다. '대조'의 '조'는 '묘卯'로 읽는 설도 있지만,[38] '조'의
이체자일 가능성이 크다고 생각한다. '대조'의 의미에 대해서도 여러 가지
설이 있다. 예를 들면 호북성형사철로고고대湖北省荊沙鐵路考古隊 편은 간독을
설명하는 자리에서는 '대조'는 '대장大葬'을 의미하고 '대조지……기'는 하장
下葬하는 날 장제葬祭 때 쓰는 것을 담은 제기라고 한다.[39] 그런데 해당 문자
를 주석하는 자리에서는 '조'를 '조脁'(제사)나 '조祧'(조묘)로 읽고 '대제大祭'를
의미한다고 하여 다른 해석을 제시하고 있다.[40]

이에 대해 진위陳偉[41]는 다음의 두 가지 설을 제기한다. 하나는 '조'는
전래문헌에서는 항상 '묘지'를 가리키기 때문에 '조垗'(묘지·제사지내는 곳)의
가차자일 것이라는 설이다. 또 하나는 '대조'를 '대조大朝'로 읽어야 한다는

---

38) 陳偉 等著(2009: 120쪽).
39) 湖北省荊沙鐵路考古隊 편(1991a: 276·508쪽).
40) 湖北省荊沙鐵路考古隊 편(1991a: 395쪽).
41) 陳偉(1996: 193~197쪽).

설이다. 선진시기에 군주와 신하가 공무를 논의하는 장소 및 각급 귀족들이 집안에서 공무를 논의하는 장소나 건물을 '조朝'라고 했는데, '대조지기'란 그런 장소나 건물에 진열된 각종 예기를 의미한다고 한다. 또, '조朝'는 일반적으로 궁실의 남쪽에 위치해 있는데, 이것은 제2그룹의 죽간이 남실에서 출토된 것과 유사하다고 한다. 이러한 주장에는 '식실'이 동실을 가리키듯이 '대조'는 남실을 가리킬 것이라는 복선이 깔려 있다. 그런데 진위陳偉도 지적하듯이 두 번째 설에서 한 가지 난점은 죽간에 기재되어 있는 기물은 모두 동실에 부장되어 있는 점이다. 이 점에 대하여 진위는 거마기를 남실에 부장한 뒤 공간이 없어서 동실에 부장했을 것으로 추측한다. 특히 이들 기물들은 동실 중에서도 유독 남쪽에 집중적으로 부장되어 있었는데, 이것은 원래 예정된 위치에 가깝게 하기 위한 것이라고 한다. 이상의 설 중 어느 설이 타당한지 그것을 단정 지을 수 있는 확증은 아직 없다. 다만 '대조'는 남실의 대명사일 것이라는 진위의 두 번째 주장이 현재로서는 어느 정도 설득력이 있다고 판단된다.

제3그룹의 경우는 차량과 거마기가 기재되어 있는데, 먼저 다음과 같이 이 무덤의 묘주인 좌윤左尹 소타昭𰵴를 하장한 날을 '이사기년'으로 기록한 다음, 차량과 거마기를 주표제어와 부표제어로 나누어 기재하고 있다.

대사마 도골이 부郙를 구한 해 향월(초력 6월·하력 3월) 정해일(24일)에 좌윤 하장.[42]

---

42) 包山楚簡 제267호간, "大司馬悼(悼)骰(慴)救(救)郙之骰(歲)盲月丁亥之日, 左尹𰵴(葬)." 이해는 대부분의 학자들이 B.C. 316년으로 보고 있다. 王紅星(1991: 521~532쪽); 劉彬徽(1991: 533~547쪽); 陳偉(1996: 9~20쪽) 등 참조. 묘주의 사망 연대가 이보다 약간 이르다는 것은 말할 것도 없다.

구체적으로는 먼저 주표제어로 '용거甪(用)車'(제267호간)를 제시한 다음, 부표제어로 '일승헌一乘軒'(제267호간), '일승정거一乘正車'(제271호간), '일승위거一乘韋車'(제273호간), '일승타곡一乘橢槖(轂)'(제274호간), '일승양거一乘羊車'(제275호간)로 분류하여 기재하고 있다. 또, 망산초간이나 증후을묘간 등에 의하면, '이 사기년'을 기재하고 있는 제267호간이 아마도 견책의 첫 번째 간에 해당될 것으로 추측된다.

한편 남실에서 출토된 죽독에도 다음과 같이 앞면에 '이사기년'을 기재하고 차량을 증정한 사람의 이름과 차량 명칭 및 수량을 기재하고 있다.

대사마 도골이 부䣄를 구한 해 향월 병술일(23일)에 서인이 정거 1대를 증정함.[43]

여기에 기술된 연월은 위에서 인용한 제267호간과 같지만 일이 다르다. 즉, 병술일이라 하여 하루 전날로 기재되어 있다. 그렇다면 서인이라는 사람이 정거를 증정한 날은 묘주를 하장하기 하루 전날이었다는 것을 알 수 있다. 이것은 후술하듯이 『의례』「기석례」편에 기술되어 있는 장례 절차와도 완전히 일치한다. 또, 죽독의 내용은 뒷면에까지 계속되고 있는데, 마지막 부분에서는 다음과 같이 기재하고 끝을 맺고 있다.

차량 1대 위에 □한 것은 모두 부府(재화나 문서 등을 보관하는 곳)의 일을 관장하는 관리인 호불이 專(?)□한 □이다.[44]

43) 包山竹牘, "大司馬郘(悼)愲(愲)救(救)䣄之歲(歲)亯月酉(丙)戌之日, 靜(舒)寅叏(授)一軐正車."
44) 包山竹牘, "一軐車之上□, 皆賔(府)瀫(執)事人瑚(胡)不專(?)□之□."

이 문장에서는 '집사인執事人'이 과연 상가 쪽 사람인지 아니면 차량을 보낸 쪽의 사람인지가 문제가 된다. 왜냐하면 어느 쪽 사람이냐에 따라 죽독의 작성 주체가 완전히 달라지기 때문이다. 유국승劉國勝45)은 '호불'을 인명으로 보고 '부尃'는 '부賻'로 읽어 조장助葬을 의미한다고 한다. 그렇다면 이 죽독은 상가 쪽에서 작성한 것이 아니라 조의한 쪽에서 미리 작성하여 물품과 함께 전달했다는 것이 된다. 다만 이 경우 몇 가지 난점이 있다. 첫째는 전래문헌에 의하면 정거와 같은 차량은 '부'가 아니라 '봉'에 해당하는 점이다. 둘째는 '부尃'로 판독하는 글자는 도판에 의하면 '부'자가 아닐 가능성도 있는 점이다. 다만 글자의 왼쪽 부분이 거의 보이지 않기 때문에 어떤 글자인지 확정하기 어렵다. 셋째는 유국승과 같이 해석하면 이 정거는 '서인'이라는 사람이 받은 것이 되는데, 조의한 쪽에서 문건을 작성할 때 상가 쪽 사람 중 누가 받을지 어떻게 미리 알았을까 하는 점이다. 만약 진위陳偉46)와 같이 '서인수魗(舒)寅叓(受)'의 '수'를 '수授'로 읽어 서인이 받은 것이 아니라 준 것으로 해석한다면 논리상 집사인은 상가 쪽 사람이 되게 된다. 이상 두 가지 해석 방법 중 과연 어느 쪽으로 해석하는 것이 보다 더 타당한지 포산초간만으로는 해결하기가 매우 어렵다. 그런데 이 문제를 해결하는 데 하나의 실마리를 제공해 주는 것이 바로 증후을묘간의 다음의 문장이다.

대막효 양위가 부䑸로 간 해 봄 8월 경신일에 갑주甲冑와 거마기를 관장하는 관리가 (장례용으로) 들어온 차량을 기록함.47)

---

45) 劉國勝(2003: 83~84쪽).
46) 陳偉(1996: 190쪽).
47) 曾侯乙墓簡 제1호간, "大莫囂(囂)旟(陽)爲適䑸之春八月庚申, 𨑏䢭(執)事人書入車." '𨑏䢭'는 湖北省博物館 편(1989: 501쪽)은 甲冑와 車馬器로 해석한다.

이 문장에는 '이사기년'을 기재한 뒤 갑주와 거마기를 관장하는 직책을 맡고 있는 '집사인'이 장례용으로 들어온 차량을 기록했다고 명기되어 있다. 후술하듯이 증후을묘간에 기재되어 있는 수십 대의 차량은 한 사람이 보낸 것이 아니기 때문에, 여기서의 집사인은 결코 조의한 쪽이 될 수 없다. 즉, 상가 쪽의 집사인으로 간주하는 것이 온당하다. 그렇다면 포산초간의 호불이라는 집사인도 상가 쪽의 관리이고, 서인은 '정거'를 증정한 사람으로 보는 것이 타당하지 않나 생각된다.

제4그룹에는 '상사지기소이행相遲之器所以行'이라는 표제어가 기재되어 있다. 뒷부분의 '소이행'은 '출행出行에 쓰이는 것'이라는 용도를 나타내는 말이다. 문제는 앞부분의 '상사'가 과연 무엇을 의미하는가에 있다. 이 두 글자에 대해서는 여러 학자들이 제각기 다른 의견을 제시하고 있지만, '상相'을 '상廂'이나 '상箱'으로 읽고 '서실'을 의미하는 것으로 해석하고, '사遲'를 '초梢'로 읽고 '북실'로 해석하는 진위陳偉[48]의 설이 현재로서는 가장 설득력이 있어 보인다. 실제로 제4그룹에 기재되어 있는 기물은 서실과 북실에 분산되어 부장되어 있었으며, 또 북실에는 견책이 부장되어 있지 않았다. 이러한 정황으로부터 보면 '상'과 '사'는 각각 서실과 북실을 가리키는 용어로 보인다. 다만 아직 확증은 없다.

다음으로 각 그룹별로 내용을 살펴보면 다음과 같다. 제1그룹의 경우 ①은 죽간이 잔결되어 기물명이 보이지 않고, ②에는 병견鉼鉼(삶은 음식이나 술·국 등을 담을 때 사용)만이 확인된다. 그 밖에 ①과 ② 중 어디에 속하는지는 분명하지 않지만, 금비金匕(청동숟가락), 장백지곡醬白之觳(터키석으로 장식한 술잔), 우곡羽觳(깃털 문양의 술잔), 정鼎, 도刀 등과 같은 동기류도 보인다. ③에는

---

48) 陳偉(1996: 192~193쪽).

수脩(육포의 일종), 포脯(육포의 일종), 밀蜜(꿀), 밀매蜜梅(꿀에 담근 매실?), 해臡(포의 일종), 확어濩魚(익힌 생선), 각종 해醢(육젓), 각종 저菹(절인 채소) 등 식품류가 기재되어 있다. ④에도 공箕(대바구니의 일종)이나 변笲(대바구니의 일종)에 담은 식품류, 즉 시포豕脯(돈육포), 수脩, 증선蒸膳(찐 요리), 자선炙膳(구운 요리), 오계熬雞(닭볶음), 자계炙雞(닭구이), 오어熬魚(생선볶음), 율栗(밤), 조棗(대추), 부자萆茈(올방개), 우藕(연근), 기芰(마름), 강薑(생강), 고苽(줄·진고), 이梨(배), 도포檮脯(檮는 桃 또는 擣), 비수膍脩(소의 위로 만든 포) 등이 기재되어 있다. 이상에 의하면 제1그룹에는 주로 식기와 식품류가 기재되어 있다고 할 수 있다.

제2그룹의 경우는 우확牛鑊(쇠고기를 삶을 때 쓰는 가마솥), 시확豕鑊(돼지고기를 삶을 때 쓰는 가마솥), 교정鐈鼎(발이 긴 솥), □천지정□薦之鼎, 궤정饋鼎, 승정升鼎, 감鑑, 난부卵缶, 복부洀缶, 탕정湯鼎, 관이정貫耳鼎, 합호合瑚(簠의 일종), ○○정籍鑫鼎, 소호小壺, 지잔扺盞(敦의 일종), 반盤, 이匜, 언甗(시루) 등의 동기류와 광궐廣橛(도마의 일종), 측궐仄橛, 도궐屠橛, 재궐宰橛, 대방大房, 소방小房(작은 도마의 일종), 금禁(잔대), 방궤房几(탁자의 일종), 찬瓚瓚(瓚), 근조, 황조皇俎, 합두合豆(뚜껑이 있는 豆), 황두皇豆, 식경食桱(밥상의 일종) 등의 목기류가 기재되어 있다. 이상에 의하면 제2그룹에는 주로 제기류가 기재되어 있다고 할 수 있다.

제3그룹의 경우는 장례용의 차량, 즉 '헌', '정거', '위거', '타곡', '양거' 및 각 차량별 부품이나 설비, 탑재된 무기, 장식, 말의 수나 마구 등이 상세히 기록되고 있다. '헌'은 굽은 끌채가 있고 좌우의 가리개가 위쪽의 천장 덮개 부분까지 연결되어 있는 차량을 가리킨다. '정거'는 전차의 하나로 '쉬거倅車'·'이거貳車'·'좌거佐車'와 같은 부거副車에 대한 말이거나 군진에서 지휘의 역할을 하는 전차를 가리킨다. '위거'는 전래문헌에 보이는 전차의 일종인 '혁거革車'(차체와 바퀴통에 가죽을 댄 차량)의 다른 이름이다. '타곡'은 전래문헌에 보이는 운구運柩용 차량인 '천거輇車'에 상당하는 차량(즉 상여)을 가리킨다.[49] '양거'는 전래문헌에 보이는 '상거䌛車'에 상당하며 죽은 자가 생전에 타고 다녔던 것으로 사후에는 영혼이 타는 수레를 의미하는 것으로 추정된다. 그렇다면 포산초간에 기재되어 있는 장례용의 차량은 장송용(헌·정거·위거), 운구용(타곡), 사후 세계의 승차용(양거)과 같이 용도가 다른 3종류의 차량이 기재되어 있다고 할 수 있다.[50]

제4그룹의 경우는 위에서 살펴본 표제어에 의하면 출행시 필요한 물품들이다. 여기서 말하는 출행이란 죽은 자가 황천길로 떠나는 것을 의미할 것이다. 따라서 여기에 기재되어 있는 물품은 모두 행기行器에 해당한다고 할 수 있다. 구체적으로는 해관獬冠(해태관), 생□지염生□之厭(상례용 관), 생곡관生縠冠, 자곡관紫縠冠, 관공冠籠, 표청지표豹靑之表(겉옷의 일종), 호역狐蜴(여우가죽바지), 자위지모紫韋之帽(자색 가죽 모자), 어피지구魚皮之屨(어피로 만든 신발), 장만輇鞔(가죽신의 일종), 제구鞮屨(가죽신의 일종), 탕盪(씻는 데 쓰는 그릇), 근번縺䇢(대바구니의 일종), 번䇢, 근縺(巾), 위분緯粉(분의 일종?), 즐櫛, 궤지樻枳(베개의 일종), 호석縞席(흰비단으로 테두리를 장식한 자리), 연석筵席, 침석寢席, 비석俾席, 궤석跪席, 완석莞席, 빙궤凭几(탁자의 일종), 수상收牀(침대의 일종), 슬瑟, 우삽羽翣, 죽삽竹翣, 폐호蔽戶(커튼?), 죽지竹枳(베개의 일종), 부缶, 호의縞衣(흰비단 옷), 격거臭䥗(銅鳥?), 촉용燭鋪(등잔의 일종), 백전白氈(담요), 감鑑, 서緒(끈의 일종?), 회會(조개껍질?), 골종骨鏊(비녀의 일종?), 아호지위䋤縞之緯(분의 일종?), 금초金鈔(두발용 장신구?), 혁원革圓, 시矢, 과戈, 정궁鄭弓 등이 기재되어 있다.

마지막으로 검토해야 하는 것은 남실에서 출토된 죽독이다. 이 죽독에

49) 蕭聖中(2005b: 180~181쪽)은 '타곡'을 '篆縠'으로 읽고 『周禮』에 보이는 '夏篆'(여러 가지 색깔로 채색하고 조각하여 장식한 차량)에 해당한다고 한다.
50) 李家浩(1995: 376·382쪽); 陳偉(1996: 182~187쪽) 참조.

는 서인이라는 사람이 증정한 '정거'의 부품이나 설비, 장식, 탑재된 무기, 말의 수나 마구 등이 상세히 기록되어 있다. 그 내용은 견책 중 제3그룹에 기재되어 있는 '정거'의 내용(제271·276·269·270호간)과 상당히 일치한다.[51] 그렇다면 이 차량은 묘주가 평소에 타거나 상가에서 준비한 것이 아니라 타인이 증정한 것이 된다. 이미 앞에서 살펴보았듯이 타인이 조의 물품으로 차량을 증정하는 것을 전래문헌에서는 '봉賵'이라고 한다. '봉'은 '방'에 서사한다는 『의례』「기석례」편의 기술에 의하면, 이 죽독은 형태론적으로는 '방'과는 다르지만 내용과 기능면에서는 '봉방'의 역할을 하는 것으로 인정할 수 있다.

한편 죽간 중에는 상단에 '하포수荷郙㥐'라고 기재하고 그 아래에 이감二鑑·착筶(화살통)·순盾(방패)·시矢와 같은 무기류 및 표鑣(재갈)와 같은 거마기류 등의 물품이 기재되어 있는 것이 있다. 제277호간이 바로 그것이다. 여기서의 '수㥐'도 '수授'로 읽어야 할 것으로 생각된다. 그렇다면 이 죽간에 기재되어 있는 것은 '하포라는 사람이 조의한 물품'이라는 의미가 된다. 그 기재내용 중에는 '영광지결수靈光之結帱'와 같이 '정거'와 관련된 죽독과 죽간의 내용 중 죽독에는 보이지 않고 죽간에만 보이는 물품이 있다. 또, 이 죽간과 제263호간에 공통적으로 보이는 '이감'은 아마도 하포라는 인물이 증정한 것으로 추정된다. 이러한 점으로부터 판단하면, 이 죽간 또한 '봉'에 해당한다고 할 수 있다. 다만 형태론적으로 보면 제277호간은 '간簡'에 해당하고, 죽독 또한 일반적으로 말하는 '방'과는 형태가 다르다. 이상의 논의를 종합해 보면, '봉'은 『의례』에 의거하여 '봉방'이라고 하기보다는 '봉서賵書'라고 하는 것이 보다 더 실제에 부합하는 것 같다.[52]

---

51) 李家浩(1995: 375~376쪽).

## 6. 신양장대관초간

신양장대관초간은 도굴의 피해를 입었지만 견책의 경우는 보존 상태가 비교적 양호한 편이다. 그러나 대부분의 죽간이 잔결되어 있기 때문에, 원래의 배열 순서를 복원하는 것은 현재로서는 불가능하다. 죽간은 총 148매가 출토되었는데, 그중 견책에 해당하는 것은 무덤의 좌후실左後室에서 출토된 29매이다.

먼저 기재 형식을 보면 이 초간의 경우도 망산초간이나 포산초간과 마찬가지로 표제어로 추정되는 표현들이 여기저기 보인다.53) 구체적으로는 ①제1호간의 '□□□기器', ②제8호간의 '□인지기人之器', ③제9호간의 '□□지기之器', ④제12호간의 '[집]두지기[集]豆(또는 脰)之器', ⑤제18호간의 '악인[지]기樂人[之]器', ⑥제24호간의 '집자지기集糈之器' 등이 그 예이다. ⑤의 '악인'은 『의례』 등에 보이는 음악을 관장하는 관리를 의미하는 것 같다. ④의 '집두'는 안휘성安徽省 수현壽縣에서 출토된 초기楚器에 자주 등장하는 '집두集脰'와 같은 용어로 보인다. 이것은 아마도 왕족이나 귀족의 음식이나 식사를 담당하는 기구機構를 의미하는 것으로 추정된다. 그 기구의 장인 '집두윤集脰尹'은 조의 물품을 증정한 사람으로 천성관초간 견책에 보인다.54) ⑥의 '집자'의 '자糈'는 아마도 '자鬻'(삶다) 및 그 이체자인 '자煮'나 '자鬻'와 관련이 있는 문자가 아닌가 추정된다. 따라서 '집자'는 아마도 『주례』의 '형인亨人'과 같이 왕족이나 귀족의 주방에서 삶는 요리를 전담했던 기구로 추정된

---

52) 陳偉(1996: 190~192쪽).
53) 신양장대관초간의 도판과 죽간 번호는 河南省文物研究所(1986)에 의한다.
54) 湖北省荊州地區博物館(1982: 109쪽).

다.55) 그렇다면 글자가 잔결되어 그 의미를 알 수 없는 ①·②·③에도 왕
족이나 귀족에 예속된 기구나 관리를 의미하는 표현이 있지 않았나 추측된
다. 이상에 의하면 신양장대관초간은 앞에서 살펴본 초간과는 달리 각종
기물을 곽실이나 용도별로 분류하는 것이 아니라, 주로 기구나 관리별로
분류하여 기재하고 있는 데 하나의 특징이 있다고 할 수 있다.

　내용은 ①의 경우는 화호華壺(단지의 일종), 단호團壺56), 원부圓缶(동이의 일
종), 청방靑鈁(단지의 일종), 방감方鑑(동이의 일종), 원감圓鑑, 반盤, 수銖(甁: 단지의 일
종), 뇌罍(술독) 등이 기재되어 있다. 여기에 기재되어 있는 것 중 일부는 무덤
에 부장되어 있는 도기와 관련이 있는 것 같다. ②의 경우는 초석鈔席(자리의
일종), 방궤房几, 매반沬盤(세안용 대야), 완반浣盤(세숫대야), 이匜 등이 기재되어 있
다. ③의 경우는 번笲(대바구니)에 보관되어 있는 것으로 완건浣帉(손 닦는 수건),
매건沬帉(얼굴 닦는 수건), 착□지건捉□之帉(하체 닦는 수건?), 방감方鑑(거울) 등이
기재되어 있다. ④의 경우는 □병甁, 추여소금지반낭緅與素錦之繁囊(검붉은 색과
흰색 비단으로 만든 주머니), 추여청금지반낭緅與靑錦之繁囊(검붉은 색과 청색 비단으로
만든 주머니), 방기方琦(목기의 일종), 두豆 등이 기재되어 있다. ⑤의 경우는 □
좌잔종□坐棧鐘(編鐘), 생笙(생황), 어우篽竽(피리의 일종), 조비雕鼙(북의 일종), 탁橐
(북의 일종?), 독牘(악기의 일종), 칠슬漆瑟, 양불良芺(깃춤을 출 때 사용하는 도구, 良은
비교적 정교하게 만들었다는 뜻), 불芺(양불보다 질이 떨어지는 도구) 등이 기재되어 있
다. ⑥의 경우는 철규銕垇(?), 합재合銂(?), 착재錯銂(?) 등이 기재되어 있다.

　한편 신양장대관초간에도 차량의 명칭이 보인다. 구체적으로는 '양원헌
良圓軒', '양여승良女乘', '양순良輴', '수굉순緣㳘輴'이 그것이다. 여기에 보이는

55) 郝本性(1983: 206·210∼212쪽); 陳秉新(1987: 334∼337쪽); 胡平生·李天虹(2004:
193∼194쪽) 참조.
56) '華壺'와 '團壺'에 관해서는 董珊(2008: 29∼39쪽) 참조.

'양良'은 이미 언급했듯이 '비교적 정교하게 만든 것'을 의미한다. '여승'은 망산초간에도 보이며 주로 여성이 타는 차량을 의미한다. '원헌'은 증후을묘간 제203호간에도 보이는데, 일반적으로 말 두 필이 끌고 차량 가리개와 덮개가 원형인 차량을 가리키는 것 같다. 증후을묘간의 원헌 또한 말 두 필이 끄는 차량이다.(〈표 6-11〉 참조) 이런 구조의 차량은 전투용은 아닐 것이다. 평시의 승차용이나 유람용으로 추정된다. '양순'과 '수굉순'은 그 실체나 용도는 아직 불분명하지만, 차량의 명칭인 것만은 틀림없는 것 같다.[57]

그 밖에 분류가 불투명한 것으로 사笥에 보관된 취이翠珥(비취옥 귀걸이)와 치이齒珥(상아 귀걸이), 공箕에 보관된 구糗·두豆·보簠, 조대組帶(띠의 일종)·혁革(혁대)·구鉤와 같은 허리띠와 띠고리, 쇄○구繣韡屨(신발의 일종)·사○구絲紙屨·칠제구漆緹屨와 같은 신발류, ○□의縞□衣·소곤대素緄帶·소환小鐶(작은 고리)·청추영靑緅纓組(冠의 끈?)·담상緂裳(하의의 일종)·단추지간丹緅之衦(?)·포건布幍(?)·사읍絲裛(?)·방견紡絹·우제추지겹友齊緅之袷(겹옷의 일종)·견귀지의見鬼之衣·홍개지류의紅介之留衣·비篦(참빗)와 같은 복식용구, □식장□食醬·매장梅醬·소낭구小囊糗(작은 자루에 담은 건제품)·대낭구大囊糗와 같은 식품류, 장우삽長羽翣·○삽翟翣·죽삽竹翣과 같은 부채, 노鑪와 같은 난방용구, 추帚(빗자루)·성기盛箕(쓰레받기의 일종)·○기箭箕와 같은 청소용구, 인茵·진자지침인縉紫之寢茵·금좌인錦坐茵·석席·침완寢莞(자리의 일종)·침연寢筵(대자리의 일종)·멸연篾筵과 같은 자리나 깔개, 금종침錦終枕(베개의 일종)과 같은 침구류, 배杯·근

57) 李守奎(2000: 195～199쪽); 劉國勝(2003: 16～19쪽); 胡平生·李天虹(2004: 196～197쪽); 蕭聖中(2005b: 181～183쪽) 참조. 劉國勝은 '良轀'의 '轀'을 '輴'으로 읽고 '輇'이나 '輲'과 통한다고 하면서 관과 부장 기물을 싣는 차량으로 해석한다. 또, '緣迖轀'의 '緣'는 '縫', '迖'은 '紘'으로 읽고 차량 덮개에 '縫'와 '紘'이 있는 '轀'으로 해석한다. 다만 이것은 어디까지나 추정일 뿐 아직 확증은 없다.

졸·장백곡醬白廧·우라곡友嬴廧과 같은 술잔류, 정鼎·탕정湯鼎·회지○정膾之鯔鼎과 같은 솥, 회반澮盤·승촉지반承燭之盤과 같은 대야, 배두杯豆·황두皇豆·합두合豆·난도鸞刀(제사 때 제물을 자를 때 쓰는 칼)와 같은 제기, 복부迲缶·천부淺缶와 같은 동이, 급병汲瓶·소경疋桱·담비銤匕·견銒·궐橛·한釬(盂: 쟁반)과 같은 주방용구, 양번瞿笲·소양번小瞿笲·보簠와 같은 죽기류, 과戈와 같은 무기류, 칠표漆橐, 포수鋪首(고리를 물고 있는 짐승의 머리) 등이 기재되어 있다. 또, 상장용품으로 망산초간에도 기재되어 있는 명동明僮이 있다.

이상의 기물에는 타인의 이름이나 관직명은 보이지 않는다. 따라서 이들 물품들은 대부분 고인이 평소에 쓰던 물건이나 상가에서 준비한 물품으로 추정된다.

## 제4절 증후을묘에서 출토된 상장간

### 1. 증후을묘간의 기재 형식과 내용

증후을묘는 전국 초기 증曾나라 제후국의 무덤이다. '증曾'은 전래문헌에는 '수隨'로 기재되어 있다. 바로 이런 점에서 지금까지 살펴본 초간과는 성격이 다르다. 다만 문자상으로는 초나라 계통의 문자에 속하고 정치적으로도 증나라는 당시 초나라의 부용국이었기 때문에, 넓은 의미에서 초간의 범주에 포함시켜 논의하는 경우가 많다. 그러나 엄밀히 말하면 '초간'이라고 하는 것보다 '증간曾簡'이라고 표현하는 것이 보다 정확하다.[58]

이 무덤에서는 청동기 명문과 죽간을 비롯하여 많은 문자자료가 출토되었는데, 죽간의 내용은 모두 견책에 해당한다. 이것은 앞에서 살펴본 초간본 견책에 비해 시기적으로 100년 이상 앞선 것이다. 그런 의미에서 현존 최고最古의 견책이다. 죽간은 모두 북실에서 출토되었으며, 무기나 갑옷 등과 함께 부장되어 있었다. 수량은 총 240매가 발견되었는데, 그중 26매(제215~240호간)는 글자가 없는 무자간無字簡이다. 죽간의 상태는 비교적 양호한 편이지만, 보존 처리나 사진 촬영 기술 및 출판 상태가 좋지 않아 도판의 글자를 판독하기 어려운 경우가 적지 않다.

초나라 제후의 무덤에서 출토된 견책은 아직 없기 때문에 단순히 비교할 수는 없지만, 증후을묘에서 출토된 견책은 위에서 살펴본 초간본 견책과는 다른 이채를 띠고 있다. 제기나 연기와 악기 등이 초간본 견책의 주요 내용인 것과는 달리, 증후을묘간은 200매가 넘는 죽간에 오로지 거마기와 거기에 탑재된 무기 및 갑옷과 투구에 관한 것만 기재되어 있다. 더구나 수십 대의 차량과 수십 필의 말 및 차주車主나 마주馬主로 등장하는 사람들의 관직명 등이 기재되어 있어, 당시 증나라의 장례 풍습뿐만 아니라 전차와 관련된 군사 기술, 관직과 관련된 정치 제도, 초나라와의 국제 관계 등을 연구하는 데 1급 자료로 활용되고 있다.

이미 앞에서 인용했듯이, 이 견책의 제1호간에는 '이사기년'과 함께 장례용으로 들어 온 차량을 기록한 것이라는 것이 명기되어 있다. 실제 내용도 거의 대부분 장례용의 차량과 말에 대한 상세한 정보가 기재되어 있다. 정리자 및 이시구로 히사코(石黑日沙子)에 의하면 견책은 크게 4그룹으로 분류된다.59)

---

58) 그런 의미에서 증후을묘간을 내용상 '증간'이라고 불러야 한다는 石黑日沙子(1998: 1쪽)의 주장에 대하여 필자도 동의하는 바이다.

59) 湖北省博物館 편(1989: 453~457); 石黑日沙子(1998: 5~6쪽).

〈표 6-4〉 증후을묘간 제1그룹 차량 기재 형식

| No. | 簡番 | 乘者 | | 馭者 | | 車主 | 車名 |
|---|---|---|---|---|---|---|---|
| | | 官名 | 人名 | 官名 | 人名 | | |
| 1 | 1～4 | 右令 | 建 | - | - | - | 大旆 |
| 2 | 4～7 | - | - | 宮廏令 | 婜 | - | 乘[阝韋] |
| 3 | 7～11 | - | - | 左令 | 弘 | - | 乘車 |
| 4 | 12 | - | - | 郢連囂 | 東臣 | - | 政車 |
| 5 | 13～15 | - | - | - | 黃[辶毛]王 | - | 大殿 |
| 6 | 16～18 | - | - | - | 黃貿 | - | 左旆 |
| 7 | 18～20 | - | - | 中嚻令 | □ | - | 少廣 |
| 8 | 22～23 | - | - | - | 裘定 | - | 左殿 |
| 9 | 25 | - | - | - | 哀裛 | - | 左彤旆 |
| 10 | 26 | - | - | - | 黃痰 | - | [阝韋]軒 |
| 11 | 28 | - | - | - | 黃宇 | - | [阝韋]軒 |
| 12 | 31 | - | - | - | 哀立 | 左尹 | 附車 |
| 13 | 32～33 | - | - | - | 鄘鹽 | - | 左彤殿 |
| 14 | 36～37 | - | - | - | 黃夏 | - | 右旆 |
| 15 | 38 | - | - | - | 黃柫 | - | 右彤旆 |
| 16 | 39～41 | - | - | - | 柘四 | - | 右[衤童]殿 |
| 17 | 42～44 | - | - | - | □紝吉 | 鄗君 | 乘廣 |
| 18 | 45～47 | - | - | - | 黃克 | - | [車隹]車 |
| 19 | 47 | - | - | - | 黃□ | - | 墨乘 |
| 20 | 48 | - | - | 宮廏尹 | - | - | 安車 |
| 21 | 50 | - | - | - | - | - | 新安車 |
| 22 | 51 | - | - | - | 黃□ | - | □車 |
| 23 | 53 · 78～79 | - | - | - | - | 集君 | 車 |
| 24 | 54～57 | - | - | - | - | 王 | 魚軒 |
| 25 | 57～59 | - | - | 新官令 | 欿 | - | 公左[軒] |
| 26 | 60～61 | - | - | - | - | 鄗君 | [阝韋] |
| 27 | 62 | - | - | - | 黃□ | □卿士 | 阶車 |
| 28 | 63～64 | - | - | - | 哀還 | 令尹 | 割車 |
| 29 | 65 | - | - | - | 黃豻 | 鄝君 | 畋車 |
| 30 | 67 | - | - | 新官 | 贊桼 | 平夜君 | 畋車 |
| 31 | 70 · 95 | - | - | - | 哀寢 | 鄅君 | 畋車 |
| 32 | 71～72 | - | - | □尹 | 瘻 | - | 畋車 |
| 33 | 73 | - | - | 南陵連囂 | 悼 | - | 椯轂 |
| 34 | 74 | - | - | - | - | - | 椯轂 |
| 35 | 75 | - | - | - | 黃豊 | - | 王僮車 |
| 36 | 76 | - | - | - | - | - | [車每][車亘]車 |
| 37 | 115～118 | - | - | - | - | - | 路車 |
| 38 | 119 | - | - | - | - | 養君 | 路車(輅) |
| 39 | 119 | - | - | - | - | 陽城君 | 路車 |
| 40 | 119 | - | - | - | - | 養君 | - |
| 41 | 119 | - | - | - | - | 旅公 | 路車 |

<표 6-5> 증후을묘간 제1그룹 차량의 소결과 총결

| No. | 簡番 | 車名 | 數量 | 特徵 | 해당 차량 |
|---|---|---|---|---|---|
| 小結 | 120 | 廣車 | 12 | - | 大施, 左施, 左肜施, 右施, 右肜施, 大殿, 左殿, 左肜殿, 右殿(제2그룹), 右襜殿, 乘廣, 少廣 |
| 小結 | 120 | 輦車 | 4 | 圓軒 | 乘輦, 輦軒, 鸞軒, 阶車, 外車, 輦 중 4승 |
| 小結 | 120 | 行廣 | 5 | - | 政車, 乘車, 帷車, 集君之車, □車, 公左軒, 劃車 중 5승 |
| 小結 | 120 | 遊車 | 9 | 圓軒 | 墨乘, 魚軒, 安車, 新安車, 畋車 4승 중 2승, 乘輦, 輦軒, 鸞軒, 阶車, 外車, 輦 중 2승 |
| 小結 | 120 | 畋車 | 1 | - | 畋車 4승 중 1승 |
| 小結 | 120 | 楇轂 | 1 | - | 楇轂 2승 중 1승 |
| 小結 | 120 | 王僮車 | 1 | - | 王僮車 |
| 小結 | 120～121 | 轉轀車 | 1 | - | 轉轀車 |
| 小結 | 121 | 路車 | 9 | - | 제3그룹 〈표 10〉의 路車 9승 |
| 總結 | 121 | 총 43승 | | | |

제1그룹(제1~121호간)에는 주로 거마와 차량에 탑재된 무기 장비에 관한 것, 제2그룹(제122~141호간)에는 주로 차량에 탑재된 인마용人馬用의 갑옷과 투구에 관한 것, 제3그룹(제142~209호간)에는 주로 차량별 배치된 말과 그 종류 및 마주나 차주 등에 관한 것, 제4그룹(제210~214호간)에는 관원들이 타는 말과 수량 및 '용소생佣所生'에 관한 것이 각각 기재되어 있다. '용소생'에 대해서는 '용佣'을 '용俑'으로 읽고 '부장용의 나무인형'이라고 하는 설,[60] '용佣'과 '생生'을 각각 '용用'과 '생牲'으로 읽고 '제물로 제공된 사람'이라고 하는 설[61] 등이 있다. 그러나 어느 쪽도 아직 확증은 없다.

먼저 각 그룹별 기재 형식을 살펴보면 다음과 같다.(제4그룹은 제외) 제1그

---

60) 湖北省博物館 편(1989: 456~457쪽).
61) 陳偉 等著(2009: 372쪽).

룹의 경우는 〈표 6-4〉와 같이 탑승자(乘者)의 관명官名과 인명, 차량을 모는 사람(馭者)의 관명과 인명, 차주와 차량의 명칭 중 일부를 기재한 다음, 차량을 구성하는 거마기와 탑재된 무기 장비 등을 상세히 기재하는 형식으로 기술되어 있다. 이때 각 차량에 대한 기술의 시작 부분에는 해당 문단의 첫 번째 글자나 두 번째 글자 아래에 '●'(실제로는 타원형)를, 종료 부분에는 '■'와 같은 부호를 삽입하고 있는 것이 특징이다. 이런 부호를 사용하고 있는 이유는 아마도 각 차량별로 구분을 명확하게 하여 나중에 조문객 앞에서 견책을 낭독할 때 식별이 용이하도록 하기 위한 것이 아닌가 추측된다. 또, 도판을 보면 '■'의 경우는 견책을 써내려 갈 때 바로 기재했지만, '●'의 경우는 견책을 다 쓰고 나서 추가로 삽입한 것임을 확인할 수 있다. 증후을 묘간에는 여러 번 수정한 흔적이 여기저기 보이는데, '●'의 경우도 수차에 걸친 수정 과정 중에 삽입한 것이 아닌가 추측된다. 또, 차량마다 문단을 나누어 기재하는 것이 아니라, 처음부터 끝까지 연이어 기재하고 있는 것도 하나의 특징이다. 그리고 마지막 부분에는 〈표 6-5〉와 같이 본문에 기재되어 있는 각 차량별 수량의 소결小結 및 전체 수량에 대한 총결總結이 기재되어 있다.

제2그룹의 경우는 〈표 6-6〉과 같이 차량을 모는 사람의 관명이나 인명 및 차량의 명칭을 기재한 뒤, 각 차량에 탑재된 갑옷과 투구에 관하여 비교적 상세히 기록하고 있다. 제2그룹의 경우도 제1그룹과 마찬가지로 차량별 정보를 처음부터 끝까지 이어서 기재하고 있다. 또, 여기에도 제1그룹과 거의 동일한 형식의 '●' 부호가 보인다. 다만 '■' 부호는 거의 보이지 않는다. 그리고 마지막 부분에는 인갑人甲과 마갑馬甲의 전체 수량이 기재되어 있다.

제3그룹의 경우는 각 차량에 배치되어 있는 말의 위치와 정보가 기재되

〈표 6-6〉 증후을묘간 제2그룹 차량 및 인마갑 기재 형식

| No. | 簡番 | 馭者 | | 車名 | 人甲 | 馬甲 | 1그룹 No. |
|---|---|---|---|---|---|---|---|
| | | 官名 | 人名 | | | | |
| 1 | 122 | - | - | 大旆 | 楚甲 | 彤甲 | 1 |
| 2 | 122 | - | - | 乘蘁 | 吳甲 | - | 2 |
| 3 | 123~124 | - | - | 政車 | 吳甲, 楚甲 | 畫甲 | 4 |
| 4 | 124~125 | - | - | 大殿 | 楚甲 | 彤甲 | 5 |
| 5 | 125~126 | - | 黃實 | 左旆 | 吳甲 | 彤甲 | 6 |
| 6 | 126 | 中酈令 | □ | 少廣 | 楚甲, 吳甲 | 畫甲 | 7 |
| 7 | 127 | | 裘定 | 左殿 | 楚甲 | 彤甲 | 8 |
| 8 | 127~128 | - | 哀裛 | 左襠旆 | 吳甲 | 畫甲 | 9 |
| 9 | 128~129 | | 黃痰 | 蘁軒 | 吳甲 | 畫甲 | 11 |
| 10 | 129~130 | | 黃字 | 鹽軒 | 吳甲 | 漆甲, 素甲 | 10 |
| 11 | 130 | - | 鄘醬 | 左彤殿 | 楚甲, 吳甲 | 彤甲 | 13 |
| 12 | 131 | | 黃夏 | 右旆 | 吳甲, 楚甲 | 畫甲 | 14 |
| 13 | 133 | | 黃桛 | 右彤旆 | 吳甲 | - | 15 |
| 14 | 136 | - | 黃□ | 右殿 | 吳甲, 楚甲 | - | - |
| 15 | 136 | - | - | 右襠殿 | 楚甲 | - | 16 |
| 16 | 137 | - | - | 乘車 | 甲, 吳甲 | 畫甲 | 3 |
| 總結 | 140 | 人甲 총 64점 | | | | | |
| 總結 | 141 | 馬甲 총 86점 | | | | | |

어 있는데, 제1그룹이나 제2그룹의 기재 방식과는 달리 하나의 죽간에 하나의 차량에 대한 정보가 기재되어 있는 것이 특징이다. 기재 형식은 소결이 기재되어 있는 죽간의 유무에 따라 다음과 같이 크게 두 부분으로 구분된다. 하나는 제142~159호간 및 제178~204호간과 같이 소결이 기재되어 있는 죽간이 있는 부분이다. 또 하나는 제160~177호간 및 제205~206호간과 같이 그러한 죽간이 없는 것으로 판단되는 부분이다.

다음으로 각 그룹별 내용을 살펴보면 다음과 같다. 먼저 제1그룹은 소결 부분에 의하면 광거廣車 12승, 유거蘁車 4승, 행광行廣 5승, 유거遊車 9승,

전거畋車 1승, 타곡耥轂 1승, 왕동거王僮車 1승, ○○거轉輀車 1승, 노거輅車 9승
이라고 명기되어 있다. 그중 '광거' '행광' '유거遊車'는 본문에는 그 명칭이
보이지 않는 용어이다. 따라서 이것은 특정 차량을 지칭하는 고유명사라기
보다는 공통된 성격의 차량을 총괄하는 범주적 성격을 띤 용어인 것 같다.
〈표 6-4〉에 의하면 제1그룹에는 총 41승의 차량이 보이는데, 정리자의 분류
방식에 의거하여 이것을 다시 소결에 기재되어 있는 차량 용어에 적용시켜
보면 〈표 6-5〉와 같다.[62] 다만 후술하겠지만 '정거'는 '유거輦車'와는 성격이
다른 차량이기 때문에 잠정적으로 '행광'에 포함시켰다. 또, '노거'의 경우
정리자는 제3그룹 〈표 6-9〉의 대로大路·융로戎路·주로朱路·초로軺路의 7승(2
승 잔결)을 '노거'라고 하지만 필자는 동의하지 않는다. 수량도 일치하지 않
을 뿐만 아니라 소결 부분에 '□로路'라 하여 '노거'라고 하지 않고 있기 때
문이다. 그보다는 〈표 6-10〉 No. 7~9의 9승이 '노거'에 해당되는 것으로 보아
야 한다고 생각한다.

한편 〈표 6-4〉에 의하면 제1그룹 본문 부분의 기재 형식은 차량의 명칭
앞에 ①'어자의 관명'만 기재되어 있는 경우(No. 20: 1회), ②'어자의 인명'만
기재되어 있는 경우(No. 5·6·8~11·13~16·18~19·22·35: 14회), ③'차주'만 기재
되어 있는 경우(No. 23~24·26·38~41: 7회), ④'어자의 관명+인명'이 기재되어
있는 경우(No. 2~4·7·25·32~33: 7회), ⑤'어자의 인명+차주'가 기재되어 있는
경우(No. 12·17·27~29·31: 6회), ⑥'어자의 관명+인명+차주'가 기재되어 있는
경우(No. 30: 1회), ⑦'승자의 관명+인명'이 기재되어 있는 경우(No. 1: 1회), ⑧아
무런 기재 내용이 없는 경우(No. 21·34·36~37: 4회)와 같이 총 8가지 유형으로
구분된다. 그중 제119호간의 차주가 '양군'으로 기재되어 있는 '노거'(No. 38)에

---

62) 湖北省博物館 편(1989: 521~522쪽).

만 '賻'이라는 표현이 사용되고 있다. '賻'은 정리자에 의하면 '봉賵'이나 '증贈'에 상당한다고 한다.[63] 뚜렷한 확증이 없기 때문에 좀 더 검증을 요하는 문자이기는 하지만, 만약 그것이 사실이라면 제1그룹에서는 양군이 차주인 노거만이 유일하게 타인이 조의용으로 증정한 차량이 되게 된다. 그렇다면 차주가 명기되어 있는 그 밖에 차량에는 왜 이 표현이 없는지 의문점 중의 하나이다.

제2그룹에는 〈표 6-4〉에 열거한 차량 중 대패, 승류, 정거, 대전, 좌패, 소광, 좌전, 좌동패, 유헌鞏軒, 유헌蹙軒, 좌동전, 우패, 우동패, 우전, 승거에 탑재되어 있는 갑옷과 투구의 종류와 명칭 및 수량, 색깔, 장식에 대하여 간략히 기재되어 있다. 〈표 6-6〉을 보면 그 대응 관계를 한 눈에 알 수 있다. 죽간을 작성한 사람 또한 그 대응 관계를 의식이나 한 듯 거의 대부분 제1그룹의 기재 순서와 일치한다. 또, 갑옷의 경우는 인갑과 마갑으로 구분하여 기재하고 있는데, 인갑에는 초갑楚甲·오갑吳甲의 2종류가 있고, 마갑에는 동갑肜甲·화갑畵甲·칠갑漆甲·소갑素甲의 4종류가 있다. 이로써 증나라의 경우 전차에 탑승하는 지휘관이나 병사들은 아마도 일반적으로 초나라나 오나라에서 생산된 갑옷을 착용했을 것으로 상상된다. 그 밖에 어자와 탑재되어 있는 인마갑의 구체적인 정황은 〈표 6-6〉과 같다.

한 가지 지적해야 할 점은 〈표 6-6〉에 의하면 제2그룹의 현재 남아 있는 죽간에는 제1그룹에 기재되어 있는 것의 40%에 해당하는 차량에 대한 명칭과 정보만이 보이는 점이다. 또, 인갑과 마갑에 대한 총결 부분에 의하면 인갑의 전체 수량은 64점, 마갑은 86점으로 기재되어 있지만, 현재 남아 있는 죽간에 의하면 인갑은 47점, 마갑은 26점만이 확인된다. 이처럼 수량이

---

63) 湖北省博物館 편(1989: 521쪽).

부족한 원인은 죽간이 유실되었을 가능성도 있지만, 서사자의 실수에 의하여 누락되었을 가능성도 배제할 수 없을 것이다. 그리고 이 그룹에는 No. 14의 '우전'과 같이 제1그룹에는 보이지 않는 차량의 명칭도 보인다. 이 경우는 제1그룹에 이 명칭이 원래부터 없었다고 하기보다는 죽간의 잔결이 원인일 가능성이 크다고 생각된다.

제3그룹에는 제1그룹에서 언급한 차량이나 그 밖에 차량에 어떤 말들이 배치되어 있고(馬種), 또 그것이 누구의 말이며(馬主), 마주가 소속된 관부나 출신지는 어디인지, 더 나아가 차주는 누구인지에 대하여 구체적으로 명기되어 있다. 이를 통해 제후급 장례의 경우 장례가 단순히 죽은 자에 대하여 예의를 표하는 행위에 그치는 것이 아니라, 산 자 즉 상가 쪽 집안과 조의한 자와의 사회적 정치적 관계를 재확인하는 구체적인 행위이자 장소였음을 엿볼 수 있다. 다만 제1그룹과의 대응 방식은 제2그룹처럼 정돈된 형태를 보이고 있지 않으며, 심지어는 대응되는 대상이 불분명한 경우도 있다.

제3그룹의 내용은 앞에서 언급한 것처럼 소결이 기재되어 있는 죽간의 유무에 따라 크게 두 부분으로 구분된다. 그중 소결이 기재되어 있는 죽간이 있는 부분은 다시 ①'신관인新官人'의 말이 배치된 차량이 기재되어 있는 부분, ②'대관大官' 소속의 말이 배치된 차량이 기재되어 있는 부분, ③'□로路'에 배치된 말이 기재되어 있는 부분, ④'노거路車'에 배치된 말이 기재되어 있는 부분, ⑤'幣車'에 배치된 말이 기재되어 있는 부분으로 세분된다. 그 밖에 제207∼209호간에도 소결과 관련된 내용이 기재되어 있지만, 제3그룹에는 그것에 해당하는 내용이 없다.

①의 '신관인'의 말은 제142∼147호간이 여기에 해당된다. 〈표 6-7〉에 의하면 내용은 각 죽간마다 차량별 말의 위치, 마주의 이름이나 관명, 말의

종류와 수, 차량의 명칭이 기재되어 있다. 신관인의 말이 배치되어 있는 차량은 총 6승이지만, 그중 명칭이 중복되는 것을 제외하면 대패·유거·좌패·우패의 4승이다. 이 차량들은 모두 말 4필이 끄는 차량이다. 말 4필이 끄는 차량의 경우 말은 그 위치에 따라 정해진 명칭이 있는데, 4필 중 안쪽 2필은 '복服'이라고 하고 바깥쪽 2필은 '참驂'이라고 한다. 이것은 전래문헌에 기재되어 있는 것과도 일치한다.[64] 〈표 6-7〉을 보면 좌우복과 좌우참에 어떤 말이 배치되어 있고 말의 주인은 누구인지 확인할 수 있다.

〈표 6-7〉 증후을묘간 제3그룹 新官人의 말과 차량의 명칭

| No. | 簡番 | 차량별 말의 위치 | | | | | | | | 馬主 官名 | 車名 | 1그룹 No. |
|---|---|---|---|---|---|---|---|---|---|---|---|---|
| | | 左驂 | | 左服 | | 右服 | | 右驂 | | | | |
| | | 馬主 | 馬種 | 馬主 | 馬種 | 馬主 | 馬種 | 馬主 | 馬種 | | | |
| 1 | 142 | 莆 | □ | 卿士 | 騮 | 蔡齡 | 騍 | 集君 | 騏 | 外新官 | 大旆 | 1 |
| 2 | 143 | 玃耴 | 黃 | 莆 | 黃 | 某驈 | 黃 | 王亘 | 黃 | 宮廏新官 | 陟車 | 12 |
| 3 | 144 | 馭 | 騮 | 鄙君 | 騮 | 北? | 騂? | 右尹 | 騮 | 新官人 | 左旆 | 6 |
| 4 | 145 | 右尹 | 白 | 大辻尹 | 黃 | 大攻尹 | 騮 | 鄀牧 | 騏 | 新官人 | 左旆 | 6 |
| 5 | 146 | 某驈 | 小騶 | 牢令 | 黃 | 某驈 | 大騮 | 依 | 騏 | 新官人 | 右旆 | 14 |
| 6 | 147 | 鄀牧 | 騪 | 高鄀 | 騮 | 大首 | 牸騂馬 | 鄀牧 | 騪 | 新官人 | 右旆 | 14 |
| 小結 | 148 | 新官人의 馬 총 6승 | | | | | | | | | | |

②의 '대관' 소속의 말은 제149~158호간이 여기에 해당된다. 〈표 6-8〉에 의하면 내용은 ①과 마찬가지로 차량별 말의 위치, 마주의 이름이나 관명, 말의 종류와 수, 차량의 명칭이 기재되어 있다. 대관 소속의 말이 배치되어 있는 차량은 총 10승이지만, 그중 명칭이 중복되는 것을 제외하면 대전·좌

---

64) 『毛詩』, 권4-2, 「鄭風·大叔于田」, "兩服上襄, 兩驂鴈行"에 대한 鄭玄 箋, "兩服, 中央夾轅者."; 『荀子』, 권20, 「哀公」 31, "兩驂列, 兩服入廏"에 대한 楊倞 注, "兩服, 馬在中. 兩驂, 兩服之外馬."

전·우전의 3승 및 행광 5승이다. 행광에 해당되는 것은 아마도 〈표 6-5〉에서 분류한 정거·승거·추거·집군지거·□거·공좌헌·형거 중 5승일 것으로 추정된다. 이 차량들도 모두 말 4필이 끄는 차량이다.

〈표 6-8〉 증후을묘간 제3그룹 大官 소속의 말과 차량의 명칭

| No. | 簡番 | 차량별 말의 위치 | | | | | | | | 馬主官名 | 車名 | 1그룹 No. | 2그룹 No. |
| --- | --- | --- | --- | --- | --- | --- | --- | --- | --- | --- | --- | --- | --- |
| | | 左驂 | | 左服 | | 右服 | | 右驂 | | | | | |
| | | 馬主 | 馬種 | 馬主 | 馬種 | 馬主 | 馬種 | 馬主 | 馬種 | | | | |
| 1 | 149 | 郦尹 | 騮 | □冀 | 騮 | 橋 | 騮 | 郦君 | 黃 | 大官 | 大殿 | 5 | 4 |
| 2 | 150 | 右阰徒 | 騏 | 郦君 | 騮 | 右司馬 | 騮 | 新睭尹 | 騉 | 大官 | 左殿 | ? | ? |
| 3 | 151 | 司馬上 | 牸 | 某端 | 騂 | 畋尹 | 騮 | 鄭成 | 騮 | 大官 | 左殿 | ? | ? |
| 4 | 152 | 大攻尹 | 騮 | 中畵尹 | 黃 | 左阰徒 | 黃 | 緎尹敀 | 騮 | 大官 | 右殿 | ? | ? |
| 5 | 153 | 鄭馬尹 | 騮 | 郦君 | 騮 | 郦君 | 騮 | 横 | 騏 | 大官 | 右殿 | ? | ? |
| 6 | 154 | 右尹 | 白 | 右尹 | 騏 | 宰尹臣 | 騏 | 右尹 | 騮 | 大官 | 行廣 | 小結 | - |
| 7 | 155 | 竺斬 | 騂 | 辻史啓 | 騂 | 宰尹臣 | 黃 | 辟 | 騮 | 大官 | 行廣 | 小結 | - |
| 8 | 156 | 王孫生□ | 騏 | 中城子 | 騮 | 辻史伐 | 騏 | 橋牙尹 | 黃 | 大官 | 行廣 | 小結 | - |
| 9 | 157 | 羸尹鄢 | 騂 | 養 | 騮 | 羸尹鄢 | 黃 | 濬 | 騮 | 大官 | 行廣 | 小結 | - |
| 10 | 158 | 趄定 | 騏 | 郦君 | 騮 | 藗尹 | 騏 | 藗尹 | 騮 | 大官 | 行廣 | 小結 | - |
| 小結 | 159 | 大官의 馬 총 10승 | | | | | | | | | | | |

③의 '□로'에 배치된 말은 제178～184호간이 여기에 해당된다. 〈표 6-9〉에 의하면 내용은 ①·②와 마찬가지로 각 죽간마다 차량별 말의 위치, 마주의 이름이나 관명, 말의 종류와 수, 차량의 명칭이 기재되어 있다. 차량은 총 7승이 기재되어 있지만, 그중 중복되는 것을 제외하면 대로·융로·주로·초로의 4승이다. 그러나 차량을 끄는 말의 수는 ①·②와는 다르다. 즉, 대로와 융로는 말 3필이 끄는 차량이고, 주로와 초로는 말 2필이 끄는 차량이다.

| No. | 簡番 | 차량별 말의 위치 | | | | | | 馬數 | 車名 |
|---|---|---|---|---|---|---|---|---|---|
| | | 左驂 | | 左服 | | 右服 | | | |
| | | 馬主 | 馬種 | 馬主 | 馬種 | 馬主 | 馬種 | | |
| 1 | 178 | 飘夫 | 駃 | 辟 | 響 | 賓公 | 駃 | 3 | 大路 |
| 2 | 179 | 鄱牧 | 駒騮 | 鄱牧 | 駒騮 | 鄱牧 | 駒騮 | 3 | 戎路 |
| 3 | 180 | - | - | 鄱牧 | 騮 | 賓公 | 黃 | 2 | 朱路 |
| 4 | 181 | - | - | 牧人 | 騏 | 牧人 | 騮 | 2 | 朱路 |
| 5 | 182 | - | - | 賓公 | 駃 | 鄱牧 | 黃 | 2 | 朱路 |
| 6 | 183 | - | - | 賓公 | 騒 | 賓公 | 黃 | 2 | 軺路 |
| 7 | 184 | - | - | 牧人 | 黃 | 牧人 | 黃 | 2 | 軺路 |
| 小結 | 186 | ☑□路 | | | | | | | |

〈표 6-10〉 증후을묘간 제3그룹 胯路車와 路車의 車主·馬種·馬數

| No. | 簡番 | 車主 | 車名 | 車數 | 馬種 및 馬數 | 1그룹No. |
|---|---|---|---|---|---|---|
| 1 | 187 | 王(胯) | 路車 | 1 | 3騮 | - |
| 2 | 188 | 王(胯) | 路車 | 1 | 2騮 | - |
| 3 | 189 | 王(胯) | 路車 | 1 | 1黃, 1騮 | - |
| 4 | 190 | 太子(胯) | 路車 | 3 | 1乘 4馬<br>2乘 각 2馬 | - |
| 5 | 191 | 平夜君(胯) | 路車 | 2 | 각 2馬 | - |
| 6 | 192 | 養君(胯) | 路車 | 1 | 2馬 | 38 |
| 7 | 193 | 陽城君 | 路車 | 3 | 각 2馬 | 39 |
| 8 | 194 | 鄬君 | 路車 | 3 | 각 2馬 | - |
| 9 | 195 | 旅陽公 | 路車 | 3 | 각 2馬 | 41? |
| 小結 | 195 | 胯路車 총 9승 | | | | |
| 小結 | 196 | 路車 총 9승 | | | | |

④의 '노거'에 배치된 말은 제187~195호간이 여기에 해당된다. 〈표 6-10〉
에 의하면 여기에 기재되어 있는 내용은 앞의 ①·②·③과는 달리 차량의

주인과 명칭 및 수량, 말의 종류와 수가 기재되어 있다. 노거의 총수는 18승인데, 그중 말 2필이 끄는 차량은 14승, 3필이 끄는 차량은 1승, 4필이 끄는 차량은 3승이다. 또, 소결 부분에 의하면 노거는 타인이 증정한 것(賵)과 그렇지 않은 것의 두 종류로 구분된다. 수량은 양쪽 모두 9승으로 기재되어 있는데, 〈표 6-10〉을 보면 알 수 있듯이 실제 죽간에 '賵'자가 기재되어 있는 것과 그렇지 않은 것을 세어 보면 수량이 정확하게 일치한다. 특기할 만한 사항은 증정자의 신분이 왕王, 태자太子, 평야군平夜君, 양군養君과 같이 매우 높은 점이다. 이것이 제후라는 묘주의 신분과 밀접한 관련이 있는 것은 말할 것도 없다. 이들 신분에 대해서는 나중에 일괄적으로 다루기로 한다.

〈표 6-11〉 증후을묘간 제3그룹 賵車의 차량 명칭 및 말의 종류와 위치

| No. | 簡番 | 車主 | 車名 | 馬數 | 馬種 및 位置 | 1그룹 No. |
|---|---|---|---|---|---|---|
| 1 | 197 | 鄗君(賵) | 廣車 | 2 | 左服: 黃牡<br>右服: 騂牡 | 17 |
| 2 | 198 | □陽公(賵) | 阩車 | 2 | - | ? |
| 3 | 199 | 卿士 | 阩車 | 2 | 騂牡1, 黃□1 | 27? |
| 4 | 200 | ☑ | 阩車 | 2 | 黃 | ? |
| 5 | 201 | 㓯君(賵) | 車 | 2 | 黃 | 29 |
| 6 | 202 | 令尹(賵) | 畋車 | 2 | 騂 | ? |
| 7 | 203 | 集君(賵) | 圓軒 | 2 | 左服: 騽<br>右服: 駐 | - |
| 小結 | 204 | 賵車: 廣車·阩車·畋車 8승 | | | | |

⑤의 '賵車'에 배치된 말은 제197~203호간이 여기에 해당된다. 〈표 6-11〉에 의하면 차량의 주인과 명칭, 말의 종류와 수가 기재되어 있다. 말의 위치는 기재되어 있는 경우도 있지만 그렇지 않은 경우도 있다. 차량은 총 7승

〈표 6-12〉 증후을묘간 제3그룹 말의 종류와 위치 및 차량 정보

| No. | 簡番 | 左騑 | | 左驂 | | 左服 | | 右服 | | 右驂 | | 右騑 | | 馬主出身官名 | 馬數 | 車 | | | 1그룹 No. |
|---|---|---|---|---|---|---|---|---|---|---|---|---|---|---|---|---|---|---|---|
| | | 馬主 | 馬種 | 馬主 | 馬種 | 馬主 | 馬種 | 馬主 | 馬種 | 馬主 | 馬種 | 馬主 | 馬種 | | | 乘者 | 車主 | 車名 | |
| 1 | 160 | - | - | - | - | 平夜君 | 騙馳 | 平夜君 | 騙馳 | - | - | - | - | - | 2 | 朱夜窶 | 復尹 | 畋車 | 31? |
| 2 | 161 | - | - | - | - | 平夜君 | 騙馳 | 平夜君 | 騙馳 | - | - | - | - | - | 2 | 石先贄茶 | - | 畋車 | 30? |
| 3 | 162 | - | - | - | - | 復尹 | 騏 | 復尹 | 黃 | - | - | - | - | - | 2 | - | 魯陽公 | 阩車 | 41? |
| 4 | 163 | - | - | - | - | 陽城君 | 驈 | 集君 | 騙駐 | - | - | - | - | - | 2 | - | 鄱君 | 阩車 | 26? |
| 5 | 164 | - | - | - | - | 都牧 | 生馭 | 馭夫 | 生馭 | - | - | - | - | 長腸人, 杙人 | 2 | - | - | 舊安車 | 20 |
| 6 | 165 | - | - | 䯜牙坪 | 䮣 | 晉陽 | 駁 | 霖尹 | 䮣 | 鄭 | 䮣 | - | - | - | 4 | - | - | 安車 | 21 |
| 7 | 166 | - | - | 高趄 | 騜 | 陽城君 | 駬 | 汰 | 驈 | □ | 䮣 | - | - | 長腸人 | 4 | - | - | 政車 | 4 |
| 8 | 167 | - | - | 鄱柿 | 驈 | 豹裘 | 탈문 | 高 | □ | 高都 | 驈 | - | - | - | 4 | 乘馬 | - | 乘廣 | 17 |
| 9 | 168 | - | - | 縣子 | 驈 | 司馬 | 잔결 | 잔결 | 잔결 | 잔결 | 잔결 | - | - | 잔결 | 4 | 잔결 | 잔결 | 잔결 | - |
| 10 | 169 | - | - | 잔결 | 잔결 | 잔결 | 잔결 | 馭夫 | 駺 | 左司馬 | 驈 | - | - | 杙人 | 4 | - | - | 少廣 | 7 |
| 11 | 170 | - | - | 高都 | 䮧 | 馭夫 | 䮧 | 割君子 | 䮧 | □甫子 | 䮧 | - | - | 龙馬 | 4 | - | - | 乘盅 | 2 |
| 12 | 177 | - | - | 잔결 | 騏 | 少師 | 駇 | 司馬 | 䮧 | 少師 | 驈 | - | - | 石梁人 | 4 | - | - | 王僮車 | 35 |
| 13 | 171 | □深 | 驊 | □甫 | 驈 | 縅尹□ | 驈 | 縅尹□ | 驈 | □ | 駆 | 宋客 | 驈 | 新官人 | 6 | - | - | 阩車 | 12 |
| 14 | 172 | 殤援 | 䮏 | 獿 | 䮏 | 卿土 | 䮏 | 集君 | 䮏 | 建巨 | 牸 | 獿 | 䮏 | □専人 | 6 | - | - | 輂軒 | 11 |
| 15 | 173 | 加鄙 | 牸 | 公 | 牸 | 集君 | 牸 | 憍 | 牸 | 宋司城 | 牸 | 大首 | 牸 | 新賠人 | 6 | - | - | 墨乘 | 19 |
| 16 | 174 | 沱國 | 탈문 | 嬽 | 駐 | 馭夫 | 䮧 | 紅 | 黑 | 難 | 駁 | 司馬 | 白 | 乘馬 | 6 | - | - | 魚軒 | 24 |
| 17 | 175 | 宮殿尹 | 驈 | 大宰 | 驈 | 亟王 | 牸 | 大首 | 牸 | 某䮛 | 驈 | 亟 | 牸 | 足乘 | 6 | - | - | 畋車 | ? |
| 18 | 176 | 鄭襅 | 白 | 宋司城 | 駘 | 袁臣 | 駘 | 樂君 | 駘 | 左尹 | 駘 | 卹邡 | 駘 | □人 | 6 | - | - | 端轂 | 34 |

이지만, 명칭이 중복되는 것을 제외하면 광거·융거·거·전거·원헌의 5승이다. '원헌'은 제1그룹과 제2그룹에는 보이지 않고 여기에만 보이는 명칭이다. 이 차량들은 모두 말 2필이 끄는 차량이다.

한편 제160～177호간도 위의 ①·②와 기재 형식이 매우 유사하다. 다만 소결에 해당하는 죽간이 없기 때문에 따로 분류하기는 했지만, 처음부터 없었는지에 대해서는 현재로서는 확인이 불가능하다. 〈표 6-12〉에 의하면 내용은 각 죽간마다 차량별 말의 위치, 마주의 이름이나 신분, 말의 종류와 수, 마주의 출신지나 관명, 차량의 명칭 및 차주나 탑승자 등이 기재되어

있다. 차량의 총수는 18승이지만, 그중 명칭이 중복되는 것을 제외하면 전거·유거·구안거·안거·정거·승광·소광·승류·왕동거·유헌·묵승·어헌·단곡의 13승이다. 이들 차량 중 말 2필이 끄는 차량은 5승, 4필이 끄는 차량은 7승, 6필이 끄는 차량은 6승이다. 참고로 말 6필이 끄는 차량에서 가장 바깥쪽 말을 '비騑'라고 하는 것을 제171~176호간을 통하여 확인할 수 있다.

## 2. 다양한 차량의 명칭

증후을묘간에는 초간본 견책이나 봉서에서는 거의 볼 수 없는 수십 대의 다양한 차량의 명칭이 등장한다. 제1그룹에는 차량에 대한 범주적 용어로 추정되는 광거·행광·유거遊車 외에, 대패, 좌패, 좌동패, 우패, 우동패, 대전, 좌전, 좌동전, 우동전, 승광, 소광, 승류, 유헌輇軒, 유헌鑒軒, 유거陭車, 유거陟車, 유輇, 승거, 추거, 집군지거, □거, 공좌헌, 형거, 정거, 묵승, 어헌, 안거, 신안거, 전거, 타곡(제176호간에는 端轂으로 기재), 왕동거, ○○거輚輴車, 노거와 같은 33종의 개별적 차량의 명칭이 보인다. 제2그룹에는 제1그룹의 차량과 중복되는 것을 제외하면 '우전'(제136호간)이라는 명칭이 보이며, 제3그룹에는 제1·2그룹의 차량과 중복되는 것을 제외하면 '구안거'(제164호간)·'원헌'(제203호간)·'비거卑車'(제206호간) 및 대로·융로·주로·초로라는 명칭이 보인다. 그중 '구안거'는 제1그룹의 '안거'에 대한 별칭으로 추정된다. 이렇게 보면 현재 남아 있는 증후을묘간에는 총 40종의 차량 명칭이 등장한다고 볼 수 있다. 참고로 제1그룹에서 제3그룹의 소결 및 총결 부분에 기재되어 있는 차량의 총수는 69승이다.

이들 차량 중 '전거'(사냥용)와 '원헌'(승차용이나 유람용)은 망산초간과 신양 장대관초간에 각각 동일한 명칭이 보인다. '정거'와 '타곡'은 포산초간에 보이는 '정거正車'(전투용) 및 '타곡輠轂'(운구용)과 음이 같거나 유사하기 때문에 이 또한 동일 차량으로 간주할 수 있다. '안거'·'구안거'·'신안거'는 망산초간에 보이는 '여승'과 용도가 유사하며, 앉아서 타는 노인용이나 부인용의 차량을 가리킨다.[65] 나머지 차량의 경우는 전래문헌에서 확인 가능한 것도 있지만 그렇지 않은 것도 있다. 선행 연구도 참조하면서 전래문헌에서 확인 가능한 것만 간략하게 살펴보면 다음과 같다.

먼저 '대패'의 경우 '패旆'는 전차에 다는 깃발을 의미하는데, 이 깃발을 달고 전투에서 군을 선도하는 전차를 가리키기도 한다. 일반적으로 삼군三軍(中軍·上軍·下軍) 중 가장 으뜸인 중군 앞에서 군을 선도하는 전군前軍의 전차를 가리키는 것 같다.[66] '좌패'와 '좌동패' 및 '우패'와 '우동패'는 전래문헌에는 보이지 않지만, 대패를 좌우에서 보좌하는 역할을 하는 전차가 아닌가 추측된다.

'대전'은 군진의 후미에 포진하는 전차를 가리키는 것 같다. 제齊나라의 예이기는 하지만 『춘추좌씨전』에는 제나라 제후가 위衛나라를 친 기사 중에 전차의 포진을 묘사한 문장이 있다. 구체적으로는 선구先驅(선봉), 신구申驅(이진), 융戎(본진의 왕의 전차), 이광貳廣(왕의 副車), 계啓(좌익), 거胠(우익), 대전大殿(최후미의 전차)과 같이 포진한 것으로 되어 있다. 이를 통해 보면 '대전'은

---

65) 『周禮』, 권27, 「春官·巾車」, "<u>安車</u>, 彫面鷖緫, 皆有容蓋."(鄭玄 注: "安車, 坐乘車. 凡婦人車皆坐乘.");『禮記』, 권1, 「曲禮上」, "大夫七十而致事.……適四方, 乘安車." (鄭玄 注: "安車坐乘, 若今時小車也.")

66) '대패'는 『春秋左氏傳』, 권16, 「僖公 28년조」에 "城濮之戰, 晉中軍風于澤, 亡<u>大旆之左旆</u>"이라고 보이며, 『春秋左氏傳』, 권57, 「哀公 2년조」, "陽虎曰, 吾車少. <u>以兵車之旆</u>, 與罕駟兵車先陳"에 대하여 杜預 注에서는 "旆, 先驅車也"라고 한다.

후군後軍의 전차를 의미하는 것으로 판단된다.[67] '좌전'과 '좌동전' 및 '우전'
과 '우동전'도 전래문헌에는 보이지 않지만, 마찬가지로 대전을 좌우에서 보
좌하는 역할을 하는 전차가 아닌가 추측된다.

'승광'은 『춘추좌씨전』에 용례가 보인다. 선공宣公 12년 봄에 초나라 왕
이 정鄭나라를 포위하여 항복시켰을 때 진晉나라 군대가 정나라를 도우러
온 사건이 기록되어 있는데, 그 기사 중에 초나라 전차의 진용을 묘사한
부분이 있다. 그 문장에 의하면 초나라 왕의 '승광'은 30승이고, 그것은 다시
'좌광左廣'과 '우광右廣'으로 편성되어 있으며, 그에 따라 각각 맡은 바 역할
도 달랐던 것 같다. 또, 정공定公 13년조에는 제나라와 위나라의 제후가 진晉
나라를 치려고 할 때 함께 탄 전차도 '승광'이라고 되어 있다.[68] 이를 통해
보면 '승광'도 전차의 일종이며 전투 시 제후와 그들의 군사가 탔던 전차였
던 것 같다.

'소광'은 전래문헌에 용례가 보이지 않기 때문에 현재로서는 분명하지
않다. 다만 이것 또한 전차의 일종이 아닌가 추측된다. 구석규裘錫圭[69]는 위
에서 든 『춘추좌씨전』의 '이광'에 상당하는 것으로 추정한다.

이상 12승을 정리자는 '광거'에 속하는 것으로 분류한다. '광거'는 전래
문헌에도 그 명칭이 보이는데, 대략 다음의 두 가지 용도로 사용되었던 것

---

67) 『春秋左氏傳』, 권29,「襄公 4년조」, "秋, 齊侯伐衛. 先驅穀榮御王孫揮, 召揚爲右. 申
驅成秩御苦瓬, 申鮮虞之子傅摯爲右, 曹開御戎, 晏父戎爲右. 貳廣上之登御邢公, 盧
蒲癸爲右. 啓牢成御襄罷師, 狼蘧疏爲右. 胠商子車御侯朝, 桓跳爲右. 大殿商子游御
夏之御寇, 崔如爲右, 燭庸之越駟乘."(杜預 注: "大殿, 後軍.");『文選』, 권3,「東京賦」,
"殿未出乎城闕, 旆已反乎郊畛"에 대한 薛綜 注, "殿, 後軍也."

68) 『春秋左氏傳』, 권23,「宣公 12년조」, "楚子爲乘廣三十乘, 分爲左右, 右廣鷄鳴而駕,
日中而說, 左則受之, 日入而說.";『春秋左氏傳』, 권56,「定公 13년조」, "十三年, 春,
齊侯衛侯次于垂葭, 實郹氏. 使師伐晉, 將濟河.……齊侯欲與衛侯乘, 與之宴, 而駕乘
廣, 載甲焉."

69) 裘錫圭(1992: 408쪽).

같다. 하나는 전차로서의 용도이고, 또 하나는 물건을 실어 나르는 용도이다. 특히 전차로 사용될 경우에는 횡으로 포진한 전차를 의미한다고 정현鄭玄은 풀이한다.70) 광거로 분류되는 개별 차량의 성격에 비추어보면, 증후을 묘간에서는 전차를 의미할 것으로 판단된다.

'승거'는 전래문헌에 의하면 어떤 특정 용도로 사용되었던 차량은 아닌 것 같다. 예를 들면『춘추좌씨전』에는 진晉나라와 초나라의 전투 장면에서 '광거'와 '승거'가 함께 등장한다. 진나라 장수인 장격張輅과 보력輔躒이 처음에는 '승거'를 타고 가다가 초나라의 진에 당도했을 때는 '광거'로 바꾸어 탔다고 하는 것을 보면, '승거'는 '광거'와 같은 실전용의 전차는 아닌 것 같다. 또,『의례』「기석례」편에는 죽은 자를 하장하기 전날 명기를 '승거'의 서쪽에 진열해 놓는다는 기술이 있다. 이 경우는 죽은 자가 생전에 일상적으로 타고 다녔던 차량을 의미한다. 또,『묵자墨子』「비공중非攻中」편에는 전쟁용의 각종 무기(矛・戟・戈・劍)와 함께 '승거'를 들고 있는데, 이 경우는 어떤 특정 전차를 가리키기보다는 전차 일반을 가리키는 말로 사용되고 있는 것 같다. 또,『관자管子』에는 '병거지회兵車之會'와 '승거지회乘車之會'라는 표현이 있는데, 전자는 '전쟁을 목적으로 한 회합'을 의미하고 후자는 '화합을 목적으로 한 회합'을 의미한다. 즉, 여기서는 '병거'와는 정반대의 의미로 사용되고 있다.71) 이상에 의거하여 본다면 '승거'는 일반적으로 평시의 승

---

70)『春秋左氏傳』, 권31,「襄公 11년조」“鄭人賂晉侯, 以師悝・師觸・師蠲, 廣車・軘車淳十五乘, 甲兵備, 凡兵車百乘”(杜預 注: “廣車・軘車, 皆兵車名.”) 및『周禮』, 권27,「春官・車僕」,“廣車之萃”(鄭玄 注: “廣車, 橫陳之車也.”)는 '兵車'의 용례이고,『戰國策』, 권2,「西周策」,“昔智伯欲伐由, 遺之大鍾, 載以廣車, 因隨入以兵”(高誘 注: “廣, 大車也.”)은 물건을 실어 나르는 차량의 용례이다.

71)『春秋左氏傳』, 권35,「襄公 24년조」,“冬, 楚子伐鄭以救齊, 門于東門, 次于棘澤. 諸侯還救鄭. 晉侯使張輅・輔躒致楚師. 求御于鄭. 鄭人卜宛射犬吉.……使御廣車而行, 己皆乘乘車. 將及楚師. 而後從之乘, 皆踞轉而鼓琴.”(杜預 注: “乘車, 安車.”);『儀禮』,

차용의 차량을 의미하며, 전시에는 전차용으로도 사용되는 경우가 있는 것으로 추정된다. 증후을묘간에서는 '승거'에 궁弓·극戟·과戈·순盾·갑주甲胄와 같은 무기류가 탑재되어 있는 것으로 볼 때 전투용으로서의 용도가 더 강한 것 같다.

'추거'는 정리자는 『한비자韓非子』나 『염철론鹽鐵論』 등에 나오는 '추거推車'나 '추거椎車'일 가능성을 제시한다. 만약 그렇다면 '추거'는 '통나무를 가로로 잘라 만든 바퀴를 단 장식이 없는 소박한 차량'을 의미한다.[72] 그러나 정확한 의미는 아직 불분명하다.

'형거'는 정리자는 '형劓'을 '경輕'으로 읽고 『주례』나 『손자孫子』에 보이는 '경거輕車'일 가능성을 제시한다. '경거'는 전투용 차량 중 가장 가벼운 전차이다. 차체가 가볍기 때문에 적진으로 질주하여 적군을 유인하거나 사냥용으로도 사용되었던 것 같다.[73]

이상 살펴본 승거·추거·형거를 정리자는 집군지거·□거·공좌헌과 함께 '행광'에 속하는 것으로 분류한다. 이 책에서는 후술하듯이 '정거'도 행광에 포함시켰다. 다만 행광이 무엇인지에 대해서는 전래문헌에 용례가 보이지 않기 때문에 현재로서는 그 의미나 용도가 분명하지 않다.

---

권38, 「旣夕禮」 13, "陳明器於乘車之西."(胡培翬, 『儀禮正義』, "案車卽下記乘車·道車·槀車也. 以生時將行陳駕, 故進此車於庭而陳之, 象生時也. 此車平日所乘, 靈魂憑之, 故謂之魂車.");『墨子』, 권5, 「非攻中」 18, "又與矛戟戈劍乘車, 其列住碎折靡樊而不反者, 不可勝數.";『管子』, 권7, 「大匡」 18, "兵車之會六, 乘車之會三, 饗國四十有二年."

72) 『韓非子』, 권18, 「八說」 47, "智者不乘推車, 聖人不行推政也.";『鹽鐵論』, 권6, 「散不足」 29, "古者椎車無柔, 棧輿無植." 그 밖에 『淮南子』 권17 「說林」편의 "古之所爲, 不可更, 則推車至今無蟬匷." 참조.

73) 『周禮』, 권27, 「春官·車僕」, "輕車之萃"에 대한 鄭玄 注, "輕車, 所用馳敵致師之車也." 및 孫詒讓, 『周禮正義』, "輕車在五戎中最爲便利, 宜於馳驟, 故用爲馳敵致師之車, 又兼用之田狩也." 참조.

[그림 6-1] 증후을묘에서 출토된 칼날을 단 차축의 굴대머리. 湖北省博物館 소장(江村知朗 제공)

'묵승'은 정리자는 전래문헌에 보이는 '묵거墨車'와 동일한 차량으로 간주한다. 묵거는 채색을 하지 않은 옻칠한 흑색 차량을 가리킨다. 『주례』에는 '복거오승服車五乘' 중의 하나로 대부大夫가 타는 차량으로 기술되어 있다. 『의례』에는 사士가 혼례 시 부인을 맞으러 갈 때 타고 가는 차량으로 기술되어 있다.[74] 이 두 문헌에 의하면 묵승은 조공용 내지는 혼례용의 차량을 의미하지만, 증후을 묘간에서는 어떤 용도의 차량인지 분명하지 않다.

'어헌'은 현재로서는 『춘추좌씨전』에 보이는 용례가 전부이다. 거기서는 제나라 제후가 위나라 대공戴公(公子申)의 부인에게 비단과 함께 '어헌'을 증정했다고 되어 있다. 이것에 근거하여 두예杜預는 어헌을 어류의 가죽으로 장식한 부인용의 차량이라고 풀이한다.[75]

'왕동거'는 정리자는 '동거'를 '형거衡車'로 읽을 가능성을 제시한다. '형衡'은 '형衡'이나 '충轞'(陣을 함락시키는 전차)으로도 쓰는데, 정리자가 예로 든 『춘추감정부春秋感精符』에 의하면 바퀴에 칼날이 있는 것이 특징이다.[76] 중

---

74) 『周禮』, 권27, 「春官·巾車」, "服車五乘. 孤乘夏篆, 卿乘夏縵, 大夫乘墨車, 士乘棧車, 庶人乘役車."(鄭玄 注: "墨車, 不畫也."); 『儀禮』 권4, 「士昏禮」 2, "主人爵弁, 纁裳, 緇袘. 從者畢玄端. 乘墨車, 從車二乘, 執燭前馬."(鄭玄 注: "墨車, 漆車, 士而乘墨車, 攝盛也.")

75) 『春秋左氏傳』, 권11, 「閔公 2년조」, "齊侯使公子無虧帥車三百乘·甲士三千人, 以戍曹, 歸公乘馬祭服五稱, 牛羊豕雞狗皆三百與門材, 歸夫人魚軒, 重錦卅兩."

76) 『太平御覽』, 권336, 「兵部」 67, 「攻具上」, "春秋感精符曰, 齊晉竝爭, 吳楚更謀, 不守諸侯之節, 競行天子之事. 作衡車, 屬武將. 輪有刃, 衡着劍, 以相振懼."(宋均曰, 衡,

후을묘에서 쌍날을 단 차축의 굴대 머리(軎)가 출토되었는데[그림 6-1], 이것이 왕동거의 굴대 머리일지도 모른다고 추정한다. 가능성은 있지만 정리자가 들고 있는 문헌은 성립 시기가 불명확한 위서緯書에 나오는 용례이기 때문에 아직은 확증적이라고 할 수 없다.

정리자는 이상의 묵승·어헌·왕동거를 정거·안거·신안거·전거 등과 함께 '유거遊車'에 속하는 것으로 분류한다. '유거'는 '유거游車'라고도 하는데, 글자 그대로 유람용의 차량을 가리킨다. 이 점은 『국어國語』와 『관자』에 '유거'가 전차를 의미하는 '융거戎車'와 반대되는 개념으로 사용되고 있는 것을 통해서도 알 수 있다.[77] 그런데 '정거'는 앞에서 언급했듯이 군진에서 지휘의 역할을 하는 전차이기 때문에, 정리자와 같이 '유거'의 범주에 포함시키면 성격이 맞지 않게 된다. 그렇다고 '광거'나 '유거軞車'에 포함시킬 수도 없기 때문에 여기서는 잠정적으로 '행광'에 포함시켰다. 또, '왕동거'도 정리자가 지적했듯이 만약 '형거'를 의미한다고 한다면, 형거는 진을 함락시키는 전차를 의미하기 때문에 '유거'에 포함시킬 수 없게 된다. 다만 왕동거와 형거가 동일 차량이라는 확증은 아직 없기 때문에 여기서는 잠정적으로 유거에 포함시켰다.

'노거'는 전래문헌에서는 '노거輅車'라고도 한다. 『모시』 등에 자주 보이는 차량으로 천자나 제후 및 귀족들이 평상시에 타고 다니는 승차용의 차량이다. 뿐만 아니라 『예기』에 의하면 천제天祭를 지내거나 종묘 제사를 지낼 때도 사용하는 제례용의 차량이다. 『대대예기大戴禮記』에는 노거의 제작 원리를 설명하는 문장이 있지만, 이것은 한대의 윤리나 정치 이념이 투영된

_____

陷敵之車也. 輪有刃, 鑿輪着刃也. 衡, 馬軛也.)

77) 『國語』, 권6, 「齊語」, "戎車待遊車之裏(裂)."(韋昭 注: "戎車, 兵車也. 遊車, 遊戲之車也."); 『管子』, 권8, 「小匡」 20, "戎馬〈車〉待遊車之弊."

것으로 선진시대에도 동일한 원리하에 제작되었을 것이라는 확증은 없다.[78] 〈표 6-10〉을 보면 총 18승의 노거 중 왕·태자·평야군·양군이 증정한 노거 9승에만 '贈'이라고 기재되어 있다. 그렇다면 이들 차량은 모두 '봉贈'에 해당한다고 볼 수 있을 것이다.

한편 전래문헌에는 '오로五路'라는 개념이 있다. 예를 들면『주례』「춘관春官·건거巾車」에는 왕의 '오로'로 '옥로玉路·금로金路·상로象路·혁로革路·목로木路'라는 명칭이 보이고, 왕후王后의 '오로'로 '중적重翟·염적厭翟·안거安車·적거翟車·연거輦車'라는 명칭이 보인다. 이에 대해『여씨춘추呂氏春秋』「십이기十二紀」에는 '오로'라는 말은 없지만 월령月令사상에 입각하여 천자는 봄에는 '난로鸞輅', 여름에는 '주로朱輅', 사계절의 중앙에는 '대로大輅', 가을에는 '융로戎路', 겨울에는 '현로玄輅'를 탄다는 기술이 보인다.[79] 이것들은 모두 왕이나 천자가 평상시에 타는 차량을 열거해 놓은 것이다. 특히『여씨춘추』에 보이는 다섯 차량은 오행五行사상의 영향을 받아 성립된 것이기 때문에 증후을묘간에 바로 대응시킬 수는 없지만, 그중 세 차량이 증후을묘간과 동일한 것은 결코 우연의 일치라고 보기 힘들 것이다. '대로', '융로', '주로', '초로'를 개별적으로 살펴보면 다음과 같다.

'대로'는『한비자』나『예기』에서는 은대의 차량이라고 하지만 확증은

---

78) 『毛詩』, 권18-4, 「大雅·韓奕」, "其贈維何, 乘馬路車."(鄭玄 箋: "人君之車曰路車.";
高亨 注: "貴族所乘的一種車.");『禮記』, 권30, 「玉藻」13, "禮不盛, 服不充. 故大裘
不褐, 乘路車不式.";同, 권26, 「郊特牲」11, "卷冕路車, 可陳也, 而不可好也."『大戴
禮記』, 권48, 「保傅」, "古之爲路車也, 蓋圓以象天, 二十八橑以象列星, 軫方以象地,
三十輻以象月." 참고로 「保傅」편의 첫머리에 "秦爲天子二世而亡"이라는 문구가 있
는 것에 의하면, 이 편은 한대에 작성된 것이 분명하다.

79) 『呂氏春秋』, 「孟春」·「仲春」·「季春」, "天子……乘鸞輅.";同, 「孟夏」·「仲夏」·「季
夏」, "天子……乘朱輅.";同, 「季夏」, "天子……乘大輅.";同, 「孟秋」·「仲秋」·「季秋」,
"天子……乘戎路.";同, 「孟冬」·「仲冬」, "天子……乘玄輅.";同, 「季冬」, "天子……乘
玄駱."『禮記』「月令」편에는 '鸞路·朱路·大路·戎路·玄路'로 기술되어 있다.

없다.[80] 또, 전래문헌에는 천자의 전용차로 묘사되는 경우가 많지만, 천자가 제후의 공적을 치하하거나 장례 때 조문용으로 '대로'를 하사하는 경우도 있었다. 뿐만 아니라 일종의 참월 현상으로 제후나 그 이하의 신분의 사람들도 '대로'를 소유하는 경우가 있었던 것 같다.[81] 증후을묘간에 보이는 '대로'는 그것을 방증해 주는 좋은 자료이다. 어쩌면 '대로'는 천자의 전용차라는 관념 자체가 후대에 이념화된 것일 가능성도 전혀 배제할 수 없다.

'융로'는 위에서 든 『여씨춘추』나 『예기』에 의하면 천자의 승용차를 가리키지만, 다른 문헌에 의하면 왕이나 제후가 군용으로 사용하는 전차를 가리키는 경우도 있다. 그 밖에 『춘추좌씨전』에는 주왕이 진후晉侯를 후백侯伯으로 임명할 때 '대로'와 '융로' 및 여러 하사품을 보냈다는 기술도 보인다.[82]

'주로'는 위에서 든 『여씨춘추』와 『예기』 이외의 문헌에는 보이지 않기 때문에 더 이상 자세한 정황은 알 수 없다.

'초로'는 정리자는 '소거軺車'로 읽고 『회남자』에 보이는 '소거銷車'일 가

---

80) 『韓非子』, 권3, 「十過」 10, "夏后氏沒, 殷人受之, 作爲大路."; 『禮記』, 권31, 「明堂位」 14, "大路, 殷路也."

81) 『禮記』, 권38, 「樂記」 19, "所謂大輅者, 天子之車也."; 『春秋左氏傳』, 권34, 「襄公 19년조」, "於四月丁未, 鄭公孫蠆卒. 赴於晉大夫. 范宣子言於晉侯, ……六月, 晉侯請於王. 王追賜之大路使以行, 禮也."; 同, 권35, 「襄公 24년조」, "齊人城郟. 穆叔如周聘, 且賀城. 王嘉其有禮也, 賜之大路."; 『春秋公羊傳』, 권24, 「昭公 25년조」, "昭公將弑季氏, 告子家駒曰, 季氏爲無道, 僭於公室久矣. 吾欲弑之, 何如. 子家駒曰, 諸侯僭於天子, 大夫僭於諸侯久矣. 昭公曰, 吾何僭矣哉. 子家駒曰, 設兩觀, 乘大路, 朱干, 玉戚, 以舞大夏, 八佾以舞大武, 此皆天子之禮也."; 『禮記』, 권25, 「郊特牲」 11, "諸侯之宮縣, 而祭以白牡, 擊玉磬, 朱干設錫, 冕而舞大武, 乘大路, 諸侯之僭禮也."

82) 『周禮』, 권27, 「春官・車僕」, "掌戎路之萃"(鄭玄 注: "戎路, 王在軍所乘也.");『春秋左氏傳』, 권8, 「莊公 9년조」, "秋, 師及齊師戰于乾時. 我師敗績. 公喪戎路, 傳乘而歸."; 同, 권16, 「僖公 28년조」, "王命尹氏及王子虎內史叔興父, 策命晉侯爲侯伯. 賜之大輅之服, 戎輅之服, 彤弓一……."

능성을 제시한다. 고유高誘는 소가 끄는 것으로 차량의 좌우에 단 칼날을 기계로 작동시키는 전차라고 풀이한다. 그 밖에 『회남자』에는 '소거'를 초나라의 주력 전차 부대로 묘사하고 있는 문장도 있다.[83] 증나라와 초나라와의 관계를 고려하면 흥미로운 대목이기는 하지만, '초로'와 '소거'가 동일 차량인지에 대해서는 아직 확증이 없다.

마지막으로 '비거'는 정리자는 '비거庳車'일 가능성을 제시한다. 『사기』에 의하면 초나라 장왕莊王(B.C. 613~B.C. 591) 때 초나라에서는 차체가 낮은 차량을 좋아하는 풍속이 있었는데, 왕이 불편함을 느껴 차체를 높이도록 명령을 내리려 하자 재상인 손숙오孫叔敖의 조언에 의하여 어명에 의하지 않고도 백성들이 자발적으로 차체를 높이게 되었다고 한다.[84] 여기에 보이는 '차체가 낮은 차량'이 바로 '비거'이다. 만약 증후을묘간의 '비거'가 이것과 동일한 차량이라고 한다면, 이것 또한 증나라와 초나라와의 관계를 고려할 때 하나의 흥미로운 예가 될 수 있다.

지금까지 증후을묘간에 보이는 차량에 대하여 간단히 살펴보았다. 이들 차량은 말할 것도 없이 모두 장례용이다. 그중 절반에 못 미치는 17승의 차량과 말이 '賵'에 해당된다.(賵路車 9승+賵車 8승) 앞에서 언급했듯이 '賵'을 '봉賵'과 같은 의미로 본다면, 이들 거마는 타인이 봉례용으로 증정한 것이 된다. 봉례용의 거마임에도 불구하고 모두 죽간에 기재되어 있는 점은 『의례』의 내용과 일치하지 않는다. 이러한 점에서 봉례용의 거마를 죽간과 죽

---

83) 『淮南子』, 권13, 「氾論」, "晚世之兵, 隆衝以攻, 渠幨以守, 連弩以射, 銷車以鬪."(高誘 注: "以牛挽之, 以刃著左右爲機開〈關〉發之曰銷車."); 同, 권15, 「兵略」, "昔者楚人地, ……卒民勇敢, 積弩陪後, 錯〈銷〉車衛旁, ……"

84) 『史記』, 권119, 「循吏列傳」 59, "楚民俗好庳車, 王以爲庳車不便馬, 欲下令使高之……"(索隱: "庳, 下也, 音婢.")

독에 기재한 포산초간은 『의례』에 한 걸음 더 다가선 형태라고 할 수 있다.

한편 이들 차량을 용도라는 측면에서 보면 전투용·승차용·제례용이 가장 많고, 그 다음으로 많은 것이 유람용이다. 그 밖에 사냥용이나 운구용, 조문용이나 혼례용, 노인이나 부인의 승차용 등의 차량도 있다. 이상에 의하면 증후을묘간에 기재되어 있는 장례용의 차량은 포산초간에 보이는 '양거'(祥車)가 없는 점으로 볼 때, 장송용과 운구용의 두 종류의 차량이 기재되어 있다고 할 수 있다.

한 가지 특기하고 싶은 점은 이 책에서는 구체적으로 분석하지 못했지만, 거마와 관련된 증후을묘간의 기재 형식과 내용이 전체적으로 볼 때 매우 짜임새가 있는 점이다. 그런 점에서 형식과 내용이 정형화되어 있고 체계화되어 있는 것이 하나의 커다란 특징이 아닌가 생각된다. 유사한 특징은 포산초간의 거마의 기재 형식과 내용에서도 공통적으로 확인할 수 있다. 이런 점에서 볼 때 적어도 전국시대 초기에 장례용의 차량을 준비하거나 조문용의 차량을 증정할 때 아무런 형식이나 기준 없이 임의대로 행했던 것이 아니라, 정해진 예제에 준하여 행했던 것이 아닌가 조심스럽게 추측해 본다. 그때 말하는 예제가 구체적으로 무엇인지에 대해서는 동시대 자료가 거의 없기 때문에 지금 당장 이 자리에서 설명할 수는 없다. 앞으로 새로운 자료가 출토되기를 기대해 본다.

## 3. 증후을묘간에 보이는 관명과 초나라와의 관계

증후을묘간에는 앞에서 살펴본 거마의 수만큼 다양한 관명官名이 보인다.(封君名과 縣公名도 관명에 포함) 이들 관명은 춘추전국시대의 증나라뿐만 아니라 초나라의 관명과도 밀접한 관계가 있기 때문에, 양국의 관료제도를 연구할 때 귀중한 자료로 활용되고 있다. 사실 통일 이후의 진대秦代 및 한대의 관명과 제도에 관해서는 『사기』나 『한서』 및 『후한서』 등과 같은 방대한 전래문헌과 출토자료에 의한 비교 연구를 통하여 그 전모가 어느 정도 구명되어 있다. 그에 비해 춘추전국시대의 경우는 명대明代의 동설董說이 지은 『칠국고七國考』나 그것을 수정 증보한 목문원繆文遠의 『칠국고정보七國考訂補』 및 양관楊寬과 오호곤吳浩坤의 『전국회요戰國會要』 등이 있지만,[85] 그 전모에 대해서는 아직 충분히 밝혀져 있지 않은 것이 사실이다. 예를 들면 춘추전국시대 각국의 구체적인 관명에는 어떤 것이 있는지, 그것이 상설직인지 임시직인지, 각 관직의 상하 서열·직책·책임자·관원 수 등 전체 시스템은 어떠한지, 춘추전국시대 각국의 관명 및 관제의 공통점과 차이점은 무엇인지 등등에 대해서는 아직도 거의 구명되지 않았다고 해도 과언이 아니다. 그 원인으로는 동시대 자료의 절대적인 부족이 가장 크다.

그런 의미에서 증후을묘간은 많은 관명이 기재되어 있는 점에서 춘추전국시대 증나라 및 초나라의 관명을 구명하는 데 중요한 자료임에는 틀림없다. 물론 이 자료가 양국의 관료제도 전체를 구명해 줄 수 있을 만큼 풍부한 내용을 담고 있는 것은 아니다. 그런 의미에서 한계는 있지만, 적어도 이 자료를 통하여 일부 관명 및 제도를 둘러싼 양국의 관계를 엿볼 수는 있다고 생각된다. 증후을묘간에는 구체적으로 다음과 같은 관명이 보인다.

먼저 제1그룹에는 탑승자의 관명으로 우령右令이 있고, 어자의 관명으로 궁구윤宮廄尹·마윤馬尹·궁구령宮廄令·좌령左令·연효連囂·중축령中畜令·신관령新官令이 있으며, 차주의 경우는 왕을 비롯하여 영윤令尹·좌윤左尹·경

　85) 董說(1936); 董說 原著·繆文遠 訂補(1987); 楊寬·吳浩坤 주편(2005).

사경士・역군酈君・집군集君・명군郧君・평야군平夜君・엄군郒君・양군養君・양성군陽城君・여공旅公 등이 있다.(이상 〈표 6-4〉) 제2그룹에는 어자의 관명으로 중축령만 보인다.(〈표 6-6〉)

제3그룹에는 마주이면서 궁구의 신관에 속하는 관명으로 경사와 집군과 같은 외신관外新官이 있고, 역군・우윤右尹・대복윤大仆尹・대공윤大攻尹・사목都牧・뇌령牢令과 같은 신관이 있다.(이상 〈표 6-7〉) 마주이면서 대관大官에 속하는 관명으로는 역윤酈尹・역군・우승도右阩徒・우사마右司馬・신조윤新眙尹・사마司馬・전윤畋尹・중축윤中畜尹・좌승도左阩徒・함윤緘尹・성마윤郕馬尹・우윤・재윤宰尹・복사仆史・교아윤憍牙尹・영윤嬴尹・이윤薽尹이 있다.(이상 〈표 6-8〉) 또, 이상의 신관이나 대관 어느 쪽에도 속하지 않는 마주의 관명으로 빈공賓公・사목・목인牧人이 있다.(이상 〈표 6-9〉) 그리고 차주의 경우는 왕, 태자太子, 평야군, 양군, 양성군, 여양공旅陽公이 있고(이상 〈표 6-10〉), 또 역군・□양공陽公, 경사・명군・영윤令尹・집군이 있다(이상 〈표 6-11〉).

〈표 6-12〉의 경우는 약간 복잡하다. 차주의 경우는 복윤復尹・노양공魯陽公・역군이 있는데 이 경우는 큰 문제는 없다. 문제는 마주의 경우로 '마주 출신 관명'란을 보면 신관인・□事人・신조인은 관명으로 보이지만, 그 나머지는 관명인지 출신지인지 판단하기가 쉽지 않다. 이 문제에 대해서는 앞으로 좀 더 연구가 필요할 것으로 생각된다. 이 문제를 차치하면 〈표 6-12〉는 출신지나 소속 관명이 명기되어 있지 않은 경우와 명기되어 있는 경우의 두 가지로 나누어 볼 수 있다. 전자의 경우는 평야군・복윤・양성군・집군이 그것에 해당된다. 후자의 경우는 사목・이윤・양성군・사마・좌사마左司馬・소사少師・함윤・경사・집군・궁구윤・대재大宰・악군樂君・좌윤 등이 그것에 해당된다.

제4그룹에도 '소구所嚳'86)라는 표현과 함께 사마·좌윤·우윤·대재·대윤大尹87)·궁구윤·소사·성마윤 등의 관명이 있다. 또, 좌승도·우승도·함윤이라는 관명도 보인다.

그 밖에 제185호간에는 마주로서 공윤攻尹이라는 관명이 보인다. 또, 전체적으로는 관명이 아닌 인명으로 보이는 인물들도 다수 등장한다. 이들 인물의 경우 인명만 기재한 것은 관직이 없는 사람들이기 때문일 것이다.

이상의 관명은 선행 연구에 의하면 전래문헌이나 그 밖에 출토자료를 통하여 확인이 가능한 것도 있지만 그렇지 않은 것도 있다. 또, 확인 가능한 것 중에는 춘추전국시대의 어느 제후국의 관명인지 어느 정도 파악이 가능한 것도 있다. 전래문헌이나 출토자료에서 확인이 불가능한 관명을 잠정적으로 증나라의 관명으로 분류한다면, 왕과 태자를 제외한 관명은 〈표 6-13〉과 같이 ①증나라의 관명, ②증나라와 주나라 공통의 관명, ③증나라와 초나라 공통의 관명, ④증나라와 송나라 공통의 관명의 네 가지 유형으로 구분할 수 있다. 이 표에 의하면 주나라나 송나라와 관련된 관명도 있지만, 초나라와 관련된 관명이 압도적으로 많다는 것을 알 수 있다. 그러나 초나라와 공통된 관명이 보인다 하더라도 이들이 과연 모두 초나라의 관원인지 표면상으로는 확인할 길이 없다. 왜냐하면 증후을묘간에는 관명은 기재해도 국명은 기재하지 않고 있기 때문이다.

---

86) '嚳'는 陳偉 等著(2009: 372쪽)는 '甌'로 읽는다.
87) 宋나라에도 '大尹'이라는 관명이 있는 것은 湖北省博物館 편(1989: 530쪽)이 지적한 대로이다. 그와 더불어 〈표 6-12〉에 보이는 마주 중 '宋客'은 송나라 사신을 의미하는 것 같다. 이것은 곧 송나라에서도 증후을의 장례식에 관원을 보냈다는 것을 의미한다.

| | 曾 | 曾·周 | 曾·楚 | 曾·宋 |
|---|---|---|---|---|
| 제1그룹 | 宮廄令, 中晵令, 鄮君(?), 集君(?), 鄗君(?) | 卿士 | 令尹, 宮廄尹, 馬尹, 右令, 左令(?), 連囂, 新官, 新官令, 南陵連囂, 䢵君(?), 平夜君, 養君, 陽城君, 旅公 | - |
| 제2그룹 | 中晵令 | - | - | - |
| 제3그룹 | 牢令, 橋牙尹, 嬴尹, 鄮尹, 辻史, 賓公, 都牧, 集君(?), 鄗君(?), 樂君 | 卿士, 新睹尹, 新睹人, 牧人(?) | 令尹, 右尹, 左尹, 大辻尹(?), 大攻尹, 敗尹, 緘尹, 鄗馬尹, 宰尹, 䠂尹, 攻尹, 復尹, 宮廄尹, 新官, 外新官, 新官, 大官(?), 右阰徒, 左阰徒, 司馬, 右司馬, 左司馬, 少師, 大宰, 平夜君, 養君, 陽城君, 䢵君(?), 旅陽公(=魯陽公) | - |
| 제4그룹 | - | 司馬 | 左尹, 右尹, 宮廄尹, 鄗馬尹, 緘尹, 大宰, 少師, 左阰徒, 右阰徒 | 大尹 |

증나라와 초나라가 정치적으로 관계가 밀접했던 것은 B.C. 506년 오吳나라 군대가 초나라의 수도 영郢을 침공했을 때 초소왕楚昭王이 수나라(=증나라)로 도피한 기록이 있는 것으로부터도 엿볼 수 있지만(『춘추좌씨전』 定公 4년조), 위와 같은 증후을묘간의 관명의 출현 양상을 통해서도 충분히 입증 가능하다. 특히 초나라 왕이 장례용으로 앞에서 말한 박종과 함께 여러 대의 차량을 보낸 점을 보더라도 양국이 이 시기에 매우 밀접한 관계에 있었다는 것은 더 이상 의심의 여지가 없다.

그러나 이렇게 결론짓는다고 해서 전혀 문제가 없는 것은 아니다. 증후을묘간의 관명에 잠재해 있는 문제를 도출해 내기 위하여, 이상의 관명을 다른 각도에서 분류해 보면 다음과 같다.

① 차주의 관명으로 등장하는 경우: 왕, 태자, 영윤令尹, 명군, 엄군, 양군, 여공(= 여양공·노양공).
② 차주이자 마주의 관명으로 등장하는 경우: 평야군, 복윤.

③ 차주이면서 출신지나 소속 관명 및 '소구所幣'가 명기되어 있는 관명으로 등
장하는 경우: 좌윤.

④ 차주이자 마주이면서 출신지나 소속 관명이 명기되어 있는 관명으로 등장하
는 경우: 양성군.

⑤ 차주이자 마주이면서 신관에 속하며 출신지나 소속 관명이 명기되어 있는
관명으로 등장하는 경우: 경사, 집군.

⑥ 차주이자 마주이면서 신관과 대관에 동시에 속하는 관명으로 등장하는 경우:
역군

⑦ 마주의 관명으로 등장하는 경우: 목인.

⑧ 마주이자 신관에 속하는 관명으로 등장하는 경우: 대복윤, 대공윤, 뇌령.

⑨ 마주이자 대관에 속하는 관명으로 등장하는 경우: 역윤, 우사마, 신조윤, 전
윤, 중축윤, 재윤, 복사, 교아윤, 영윤贏尹.

⑩ 마주이자 대관에 속하며 '소구'가 명기되어 있는 관명으로 등장하는 경우:
우승도, 좌승도.

⑪ 마주이면서 대관에 속하며 출신지나 소속 관명이 명기되어 있는 관명으로
등장하는 경우: 함윤, 이윤.

⑫ 마주이면서 대관에 속하며 '소구'가 명기되어 있는 관명으로 등장하는 경우:
성마윤.

⑬ 마주이면서 대관에 속하며 출신지나 소속 관명 및 '소구'가 명기되어 있는
관명으로 등장하는 경우: 사마.

⑭ 마주이면서 신관과 대관에 동시에 속하며 '소구'가 명기되어 있는 관명으로
등장하는 경우: 우윤.

⑮ 마주이면서 신관에 속하며 출신지나 소속 관명이 명기되어 있는 관명으로
등장하는 경우: 사목.

⑯ 마주이면서 출신지나 소속 관명이 명기되어 있는 관명으로 등장하는 경우:
좌사마, 악군.

⑰ 마주이면서 출신지나 소속 관명 및 '소구'가 명기되어 있는 관명으로 등장하는 경우: 소사, 대재.

⑱ 탑승자의 관명으로 등장하는 경우: 우령.

⑲ 어자의 관명으로 등장하는 경우: 마윤, 궁구령, 좌령, 연효, 중축령, 신관령.

⑳ 어자이면서 출신지나 소속 관명 및 '소구'가 명기되어 있는 관명으로 등장하는 경우: 궁구윤.

㉑ '소구'가 명기되어 있는 관명으로 등장하는 경우: 대윤.


분류가 다소 번잡한 느낌이 들지만, 이상의 분류에 의하면 한 가지 흥미로운 사실을 발견할 수 있다. 증후을의 장례 때 상장용으로 거마 양쪽 모두 혹은 그중 한 쪽만을 제공한 사람은 ①~⑰까지이다. 한편 〈표 6-4〉 〈표 6-10〉 〈표 6-11〉에 의하면, 차량 명칭 앞에 '賵'자가 기재되어 있는 것은 〈표 6-4〉의 '양군' 및 〈표 6-10〉 〈표 6-11〉의 '왕·태자·평야군·양군·역군·□양공·명군·영윤令尹·집군'이 제공한 차량뿐이다. 그중 '역군'과 '집군'을 뺀 나머지가 ①과 ②의 분류에 속한다.[88] ①과 ②는 차주나 마주가 어느 관부에도 속하지 않는 데 특징이 있다. 또, ①과 ②에 속하는 관명은 왕과 태자를 제외하고 거의 대부분 초나라의 관명과 공통되거나 초나라의 봉군에 해당된다.(엄군은 제외) 그렇다면 여기에 보이는 왕과 태자는 증후을의 장례 때 봉례를 행한 초나라의 왕과 태자로 보는 것이 온당할 것이다. 뿐만 아니라 '영윤令尹'이나 '평야군·양군·명군·□양공' 또한 초나라의 관원이거나 봉군 내지는 현공으로 보는 것이 자연스러울 것이다. 이렇게 본다면 아직까지

---

88) '□陽公'의 '□'는 湖北省博物館 편(1989: 500쪽)은 '贊'로 판독하지만, 張光裕·黃錫全·滕壬生 주편(1997: 353쪽)은 '贊'로 판독한다. 도판의 문자가 매우 흐리기 때문에 분명하지는 않지만, '贊'로 판독하고 '旅'로 읽으면 '□陽公'은 ①의 '旅公'과 동일 인물이 되게 된다.

는 아무런 단서가 없기 때문에 억측에 불과하지만, '脾'을 행한 것으로 기재되어 있는 '역군'과 '집군'도 어쩌면 초나라의 봉군이 아닌가 추측된다.

그런데 한 가지 이상한 점은 제1그룹에 보이는 '왕'의 어헌(〈표 6-4〉 No. 24)에는 '脾'자를 기재하지 않고 있는 점이다. 만약 같은 왕이라고 한다면 왜 한쪽에서는 '脾'이라고 하고 다른 한쪽에서는 '脾'이라고 하지 않는 것일까? 이러한 기재상의 특징은 '왕'에만 있는 것이 아니다. 〈표 6-4〉 No. 17·26의 '역군', No. 28의 '영윤', No. 29의 '명군', No. 30의 '평야군', No. 41의 '여공'(=여양공·노양공)도 상황은 마찬가지다. No. 40의 '양군'의 경우도 '脾'자를 기재하지 않고 있지만, 그것은 No. 38에서 이미 언급했기 때문일 것이다. 이런 현상은 과연 어떻게 이해해야 하는가? 제1그룹과 제3그룹에 보이는 이 두 '왕'은 대부분의 연구자들이 지적하듯이 초나라 왕으로 간주해도 문제가 없는 것인가?[89]

이 문제와 관련하여 이시구로 히사코(石黑日沙子)는 증후을묘간의 관명에는 이중의 기준이 존재하며, 따라서 증나라 내부에서는 국내와 대외라는 이중의 제도를 실행하고 있었다고 주장한다. '왕'의 문제에 대해서만 초점을 맞추어 소개하면, 제3그룹에 보이는 왕은 초나라 왕이지만 제1그룹에 보이는 왕은 증나라 왕이라고 한다. 그 이유에 대해서는 제1그룹의 왕의 어헌에 대해서는 제2그룹에 기재가 없는 점, 어헌의 장비도 제1그룹의 No. 1~11 및 13~16의 차량에 비해 빈약한 점을 든다. 관명의 경우도 증나라와 초나라 양국의 관명이 혼재해 있을 뿐만 아니라 국명을 명기하고 있지 않은데, 이와 같은 현상도 죽간을 제작한 사람이 증나라가 이중의 기준을 채택하고

---

89) 湖北省博物館 편(1989: 467쪽); 彭浩(1996: 52쪽); 胡平生·李天虹(2004: 98쪽) 등은 여기에 보이는 왕을 단순히 초나라 왕이라고만 할 뿐, 필자가 지적한 바와 같은 기재상의 차이점에 대해서는 의식하지 못하고 있다.

있다는 암시를 주고 있는 것이라고 한다. 그리하여 왕의 경우도 대내적으로는 증후가 스스로를 왕이라 칭하고 대외적으로는 초나라 왕의 경우도 왕이라 칭해야 하는데, 이 양자를 모순되지 않게 하기 위하여 국명을 밝히지 않았다고 한다. 그 밖에도 증후의 경우 청동기와 같은 정식 기물에는 스스로를 '후侯'라고 칭하지만 평상시에는 '왕'이라는 칭호를 사용했을 것이라는 가정하에, 증후가 스스로를 왕이라고 기재한 죽간은 남의 눈에 띄지 않는 무덤 속에 매장하는 것이기 때문에 평상시에 사용하는 칭호로 기록한 것이 아니겠는가라고 추측한다.[90]

증나라에 이중의 기준과 제도가 있었다는 것은 매우 흥미로운 견해이기는 하지만, 이시구로 히사코(石黑日沙子)의 설에는 몇 가지 중대한 문제점이 있다. 첫째는 증후가 왕호王號를 칭했다는 것이 과연 역사적 사실인가의 문제이다. 이시구로는 그것을 입증하기 위하여 '여呂'나라가 왕을 칭한 예를 통하여 추정하지만, 증나라가 실제로 왕을 칭한 구체적인 예는 아직은 없다. 둘째는 장례 절차상에서 견책의 역할의 문제이다. 증후가 스스로를 왕이라고 기록한 죽간은 남의 눈에 띄지 않는 무덤 속에 매장하는 것이기 때문에 평상시에 사용하는 왕호로 기록했다고 하지만, 후술하듯이 견책은 절차상 매장하기 전에 조문객 앞에서 낭독했던 것 같다. 만약 죽간의 제작자가 증후를 왕으로 칭했다고 한다면, 그러한 사실은 낭독을 통하여 초나라 쪽 관원이나 사신에게도 자연히 알려졌을 것이다. 셋째는 두 그룹에 보이는 왕을 서로 다른 두 사람으로 본다면, 위에서 지적한 '역군·영윤·명군·평야군·여공'도 과연 두 사람으로 볼 수 있는가의 문제이다. 영윤의 경우는 증나라와 초나라의 공통된 관명으로 본다면 두 사람으로 보아도 큰 문제는

---

90) 石黑日沙子(1998: 11~18쪽).

없다. 그러나 '역군·명군·평야군·여공'의 경우는 그러한 경우를 상정할 수 없다.

이렇게 보면 제1그룹과 제3그룹에 보이는 왕 및 '역군·영윤·명군·평야군·여공'을 서로 다른 두 인물로 보는 것보다는 동일 인물로 보는 것이 더 타당할 것 같다. 그러나 그렇다고 해서 단순히 초나라의 왕이나 관원이라고만 결론 내릴 수도 없다. 이 문제에 대해서는 확증적인 자료가 없기 때문에 필자는 아직 해답을 갖고 있지 않다. 다만 이상의 문제는 우리가 앞으로 증후을묘간을 통하여 선진시대 제후국의 관명과 관료제도를 연구할 때 반드시 주의해야 할 문제임에는 틀림없다고 생각한다.

또 한 가지 특기해야 할 점은 위의 ①과 ②에 속하는 차량의 공통점은 '역군'을 제외하고 모두 어자가 기재되어 있지 않은 점이다. 〈표 6-4〉에 의하면 '영윤' '명군' '평야군'의 경우 어자가 기재되어 있기는 하지만, 〈표 6-10〉 〈표 6-11〉과는 모두 다른 차량이다. 다른 관원이나 봉군은 차치하더라도, 이것이 과연 증후을의 장례식 때 초나라 왕의 참석 여부와 관련이 있는 것인지 의문이 든다. 다만 이것 또한 아직 확증이 없기 때문에 더 이상 논의를 진행시킬 수 없다. 그러나 초나라 왕이 직접 참석했든 사신이 대신 참석했든 증나라와 초나라 및 다른 나라의 관료들이 참석한 자리에서 이 죽간이 낭독되었을 것이라는 것은 충분히 상상할 수 있다.

## 제5절 독봉·독서·독견

그렇다면 지금까지 살펴본 견책과 봉서는 언제 작성하고 또 언제 낭독하는가? 마지막으로 이 문제에 대하여 간단히 살펴보기로 한다.

고대의 상장 의식이 자세히 기술되어 있는 『의례』「사상례」편과 「기석례」편에 의하면, 사士 신분의 사람이 죽음을 맞이하게 되는 날, 즉 장례 첫째 날에는 대렴大斂 때 사용하는 덮개로 시신을 덮고(幠斂), 죽은 자의 영혼을 불러들이는 복復이라는 의식을 행한다. 복이 끝난 다음에는 시신의 입이 다 물어지지 않도록 하고(楔齒), 두 다리를 묶어 고정시킨 다음(綴足), 제수를 올리고(奠) 당堂에 장막을 세운다(帷堂). 그리고 나서 주군에게 부고하면(赴君) 주군은 사람을 보내 조문하고 '수襚'를 보내며, 일가친척이나 동료도 '수'를 보낸다. 다음으로 명정銘旌을 만들어 서쪽 계단 위에 세우고, 시신을 목욕시키고 쌀과 조개를 입에 물리며(飯含), 새 옷을 입힌 후(襲) 시신을 이불로 다시 덮는다(設冒). 그런 다음 신주를 대신하는 중重을 마당에 설치한다(設重).

둘째 날에는 시신에 수의를 입히고 이불로 싸는 소렴小斂을 행하고 전제奠祭를 올린다. 이때 '수'를 보내 온 자가 있으면 그것을 전달하는 의식을 행한다.

셋째 날에는 입관 의식인 대렴大斂을 행하고 시신을 관에 넣은 뒤(殯) 전제를 올린다.

넷째 날에는 상복을 입고 아침저녁으로 곡을 하며(朝夕哭) 전제를 올린다(朝夕奠). 또, 시초점을 쳐서 묘지로 쓸 장소를 정하고(筮宅) 거북점을 쳐서 매장할 날짜를 잡는다(卜日). 그리고 나서 관을 내기 위하여 빈소를 열고(啓殯) 관을 조묘祖廟로 옮기며(遷柩) 명기(苞·筲·甕·甒·弓·矢·耒·敦·杅·槃·匜), 연악기燕樂器(연회 때 사용하는 악기), 역기役器(甲·冑·干·笮), 연기燕器(杖·笠·翣) 등을 진열한 다음 전제를 올린다(祖奠). 장례를 돕기 위하여 공公(鄭玄의 주석에 의하면 國君)이 보내 온 '봉賵'은 조전을 올린 다음에 행한다. 구체적인 물품은 검은 색과 연한 붉은 색 비단 및 말 두 필을 보내는 것으로 기재되어 있다.91) 공의 봉례가 끝나면 빈객이 보내 온 '봉賵' '전奠' '부賻' '증贈'을 전달하는 의식을 행한다. 다만 원문에 '약若'이라는 표현이 있듯이 '전'과 '부'의 경우는 빈객 중 보내 온 자가 있을 경우에만 행하는 것으로 되어 있다.92) 또, 앞에서 살펴보았듯이 상복과 관계가 있는 형제의 경우는 '봉'과 '전'을 함께 행해도 좋지만 지인의 경우는 '봉'은 행해도 '전'은 행하지 않고, 죽은 자와 아는 사이인 경우는 '증'을 행하고 유족과 아는 사이인 경우는 '부'를 행한다고 규정하고 있다. 주군과 친척·동료·지인으로부터 '봉' — 및 '전' '부' '증' — 을 전달하는 의식이 끝나면, 위에서 인용했듯이 '봉'은 '방'에 기재하고 '견'은 '책'에 기재한다. 이상에 의하면 '봉'과 '견'은 하장하기 하루 전날 작성한다는 것을 알 수 있다.

다섯째 날 즉 발인하는 날이 되면 먼저 영구가 떠날 때 지내는 견전遣奠을 지내고, 장지로 이동하기 위하여 중重, 말, 수레, 포苞, 부장할 기물의 순으로 조묘 밖으로 옮긴다. 이 단계에서 영구차는 아직 조묘에 남아 있다. 그 다음에 하는 것이 바로 독봉讀賵, 독서讀書, 독견讀遣이라 불리는 의식이다. 이 의식에 대해서는 「기석례」편에 다음과 같이 기술되어 있다.

주인의 (문서를 주관하는) 사史가 '봉'을 읽을 것을 청한다. 산가지를 갖고 있는 사람이 그 뒤를 따른다. (이 두 사람은) 관의 동쪽 및 관을 영구차 앞뒤 양쪽에 묶은 부분 중 앞쪽에서 서쪽을 향한다. 곡하는 사람에게 곡하지 말라고 명하지는 않더라도 서로 그친다. 주인과 부인만이 곡을 한다. 등불을 든 사람은 (史의)

---

91) 『儀禮』, 권39, 「旣夕禮」, "公賵, 玄纁束, 馬兩."
92) 『儀禮』, 권39, 「旣夕禮」, "賓賵者將命.……若奠, 入告, 出, 以賓入.……若賻, 入告.……贈者將命. 擯者出請, 納賓如初."

오른쪽에서 남쪽을 향한다. (史가) '서'를 읽는다. 산가지를 내려놓을 때에는 앉는다. (史가) 다 읽으면 곡할 것을 명한다. (동쪽) 등불을 끈다. '서'와 산가지는 손에 들고 (들어올 때와는) 반대로 (산가지를 갖고 있는 사람이 먼저) 나간다. 공公의 (禮書를 주관하는) 사史가 서쪽에서 동쪽을 향한다. 곡하지 말라고 명한다. 그러면 주인과 부인은 모두 곡하지 않는다. (公의 史가) '견'을 읽는다. 다 읽으면 곡할 것을 명한다. (서쪽) 등불을 끈다. (公의 史가) 나간다.[93]

지금까지의 장례 절차상으로 볼 때 '봉'과 '서'와 '견'은 발인하기 직전에 읽는다는 것을 알 수 있다. 그런데 위의 문장을 보면 몇 가지 논의해야 할 점이 있다. 먼저 '봉'과 '견'에 대해서는 앞에서 언급이 있었지만, '서'는 여기에서 처음 등장한다. 더구나 '서'가 무엇인지에 대해서는 전혀 언급이 없다. 이 '서'에 대하여 청대의 호배휘胡培翬는 정현 주에서 '전' '부' '증'도 '방'에 서사한다(書)고 하고 있기 때문에, '봉'과 함께 이것을 읽는 것이라고 지적한다.[94] 현재로서는 이 설이 가장 설득력이 있다고 판단된다. 『예기』「잡기상」편에 의하면, 대부의 장례 절차에서도 발인 직전에 '서'를 읽는다고 기재되어 있다.[95]

다음으로 '봉'과 '서'를 읽을 때와 '견'을 읽을 때의 의식에는 몇 가지 차이점이 있다. 첫째, '봉'과 '서'는 주인의 사가 읽지만, '견'은 공의 사가 읽는 것으로 되어 있다. 읽을 때 향하는 방향도 '봉'과 '서'는 동쪽에서 서쪽을 향하고, '견'은 서쪽에서 동쪽을 향하듯이 방향도 다르다. 둘째, '봉'과 '서'를

---

93) 『儀禮』, 권39, 「旣夕禮」, "主人之史請讀賵, 執筭從. 柩東, 當前束, 西面. 不命毋哭, 哭者相止也. 唯主人・主婦哭. 燭在右, 南面. 讀書, 釋筭則坐. 卒, 命哭, 滅燭. 書與算, 執之以逆出. 公史自西方東面, 命毋哭, 主人・主婦皆不哭. 讀遣, 卒, 命哭. 滅燭, 出."
94) 『儀禮正義』, "不言讀賵而言讀書者, 上注謂賵贈亦書於方. 故言書, 知史幷讀之也."
95) 『禮記』, 권40, 「雜記上」 20, "大夫之喪, 旣薦馬. 薦馬者哭踊. 出乃包奠而讀書."

읽을 때는 산가지를 든 사람이 그 수량을 현시顯示하지만, '견'의 경우는 그러한 의식이 없다. 셋째, '봉'과 '서'를 읽을 때는 주인과 부인이 곡을 하지만, '견'을 읽을 때는 곡을 하지 않는 것으로 되어 있다. 이처럼 읽는 사람, 읽는 방향, 수량 현시의 유무, 상주의 곡의 유무가 확연히 나뉘어 있다는 것은 '봉·서'와 '견'의 내용 및 역할이 다르다는 것을 의미할 것이다.96)

다만 왜 이런 차이가 있는지 그 이유를 객관적으로 설명할 수 있는 자료는 아직 없다. 후대의 주석이나 연구 중 필자 개인적으로 비교적 설득력이 있다고 생각되는 것을 소개하면 다음과 같다. 먼저 읽는 사람이 다른 이유에 대해서는 '봉'과 '서'의 경우는 조문객이 보내 온 물품을 기재한 것이기 때문에 그들에게 감사의 마음을 표하기 위하여 주인의 사가 낭독을 담당하고, '견'의 경우는 상가에서 그 신분이나 지위에 상응하는 부장 물품의 격식을 제대로 갖추었는지 공시公示하기 위하여 공의 사가 낭독을 담당했을 것이라는 설이 있다. 또, '봉'과 '서'의 경우 산가지로 수량을 현시하는 이유에 대해서는 '봉'과 '서'는 한 사람이 보낸 것이 아니기 때문에 그 수량이 많으면 많을수록 영광으로 여겼지만, '견'은 주인의 물품이기 때문에 수량을 낭독하기만 할 뿐 자식된 도리로 스스로 많다는 것을 보이지 않는다고 하는 설이 있다.97) 조문객의 수와 조의 물품의 양은 현실적으로 상가의 정치적 경제적 사회적 지위와 직결되어 있기 때문에, 그것을 산가지로 현시함으로써 상가의 신분과 지위를 재확인하는 일종의 공리적 목적도 있었을 것이라는 설은 설득력이 있다고 생각된다. 이러한 공리적 목적이 예의 정신에 어

---

96) 楊華(2003: 51쪽).

97) 『儀禮』, 권39,「旣夕禮」, '讀書, 釋筭則坐'에 대한 鄭玄 注 "必釋筭者, 榮其多.", 賈公彦 疏 "云必釋筭者, 榮其多者, 以其所賵之物言之, 亦得今必釋筭, 顯其數者, 榮其多故也." 및 楊華(2003: 51쪽) 참조.

굿난다고 생각했기 때문인지, 유가의 일파에서는 '봉'을 읽는 것을 비판하는 목소리도 있었다.[98]

　이상 『의례』에 나타난 장례 절차 및 독봉·독서·독견 의식은 기본적으로 '사' 신분을 상정하고 기술한 것이기 때문에, 대부나 봉군 및 제후나 천자의 경우에도 그대로 적용시키는 것은 무리가 있다. 다만 현재로서는 대부급 이상의 장례 절차가 상세히 기록되어 있는 동시대 자료가 거의 없기 때문에 『의례』에 비추어 가늠할 수밖에 없다. 1950년대 이후 초묘와 증묘에서 출토된 견책과 봉서는 아마도 이상과 같은 장례 절차와 목적하에서 작성하고 낭독하고 부장한 것이었을 것이다.


## 제6절 소결

　주지하는 바와 같이 20세기 들어 초간이 세상에 알려지기 시작한 것은 1950년대 중반부터이다. 그중에서도 특히 상장간은 초간 연구의 서막을 알리는 신호탄임과 동시에, 실물이 실제로 출토됨으로써 20세기 이전 사람들이 상상했던 것과는 상당히 다르다는 것을 확인할 수 있게 되었다.[99] 그 후에도 상장간은 지속적으로 출토되어 수량적으로 증가 일로에 있을 뿐만 아니라 내용적으로도 풍부하고 다채로워짐에 따라, 선진시대의 장례제도를 구명하는 데 가장 중요한 자료의 하나로 활용되고 있다. 그렇다면 지금까지

---

98) 『禮記』, 권8, 「檀弓上」3, "讀賵, 曾子曰, 非古也. 是再告也."
99) 앞에서 말한 聶崇義의 『三禮圖集』권18에 수록되어 있는 '견책'과 '봉방' 그림이 그 하나의 예이다. 淸代의 徐乾學이 지은 『讀禮通考』권97 「喪具」 3도 『삼례도집주』의 그림을 재인용하고 있다. 高大倫(1988: 106쪽); 楊華(2003: 51~52쪽) 참조.

살펴본 상장간을 통하여 무엇을 알 수 있는가? 또, 그 속에는 어떤 문제들이 내포되어 있는가?

먼저 신분이나 지위와 관련된 문제로서 상장간을 부장하는 것은 신분을 초월하여 모든 사람에게 개방되어 있었던 것이 아니라 '사' 이상의 신분에 만 제한되어 있었던 것으로 추정된다. 이렇게 추정하는 이유는 아직까지 서민의 무덤에서 상장간이 출토된 예가 없기 때문이다. 다만 앞으로도 반드 시 그럴 것이라고 단정할 수는 없기 때문에 현재로서는 잠정적인 결론에 지나지 않는다.

마찬가지로 신분이나 지위와 관련된 문제로서 상장간의 내용을 분석한 결과 '사' 신분 이상이기만 하면 부장품의 종류와 수량에 아무런 제약이 없 었던 것이 아니라, 이 또한 신분에 따라 어느 정도 제약이 있었을 것으로 추정된다. 그러한 현상은 〈표 6-3〉을 통하여 확인할 수 있으며, 그 밖에 부장 되어 있는 '정鼎'의 수가 묘주의 신분에 따라 제약되어 있는 현상을 통해서 도 확인할 수 있다.[100]

다음으로는 기재 형식의 문제와 관련하여 부장품의 종류와 수량이 많지 않을 경우에는 대체로 특별한 분류 없이 하나의 죽간에 하나 내지는 둘 이 상의 동류의 기물을 기재하지만, 종류나 수량이 많을 경우에는 용도나 곽실 내지는 기구나 관리별로 분류하여 기재하는 특징이 있다. 이것은 곧 상장간 을 작성하기 전에 용도나 부장 위치 내지는 기구나 관리 등을 기준으로 부 장품을 분류한 다음 간책에 기재했다는 것을 의미한다. 그런 의미에서 상장 간의 기재 형식은 선진시대에 이미 일정 정도의 수준까지 체계화되어 있었 다고 할 수 있다. 부장품이 죽은 자의 신분이나 지위에 따라 제약되어 있고

---

100) 胡雅麗(2007: 69쪽).

상장간의 기재 형식 또한 어느 정도 체계화되어 있었다는 것은 과연 무엇을 의미할까? 아직 확증은 없지만 이러한 사실들은 곧 당시 초 지역에 장례 제도와 관련된 형식과 내용이 예제의 형태로 규정되어 있었다는 것을 말해 주는 것은 아닌지 조심스럽게 추정해 본다. 다만 그 예제는 현행본 『의례』를 비롯한 전래문헌의 내용과 합치하는 경우도 있지만 그렇지 않은 경우도 있다. '봉방'과 '봉서'는 그 대표적인 예 중의 하나이다. 또, 신분이나 지위에 따라 그 규정이 달랐을 가능성도 충분히 있다. 포산초간과 신양장대관초간의 분류 방식이 다른 것은 그러한 가능성을 뒷받침해 주는 하나의 예이다. 앞으로 더 많은 자료가 확보된다면 이 문제에 대하여 좀 더 체계적으로 연구를 진행시킬 수 있지 않을까 기대해 본다.

상장간은 무덤의 연대나 묘주와 관련된 사항을 파악하는 데도 결정적인 역할을 한다. 상장간을 작성할 때는 일반적으로 '이사기년'을 기재함으로써 작성 시기를 명기하고, 경우에 따라서는 묘주와 관련된 사항 및 작성자와 작성 목적까지 기록하는 경우도 있다. 이것은 상장간의 작성 시기와 작성자 및 작성 목적뿐만 아니라 묘주의 성명과 직위, 더 나아가서는 해당 무덤의 절대연대를 알 수 있는 중요한 단서가 된다. 포산초간은 그 대표적인 예 중의 하나이다.

상장간에 기재되어 있는 기물의 명칭은 당시 사람들이 실제로 사용했던 명칭이다. 더구나 그것과 대응되는 기물도 대부분 함께 부장되어 있다. 지금까지의 연구 경향에 의하면 한대의 문물과 그 명칭에 대해서는 비교적 체계적으로 연구가 진행되어 왔지만, 선진시대의 경우는 단편적인 형태로밖에 연구가 진행되지 않고 있다. 그것은 선진시대 문자의 경우 한대 문자에 비해 문자학적 접근이 용이하지 않은 점도 원인 중의 하나이다. 그와 더불어 출토된 거의 대부분의 기물에 명칭이 기재되어 있지 않기 때문에, 실제로 어떤 명칭이 어떤 기물과 대응되는지 구명하기 힘든 것도 원인 중의 하나이다. 상장간에 보이는 각종 기물의 명칭은 관료제도와 관련된 명칭과 함께 선진시대 초 지역이나 그 밖에 다른 지역의 생활사나 문화사를 연구하는 데 기여하는 바가 매우 크다. 따라서 앞으로 이에 대한 체계적인 연구가 절실히 요망된다.

현재까지 출토된 상장간은 보존 상태가 양호하지 않은 것이 많기 때문에 정확한 사실은 알 수 없지만, 앞에서 분석한 결과에 의하면 부장품은 크게 다음의 세 가지로 나누어 볼 수 있다. 즉, 죽은 자가 생전에 사용한 것, 상가에서 준비한 것, 타인이 증정한 것이 그것이다. 이런 관점에서 볼 때 초 지역에서는 대체로 죽은 자가 생전에 사용하거나 상가에서 준비한 것을 부장용품으로 쓰는 경우가 많았던 것 같다. 이러한 점은 타인이 조의한 물품을 기재한 봉서의 수량이 견책에 비해 상대적으로 매우 적은 것을 통해서도 알 수 있다.

끝으로 이 책에서는 상장간에 기재되어 있는 내용을 편의상 제기·연기·악기·무기·거마기·공구의 6종류로 나누어 분석했지만, 전체적으로 말하면 이 물품들은 모두 죽은 자가 사후 세계에서 사용할 것을 기대하고 부장한 것들일 것이다. 이러한 점은 포산초간의 '상사지기기소이행相遲之器所以行'이라는 표제어를 통해서도 엿볼 수 있다. 그런 의미에서 선진시대 초나라 사람들도 한대인들과 마찬가지로 지하에 사후 세계가 존재한다고 믿고, 그러한 사후 세계 즉 저승에서도 이승에서의 생활과 동일한 생활이 기다리고 있다는 매우 구체적이고 현실적인 저승관이나 생사관을 가지고 있었다고 생각된다. 그런 의미에서 본다면 이들 상장간은 단순한 물품 목록이 아니라 일종의 재산 목록에 해당된다고 할 수 있다. 그런데 한대와는 한 가지 커다란 차이점이 있다. 그것은 곧 한대 무덤에서는 견책과 함께 이른바 '저승의 여권' 또는 '고지권'으로 불리는 송부문서가 함께 부장되어 있는 경우가 있지만,[101] 초묘에서는 아직까지 그런 것이 발견된 예가 없는 점이다. 그 원인이 무엇인지에 대해서는 아직 알 수 없다. 그러나 이 문제는 선진시대 초 지역의 장례제도뿐만 아니라 고지권의 기원의 문제와도 관련되어 있기 때문에, 앞으로도 계속 주목해야 할 매우 중요한 문제 중의 하나라고 생각한다.

이상 지적한 몇 가지 문제들은 앞으로 더 많은 자료가 출토되어 좀 더 다각적이고 종합적으로 연구가 가능하게 되기를 기대해 본다.

---

101) 고지권에 관해서는 이 책 제4장 제4절 참조.

# 제7장 초간: 사법 관련 문서간

　중국 고대 국가에서 그 시스템을 유지하기 위하여 어떤 메커니즘이 작동하고 있었는가를 밝히는 것은 중국고대사 연구의 오랜 과제 중의 하나이다. 그리고 그것은 '광대한 영역을 소유하고 있는 국가가 존속할 수 있었던 원인은 어디에 있는가'라는 물음과도 직결된다. 이 문제를 밝히는 데는 다양한 접근 방법이 있겠지만, 법제法制, 그중에서도 소송제도의 분석이라는 방법을 통하여 접근하는 것도 하나의 방법이다. 소송이란 사회에서 발생한 분쟁에 대하여 제3자가 판단을 내리는 과정을 의미하며, 소송제도의 연구는 사회와 국가권력의 접점을 대상으로 하게 된다. 어떤 안건을 수리하는가? 수리한 안건은 어떤 기관에서 처리하고, 어떤 절차를 거쳐 판결이 내려지는가? 더 나아가 재판의 공평성과 통일성은 어떻게 보장되는가? 소송제도의 연구는 고대 국가에 의한 분쟁 처리의 실태를 사회의 말단에 시점을 두고 분석하는 데 의의가 있다.[1]

　그런데 고대 국가의 소송제도를 연구하기 위해서는, 당시에 실제로 발생한 소송안건을 다루고 기록했던 자료가 있어야 한다. 그러나 유감스럽게도 중국 고대의 경우는 그러한 오리지널 자료가 턱없이 부족하다. 주지하는

---

1) 籾山明(2006: 6쪽).

바와 같이 전근대 중국 법제 관련 자료로서 현재까지 전해내려 오는 것 중 가장 오래된 것은 『고당률소의故唐律疏議』이다. 이것은 곧 전래문헌을 이용하여 전근대 법제도의 구체적인 실상을 파악할 수 있는 것은 아무리 올라가도 당대唐代에 머문다는 것을 의미한다. 물론 『춘추좌씨전』이나 『사기』나 『한서』와 같은 전래문헌이나 후한 초기에 위굉衛宏이 진한秦漢의 제도를 해석한 『한구의漢舊儀』와 같은 자료를 통하여 당唐 이전의 법제도의 일면을 엿볼 수 있으며, 또 실제로 그러한 자료들을 이용하여 꾸준히 연구되어 온 것도 사실이다. 하지만 그것은 내용 자체가 너무나도 단편적이고, 또 때로는 후대인의 상상이나 편견에 의하여 각색된 형태로 나타나기도 하기 때문에, 자료로 이용하기에는 많은 한계가 있다.

　한편 전래문헌에 의하면, 선진시대에는 적어도 여러 종의 법제 관련 문헌이 있었던 것 같다. 예를 들면, 하은주 삼대에는 우형禹刑·탕형湯刑·구형九刑이 있었다고 전해지고, 춘추시대에 들어서면 정鄭나라의 자산子産이 주조했다는 형서刑書, 정나라의 사천馹歂이 이용했다는 등석鄧析의 죽형竹刑이 있었다고 한다. 또, 전국시대로 내려오게 되면 위魏나라에는 이회李悝의 『법경法經』 6편, 문후文侯·무후武侯 시기의 형법으로 추정되는 헌령憲令, 양왕襄王의 서고에 보관되어 있었다는 헌憲, 혜왕惠王 때 혜시惠施가 만들었다는 법이 있었다고 한다. 또, 한韓나라에서는 진晉의 고법故法과 함께 신법新法이 만들어졌다고 하고, 조趙나라에는 유사有司의 법이 있었다고 한다. 그리고 진秦나라에서는 위衛나라 출신의 상앙商鞅이 이회의 『법경』을 가지고 진나라로 들어왔다고 하고, 초楚나라에는 복구지법僕區之法이나 모문지법茅門之法이 있었다고 한다.[2] 그러나 이들 문헌 중 현재까지 전해지는 것은 단 하나

---

2) 『春秋左氏傳』, 권42, 「昭公 2년조」, "夏有亂政, 而作禹刑, 商有亂政, 而作湯刑, 周有

도 없다.

이처럼 선진시대 각국의 법제 연구는 자료적 제약과 전래문헌의 한계로 말미암아 그 실태를 거의 파악할 수 없었다. 그러던 중 1970년대 이후부터 전국·진한시대 및 그 후에 조영된 무덤이나 유적에서 법제 관련 자료들이 다량으로 출토되기 시작하였다. 80년대 이후부터는 전국시대 초나라 무덤에서도 법제, 그중에서도 특히 사법 관련 문서간이 조금씩 출토되었는데, 포산包山 2호 초묘와 강릉江陵 전와창磚瓦廠 370호 초묘에서 출토된 문서간이 바로 그것이다. 다만 강릉 전와창초묘에서 출토된 것은 수량이 매우 적고 내용도 극히 단편적이기 때문에, 실제로 주목을 받아 온 것은 포산초묘에서 출토된 것이다. 이들 사법 관련 문서는 전국시대 초나라 통치의 근간을 이루는 사법제도의 실태를 엿볼 수 있는 귀중한 내용을 담고 있는 법제 관련 자료로서, 현재 전 세계에서 활발히 연구가 진행 중이다.

이 장에서는 이들 사법 관련 문서간을 이용하여 먼저 전국시대 초나라의 소송절차와 제도의 특징을 알아보고, 그것을 통하여 소송의 사회화, 사법의 전문화, 소송제도에서 중앙과 지방의 관계, 왕의 지배력의 범위, 통치체제의 성격, 문서행정시스템 등 전국시대 초나라의 사회시스템 및 국가 권력구조의 메커니즘에 관하여 살펴보고자 한다.

---

亂政, 而作九刑.”; 同, “三月, 鄭人鑄刑書.”; 同, 권55, 「定公 9년조」, “鄭駟歂殺鄧析, 而用其竹刑.”;『晉書』, 권30, 「刑法志」 20, “是時承用秦漢舊律, 其文起自魏文侯師李悝. 悝撰次諸國法, 著法經.……是故所著六篇而已, 然皆罪名之制也. 商君受之以相秦.”;『韓非子』, 권5, 「飾邪」 19, “當魏之方明立辟, 從憲令行之時, 有功者必賞, 有罪者必誅.”;『戰國策』, 권25, 「魏策四」, “吾先君成侯, 受詔襄王, 以守此地也, 手受大府之憲.”;『呂氏春秋』, 권18, 「淫辭」, “惠子爲魏惠王爲法.”;『韓非子』, 권17, 「定法」 43, “晉之故法未息, 而韓之新法又生.”;『戰國策』, 권19, 「趙策二」, “故寡人恐親犯刑戮之罪, 以明有司之法.”;『魏書』, 권111, 「刑罰志」 7, “商君以法經六篇, 入說於秦.” 그 밖에『韓非子』「喩老」편에서는 초나라 법을 ‘楚邦之法’이라고 하고『呂氏春秋』「異寶」편과 「貴卒」편에서는 ‘荊國之法’이라고 부르는 용례도 있다.

# 제1절 포산초간 문서간의 구성과 내용

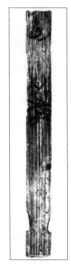

[그림 7-1] 簽牌
440-1

    포산초간에서 사법 관련 문서간은 정리자가 '문서文書'로 분류한 죽간군(이하 문서간이라고 한다)에 포함되어 있다. 죽간 번호로는 제1호간에서 제196호간에 이르는 총 196매의 죽간이 문서간에 해당된다.[3] 아울러 발굴 당시 문서간 외에도 꼬리표(簽牌) 1매가 함께 출토되었다.[그림 7-1] 이 꼬리표에는 '정지廷簽(志)'라는 두 글자가 서사되어 있다. 유력한 설에 의하면, 이 꼬리표는 문서간을 담은 자루에 매달아 놓았던 것으로, 그것은 아마도 좌윤관부左尹官府에 소속된 관리들이 문서를 정리할 때 만들었을 것으로 추정된다. 이것을 중국에서는 '갈楬'이라고 한다. 다만 발굴 당시 문서간과 함께 자루가 출토되었다는 보고는 없기 때문에, 이 꼬리표는 아마도 편철하여 두루마리 형태로 묶어 놓은 문서간에 꽂아 두었던 것은 아닌지 추측된다. 또, '정지'는 '법정 문서'를 의미하며, 이 문서간 전체의 표제, 즉 대제목일 가능성이 매우 크다.[4]

    문서간에는 소제목으로 보이는 것도 있다. 제1호간의 「집서集箸」, 제14호간의 「집서언集箸言」[5], 제33호간 뒷면의 「수기受幾」[6], 제84호간 뒷면의 「소옥

---

3) 湖北省荊沙鐵路考古隊(1991a: 349∼364쪽).
4) 周鳳五(1996: 23쪽); 李家浩(2001: 34쪽 · 注釋 [2]; 2006: 30∼32쪽); 劉國勝(2006: 327∼328쪽) 참조. 참고로 '楬'에 관해서는 이 책 제2장 제4절 참조.
5) '箸'는 '書'의 통가자. '集箸'와 '集箸言'에 관해서는 陳偉(1996: 59쪽) 참조.
6) '幾'자는 簡文을 直寫하면 '旮'이다. 이 글자는 湖北省荊沙鐵路考古隊(1991a: 42쪽 · 考釋 52)가 '期'의 이체자라고 한 이래, 많은 학자들이 그 설을 따르고 있다. 그러나 이 글자는 '期'가 아니라 '期'를 의미하는 '幾'로 읽어야 한다. 전국시대 초나라의 문자 사용법상 '期'로 읽는 글자는 '昪'이다. 이 점에 관해서는 裘錫圭(2006: 253쪽) 참조. 그리고 '受幾'의 의미에 관해서는 廣瀨薰雄(2000: 70∼71쪽) 참조.

㢑獄」7)이 그것이다.8) 그렇다면 이 문서간은 적어도 4편으로 구성되어 있었다는 것을 알 수 있다. 정리자는 이들 편제篇題의 의미와 전체 내용을 분석한 뒤, 편제가 없는 것을 포함하여 문서간의 죽간군을 총 7그룹으로 분류한다.9) 이에 대해서는 진위陳偉 I 이 이견을 제시한 바 있으며,10) 히로세 구니오(廣瀨薰雄)는 양자를 비판적으로 검토하여 죽간들을 재분류하고 있다.11) 그리고 진위陳偉 II 는 기본적으로 정리자의 분류를 따르지만, 정리자가 문서간이라고 하면서도 실제로는 견책遣策으로 분류한 제278호간 뒤면을 '안권案卷'(공문서)에 속하는 것으로 분류한다.12) 이상을 정리한 것이 〈표 7-1〉이다. 이 표에 의하면, 우선 「무편제Ⅲ」 그룹에 속하는 것은 선행 연구의 의견이 완전히 일치한다. 그 이유는 이 그룹에 속하는 죽간군의 문장에 예외 없이 '소촉所詘(屬)'이라는 용어가 공통적으로 사용되고 있기 때문이다. 다음으로 「수기」와 「소옥」도 약간의 차이가 나는 부분은 있지만, 선행 연구의 의견이 거의 같다. 그 이유는 「수기」와 「소옥」이라는 편제는 각각 제33호간 뒷

---

7) '㢑獄'의 의미에 관하여 陳偉(1996: 44~45쪽)는 다음의 세 가지 가능성을 제기한다. 첫째, '㢑'을 '肯'로 읽고 '肯獄'은 '相獄' 즉 원고가 피고를 고소하는 것을 가리킬 가능성이다. 둘째, '肯'를 '기다리다'로 읽고 '㢑獄'은 '須獄' 즉 審理를 기다리다라는 의미일 가능성이다. 셋째, '㢑獄'은 '疏獄' 즉 소송에 대한 개별 기록일 가능성이다. 陳偉는 그중 두 번째 가능성이 가장 크다고 하지만, 학계에서 아직 공인된 것은 아니다.

8) 정리자는 이 네 가지만 소제목으로 보지만, 字體와 글자 간격 및 내용으로 볼 때, 제9호간의 '廷志所以內(納)'과 제148호간의 '客發笭'도 소제목일 가능성이 있다.(陳偉, 1996: 29·60쪽) 아울러 '笭'자에 관해서는 '札'이라는 설(湯餘惠, 1993: 70쪽)과 '契'라는 설(史傑鵬, 2001: 19~21쪽)이 있다. 그런데 湯餘惠의 설은 史傑鵬이 비판하듯이 음운학적으로 문제가 있다. 따라서 여기서는 史傑鵬의 설을 취한다. 史傑鵬은 '契'를 사람을 붙잡을 것을 하달한 사법문서라고 한다. 즉, 오늘날의 체포영장과 같은 것을 가리킨다.

9) 湖北省荊沙鐵路考古隊(1991a: 267~273쪽).

10) 陳偉(1996: 36~60쪽).

11) 廣瀨薰雄(2000: 11~14쪽).

12) 陳偉 等著(2009: 47·53·78쪽).

〈표 7-1〉 문서간의 篇題와 죽간의 분류(선행 연구)

| 정리자 | | 陳偉 I | 廣瀨薰雄 | 陳偉 II |
|---|---|---|---|---|
| 集箸 | 1～13(13매) | 1～13, 14, 18, 58, 63, 77, 91, 103～119, 146～150, 153～ 154, 156, 158～161(48매) | 「기타」로 분류: 1～18, 58, 63, 77, 120～161(63매) | 1～13(13매) |
| 集箸言 | 14～18(5매) | 15～17, 90, 120～145, 151～152, 155, 157(34매) | | 14～18(5매) |
| 受期 | 19～79(61매) | 19～57, 59～62, 64～76, 78～79(58·63·77 제외: 58매) | 19～57, 59～62, 64～76, 78～79(58매) | 「受昔」로 분류: 19～ 79(61매) |
| 疋獄 | 80～102(23매) | 80～89, 92～102 (90·91 제외: 21매) | 80～102(23매) | 80～102(23매) |
| 無篇題 I | 103～119(17매) | - | 「貸金」으로 분류: 103～119(17매) | 「資金」으로 분류: 103 ～119(17매) |
| 無篇題 II | 120～161(42매) | - | - | 「案卷」으로 분류: 120 ～161, 278背(43매) |
| 無篇題III | 162～196(35매) | 162～196(35매) | 「所詬」으로 분류: 162～196(35매) | 「所詬」으로 분류: 162 ～196(35매) |
| 총매수 | 196매 | 196매 | 196매 | 197매 |

면과 제84호간 뒷면에 기재되어 있는데, 같은 죽간 앞면에 상당히 정형화된 형식의 문장이 기재되어 있어서, 다른 죽간들 중 이들과 문장 형식이 동일 하거나 비슷할 경우 동일 그룹에 속하는 것으로 인정할 수 있기 때문이다.

그에 반해 이들 선행 연구에서 가장 큰 차이가 나는 것은 「집서」와 「집 서언」이다. 그 이유는 다음의 두 가지 점에 있다. 첫째, 한쪽 면에 각각 「집 서」와 「집서언」이라고 기재되어 있는 제1호간과 제14호간에는 같은 죽간의 다른 쪽 면에 문장이 기재되어 있지 않기 때문에, 그것이 구체적으로 어떤 형식과 내용인지 알 수 없기 때문이다. 둘째, 이들 편제가 무엇을 의미하는 지에 대한 이해에도 학자들마다 차이가 있기 때문이다. 첫 번째 이유로 든 문제는 물리적으로 어쩔 수 없는 문제이기 때문에 더 이상 거론할 수 없다. 문제는 두 번째인데, 편제의 의미를 어떻게 이해하느냐에 따라 결과가 확연히 달라진다. 즉, 정리자는 「집서」를 호적조사에 관한 사건기록으로 이해하고, 「집서언」을 호적 분규 관련 고소 및 그것을 주관하는 관리에게 보낸 기록으로 이해한다. 그러나 진위陳偉는 먼저 「집서」는 '문서 집성'을 가리키고, 「집서언」은 '언言과 관련된 문서들의 집성'을 가리킨다고 한다. 그리고 선진시대 사관史官에는 '언言'을 기록하는 부류와 '사事'를 기록하는 부류의 구분이 있었다고 하면서, 포산초간에서 편을 나눌 때는 이러한 전통에 입각하여 '언'을 기록한 것과 '사'를 기록한 것을 나누어 분류했다고 한다. 이러한 이해를 바탕으로 문서간에서 진술을 나타내는 '언위言謂~'·'언왈言曰~'·'고告~'·'위謂~'와 같은 동사를 사용하여 관계자의 말을 인용하고 있는 것은 「집서언」으로 분류하고, 그 밖에 직접적으로 어떤 사실을 기술하고 있는 것은 「집서」로 분류한다. 「무편제Ⅰ」과 「무편제Ⅱ」에 속하는 죽간들도 이러한 기준에 의거하여 「집서」와 「집서언」으로 분류한다. 그에 대해 히로세 구니오(廣瀨薰雄)는 문서간의 편은 모두 문장 형식을 기준으로 분류해야 한다고 하면서, 「수기」「소옥」「소축」「대금」은 문장 형식이 확실하여 분류가 가능한 것으로 보고, 「집서」와 「집서언」은 문장 형식이 불명확하여 분류가 불가능한 것으로 본다. 이상 선행 연구들의 설과 후지타 가츠히사[13]의 설을 참조하여 필자가 다시 정리한 것이 〈표 7-2〉이다. 다만 앞으로의 연구 진척에 따라 「집서」와 「집서언」으로 분류한 부분에 변경이 생길 가능성은 얼마든지 있다.

---

13) 藤田勝久(2005b: 123쪽).

〈표 7-2〉 문서간의 篇題와 죽간의 분류

| 구분 | 죽간번호 | 紀年(기원전) | 내용 | 기재 형식 |
|---|---|---|---|---|
| 集箸 | 1~13 (13매) | 321·320·317 | 典(호적)과 관련된 명령 등을 처리한 메모 | 기재형식이 일정하지 않음 |
| 集箸言 | 14~18 (5매) | - | 소송 관련 기록 1종 및 관리 任免에 관한 기록 | 기재형식이 일정하지 않음 뒷면에 附記 |
| 受幾 | 19~79 (61매) | (317) | 사건의 위탁과 審理 방법에 관한 하달명령의 내용과 날짜를 기록한 간단한 메모. 左尹官府에서 처리 지시. | '기일①+관리명+受幾+기일②+不◯+微問有敗' 앞면에 '◯識之' 공통된 書記名 |
| 疋獄 | 80~102¹⁴⁾ (23매) | (319) | 소송을 受理한 내역을 기재한 문건. 左尹官府에서 기록. | '소송수리일, 甲訟乙, 以◯(之故)' '소송수리일, 甲訟乙, (言)謂◯' 앞면에 '◯識之, ◯爲理' 공통된 書記名 뒷면에 附記 |
| 貸金 | 103~119 (17매) | 322 | 貸金 및 糴種에 관한 기록. | '甲爲乙貸越異之(黃)金◯鎰(以糴種)' 貸金 상환의 유무 뒷면에 附記 |
| 소송문건 | 120~161 (42매) | 319·318·317 | 下蔡 안건, 陰侯地 안건 등 각종 소송 관련 기록 | 기재형식이 일정하지 않음 뒷면에 附記 |
| 所屬 | 162~196 (35매) | 317 | 左尹官府에서 사안을 위탁한 관리의 이름, 위탁한 날짜, 고소인의 이름, 사안의 처리 등을 기록한 목록. | '所屬◯' '所屬告於◯' '告所屬於◯' |

---

14) 「소옥」간에 대한 정리자의 배열 방식에는 문제가 있다. 먼저 楚曆 4월의 干支日이 기재되어 있는 것으로는 제84·85·86호간이 있는데, 제84호간은 己丑일(26), 제85호간은 辛巳일(18), 제86호간은 戊戌일(35)로 기재되어 있다. 그렇다면 이들 죽간의 순서는 85+84+86으로 변경해야 날짜 순서에 모순이 발생하지 않을 것이다.(陳偉, 1996: 206~207쪽) 또, 포산초간 卜筮祭禱簡에서 1년의 집무를 점칠 때 '4월에서 이듬해 4월까지'라고 하는 형식에 비추어 보면, 「소옥」간의 경우도 초력 4월에서 시작하여 8월, 9월, 10월, 11월, 정월, 3월의 순으로 재배열하는 것이 합당할 것 같다.(藤田勝久, 2005b: 124~125쪽) 이와 같이 재배열하면 「소옥」간의 편재인 '소옥'은 이 간책의 시작 부분인 우측에서 두 번째에 오게 된다.

이들 문서간의 내용은 호적이나 대금 관련 기록도 있지만, 소송 관련 기록이 대부분을 차지한다. 소송 사유는 「소옥」에 의하면, 사유가 비교적 명확한 28건 중, 살인·상해와 관련된 것이 10건으로 약 36%를 차지하고, 재산이나 채무와 관련된 것이 7건으로 약 25%를 차지하며, 신분이나 호적제도를 위반한 것이 6건으로 약 21%를 차지하고, 신병身柄 구속·어린이 유괴·유부녀 강탈과 같은 인신과 관련된 것이 3건으로 약 11%를 차지하며, 관리에 의한 행정·사법 상의 위법한 처분과 관련된 것이 2건으로 약 7%를 차지한다.[15] 이처럼 포산초간 문서간의 내용은 소송 관련 기록이 대부분을 차지하고 있으며, 수호지진간睡虎地秦簡 진률秦律과 같은 율문律文이 전혀 포함되어 있지 않은 것이 큰 특징 중의 하나이다.

## 제2절 포산초간을 통해서 본 전국시대 초나라의 소송절차와 특징: 음후지 소송안건

앞에서 언급했듯이 포산초간 문서간은 대부분이 소송과 관련된 기록이기 때문에, 이것을 이용하면 전국시대 초나라의 소송절차를 어느 정도 복원할 수 있다. 다만 이 책은 포산초간 문서간 전체를 면밀히 분석하는 것이 목적이 아니기 때문에, 총 196매의 죽간 중 살인사건과 관련된 소송의 전말이 기재되어 있는 제131호간에서 제139호간에 이르는 9매의 죽간에 초점을

---

15) 이상은 陳偉(1996: 133~134쪽) 참조. 단, 陳偉는 소송 사유가 명확한 것으로 29건을 들지만, 그중 제140호간은 소송 당사자 사이에 화해가 성립되었다는 것을 보고한 것이기 때문에 소송 사유에서 제외하였다.

맞추어 살펴보기로 한다. 이 9매의 죽간에 초점을 맞추는 이유는 포산초간 문서간의 소송 관련 기록 중 이 9매의 죽간이 소송절차의 거의 전 과정을 복원할 수 있는 유일한 기록일 뿐만 아니라, 소송제도와 관련된 유익한 정보를 가장 충실히 담고 있기 때문이다.

그런데 이 9매의 죽간은 정식보고서에서는 131~138+138 뒷면+139+135 뒷면+137 뒷면+139 뒷면+132 뒷면과 같이 배열했지만 내용이 통하지 않았다.[16] 그 뒤 진위陳偉가 132~135+135 뒷면+132 뒷면(이상 Ⓐ), 131+136+137+137 뒷면(이상 Ⓑ), 138+139+139 뒷면+138 뒷면(이상 Ⓒ)과 같이 재배열하고 문서를 세 그룹으로 분류함으로써 내용이 매끄럽게 통하게 되었다.[17] 아울러 진위陳偉는 문서Ⓐ는 Ⓐ·1·2·3, 문서Ⓑ는 Ⓑ·1·2, 문서Ⓒ는 Ⓒ·1·2·3으로 세분한다. 그중 Ⓐ·1·Ⓑ·1·Ⓒ·1은 죽간의 앞면이고, 나머지는 모두 죽간의 뒷면이다. 그에 의거하여 전체 내용을 현대어로 번역하면 다음과 같다.[18]


【Ⓐ-1】 ⑦ 진경부인秦競夫人 사람인 서경舒慶이라는 음후陰侯의 동궁東窮이라는 마을에 이전부터 거주하고 있는 사람이 감히 시일視日에게 고소합니다. 음陰

---

16) 湖北省荊沙鐵路考古隊(1991a: 358~359쪽).
17) 陳偉(1994: 67~68쪽; 1996: 31~33쪽).
18) 포산초간의 저본으로는 湖北省荊沙鐵路考古隊 편(1991a; 1991b)을 이용하였다. 다만 필자가 사진 도판을 직접 보고 선행 연구를 참조하여 문자를 고친 부분도 많다. 그리고 포산초간의 문자 중에는 고문자학적으로 충분히 밝혀지지 않은 難讀 문자들이 여전히 많다. 그러한 문자들의 경우 현재로서는 정확한 한글 음을 알 수 없기 때문에, 여기서는 임의적으로 편방의 음을 따서 한글 음을 표기하였다. 따라서 향후 난독 문자들의 音訓이 정확히 밝혀질 경우, 한글 음이 변경될 가능성이 있다. 뿐만 아니라 음훈이 불명확한 문자가 있다는 것은 현대어역으로 제시한 문장에 부정확한 부분이 있을 수 있다는 것을 의미한다. 그러한 부분은 향후 지속적인 연구를 통하여 수정해 나갈 예정이라는 것을 미리 밝혀 둔다. 이하 동일. 아울러 제131~139호간의 釋文을 작성하거나 번역할 때는 陳偉 等著(2009)와 廣瀨薰雄(2000)도 참조하였다. 단, 필자의 판단하에 고친 부분도 있다.

사람인 가모苛冒와 환묘桓卯가 송나라 사신 성공면盛公㬎의 해(B.C. 318) 형이월(楚曆 4월) 계사일(30)에 저의 형인 인명(訒明)을 함께 살해하였습니다. ① 그래서 저는 완공宛公 님께 이 사실을 알려 고소했습니다만, ②-1 완공 님은 위威(?)의 우사마右司馬 팽역彭懌에게 명하여 저의 문서(체포장?)를 작성하게 하고, ②-2 음의 근객數客이자 음후의 경리慶李인 백의군百宜君에게 말하여 저를 위하여 그 자들을 체포할 것을 명령했는데, 가모는 붙잡았지만 환묘는 자살하였습니다. ③ 근객인 백의군은 가모를 붙잡고 환묘가 자살한 것을 이미 완공 님께 보고하였습니다. ④ 완공 님께서는 이 사건을 음의 근객에게 위탁하고, 이 사건의 판결을 내리도록 명령하셨습니다. ⑤ 그러나 지금까지도 음의 근객은 판결을 내리지 않고 부당하게도 저의 형인 정絅(舒絅)을 붙잡았으며, ⑥ 게다가 음의 정正은 저의 부친인 유逾(舒逾)까지도 붙잡았습니다. 가모와 환묘는 저의 형인 서인을 함께 살해했고, 음 사람인 진혹陳礜, 진단陳旦, 진월陳越, 진익陳卻, 진총陳寵, 연리連利는 모두 그 자들이 저의 형을 살해했다는 것을 알고 있습니다. ⑦ 저는 감히 시일에게 고소하지 않을 수 없습니다.[19]

---

19) 包山楚簡 第132~135호간, "⑦ 秦競夫人之人馱(舒)慶坦(亘)尻(處)郗(陰)郍(侯)之東郼(窮)之里, 敢告於親日. 郗(陰)人苛冒·趄(桓)卯昌(以)宋客盛公㬎之戠(歲)勘(刑)屄(夷)之月_癸巳之日, 羿(斂?)殺(殺)儓(僕)之鈤(兄)明_. ① 儓(僕)昌(以)誥告之郜(宛)公, ②-1 子郜(宛)公命鄭(威?)右司馬彭愳(懌)龟(爲)儓(僕)笑(夽)簊(志), ②-2屄(以)舍(馱)全(陰)之數客·全(陰)郍(侯)之慶季(李)百(百)膏(宜)君龟(爲)儓(僕)搏(捕)之, 夏(得)苛冒, 趄(桓)卯自殺(殺)_. ③ 數客百(百)膏(宜)君釱(旣)昌(以)至(致)命於子郜(宛)公_, 夏(得)苛冒, 趄(桓)卯自殺(殺)_. ④ 子郜(宛)公訬(屬)之於全(陰)之數客, 囟(使)勨(斷)之_. ⑤ 吟(今)全(陰)之數客不龟(爲)亓(其)勨(斷), 而倚執(執)儓(僕)之鈤(兄)絚(經)_, ⑥ 全(陰)之正(正)或執(執)儓(僕)之父逾(逾)_. 苛冒·趄(桓)卯羿(斂?)殺(殺)儓(僕)之鈤(兄)明_, 全(陰)人陲(陳)礜·陲(陳)旦·陲(陳)邱(越)·陲(陳)卻·陲(陳)寵·連称(利)皆督(知)亓(其)殺(殺)之_. ⑦儓(僕)不敢不告於親日." '羿'은 제121호간의 '㪉'의 이체자라고 하는 陳偉 等著(2009: 64쪽·注釋 [46])의 설에 의거하여 해석하였다. '㪉'은 劉釗(1998: 60쪽)는 '斂'으로 읽고, 陳偉(1994: 68쪽)도 '斂'으로 읽으면서 '共同'으로 해석한다. '鄭'는 湖北省荊沙鐵路考古隊(1991a: 381쪽·注釋 234)는 簡文에서 魏나 威 등의 자는 모두 '畏'를 聲符로 한다고 하면서 魏로 읽는다. 그에 대해 劉信芳(2003: 130쪽)은 초나라 지역에서는 魏를 명칭으로 삼는 예는 아직 보이지 않는다고 하면서 '威'로 읽어야 한다고 한다. 여기서는 잠정적으로 후자의 설을 따랐다. '笑簊'는 湖北省荊沙鐵路考古隊(1991a: 381쪽·注釋 235)는 文書를 가리키는 것 같다

【Ⓐ-2】 ⑨ 좌윤左尹께서 왕명을 탕공湯公께 알립니다. ⑧"서경이 고소하면서 '가모와 환묘가 저의 형인 서인을 살해했는데, 음의 근객이 가모는 붙잡았지만 환묘는 자살했고, 음의 근객은 저의 형인 서정을 붙잡고 오랫동안 판결을 내리고 않고 있습니다'라고 하였다. 임금께서는 이 자를 위하여 조속히 판결을 내릴 것을 명령하셨다. 하석월(楚曆 7월)에 담당관에게 (초나라 수도인) 영郢에 보고하도록 명령하셨다."[20]

【Ⓐ-3】 ⑩ 허정許綎의 해(B.C. 317) 향월(楚曆 6월) 갑오일(31)에 쇠윤쥻尹 걸일傑馹이 영郢에서 이 문서를 가지고 왔다.[21]

【Ⓑ-1】 ⑭ 동주東周의 사신 허정許綎이 음복고기를 척영戚郢에 보낸 해(B.C. 317) 하석월(楚曆 7월) 계축일(50)에 음의 사패司敗 모한某旱이 탕공湯公 경군競軍에게 다음과 같이 보고 드립니다. "⑪ 담당관은 음 사람인 환연桓㮥·가모苟冒·서주舒周·서정舒綎·서경舒慶의 소송을 음의 정에게 위탁하여 심문하게 하였습니다. ⑫ 서주와 서정은 모두 '가모와 환묘가 함께 서인을 죽였습니다. 저희들과 서경은 정말로 환묘를 죽이지 않았습니다. 환묘는 자살한 것입니다'라고 합니다. 환연과 가모는 '서경·서정·서주가 환묘를 죽이고, 서경은 도망쳤습니다'라고 합니다. 하이월(楚曆 5월) 계해일(60)에 담당관은 이를 위하여 맹증盟證을 시행하였습니다. 총 211명이 맹세하면서 '진실로 다음의 안건을 조사하고 규명하여 알고 있습니다. 서경이 환묘를 죽였고, 서주와 서정이 함께 죽였습니다. 다음의 안건을 조사하고 규명하여 알고 있습니다. 가모와 환묘는 서인을 죽이지 않았습니다'라고 합니다. 서정은 붙잡혔지만, 아직 판결이 나지 않았는데 감옥을 부수

---

고 하고, 陳偉(1996: 140쪽)는 강제조치를 시행할 때 발부하는 공식문서로 본다.

20) 包山楚簡 제135호간 뒷면, "⑨ 右(左)尹以王命告湯公_. ⑧ 舒(舒)慶告胃(謂), 苟冒·宣(桓)卯秋(殺)元(其)贙(兄)明, 郚(陰)之歔客敷(捕)旻(得)冒, 卯自秋(殺), 郚(陰)之歔客或鞁(執)偛(僕)之贙(兄)炟(綎), 而舊(久)不甶(爲)劃(斷). 君命速甶(爲)之劃(斷). 顯(夏)橾(夕)之月, 命一鞁(執)事人㠯(以)至(致)命於邿(郢)."

21) 包山楚簡 제132호간 뒷면, "⑩ 瞂(許)綎(綎)之盲(享)月甲午之日, 鬻尹佭(傑)駐(馹)從邿(郢)㠯(以)此箋(志)杢(來)."

고 도망쳤습니다."[22](⑬ 추정: 음의 정이 음의 사패에게 審理 결과 보고)

【B-2】⑮ 이것으로 좌윤 님께 보고 드립니다. 저 군軍(湯公 競軍)이 다음의 사항을 보고 드립니다. 시일께서는 음 사람인 서경의 고소 건을 저에게 위탁하시고, 그 자를 위하여 조속히 판결을 내릴 것을 명령하셨습니다. 음의 정은 이를 위하여 맹증을 시행하였습니다. 서경은 도망치고 서정은 탈옥했으며 나머지 사람들은 붙잡혀서 머지않아 판결을 내릴 예정입니다. 시일이 담당관에게 보고하도록 명령하시고, 古(?) 건상遣上인 항恆을 파견하셨습니다. 저는 이것에 의거하여 보고 드립니다.[23](⑯ 추정: 좌윤관부에서 탕공의 보고⑮를 초왕에게 보고)


【C-1】⑰ 음 사람인 서정이 다음과 같이 증인을 신청합니다. 음 사람인 어군자御君子 진단陳旦, 진룡陳龍, 진무정陳無正, 진쾌陳夬와 그 근객戲客인 백의군百宜君, 대사大史 연중連中, 좌관윤左關尹 황척黃惕, 탐차酖差 채혹蔡惑, 평야공平射公 채모蔡冒, 대첩윤大諜尹 연차連且, 대주윤大廚尹 공비필公費必과 동료 30명.[24]

---

22) 包山楚簡 제131・136・137호간, "⑭東周之客響(許)垠(綆)遝(歸)俊(胙)於葴(戚)郢(郢)之戠(歲)顕(夏)柰(夕)之月癸丑之日, 郘(陰)司骰(敗)某旟(旱)告湯公競軍言曰, ⑪戁(執)事人詑(屬)郘(陰)人恒(桓)粘・苟冒_・拿(舒)遆(周)_・拿(舒)垠(綆)_・拿(舒)慶_之獄於郘(陰)之正(正), 肉(使)聖(聽)之_. ⑫遆(周)_・垠(綆)皆言曰, 苟冒・恒(桓)卯轗(斂?)秩(殺)拿(舒)明_. 小人與慶不訐(信)秩(殺)恒(桓)卯, 卯自秩(殺)_. 恒(桓)粘・苟冒言曰, 拿(舒)慶_・拿(舒)垠(綆)_・拿(舒)遆(周)秩(殺)恒(桓)卯_, 慶逃_. 顕(夏)层(夷)之月癸亥之日, 戁(執)事人鰬(爲)之罘(盟)嚭(證)_. 凡二百(百)人十一人飮(旣)罘(盟), 皆言曰, 訐(信)諓(察)啢(問)替(知), 拿(舒)慶之秩(殺)恒(桓)卯_, 遆(周)_・垠(綆)_與慶皆偕_. 諓(察)啢(問)替(知), 苟冒・恒(桓)卯不秩(殺)拿(舒)明. 拿(舒)垠(綆)戁(執), 未又(有)劏(斷), 逵苟(拘)而逃_."

23) 包山楚簡 제137호간 뒷면, "⑮叾(以)至(致)命於子右(左)尹_. 儀(僕)軍造言之_, 視日叾(以)郘(陰)人誃(舒)慶之告詑(屬)儀(僕), 命速鰬(爲)之劏(斷)_. 郘(陰)之正(正)飮(旣)鰬(爲)之罘(盟)誅(證)_, 慶逃_, 垠(綆)逵苟(拘)_, 亓(其)余戁(執), 牆(將)至嗇(時)而劏(斷)之_. 視日命一戁(執)事人至(致)命, 叾(以)行古_・蘩(遣)上悉(恆), 儀(僕)裿(倚)之叾(以)至(致)命_."

24) 包山楚簡 제138・139호간, "⑰郘(陰)人拿(舒)垠(綆)令(命)誅(證). 郘(陰)人御君子陸(陳)旦・陸(陳)龍・陸(陳)糵(無)正(正)_・陸(陳)夬, 與亓(其)戲客百(百)宵(宜)君・大夏(史)連中_・右(左)闘(關)尹黃悬(惕)・酪(酖)春(差)郋(蔡)惑_・至(平)弥(射)公郋(蔡)冒_・大賺(諜)尹連虞(且)・大胑(廚)尹公蓼(費?)必, 與戲(僚?)三十."

【ⓒ-2】⑲좌윤께서 왕명을 완공 님께 알립니다. ⑱"건상인 식옥識獄에게 명령하여 음 사람인 서정을 위하여 맹을 거행하게 하라. 이 문서에서 신청한 자를 증인으로 채택하라."[25]

【ⓒ-3】⑳서정의 상대편 당사자에게 서정이 증인으로 삼은 자에 대하여 말하게 하였다. 상대편 당사자에게 원한을 품고 있는 자는 증인이 될 수 없다. 같은 사社에 속하거나 같은 마을(里)에 거주하거나 같은 조직(官)에 소속된 자는 증인이 될 수 없다. 백부와 숙부 및 사촌형제와 같은 친족은 증인이 될 수 없다.[26](㉑ 추정: 좌윤관부에서 완공의 보고⑳을 초왕에게 보고)

이들 문장에 의하면, 이 소송안건은 초나라의 봉군封君인 음후의 봉읍封邑에서 발생한 살인사건을 내용으로 하고 있기 때문에, 이것을 편의상 '음후지陰侯地 소송'이라고 명명하기로 한다. 이 음후지 소송이 언제 어디서 누구에 의하여 제기되었고, 그 절차는 어떠했으며, 이 소송에 관여된 사법담당자는 누구이고, 그들의 역할은 무엇인지 한눈에 알아볼 수 있도록 도표화한 것이 [그림 7-2]이다. 참고로 위의 본문과 [그림 7-2]는 다음과 같이 대응된다. 문서Ⓐ의 경우, Ⓐ-1은 [그림 7-2]의 ①~⑦, Ⓐ-2는 [그림 7-2]의 ⑧~⑨, Ⓐ-3은 [그림 7-2]의 ⑩과 각각 대응된다. 문서Ⓑ의 경우, Ⓑ-1은 [그림 7-2]의 ⑪~⑭, Ⓑ-2는 [그림 7-2]의 ⑮~⑯과 각각 대응된다. 문서Ⓒ의 경우, Ⓒ-1은 [그림 7-2]의 ⑰, Ⓒ-2는 [그림 7-2]의 ⑱~⑲, Ⓒ-3은 [그림 7-2]의 ⑳~㉑과 각각 대응된다. 그럼 이제 [그림 7-2]를 보면서 소송절차를 살펴보도록 하자.

---

25) 包山楚簡 제139호간 뒷면, "⑲右(左)尹㠯(以)王命告子郙(宛)公. ⑱命縢(遣)上之訨(識)獄侖(爲)鄯(陰)人夆(舒)胵(經)罴(盟). 亓(其)所命(命)於此箸(書)之中, 㠯(以)侖(爲)諆(證)_."

26) 包山楚簡 제138호간 뒷면, "⑳囟(使)胵(經)之戕(仇)敓於胵(經)之所諆(證)_. 與亓(其)戕(仇)又(有)慂(怨)不可諆(證)_. 同社·同里·同官不可諆(證). 匿(暱)至从(從)父兄弟不可諆(證)_."

[그림 7-2] 陰侯地 소송절차와 각종 행정기구 및 사법담당자의 역할

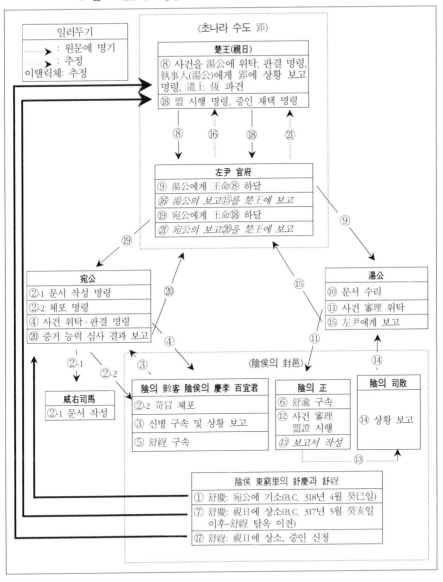

| 秦月名 | 楚月名 | 楚曆 |
|---|---|---|
| 十月 | 冬夕, 冬柰, 中夕 | 정월 |
| 十一月 | 屈夕, 屈柰 | 2월 |
| 十二月 | 援夕, 遠柰 | 3월 |
| 正月 | 刑夷, 刑屎, 刑尿, 刑尸 | 4월 |
| 二月 | 夏屎, 夏夷, 夏屎, 夏尸 | 5월 |
| 三月 | 紡月, 享月 | 6월 |
| 四月 | 七月, 夏夕, 夏柰 | 7월 |
| 五月 | 八月 | 8월 |
| 六月 | 九月 | 9월 |
| 七月 | 十月 | 10월 |
| 八月 | 爨月, 亯月 | 11월 |
| 九月 | 臇馬, 獻馬 | 12월 |

| 以事紀年 | 기원전 | 죽간번호 |
|---|---|---|
| 大司馬昭陽敗晉師於襄陵之歲 | 322 | 103, 115 |
| 齊客陳豫賀王之歲 | 321 | 7 |
| 魯陽公以楚師後城鄭之歲 | 320 | 2, 4 |
| 周客監固逅楚之歲 | 319 | 120 |
| 宋客盛公鳙聘楚之歲 | 318 | 125, 197, 199, 201 |
| 東周之客許緹致(또는 歸)胙於戚郢之歲 | 317 | 12, 58, 129, 131, 140 |
| 大司馬悼愲(將楚邦之師徒以)救郙之歲 | 316 | 226, 228, 249, 267 |

　　이 소송은 서경이라는 인물이 자신의 형이 살해된 사건과 관련하여, 읍 지방관리들의 부당한 판결 지연과 처치를 상소하고자 시일에게 소장訴狀을 제출함으로써 제기되었다.[27] Ⓐ-1은 서경이 시일에게 보낸 소장의 전문이다. 이 소장이 언제 제출된 것인지에 대해서는 Ⓐ-1에는 기재되어 있지 않다. 다만 사건이 발생한 해인 '송나라 사신 성공면의 해'(B.C. 318)를 제외하고, Ⓑ-1에서 '동주의 사신 허정이 음복고기를 척영에 보낸 해 하이월 계해일', 즉 담당관이 맹증을 시행한 날이 가장 이른 시점임을 감안하면, 서경은 아마도 그 후에 소장을 시일에게 제출한 것 같다.(후술) 참고로 포산초간에 나오는 초나라의 이사기년以事紀年은 〈표 7-3〉과 같이 서력과 대응되고, 월명

---

27) 포산초간에서 '고소하다'라는 의미의 사법용어로는 '告' 외에도 '訟'이라는 용어가 쓰이고 있다. 다만 '告'의 경우는 '고소하다'라는 의미 외에 '알리다·보고하다'라는 의미로도 쓰이고 있다.

月名은 〈표 7-4〉와 같이 대응된다.[28] 이 표에 의하면, '동주의 사신 허정이 음복고기를 척영에 보낸 해'는 서력으로 B.C. 317년에 해당하고, '하이월'은 초력楚曆으로 5월에 해당한다.

여기서 잠시 '시일'에 대하여 알아보도록 하자. 시일은 소장의 접수처이 자, 음후지 소송의 전체 구도를 잡을 때 하나의 중요한 키워드임은 물론, 지금도 학자들 사이에서 많은 논란을 불러일으키고 있는 용어 중의 하나이 기 때문에 여기서 검토해야 할 필요가 있다. 시일은 전래문헌에도 보이지만 포산초간의 쓰임과 차이가 있기 때문에 그다지 도움이 되지 못하였다.[29] 그 뒤 곽점초간과 전와창초간이 공표됨에 따라 연구가 조금씩 진척되면서 다양한 설이 제기되었다.[30] 다양한 설이 제기된 이유는 음후지 소송안건에 보이는 시일은 초왕으로 해석해도 문맥이 통하는 반면, 포산초간 제15~17 호간의 안건의 경우는, 초왕이나 좌윤 어느 쪽으로도 해석이 불가능하기 때문이다. 뿐만 아니라 대신·관명·사법관·관리 등으로 해석한다 하더라 도, 시일의 역할이 무엇인지 명확히 밝혀지지 않았다.

---

28) 〈표 7-3〉은 王紅星(1991: 529쪽); 劉彬徽(1991: 544쪽); 陳偉(1996: 19쪽)를 참조하여 작성했고, 〈표 7-4〉는 ≪雲夢睡虎地秦墓≫編寫組(1981: 22·CXXI쪽); 睡虎地秦墓竹 簡整理小組 편(1990: 190~191쪽)의 秦楚月名對照表; 陳偉(1996: 1~2쪽)를 참조하여 작성하였다.

29) 전래문헌 중 포산초간과 관련이 있는 것으로 지적된 것은 『史記』, 권48, 「陳涉世家」 18의 "周文, 陳之賢人也, 嘗爲項燕軍視日"이라는 문장에 보이는 예이다.(裘錫圭, 1998)

30) '視日'에 관해서는 ①'左尹'설(劉彬徽·彭浩·胡雅麗·劉祖信, 1991: 373쪽·考釋 40), ②'법관'설(李零, 1998: 136쪽), ③'楚王'이나 '초왕의 존칭'설(陳偉, 1994: 68쪽; 賈繼東, 1995: 54쪽; 陳偉, 1996: 29~30쪽; 藤田勝久, 1999: 24쪽), ④'군왕 측근의 대신'설(陳煒湛, 1998: 583쪽), ⑤'상관에 대한 존칭'설(중국어의 '您'이나 '他'에 상당, 포산초간에서는 좌윤을 가리킴)(譚步雲, 1998: 87쪽), ⑥'官名'설(裘錫圭, 1998: 2쪽), ⑦'공평하게 심판하는 최고사법관이나 초왕'설(滕壬生·黃錫全, 2001: 219쪽), ⑧ '관련 사무의 책임을 맡고 있는 관리'라는 설(李零, 2004: 286쪽) 등이 있다.

그런데 상박초간 제4권에 수록되어 있는『소왕훼실昭王毀室』이라는 문헌
이 공표됨에 따라,31) 그것이 무엇을 가리키고, 구체적인 역할은 무엇이며,
어느 정도의 지위인지 조금씩 밝혀지기 시작하였다.32) 특히 선행 연구의
문제점을 비판하면서 이전까지와는 다른 새로운 설을 주장한 것이 진위陳偉
이다. 그는『소왕훼실』의 '복령윤진생위시일卜令尹陳眚爲視日'이라는 구절을
전후로 한 문장의 분석을 통하여,33) 여기서의 '진생'의 역할이 재판관이 아
닌 점, 군자가 고소한 일에 대하여 자신의 판단을 내리고 있지 않는 점, 진
생은 처음에는 군자가 고소한 사항을 보고하지 않았지만 나중에 군자에게
협박당하고 나서 비로소 보고한 점, 그가 보고한 대상은 초왕인 점을 들면
서, 진생의 당시 직책은 타인의 고소를 초왕에게 보고하는 것이라고 한다.
그는 이상의 분석을 통하여 시일은 '고告'를 초왕에게 보고하는 사람이라고
한다.34) 그러나 진위陳偉의 이러한 견해는 진생을 시일로 간주하고 있는 데

31) 馬承源 주편(2004: 33~37 · 182~186쪽).
32) 예를 들면 范常喜는 포산초간과『소왕훼실』의 시일을 함께 분석한 뒤, 시일은 일반
    적인 고정된 관명이 아니며, 당시 초나라 사람들이 안건을 심리할 때 안건의 책임을
    맡고 있는 사람에 대한 일종의 통칭이자 오늘날의 재판관에 상당한다고 한다.(范常
    喜, 2005) 그러나 그 후 재판관으로 한정할 수 없는 자료가 상박초간에서 공표됨에
    따라 이 설도 문제점을 노정하게 되었다.(후술)
33) '卜令尹陳眚爲視日'을 전후로 한 문장의 구체적인 내용은 다음과 같다. 제1~5호간,
    "昭王爲室於死沮之滸, 室旣成, 將落之, 王戒邦大夫以飮酒. 旣刑落之, 王入, 將格. 有
    一君子喪服冒廷, 將跖閨. 稚人止之曰, 君王治內室, 君之服不可以進. 不止, 曰, 小人
    之告□將斷於今日. 爾必止小人, 小人將約(招)寇. 稚人弗敢止. 至閨, 卜令尹陳眚爲視
    日, 告, 僕之母(毋)辱君王. 不幸僕之父之骨在於此室之階下, 僕將埈亡老……以僕之
    不得幷僕之父母之骨私自博. 卜令尹不爲之告. 君不爲僕告, 僕將約(招)寇. 卜令尹爲
    之告, [王]曰, 吾不知其爾墓. 爾胡須旣落焉從事. 王徙處於坪瀨, 卒以大夫飮酒於坪瀨.
    因命至俑毀室.……"(이상은 陳偉(2006: 169쪽)에서 재인용) 아울러 陳偉(2006: 169
    쪽)에서는 '卜令尹陳眚爲視日'과 '告'를 끊어 읽었지만, 陳偉(2011)에서는 정리자의
    견해에 의거하여 붙여서 읽는 것이 더 합리적이라고 지적한다.
34) 陳偉(2006: 169쪽). 다만 그가 시일이 당직관을 의미하는 '當日'이나 '直日'과 관련이
    있다고 한 점은 설득력이 없다. 그 설이 잘못되었다는 것은 陳偉 본인도 나중에 인
    정한다.(陳偉, 2011)

〈표 7-5〉 초나라 죽간 서적에 보이는 視日의 용례

| No. | 출처 · 죽간번호 | 내용 |
|-----|--------------|------|
| 1 | 包山 15 | 僕五師宵官之司敗若敢告視日. |
| 2 | 包山 17 | 不敢不告視日. |
| 3 | 包山 132 | 秦競夫人之人舒慶處陰侯之東窮之里, 敢告於視日. |
| 4 | 包山 135 | 僕不敢不告視日. |
| 5 | 包山 137 뒷면 | 僕軍造言之, 視日以陰人舒慶之告屬僕, 命速爲之斷. |
| 6 | 包山 137 뒷면 | 視日命一執事人致命. |
| 7 | 磚瓦廠 1~2 | 僕不敢不告視日. |
| 8 | 磚瓦廠 2 | 敢告於視日. |
| 9 | 昭王毀室 3 | 卜令尹陳眚爲視日告. |
| 10 | 君人者何必安哉 甲1~2, 乙1~2 | 敢告於視日. 王乃出而見之. |
| 11 | 命 2~3 | 僕旣得辱視日之廷, 命求言以答. |
| 12 | 命 3 | 如以僕之觀視日也, 十又三亡僕. |
| 13 | 命 9 | 今視日爲楚令尹, 坐友亡一人, 立友亡一人, 而邦政不敗. |
| 14 | 命 10 | 僕以此謂視日十又三亡僕. |

문제가 있다.

그 후 상박초간 제7권의 『군인자하필안재君人者何必安哉』[35]와 제8권의 『명命』[36]이라는 문헌이 공표되면서 시일에 관한 논의는 더욱 구체성을 띠게 되었다. 여기서 현재까지 공표된 초간에서 시일의 출현 현황을 정리해 보면 〈표 7-5〉와 같다. 이 표를 통하여 시일의 특징을 추출해 보면 다음과 같다. 첫째, 시일은 대부분 소장이나 대화체의 문장 속에서 등장하며, 고소인이나 화자話者가 상대방을 지칭하거나(2인칭) 제3자를 가리킬 때(3인칭) 사용되고 있다. 예를 들면, No. 1~4 및 No. 7~8의 경우는 상대방을 지칭할 때 사용되고 있고(2인칭), No. 5~6의 경우는 탕공이 좌윤에게 보고하는 과정에서 제3자

---

35) 馬承源 주편(2008: 51~73 · 189~218쪽).
36) 馬承源 주편(2011: 55~68 · 189~202쪽).

를 가리키는 호칭으로 사용되고 있으며(3인칭: 문맥상 '초왕'을 가리킴), No. 9의 경우도 문맥상 '초왕'(昭王)을 가리키고, No. 10의 경우도 '군왕君王'(초왕)을 가리키지만 2인칭으로 사용되고 있다. No. 11~14의 경우는 '영윤자춘令尹子春'을 가리킨다.(2인칭) 그렇다면 시일은 관직명이 아니라 상대방이나 제3자에 대한 존칭을 의미한다고 할 수 있다. 둘째, 시일은 주로 초왕이나 고위고관의 존칭으로 사용되고 있다.37) 셋째, 시일은 No. 1~6이나 No. 7~8과 같이 사법 관련 문서에서만 사용되는 특수한 용어가 아니라, No. 9~14와 같이 사법과 무관한 경우에도 사용되는 일반적인 호칭이다.38)

이상의 고찰에 의하여 시일이 상대방이나 제3자에 대한 존칭을 뜻하는 일종의 호칭이라는 것이 판명되었는데, 음후지 소송에서는 초왕을 가리킨다. 그 이유는 Ⓑ-2에서 탕공이 좌윤에게 보고하는 내용 속에서 등장하는 시일은 서경의 소송안건을 탕공에게 위탁하고 판결을 내릴 것을 명령한 것으로 되어 있는데, Ⓐ-2에 의하면 탕공에게 판결을 내릴 것을 명령한 사람은 '군君' 즉 초왕이라고 명기되어 있기 때문이다. 그렇다면 당시 초나라에는 일반 서민이 자신의 억울함을 호소하기 위하여 왕에게 직소하는 것이 가능했던 시스템이 있었다고 가정해 볼 수 있다. 만약 이러한 가정이 사실이라면, 이것은 전국시대 초나라 소송절차 및 제도의 첫 번째 특징이라고 할 수 있다. 이러한 특징은 물론 오늘날의 소송제도에서는 찾아볼 수 없지만, 조선시대에 백성들의 억울함을 풀어주기 위한 제도로 마련되었던 신문고제도와 기능상 유사한 특징이 보인다는 점에서 매우 흥미롭다.

그런데 소장의 내용을 보면, 서경은 초왕에게 소장을 제출하기 전에 송

---

37) 陳偉(2011).
38) 이 점에 관해서는 張峰(2011: 60쪽)도 함께 참조.

나라 사신 성공면의 해(B.C. 318) 형이월(초력 4월) 계사일에 가모와 환묘가 자신의 형인 서인을 살해했다는 내용의 소장을 완공에게 제출한 것으로 되어 있다. 그렇다면 완공에게 제출한 소장은 기소에 해당하고, 문서Ⓐ-1은 기소한 안건의 재판이 종료되기 전에 시일 즉 초왕에게 제출한 상소문에 해당한다는 것을 알 수 있다. 서경이 초왕에게 상소한 이유는 가모와 환묘를 살인죄로 완공에게 고소한 건에 대하여, 완공이 위威(?)의 우사마에게는 문서를 작성하게 하고, 음 지방의 관리인 근객 백의군에게는 사건을 위탁하여 판결을 내릴 것을 명령했지만, 가모를 체포하고 환묘는 자살했음에도 불구하고 백의군은 판결을 내리지 않음은 물론, 오히려 자신의 또 다른 형인 서정을 구속하고, 음 지방의 정은 자신의 부친인 서유까지도 부당하게 구속했기 때문이다. 서경이 음 지방관리들의 이러한 처치를 부당하다고 주장하는 근거는, 자신의 알리바이를 입증해 줄 증인들이 있기 때문이다. 당시 재판에서 증인의 증언은 오늘날과는 달리 재판의 승패에 결정적인 영향을 줄 만큼 증거제도에서 매우 중요한 위치를 차지하고 있었다.(후술)

이렇게 제기된 서경의 상소는 초왕이 탕공에게 소송을 위탁하고 판결 및 상황 보고를 명령하는 형태로 진행되고 있다. 그 과정에서 소송 관련 문서는 탕공으로 직접 하달되는 것이 아니라, 좌윤관부를 통하여 왕명의 형태로 하달되고 있는 점에 주의할 필요가 있다. 여기서 우리는 전국시대 초나라 소송절차 및 제도의 두 번째 특징을 발견할 수 있다. 그것은 바로 '위탁'이라는 절차이다. 위탁에 해당하는 간문簡文의 한자는 '투諰'이다. 이 글자는 음의音義와 관련하여 논란이 많았지만, 진위陳偉가 '촉屬'으로 읽는 설을 제기한 이래 대부분의 학자들이 그 견해를 따르고 있다.39)(이하 '諰'는 '촉'으

---

39) 陳偉(1994: 68쪽).

로 읽는다) 소송이 제기되고 그것이 수리되고 나서 첫 번째로 진행되는 것이 바로 위탁이라는 절차이다. 이 위탁과 관련하여 히로세 구니오(廣瀬薰雄)는 '고송告訟'(즉 고소)은 지방에서 중앙을 향하여 행해지는 것이고, '촉誌'(즉 屬)은 중앙에서 지방을 향하여 행해지는 것이라고 지적한 바 있다.[40] 그러나 음후지 소송안건을 보면, ①'완공→음의 근객'(Ⓐ-1), ②'집사인執事人(탕공)→음의 정'(Ⓑ-1), ③'시일(초왕)→복僕(탕공)'(Ⓑ-2)과 같이 위탁의 용례가 세 군데에 보이는데, ③이 중앙에서 지방으로 행해지고 있는 것을 제외하면, ①과 ②는 지방기구 내에서 행해지고 있다. 그렇다면 위탁이란 중앙기구에서 지방기구로 행해지는 경우와 지방기구 내에서 행해지는 경우의 두 가지가 있다고 해야 옳을 것이다. 참고로 '고소'라는 행위도 지방기구에서 중앙기구로만 행해지는 것이 아니라, 음후지 소송안건과 같이 분쟁 당사자가 지방기구로 제기하는 경우와 중앙기구로 제기하는 경우의 두 가지가 있는 점에 주의해야 한다. 이렇듯 위탁이란 소송 진행 과정에서 첫 번째 절차에 해당하는데, 어떤 소송을 언제 누구에게 위탁했는가라는 데이터는 기록해 두는 것이 원칙이었다. 그러한 기록을 편철하여 모아 둔 것이 바로 「소촉」간이다.

그리고 Ⓐ-2는 상소의 요지와 왕명의 내용 및 수신자와 초왕에게 보고해야 할 기한을 좌윤관부에서 기록한 것인데, 새로운 죽간에 작성하지 않고 소장 뒷면에 작성하고 있는 것이 하나의 특징이다. Ⓐ-3에는 문서의 수신일과 전령 및 발신지가 기록되어 있는데, 이것을 통하여 이 기록은 수신지인 탕공관부에서 메모한 것이라는 것을 알 수 있다.

이처럼 서경의 상소는 초왕으로부터 좌윤을 통하여 탕공이 위탁받아 맡게 되는데, 위에서 언급했듯이 Ⓑ-1에 의하면 탕공은 재판과 판결에 필요한

---

40) 廣瀬薰雄(2001: 139쪽).

사건의 심리와 증인의 맹증을 자신이 직접 수행하지 않고 음의 정에게 다시 위탁하여 처리하도록 하고 있다. 그리고 그 결과는 음 지방의 사패인 모한이 탕공에게 보고하고 있는데, 이를 통하여 사패는 음의 정의 속관임을 알 수 있다. 그런데 Ⓐ-3과 Ⓑ-1에 의하면, 음의 정이 맹증을 시행한 날은 하이월(초력 5월) 계해일(60)이고 음의 사패가 탕공에게 보고한 날은 하석월(초력 7월) 계축일(50)이지만, 좌윤관부에서 탕공관부로 문서Ⓐ-1·2가 도착한 것은 향월(초력 6월) 갑오일(31)로 되어 있다. 이것은 곧 좌윤관부로부터 문서가 도착하기 31일 전에 증인들(211명)의 맹증은 물론 사건의 심리도 이미 자체적으로 일단락 지었다는 것을 의미한다. 그런데 중요한 것은 사패가 탕공에게 보고한 Ⓑ-1과 사패의 보고 내용을 탕공이 요약하여 작성한 Ⓑ-2 어디에도, 문서Ⓐ-1·2가 도착한 뒤 탕공과 음의 지방관리가 왕명을 받들어 심리와 맹증을 다시 시행했다는 기록이 없는 점이다.[41] 이 점은 중앙과 지방과의 관계 및 초왕의 지배력의 범위와 관련하여 매우 중대한 의의를 내포하고 있다.(후술)

한편 Ⓑ-1을 보면 서경의 상소문인 Ⓐ-1과는 다른 여러 가지 새로운 정보들이 기록되어 있다. 먼저 소송의 당사자는 Ⓐ-1에서는 서경·가모·환묘 3인이었는데(환묘는 자살하거나 타살되었다고 하고 있기 때문에 실질적으로는 2인), 여기서는 환연·가모·서주·서정·서경의 5인으로 되어 있다. 그 중 환연은 환묘와 성이 같고, 서주는 서경과 성이 같다. 서경은 Ⓐ-1에서 서정을 자신의 형이라고 하고 있다. 이러한 정황으로 보면, 환연은 환묘와, 서주는 서경·서정과 혈연관계에 있다고 추정할 수 있다. 또한 이를 통하여 우리는 사건을 위탁받은 음의 정이 사건을 심리하기 위하여 소송의 양측 당사자들을

---

41) 陳偉(1994: 70쪽).

법정에 소환하여 출두시켰다는 것을 알 수 있다. 참고로 포산초간에 의하면 소송의 양측 당사자, 그중에서도 특히 피고소인을 출두시키는 것은 오늘날과 마찬가지로 다음의 세 가지 방법에 의하여 행해진다. 첫째는 기일을 고지하여 피고소인이 스스로 출두하도록 하는 방법이고, 둘째는 관리에게 명하여 피고소인을 강제로 출두시키는 방법이며, 셋째는 범죄가 확정되기 전부터 신병을 구속하여 확보하는 방법이다. Ⓐ-1에서 재판의 판결을 내리기 전에 읍의 근객과 읍의 정이 각각 서정과 서유를 구속한 것은 세 번째 방법에 해당한다.[42]

소송의 양측 당사자들이 법정에 출두하면, 재판에 필요한 사실 관계를 명확히 하기 위하여 양측 당사자의 심문 및 증거 조사와 같은 사건의 심리가 진행되게 된다. Ⓑ-1에 의하면 읍의 정이 심문한 사람은 사건 당사자들 중 '서주·서정'과 '환연·가모'이다. 그런데 문제는 이들 양측의 진술 내용이 완전히 다르다는 점이다. 먼저 서주와 서정은 서경의 상소문에서와 같이 가모와 환묘가 서인을 살해했고 환묘는 자살한 것이지 자신들이 죽이지 않았다고 주장하고 있다. 반면 환연과 가모는 서경·서정·서주가 환묘를 죽이고 서경은 도주했다고 주장하고 있다.

이처럼 양측의 주장이 다를 경우 어느 쪽 주장에 진실성이 있는가를 판단하는 것이 바로 재판의 본질일 것이다. 그럼, 음후지 소송안건의 경우 사법담당자는 무엇에 의거하여 진실성의 여부를 판단하고 있는가? Ⓑ-1에 의

---

42) 이상은 廣瀬薰雄(2000: 51~58쪽) 참조. 참고로 「수기」간에 '不將某人以廷', '不廷', '不以廷'과 같은 문형의 구절이 기재되어 있는 것은 모두 소송 관계자의 출두와 관련된 것이다. 廣瀬薰雄(2000: 67~69쪽)에 의하면, 「수기」간에 '不將某人以廷', '不廷', '不以廷'과 같거나 약간 변형된 문형이 보이는 것은 총 61건의 내용 중 51건으로 약 84%를 차지한다.

하면 '맹증'이라는 의식에 의거하고 있다. 즉, 음의 정은 211명이나 되는 증인을 대상으로 맹증을 시행한 것으로 되어 있다. 그리고 그 결과는 서경·서정·서주에게 불리한 쪽으로 나왔다. 즉, 서경이 환묘를 살해했고 서주와 서정은 공범이며, 가모와 환묘는 서인을 죽이지 않았다는 것이다. 설상가상으로 서정은 탈옥하고(Ⓑ-1), 서경은 구속되기 전에 도주한 것으로 되어 있다(Ⓑ-2).

아울러 Ⓐ-1·3과 Ⓑ-1·2의 내용을 통해서 보면, 서경이 상소를 시일에게 제출한 시기는, 초력 5월 계해일에 맹증이 시행된 후 소송이 자신에게 불리하게 전개되고 있는 것을 알게 된 서경이 도주한 시점에서, 서정이 탈옥하기 이전의 어느 시점일 것으로 추정된다. 왜 서정이 탈옥하기 이전인가 하면, Ⓐ-1에서 서경은 서정이 음의 근객에게 구속되어 있다고 밝히고 있기 때문이다. 그것은 곧 서경은 서정의 탈옥 사실을 몰랐던 시점에 상소문을 초왕에게 보냈다는 것을 의미한다. 서경이 기소한 안건의 판결이 나기도 전에 시일인 초왕에게 다시 상소문을 제출한 이유는, 소송이 자신에게 매우 불리해졌기 때문에 어떻게든 상황을 역전시키기 위해서였을 것으로 판단된다. 그 때 서경·서정·서주의 상황을 불리하게 만든 결정적인 계기가 된 것은 다름 아닌 맹증이다. 맹증과 관련된 내용은 문서Ⓒ에 또 한 번 나오는데, 이러한 맹증은 전典(호적)43) 및 증인과 함께 당시 초나라에서 재판의 승패를 결정짓는 데 매우 중요한 기능을 했던 절차 중의 하나이다.

---

43) '典'이 호적을 의미하는 것에 관해서는 彭浩(1991a: 549쪽) 참조. '典'은 소송 당사자나 관계자의 거주지를 확인하는 데 필요한 증거자료로 활용되었으며, 전국시대 초나라 소송제도에서 판결을 내리는 데 중요한 역할을 하고 있었다. 그런 만큼 '典'은 엄중히 보관되어 있었으며 확인 작업도 신중히 행해졌다.(廣瀨薰雄, 2000: 80~82쪽; 2002: 363~365쪽)

'맹증'이란 맹이라는 형식의 선서[44]와 증언을 합친 말로, 오늘날 소송제도에서 법원 기타 기관에 대하여 사실을 진술하도록 명령받은 제3자가 증인으로 출석하여 선서하고 증언하는 것과 유사한 것이다. 그런데 중국 고대에 '맹'이라는 의식이 함축하고 있는 역사적 의미는 오늘날 현대인이 법정에서 행하는 선서와는 성격이 전혀 달랐다.

'맹'은 춘추시대의 회맹會盟에서 제후가 자신들이 맹세한 것을 확약하기 위하여 일종의 주술적인 의식의 형태로 행해졌던 것이다. 주술적인 의식이란 구체적으로는 다음과 같다. 먼저 땅을 파서 사각형의 구덩이를 만들고 제물을 그 위에서 죽인 뒤, 제물의 왼쪽 귀는 잘라서 옥으로 만든 반盤에 담고 피는 옥으로 만든 대敦에 담는다. 그 피로 맹세한 내용(盟辭)을 책策에 기재하여 맹서盟書를 만든 다음 피를 입 주위에 바르고 그것을 읽는다. 의식이 끝나면 구덩이 속의 제물 위에 책을 올려놓고 메운다. 그렇기 때문에 맹서를 재서載書라고도 한다. 『춘추좌씨전』이나 『주례』와 같은 전래문헌에 의하면, 맹세한 내용은 '확약確約적 선서', 즉 장래에 어떤 일을 하거나 하지 않을 것을 약속하는 것이 대부분이지만, '확언確言적 선서', 즉 과거의 사실에 대한 증언도 제물의 피를 사용할 경우에는 '맹'이라고 칭하였다. 맹세한 내용을 기재한 후에는 저주하는 말로 문장을 맺게 되는데, 이러한 '자기 저주'야말로 맹의 본질이며 제물의 피를 사용하는 것은 저주의 효과를 확실하게 하기 위한 수단이었다고 볼 수 있다. 요컨대 춘추시대에 제후들 사이에

---

44) 지금은 '盟'과 '誓'를 합쳐서 '맹서'(맹세)라고 하듯이 이 두 글자를 구별 없이 사용하고 있지만, 중국 고대에는 예를 들면 『禮記』, 권5, 「曲禮下」 2의 "諸侯未及期相見曰遇, 相見於郤地曰會, 諸侯使大夫問於諸侯曰聘, 約信曰誓, 涖牲曰盟"이라는 문장에 단적으로 나타나 있듯이 두 글자의 의미와 기능이 달랐다. 이 점에 관해서는 滋賀秀三(2003: 523~527쪽) 참조.

서 이루어진 확약적 선서로서의 '맹'의 특징은 다수의 당사자들이 한 자리에 모여 제물을 둘러싸고 동일한 맹사를 맹세하는 점에 있으며, 그 기능은 일시적인 정국 수습에 그치는 것이 아니라 영속적인 법규범이 맹약을 통하여 세워지는 점에 있었다고 할 수 있다.[45]

그에 비해 확언적 선서로서의 '맹'은 재판에서 이용되었는데, 그것이 일종의 신판神判으로 기능하고 있었다는 것은 『묵자』의 다음의 문장을 통하여 엿볼 수 있다.[46]

옛날 제나라 장공의 신하 중에 왕리국과 중리요라는 사람들이 있었다. 이 두 사람은 소송을 일으킨 지 3년이 지났지만 판결이 나지 않았다. 제나라 임금은 두 사람을 모두 죽이면 그중 죄가 없는 사람까지 죽이게 될까 염려하였다. 그렇다고 두 사람을 모두 풀어 주면 죄가 있는 사람을 놓치게 될까 염려하였다. 그래서 두 사람에게 양 한 마리를 바치게 하고 제나라의 신사에서 맹을 거행하게

---

45) 盟에 관해서는 『禮記』, 권5, 「曲禮下」 2의 "涖牲曰盟"에 대하여 孔穎達 疏가 "盟之 爲法, 先鑿地爲方坎, 殺牲於坎上, 割牲左耳, 盛以珠盤, 又取血, 盛以玉敦, 用血爲盟, 書成, 乃歃血而讀書.……鄭注司盟云, 盟者書其辭於策, 殺牲取血, 坎其牲, 加書於上 而埋之, 謂之載書"라고 하는 것을 참조. 아울러 저주와 관련된 문구는 『春秋左氏傳』, 권27, 「成公 12년조」, "有渝此盟, 明神殛之, 俾隊其師, 無克胙國.";同, 권29, 「襄公 2년조」, "或間玆命, 司愼司盟, 名山名川, 羣神羣祀, 先王先公, 七姓十二國之祖, 明神 殛之, 俾失其民隊命亡氏, 踣其國家." 등을 참조.(滋賀秀三, 2003: 523~525쪽; 平勢隆 郎 편, 1988, 1~2쪽) 전래문헌에 보이는 盟과 盟書의 이러한 특징은 侯馬盟書와 溫 縣盟書가 출토됨에 따라 대체로 실제와 부합된다는 것이 입증되었다. 참고로 후마 맹서와 온현맹서에 관해서는 山西省文物工作委員會 편(1976); 河南省文物研究所 (1983); 張頷·陶正剛·張守中(2006) 참조. 한편 이러한 특징을 갖고 있던 맹이 전국 시대에 들어서게 되면 변화의 양상을 띠게 된다. 즉, 맹을 행하는 주체는 제후에서 사대부나 일반서민에 이르기까지 확대되게 되고, 형식은 집단적인 맹에서 혼자 행 하는 맹이 등장하게 되며, 제물이라는 수단이 생략되는 경우도 있게 된다. 또, 맹의 기능도 장래에 무언가를 약속하는 것이 아니라, 단순한 개인적인 맹세나 진실성을 입증하기 위하여 행하는 맹 등 종래에는 없었던 기능도 나타난다. 이러한 전국시대 의 맹의 특징에 관해서는 廣瀨薰雄(2000: 103~104쪽) 참조.

46) 滋賀秀三(2003: 525·549쪽·주12).

하였다. 두 사람은 동의하였다. 이윽고 맹이 시작되자 양의 목을 잘라 그 피를 뿌렸다. 왕리국이 맹세한 내용을 읽었을 때는 무사히 마쳤다. 그러나 중리요가 맹세한 내용을 읽었을 때는 절반도 읽기 전에 양이 벌떡 일어나 중리요에게 돌진하여 그의 다리를 부러뜨리고 신사를 뛰어다니면서 발로 차 맹세한 곳에서 그를 죽게 만들었다. 그 때 제나라의 구경꾼들 중에 그 일을 보지 못한 사람이 없었고, 멀리 떨어져 있던 사람들 중에 듣지 못한 사람이 없었다. 그리고 그 일은 제나라의 『춘추』에 기록되었다. 제후도 그 이야기를 전하면서 "누구든지 맹세할 때 진실을 말하지 않으면 귀신의 주벌이 이렇게 빨리 가해진다"고 하였다. 이 책에서 말하는 것을 통해서 보면, 귀신이 존재한다는 것을 어찌 의심할 수 있겠는가?[47]

이 이야기는 소송재판이라는 장면에서 맹을 행하고 있고, 또 그 맹이 재판의 판결에 결정적인 역할을 하고 있는 점에서 포산초간의 맹과 유사한 측면이 있다. 그런데 더 중요한 것은 이 이야기 속에서 포산초간만으로는 분명하지 않았던 맹의 여러 가지 특징을 추출해 낼 수 있는 점이다. 그것은 다음과 같다. 첫 번째 특징은 맹이라는 의식을 거행하는 장소는 법정이 아니라 신사인 점이다. 두 번째 특징은 맹을 행할 때 제물을 이용하고 있는 점이다. 세 번째 특징은 양측 당사자가 자신이 진술한 내용을 신 앞에서 낭독하고 있는 점이다. 네 번째 특징은 신 앞에서 거짓 진술을 할 경우 귀신

---

47) 『墨子』, 권8, 「明鬼下」 31, "昔者齊莊君之臣, 有所謂王里國中里徼者. 此二子者訟三年, 而獄不斷. 齊君由(欲)謙(兼)殺之, 恐不辜. 猶(欲)謙(兼)釋之, 恐失有罪. 乃使之〈二〉人共一羊, 盟齊之神社. 二子許諾. 於是泏(泏)洫(盟), 㩁(刲)羊而漉(灑)其血. 讀王里國之辭, 旣已終矣. 讀中里徼之辭, 未半也, 羊起而觸之, 折其脚, 祧(跳)神之[社], 而槀之, 殪之盟所. 當是時, 齊人從者莫不見, 遠者莫不聞. 著在齊之春秋. 諸侯傳而語之, 曰, 請〈諸〉品〈呪〉不以其請者, 鬼神之誅, 至若此其憯遫也. 以若書之說觀之, 鬼神之有, 豈可疑哉."

이 벌을 내려 죽게 한다는 점이다. 이러한 특징들에 의하면, 맹은 신과 같은 초자연적인 힘이 정의의 승리를 보장한다는 믿음에 기초하고 있다고 할 수 있다.

그렇다면 포산초간의 맹의 경우도 『묵자』「명귀하」편과 마찬가지로 신판의 성격을 띠고 있다고 할 수 있는가? 필자는 그렇다고 생각한다. 그것을 입증할 만한 단서의 하나로 필자가 제시할 수 있는 것은 ⓒ-3에 보이는 '동사同社'라는 표현이다. 이 '사社'가 「명귀하」편에서 '신사神社'라고 할 때의 '사'와 관련이 있는 것은 말할 것도 없다. 사실 중국 고대의 '사'의 기원과 성격 및 변천에 관해서는 오래 전부터 많은 논란이 있어 왔고, 지금도 의견의 일치를 보지 못하는 부분이 있다. 예를 들면 '사'가 '조상신적인 사'인지, '토지신'인지, '집단의 수호신'인지, '영토적 국가신'인지 여전히 논란의 대상이 되고 있다.[48] 그렇기 때문에 「명귀하」편과 포산초간의 '사'의 성격이 그중 어디에 해당하는지에 관해서도 사실은 따져보지 않으면 안 된다. 그러나 이 문제는 차치하고서라도, 포산초간의 '사'가 같은 종족이나 집단이나 지역의 신을 모시는 장소를 가리키는 개념임에는 틀림없다. ⓒ-3에서 같은 '사'에 속해 있는 자는 증인이 될 수 없다고 한 것은 바로 이런 이유 때문일 것이다. 이처럼 증인 선정에서 '사'가 문제시되는 것은 '사'가 바로 맹증 의식을 거행하는 장소이기 때문일 것이다. 만약 그렇지 않다면 '동리同里' 외에 왜 별도로 '동사'까지 거론하고 있는지 설명이 어렵게 된다.

이와 같이 본다면 포산초간의 맹이라는 의식은 춘추시대—그 기원은 더 소급될지도 모른다—이래의 확언적 선서의 맥을 잇는 것이라고 할 수 있다. 그렇다면 포산초간의 맹은 오늘날과 같은 의미에서의 선서가 아니라

---

48) '社'의 기원과 변천에 관해서는 池田末利(1981: 89~121쪽) 참조.

신 앞에서의 선서를 의미하며, 그런 의미에서 전국시대 초나라의 소송절차 및 제도는 신판의 성격을 강하게 띠고 있다고 해야 할 것이다. 만약 이와 같은 가정이 사실이라면, 당시 초나라의 재판제도에서 거짓된 진술이나 위증을 하면 신과 같은 초월적인 힘에 의하여 저주받거나 죽을 수도 있다는 관념이나 믿음이 사람들의 뇌리에 깊숙이 자리 잡고 있었다고 할 수 있을 것이다.

전국시대 초나라의 소송절차 및 제도가 신판의 성격을 띠고 있었다면, 맹이 거행되었던 장소는 법정보다는——「명귀하」편의 예에 잘 나타나 있듯이——'사'이었을 가능성이 클 것으로 추측된다. 왜냐하면 맹이 자신의 진술이나 증언의 진실성을 신 앞에서 확언하는 성격을 갖고 있었다면, 일반 법정보다는 '사'에서 거행하는 것이 훨씬 더 큰 효과를 기대할 수 있었을 것이기 때문이다. 그렇다면 Ⓑ-1에서 211명의 증인이 "진실로 다음의 안건을 조사하고 규명하여 알고 있습니다. 서경이 환묘를 죽였고, 서주와 서정이 함께 죽였습니다. 다음의 안건을 조사하고 규명하여 알고 있습니다. 가모와 환묘는 서인을 죽이지 않았습니다"라고 한 것은 책策에 서사하여 낭독한 맹사에 해당할 것이다. 그리고 그들이 맹증을 거행했음에도 불구하고 중단되는 일이 없이 무사히 마쳤다는 것은 그들의 선서의 진실성이 신 앞에서 입증되었다는 의미할 것이다. 이상 고찰한 '맹증'이 전국시대 초나라 소송절차 및 제도의 세 번째 특징이다.[49]

또 한 가지 중요한 것은 포산초간과 같이 신판의 성격을 띤 전국시대 사법 관련 자료가 발견된 의의는 매우 크다는 점이다. 일찍이 시가 슈조(滋

---

49) 포산초간의 맹이 신판의 성격을 띠고 있는 점에 관해서는 南玉泉(2000: 156~157쪽); 廣瀬薫雄(2002: 372쪽)도 함께 참조.

賀秀三)는 제제帝制시대(戰國秦漢 이후의 시대)가 되면 저맹詛盟(맹세·서약)이 입법 수단으로 이용되는 현상은 국가법에 관해서는 보이지 않는다고 하고, 또 신판도 민간의 중재재판에서 이용되는 경우는 있어도 국가의 법정에서 이용되는 경우는 전혀 없었다고 하면서, 저맹의 성행은 확실히 상대上代(春秋 이전 시대)의 특색이라고 주장한 바 있다.[50] 포산초간이 출토되기 전까지만 해도 이러한 주장은 설득력을 갖고 있었다. 그러나 포산초간이 출토됨에 따라 전국시대 각국의 사법제도에서 신판의 문제는 재고하지 않을 수 없게 되었다. 왜냐하면 전국시대 초나라의 증거제도에서 맹증은, 예를 들면 초왕이 그 시행을 직접 명령하고 있는 부분에도 단적으로 나타나 있듯이, 판결에 절대적인 영향을 주는 중요한 절차의 하나로 인식되고 있었기 때문이다. 이 점은 중국고대법제사 연구의 새로운 진전이라고 할 수 있다.

한편 ⓒ-1에는 서정이 자신을 위하여 증언을 해 줄 것을 신청한 사람들의 명단이 기재되어 있다. 그런데 문제는 명단만 기재되어 있을 뿐, 서정이 누구에게 어떤 경로를 통하여 신청했고, 또 그것을 누가 언제 어디서 기록했는지 전혀 언급이 없는 점이다. 다만 ⓒ-2에 "좌윤께서 왕명을 완공 님께 알립니다"라고 기재되어 있는 것에 의하면, 이것은 아마도 서경이 그랬듯이, 서정도 어떤 경로를 통하여 초왕에게 직접 신청한 것이 아닌가 추측된다.[51]

그리고 ⓒ-2에 의하면 초왕은 서정의 증인 신청을 수리한 뒤, 좌윤관부를 통하여 이번에는 탕공이 아니라 완공에게, 왕 자신이 파견한 식옥(獄官) 즉 항[52]에게 명령하여 서정이 지명한 사람들에게 맹을 시행함과 동시에, 그

---

50) 滋賀秀三(2003: 525쪽).

51) 陳偉(1994: 70쪽).

52) 陳偉(1994: 70쪽)가 지적하듯이, ⑧-2에서 시일이 파견했다고 하는 '遣上 恆'과 ⓒ-2

사람들을 증인으로 채택할 것을 명령하고 있다. 그런데 ⓒ-3에서는 서정이 증인으로 지명한 사람들에 대하여 상대편 당사자(가모·환연)에게 말하도록 하는 등 증인 적격 여부를 심사한 결과, 서정이 지명한 사람들은 '상대편 당사자에게 원한이 있는 자·동사同社·동리同里·동관同官·근친자'이기 때문에 증인이 될 수 없다고 하고 있다. 그리고 여기에는 ⑧-2와 같이 "이것으로 좌윤 님께 보고 드립니다"라는 문구는 없지만, ⓒ-3은 문맥상 서정이 지명한 사람들의 증거 능력을 음 지방관리가 심사한 결과를 완공이 좌윤과 초왕에게 보고하기 위하여 작성한 내용일 것으로 추정된다. 그렇다면 서정이 신청하고 초왕이 식옥까지 파견하여 시행을 명령한 맹은 결국 거행되지 않았다고 보는 것이 자연스러울 것이다.[53] 이것 또한 앞서 말한 초왕의 지배력의 범위와 관련하여 시사하는 바가 매우 크다. 서정이 신청한 맹이 거행되지 않았다는 것은 ⑧-2의 "머지않아 판결을 내릴 예정입니다"라는 말이 암시하듯이, 서경 일행에게 유죄판결이 내려졌을 가능성이 크다.

여기서 서정이 지명한 사람들에 대하여 증인이 될 수 없는 이유로 들고 있는 '상대편 당사자에게 원한이 있는 자·동사·동리·동관·근친자 불가'라는 기준은 전국시대 초나라 소송제도에서 증거제도의 특징을 엿볼 수 있는 중요한 사항이다. 그런데 이 기준에 대하여, 전국시대 초나라의 사법기구는 안건을 객관적이고 공정하게 심리하기 위하여 과학적인 증거규칙을 제정했다고 주장하는 학자들이 결코 적지 않다.[54] 그러나 과연 그렇다고 할 수 있을까? 이 기준에 의거하면 당사자와 깊은 관계에 있는 사람이 진실을 왜곡하여 그 당사자에게 유리한 증언을 하는 것을 사전에 막을 수 있는

---

의 '遣上 識獄'은 동일 인물일 것으로 추정된다.

53) 陳偉(1994: 70쪽).

54) 劉金華(1999: 89쪽); 劉玉堂·賈濟東(2003: 83쪽; 2004: 152쪽); 陳紹輝(2008: 114쪽) 등.

장점이 있는 것은 사실이다. 그러나 다른 관점에서 보면 당사자와 깊은 관계에 있으면서 진실을 알고 있는 사람들의 거의 대부분이 증인이 될 수 없는 단점이 있다. 이것은 곧 증인이 될 수 있는 자격이 지나치게 엄격하다는 것을 의미한다. 증인이 될 수 있는 자격이 지나치게 엄격하다는 것은 무엇을 의미하는가? 그것은 곧 맹증과 마찬가지로 증인의 증언은 증거로서 절대적인 가치와 신뢰성을 갖고 있다는 것을 의미한다. 그렇다면 증인의 증언이 절대적인 가치와 신뢰성을 갖고 있다는 것은 또 무엇을 의미하는가?

일반적으로 증거제도에서 가장 중요한 문제는 증거의 진실성을 어떻게 담보하는가에 있다. 그 진실성을 담보하기 위해서는 증거 조사 절차상 다음의 두 가지 단계를 거치게 된다. 첫 번째 단계는 증거 능력을 심사하는 단계로서, 이 단계에서는 증거로서 채택할 수 있는지의 여부를 심사하고 그 심사를 거쳐 선정된 증거만을 대상으로 그 증거가 어느 정도 신뢰할 수 있는지에 관하여 심사한다. 두 번째 단계는 증명력을 심사하는 단계로서, 이 단계에서는 해당 증거가 당사자가 주장하는 사실을 증명하는 힘을 어느 정도 갖고 있는지에 관하여 심사한다. 여기서 증거의 진실성을 높이기 위해서는, 첫 번째 단계에서 심사를 엄격하게 하여 정말로 신뢰할 수 있는 증거만을 증거로 채택하는 방법이 있고, 그와는 반대로 첫 번째 단계의 심사는 가능한 한 느슨하게 하고 두 번째 단계의 심사를 엄격하게 하는 방법이 있다. 포산초간에서는 증인이 될 수 있는 자격을 지나치게 엄격하게 하고 있으므로, 이 두 가지 방법 중 전자의 방법을 채택하고 있다고 할 수 있다. 전자의 방법을 채택하고 있다는 것은 전국시대 초나라의 증거제도에서 증인으로 채택된 사람의 증언은 모두 절대적인 진실성을 담보하고 있다는 것을 의미한다. 이와 같이 증거의 증명력을 미리 정해 놓는 입장을 법정증거주의法定

證據主義라고 한다. 포산초간에 보이는 증거제도는 법에 의하여 증거의 증명력을 정하고 있는 것은 아니지만, 증거에 대하여 절대적 진실이라는 일정한 증명력을 인정하고 있는 점에서 법정증거주의의 한 유형이라고 할 수 있다.55) 이것은 오늘날 한국·독일·일본 등지에서 증거 조사 절차상 진실성을 담보하는 방법으로 자유심증주의自由心證主義를 채택하고 있는 것과는 상반된다. 이처럼 증거 능력 심사를 엄격하게 하는 법정증거주의적 증거제도가 전국시대 초나라 소송절차 및 제도의 네 번째 특징이다.

이상 고찰한 음후지 소송안건에 의거하여 가장 기본이 되는 소송절차를 복원해 보면, ①고소인의 기소→②소송의 위탁→③양측 고소인의 출두·신병 확보→④재판(당사자의 심문·증거 조사·맹증)→⑤소송 종결(판결)과 같은 절차로 소송이 진행된다고 할 수 있다. 여기에 분쟁 당사자들의 합의에 의하여 소송이 종결되는 경우를 포함시키면,56) 문서간을 통하여 복원할 수 있는 전국시대 초나라의 소송절차는 〈표 7-6〉과 같이 된다.57) 아울러 음후지 소송안건과 같이 재판 과정에서 소송 당사자가 불만을 품거나 불복할 경우, 서경이나 서정처럼 왕에게 직소하는 경우도 있다.

---

55) 이상 포산초간에 보이는 초나라의 증거제도에 관해서는 廣瀨薰雄(2000: 84~85쪽; 2002: 370·373~375쪽) 참조.
56) 포산초간 문서간에서 분쟁 당사자들의 합의에 의한 소송 종결을 의미하는 사법용어는 '成'이다. '成'은 제91호간과 제140호간에 보인다. 이 점에 관해서는 陳偉(1996: 41~42쪽) 참조.
57) 이 점에 관해서는 陳偉(1994: 70쪽; 1996: 135~146쪽)도 함께 참조.

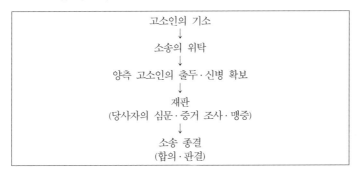

〈표 7-6〉 포산초간 문서간을 통해 복원한 전국시대 초나라의 소송절차

고소인의 기소
↓
소송의 위탁
↓
양측 고소인의 출두·신병 확보
↓
재판
(당사자의 심문·증거 조사·맹중)
↓
소송 종결
(합의·판결)

## 제3절 전국시대 초나라의 사법제도와 통치체제

지금까지 포산초간 사법 관련 문서간 중 음후지 소송안건에 대한 분석을 통하여 전국시대 초나라의 소송절차와 그 특징을 살펴보았다. 사법 관련 문서간을 통해서는 소송절차라는 측면뿐만 아니라, 소송의 사회화, 사법의 전문화, 소송제도에서 중앙과 지방의 관계, 왕의 지배력의 범위, 전국시대 초나라의 통치체제의 성격 등 당시 초나라 사회의 훨씬 더 다양한 측면을 엿볼 수 있다. 그러기 위해서는 문서간 전체를 보다 전문적으로 검토해야 하지만, 여기서는 선행 연구의 성과를 참조하면서 간단히 언급하기로 한다.[58]

먼저 소송의 사회화라는 시각에서 사법 관련 문서간을 보도록 하자. 여

---

58) 이들 문제에 관해서는 廣瀨薫雄(2000, 113~134쪽; 2001, 140~142·147~150·153 ~154쪽)을 주로 참조하였다. 다만 번잡을 피하기 위하여 특별한 경우를 제외하고 일일이 주를 달지는 않았다.

기서 소송의 사회화란 소송이 사회에 얼마나 침투되어 있었는가라는 문제와 관련되어 있다. 그것은 어떤 신분의 사람들이 어느 정도의 빈도로 소송을 제기하고 있었는가라는 것을 분석하는 방법을 통하여 가늠해 볼 수 있다. 먼저 신분과 관련하여 포산초간에 보이는 고소인의 기재 방식에는 ① 인명, ②관직+인명, ③○地之人+인명, ④○人之人+인명의 네 가지가 있는데, ②가 관리인 것을 제외하면, ①③④는 관리가 아닌 일반서민을 나타낸다. 그런데 「소옥」과 「소촉」을 통하여 고소인 중 관리가 차지하는 비율을 분석해 보면, 「소옥」의 경우는 전체 23건 중 20%, 「소촉」의 경우는 전체 387건 중 30%에 지나지 않는다. 나머지 7·80%는 서민이 차지하고 있다. 더구나 서민 중 '첩부妾婦'는 기혼여성을 가리키고, '소첩少妾'과 '소동少童'은 미성년의 남녀를 가리킨다.[59] 이를 통해 우리는 당시 전국시대 초나라에서 소송을 제기하는 데에는 신분은 물론 성별이나 연령에도 특별히 제한이 없었다는 것을 알 수 있다.

다음으로 소송의 빈도는 「소촉」을 통하여 어느 정도 가늠할 수 있다. 「소촉」은 '동주의 사신 허정이 음복고기를 척영에 보낸 해' 즉 B.C. 317년 한 해 동안 상급기관에서 하급기관으로 소송을 위탁한 내용을 기록한 것인데, 그 때 소송이 어떻게 얼마나 위탁되었는지 분석해 보면 소송 빈도의 대략적인 상황을 짐작할 수 있다. 그 결과만을 제시하면 다음과 같다. 「소촉」에서 중복된 사안을 제외하면 1년간 총 354건이 처리되었는데, 그중에는 초왕에게 소송이 제기된 것도 있고 좌윤에게 제기된 것도 있다. 초왕에게 제기된 것은 초왕이 직접 처리하는 것이 아니라 제기된 여러 사안을 좌윤관부로 송부하고, 좌윤은 초왕으로부터 송부된 것과 자신에게 제기된 것을

---

59) 陳偉(1996: 113~115쪽).

다시 속관들에게 할당하는 방식으로 처리한다. 그때 속관들이 한 번에 위탁받는 건수는 평균 5건 정도인데, 그것은 4, 5일 동안 제기된 것들이다. 그렇다면 적어도 하루에 한두 건 정도는 소송이 제기된다는 계산이 된다. 이 건수는 포산초간의 분석만으로 얻은 결과이므로, 실제로는 더 빈번하게 소송이 제기되었을 가능성이 있다. 이처럼 일반서민은 물론 남녀노소 누구나 소송을 제기할 수 있고 실제로 제기되었으며, 매일 적어도 한두 건 이상의 소송이 발생했다는 것은, 소송이 당시 사회에 깊숙이 침투되어 있었다는 것을 보여 준다. 따라서 당시 초나라에서 소송은 상당히 사회화되어 있었다고 할 수 있다.

그런데 소송이 사회에 깊숙이 침투되어 있고 또 빈번히 발생할 정도로 사회화되어 있었다고 한다면, 전국시대 초나라에서 사법은 전문화되어 있었다고 할 수 있는가? 이 문제와 관련하여 정리자는 "당시 초나라 중앙정부에서 사법을 주관했던 관리는 좌윤이고, 지방 현급縣級 정부에서 사법을 전적으로 담당했던 관리는 사패司敗라고 칭하였다"[60]고 한다. 이러한 견해에 의하면 마치 중앙기구의 좌윤과 지방기구의 사패가 당시 초나라에서 사법 관련 업무를 전문적으로 담당한 듯한 인상을 준다. 그러나 포산초간 문서간을 다른 각도에서 보면, 그 실상은 정리자의 견해와 상당히 동떨어져 있다.

먼저 좌윤의 경우, 사법 업무가 주요 직무 중의 하나였던 것은 사실이지만, 그 외에도 문서간에 대금(제103~119호간)이나 제염製鹽(제147호간) 관련 기록이 있는 것을 보면, 좌윤의 직무는 좀 더 포괄적이었다는 것을 알 수 있다.[61] 한편 좌윤관부의 장은 말할 것도 없이 좌윤이지만, 관부 내에서 사법

---

60) 湖北省荊沙鐵路考古隊(1991a: 273쪽).
61) 『春秋左氏傳』, 권22, 「宣公 11년조」에서 "楚左尹子重侵宋"이라고 하는 것에 의하면, 좌윤은 군사임무를 담당하기도 하였다.(王穎, 2008: 273쪽)

과 관련된 실무를 담당하고 있던 것은 좌윤이 아니라, 좌윤으로부터 사건의 처리를 위탁받는 속관들이다. 그런데 그 속관들의 관직명을 보면 '○사패司敗'(제196호간) 외에도, '○루婁'(제162호간), '○윤尹'(제171·179·193·195호간), '○령令'(제187호간)이 있다. 그들의 직무를 보면, 사패는 신병 확보나 강제 연행이나 소송 상황 보고 등 소송에 관한 것에 거의 집중되어 있다. 그런데 사패뿐만 아니라 루婁도 피고소인의 강제 연행이나 심문 등 소송 관련 업무를 담당하고 있으며, 그런 의미에서 사패의 직무와 거의 같다. 윤尹과 령令도 소송 관련 업무를 담당하고 있지만, 사패와는 달리 소송 외에도 다양한 업무를 담당하고 있다. 그 밖에 백공百工의 장인 공윤攻尹[62], 군사나 대금 업무를 담당하는 막효莫囂[63], 궁구宮廐(궁중의 마구간)와 관련된 업무를 담당하는 신관령新官令[64] 등 소송이 주 업무가 아닌 관리들도 소송 업무를 담당하고 있다. 또, 「수기」간에는 소송 관련 주요 업무 중의 하나인 관련자의 강제 연행에 관한 기술이 보이는데, 그 실무담당자를 보면 사패 외에도 정루正婁, 대정大正, 주가공州加公, 주리공州里公, 교차喬差, 정차正差 등과 같은 관리들도 담당하고 있다. 이러한 정황으로 보면, 전국시대 초나라의 사법제도는 전문화되어 있었다고 보기는 어려우며, 따라서 사법시스템이 제도적으로 정비되어 있었다고 보기도 어렵다고 판단된다. 이 점은 수호지진간 등을 통해서 본 전국시대 진나라의 사법제도와 대조를 이루는 부분이기 때문에, 앞으로 좀

---

62) 『春秋左氏傳』, 권19上, 「文公 10년조」의 "王使爲攻尹"에 대하여 杜預가 "掌百工之官"이라고 주석을 내리고 있는 것을 참조.

63) '莫囂'는 전래문헌에서는 '莫敖'로 표기하기도 한다. 莫敖의 직무에 관해서는 王穎(2008: 281쪽) 참조.

64) '新官令'에 관해서는 裘錫圭·李家浩(1989: 518쪽·考釋 ⑱)가 "143호간의 '宮廐之新官'이라는 표현에 의하면 '新官令'과 '新官人'은 '宮廐'의 官에 속하는 것 같다"고 하는 것을 참조.

더 흥미로운 연구가 진행될 수 있을 것으로 전망된다.

한편 소송을 사회에서 발생한 분쟁에 대하여 제3자가 판단을 내리는 과정이라고 한다면, 전국시대 초나라에서 제3자에 해당하는 것은 누구인가? 또, 사법을 권력 작용이 행사되는 하나의 장이라고 한다면, 그것이 행사되는 곳은 중앙인가 지방인가? 이 문제는 거대한 통일 제국이 등장하기 이전 시기인 전국시대 각국의 통치체제의 성격은 어떠했는가라는 문제와도 밀접히 관련되어 있다. 이 문제와 관련하여 진한시대의 전제군주론專制君主論적 관점에서 중국 고대사를 이해하려는 입장에서는 종종 전국시대에 이미 일군一君에 의한 전제적 지배체제가 정비되어 있었다고 주장하는 학자들이 있다. 앞에서 거론한 바 있는 시가 슈조(滋賀秀三) 또한 이러한 견해를 갖고 있는 학자이다. 그는 법의 형성 과정을 논하는 자리에서, 중국법의 기본적인 성격은 한 사람의 전제 군주가 자의적으로 임면任免하는 관료를 통하여 전 인민을 지배하는 체제와 대응되는 것이었으며, 그것은 전국시대 7국 내부에서 체제가 거의 정비되고, 7국의 하나인 진왕秦王 정政이 나머지 6국을 멸망시킨 후 스스로 시황제始皇帝라 칭하고 천하에 군림함으로써 완성되었다고 한다. 또 그것은 진秦을 계승한 한왕조漢王朝, 특히 무제武帝의 중앙집권정책과 유교의 존숭에 의한 사상 통일 정책에 의하여 완전히 정착하게 되고, 그 뒤 청조清朝에 이르는 2천년 동안 유지되었다고 한다.[65] 이러한 견해에 의하면 전국시대 7국의 통치체제는 마치 모두 천편일률적이었던 것 같은 인상을 준다.

그러나 다른 시대는 차치하고 적어도 전국시대의 경우, 이와 같은 견해는 포산초간이 발견됨에 따라 재고하지 않으면 안 되게 되었다. 왜냐하면

---

65) 滋賀秀三(2003: 10쪽).

전국시대 초나라의 경우 한 사람의 전제 군주가 임면하는 관료를 통하여 전 인민을 지배하는 체제, 즉 진秦나라와 같은 군현제郡縣制를 통한 전제적 지배체제가 정비되어 있었는가 하면 꼭 그렇지만은 않기 때문이다. 예를 들면 앞에서 살펴본 음후지 소송안건의 경우, 만약 전국시대 초나라가 초왕이 임면하는 관료를 통하여 전 인민을 지배하는 체제에 가까웠다고 한다면, '견상인 식옥에게 명하여 음 사람인 서정을 위하여 맹을 행하게 하고, 이 문서에서 신청한 자를 증인으로 채택하라'는 ⓒ-2의 초왕의 명령은 시행에 옮겨졌어야 할 것이다. 그러나 완공은 상대편 당사자에게 원한이 있는 자나 동사·동리·동관·근친자는 증인이 될 수 없다는 이유를 들어 초왕의 명령을 시행에 옮기지 않고 있다. 우리는 여기서 초왕의 의지보다 봉군의 의지가 우선시되고 있는 양상을 엿볼 수 있다.

뿐만 아니라 서경의 상소가 중앙기구에서 지방기구로 위탁되는 과정 속에서도 오늘날의 시각으로는 좀처럼 납득하기 어려운 특이한 현상을 발견할 수 있다. 음후지 소송안건에서 애초에 서경이 초왕에게 상소한 이유는, 자신에게 무죄를 입증해 줄 수 있는 증인들이 있음에도 불구하고, 완공으로부터 사건을 위탁받은 지방관리들이 사건을 부당하게 처리하고 판결을 지연시키고 있었기 때문이다. 그런데 초왕의 명령으로 서경의 상소를 위탁받은 탕공은 왕명을 받들어 사건의 진상을 재조사하는 것이 아니라, 왕명이 도착하기 전에 음의 정이 처리한 결과를 그대로 보고하고 있다. 이미 이 단계에서 서경의 상소는 의미가 없어지게 된다. 문제는 여기서 그치지 않는다. 좌윤을 통하여 탕공의 보고를 받은 초왕은 서정을 위한 맹과 증인 채택을 명령하는 문서를 다시 좌윤에게 하달하지만, 좌윤은 그것을 또 다시 완공에게 보내고 있다. 이것은 곧 서경과 서정의 입장에서 보면, 기소 단계에서 부당한 소송 진행을 이유로 불복하여 초왕에게 보낸 상소가 또 다시 완공관부로 보내진 것이기 때문에, 상황이 자신들에게 유리하게 전개되기를 기대하기란 거의 불가능하게 되었다는 것을 의미한다. ⓒ-3은 재판 결과가 그들에게 완전히 불리하게 날 것이라는 것을 암시하고 있다. 즉, 서경의 상소와 서정의 맹중 요구가 실행되기 위해서는 오늘날의 삼심제도는 아니라 하더라도 기소 때와는 다른 기관이나 관리가 안건을 맡아야 좀 더 다른 결과를 기대할 수 있을 것 같은데, 음후지 소송안건에서는 기소 때와 동일한 기관이나 관리가 또 다시 맡고 있다. 이런 상황에서 초왕의 명령이 시행되어 재판 결과가 번복되기를 기대하는 것은 불가능에 가까울 것이다. 초나라에서 왕을 비롯한 중앙의 의지보다 지방기구의 의지가 우선시되고 있는 데에는, 이러한 초나라 소송시스템의 특이성에 기인하는 측면도 있을 것이다.

이것을 다시 중앙과 지방의 권력구조라는 측면에서 보면, 전국시대 초나라는 중앙집권적이라기보다는 지방분권적인 성격이 강하다고 해야 하지 않을까? 그런데 이 문제와 관련하여 히로세 구니오(廣瀨薰雄)는, 소송의 결정권이라는 측면에서 전국시대 초나라의 권력구조를 보면, 권력이 상당히 중앙에 집중되어 있다고 하여 필자와는 정반대의 견해를 제시하고 있다. 그는 포산초간에 보이는 증거제도를 법정증거주의의 하나의 유형으로 보고 있는데, 법정증거주의에서 증거의 평가 방법은 미리 결정되어 있기 때문에, 누가 소송담당관이 되든 모두 동일한 결론이 도출되며 소송담당관의 개인차는 사라진다고 한다. 소송의 평가 방법이 미리 결정되어 있다는 것은 소송의 향방은 어떤 것을 증거로 채택하느냐에 달려 있다는 것을 의미하고, 그것은 또 증거 채택의 결정권자의 결정 여부에 달려 있다는 것을 의미한다. 그 결정권을 왕이나 좌윤이라는 중앙의 인물이 독점하고 있었다는 것은,

소송의 향방은 왕이나 좌윤이라는 중앙의 극소수의 사람들에게 맡겨지게 된다는 것이 그의 논리이자 이유이다.[66]

필자는 포산초간에 보이는 증거제도가 법정증거주의적인 성격을 띠고 있고, 따라서 소송의 향방은 증거 채택의 결정권자의 결정 여부에 달려 있다는 점은 동의한다. 그런 의미에서 분쟁에 대하여 판단을 내리는 제3자는 곧 증거 채택의 결정권자이다. 그러나 그 결정권을 왕이나 좌윤과 같은 중앙의 인물이 독점하고 있었다는 견해는 찬동하지 않는다. 왜냐하면 음후지 소송안건에 단적으로 나타나 있듯이, 증거 중의 하나인 증인 채택의 결정권은 왕이나 좌윤이 아니라 완공에게 있다는 것이 분명히 나타나 있기 때문이다. 히로세 구니오(廣瀨薰雄)가 증인 채택의 결정권을 왕이나 좌윤이 독점하고 있었다고 한 것은 아마도 ⓒ-3을 좌윤의 명으로 오해한 데에서 비롯된 것이 아닌가 생각된다.[67] 그러나 앞에서 언급했듯이, ⓒ-3은 왕명에 대한 완공의 보고 내용이다. 이러한 점에서 본다면 결국 전국시대 초나라에서 왕의 지배력의 범위는 생각보다 상당히 제한되어 있었던 것은 아닌가 추측된다. 이것은 당시 초나라의 경우 대부분 분쟁이 발생한 지방에서 법정이 열리고 소송의 심리가 진행되고 있었던 점과도 깊은 관련이 있을 것이다. 이 점 또한 전국시대 진秦나라와는 사뭇 다른 초나라 통치체제의 특징이 아닌가 생각된다.

---

66) 廣瀨薰雄(2002: 375쪽).

67) 廣瀨薰雄는 ⓒ-1~3을 ⓒ-2+ⓒ-3+ⓒ-1의 순서로 배열하고, ⓒ-3을 ⓒ-1 즉 누구를 증인으로 채택할 것인가를 좌윤이 완공에게 명한 것이라고 해석한다. 그러나 그의 해석에는 다음의 세 가지 문제점이 있다. 첫째, 죽간을 잘못 배열하고 있다. ⓒ-1+ⓒ-2+ⓒ-3으로 배열해야 한다. 둘째, ⓒ-1을 좌윤이 완공에게 명령한 것으로 잘못 이해하고 있다. ⓒ-1은 서정이 초왕에게 상소한 것으로 보아야 한다. 셋째, ⓒ-3 즉 증인 선정의 기준을 좌윤이 작성하여 완공에게 제시한 것으로 잘못 이해하고 있다. ⓒ-3은 그 반대로 완공이 작성하여 좌윤에게 보낸 것으로 이해해야 한다.

# 제4절 소결

끝으로 음후지 소송문서를 통해서 본 포산초간 문서간의 자료적 성격과 전국시대 초나라의 문서행정시스템에 대하여 간략히 검토하고 이 장의 논의를 마무리 짓고자 한다. 문서간의 자료적 성격과 관련하여 팽호彭浩[68]는 문서간은 각지의 사법관리가 좌윤 및 그 관원에게 보고한 공문서이기 때문에 그 성격은 사법문서라고 할 수 있다고 한다. 그러나 앞에서 언급했듯이 문서간 중에는 예를 들면 「대금」과 같이 사법과 무관한 문서도 포함되어 있다. 또, 문서간 중에는 지방기구가 중앙기구로 보낸 문서뿐만 아니라 그 반대의 경우도 있다. 그렇다면 팽호의 설은 재고의 여지가 있다.

음후지 소송문서는 이미 언급했듯이 총 3건의 문서(Ⓐ·Ⓑ·Ⓒ)로 구성되어 있다. 문서Ⓐ는 Ⓐ-2와 Ⓐ-3에 의하면 좌윤이 초왕의 명령을 탕공에게 하달한 하행下行문서이다. 즉, 중앙기구에서 지방기구로 하달된 문서이다. Ⓐ-3에는 문서가 하달된 시점과 발신지 및 전령의 이름까지 명기되어 있다. 단, 한 가지 주의해야 할 점은 서경이라는 인물이 시일에게 보낸 소장 Ⓐ-1 및 그 전에 서경이 완공에게 소장을 보낸 전력이 있듯이, 개인이 지방기구나 중앙기구로 문서를 보내는 경우도 있는 점이다. 문서Ⓑ는 Ⓑ-2에 의하면 탕공이 좌윤에게 답신한 상행上行문서이다. 즉, 문서Ⓐ와는 반대로 지방기구에서 중앙기구로 상달된 문서이다. 문서 Ⓒ-1·2는 문서 Ⓐ-1·2와 마찬가지로 좌윤이 초왕의 명령을 지방기구에 하달한 하행문서인데, 탕공이 아니라 완공에게 하달한 문서이다.

---

68) 彭浩(1991a: 548쪽).

그렇다면 1년 이상이라는 장기간에 걸쳐 개인 및 중앙과 지방기구에서 작성한 이 상하행문서들이 한꺼번에 출토되었다는 것은 무엇을 의미하는가? 그것은 곧 이 문서들이 일종의 파일간의 형태로 작성되었다는 것을 의미한다. 파일간이란 처음부터 일정한 분량이 정해져 있는 완성된 서적과는 달리, 장부와 같이 순차적으로 추가되고 정리되는 성격을 지닌 장정裝幀을 가리키는 말이다.69) 즉, 처음 서경이 소장 Ⓐ-1 4매를 시일인 초왕에게 보내고 초왕이 그 소장과 함께 사법적으로 판단한 내용을 좌윤관부로 하달했을 때, 좌윤관부에서는 소장 뒷면에 소장의 요점과 왕명의 내용을 함께 기재하여(Ⓐ-2) 탕공관부로 보냈을 것이다. 탕공관부에서는 그것이 누가 언제 어디서 보내온 문서인지 기재하고(Ⓐ-3), 음의 사패가 보고한 내용(Ⓑ-1) 뒷면에 관련 사항을 기재하여 문서Ⓐ에 첨부하는 형식으로 다시 좌윤관부로 보냈을 것이다. 좌윤관부에서는 그것을 다시 초왕에게 보고했을 것이고, 초왕은 그 문서들과 함께 서정이 증인을 신청한 상소문Ⓒ-1 및 그것을 사법적으로 판단한 내용을 다시 좌윤관부로 하달했을 것이다. 좌윤관부에서는 그 내용을 Ⓒ-2에 기재하여 다시 완공관부로 보냈을 것이다. 완공관부에서는 서정이 신청한 증인들의 증거 능력을 심사하고 그 결과를 Ⓒ-3에 기재하여 다시 좌윤관부로 보냈을 것이다. 마지막으로 좌윤관부에서는 그 문서를 초왕에게 보고했을 것이다. 음후지 소송문서의 죽간이 처음에는 4매였던 것이 9매로 늘어난 것은 바로 이러한 연유에 의한 것으로 추정된다. 그렇기 때문에 음후지 소송문서의 자료적 성격은 개인·중앙기구·지방기구의 발신과 수신이라는 문서행정시스템 속에서 작성된 파일간인 것이다.70) 이상이 음후

---

69) 富谷至(2003: 79쪽).
70) 이 점에 관해서는 陳偉(1994: 71쪽)도 함께 참조.

지 소송문서를 통하여 복원해 본 문서의 발신과 수신 및 전국시대 초나라 문서행정시스템의 특징이다. 그리고 이러한 복원에 의하면, 음후지 소송문서는 개인 및 중앙기구와 지방기구 간의 문서의 발신과 수신 과정을 통하여 집적된 파일간이 좌윤관부에 보관되어 있던 것이라고 할 수 있다. 다만 그 외에도 「수기」간·「소옥」간·「소촉」간과 같이 좌윤관부에서 기록해 둔 메모 형식의 문서도 있다.

그런데 이들 문서간은 모두 좌윤의 무덤에서 출토되었다. 근대적인 관점에서 보면 이들 문서간은 모두 공문서적인 성격을 띤 것들인데, 그것이 마치 좌윤 개인의 사문서인양 좌윤의 무덤에서 출토된 것을 우리는 어떻게 이해하면 좋을까? 이 문제와 관련해서는 진위陳偉가 흥미로운 추측을 하고 있다. 좌윤인 소타昭𣱘가 신체가 건강하고 정상적이었을 때 이들 공문서를 자택으로 갖고 가서 보고 있었는데, 발병 후 이 문서들을 관부로 반납하지 않은 와중에 결국에는 그의 유품으로 부장되게 되었다고 한다. 또, 이것은 당시 초나라의 공문서 관리제도가 그다지 엄격하지 않았다는 것을 반영하는 것이라고 한다.[71] 흥미롭고 설득력 있는 추측이지만, 당시 초나라의 공문서 관리제도나 체계가 과연 정말로 엄격하지 않았는가에 대해서는 다른 가능성과 함께 좀 더 숙고해야 하지 않을까 생각된다.

---

71) 陳偉(1996: 66쪽).

# 제8장 초간: 복서제도간

삶과 죽음, 행복과 불행, 성공과 실패. 크든 작든, 사적이든 공적이든, 개인적이든 사회적이든 사람은 살아가면서 매 순간 이런 문제들에 봉착하기 마련이다. 이런 문제들에 봉착하게 되면 그것에 대하여 미리 알고 대처하고 싶은 마음이 생기는 것은 인지상정일 것이다. 그러나 미래를 예지할 수 있는 초인적인 능력이 있으면 모를까 보통 사람이라면 미래를 예측하기란 불가능한 일이다. 그럴 경우 인간은 한없는 불안을 느끼게 된다. 불안을 느끼면 그것을 해결하기 위하여 어떻게든 방법을 찾으려고 하는데, 인간은 이미 수천 년전부터 예측할 수 없는 미래에 대한 불안을 해소하는 길을 모색해 왔다. 그 대표적인 것이 바로 점복占卜과 종교 신앙이다.

서양과 마찬가지로 중국에서도 점복이라는 행위의 기원은 매우 오래되었다. 고고학적 발굴 보고에 의하면 이미 신석기시대 유적에서 점복용 복골卜骨이 발견되었으며, 하夏왕조의 유적인지의 여부를 둘러싸고 많은 논란을 불러일으키고 있는 이리두二里頭유적에서도 복골이 발견되었다. 점복과 관련하여 중국 고대 문화사 연구의 흐름을 완전히 뒤바꿔 놓은 것은 은대 갑골의 발견이다. 왜냐하면 은대 갑골에는 이전의 복골에서는 볼 수 없었던 복사卜辭가 새겨져 있었기 때문이다. 이러한 갑골의 출현과 복사의 해독을 통하여 은왕조의 실재성이 증명되었을 뿐 아니라, 정인貞人이라는 점복 전문가 내지는 직업적 종교인의 실체, 점복 주체와 목적 및 활용 범위, 은나라 왕의 계보, 은왕조의 사회와 역사 등이 밝혀지게 되었다. 또, 중국의 남방 지역, 예를 들어 호북성湖北省 석문조시石門弔市유적이나 사시沙市 주량옥교周 良玉橋유적, 강릉江陵 형남사荊南寺유적 등에서도 이 시기와 유사한 시기의 복 갑卜甲이 발견되고 있다. 그리고 이러한 갑골 복사는 주대 초기의 유적에서 도 발견되고 있다.[1]

주대에는 또 갑골점甲骨占과는 다른 점법이 등장하게 된다. 이른바 시초 점蓍草占이라고 불리는『역』의 등장이 바로 그것이다. 갑골점과『역』의 가 장 큰 차이점은 전자가 이민족과의 전쟁, 농사를 좌우하는 날씨, 왕실의 제 사 등과 같은 '왕조의 대사大事'에 대한 길흉화복을 점의 대상으로 삼고 있 는 데 반해, 후자는 교우 · 취직 · 결혼 · 출산 · 질병 · 여행 · 제사 · 전쟁 등 위 로는 왕 · 제후 · 귀족으로부터 아래로는 서민에 이르기까지 사람들의 일상 생활과 관련된 다양한 사항들을 점의 대상으로 삼고 있는 점에 있다. 한 마디로 말하면 갑골점은 통치자층만의 전유물이었던 데 반해,『역』은 통치 자층에서 일반 서민에 이르기까지 모든 계층에서 보편적으로 사용되고 있 었다. 그 밖에 점법과 내용은 다르지만『역』의 이러한 기본적인 성격과 유사 한 것으로『일서日書』『귀장歸藏』『식법式法』『형덕刑德』『오성점五星占』『천 문기상잡점天文氣象雜占』 등, 지금까지 그 존재조차 알려져 있지 않았던 점서 들이 20세기 이래 지하에서 다량으로 출토되고 있다.[2]

전국시대 초나라 지역에서도 당시의 점복과 종교 신앙을 엿볼 수 있는 죽간이 다량으로 출토되고 있다. 복서제도간卜筮祭禱簡이라고 하는 것이 그

---

1) 선진시대 점복용 갑골의 출토 현황에 관해서는 彭浩(1991b: 557쪽); 朴載福(2011: 15 ~78쪽) 참조.
2) 池田知久 · 伊藤文生 · 久保田知敏 · 中島隆博 · 馬淵昌也 편역(2003: iii~iv쪽).

중 하나이다. 초나라의 지방색과 관련하여 일찍이 『한서』 「지리지地理志」에서는 초나라 지역에 대하여 "무당과 귀신을 믿고, (예절에 합당하지 않은) 문란한 제사를 존중한다. 한중군漢中郡은 방탕하고 안일하며 순종하지 않는 기질이 있는데, 파촉巴蜀 지역과 풍속이 같다"[3]라고 지적하고 있다. 이것은 후대의 문헌이면서 중원 중심의 왜곡된 시각에서 서술된 것이기는 하지만, 20세기 이래 옛 전국시대 초 지역에서 출토되고 있는 복서제도간은 『한서』의 지적대로 당시 이 지역에서 점술과 무속신앙이 성행하고 있었다는 것을 실증적으로 보여주고 있다. 또한 복서제도간은 전국시대 초나라 사람이 기록한 것이기 때문에, 점복·종교 신앙은 물론 사회·민속과 관련된 초 지역 고유의 문화와 지방색이 고스란히 담겨 있는 1차 자료이다.

지금까지의 고고학적 성과에 의하면 복서제도간은 전국시대 초나라 및 초나라와 정치적으로 밀접한 관계가 있던 지역에서만 출토되었다. 구체적으로는 망산望山 1호 초묘, 천성관天星觀 1호 초묘, 포산包山 2호 초묘, 진가취秦家嘴 1·13·99호 초묘, 신채갈릉新蔡葛陵 1호 초묘에서 출토된 것이 그것이다.[4] 지역적으로는 망산초묘·천성관초묘·포산초묘·진가취초묘는 전국시대 초나라의 수도였던 기남성 부근에 위치해 있지만, 신채갈릉초묘는 하남성 신채현 즉 북쪽으로 중원에 보다 가까운 지역에 위치해 있다. 또, 망산초묘·천성관초묘·포산초묘·신채갈릉초묘는 무덤의 규모도 크고 신분적으로도 초나라의 귀족(대부)이나 봉군의 무덤인 데 비해, 진가취초묘는 묘주의 신분은 아직 밝혀지지 않았지만 세 기基 모두 소형 무덤이다. 이것은 곧 복서제도라는 풍습이 지역적으로는 기남성을 중심으로 한 초나라의 중심부뿐

---

3) 『漢書』, 권28下, 「地理志」 8下, "信巫鬼, 重淫祀. 而漢中淫失枝柱, 與巴蜀同俗."
4) 이들 초묘 및 각 무덤에서 출토된 죽간에 관한 자세한 사항은 이 책 제5장 제1절 참조.

만 아니라 그 주변으로도 외연적으로 확장되어 있었으며, 신분적으로도 봉군이나 귀족뿐만 아니라 그보다 낮은 신분의 계층으로까지 확대되어 있었다는 것을 말해 준다.

그런데 이 자료들은 보존 상태가 모두 양호한 것도 아니고 자료가 모두 공표되어 있는 것도 아니다. 천성관초간과 진가취초간은 아직 공표되지 않았으며, 망산초간과 신채갈릉초간은 공표는 되었지만 대부분 단간의 형태로 발견되었기 때문에 정리하는 데 많은 시일이 경과된 것은 물론 복원하는 데도 많은 한계가 있었다. 그에 비해 포산초간은 모두 공표되어 있는 것은 물론 보존 상태도 양호하기 때문에 복서제도간을 연구하는 데 최적의 조건을 갖추고 있다. 따라서 여기서는 포산초간을 중심으로 복서제도간의 내용과 특징을 살펴보고, 망산초간과 신채갈릉초간은 포산초간과 내용상 차이가 있는 부분에 한하여 검토하기로 한다.

## 제1절 복서제도간의 정의

'복서제도간'에서 '복서제도'란 '복서'와 '제도'의 합성어이고, '간'은 죽간에 서사한 문서나 서적 즉 '간책簡策'을 의미한다. '복서'의 '복卜'은 갑골 즉 거북의 딱지나 짐승의 뼈로 점을 치는 것을 의미하고, '서筮'는 산가지(策)나 시초(蓍) 등으로 점을 치는 것을 의미한다. 전래문헌의 용례이기는 하지만, 아래의 문장에는 이 점이 잘 나타나 있다.

거북점을 복卜이라고 하고 시초점을 서筮라고 한다. 거북점이나 시초점을 치는 것은 선대의 성왕이 백성들에게 때와 날을 믿게 하고 귀신을 공경하며 법령을 두려워하게 만들려고 하는 것이고, 백성들이 이것인가 저것인가 하고 의심하는 것이나 이럴까 저럴까 하고 주저하는 것을 결정하게 하려는 것이다. 그러므로 의심날 때 점을 치면 아니라고 하지 않으며, 날을 가려서 일을 행하면 반드시 좋다는 것이다.[5]

이 문장에 나타나 있는 점복에 대한 관점은 이미 치자를 주체로 정치 이데올로기화되어 있기 때문에 그 점은 주의해야 하지만, 복서의 의의와 역할을 사람들이 일상생활에서 의심하고 주저하는 것을 결정하게 하는 것에서 찾고 있는 점은 주목할 만하다. 이러한 '복·서' 모두 점을 쳐서 신의神意를 묻고 미래를 예측한다는 측면에서 공통점이 있지만, 점을 칠 때 사용하는 도구 즉 점구占具와 점법에는 큰 차이가 있다. 그리고 '제도'는 말할 것도 없이 제사와 기도를 합친 말이다.

그런데 복서제도간이라고 할 때의 복서와 제도는 일반적인 의미에서의 점복과 제사·기도를 의미하는 것이 아니다. 그것은 일군의 정인들이 정문貞問 의뢰인의 안위나 질병의 원인, 더 나아가 우환이 있다고 판단되거나 질병을 앓고 있을 경우 그것을 물리치거나 치유하기 위하여 각종 신령에 대한 제사·의례를 제시하고 집행하는 일련의 행위를 가리키는 말이다.[6] 그런 의미에서 복서제도는 전국시대 초 지역의 고유한 풍습이라고 할 수

---

5) 『禮記』, 권3, 「曲禮上」1, "龜爲卜, 筮爲筮. 卜筮者, 先聖王之所以使民信時日, 敬鬼神, 畏法令也. 所以使民決嫌疑, 定猶與也. 故曰, 疑而筮之, 則弗非也. 日而行事, 則必踐之."

6) 池澤優(2007: 6쪽)도 함께 참조. 복서제도간의 정의와 관련해서는 포산초간의 정리자가 '卜筮祭禱記錄簡'이라고 부르면서 '묘주를 위하여 길흉화복을 貞問하고 귀신과 조상에게 가호와 축복을 내려 줄 것을 요청한 것'이라고 하는 것도 참조.(湖北省荊沙鐵路考古隊 편, 1991a: 274쪽)

있는데,[7] 이러한 점은 포산초간 복서제도간의 체재와 내용을 고찰하는 과
정에서 더욱 분명해질 것이다.

## 제2절 복서제도간의 체재와 죽간의 배열순서

포산초간 복서제도간은 B.C. 318년 초력 4월 을미일에서 B.C. 316년 초력
5월 을해일에 이르는 3년간의 복서·제도 기록이며, 정문 의뢰인은 묘주인
좌윤左尹 소타昭𦐿이다.[8] 정식보고서에 의하면 포산초간 복서제도간은 문서
간 및 첨패簽牌와 함께 북쪽 묘실에서 출토되었으며, 총 54매(제197~250호간)
로 구성되어 있다. 발굴 당시 간책을 편철했던 끈이 부식되고 죽간은 곽
속의 물 위에 떠서 흩어져 있었기 때문에 원래의 배열순서는 알 수 없었다.
정리자는 정문과 제도 시기의 순서를 기준으로 복원했는데, 그 결과 총 26
개의 조로 분류되었다.[9] 그 구체적인 내용은 〈표 8-1〉과 같다. 이 표에 의하
면 각 조는 적게는 1매에서 많게는 4매로 구성되어 있으며, 새로운 조의 내
용을 기재할 경우 이전 조의 마지막 죽간에 빈 공간이 남아 있더라도 연이
어 기재하지 않고 있다.

---

7) 복서제도라는 풍습을 전국시대 초 지역의 고유한 풍습이라고 한 것은, 복서제도간
   이 현재까지는 초 지역의 전국시대 무덤에서만 출토되고 있기 때문이다. 그러나 앞
   으로 다른 지역에서도 출토된다면 초 지역의 고유한 풍습이라고 할 수 없게 된다.
8) 포산초간의 月名은 簡文에서는 초나라 고유의 명칭이 사용되고 있지만, 여기서는
   논의의 편의상 睡虎地秦簡 『日書』에 기재되어 있는 '秦楚月名對照表'를 참조하여
   모두 아라비아 숫자로 표기하였다. '진초월명대조표'의 구체적인 내용은 이 책 제7
   장 제2절 〈표 7-3〉 참조.
9) 湖北省荊沙鐵路考古隊 편(1991a: 274쪽).

| No. | 구성 | 종류 | 복서제도 시기 | | | 죽간 번호 |
|---|---|---|---|---|---|---|
| | | | 年 | 月(楚曆) | 日 | |
| 1 | 卜筮類 | 期間貞 | B.C. 318 | 刏屄(4) | 乙未(32) | 197·198 |
| 2 | | | | 刏屄(4) | 乙未(32) | 199·200 |
| 3 | | | | 刏屄(4) | 乙未(32) | 201·202·203·204 |
| 4 | 祭禱類 | - | | 旮栾(1) | 癸丑(50) | 205 |
| 5 | | | | 旮栾(1) | 癸丑(50) | 206 |
| 6 | 卜筮類 | 疾病貞 | B.C. 317 | 遠栾(3) | 癸卯(40) | 207·208 |
| 7 | | 期間貞 | | 顕屄(5) | 乙丑(2) | 209·210·211 |
| 8 | | | | 顕屄(5) | 乙丑(2) | 212·213·214·215 |
| 9 | | | | 顕屄(5) | 乙丑(2) | 216·217 |
| 10 | | 疾病貞 | | 爰月(11) | 己酉(46) | 218·219 |
| 11 | | | | 爰月(11) | 己酉(46) | 220 |
| 12 | | | | 爰月(11) | 己酉(46) | 221·222 |
| 13 | | | - | - | - | 223 |
| 14 | 祭禱類 | - | B.C. 317 | 爰月(11) | 丙辰(53) | 224 |
| 15 | | | | 爰月(11) | 丙辰(53) | 225 |
| 16 | 卜筮類 | 期間貞 | B.C. 316 | 刏屄(4) | 己卯(16) | 226·227 |
| 17 | | | | 刏屄(4) | 己卯(16) | 228·229 |
| 18 | | | | 刏屄(4) | 己卯(16) | 230·231 |
| 19 | | | | 刏屄(4) | 己卯(16) | 232·233 |
| 20 | | | | 刏屄(4) | 己卯(16) | 234·235 |
| 21 | | | | 刏屄(4) | 己卯(16) | 236·237·238 |
| 22 | | | | 刏屄(4) | 己卯(16) | 239·240·241 |
| 23 | | 疾病貞 | | 刏屄(4) | 己卯(16) | 242·243·244 |
| 24 | | | | 刏屄(4) | 己卯(16) | 245·246 |
| 25 | | | | 刏屄(4) | 己卯(16) | 247·248 |
| 26 | | | | 顕屄(5) | 己亥(36) | 249·250 |

* 'No.'는 포산초간 복서제도간의 조 번호를 나타낸다. 이하 동일.

　　총 26조로 구성되어 있는 54매의 죽간은 모두 일정한 체재를 갖추고 있으며 대개의 경우 정형화된 문구가 사용되고 있다. 이 점은 망산초간이나 신채갈릉초간과 같이 다른 무덤에서 출토된 복서제도간의 경우도 기본적으로 같다. 복서제도간은 먼저 〈표 8-1〉과 같이 크게 '복서류卜筮類'(제1~3·6~13·16~26조)와 '제도류祭禱類'(제4·5·14·15조)로 구분된다.[10]

이 두 부류는 내용에 따라 더욱 세분되는데, 우선 복서류의 경우 제1조의 문장을 예로 들어 설명하면 다음과 같다.

【제1조】 ⓐ송나라 사신 성공면이 초나라를 방문한 해(B.C. 318) 형이월(楚曆 4월) 을미일(32)에 고길이 보가를 사용하여 좌윤 타를 위하여 묻습니다. ⓑ"형이월에서 형이월에 이르기까지 (조정에) 출입하면서 왕을 섬기는 데, 연말에 이르기까지 몸에 재앙이 없기를 바랍니다." ⓓ점을 치자 "장기적인 정문의 결과는 길하지만, 단기적으로는 몸에 우환이 있고, 또 바라는 일은 약간 늦게 이루어진다"는 결과가 나왔다. ⓔ이 일로 인해 제사를 지내고 기도를 드려 인우의 지벌을 제거해야 한다. ⓕ점을 치자 "매우 길하다. 일 년 안에 경사로운 일이 있다"는 결과가 나왔다.[11]

정리자는 복서류의 체재는 일반적으로 ⓐ'전사前辭'(복서를 행한 시간, 정인, 복서 용구의 명칭, 정문을 요청한 사람의 성명 포함), ⓑ'명사命辭'(정문 사유), ⓓ'점사占辭'(복서 결과에 따라 내린 판단), ⓔ'도사禱辭'(단기간 내의 우환을 제거하기 위하여 귀신에게 기도하고 가호와 축복을 내려줄 것을 요청하는 말이나 우환에서 벗어나는 방법), ⓕ'제2

---

10) 학자들에 따라 卜筮類는 卜筮簡이나 占卜簡 등으로 부르고 祭禱類는 祭禱簡이나 禱祠簡 등으로 부르기도 한다.

11) 包山楚簡 제197~198호간, "ⓐ宋客盛公䵮䴏(聘)於楚之歲(歲), 勘(刑)尿(夷)之月乙未之日, 鹽(鹽)吉目(以)保豪(家)鱼(為)右(左)尹㐬貞(貞). ⓑ自勘(刑)尿(夷)之月目(以)臱(就)勘(刑)尿(夷)之月, 出內(入)事王, 聿(盡)卒(卒)歲(歲), 窮(躬)身愳(尚)母又(有) 臥(咎). ⓓ占之, 亟(恆)貞(貞)吉_, 少又(有)愿(慼)於窮(躬)身, 慮(且)忘(志)事少䢷(遲)㬜(得). ⓔ目(以)亓(其)古(故)敚(說)之. 愳攻觟(解)於人愚(禹). ⓕ占之, 峀(甚)吉. 旮(幾)审(中)又(有)憙(喜)."

차 점사'(귀신에게 제도한 후 鬼攻의 지시에 따라 마지막으로 판단한 말)로 구성되어 있는 것으로 본다.(알파벳은 논의의 편의상 필자가 붙인 것이다.)

그런데 여기에는 한 가지 문제가 있다. 그것은 곧 ⓔ의 도사는 과연 제사를 실제로 실행한 것을 기록한 것으로 보아야 하는지, 아니면 아직 실행되지 않은 것으로 보아야 하는지의 문제이다. 이 문제와 관련하여 정리자는 ⓓ의 점사는 먼저 장기적인 길흉에 대하여 지적하고 나서 단기적인 길흉에 대하여 지적한 것이고, ⓔ의 도사는 그러한 단기적인 우환을 제거하기 위하여 귀신에게 기도하여 가호와 축복을 내려줄 것을 요청한 것이며, ⓕ의 제2차 점사는 귀신에게 제도한 후 귀공鬼攻(조상이나 귀신에 대한 제사)의 지시에 따라 마지막으로 판단한 것이라고 한다. 즉, 정리자는 ⓔ의 도사를 제사를 실제로 실행한 것을 기록한 것으로 보고 있는 것이다. 그래서 정리자는 이 54매의 죽간을 '복서제도기록간'이라고 명명하고 있다.[12]

그러나 지금은 ⓔ의 도사는 제사를 실제로 실행한 것을 기록한 것이 아니라고 하는 것이 학계의 정설이다. 왜냐하면 만약 도사를 제사를 실행한 것을 기록한 것이라고 한다면 실로 많은 제사를 하루에 치렀다는 것이 되기 때문이다. 구체적으로 보면 B.C. 318년 4월 을미일에는 3번, B.C. 317년 정월 계축일에는 2번, 5월 을축일에는 3번, 11월 을유일에는 4번[13], 그리고 11월 병진일에는 2번 실행되었다는 것이 된다. 하루에 두세 번 정도 제사를 실행하는 것은 가능할지도 모른다. 그런데 B.C. 316년 4월 기묘일의 경우는 10번

---

12) 湖北省荊沙鐵路考古隊 편(1991a: 274~275쪽); 彭浩(1991b: 556쪽).

13) 제13조에는 연월일이 기재되어 있지 않지만 "用郚盙之敓(說)"(郚盙이 제시한 제사 방법을 이용한다)이라고 하는 것에 의하면, 제12조에서 郚盙이 제안한 제사 방법을 염두에 두고 제시된 것이라는 것을 알 수 있다. 그렇다면 제13조는 屈宜라는 정인이 제12조와 같은 날 제시한 해석과 처방전이라고 해야 할 것이다.

의 제사가 하루에 실행되었다는 것이 된다. 이것도 물론 전혀 불가능한 것은 아니다. 그러나 『의례』「특생궤식特牲饋食禮」편이나 「소뢰궤식少牢饋食禮」편 등에 잘 나타나 있듯이, 제사를 지내기 전에 제사 날짜나 시신을 점치고 또 제계하는 것이 필수적이었기 때문에 제사의 계획에서 실행까지는 상당한 준비기간이 소요되는 것이 일반적이다.[14]

또, 제3조와 제8조에 속하는 죽간에서 ⓕ의 제2차 점사 다음에 기재되어 있는 내용도 이것을 입증해 주는 중요한 근거 중의 하나이다. 우선 제3조와 제8조의 내용은 다음과 같다.

【제3조】 ⓐ송나라 사신 성공면이 초나라를 방문한 해(B.C. 318) 형이월(초력 4월) 을미일(32)에 응회가 앙시를 사용하여 좌윤 타를 위하여 묻습니다. ⓑ"형이월에서 형이월에 이르기까지 (조정에) 출입하면서 왕을 섬기는 데, 연말에 이르기까지 몸에 재앙이 없기를 바랍니다." ⓒ☆ 예괘豫卦와 태괘兌卦가 나왔다. ⓓ 점을 치자 "장기적인 정문의 결과는 길하지만, 단기적으로는 몸에 우환이 있고, 또 작위는 늦게 오른다"라는 결과가 나왔다. ⓔ이 일로 인해 제사를 지내고 기도를 드린다. 궁지주께 거禱하는 데 검은 암양 한 마리를 올린다. 친아버지인 채공자가께 褚하는 데 특우와 특석(?) 및 술과 음식을 궤饋의 방법으로 올린다. 모친께 褚하는 데 살찐 새끼 돼지 및 술과 음식을 올린다. 동릉련효께 거禱하는 데 살찐 새끼 돼지 및 술과 음식을 올린다. 석피상의 제사 방법에 따라 소왕께 룡禱하는 데 특우를 궤饋의 방법으로 올린다. 문평야군·오공 자춘·사마 자음·채공자가께 룡禱하는 데 각각 특환을 올리고 술과 음식을 올린다. 모친께는 특우와 특석(?) 및 술과 음식을 올린다. ⓕ응회가 점을 치자 "길하다. 9월이 되면 경사로운 일이 있고 작위가 오른다"고 나왔다.[15]

---

14) 池澤優(1997: 23쪽).

【제8조】ⓐ동주의 사신 허정이 음복고기를 척영에 보낸 해(B.C. 317) 하이월(초력 5월) 을축일(2)에 고길이 보가를 사용하여 좌윤 타를 위하여 묻습니다. ⓑ"(조정에) 출입하면서 왕을 모시는데, 하이월에서 이듬해 하이월에 이르기까지 일 년 동안 몸에 재앙이 없기를 바랍니다." ⓓ점을 치자 "장기적인 정문의 결과는 길하지만, 단기적으로는 왕이 명령한 사업에 나쁜 일이 생기며, 또 몸에 우환이 있다"는 결과가 나왔다. ⓔ이 일로 인해 제사를 지내고 기도를 드리는데, 예전에 제안한 제사와 기도를 시행한다. 火신께는 새도賽禱하는 데 패옥 한 점을 올린다. 후토·사명·사화께는 각각 작은 환옥을 하나씩 올린다. 대수께는 패옥 한 점을 올린다. 이천자께는 각각 작은 환옥을 하나씩 올린다. 위산께는 결玦 한 점을 올린다. 웅회의 제사 방법을 실행하고 궁후토께 새도賽禱하는 데, 검은 암양 한 마리를 올린다. 석피상의 제사 방법을 실행한다. 가을 세 번째 달이 되면 소왕께 새도賽禱하는 데 특우를 궤헌의 방법으로 올린다. 문평야군·오공 자춘·사마 자음·채공 자가께 각각 특환을 궤헌의 방법으로 올린다. 모친께 새도賽禱하는 데 특석(?)을 궤헌의 방법으로 올린다. ⓕ고길이 점을 치자 "길하다"는 결과가 나왔다.16)

---

15) 包山楚簡 제201∼204호간, "ⓐ宋客盛公䵼騁(聘)於楚之戠(歲), 劙(刑)层(夷)之月乙未之日, 郦(應)會(會)目(以)央筲(箸)雩(爲)子右(左)尹㐬(貞). ⓑ自劙(刑)层(夷)之月目(以)䜇(就)劙(刑)层(夷)之月, 出内(入)事王, 夆(盡)卒(卒)戠(歲), 躳(躬)身尙毋又(有)敀(咎)_. ⓒ綷(豫·兌). ⓓ占之, 亙(恆)㐬(貞)吉, 少又(有)惪(慼)於躳(躬)身, 虘(且)雀(爵)立(位)迡(遲)遬(遫). ⓔ目(以)亓(其)占(故)敚(說)之. 舉禱(禱)於宮埅(地)宔(主), 一羖(羧). 祮於新(親)父郗(蔡)公子豪(家), 戠(特)牛貓, 酉(酒)飤(食), 饋(饋)之_. 祮新(親)母, 肥狂, 酉(酒)飤(食)_. 舉禱(禱)東陸(陵)連嚻, 肥狂, 酉(酒)飤(食)_. 畀石被常(裳)之繁(說)_, 龍禱(禱)於卲(昭)王, 戠(特)牛貓, 饋(饋)之_. 龍禱(禱)於文㙸(坪)柰(夜)君·郘公子萈(春)·司馬子音·郗(蔡)公子豪(家), 各戠(特)瑽(豵), 酉(酒)飤(食)_. 夫人, 戠(特)牛貓, 酉(酒)飤(食)_. ⓕ郦(應)敘(會)占之日, 吉. 至九月熹(喜)雀(爵)立(位)."

16) 包山楚簡 제212∼215호간, "ⓐ東周之客鄲(許)綎(經)逞(歸)復(胙)於菆(歲)郢(郢)之戠(歲), 顗(夏)层(夷)之月乙丑之日, 盬(盬)吉目(以)㝮(保)豪(家)雩(爲)右(左)尹㐬(貞). ⓑ出内(入)庝(侍)王, 自顗(夏)层(夷)之月目(以)䜇(就)寒(集)戠(歲)之顗(夏)层(夷)之月, 夆(盡)寒(集)戠(歲), 躳(躬)身尙毋又(有)敀(咎)_. ⓓ占之, 亙(恆)㐬(貞)吉_,

주목해야 할 것은 제3조의 ⓕ제2차 점사 다음에 "ⓖ무릇 여기에서 제안한 제사와 기도는 모두 무사히 종료되었다. 부친에 대한 제사와 기도도 무사히 종료되었고, 모친에 대한 제사와 기도도 무사히 종료되었다"라고 기재되어 있고, 제8조의 ⓕ제2차 점사 다음에 "ⓖ夬·후토·사명·사화·대수·이천자·위산께 드리는 제사와 기도는 모두 무사히 종료되었다. 일 년 안에 경사로운 일이 있을 것이다"라고 기재되어 있는 점이다.[17] 여기에 보이는 '기진이旣盡逯(迻)', '기성旣成', '기개성旣皆成' 등과 같은 표현은 제3조나 제8조에서 정인이 제시한 제사의 일부나 전부가 실행되었다는 것을 의미하는 일종의 관용구이다. 그 밖에 ⓔ도사에 해당하는 문장에 제사지내기 좋은 날을 택한다는 '택양월양일擇良月良日'(제10조)이나 길하기를 바란다는 '상길尙吉'(제26조)과 같은 표현이 있는 것도 도사가 실제로 실행된 것을 기록한 것이 아니라는 것을 말해 준다. 왜냐하면 이미 제사를 실행하고 나서 기록한 것이라면 좋은 날을 택할 이유도 길하기를 바랄 이유도 없기 때문이다.

이와 같이 본다면 ⓔ의 도사는 ⓓ의 점사를 이어받아 재앙을 막는 방법에 대하여 정인이 구상하고 계획한 것을 제시한 것이고, ⓕ의 제2차 점사는 도사가 길한지 흉한지를 판단한 것으로 이해될 수 있다. 그렇다면 도사에 보이는 제사 의례는 실제로 실행된 것이 아니라 복수의 정인들이 각자 제시

---

少又(有)亞(惡)於王事, 虘(且)又(有)慼(感)於躬(躬)身. ⓔ曰(以)丌(其)古(故)敓(說)之. 逯古(故)箭, 賽禱(禱)夬, 備(佩)玉一環, 矣(后)土·司命·司禍(禍), 各一少(小)環. 大水, 備(佩)玉一環. 二天子, 各一少(小)環. 峗(峗)山一珪. 逯(迻)鼮(應)會(會)之祝, 賽禱(禱)宮矣(后)土, 一羖(羖). 逯(迻)石被常(裳)之祝. 至臤(秋)三月, 賽禱(禱)邵(昭)王, 戠(特)牛, 饋(饋)之. 賽禱(禱)文坓(平)夜君_·郚公子萅(春)_·司馬子音_·郘(蔡)公子豪(家)_, 各戠(特)狳(豢), 饋(饋)之. 賽禱(禱)新(親)母, 戠(特)貓, 饋(饋)之. ⓕ盬(鹽)吉占之曰, 吉."

17) 包山楚簡 제204호간 정면·제202호간 뒷면, "ⓖ凡此箭也, 旣(旣)聿(盡)逯. 新(親)父旣(旣)膡(成). 新(親)母旣(旣)膡(成)."; 同 제215호간, "夬_·矣(后)土_·司命_·司禍(禍)_·大水_·二天子_·峗(峗)山旣(旣)皆膡(成). 占(幾)审(中)又(有)悳(喜)."

468  죽간·목간·백서, 중국 고대 간백자료의 세계 1

한 재앙 등에 대한 해석과 처방전이며, 그중 어느 것을 택하느냐는 의뢰인 (client: 포산초간의 경우는 좌윤 소타)에게 맡겨져 있었다고 보는 것이 자연스러울 것이다.18)

다음으로 제도류의 경우는 총 4매로 복서류에 비하면 수량이 매우 적다. 각 죽간의 내용은 다음과 같다.

【제14조】 ⓐ동주의 사신 허정이 음복고기를 척영에 보낸 해(B.C. 317) 찬월(초력 11월) 병진일(53)에 ⓔ공윤의 공집사인인 하여위안이 좌윤이신 타를 위하여 친조부인 사마 자음께 豊禱하는 데 특우를 궤儥의 방법으로 올렸다. 장감이 (소타 대신 제사에) 임하였다. ⓗ기도가 끝난 후 (소타에게) 보고하였다.19)

【제15조】 ⓐ동주의 사신 허정이 음복고기를 척영에 보낸 해(B.C. 317) 찬월(초력 11월) 병진일(53)에 ⓔ공윤의 공집사인인 하여위안이 좌윤이신 타를 위하여 일찍 돌아가신 동릉련효 자발께 豊禱하는 데 살찐 새끼 돼지를 호蒿의 방법으로 올렸다. 장감이 (소타 대신 제사에) 임하였다. ⓗ기도가 끝난 후 (소타에게) 보고하였다.20)

【제4조】 ⓐ동주의 사신 허정이 음복고기를 척영에 보낸 해(B.C. 317) 동석월

---

18) 이상 복서류의 체재와 자료적 성격에 관해서는 李零(1993: 431쪽); 陳偉(1996: 4쪽); 池澤優(1997: 23쪽); 工藤元男(2001: 44~45쪽) 참조.

19) 包山楚簡 제224호간, "ⓐ東周[之]客響(許)緪(絰)遧(歸)俊(胙)於薪(薪)郢(郢)之戠(歲), 夐(爨)月酉(丙)脣(辰)之日, ⓔ攻尹之祉瓽(執)事人脰(夏)豊(與)薗(衛)斿屾(爲)子右(左)尹斻豊禕(禱)於斳(親)王父司馬子音, 戠(特)牛, 饋(儥)之. 臧(臧)散(敢)屾(爲)位. ⓗ歔(旣)禕(禱)至(致)命_."

20) 包山楚簡 제225호간, "ⓐ東周之客響(許)緪(絰)遧(歸)复(胙)於薪(薪)郢(郢)之戠(歲), 夐(爨)月酉(丙)脣(辰)之日, ⓔ祉(攻)尹之祉瓽(執)事人脰(夏)豊(與)薗(衛)斿屾(爲)子右(左)尹斻豊禕(禱)於獑(殤)東陸(陵)連囂子饔(發), 肥狂, 蒿祭(祭)之. 臧(臧)散(敢)屾(爲)位. ⓗ歔(旣)禕(禱)至(致)命_."

(초력 정월) 계축일(50)에 ⓔ소왕께 罷禱하는 데 특우를 올리고 대장人蹙이 궤饋의 방법으로 제사를 지냈다. 소길이 (소타를) 대신하여 제사에 임하였다. ⓗ이미 기도가 끝난 후 음복고기를 (소타에게) 보냈다.[21]

【제5조】 ⓐ동주의 사신 허정이 음복고기를 척영에 보낸 해(B.C. 317) 동석월 (초력 정월) 계축일(50)에 ⓔ문평야군·오공 자춘·사마 자음·채공 자가께 罷禱하는 데 각각 특환을 궤饋의 방법으로 올렸다. 소길이 (소타를) 대신하여 제사에 임하였다. ⓗ이미 기도가 끝난 후 음복고기를 (소타에게) 보냈다.[22]

이들 문장에 의하면 제사를 실행한 내용은 하나의 죽간에 한 건씩 간결하게 기록하는 방식으로 기재되어 있다. 그중 제4·5조와 제14·15조는 각각 같은 날 실행한 것으로 되어 있다. 체재와 관련하여 정리자는 ⓐ전사와 ⓔ 도사로 구성되어 있다고 하지만,[23] ⓔ의 도사를 더욱 세분하면 ⓔ도사와 ⓗ부기附記로 나눌 수 있다.[24]

그런데 이들 네 매의 죽간이 제사를 실행한 것을 기록한 것이라고 한다면, 복서제도간의 체재의 특성상 그 전에 어떤 특정 정인이 어떤 신령에게 어떤 제사를 지내야 재앙을 물리칠 수 있는지 제시한 복서간이 반드시 있었다는 것이 된다. 정리자는 이 문제에 대하여 아무런 언급도 하고 있지 않지

---

21) 包山楚簡 제205호간, "ⓐ東[周]之客饗(許)綛(經)逗(歸)俊(胙)於菽(蔵)郢(郢)之戠(歲), 膏(冬)菜(夕)之月癸丑之日, ⓔ罷禱(禱)於卲(昭)王, 戠(特)牛_, 大蹙_, 饋(饋)之 _. 卲(昭)吉(逸)(爲)綝(位). ⓗ飲(既)禱(禱)至(致)禀(福)ㄴ."

22) 包山楚簡 제206호간, "ⓐ東周(周)之客饗(許)綛(經)逗(歸)俊(胙)於菽(蔵)郢(郢)之戠(歲), 膏(冬)菜(夕)之月癸丑之日, ⓔ罷禱(禱)於文圣(平)麥(夜)君_·鄯(部)公子喆(春)_·司馬子音_·郁(蔡)公子豪(家), 各戠(特)狹(豢), 饋(饋)之_. 卲(昭)吉(逸)(爲)綝(位). ⓗ飲(既)禱(禱)至(致)禀(福)_."

23) 湖北省荊沙鐵路考古隊 편(1991a: 275쪽); 彭浩(1991b: 557쪽).

24) 池澤優(2007: 8쪽).

만, 일찍이 진위陳偉가 고찰한 바 있다. 그는 제14·15조는 제12조의 복서간을 실행한 기록이고 제4·5조는 제2·3·8조의 세 후보 중 제8조의 복서간을 실행한 기록으로 보고 있다. 전자의 견해에 대해서는 제14·15조에서 제사의 대상으로 기록되어 있는 친왕부親王父(친조부)와 상상(조상 중에 요절한 자)이 제1~13조의 복서간 중 제12조의 ⓓ제1차 점사에만 보이기 때문에 동의할 수 있다. 그렇다면 제14·15조는 11월 병진일(53)에 제사가 실행되었다고 기록되어 있으므로, 복서가 행해진 기유일(46)로부터 7일 후에 제사가 실행되었다는 것이 된다.

그런데 후자의 경우는 복서간과의 대응 관계뿐만 아니라 B.C. 317년의 복서제도에 속하는 죽간, 즉 제205~225호간의 배열 순서와도 관계가 있기 때문에 다시 검토하지 않으면 안 된다. 왜냐하면 정리자는 제4·5조(초력 정월)가 제8조(초력 5월)보다 시기적으로 앞서는 것으로 파악하고 있지만, 진위陳偉는 그와 반대로 제8조가 제4·5조보다 앞선다고 주장하고 있기 때문이다. 진위가 정리자와 달리 양자의 시간적 순서를 반대로 보는 이유는, 초나라 달력의 순서에서는 5월이 정월보다 먼저 온다고 보았기 때문이다. 그는 다음과 같은 점을 근거로 든다. 『초사楚辭』「구장九章」「추사抽思」편에는 "초여름의 짧은 밤을 원했지만, 어두워졌다 밝아지는 것이 마치 한 해와 같구나"라는 문장이 있는데, '진초월명대조표'에서 초나라의 8월에 대하여 "낮은 11시간 밤은 5시간"이라고 하는 것에 의하면, 8월은 낮이 가장 길고 밤이 가장 짧은 달이라고 한다.[25] 초나라 사람들은 이 달을 맹하孟夏 즉 여름의 첫 번째 달로 여겼는데, 이렇게 보면 초력 정월은 가을의 세 번째 달 즉

---

25) 『楚辭』, 권4, 「九章」, 「抽思」, "望孟夏之短夜兮, 何晦明之若歲."; 睡虎地秦簡 『日書』 甲種, 「歲」, 제67호간正參, "五月楚八月, 日十一夕五." 수호지진간의 저본으로는 睡虎地秦墓竹簡整理小組 편(1990)을 이용하였다.

계추季秋가 되어야 한다고 한다. 그런데 위에서 인용한 제8조의 문장을 보면 "가을의 세 번째 달이 되면"이라는 구절이 있는데, 이것은 제4·5조에 기록되어 있는 정월과 시간적으로 완전히 일치한다는 것이 그의 논리이다. 아울러 그는 그 밖에 여러 고증을 통하여 전국시대 초나라 달력에서 해의 기점 즉 세수歲首는 4월이라고 한다.[26]

그런데 진위陳偉의 말대로 초나라의 세수를 4월이라고 하고 초력 정월을 계추라고 하면 다음과 같은 문제가 발생한다. 먼저 4월을 세수로 설정하면 4월(孟春)·5월(仲春)·6월(季春)이 봄, 7월(孟夏)·8월(仲夏)·9월(季夏)이 여름, 10월(孟秋)·11월(仲秋)·12월(季秋)이 가을, 정월(孟冬)·2월(仲冬)·3월(季冬)이 겨울이 된다. 그렇다면 「추사」편에서 말하는 맹하는 8월이 아니라 그 전달인 7월이며, 제4·5조의 정월은 가을의 세 번째 달이 아니라 맹동 즉 겨울의 첫 번째 달이라고 해야 계산이 맞게 된다. 그리고 이러한 수정된 계산법에 의하면 제4·5조의 제사 시기와 제8조의 그것과의 사이에 시기의 불일치라는 새로운 문제가 발생하게 된다. 그래서 진위는 초나라 달력에서 맹춘은 4월이 아니라 5월이라고 함으로써 이 문제를 해결하려고 하고 있다.[27] 그러나 그것을 입증할 만한 객관적인 자료가 아직 없는 것은 물론, 맹춘을 5월이라고 하면 세수를 4월이라고 한 것과도 모순되기 때문에 사실 여부는 아직 미지수이다. 그러나 그렇다고 제2조나 제3조와 대응 관계에 있다고 볼

---

26) 陳偉(1996: 4~9쪽). 오늘날 우리는 정월을 세수로 하는 달력을 사용하고 있지만, 전국시대에는 나라마다 세수가 달랐다. 예를 들어 '진초월명대조표'에 의하면 초나라는 4월이 세수로 되어 있지만 秦나라는 10월이 세수로 되어 있다. 이처럼 초나라가 4월을 한 해의 기점으로 하는 달력을 사용하고 있었다는 것은 九店楚簡『日書』의 「建除」가 4월을 기점으로 하고 있는 것을 통해서도 알 수 있다.(湖北省文物考古研究所 편저, 1995: 506쪽) 이 점에 관해서는 李家浩(2001: 27쪽)도 함께 참조.

27) 陳偉(1996: 8쪽).

수도 없다. 왜냐하면 이 두 조 및 제1조는 모두 B.C. 318년 4월 을미일에 세 명의 정인이 각각 제시한 복서간인데, 위에서 언급했듯이 그중 제3조가 채택되어 이미 집행되었다고 기록되어 있기 때문이다.(제3조 ⑧ 참조) 따라서 이미 집행된 것을 그 이듬해에 또 집행했다고 하는 것은 논리적으로 가능성이 매우 희박하다.

다음으로 논의해야 하는 것은 죽간 배열의 문제이다. 진위陳偉는 이상과 같은 복서간과 제도간 사이의 대응 관계 및 세수의 문제, 후술할 기간정期間貞(陳偉는 歲貞이라고 함)과 질병정疾病貞이라는 정문 종류의 차이에 의거하여 정월은 5월 다음에 와야 하고 3월은 11월 다음에 와야 한다고 한다. 그의 논리대로라면 제4·5조는 제9조 뒤로, 제6조는 제12조나 제13조 뒤로 재배열해야 한다는 것이 된다. 그런데 이렇게 재배열하면 이상한 현상이 발생한다. 즉, 초나라 달력이 5월→정월→11월→3월이라는 순서가 되고 마는 것이다. 그러나 이것은 상식적으로 생각해도 있을 수 없는 일이다. 초나라 달력이 4월을 기점으로 한다면 4월→5월→6월→7월→8월→9월→10월→11월→12월→정월→2월→3월의 순으로 열두 달이 순환되므로, B.C. 317년의 복서 제도는 이가호李家浩[28]도 지적하고 있듯이 5월→11월→정월→3월의 순으로 재배열해야 한다. 그렇다면 정리자가 배열한 제4·5·6조의 죽간(제205~208호간)은 모두 제15조(제225호간) 다음으로 배열해야 한다. 〈표 8-2〉는 이와 같이 수정하여 재배열한 것이다.

---

28) 李家浩(2001: 26~27쪽).

〈표 8-2〉 포산초간 복서제도간의 조 구성과 종류 및 점복 시기(수정 후)

| No. | 구성 | 종류 | 복서제도 시기 年 | 복서제도 시기 月(楚曆) | 복서제도 시기 日 | 죽간 번호 |
|---|---|---|---|---|---|---|
| 1 | 卜筮類 | 期間貞 | B.C. 318 | 刜屍(4) | 乙未(32) | 197 · 198 |
| 2 | | | B.C. 318 | 刜屍(4) | 乙未(32) | 199 · 200 |
| 3 | | | | 刜屍(4) | 乙未(32) | 201 · 202 · 203 · 204 |
| 7 | | | B.C. 317 | 顕屍(5) | 乙丑(2) | 209 · 210 · 211 |
| 8 | | | | 顕屍(5) | 乙丑(2) | 212 · 213 · 214 · 215 |
| 9 | | | | 顕屍(5) | 乙丑(2) | 216 · 217 |
| 10 | | 疾病貞 | | 炱月(11) | 己酉(46) | 218 · 219 |
| 11 | | | | 炱月(11) | 己酉(46) | 220 |
| 12 | | | | 炱月(11) | 己酉(46) | 221 · 222 |
| 13 | | | - | - | - | 223 |
| 14 | 祭禱類 | - | B.C. 317 | 炱月(11) | 丙辰(53) | 224 |
| 15 | | | | 炱月(11) | 丙辰(53) | 225 |
| 4 | | | | 昚臬(1) | 癸丑(50) | 205 |
| 5 | | | | 昚臬(1) | 癸丑(50) | 206 |
| 6 | 卜筮類 | 疾病貞 | | 遠臬(3) | 癸卯(40) | 207 · 208 |
| 16 | | 期間貞 | B.C. 316 | 刜屍(4) | 己卯(16) | 226 · 227 |
| 17 | | | | 刜屍(4) | 己卯(16) | 228 · 229 |
| 18 | | | | 刜屍(4) | 己卯(16) | 230 · 231 |
| 19 | | | | 刜屍(4) | 己卯(16) | 232 · 233 |
| 20 | | | | 刜屍(4) | 己卯(16) | 234 · 235 |
| 21 | | | | 刜屍(4) | 己卯(16) | 236 · 237 · 238 |
| 22 | | | | 刜屍(4) | 己卯(16) | 239 · 240 · 241 |
| 23 | | 疾病貞 | | 刜屍(4) | 己卯(16) | 242 · 243 · 244 |
| 24 | | | | 刜屍(4) | 己卯(16) | 245 · 246 |
| 25 | | | | 刜屍(4) | 己卯(16) | 247 · 248 |
| 26 | | | | 顕屍(5) | 己亥(36) | 249 · 250 |

이상의 논의를 통하여 복서제도간의 일반적인 체재를 정리하면 다음과 같다.(*는 생략 가능한 요소)[29]

【복서류의 체재】

ⓐ 前辭

ⓐ-1: [以事紀年之歲, [楚月名]之月, [干支]之日, [貞人]*以[占具]爲[의뢰인](墓主名)]貞.

ⓐ-2: [貞人]習之以[占具]爲[의뢰인](墓主名)]貞.(習貞)


ⓑ 命辭

ⓑ-1: 自[月]以就[月], *[사항], [기간], 躬身尚毋有咎.(期間貞)

ⓑ-2: [병세], *[기간], *尙毋有恙/咎(또는 "尙速瘥, 毋有祟", "尙毋死").(疾病貞)


ⓒ 卦劃


ⓓ 제1차 占辭

ⓓ-1: [*貞人占之, 恆貞吉(또는 吉), 少有[우환](또는 "無咎, 無祟"), *且[우환].(期間貞)

ⓓ-2: *[貞人占之, 恆貞吉, *[시일], *[병세], 有祟見於[지벌 원인]].(疾病貞)


ⓔ 禱辭

以其故敓之, *[叀/遝]貞人之敓(또는 "遝故筩", 擇日), *[제사]於[제사 대상], *[제물], *[供犧法], *[점복 효과/사항], *[使/令]攻解/除於[신령].


ⓕ 제2차 占辭

[*貞人占之曰, 吉. *[시기]有喜.


ⓖ 제2차 禱辭

[제사 대상]旣成. *[시기]有喜.

---

29) 아래의 복서제도간의 체재와 관련해서는 李零(1993: 429~430쪽); 陳偉(1996: 7 · 151
~156쪽); 池澤優(2007: 7~8쪽)를 참조하였다.

【제도류의 체재】

ⓐ 前辭

[以事紀年]之歲, [楚月名]之月, [干支]之日, [*제사 집행자]爲[제사 의뢰인(묘주명)].


ⓔ 禱辭

[제사]於[제사 대상], [제물], [供犧法], [助祭者]爲位.


ⓗ 附記

旣禱致命/致福.


포산초간 복서제도간은 일반적으로 이상과 같은 체재로 되어 있지만, 제10·11조와 같이 ⓕ제2차 점사가 없거나 제20조와 같이 ⓔ도사와 ⓕ제2차 점사가 없는 경우도 있다.

다음 절에서는 복서제도간의 체재를 분석한 것을 토대로 각 구성요소별 내용과 특징을 구체적으로 살펴보기로 한다. 아울러 제도류는 제사를 집행한 연월일과 제사 대상, 제물, 제사 방법, 정문 의뢰인이 직접 제사지내지 않았을 경우에는 대리로 제사지낸 사람(攝祭者)의 이름, 조제자(助祭者)가 있을 경우에는 그 이름, 그리고 기도가 종료된 것을 보고하거나 복을 나누었다는 것을 내용으로 하고 있다.30) 즉, 복서류에서 제시된 제사를 집행했다는 것을 기록한 것이기 때문에 복서류의 내용이 파악되면 제도류의 내용은 자연히 이해될 수 있는 구조로 되어 있다. 따라서 여기서는 복서류를 중심으로 내용과 특징을 살펴보기로 하겠다.

---

30) 池澤優(2007: 9쪽).

## 제3절 복서제도간의 내용과 특징

### 1. 전사

앞에서 인용한 제1·3·8조를 보면 알 수 있듯이, 일반적으로 복서제도
간은 언제(연월일), 누가, 어떤 점구로, 누구를 위하여 정문했는지를 기재하는
것으로부터 시작된다. 이것을 '전사'라고 한다. 그 기본적인 체재는 "[以事紀
年]之歲, [楚月名]之月, [干支]之日, [貞人*以[占具]爲[의뢰인(墓主名)]貞"과 같이
매우 정형화된 형식으로 되어 있다. 이러한 사항들이 기재되어 있기 때문에
우리는 복서제도의 정확한 시기, 정인의 존재, 점구의 명칭, 정문 주체에
관한 구체적인 정보를 알 수 있는 것이다. 〈표 8-2〉와 〈표 8-3〉에 의하면 '연
年'은 전년의 대사大事를 기년紀年으로 삼는 '이사기년以事紀年'으로 표기되어
있고, '월月'은 초나라 고유의 월명이 사용되고 있으며, '일日'은 간지干支로
표기되어 있다. 다만 제13조와 같이 다른 정인이 점친 것과 동일한 방법과
내용으로 반복하여 점을 치는 이른바 습정習貞의 경우는 "[貞人]習之以[占具]
爲[의뢰인(墓主名)]貞"과 같이 연월일이 생략되어 있다. 참고로 여기에 기재
되어 있는 '이사기년'은 서력으로 각각 B.C. 318년, B.C. 317년, B.C. 316년에
해당된다는 것이 정설로 되어 있다.

포산초간 복서류에 등장하는 '정인'은 고길鹽吉·석피상石被裳·응회應
會·오생五生·가가苛嘉·허길許吉·가광苛光·郙產·굴의屈宜·진을陳乙·관붕
觀綳·관의觀義와 같이 총 12명이다. 그중 고길이 가장 많은 4회, 그 다음이
오생과 허길로 3회, 그 다음이 가광·진을·관붕으로 2회씩 등장하고, 나머
지는 1회씩 등장한다. 이렇게 보면 아마도 고길이 정문 의뢰인인 좌윤 소타

| No. | 西曆 | 以事紀年 | 貞人 | 占具 | 의뢰인 |
|---|---|---|---|---|---|
| 1 | | 宋客盛公騅聘於楚之歲 | 鹽吉 | 保家(卜) | 左尹蛇 |
| 2 | B.C. 318 | 宋客盛公騅聘於楚之歲 | 石被裳 | 訓龜(卜) | 左尹蛇 |
| 3 | | 宋客盛騅聘於楚之歲 | 應會 | 央蓍(筮) | 左尹蛇 |
| 7 | | 東周之客許緹致胙於藏郢之歲 | 五生 | 承德(筮) | 左尹蛇 |
| 8 | | 東周之客許緹歸胙於藏郢之歲 | 鹽吉 | 保家(卜) | 左尹蛇 |
| 9 | | 東周之客許緹歸胙於藏郢之歲 | 苛嘉 | 長則(卜) | 左尹蛇 |
| 10 | | 東周之客許緹歸胙於藏郢之歲 | 許吉 | 保家(卜) | 左尹昭蛇 |
| 11 | | 東周之客許緹歸胙於藏郢之歲 | 苛光 | 長惻(卜) | 左尹昭蛇 |
| 12 | B.C. 317 | 東周之客許緹歸胙於藏郢之歲 | 郰𤲒 | 少寶(卜) | 左尹昭蛇 |
| 13 | | - | 屈宜 | 彤笿(卜) | 左尹昭蛇 |
| 14 | | 東周客許緹歸胙於藏郢之歲 | - | - | - |
| 15 | | 東周之客許緹歸胙於藏郢之歲 | - | - | - |
| 4 | | 東之客許緹歸胙於藏郢之歲 | - | - | - |
| 5 | | 東周之客許緹歸胙於藏郢之歲 | - | - | - |
| 6 | | 東周之客許緹歸胙於藏郢之歲 | 苛光 | 長惻(卜) | 左尹昭蛇 |
| 16 | | 大司馬悼愲將楚邦之師徒以救郙之歲 | 鹽吉 | 保家(卜) | 左尹蛇 |
| 17 | | 大司馬悼愲將楚邦之師徒以救郙之歲 | 陳乙 | 共命(筮) | 左尹蛇 |
| 18 | | 大司馬悼愲將楚邦之師徒以救郙之歲 | 觀緤 | 長靈(卜) | 左尹蛇 |
| 19 | | 大司馬悼愲將楚邦之師徒以救郙之歲 | 五生 | 承德(筮) | 左尹蛇 |
| 20 | | 大司馬悼愲將楚邦之師徒以救郙之歲 | 許吉 | 駁靈(卜) | 左尹蛇 |
| 21 | B.C. 316 | 大司馬悼愲將楚邦之師徒以救郙之歲 | 鹽吉 | 保家(卜) | 左尹蛇 |
| 22 | | 大司馬悼愲將楚邦之師徒以救郙之歲 | 陳乙 | 共命(筮) | 左蛇 |
| 23 | | 大司馬悼愲將楚邦之師徒以救郙之歲 | 觀緤 | 長靈(卜) | 左尹蛇 |
| 24 | | 大司馬悼愲以將楚邦之師徒以救郙之歲 | 五生 | 承德(筮) | 左尹蛇 |
| 25 | | 大司馬悼愲以將楚邦之師徒以救郙之歲 | 許吉 | 駁靈(卜) | 左尹蛇 |
| 26 | | 大司馬悼愲救郙之歲 | 觀義 | 保家(卜) | 左尹昭蛇 |

와 가장 가까운 관계에 있었던 것으로 볼 수 있을 것이다.

　정인이라는 말은 고대 문헌에는 없는 말이다. 고대 문헌에서 정인에 상
응하는 말을 찾으라고 한다면, 『묵자』「귀의貴義」편에 묵자가 북으로 제齊
나라에 가려고 했을 때 만났다고 하는 '일자日者'가 아마도 그에 해당하지
않을까 싶다.31) 정인은 우리가 속칭 점쟁이라고 부르듯이 점복 전문가 내지

---

31) 『墨子』, 권12,「貴義」47, "子墨子北之齊, 遇日者. 日者曰, 帝以今日殺黑龍於北方,

는 직업적 종교인으로 이해되는 것이 보통이다.[32] 이것은 곧 정인과 의뢰인이 사적인 관계로 맺어져 있다는 것을 전제로 한 이해 방식일 것이다. 포산초간에 나오는 정인들을 보면 그들의 이름 앞에 관직명이 오는 예가 없기 때문에 이러한 견해는 한동안 유효하였다. 그러나 신채갈릉초간이 공표되고 나서는 사정이 달라졌다. 왜냐하면 신채갈릉초간에는 갑삼甲三233·190호간의 '섭소사마진무건鄩小司馬陳㻌㤪', 을사乙四141호간의 '맹윤단黽尹丹', 영령零200·323호간의 '능윤陵尹'(懌)과 같이 정인의 이름 앞에 '소사마' '맹윤' '능윤'과 같은 관직명으로 추정되는 말이 오는 예가 있기 때문이다. 이것은 곧 복서제도와 같은 점복이 사적인 관계뿐만 아니라 관료기구에 의하여 조직적으로 행해졌을 가능성도 있다는 것을 보여준다는 점에서 매우 중요한 사례이다.[33]

포산초간 복서제도간에서 사용되고 있는 점구는 보가保家(寶家로 읽는 학자도 있음)·훈귀訓龜·앙시夬蓍·승덕承德·장칙長則·장측長惻·소보少寶·동락肜䇠·공명共命·장령長靈·박령駁靈과 같이 총 11종이다. 그중 '칙則'과 '측惻'은 음이 비슷하기 때문에 같은 점구일 가능성도 있다. 또, 고길과 관의가 보가라는 같은 점구를 사용하고 허길이 보가와 박령이라는 두 점구를 사용하고 있는 것을 제외하면, 나머지 정인들은 모두 다른 명칭의 점구를 하나씩 사용하고 있다. 이렇게 보면 당시 정인들은 각자 전용 점구를 사용하고 있었

---

而先生之色黑, 不可以北. 子墨子不聽, 遂北, [至淄水, 不遂而反焉. 日者曰, 我謂先生不可以北. 子墨子曰, 南之人不得北, 北之人不得南, 其色有黑者有白者, 何故皆不遂也. 且帝以甲乙殺靑龍於東方, 以丙丁殺赤龍於南方, 以庚辛殺白龍於西方, 以壬癸殺黑龍於北方. 若用子之言, 則是禁天下之行者也. 是圍心而虛天下也, 子之言不可用也." 『史記』, 「日者列傳」에 대하여 裴駰의 集解가 "古人占候卜筮, 通謂之日者"라고 하는 것도 참조.

32) 彭浩(1991b: 558쪽).
33) 池澤優(2007: 9~10쪽).

을 가능성이 있다. 물론 명칭만 다를 뿐 재료가 같을 수도 있기 때문에 다른 가능성도 얼마든지 있을 수 있다.

점구는 재료에 따라 거북점(獸骨도 포함)과 시초점으로 나누어진다. 그런 데 팽호彭浩는 포산초간에는 시초점이 많고 거북점은 적다고 하고 있다. 그 가 이렇게 판단한 이유는 가보를 '포시笣蓍'로 읽고 시초로 간주하거나 공 명·승덕·장칙 등을 명칭상 거북이나 시초도 아닌 다른 재료로 보고 있기 때문이다.[34] 그러나 가보를 포시로 읽어야 하는 필연성은 전혀 없으며, 공 명·승덕·장칙을 명칭만 보고 거북이나 시초가 아니라고 하는 것도 전혀 근거가 없다. 따라서 각각의 점구가 거북점인가 시초점인가 하는 것은 ⓒ 괘획卦劃의 유무를 보고 판단하는 것이 가장 합리적일 것으로 생각된다. 즉, 괘획이 기재되어 있는 것은 시초점이고, 괘획이 기재되어 있지 않은 것은 거북점으로 판단하는 것이 가장 자연스러울 것으로 판단된다.[35]

포산초간 복서제도간에서 점복의 의뢰인은 좌윤 소타이다. 소타는 견책 에 해당하는 제267호간의 "대사마 도골이 부鄩를 구한 해(B.C. 316) 향월(초력 6월) 정해일(24)에 좌윤 하장"[36]이라는 문장에 보이는 좌윤과 동일 인물이며, 포산 2호묘의 묘주이다. 마지막 복서간의 날짜는 B.C. 316년 하이월(초력 5월) 기해일(36)로 되어 있고, 소타는 그로부터 48일 후인 6월 정해일에 장사지낸 것으로 되어 있다. 이러한 정황으로 보면 의뢰인인 묘주는 그 사이에 사망 했다는 것을 알 수 있다.

---

34) 彭浩(1991b: 557~559쪽).
35) 이 점에 관해서는 李零(1993: 432~433쪽)도 함께 참조.
36) 포산초간 제267호간, "大司馬悆(悼)鵠(骰)救(救)鄩之骰(歲)宦月丁亥之日, 左尹鼀(葬)."

## 2. 명사

전사 다음에는 점치는 사유나 내용이 기재되어 있는데, 이것을 '명사'라고 한다. 명사에 대하여 일찍이 진위陳偉는 졸세卒歲나 집세集歲와 같은 한정된 기간에 대하여 점을 치는 '세정歲貞'(일 년 단위)과 질병이라는 사항에 대하여 점을 치는 '질병정'으로 나누어 논의한 적이 있다.[37] 그러나 이러한 분류는 신채갈릉초간이 공표됨에 따라 수정하지 않으면 안 되게 되었다. 왜냐하면 신채갈릉초간에는 '졸세정卒歲貞'이나 '집세정集歲貞' 외에 '삼세정三歲貞'(乙四98호간)이나 '칠일정七日貞'(零329호간)과 같은 말이 사용되고 있기 때문이다. 이를 통해 보면 한정된 기간에 대하여 점을 치는 것은 일 년을 단위로 하는 '세정'보다는 '기간정期間貞'이라고 부르는 것이 더 타당할 것으로 판단된다. 따라서 아래에서는 세정이라는 말 대신 한정된 기간이라는 의미에서 기간정이라는 말을 사용하기로 하겠다.

〈표 8-4〉에 의하면 기간정의 체재는 "自[月]以就[月], *[사항], [기간], 躬身尙毋有咎"와 같이 매우 정형화된 형식으로 되어 있다. 점을 치면서 신령에게 묻는 것은 한정된 기간 내에 의뢰인에게 우환이나 재앙이 있는지의 여부이다. 이때 한정된 기간에 해당하는 용어로 사용되고 있는 것은 이미 언급했듯이 '졸세'와 '집세'이다. 이 용어의 의미에 대하여 정리자는 졸세는 1년을 의미하고 집세는 3년을 의미한다고 하지만, 이령李零이 졸세와 집세 모두 1년을 의미한다고 한 이래 대부분의 학자들이 이 견해를 따르고 있다.[38]

---

37) 陳偉(1996: 7・151~156쪽).
38) 劉彬徽・彭浩・胡雅麗・劉祖信(1991: 385・387쪽・考釋 344・401); 彭浩(1991b: 558쪽); 李零(1993: 432쪽).

〈표 8-4〉 期間貞의 命辭와 내용

| No. | 서력 | 정형구 | | | |
|---|---|---|---|---|---|
| | | 기간① | 사항 | 기간② | 기원 내용 |
| 1 | B.C. 318 4월 을미일 | 自刑夷之月以就刑夷之月 | 出入事王 | 盡卒歲 | 躬身尙毋有咎 |
| 2 | | 自刑夷之月以就刑就刑夷之月 | - | 盡卒歲 | 躬身尙毋有咎 |
| 3 | | 自刑夷之月以就刑夷之月 | 出入事王 | 盡卒歲 | 躬身尙毋有咎 |
| 7 | B.C. 317 5월 을축일 | 自夏夷之月以就集歲之夏夷之月 | 出入侍王 | 盡集歲 | 躬身尙毋有咎 |
| 8 | | 自夏夷之月以就集歲之夏夷之月 | 出入侍王 | 盡集歲 | 躬身尙毋有咎 |
| 9 | | 自夏夷之月以就集歲之夏夷之月 | 出入侍王 | 盡集歲 | 躬身尙毋有咎 |
| 16 | B.C. 316 4월 을묘일 | 自刑夷之月以就集歲之刑夷之月 | 出入侍王 | 盡集歲 | 躬身尙毋有咎 |
| 17 | | 自刑夷之月以就集歲之刑夷之月 | 出入侍王 | 盡集歲 | 躬身尙毋有咎 |
| 18 | | 自刑夷之月以就集歲之刑夷之月 | 出入侍王 | 盡集歲 | 躬身尙毋有咎 |
| 19 | | 自刑夷之月以就集歲之刑夷之月 | 出入侍王 | 盡集歲 | 躬身尙毋有咎 |
| 20 | | 自刑夷之月以就集歲之刑夷之月 | 出入侍王 | 盡集歲 | 躬身尙毋有咎 |

그러나 최근의 연구 성과에 의하면 졸세는 점을 친 달에서 같은 해 연말까지의 기간을 나타내고, 집세는 점을 친 달에서 그 이듬해의 같은 달까지의 기간(즉 13개월)을 나타낸다. 이렇게 보면 졸세는 어느 달을 기점으로 하느냐에 따라 개월 수가 달라지기 때문에 기간이 고정되어 있지 않지만, 집세는 13개월로 고정되어 있다고 할 수 있다.[39] 아울러 포산초간에서 기간정은 매년 4월이나 5월에 한 번씩 행해지고 있다.

그렇다면 기간정에서 정문을 통하여 기원하려고 하는 내용은 무엇인가? 그것은 곧 점을 치는 달에서 그 해의 연말까지(졸세정), 또는 점을 치는 달에

---

39) 宋華强(2010: 50~54쪽) 참조. '集歲'의 용례는 전래문헌에는 보이지 않는다. '卒歲'는 『毛詩』, 권8-1, 「豳風·七月」의 "無衣無褐, 何以卒歲"에 대하여 鄭玄 箋이 "褐, 毛布也. 卒, 終也. 此二正之月, 人之貴者無衣, 賤者無褐, 將何以終歲乎. 是故八月則當績也"라고 하는 것에 의하면 '연말'을 의미한다. 집세의 경우는 '自夏夷之月以就集歲之夏夷之月'이나 '自刑夷之月以就集歲之刑夷之月'이라 하여 어떤 달의 한정어로 사용되고 있지만 졸세의 경우는 한정어로 사용된 예가 없는 것도, 졸세가 1년이 아니라 연말을 의미한다는 것을 방증해 주는 근거 중의 하나이다.

서 그 이듬해의 같은 달까지(집세정)의 기간 내에 조정에 출입하면서 왕을 보필하는 데 의뢰인의 몸에 재앙이 없기를 바란다는 것을 내용으로 하고 있다. '조정에 출입하면서 왕을 보필한다'(出入事王·出入侍王)는 표현이 정형구로 사용되고 있는 것은, 아마도 묘주인 소타의 관직이 좌윤인 것과 밀접한 관계가 있을 것이다. 왜냐하면 좌윤은 초나라에서 영윤令尹 다음으로 높은 관직이기 때문이다. 참고로 '출입사왕出入事王'이나 '출입시왕出入侍王'이라는 표현이 있는 것에 의거하여 복서제도간에 엿보이는 예축의례豫祝儀禮는 봉군封君이나 세족世族의 사적인 일이라기보다는, 초나라 왕에 대한 충성을 어필하기 위하여 행해진 매우 공적인 행사라고 주장하는 견해도 있다.[40] 앞에서 언급했듯이 복서제도가 관료기구에 의하여 조직적으로 행해졌을 가능성이 있는 것을 감안하면 설득력 있는 견해라고 생각된다.

다음으로 질병정은 의뢰인의 병세와 그것이 호전되기를 기원하는 내용으로 되어 있다. 그 체재는 "[병세], *[기간], *尙毋有恙/咎](또는 "尙速瘥, 毋有祟", "尙毋死")"로 유형화할 수 있는데, 〈표 8-5〉에 의하면 기간정과 같이 정형화되어 있지는 않다. 사람의 질병이라는 것이 시간이 경과됨에 따라 호전되기도 하고 악화되기도 하는 것을 생각하면, 정형화되어 있지 않은 것이 오히려 당연할 것이다.

이처럼 문장은 비록 정형화되어 있지 않지만, 질병정을 통하여 정문 의뢰인인 좌윤 소타가 생전에 어떤 질병을 앓고 있었고 병세가 어떻게 악화되어 갔는지 알 수 있다는 것 자체가 실은 더 중요하다고 생각한다. 구체적으로 보면 B.C. 318년까지는 소타의 건강상에 문제가 없었던 것 같다. ①그런데 그 이듬해인 B.C. 317년 11월에 '심질心疾'(胸痛이나 심장병)이라는 병에 걸려

---

40) 工藤元男(2004: 14쪽).

<표 8-5> 疾病貞의 命辭와 내용

| No. | 서력 | 병세 | 기간 | 기원 내용 |
|---|---|---|---|---|
| 10 | | 以其下心而疾, 少氣 | - | - |
| 11 | B.C. 317<br>11월 기유일 | 以其下心而疾, 少氣 | - | - |
| 12 | | 既有病, 病心疾, 少氣, 不入食 | 縈月幾中 | 尙毋有恙 |
| 13 | | 既有病, 病心疾, 少氣, 不入食 | - | 尙毋有恙 |
| 6 | B.C. 317<br>3월 계묘일 | 病腹疾, 以少氣 | - | 尙毋有咎 |
| 21 | | 既腹心疾, 以上氣, 不甘食, 久不瘳 | - | 尙速瘳, 毋有祟 |
| 22 | | 既腹心疾, 以上氣, 不甘食 | - | 尙速瘳, 毋有祟 |
| 23 | B.C. 316<br>4월 기묘일 | 既腹心疾, 以上氣, 不甘食, 久不瘳 | - | 尙速瘳, 毋有祟 |
| 24 | | 既腹心疾, 以上氣, 不甘食 | - | 尙速瘳, 毋有祟 |
| 25 | | 既腹心疾, 以上氣, 不甘食, 久不瘳 | - | 尙速瘳, 毋有祟 |
| 26 | B.C. 316<br>5월 기해일 | 以其有重病, 上氣 | - | 尙毋死 |

기력이 떨어지고 음식을 먹지 못하는 등 몸에 이상 징후가 발견되었다. ②
또한 4개월 후인 같은 해 3월에는 '복질腹疾'(뱃병)이 추가로 발견되었다. ③
해가 바뀌어 B.C. 316년 4월에는 복질과 심질로 숨이 차고 입맛이 없는 등
병이 더욱 심해지고, ④그 다음 달인 5월에는 '중병重病'이라고 하듯이 병세
가 최악의 상태로까지 악화되어, 결국 그 다음 달인 6월에 사망에 이른 것
으로 보인다. 의뢰인의 병세가 걷잡을 수 없을 정도로 긴박한 상황으로까지
치달았던 B.C. 316년 4월 기묘일과 5월 기해일의 질병정을 예로 들면 다음과
같다.

【제25조】ⓐ대사마 도골이 초나라 군대를 이끌고 부郙를 구한 해(B.C. 316) 형
이월(초력 4월) 기묘일(16)에 허길이 박령을 사용하여 좌윤 타를 위하여 묻습니
다. ⓑ"이미 뱃병과 심질을 앓고 있어서 숨이 차고 입맛이 없으며 오랫동안 낫지

않고 있습니다. 신속히 낫고 지벌이 없기를 바랍니다.” ⓓ점을 치자 “장기적인 정문의 결과는 길하지만, 병이 낫지 않고 지속된다”는 결과가 나왔다. ⓔ이 일로 인해 제사를 지내고 기도를 드린다. 대수께 塞禱하는 데 희생용의 말 한 마리를 올린다. 오공 자춘·사마 자음·채공 자가께 塞禱하는 데 각각 특환을 궤饋의 방법으로 올린다. 사社신께는 석豬(?) 한 마리를 올린다. 일신日神과 월신月神 및 죄 없이 억울하게 죽임을 당하여 귀신이 된 자의 지벌을 제거해야 한다. ⓕ허길이 점을 치자 “길하다”는 결과가 나왔다.[41)]

【제26조】 ⓐ대사마 도골이 부를 구한 해(B.C. 316) 하이월(초력 5월) 기해일(36)에 관의가 보가를 사용하여 좌윤 소타를 위하여 묻습니다. ⓑ“중병으로 인하여 숨이 차오르고 있습니다. 죽지 않기를 바랍니다.” ⓓ관의가 점을 치자 “장기적인 정문의 결과는 길하다. 죽지 않는다. 지벌이 후사가 없는 신령과 참목위斬木位(?)에서 나타난다”는 결과가 나왔다. ⓔ이 일로 인해 제사를 지내고 기도를 드린다. 후사가 없는 신령께 塞禱하는 데 각각 살찐 석豬(?)을 궤饋의 방법으로 올린다. 참목위斬木位(?)의 지벌을 제거하게 하고, 또 그 장소를 옮겨 세워 길하기를 바란다. ⓕ관의가 점을 치자 “길하다”는 결과가 나왔다.[42)]

---

41) 包山楚簡 제247~248호간, “ⓐ大司馬悼(悼)髓(愲)吕(以)逹(將)楚邦之帀(師)徒吕(以)救(救)郙之散(歲), 𨛭(刑)层(夷)之月己卯之日, 鄦(許)吉吕(以)䭴(駁)靁(靈)爲(爲)右(左)尹𣄰貞(貞). ⓑ𣪍(既)腹(腹)心疾, 吕(以)走(上)懸(氣), 不甘飤(食), 舊(久)不瘥(瘥), 尙遬(速)瘥(瘥), 毋又(有)柰(祟). ⓓ占之, 亙(恆)貞(貞)吉, 疠(病)又(有)續(續). ⓔ吕(以)亓(其)古(故)敓(說)之_. 罌禱(禱)大水, 一犧(犧)馬_. 罌禱(禱)吾公子萅(春)_·司馬子音_·鄵(蔡)公子冢(家)_, 各戠(特)豢(豢), 饋(饋)之_. 罌禱(禱)社, 一豬_. 囟攻觧(解)[於]日月與不殆(辜). ⓕ鄦(許)吉占之曰, 吉_.”

42) 包山楚簡 제249~250호간, “ⓐ大司馬悼(悼)愲(愲)救郙之散(歲), 顕(夏)层(夷)之月己亥之日, 𧢢(觀)義吕(以)保冢(家)爲(爲)右(左)尹卲(昭)𣄰貞(貞). ⓑ吕(以)亓(其)又(有)𤺺(重)疠(病), 走(上)懸(氣), 尙毋(毋)死. ⓓ義占之, 亙(恆)貞(貞)[吉], 不死. 又(有)柰(祟)見於𢇍(絕)𣡕(無)逡(後)者與漸(斬)木立(位). ⓔ吕(以)亓(其)古(故)敓(說)之. 罌禱(禱)於𢇍(絕)𣡕(無)逡(後)者, 各肥豬, 饋(饋)之. 命(令)攻觧(解)於漸(斬)木立(位), 虘(且)遷(徙)亓(其)尻(處)而梪(樹)之, 尙吉. ⓕ義占之曰, 吉_.”

이와 같이 소타의 병세가 경輕에서 중重으로 진행되어 가고 있는 정황은 '상尙'자 다음에 오는 기원의 내용을 통해서도 확인할 수 있다. 즉, ①에서는 "근심이 없기를 바란다"고 하고 있듯이 이 시기에는 병이 아직 심각한 상태에 이르지는 않았음을 감지할 수 있다. 그러던 것이 ②에서는 "재앙이 없기를 바란다", ③에서는 "신속히 낫고 지벌이 없기를 바란다"라고 하고 있듯이 기원의 내용이 더욱 절실해지더니, ④에서는 "죽지 않기를 바란다"고 하여 소타의 병세가 거의 회복 불가능한 절망적인 상태에 이르렀음을 암시하고 있다.

참고로 진위陳偉는 세정(즉 기간정)과 질병정의 관계의 문제와 관련하여 세정은 1년의 길흉을 점치는 것이기 때문에 대체로 1년에 한 번 거행되는 데 비해, 질병정은 병세를 보고 정하는 것이기 때문에 어떤 해에는 한 번도 실행되지 않지만 어떤 해에는 여러 번 실행되기도 한다고 한다. 그런데 이 두 종류의 정문은 같은 날 실행되는 경우가 있다 하더라도 명사나 점사에서 서로 뒤섞이는 일은 전혀 없다고 한다. 이것은 곧 세정과 질병정이 서로 대체되거나 동시에 수용될 수 없다는 것을 보여주는 것이라고 한다.[43]

이러한 견해는 포산초간에 의하는 한 타당한 것으로 인식되어 왔다. 그러나 신채갈릉초간의 출현으로 이 두 종류의 정문이 공존하거나 기간을 한정한 질병정의 예가 있다는 사실이 새롭게 밝혀지게 되었다. 그 경우에는 기간을 한정하여 점을 치기는 하지만, 만약 그때 이미 의뢰인이 병을 앓고 있다고 한다면 그것을 주제로 설정하여 그 기간 내에 병세가 어떻게 전개될 것인지 점을 치는 체계로 되어 있다. 이것은 곧 복서제도간을 진위陳偉와 같이 세정과 질병정으로 나누는 것이 과연 타당한가라는 의문을 낳게 한다

---

43) 陳偉(1996: 155쪽).

는 점에서 앞으로 지속적으로 검토해 나가야 할 중요한 사항이다.[44]

## 3. 괘획

〈표 8-6〉 포산초간 복서제도간의 괘획과 현행본 『주역』과의 대응 관계

| No. | 종류 | 貞人 | 占具 | 卦劃 | 周易 卦名 |
|---|---|---|---|---|---|
| 3 | 期間貞 | 應會 | 央蓍 | | 豫 · 兌 |
| 7 | | 五生 | 承德 | | 損 · 臨 |
| 17 | | 陳乙 | 共命 | | 蠱 · 剝 |
| 19 | | 五生 | 承德 | | 隨 · 離 |
| 22 | 疾病貞 | 陳乙 | 共命 | | 頤 · 无妄 |
| 24 | | 五生 | 承德 | | 恆 · 需 |

앞에서도 언급했듯이 정인들이 점을 칠 때 사용하는 점구 중 시초나 산
가지를 사용한 것으로 추정되는 복서간에는 괘획이 기재되어 있다. 〈표
8-6〉에 의하면 ①제201호간의 (제3조), ②제210호간의 (제7조), ③제229호
간의 (제17조), ④제232호간의 (제19조), ⑤제239호간의 (제22조), ⑥제245호

---

44) 이 점에 관해서는 工藤元男(2005: 22쪽); 池澤優(2007: 9 · 11~15쪽) 참조.

간의 鸒(제24조)가 그것이다. 정리자에 의하면 이들 괘획과 현행본『주역』과의 대응 관계는 다음과 같다. ①은 예괘豫卦와 태괘兌卦, ②는 손괘損卦와 임괘臨卦, ③은 고괘蠱卦와 박괘剝卦, ④는 수괘隨卦와 이괘離卦, ⑤는 이괘頤卦와 무망괘无妄卦, ⑥은 항괘恆卦와 수괘需卦, 이와 같이 각각 대응된다고 한다.[45] 이들 괘획 중 ②가 ⓓ제1차 점사와 ⓔ도사 사이에 위치해 있는 것을 제외하면, 나머지는 모두 ⓑ명사와 ⓓ제1차 점사 사이에 위치해 있다. 이런 점에서 보면 ②는 아마도 서사자가 실수로 그 위치에 잘못 기재한 것이 아닌가 추측된다.

포산초간 복서제도간에 보이는 괘획에는 다음의 네 가지 특징이 있다. 첫째, 두 개의 괘획이 한 쌍을 이루고 있다. 순서상 좌우 두 괘획 중 어느 쪽이 먼저인지는 아직 분명하지 않지만, 세로쓰기의 경우 오른쪽부터 쓴다는 것을 고려하면 오른쪽이 먼저일 가능성이 있다. 둘째, 괘획만 있고 괘명卦名이 없다. 셋째, 괘획을 나타낼 때는 현행본과 같이 '--'(陰)이나 '—'(陽)으로 나타내지 않고 숫자로 나타내고 있다. 넷째, 정리자가 지적하고 있듯이 포산초간의 괘획은 현행본『주역』과 대응 관계에 있는 듯하지만, 출토본이나 현행본『주역』의 괘효사卦爻辭를 인용한 흔적은 전혀 보이지 않는다.

이 네 가지 특징 중 세 번째는 좀 더 검토가 필요하다. 포산초간에서는 괘획으로 '一', '✖', '人', '八'의 네 가지가 사용되고 있는데(신채갈릉초간도 동일), 이것이 숫자인지 부호인지와 관련해서는 의견이 대립되고 있다. 숫자라고 주장하는 쪽에서는 이들 괘획이 앞에서부터 각각 '일一', '오五', '육六', '팔八'을 나타내는 것으로 보고 포산초간의 괘획을 숫자괘數字卦라고 한다.[46]

45) 劉彬徽·彭浩·胡雅麗·劉祖信(1991: 386·387·389·390쪽·考釋 372·403·454·457·471·483).

그에 반해 부호라고 주장하는 쪽에서는 '⚊'·'𝕏'은 차치하고 '✖'·'人'은 초나라 문자의 '오五'·'육六'과 형태가 다르기 때문에 숫자로 볼 수 없다고 한다.[47]

사실 숫자괘는 『주역』의 기원의 문제와도 관련이 있는데, 일찍이 장정랑張政烺이 은주시대의 갑골문이나 금문에 '일一', '오五', '육六', '칠七', '팔八', '구九'로 괘획을 나타낸 숫자괘가 있다는 것을 밝혀냄으로써 『주역』의 괘획의 기원과 관련된 문제를 촉발시켰다.[48] 그 후 숫자괘와 관련하여 많은 논의가 이루어져 왔는데, 그것을 여기서 모두 정리하는 것은 큰 의미가 없을 것이다. 따라서 복서제도간에 한하여 말하면, 필자는 숫자괘로 보는 것이 아직까지는 설득력이 있다고 생각한다. 왜냐하면 부호라고 주장하는 쪽의 논리에 다음의 두 가지 문제점이 있기 때문이다. 첫째로 만약 이것을 부호라고 한다면 이 부호들이 과연 무엇을 의미하는지 밝혀야 하지만 그렇지 못하고 있다. 둘째로 『주역』의 괘획의 기원은 숫자괘에 있고 선진시대의 괘획은 '숫자괘→복서제도기록의 괘획→『주역』의 괘획'과 같은 형태로 변화·발전되어 갔다고 하는데, 만약 그렇다고 한다면 복서제도간의 괘획도 숫자괘로 보아야 이러한 논리가 좀 더 정합적으로 가능해질 것이다.

물론 그렇다고 해서 숫자괘를 주장하는 쪽에도 문제가 전혀 없는 것은 아니다. 여러 가지가 있지만 그중에서도 특히 문제가 되는 것은 포산초간의 괘획을 괘변설卦變說로 해석하려고 하는 견해이다. 예를 들면 히라세 다카오

---

46) 劉彬徽·彭浩·胡雅麗·劉祖信(1991: 389쪽·考釋 454); 李零(1993: 444쪽); 平勢隆郎(1998: 33쪽); 近藤浩之(2000: 130쪽); 于茀(2005: 1쪽); 濮茅左(2006: 496쪽). 다만 이 네 종류의 괘획을 어떤 숫자로 볼 것인가에 대해서는 학자들마다 견해가 다르다.

47) 포산초간의 괘획을 숫자괘로 보지 않는 것은 元勇準(2008: 45~47쪽)이 거의 유일한 것 같다.

48) 張政烺(1980).

(平勢隆郞)는 '—'은 양, 'ㅅ'은 음, 'ㅈ'은 양에서 음으로의 변화, 'ㅈ'는 음에서 양으로의 변화를 나타내는 기호로 정의하고 나서, 제210호간의 'ㅈ'(兌)는 건乾☰이 태兌☱로 변한 것이고, 제229호간의 'ㅈ'(離)는 간艮☶이 리離☲, 'ㅈ'(坤)은 간艮☶이 곤坤☷으로 변한 것이며, 제239호간의 'ㅈ'(震)은 리離☲가 진震☳으로 변한 것이고, 제245호간의 'ㅈ'(坎)은 손巽☴이 감坎☵, 'ㅈ'(巽)은 건乾☰이 손巽☴으로 변한 것이라고 한다.

그에 비해 우불于茀은 히라세 다카오(平勢隆郞)와 같이 괘변을 말하면서도 『춘추좌씨전』이나 『국어國語』에 보이는 괘변설과 호괘설互卦說에 의거하여 전혀 다른 해석을 하고 있다. 한 가지만 예로 들면 제3조 제201호간의 ㅈ (豫·兌)는 예괘豫卦(本卦)의 초육初六·육이六二·육오六五의 세 효爻가 변하여 태괘兌卦(之卦)가 된 것이다. 그런데 이때 제3조의 점사에서 "몸에 우환이 있고, 또 바라는 일은 약간 늦게 이루어진다"고 하는 것과 『주역』에 보이는 예괘·태괘의 괘사卦辭 사이에 내용이 불일치하는 문제가 발생한다.[49] 그는 이 문제를 해결하기 위하여 『춘추좌씨전』의 호괘의 예를 근거로 삼으면서 예괘의 호괘는 건괘蹇卦라고 한다. 그리고 건괘는 어려움이나 고생(難)을 의미하기 때문에 제3조의 점사와도 일치한다고 한다.

이 두 사람의 견해가 전혀 불가능하다고 할 수는 없지만, 결론부터 말하면 논리가 지나치게 개연적이고 자의적이어서 현재로서는 검증 불가능하다고 할 수밖에 없다. 즉, 히라세 다카오(平勢隆郞)의 경우는 'ㅈ'이 양에서 음으로의 변화를 나타내고 'ㅈ'가 음에서 양으로의 변화를 나타낸다는 것을 전

---

49) 현행본 『周易』, 豫卦의 卦辭는 "豫, 利建侯, 行師"로 되어 있고, 兌卦의 괘사는 "兌, 亨, 利貞"으로 되어 있다. 于茀은 두 괘사의 占斷을 모두 길한 것으로 이해하고 있다.

제로 하고 있지만, 문제는 그 전제 자체가 검증 불가능하다는 점에 있다. 또, 우불于茀의 경우는 예豫와 태兌의 한 쌍의 괘가 정말로 괘변의 관계에 있는지 검증 불가능함은 물론, 괘변설만으로는 해결이 불가능해지자 호변설을 적용시켜 문제를 해결하려고 하는 것도 검증 불가능한 자의적인 해석이라고 하지 않을 수 없다. 뿐만 아니라 건괘의 건蹇이 어려움이나 고생을 의미한다는 것도 건괘 괘효사를 표면적으로 이해한 것에 불과하다. 건괘의 괘효사는 실은 불행(難)에서 행복(不難)으로의 반전을 의미한다.[50] 더구나 『춘추좌씨전』에 보이는 괘변의 경우는 '遇[괘명][괘획]之[괘명][괘획]'과 같은 체재를 갖추고 있지만, 복서제도간의 경우는 단지 괘획만 그려져 있을 뿐이다. 그렇다면 이들 괘획이 실제로 의미하는 것이 무엇인지에 대해서는 아직은 알 수 없다고 하는 것이 오히려 올바른 학문적 태도일 것이다.

## 4. 제1차 점사

명사(卜) 내지는 명사와 괘획(筮) 다음에는 정문 사유나 내용에 대하여 정인이 판단한 내용이 기재되어 있는데, 이것을 '제1차 점사'라고 한다. 이것도 기간정과 질병정의 내용에 확연한 차이가 있다.

먼저 기간정의 체재는 〈표 8-7〉에 의하면 "[*貞人]占之, 恆貞吉(또는 吉), 少有[우환](또는 "無咎, 無祟"), *且[우환]"과 같이 거의 정형화되어 있다. 다음으로 점단占斷을 나타내는 말에는 '항정길恆貞吉'과 '길吉'이 있다. '항정길'은 장기적인 정문의 결과는 길하지만 '단기적으로는 우환이 있다'는 것을 내포

---

50) 이 점은 上博楚簡 『周易』 蹇卦 제35호간의 "初六, 逢(往)訐(蹇), 逩(來)譽(譽)"라는 문장만 보아도 바로 알 수 있다.

| No. | 서력 | 정형구① | 정형구② | 우환① | 우환② |
|-----|------|---------|---------|--------|--------|
| 1 | | 占之 | 恆貞吉 | 少有感於躬身 | 且志事少遲得 |
| 2 | B.C. 318 | 占之 | 恆貞吉 | 少外有感 | 志事少遲得 |
| 3 | | 占之 | 恆貞吉 | 少有感於躬身 | 且爵位遲踐 |
| 7 | | 占之 | 恆貞吉 | 少有感於躬身與宮室 | 且外有不順 |
| 8 | B.C. 317 | 占之 | 恆貞吉 | 少有惡於王事 | 且有感於躬身 |
| 9 | | 占之 | 恆貞吉 | 少有感於躬身 | 且外有不順 |
| 16 | | 占之 | 恆貞吉 | 少有感躬身 | - |
| 17 | | 占之 | 恆貞吉 | 少有感於宮室 | - |
| 18 | B.C. 316 | 占之 | 恆貞吉 | 少有感也 | - |
| 19 | | 占之 | 恆貞吉 | 少有感於宮室·痾 | - |
| 20 | | 許吉占之 | 吉 | 無咎, 無祟 | - |

하고 있는 정형구이며, 그중 '항정'은 『주역』의 '영정永貞'과 의미가 같다는 것이 대부분의 학자들의 공통된 인식이다.51) 그에 비해 '길'은 그 앞에 '장기적인 정문의 결과는'이라는 전제조건 없이 길하다는 것을 의미한다. 이 두 점단의 가장 큰 차이점은 바로 여기에 있다. 즉, 전자는 대개의 경우 '단기적으로는 우환이 있다'는 것을 이끌어내고자 할 때 쓰는 매우 형식적인 표현인 데 반해, 후자는 대개의 경우 재앙도 없고 지벌도 없다는 것을 이끌어내고자 할 때 쓰는 표현이다.(물론 예외가 없는 것은 아니다.) 이렇게 보면 〈표 8-8〉 제6조의 '정길貞吉'은 그 앞에 '항恆'자를, 제26조의 '항정恆貞'은 그 뒤에 '길吉'자를 실수로 빠뜨린 것이 아닌가 추정된다. 왜냐하면 전자의 경우는 뒤에 '소미이少未已'(단기적으로는 아직 낫지 않는다)라는 불길한 판단이 제시되어

---

51) 『주역』의 '永貞'에 대하여 일찍이 高亨(1984: 183쪽)은 "貞問長期之休咎謂之永貞"이라고 해석했는데, 劉彬徽·彭浩·胡雅麗·劉祖信(1991: 385쪽·考釋 348); 湖北省文物考古硏究所·北京大學中文系 편(1995: 90쪽·考釋 [二二]); 近藤浩之(2000: 129쪽) 등은 이 견해에 의거하여 '영정'은 곧 '항정'이라고 한다.

있고, 후자의 경우는 뒤에 지벌을 내리는 원인이 제시되어 있기 때문이다.[52] 아울러 '항정길'의 경우 우환의 소재所在로는 '궁신躬身'(몸), '지사志事'(바라는 일), '외外', '작위爵位', '궁실宮室'(의뢰인의 집), '왕사王事'(왕이 명령한 사업) 등과 같이 의뢰인 본인과 그의 신변 및 정치적인 지위와 밀접한 관련이 있는 표현들이 기재되어 있다.

〈표 8-8〉 疾病貞의 제1차 占辭와 내용

| No. | 서력 | 정형구① | 정형구② | 시일 | 병세 | 지벌 원인 |
|---|---|---|---|---|---|---|
| 10 | B.C. 317 11월 기유일 | - | 恆貞吉 | 甲寅之日 | 病良瘳 | 有祟秋見琥 |
| 11 | | - | 恆貞吉 | 庚辛有間 | 病速瘳 | |
| 12 | | 郙趌占之 | 恆貞吉 | - | | 有祟見親王父殤 |
| 13 | | 占之 | 恆貞吉 | | | 有祟見 |
| 6 | B.C. 317 3월 계묘일 | 占之 | 貞吉 | | 少未已 | |
| 21 | B.C. 316 4월 기묘일 | 占之 | 恆貞吉 | - | 疾難瘳 | |
| 22 | | 占之 | 恆貞吉 | - | 疾變, 有續, 遲瘳 | - |
| 23 | | 占之 | 恆貞吉 | - | 病遲瘳 | - |
| 24 | | 占之 | 恆貞吉 | - | 疾變, 病突 | - |
| 25 | | 占之 | 恆貞吉 | | 病有續 | |
| 26 | B.C. 316 5월 기해일 | 義占之 | 恆貞 | | 不死 | 有祟見於絶無後者與斬木位 |

질병정의 체재는 〈표 8-8〉에 의하면 "*[貞人]占之, 恆貞吉, *[시일], *[병세], 有祟見於[지벌 원인]"으로 정리할 수 있는데, '정형구①'·'정형구②' 외에는 기간정만큼 정형화되어 있지 않다. 그 이유는 '명사'를 논하는 자리에서도 언급했듯이 사람의 병세는 시시각각 변하는 것으로서 정형화할 수 있는 성

52) 이 점에 관해서는 近藤浩之(2000: 128~129쪽)도 함께 참조.

질의 것이 아니기 때문일 것이다. 이 점은 의뢰인의 병세에 대한 정인들의 점단이 시간이 지날수록 부정적인 방향으로 내려지고 있는 것을 통해서도 알 수 있다. 즉, B.C. 317년 11월 기유일에는 '갑인일甲寅日' 내지는 '경일庚日과 신일辛日'과 같이 시일까지 명시하면서 병이 잘 낫거나 신속히 낫는다고 하고 있지만(제10·11조), 그 4개월 뒤인 3월 계묘일에는 단기적으로는 아직 낫지 않는다는 점단을 내리고 있다(제6조). 그러던 것이 이듬해인 B.C. 316년 4월에는 병이 낫기 어렵다거나 병이 위독해져서 낫지 않고 지속된다거나 쾌유가 늦어진다고 하고 있다.(제21~25조) 그리고 마지막 정문인 5월 기해일에는 "죽지 않기를 바랍니다"라는 정문에 대하여 "죽지 않는다"는 점단을 내리고 있기는 하지만(제26조), 정황상 그것은 의뢰인의 병세에 대한 절망적인 인식을 내포하고 있는 판단일 것으로 추측된다. 그럼에도 불구하고 '항정길'이라는 표현을 어느 상황에든 거의 예외 없이 쓰고 있는 것을 보면, 이 정형구는 실질적으로는 거의 아무런 의미도 없는 상투적인 표현일 것으로 생각된다.

제1차 점사에서 기간정과 질병정의 가장 두드러진 차이점은, 전자의 경우는 지벌의 원인이 제시되어 있지 않은 반면 후자의 경우는 그것이 제시되어 있는 점이다. 지벌의 원인이란 의뢰인의 질병이 어떤 특정 신령이 내린 지벌에 의한 것으로 판단하는 것을 의미한다. 그것을 판단하는 것은 물론 정인이다. 다만 〈표 8-8〉을 보면 알 수 있듯이 제10·12·13·26조에만 지벌의 원인이 제시되어 있다. 그렇다면 질병정의 경우 지벌의 원인이 반드시 제시되어야 하는 것으로 정해져 있던 것은 아닌 것 같다.

| No. | 정형구 | 彝/遜 | 제사 | 제사대상 | 제물 | 供犧法 | 효과 | 攻解 |
|---|---|---|---|---|---|---|---|---|
| 1 | 以其故敓之 | - | - | - | - | - | - | 恩攻解於人禹 |
| 2 | 以其故敓之 | - | 罷禱 | 昭王 | 特牛 | 飤之 | 志事速得,皆速賽之 | |
| | | | 罷禱 | 文平夜君/邵公子春/司馬子音/蔡公子家 | 各特豢/酒食 | - | | |
| | | | 罷禱 | 夫人(친모) | 特貓 | | | |
| 3 | 以其故敓之 | 彝石被裳之繁 | 興禱 | 宮地主 | 羧1 | - | - | |
| | | | 祏 | 親父蔡公子家 | 特牛貓/酒食 | 飤之 | | |
| | | | 祏 | 親母 | 肥狌/酒食 | | | |
| | | | 興 | 東陵連囂 | 肥狌/酒食 | | | |
| | | | 罷禱 | 昭王 | 特牛 | 飤之 | | |
| | | | 罷禱 | 文平夜君/邵公子春/司馬子音/蔡公子家 | 各特豢/酒食 | - | | |
| | | | - | 夫人(친모) | 特牛貓/酒食 | | | |
| 7 | 以其故敓之 | - | 塦禱 | 鬸礻 | 牷豢1 | | | 凶攻解於盟詛,且除於宮室 |
| | | | 塦禱 | 社 | 牷貓1 | | - | |
| | | | 塦禱 | 宮行 | 白犬1/酒食 | | | |
| | | 遜應會之祝 | 賽禱 | 東陵連囂 | 狂豕/酒食 | 蒿之 | | |
| 8 | 以其故敓之 | 遜故笱 | 賽禱 | 大 | 佩玉 1環 | | | |
| | | | | 后土/司命/司禍 | 各小環1 | | | |
| | | | | 大水 | 佩玉 1環 | - | | |
| | | | | 二天子 | 各小環1 | | | |
| | | | | 峗山 | 珃1 | | | |
| | | 遜應會之祝 | 賽禱 | 宮后土 | 羧1 | | | |
| | | | 賽禱 | 昭王 | 特牛 | 飤之 | | |
| | | 遜石被裳之祝 | 賽禱 | 文平夜君/邵公子春/司馬子音/蔡公子家 | 各特豢 | 飤之 | | |
| | | | 賽禱 | 親母 | 特貓 | 飤之 | | |
| 9 | 以其故敓之 | - | 塦禱 | 楚先老僮/祝融/鬻熊 | 各牂1 | - | - | 凶攻解於不辜 |
| 16 | 以其故敓之 | - | 塦禱 | 鬸大 | 牷豢1 | - | - | - |
| | | | 塦禱 | 兄弟無後者昭良/昭乘/縣貉公 | 各狂豕/酒食 | 蒿之 | | |
| 17 | 以其故敓之 | - | 塦禱 | 宮行 | 白犬1/酒食 | - | - | 凶攻除於宮室 |
| 18 | 以其故繁之 | - | | 使攻祝逯佩珥/冠帶於南方 | - | - | - | - |
| 19 | 以其故敓之 | - | 塦禱 | 宮后土 | 羧1 | | | |
| | | | 塦禱 | 行 | 白犬1/酒食 | | | |
| | | | 閉 | 大門 | 白犬1 | | | |

〈표 8-10〉 疾病貞의 禱辭와 내용

| No. | 정형구 | 葬/擇日 | 제사 | 제사대상 | 제물 | 供犧法 | 사항 | 攻解 |
|---|---|---|---|---|---|---|---|---|
| 10 | 以其故繁之 | 避琥,<br>擇良月良日逯之 | - | - | - | - | 且爲晉𦂦瘋,<br>速晉之 | - |
| | | - | 厭 | 地主 | 豭1 | | - | |
| | | | 賽禱 | 行 | 白犬1 | | | |
| | | | 逯 | 二天子 | 冠帶 | | | |
| | | | - | - | - | | 甲寅之日,<br>逗於邷陽 | |
| 11 | - | - | - | - | - | - | 不逗於邷陽.<br>同繁 | - |
| 12 | 以其故敓之 | - | 舉禱 | - | 特牛 | 饋之 | - | - |
| | | | - | 殤 | 常牲 | - | | |
| 13 | - | 葬郙𦎧之敓 | - | - | - | - | - | - |
| 6 | 以其故繁之 | - | 厭 | 野地主 | 豭1 | - | - | - |
| | | | - | 宮地主 | 豭1 | | | |
| | | | 賽 | 行 | 白犬1/酒食 | | | |
| 21 | 以其故敓之 | - | 舉禱 | 犬 | 䍽1 | - | - | 凶攻解於歲 |
| | | | - | 后土 · 司命 | 各牂1 | | | |
| | | | 舉禱 | 大水 | 䍽1 | | | |
| | | | - | 二天子 | 各牂1 | | | |
| | | | | 峗山 | 羖1 | | | |
| | | | 舉禱 | 楚先老僮/<br>祝融/鬻熊 | 各羖2 | | | |
| | | | 享祭 | - | 各牷豢 | | 築之高丘/<br>下丘 | |
| | | | - | - | - | | 使左尹𠣾踐<br>復處 | |
| 22 | 以其故繁之 | - | 舉禱 | 五山 | 各牂1 | - | - | 凶攻解於詛與<br>兵死 |
| | | | 舉禱 | 昭王 | 特牛 | 饋之 | | |
| | | | 舉禱 | 文平夜君子<br>良/部公子春/<br>司馬子音/蔡<br>公子家 | 各特豢 | 饋之 | | |
| | | 葬鹽吉之繁 | 享祭 | - | 各牷豢1 | - | 築之高丘/<br>下丘 | - |
| 23 | 以其故敓之 | 葬鹽吉之繁 | 舉禱 | 祆 | 䍽1 | - | - | - |
| | | | - | 后土 · 司命 | 各牂1 | | | |
| | | | 舉禱 | 大水 | 䍽1 | | | |
| | | | - | 二天子 | 各牂1 | | | |
| | | | | 峗山 | 羖1 | | | |
| | | - | 舉禱 | 昭王 | 特牛 | 饋之 | | |
| | | | 舉禱 | 東陵連囂 | 狌豕/酒食 | 蒿之 | 贛之衣裳, 各<br>三稱 | |
| | | | 舉禱 | 晉 | 牷貓1 | - | 組豆保逾之 | |
| 24 | 以其故敓之 | - | 舉禱 | 荊王自熊繹<br>以就武王 | 五牛/五豕 | - | - | 凶攻解於水上<br>與溺人 |
| 25 | 以其故敓之 | - | 舉禱 | 大水 | 犧馬1 | - | - | 凶攻解日月與 |

| | | | | 吾公子春/司馬子音/蔡公子家 | 各特豢 | 饋之 | | |
|---|---|---|---|---|---|---|---|---|
| | | | 塦禱 | 社 | 貓1 | | | 不辜 |
| 26 | 以其故敓之 | - | 塦禱 | 絕無後者 | 各肥貓 | 饋之 | - | 命攻解於斬木位 |
| | - | - | - | - | - | - | 且徒其處而樹之, 尙吉 | |

## 5. 도사

명사에 대하여 점을 친 결과 의뢰인 본인과 그의 신변 및 정치적인 지위 등에 우환이나 재앙이 발생할 징조가 있다고 판단되거나 병에 걸렸을 경우에는(제1차 점사), 그 우환·재앙이나 질병의 원인을 제거하기 위하여 어떤 신령에게 어떤 제사를 지내야 하는지 제시하는 내용이 기재되어 있다. 이것을 '도사'라고 한다. 그 기본적인 체재는 "以其故敓之, *[事/遝]貞人之敓(또는 "遝故箈", 擇日), *[제사]於[제사 대상], *[제물], *[供犧法], *[점복 효과/사항], *[使/令]攻解/除]於[신령]"과 같이 어느 정도 정형화된 형식을 띠고 있지만, 정인에 따라 제시하고 있는 내용이 각기 다르고 다소 복잡하다.

〈표 8-9〉와 〈표 8-10〉을 보면서 전체적인 윤곽을 설명하면 다음과 같다. 먼저 '정형구'란의 '이기고설지以其故敓(說)之'(이 일로 인해 제사를 지내고 기도를 드린다)는 위에서 설명한 도사의 의미를 함축적으로 나타내고 있는 구절이다. 이 구절에서 '탈敓'은 '탈繠'(제6·10·18·22조)이나 '탈祝'(제7·8조)로 쓰는 경우도 있는데, 의미와 관련해서는 '설說'로 읽는 데 거의 이견이 없다. '설說'은 『주례』에는 대축大祝이 주관하는 육기六祈, 즉 여섯 가지 기도 의례(類·造·繪·禜·攻·說) 가운데 하나로 나와 있다. 정현鄭玄은 이 '설'에 대하여 과거에 동중서董仲舒가 불길한 징조인 일식이 일어났을 때 그것을 구제하기 위하여

"밝고 환한 태양이여, 완전히 죽어 빛이 없네. 어찌하여 음이 양을 범하고 비천한 것이 존귀한 것을 범하는가"라고 신령에게 고했다는 일화를 예로 들면서 "말로 꾸짖는 것"이라고 한다.[53] 정현의 이러한 해석에 의하면 '설' 은 마치 지벌의 원인을 말로 표현하여 책망하는 것에 의미의 중점이 있는 것처럼 보인다.

그러나 수호지진간『일서』「제除」편에서 "해일은 흉한 역병을 제거하고 상서롭지 못한 것을 없애는 데 이롭다"고 하고, 위소韋昭가『국어』「노어하魯語下」의 '구설기모求說其侮(그 모욕을 제거하려고 하다)에 대하여 "설說은 여기서 는 제除와 같다"고 주석을 내리는 것 등에 의하면, '설'은 '제除' 즉 '없애다 · 제거하다'에 의미의 중점이 있는 것으로 보는 것이 더 좋을 것 같다. 또, '설'은『논형』「해제解除」편에서 "세상 사람들은 제사를 신봉하고 있는데 제 사를 지내면 반드시 복이 온다고 한다. 또 해제를 맞다고 여기고 있는데 해제하면 반드시 흉한 것을 제거할 수 있다고 한다"라고 할 때의 '해제解除' 와도 같은 의미로 볼 수 있다.[54]

그렇다면 '설'과 '제'와 '해解' 및 '해제'는 서로 통하는 개념이라고 할 수 있을 것이다.[55] 그중에서도 특히 '설'은 우환 · 재앙이나 지벌을 제거하기 위

53)『周禮』, 권25,「春官 · 大祝」, "掌六祈, 以同鬼神示. 一曰類, 二曰造, 三曰禬, 四曰禜, 五曰攻, 六曰說."; 鄭玄 注, "玄謂類造, 加誠肅, 求如志. 禬禜, 告之以時有災變也. 攻 說, 則以辭責之. 禜, 如日食以朱絲縈社, 攻如其鳴鼓然. 董仲舒救日食, 祝曰, 炤炤大 明, 㵥滅無光, 奈何以陰侵陽, 以卑侵尊. 是之謂說也. 禬, 未聞焉. 造類禬禜皆有牲, 攻說用幣而已."

54) 睡虎地秦簡『日書』,「除」제5호간正貳, "害日, 利以除凶廣(㾓), 兌(說)不羊(祥)."; 『國 語』, 권5,「魯語下」, '求說其侮'에 대한 韋昭 注, "說, 猶除也.";『論衡』, 권25,「解除」 75, "世信祭祀, 謂祭祀必有福. 又然解除, 謂解除必去凶."(池澤優, 1997: 25쪽)

55) '解'와 관련해서는『莊子』,「人間世」4의 '故解之以牛之白顙者'에 보이는 '解'에 대 하여 郭象 注가 "巫祝解除"라고 하고,『淮南子』, 권19,「脩務」편의 '是故禹之爲水, 以身解於陽盯之河'에 보이는 '解'에 대하여 高誘 注가 "爲治水解禱, 以身爲質. 解,

한 제사 의례의 총칭이며, '이기고설지以其故說之'는 우환·재앙이나 지벌이 있을 것으로 판단되기 때문에 그것을 제거하는 제사와 기도 의례를 거행한 다는 의미로 보면 될 것 같다.56)

아울러 복서제도간에서 '탈敓·탈繄·탈祱'은 '설' 외에도 '수祟'(지벌)의 의 미로 사용되는 경우도 있다. 예를 들어 포산초간에는 "지벌을 내리는 祱가 호琥에 나타난다"(제10조), "지벌이 친조부와 조상 중에 일찍 돌아가신 분에 게서 나타난다"(제12조), "지벌이 나타난다"(제13조), "지벌이 후사가 없는 신령 과 참목위斬木位(?)에서 나타난다"(제26조)와 같은 구절들이 있는데, 여기서의 '탈繄'은 '설'보다는 '수祟'로 읽어야 의미가 통한다. 또 '탈敓'과 '탈祱'의 경우 도 망산초간 제24호간에서 "지벌이 있으니 그 일로 인해 제사를 지내고 기도 를 드린다"라고 할 때는 '탈敓'은 '수祟'를 의미하고 '탈祱'은 '설說'을 의미하지 만, 제61호간에서는 같은 문장임에도 불구하고 '탈敓'은 '설說', '탈祱'은 '수祟' 의 의미로 사용되고 있다.57) 그렇다면 이 세 글자는 문맥에 따라 '설'의 의미 로 사용되기도 하고 '수'의 의미로 사용되기도 한다고 할 수 있을 것이다.

'설'과 관련해서는 '이기고설지以其故說之' 외에 '專○○之繄'(제3·13·22·23 조)이나 '遝○○之祱'(제7·8조)과 같은 표현이 있다. '○○'에는 대개의 경우 해당 조에서 제사 의례를 제시하고 있는 정인과는 다른 정인의 이름이 기재 되어 있다.58) '專'는 ①'거舉'(들다)로 읽는 설59), ②'여輿'(끌어대다·인증하다)로

---

讀解除之解"라고 하는 것을 참조.(商承祚 편저, 1995: 233쪽)

56) 彭浩(1991b: 560쪽); 池澤優(1997: 25쪽) 참조. 전래문헌에서의 '說'의 용례에 관해서 는 李家浩(2002: 280쪽) 참조.

57) 包山楚簡 제218호간, "又(有)繄(祟)祱見琥."; 同 제222호간, "又(有)繄(祟)見斬(親) 王父·殤(殤)."; 同 제223호간, "又(有)繄(祟)見."; 同 제249호간, "又(有)繄(祟)見於 㦲(絕)糵(無)逡(後)者與斬(斬)木立(位)."; 望山楚簡 제24호간, "又(有)敓(祟), 㠯(以)亓 (其)古(故)祱(說)之."; 同 제81호간, "又(有)姉(祟), 㠯(以)亓(其)古(故)敓(說)之." 망산 초간에서 '姉'과 '祱'은 이체자 관계에 있다.

읽는 설60), ③'거擧'나 '여與'로 읽고 '용用'(이용하다)이나 '종從'(따르다)으로 해석하는 설61), ④'제除'(제거하다)로 읽는 설62) 등이 있다. 어느 견해든 확증이 없기 때문에 정확한 의미는 아직 불분명하다. 다만 문맥상 가능성이 가장 희박한 ④를 제외하면, 학자들의 견해는 '어떤 정인이 앞서 제시한 제사 방법의 일부나 전부를 이용하거나 따른다'라고 이해하는 데에서 크게 벗어나지 않는 것 같다. '遝'는 '이移'63)(계속 사용하다)나 '시施'64)(시행하다·집행하다)로 해석하는 것이 현재로서는 가장 유력한데, 의미상으로는 '𤕝'와 큰 차이가 없는 것 같다. 포산초간에 의하면 '𤕝'자가 사용되고 있는 제3조는 제2조, 제13조는 제12조, 제22·23조는 제21조의 제사 방법을 이용하거나 따를 것을 제시하고 있고, '遝'자가 사용되고 있는 제7조는 제3조, 제8조는 제2·3조의 제사 방법을 이용하거나 집행할 것을 제시하고 있다. 양자의 차이점은 전자의 경우는 모두 '같은 날' 다른 정인이 제시한 제사 방법을 이용하거나 따를 것을 제시하고 있는 반면, 후자의 경우는 모두 '전년도'에 다른 정인이 제시한 제사 방법을 이용하거나 집행할 것을 제시하고 있는 점이다.65) 다만 이것은 우연의 일치일 가능성도 있기 때문에 용법의 차이에 대해서는 앞으로

---

58) 제8조에서는 정인의 이름이 아닌 '古𥷚'라는 표현이 사용되고 있다. 정확한 의미는 아직 알 수 없지만 '古'(故로 읽어도 의미는 같음)는 '예전'을 의미하고, '𥷚'는 아마도 복서 기록을 의미하는 것 같다. 그런데 이 경우에만 다른 정인의 이름이 없는 것을 보면, 제8조에서 제사 의례를 제시하고 있는 정인 자신이 예전에 제시했던 제사 의례를 가리키는 것 같다. 이 점에 관해서는 陳偉 等著(2009: 104·108쪽·注釋 [34]·[65]) 참조.

59) 彭浩(1991b: 560쪽).

60) 曾憲通(1993b: 409쪽).

61) 李家浩(2002: 284쪽).

62) 沈培(2006: 25쪽).

63) 彭浩(1991b: 559쪽).

64) 陳偉(1996: 6쪽).

65) 李家浩(2002: 283쪽).

좀 더 지켜보아야 할 것 같다.

포산초간 복서제도간에는 다양한 제사 명칭과 제물 및 제물을 바치는 방법(供犧法)이 기재되어 있다.

먼저 제사 명칭으로는 '罷禱', '舉禱'(舉는 犫로도 씀), '새도賽禱', '褚', '염厭', '閔', '향제享祭' 등이 사용되고 있다. 다만 아직은 자료도 부족하고 글자도 충분히 밝혀지지 않았기 때문에 정확한 의미를 알 수 없는 것이 대부분이다. 이들 제사 중 가장 많이 보이는 것은 '罷禱'·'舉禱'·'새도賽禱'이다. 정리자는 '罷禱'는 후인이 선인에게 지내는 제사라고 하고 '舉禱'는 제물을 바쳐 거행하는 제사라고 한다.[66] 그러나 이러한 견해는 포산초간에 보이는 여러 정황들을 보고 추측한 것에 불과한 것으로 정확한 것은 아니다. '새도賽禱'와 관련해서는 『사기』 「봉선서封禪書」에 '동새도사冬塞禱祠'(겨울에는 신에게 보답하는 제사를 지내고 기도한다)라는 표현이 있는데, 사마정司馬貞은 '새塞'는 '새賽'와 같고 신이 내린 축복에 보답하는 것이라는 주석을 내리고 있다. 정리자는 이에 근거하여 신령이 내린 축복과 가호에 보답하는 것이라고 해석한다.[67] 그러나 이 해석에도 문제가 있다. 왜냐하면 복서제도간은 성격상 신령에게 축복과 가호를 요청하기 위하여 제사를 지낼 것을 제시한 것인데, 사마정의 해석을 따르면 이미 내려준 축복과 가호에 보답한다는 것이 되어 앞뒤가 맞지 않게 되기 때문이다. 이 3종의 제사와 관련해서는 앞으로 새로운 자료가 나오기를 기다릴 수밖에 없을 것 같다.

그 밖에 '염厭'은 곧 '염제厭祭'를 뜻하는데, 염제는 일반적으로 시동尸童을 쓰지 않는 제사를 의미한다. 참고로 '염'은 물릴 만큼 배불리 먹는다는

---

66) 劉彬徽·彭浩·胡雅麗·劉祖信(1991: 385·386쪽·考釋 359·375).
67) 劉彬徽·彭浩·胡雅麗·劉祖信(1991: 386쪽·考釋 370).

뜻으로 신이 흠향하는 것을 가리킨다.[68] '향제享祭'는『관자管子』·『공자가어 孔子家語』·『한서』등에 보이는데, 일반적으로 제물을 갖추고 신령에게 지내 는 제사를 의미한다.[69] '閟'에 대해서는 여러 가지 이설이 있지만, 이 글자를 '비閟'의 약자로 보고『주례』에 의거하여 '복伏'으로 읽은 뒤 '발제軷祭'를 의 미한다고 하는 송화강宋華强의 견해가 어느 정도 설득력이 있는 것 같다.[70] 발제는 먼 길을 떠날 때 행신行神에게 지내는 제사를 의미한다. 다만 '閟'가 과연 '비閟'의 약자인지 아직 확증이 없고, 또 설령 '복'으로 읽을 수 있다 하더라도 정사농鄭司農의 주에 의하면 그것은 '개를 엎드리게 한다'(伏犬)는 행위를 가리키는 것이지 제사를 가리키는 것이 아니라는 점에 맹점이 있다. '褚'에 대해서도 몇몇 견해가 있지만 정확한 의미는 아직 밝혀지지 않았다.

신령에게 제물을 바치는 방법에는 '궤지饋之'와 '호지薦之'라는 두 가지 방법이 제시되어 있다. '궤饋'의 의미와 관련해서는 정리자가 고석에서 인용 하고 있는『주례』의 문장에 '궤사饋食'라는 말이 있는데,[71] 이것은 제사 때 익힌 음식을 올리는 것을 의미한다. '호薦'에 대해서는 의견이 분분한데, ① '교郊'로 읽고 '교제郊祭'를 의미한다는 설[72], ②'호犒'로 읽고 귀신에게 술과

---

68) 劉彬徽·彭浩·胡雅麗·劉祖信(1991: 388쪽·考釋 434); 李家浩(2005: 184쪽) 참조.
69) 『管子』, 권12,「侈靡」35, "安鄉樂宅, 享祭而謳吟稱號者, 皆誅(殊), 所以留民俗也.";
   『孔子家語』, 권2,「致思」8, "孔子之楚. 而有漁者而獻魚焉. 孔子不受. 漁者曰, 天暑,
   市遠. 無所鬻也. 思慮弃之糞壤, 不如獻之君子. 故敢以進焉. 於是夫子再拜受之, 使弟
   子掃地, 將以享祭.";『漢書』, 권99上,「王莽傳」69上, "郊祀天地, 宗祀明堂, 共祀宗
   廟, 享祭羣神, 贊曰假皇帝, 民臣謂之攝皇帝, 自稱曰予."
70) 宋華强(2007) 참조. '伏'과 관련해서는『周禮』, 권36,「秋官·犬人」의 "凡祭祀, 共犬
   牲用牷物. 伏瘞亦如之" 및 여기에 보이는 '伏'에 대하여 鄭司農이 "伏謂伏犬, 以王
   車轢之"라고 하고, 賈公彦 疏가 "此謂王將祭, 而出國軷道之祭時, 卽大馭所云者是
   也"라고 하는 것을 참조.
71) 『周禮』, 권18,「春官·大宗伯」, "以肆獻祼享先王, 以饋食享先王. 以祠春享先王, 以
   禴夏享先王, 以嘗秋享先王, 以烝冬享先王."(劉彬徽·彭浩·胡雅麗·劉祖信, 1991:
   385쪽·考釋 362)

음식을 바치는 것을 의미한다는 설73), ③기氣가 올라오는 모양을 의미한다는 설74), ④'호蒿'를 글자 그대로 읽고 쑥을 태워 제사지내는 것을 의미한다는 설75) 등이 있다. '호蒿'를 글자 그대로 읽는다면 ④의 설이 일말의 가능성은 있지만 아직 확증은 없다.76) 그리고 이것은 억측에 불과하지만 '궤'가 만약 위에서 언급한 것과 같이 제사 음식의 조리법과 관련이 있다면, '호' 또한 그러한 것과 관련이 있지 않을까 하는 생각도 든다. 하지만 이 또한 아직 확증은 없다.

도사에서 제사 대상으로 거론되고 있는 신령에 대해서는 후술하겠지만, 어떤 특정 신령에게 제물을 올리고 제사지낼 것을 제시한 다음에는, 그러한 제사 의례를 통하여 어떤 귀신의 지벌을 제거해야 하는지에 대하여 기재되어 있는 경우가 있다.(제1·7·9·17·21·22·24·25·26조) '[使/令]攻解/除於[신령]'이라는 정형구가 바로 그것이다. 이 구절에서 핵심어는 '공해攻解'나 '공제攻除'인데, 이들 개념은 전래문헌에는 보이지 않기 때문에 정확한 의미는 알 수 없다. 다만 '공'은 위에서 인용한 『주례』「대축」편의 '육기'에 대한 정현鄭玄의 주석에서는 '설'과 마찬가지로 말로 책망하거나 일식이 일어났을 때 북을 울려서 구제하는 의례 행위로 풀이하고 있다. 또, 『논형』「순고順鼓」편에서는 『춘추』에 보이는 '고용생우사鼓用牲于社'(홍수가 났을 때 북을 치고 제물을 바쳐 社祭를 지낸다는 뜻)에 대하여 '공사설攻社說'을 주장하는 설들을 비판하고 있는데, 그중에는 '공'을 '책망하다'(責讓)의 의미로 해석하는 설이 있다.77) 정

---

72) 劉彬徽·彭浩·胡雅麗·劉祖信(1991: 387쪽·考釋 409).
73) 湖北省文物考古研究所·北京大學中文系 편(1995: 105쪽).
74) 劉信芳(2003: 227쪽).
75) 范常喜(2006: 67~69쪽).
76) 『周禮』, 권4, 「天官·甸師」의 '祭祀, 共蕭茅'에 대하여 鄭玄 注가 "蕭, 香蒿也"라고 하는 것을 참조.

현 및 『논형』에 보이는 이러한 해석이 선진시대 초 지역의 복서제도 의례에도 그대로 적용될 수 있는지는 의문이다. 다만 현재로서는 정확한 의미를 확정할 만한 자료가 없기 때문에 이들 자료를 참고로 추정해 보면, 공해와 공제는 그 뒤에 목적어로 신령이나 귀신이 오면 그 신령이나 귀신의 지벌을 책망하여 제거하는 것을 의미하고, 장소가 오면 그 장소에서 신령이나 귀신의 지벌을 책망하여 제거하는 것을 의미하는 것이 아닌가 생각된다. 다만 목적어로 장소가 올 경우에는 구체적인 신령이나 귀신에 대한 언급은 없다.(제7·17조) 이런 관점에서 보면 제7조의 '제어궁室除於宮室'에서 '제'는 앞에 '공'자가 생략된 것이 아닌가 추측된다. 참고로 공해나 공제 앞의 '사慇'나 '신凶'은 ①'귀鬼', ②'사思', ③'사使', ④'응應·당當'으로 해석하는 견해가 있는데, 결론만 말하면 현재로서는 '응應·당當'으로 해석하는 것이 문맥상 잘 통할 것으로 판단된다.[78]

## 6. 제2차 점사

일정 기간 내에 의뢰인에게 발생할 것으로 예상되는 우환이나 재앙 및 정문 당시 이미 의뢰인에게 발생한 질병의 원인을 제거하기 위하여 어떤 신령에게 어떤 제사를 지내야 하는지 제사 의례를 제기한 다음에는, 그것이 과연 유효한지 다시 한 번 판단하게 된다. 이처럼 제사 의례의 유효성에 대한 정인의 판단이 기재되어 있는 부분을 '제2차 점사'라고 한다.

---

77) 『論衡』, 권15, 「順鼓」 46, "說者曰, 鼓者, 攻之也.……攻者責也, 責讓之也."
78) 沈培(2005).

〈표 8-11〉 제2차 占辭의 내용

| No. | 서력 | 종류 | 貞人(前辭) | 정형구① | 정형구② | 효과 |
|---|---|---|---|---|---|---|
| 1 | | | 鹽吉 | 占之 | 甚吉 | 幾中有喜 |
| 2 | B.C. 318 | | 石被裳 | 占之 | 吉 | 享月·夏夕有喜 |
| 3 | | 期間貞 | 應會 | 應會占之曰 | 吉 | 至九月喜爵位 |
| 7 | | | 五生 | 五生占之曰 | 吉 | 三歲無咎, 將有大喜, 邦知之 |
| 8 | | | 鹽吉 | 鹽吉占之曰 | 吉 | 幾中有喜 |
| 9 | | | 苟嘉 | 苟嘉占之曰 | 吉 | |
| 10 | B.C. 317 | | 許吉 | - | - | - |
| 11 | | | 苟光 | - | - | - |
| 12 | | 疾病貞 | 郙產 | 郙產占之曰 | 吉 | - |
| 13 | | | 屈宜 | 屈宜占之曰 | 吉 | - |
| 6 | | | 苟光 | 占之曰 | 吉 | 刑夷且見王 |
| 16 | | | 鹽吉 | 鹽吉占之曰 | 吉 | - |
| 17 | | | 陳乙 | 五生占之曰 | 吉 | - |
| 18 | | 期間貞 | 觀緰 | 觀緰占日 | 吉 | - |
| 19 | | | 五生 | 五生占之曰 | 吉 | - |
| 20 | | | 許吉 | - | - | - |
| 21 | B.C. 316 | | 鹽吉 | 鹽吉占之曰 | 吉 | - |
| 22 | | | 陳乙 | 陳乙占之曰 | 吉 | - |
| 23 | | 疾病貞 | 觀緰 | 觀緰占之曰 | 吉 | - |
| 24 | | | 五生 | 五生占之曰 | 吉 | - |
| 25 | | | 許吉 | 許吉占之曰 | 吉 | - |
| 26 | | | 觀義 | 義占之曰 | 吉 | - |

〈표 8-11〉에 의하면 제2차 점사의 체재는 일반적으로 "[*貞人]占之曰, 吉. *[시기]有喜"와 같이 정형화되어 있는데, 제10·11·20조와 같이 생략되어 있는 경우도 있다. 전사에 등장하는 정인과 제2차 점사에 등장하는 정인(정형구①)을 대조해 보면 대부분의 경우는 일치하지만, 제17조와 같이 일치하지 않는 경우도 있다.

포산초간의 제2차 점사에서 제사 의례의 유효성에 대한 판단은 예외 없이 모두 '길', 즉 효과가 있다는 판단이 내려지고 있다. 의뢰인의 질병이 처음으로 확인된 B.C. 317년의 경우는 차치하더라도, 그 이듬해인 B.C. 316년에는 병이 매우 위독한 상태로까지 악화되어 있다는 것을 알면서도 점단 결과를 '길'이라고 하고 있는 것은 어쩌면 매우 기이하게 보일지도 모른다. 그러나 의뢰인이 아닌 처방전을 제시하는 입장에 있는 정인의 관점에서 보면, 그것은 마치 의사가 환자의 몸 상태를 진단하고 나서 처방전을 발급할 때, 그것이 환자의 질병에 어떤 형태로든 효과가 있을 것으로 기대하고 발급하는 것과 같은 이치일 것이다.

한 가지 흥미로운 것은 제1·2·3조(B.C. 318년 4월 을미일) 및 제7·8조(B.C. 317년 5월 을축일)까지는 '길'이라는 형식적인 표현 외에도 제사 의례의 효과가 언제 어떤 형태로 나타날 것인지 좀 더 구체적으로 명시되어 있는 반면, 병이 처음으로 확인된 제10조 이후에는 그러한 기술이 거의 보이지 않는다는 점이다. 이것은 어쩌면 의뢰인이 병을 앓고 있다는 것을 정인들이 이미 잘 알고 있었고, 그 결과 그 전과 같은 낙관적인 전망을 더 이상 할 수 없게 되었기 때문이 아닌가 생각된다.


## 제4절 복서제도간을 통해서 본 전국시대 초 지역의 종교관


이상의 분석에 의하면 복서제도간은 점복을 통하여 일정 기간 내에 의뢰인 본인과 그의 신변 및 정치적인 지위 등에 우환이나 재앙이 발생할 징조가 있다고 판단되거나 병에 걸렸을 경우, 그 우환·재앙이나 질병의 원인을 제거하기 위하여 정인이 의뢰인에게 제사 방법을 제시하거나 그것을 실행한 것을 기록한 것이라고 할 수 있다. 그렇다면 복서제도간은 전국시대 초 지역에서 행해진 점복이라는 주술 행위와 제사라는 종교 행위가 융합된 자료라고 할 수 있다. 그런 의미에서 복서제도간을 통하여 전국시대 초 지역의 종교관을 고찰하는 것은 하나의 유효한 접근 방법이라고 할 수 있을 것이다.

그러나 이 자료가 주로 초나라의 봉군이나 귀족과 같이 신분적으로 고위층에 속하는 사람들의 주술·종교 행위를 반영하고 있고, 의뢰인이 아니라 정인의 관점에서 만들어진 처방전이라는 점에서, 여기에 반영된 종교관을 서민을 포함한 초나라 사람 전체로 보편화시키거나 일반화시킬 수 없다는 것은 주의해야 할 필요가 있다. 다만 제도간은 실제로 제사를 실행한 것을 기록한 것이기 때문에, 거기에 기재되어 있는 제사 의례에는 의뢰인의 종교관이 직접적으로 반영되어 있는 것으로 볼 수 있을 것이다.

복서제도간에 반영된 종교관의 특징을 살펴보고자 할 때 우선적으로 검토해야 할 것은, 의뢰인이 현재 겪고 있거나 앞으로 겪을 것으로 예상되는 우환·재앙이나 질병과 같은 불행을 제거하기 위하여 어떤 신령에게 제사지낼 것을 제기하고 있는가 하는 점일 것이다. 〈표 8-12〉는 바로 그것을 정리해 놓은 것이다. 그중에는 의미나 성격이 아직 불분명한 것도 있기 때문에 정확한 숫자를 제시하기는 어렵지만, 대략 50종이 넘는 신령이 등장한다. 이렇게 보면 이들에게 유일신 신앙은 없었던 것 같다.

<표 8-12> 포산초간 복서제도간을 통해서 본 제사 대상·공해 및 지벌 원인

| | | 제사 대상 | 攻解 | 지벌 원인 |
|---|---|---|---|---|
| 天神 | | 南方(1) | 日月(1), 歲(1) | |
| | 司神 | 司命(3), 司禍(1) | - | |
| 地神 | | 地主(1), 宮地主(2), 野地主(1), 社(2), 后土(3), 宮后土(2), 大水(4), 峗山(3), 五山(1) | - | - |
| | 五祀 | 宮(2), 行(3), 大門(1) | - | - |
| 人鬼 조상신 | 楚先 | 老僮(2), 祝融(2), 鬻熊(2) | | |
| | 荆王 | 熊繹~武王(1), 昭王(5) | | |
| | 先君 | 文平夜君子良(4), 邵公子春(5), 司馬子音(親王父)(5), 蔡公子家(親父)(6), 親母(4) | - | 親王父(5) |
| | 傍系 | 東陵連囂(4), 兄弟無後者(昭良/昭乘/縣貉公)(1), 絶無後者(1) | | 殤(東陵連囂)(4), 絶無後者(1) |
| 冤鬼·厲鬼 | | - | 不辜(2), 兵死(1), 水上(1), 溺人(1), 人禹(1) | |
| 맹약의 신 | | - | 盟詛(2) | - |
| 巫祝의 신 | | 晉(1) | - | - |
| 성격 未詳 | | 鰍祅(2), 大(2), 祆(1), 二天子(4) | 斬木位(1) | 琥(1), 斬木位(1) |

• 표를 작성할 때는 池澤優(1997: 43쪽; 2007: 44쪽)를 참조했지만, 필자의 판단에 의하여 고친 부분도 있다.
• 괄호 안의 숫자는 출현 횟수를 나타낸다.

포산초간에 보이는 신령은 그 성격에 따라 ①천신天神, ②지신地神, ③인귀人鬼, ④맹약의 신, ⑤무축巫祝의 신, ⑥성격 미상未詳의 여섯 가지로 나누어 볼 수 있다.

'천신'에는 일월日月(日神·月神), 세歲(歲星 또는 목성), 사명司命, 사화司禍, 남방南方 등이 이에 속할 것으로 추정된다. 그중 '사화'는 전래문헌에 보이지 않기 때문에 어떤 신령인지 아직 불분명하지만, '사명'은 인간의 생사나 질병을 주관하는 신으로 잘 알려져 있다. 그 성격과 관련해서는 오사五祀의 하나(宮中의 小神)로 보는 설과 성신星神으로 보는 설이 있다. 그러나 후술하듯이 복서제도간에서 오사는 그 자체로 하나의 체계를 이루고 있기 때문에 사명이 그 속에 포함될 여지는 없어 보인다. 또, 사명은 '사司○'라는 신령과 병칭되는 경우가 많기 때문에, 오사와는 별도의 체계를 이루고 있는 신령일 것으로 추정된다. 그렇다면 사명은 사화와 함께 성신일 가능성이 크다.[79]

'남방'은 전래문헌에는 방위나 장소로만 나올 뿐 그 자체가 신령으로 등장하는 경우는 알려져 있지 않다. 포산초간의 경우도 방위나 장소를 나타내는지 신령을 나타내는지 아직 분명하지 않지만, 신채갈릉초간 을사乙四148호간과 영霝178호간과 같이 灷와 북방北方의 신령이 병칭되고 있는 예가 있는 것을 보면, 남방도 천신 즉 성신일 가능성이 더 클 것으로 추측된다.[80]

천신 계통에 속하는지의 여부를 둘러싸고 아직도 계속 논란이 되고 있는 신령 중에 '灷'라는 것이 있다. 灷는 '夵'로도 쓰는데 이것과 유사한 것으로는 '鱻祙·祙·祙'가 있다. 이 신령에 대해서는 의견이 분분하지만 이령李零과 유신방劉信芳이 '태일太一'이라고 주장한 이래 이 견해가 가장 많은 지지를 받고 있다.[81] 태일이라고 하면 상제와도 같은 최고신이라는 것이 되는데, 이 글자를 '태太'자로 보아도 되는지 灷와 鱻祙가 동일한지 의심스러운 것은 물론, 제사 때 쓰는 제물이 최고신에 걸맞지 않는 등 여전히 미심쩍은 부분들이 있다.[82]

'지신'에는 지주地主, 궁지주宮地主, 야지주野地主, 후토后土, 궁후토宮后土, 사社, 대수大水, 위산峛山, 오산五山, 행行(行神), 궁행宮行(궁에 있는 行神), 대문大門, 궁실宮室 등이 이에 속할 것으로 추정된다.

---

79) 楊華(2006); 池澤優(2007: 33쪽).
80) 楊華(2006).
81) 李零(1993: 438쪽); 劉信芳(1993: 12쪽).
82) 李家浩(2005).

'지주·궁지주·야지주·후토·궁후토'는 모두 토지신 계통의 신령인 것은 틀림없을 것으로 보이만, 이들의 성격과 내용의 차이가 정확히 무엇인지에 대해서는 아직 충분히 밝혀지지 않았다. '궁지주'와 '궁후토'는 앞에 '궁'자가 있는 것을 보면 주거와 관련된 오사 계통의 신령일지도 모른다. '대수'는 큰 강이나 바다의 신으로 추정되지만 의미에 대해서는 의견이 분분하다.

'오산'은 초나라를 대표하는 다섯 군데의 명산을 의미하는 것은 분명하지만, 그 다섯 군데가 구체적으로 어디인지에 대해서는 이 또한 분명하지 않다. 오산과는 별도로 언급되고 있는 '위산'은 어쩌면 오산 중의 하나일지도 모르지만 확증은 없다.

'행·궁행·대문·궁실'은 아마도 오사와 관련이 있을 것으로 보이는데, 포산초간 복서제도간에는 오사와 관련된 나머지 두 신령이 보이지 않는다. 그런데 포산 2호묘에서는 죽간 외에 '실室·조竈·문門·호戶·행行'이라고 기재되어 있는 작은 목패木牌 5매가 함께 출토되었다.[그림 8-1] 오사는 사람의 주거와 밀착된 신령이지만 실제 내용은 문헌마다 조금씩 다르다. 포산초묘에서 출토된 것은 『여씨춘추』「십이기十二紀」나 『예기』「월령月令」편 등에 보이는 오사, 즉 '호戶·조竈·중류中霤·문門·행行'과 일치한다.(포산초묘의 室은 中霤와 대응된다.) 보다 더 중요한 것은 묘주가 생전에 이 다섯 신령에게 실제로 제사지내고 있었을 가능성이 매우 높다는 것을 이들 목패로부터 유추해낼 수 있

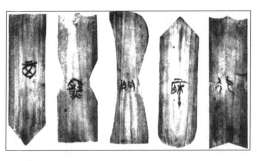

[그림 8-1] 木牌(왼쪽부터 室·竈·門·戶·行)

는 점이다. 그런 의미에서 이들 목패는 묘주가 평소에 오사를 매우 중시하고 있었다는 것을 보여주는 중요한 고고자료라고 할 수 있다.[83]

'인귀'는 크게 조상신과 원귀冤鬼·여귀厲鬼로 분류된다.[84] 먼저 조상신을 보면 그것은 다시 초나라의 원조遠祖(楚先), 선왕(荊王), 부계 직계 근조近祖(先君), 부계 방계傍系로 세분된다.

초나라의 원조로는 노동老僮·축융祝融·육웅鬻熊이 제사 대상으로 제시되어 있다.[85] 이 조합은 망산초간과 신채갈릉초간에도 공통적으로 보인다. 그들이 제사 대상으로 제시되어 있는 것은, 아마도 그들이 초나라 지배층 전체의 조상임은 물론 초나라라는 지리·문화 영역의 상징이었기 때문일 것이다.[86] 참고로 신채갈릉초간에는 '노동·축융·혈웅穴熊'과 같은 독특한 조합도 보인다. 이것은 현재까지는 신채갈릉초간에만 보이는 조합이다. 아울러 『사기』와 달리 전욱顓頊이 아닌 노동을 초나라 원조의 수위에 두고 있는 점은 『사기』와의 인식차를 보여주고 있는 것 같아 흥미롭다.

초나라의 선왕으로는 '웅역熊繹에서 무왕武王 및 '소왕昭王'이 제사 대상

83) 湖北省荊沙鐵路考古隊 편(1991a: 156쪽); 彭浩(1991b: 561~562쪽); 池澤優(1997: 27쪽) 참조.

84) 『春秋左氏傳』「昭公 7년조」에는 晉侯가 병에 걸린 원인은 厲鬼인 鯀에 대한 제사를 지내지 않았기 때문이라는 이야기가 기재되어 있다. 이 이야기에 의하면 여귀는 사람에게 병을 유발시키는 귀신을 의미한다.

85) 老僮은 '老童'으로도 쓰는데 『史記』, 권40, 「楚世家」 10에는 "楚之先祖出自顓頊高陽. 高陽者, 黃帝之孫, 昌意之子也. 高陽生稱, 稱生卷章, 卷章生重黎. 重黎爲帝嚳高辛居火正, 甚有功, 能光融天下, 帝嚳命曰祝融"이라고만 할 뿐 노동은 보이지 않는다. 노동은 『大戴禮記』, 「帝繫」 63의 "老童娶于竭水氏. 竭水氏之子, 謂之高緺氏, 産重黎及吳回"와 『山海經』 16, 「大荒西經」의 "顓頊生老童, 老童生祝融"이라는 문장에 보이는데, 이들 문장에 의하면 그는 전욱의 아들이자 축융의 부친이다. 『사기』에서는 축융의 부친을 卷章이라고 하고 있는데, 集解에서 "譙周曰, 老童卽卷章"이라고 하고 索隱에서 "卷章名老童"이라고 하는 것에 의하면 노동과 권장은 동일 인물이 된다. 하지만 이것은 후대의 주석일 뿐 아직 확실한 것은 아니다.

86) 池澤優(1997: 27쪽; 2007: 32쪽).

으로 제시되어 있다. 『사기』「초세가」에 의하면 웅역에서 무왕(熊通)까지의
계보는  웅역—웅애熊艾—웅달熊䵢—웅승熊勝—웅양熊楊—웅거熊渠—웅무강
熊毋康—웅지홍熊摯紅—웅연熊延—웅용熊勇—웅엄熊嚴—웅상熊霜—웅순熊徇—
웅악熊咢—웅의熊儀(若敖)—웅감熊坎(霄敖)—웅순熊眴(蚡冒)—무왕으로  이어진
다. 그중 웅역은 성왕成王 때 주나라로부터 초나라 땅을 분봉 받은 인물이
고, 무왕은 역대 임금 중 본격적으로 왕을 칭한 인물이다.[87) 칭왕稱王은 주
나라의 입장에서는 참월이지만, 초나라의 입장에서는 종족의 자긍심을 고
취시킨 일대 사건이었을 것이다. 그렇기 때문에 초나라 지배층 사이에서는
이들의 치적이 뇌리에 강하게 남아 전국시대에까지도 역사적 영웅으로 연
면히 전승되어 왔을 것이다.

초나라 원조와 선왕의 제사는 합제合祭의 형식으로 제시되어 있지만, 소
왕(재위 B.C. 515~B.C. 489)의 제사는 단독으로 제시되어 있다. 그렇다면 소왕
과 포산 2호묘의 묘주인 소타는 어떤 관계였을까? 선진시대에는 동일 혈족
내의 왕의 시호諡號를 씨명氏名으로 삼는 관습이 있었다. 이런 정황으로 보
면 소왕은 곧 소타의 시조였다는 것을 알 수 있다. 이것은 망산 1호묘의
묘주인 '도고悼固'(悤는 悼의 이체자)가 자신의 시조인 도왕悼王(재위 B.C. 401~B.C.
38)의 시호를 씨명으로 삼고 있는 것과 같은 것이다. 그렇다면 포산초묘의
묘주인 소타와 망산초묘의 묘주인 도고는 모두 초나라 왕실에서 분출分出된
일족이라고 할 수 있다.[88) 소왕에 대한 제사가 두 번째로 많은 5회나 제시
되어 있는 것은 소왕이 이처럼 소타의 시조였기 때문일 것이다. 그리고

---

87) 그 전에 熊渠가 자신의 세 아들을 왕으로 칭했지만, 주나라 厲王이 그것을 빌미로
　　 자신을 칠까 두려워하여 철회한 적이 있다.
88) 이 점에 관해서는 彭浩(1991b: 562쪽); 湖北省文物考古研究所 · 北京大學中文系 편
　　 (1995: 87~88 · 90~91쪽 · 考釋 [六] · [二四]); 池澤優(2007: 21쪽) 참조.

제도간인 제4조에는 B.C. 317년 정월 계축일에 소왕의 제사가 실제로 거행되었다고 기재되어 있다.

부계 직계 근조로는 문평야군文平夜君 자량子良, 오공邬公 자춘子春(邬는 吾로도 씀), 사마司馬 자음子音, 채공蔡公 자가子家가 제사 대상으로 제시되어 있다.(親母는 이들과 非合祭의 형식으로 포함) 그중 사마 자음은 제14조에서 '친왕부親王父'라고 하고, 채공 자가는 제3조에서 '친부親父'라고 하고 있다. 친왕부는 친할아버지를 의미하고 친부는 친아버지를 의미한다.[89] 그렇다면 근조가 위와 같이 나열되어 있는 것은 소타의 직계를 계통적으로 나타낸 것임을 알 수 있다. 즉, 오공 자춘은 소타의 증조부가 되고 문평야군 자량은 그의 고조부가 될 것이나. 또, 문평야군 자량은 증후을묘죽간 견책에 보이는 '평야군平夜君' 및 신채갈릉초간에 보이는 '평야문군平夜文君'이나 '평야문군 자량子良'과 동일 인물로 간주되고 있으며, 『춘추좌씨전』의 두예杜預 주에 의하면 소왕의 아들인 혜왕惠王(재위 B.C. 488~B.C. 432)의 동생일 것으로 추정된다.[90] 그렇다면 자량 또한 소왕의 아들이 된다.

한편 신채갈릉초묘의 묘주는 평야군 성成인데, 그와 자량과의 관계가 일찍부터 문제시되어 왔다. 신채갈릉초간의 정리자는 그를 자량의 손자로 보았지만, 송화강宋華强의 연구에 의하면 그는 자량의 아들이자 소왕의 손자이며 혜왕의 조카이다. 평야군 성이 자량의 아들이라면 그와 소타의 증조부인 오공 자춘은 형제일 가능성이 크다. 그렇다면 평야군 성과 소타는 동족 관계에 있었다는 것이 된다.[91]

---

89) 王父는 『爾雅』, 권4, 「釋親」 4에서 "父爲考, 母爲妣. 父之考爲王父, 父之妣爲王母"라고 하는 것을 참조.
90) 『春秋左氏傳』, 권60, 「哀公 17년조」의 "王與葉公枚卜子良, 以爲令尹"에 대하여 杜預 注가 "子良, 惠王弟"라고 하는 것을 참조.

포산초간에서 근조 직계에 대한 제사의 특징 가운데 하나는 ①소왕—
②문평야군 자량—③오공 자춘—④사마 자음—⑤채공 자가와 같이 '5대'
를 대상으로 삼고 있는 점이다. 소왕에 대한 제사가 실행된 날과 같은 날
이들 근조 직계에 대한 제사가 함께 실행된 것은 아마도 이것과 관계가 있
을 것이다.(제4·5조) 근조 직계에 대한 제사가 5대인 것은 망산초간도 마찬
가지다. 즉, ①간왕簡王—②성왕聖王—③도왕—④동택공東宅公—⑤왕손조王
孫栗와 같이 5대를 제사 대상으로 삼고 있다. 뿐만 아니라 진가취초간에도
'오세왕부왕모五世王父王母'(5대 조부모)라는 말이 있다. 아울러 직계 근친 중에
는 부친인 채공 자가에 대한 제사가 6회로 가장 많이 제시되어 있고, 증조
부인 오공 자춘과 조부인 사마 자음이 그 다음으로 5회, 문평야군 자량이
4회로 가장 적게 제시되어 있다. 소타와 혈연관계가 가까울수록 제시되는
횟수가 많아지는 경향을 보이는 것은 흥미롭지만, 이러한 경향이 과연 일반
적이었는지에 대해서는 아직 속단하기 어렵다.

포산초간에 보이는 조상신에는 부계 방계 조상도 있다. 동릉련효東陵連
囂, 형제무후자兄弟無後者, 절무후자絶無後者가 그것이다.

'동릉련효'는 그에 대한 제사가 제12조에는 친왕부와 함께 기재되어 있
지만, 제3조에는 친부와 친모 다음에 별도로 기재되어 있다. 이러한 특징으
로 보면 그는 소타의 백부나 숙부일 가능성이 크다.[92] 또, 동릉련효는 제15
조에는 '상동릉련효자발殤東陵連囂子發'로 기재되어 있다. 이것에 의하면 동릉
련효의 이름은 '자발'이라는 것을 알 수 있다.

그렇다면 '상殤'은 무엇인가? '상'은 일반적으로 '요절자' 즉 '요절하여 자

---

91) 河南省文物考古研究所 편저(2003, 183~184쪽); 宋華强(2006) 참조.
92) 彭浩(1991b: 562~563쪽).

식이 없는 자'로 해석하는 것이 보통이지만, 이케자와 마사루(池澤優)는 '전사자戰死者'를 가리킬 가능성이 있다고 한다.[93] 그런데 포산초간에서는 전사자를 나타내는 말로 '병사兵死'(제22조)라는 말이 별도로 사용되고 있다. 이러한 정황으로부터 보면 '상'은 전사자보다는 요절자로 해석하는 것이 더 타당할 것 같다.

동릉련효에 대한 제사는 총 4번 제기되어 있는데 이것은 고조인 문평야군과 동일한 횟수이다. 이를 통해 보면 그는 소타의 집안과 매우 가까웠거나 각별한 관계에 있었을 것으로 추측된다. 이것은 조부인 사마 자음에 대한 제사가 실행된 날인 B.C. 317년 11월 병진일에, 방계 조상 중에서는 유일하게 동릉련효에 대한 제사만이 함께 실행된 것을 통해서도 그러한 가능성을 유추해 볼 수 있다.(제14·15조)

'형제무후자'는 소타의 형제 중에 후사가 없는 신령을 의미하는데, 제사 대상으로는 소량昭良·소승昭乘·현맥공縣貉公이라는 이름이 구체적으로 기재되어 있다. '절무후자' 또한 후사가 없는 신령을 의미하는데, 여기에는 '형제'라는 말이 없기 때문에 『예기』에 보이는 '족려族厲'와 같은 신령이 아닐까 추측된다. 그렇다면 절무후자는 형제를 제외한 소타의 친족 중에서 후사가 없는 신령을 의미할 것이다. 아울러 '족려'의 '려厲'는 정현鄭玄 주에 의하면 살殺과 벌罰을 주관하는 신령이다.[94] 이들은 후사가 없기 때문에 제사를

---

93) '殤'은 『儀禮』, 권31, 「喪服」 11의 傳에서 "年十九至十六爲長殤, 十五至十二爲中殤, 十一至八歲爲下殤, 不滿八歲以下, 皆爲無服之殤"이라고 하는 것에 의하면 '요절자'를 의미하고, 朱熹가 『楚辭集注』에서 「九歌」 「國殤」에 대하여 "謂死於國事者. 小爾雅曰, 無主之鬼, 謂之殤"이라고 하는 것에 의하면 '전사자'를 의미한다. 池澤優(1997: 28쪽) 참조.

94) 『禮記』, 권46, 「祭法」 23의 "大夫立三祀. 曰族厲, 曰門, 曰行"이라는 문장에 보이는 '族厲'에 대하여 鄭玄 注는 "厲, 主殺罰"이라고 하고, 孔穎達 疏는 "曰族厲者, 謂古大夫無後者鬼也. 族, 衆也. 大夫衆多, 其鬼無後者衆. 故言族厲"라고 한다.

지낼 자손이 없는 신령들이며, 그 때문에 지벌을 내릴 가능성이 큰 방계 친족의 망자亡者일 것이다.[95]

포산초간에는 조상신과 같은 친족 계통의 신령 외에도 원귀나 여귀로 보이는 귀신들이 기재되어 있다. 병사兵死, 불고不辜, 수상水上, 익인溺人, 인우人禹 등이 그것이다. '병사'는 앞에서 언급했듯이 전사자를 의미하고, '불고'는 죄 없이 억울하게 죽임을 당한 자를 의미한다. '수상'은 무엇을 의미하는지 분명하지 않지만, '익인'은 물에 빠져 익사한 자를 의미한다. 이 귀신들이 소타와 혈연적으로 관계가 있는지의 여부는 아직 분명하지 않다.

원귀나 여귀의 성격과 관련하여, 먼저 '병사'는 『주례』와 『회남자』의 고유高誘 주에 의하면 종족의 묘역에 함께 묻히지 못하고 구천을 떠돌면서 사람을 병에 걸리게 하는 귀신인 것 같다.[96]

'불고'도 『회남자』에 보이는데 죄 없는 사람을 죽이면 가뭄이 들어 국토가 붉은 색으로 변한다고 한다.[97] 또, 『묵자』「명귀하明鬼下」편에는 주나라 선왕宣王이 무고한 신하 두백杜伯을 죽이자 그가 귀신이 되어 나타나 선왕을 활로 쏘아 죽였다거나, 연燕나라 간공簡公이 무고한 신하 장자의莊子儀를 죽이자 마찬가지로 그가 귀신이 되어 나타나 간공을 수레 위에서 각목으로 쳐 죽였다는 이야기가 실려 있다. 물론 이것은 「명귀하」편의 저자가 귀신의 실재성을 증명하기 위하여 들고 있는 것이기 때문에 지어낸 이야기일 수도 있다. 하지만 불고가 그 원한으로 말미암아 산 사람에게 위해를 가하

---

95) 池澤優(1997: 29쪽).
96) 『周禮』 권22 「春官・冢人」에서 "凡死於兵者, 不入兆域"이라고 하고, 『淮南子』 권17 「說林」편의 "戰兵死之鬼, 憎神巫"(戰은 王念孫에 의하면 衍字)에 대하여 高誘 注가 "兵死之鬼, 善行病人, 巫能祝劾殺之"라고 하는 것을 참조.
97) 『淮南子』 권3 「天文」편의 "殺不辜, 則國赤地"에 대하여 高誘 注가 "赤地, 旱也"라고 하는 것을 참조.

는 일이 있다는 신앙이 당시 사람들에게 있었다는 것 자체는 믿을 만할 것이다.

'수상'과 '익인'의 성격은 아직 불분명하지만, 이것도 병사나 불고와 마찬가지로 비명횡사나 억울한 죽음으로 인하여 지벌을 내릴 가능성이 큰 두렵고 부정不淨한 존재로 인식되고 있었을 것이다.98)

'인우'는 정리자는 하왕조의 시조인 '우禹'로 간주하고 있는데,99) 이러한 '우'가 당시 지식인들 사이에서 중국 최초로 치수 사업에 성공한 성왕聖王으로 인식되고 있었다는 것은 주지의 사실이다. 그러나 고대 사회의 일상생활에서 '우'가 여행이나 결혼, 병의 치유, 성역聖域(asylum) 등과 관련된 다양한 신격으로 여겨지고 있었고, 또 그것과 관련된 여러 풍속(예를 들면 禹步)이 있었다는 사실이 『일서』를 비롯한 출토문헌과 전래문헌의 비교 연구를 통하여 새롭게 밝혀지고 있다.100) 그가 신적인 존재라는 것은 상박초간 『자고子羔』에 설契·후직后稷과 함께 천제天帝의 아들의 하나로 묘사되어 있는 것을 통해서도 엿볼 수 있다. 뿐만 아니라 그가 초나라와 깊은 관계가 있는 것은 상박초간 『용성씨容成氏』에서 '우'가 전국을 치수할 때 한수漢水를 그 어느 강보다도 가장 공들여 치수한 것으로 묘사되어 있는 것을 통하여 엿볼 수 있다. 한수는 장강長江과 함께 초나라 사람들이 제사지냈던 2대 강 중의 하나이다.101)

---

98) 不辜나 水上·溺人과 관련해서는 睡虎地秦簡 『日書』의 다음의 문장들도 참고가 된다. 甲種 「詰」 제36호간背參, "鬼恆宋傷人, 是不辜鬼, 以牡棘之劍刺之, 則止矣."; 同 제52호간背貳, "人生子未能行而死, 恆然, 是不辜鬼處之. 以庚日日始出時濆門以灰, 卒, 有祭, 十日收祭, 裹以白茅, 貍(埋)野, 則毋(無)央(殃)矣."; 同 제65·66호간背貳, "人恆亡赤子, 是水亡傷取之, 乃爲灰室而牢之, 縣(懸)以苴, 則得矣." 특히 앞의 두 문장에 나오는 '不辜鬼'는 포산초간의 '不辜'와 어떤 형태로든 관련이 있을 것이다.
99) 劉彬徽·彭浩·胡雅麗·劉祖信(1991: 385쪽·注釋 354).
100) 이 점에 관해서는 工藤元男(1998: 205~311쪽) 참조.

그런데 문제는 포산초간에 보이는 인우는 성왕이나 여행 등의 신과는 성격이 완전히 다르다는 점이다. 즉 여기서의 인우는 위에서 설명한 원귀나 여귀와 마찬가지로 인간에게 지벌을 내리는 귀신, 따라서 그 지벌을 제거해야 할 대상으로 거론되고 있다. 그렇다면 이 인우는 우리가 상식적으로 생각하고 있는 하왕조의 시조나 여행 등의 신과는 전혀 다른 여귀 계통에 속하는 귀신으로 보아야 할 것이다.

이상 포산초간에 보이는 원귀와 여귀에 대하여 살펴보았는데, 복서제도간에 이러한 귀신들이 적지 않게 등장하는 것은 은주시대 이래 종교 현상의 주축이 되어 왔던 조상 숭배가 제 기능을 온전히 발휘하지 못하고 있었다는 것을 보여주는 것이다.[102]

한 가지 흥미로운 것은 포산초간에는 이러한 귀신들 외에도 '맹저盟詛'라는 신령이 등장하는 점이다. 맹저는 『주례』 및 수호지진간 『일서』 등에도 보이는데,[103] 포산초간·망산초간·신채갈릉초간과 같은 복서제도간에서는 '맹약의 신'을 의미할 것으로 추정된다.[104] 맹저와 관련하여 흥미로운 것은 포산초간 사법 관련 문서간에 보이는 '맹증'이라는 의식이다. 맹증에 관해

---

101) 禹가 上博楚簡 『子羔』에서 천제의 아들의 하나로 묘사되어 있는 것에 관해서는 李承律(2007: 73~78쪽) 참조. 上博楚簡 『容成氏』에 묘사되어 있는 禹의 치수에 관해서는 李承律(2005: 139~140쪽) 참조. 그리고 漢水가 초나라 사람들이 제사지냈던 2대 강 중의 하나인 것은 『史記』, 권40, 「楚世家」 10에서 "卜而河爲祟, 大大請禱河. 昭王曰, 自吾先王受封, 望不過江漢, 而河非所獲罪也. 止不許"라고 하는 것을 참조.

102) 池澤優(2007: 21쪽).

103) 『周禮』, 권26, 「春官·詛祝」, "掌盟詛類造攻說禬禜之祝號."(鄭玄 注, "八者之辭, 皆所以告神明也. 盟詛主於要誓, 大事曰盟, 小事曰詛."); 睡虎地秦簡 『日書』 갑종 「除」 제11호간正貳, "利以兌(說)明(盟)組(詛)·百不羊(祥)."

104) 이들 복서제도간에 보이는 '盟詛'와 관련하여 湖北省文物考古硏究所·北京大學中文系 편(1995: 98쪽)은 '盟詛之神'이라고 하고, 池澤優(1997: 29쪽)는 '盟誓의 신'이라고 한다.

서는 앞 장에서 이미 고찰했는데, 신판의 성격을 띤 전국시대 초나라의 소송제도에서 맹증은 호적 및 증인과 함께 소송 당사자 쌍방의 주장이 다를 경우 그 진실성 여부를 판단하는 중요한 사법 근거 중의 하나였다. 그리고 그것은 '확언적 선서', 즉 신 앞에서 과거의 사실을 증언할 때 만약 거짓 진술을 할 경우 귀신이 저주를 내리거나 벌을 내려 죽게 한다는 '자기 저주'를 특징으로 하는 주술적 의식과도 같은 것이었다. 당시 초나라의 소송제도가 신판의 성격을 띠고 있었고 소송이 빈번히 발생하여 이미 사회화되어 있었던 점을 감안하면, 맹저는 일반 서민은 물론 지배층에게도 잘 알려져 있던 신령이었을 것이다. 더욱 중요한 것은 이러한 맹저에 대하여 당시 사람들은 인간에게 벌을 내리는 누려운 존재로 인식하고 있었다는 점이다. 복서제도간에서 맹저가 공해의 대상으로 등장하는 것은 맹저의 이러한 성격과 결코 무관하지 않을 것이다.

그 밖에도 '무卧'라는 신령이 보이는데, 이것은 아마도 '무巫' 즉 '무축巫祝의 신'을 가리키는 것 같다. 이 신령의 성격도 분명하지는 않지만, 일찍부터 수호지진간『일서』에 보이는 '무巫'나 '무감巫堪' 즉 '무함巫咸'과 관계가 있을 지도 모른다는 지적이 있어 왔다. 무함은 옛 문헌에서는 황제黃帝의 신무神巫, 요堯임금의 의사, 은대의 현신賢臣 등으로 등장하는 신화 전설상의 인물이다. 반면 『일서』에서는 인간을 병에 걸리게 하는 원인의 하나로 거론되고 있다. 이를 통해 보면 '무'는 귀신과 소통하면서 병을 치료함은 물론 살아 있는 사람에게 지벌을 내리는 존재로 인식되고 있었다는 것을 알 수 있다. 그렇다면 '무'는 치병治病과 강수降祟라는 양면성을 지닌 존재로 관념되고 있었다고 할 수 있을 것이다.105)

---

105) 睡虎地秦簡『日書』갑종 제72호간正貳, "戊己有疾, 巫堪(咸)行, 王母爲祟, 得之於黃

이상의 논증을 토대로 포산초간 복서제도간에 보이는 제사 대상과 종교관의 특징을 정리해 보면 다음과 같다.

첫째, 비록 복서간에 제시되어 있는 제사가 모두 실행된 것은 아니지만, 제시되어 있는 신령의 수만 보더라도 당시 초나라 지배층 사이에 유일신 신앙은 없었을 것으로 판단된다. 범신론이라고까지 하기는 어렵지만, 위로는 일월성신에서 아래로는 산천·주거 및 사람이 죽어서 귀신이 된 것에 이르기까지 실로 수많은 신령과 귀신이 존재한다고 믿고 있었던 것 같다. 이 점은 망산초간이나 신채갈릉초간에 포산초간에 보이지 않는 다양한 신령과 귀신이 제사 대상으로 제시되어 있는 것을 통해서도 알 수 있다.

둘째, 이들 신령을 범주화하면 '천신'·'지신'(오사 포함)·'인귀'·'맹약의 신'·'무축의 신'의 다섯 범주로 분류할 수 있다. 이러한 범주는 일부의 예를 제외하면 수호지진간『일서』의 그것과 거의 일치한다. 즉,『일서』에서 지벌이나 질병의 원인으로 거론되고 있는 신령의 범주는 '조상신'·'오사'·'원귀/여귀'·'맹약의 신'·'무축의 신'으로 분류할 수 있는데, '천신'을 제외하면 포산초간과 거의 일치한다.[106) 수호지진간은 진묘秦墓에서 출토된 것이기는 하지만, 무덤이 조영된 지역이 남군南郡 즉 옛 초나라의 수도권 지역이었다

<hr>

色索魚·蓳酉(酒).";同 乙種 제159~160호간, "丑以東吉, 西先行, 北吉, 南得, [朝閉夕啓, 朝兆得, 晝夕不得. ●以入, 得. [以有疾, 卯少蓼(瘳), 巳大蓼(瘳)·死生, 膌肉從東方來, 外鬼爲姓(眚), 巫亦爲姓(眚).";同 을종 제183호간, "戊己有疾, 巫堪(咸)·王父爲姓(眚), □□□索魚蓳□□□□開, 乙酢, 不酢, □□邦中, 中歲在西, 人黃色, 死土日.";『春秋公羊傳』, 권2, 「隱公 4년조」의 "於鍾巫之祭焉"에 대한 何休의 解詁, "巫者, 事鬼神禱解以治病請福者也. 男曰覡, 女曰巫." '巫'나 '巫咸'에 관해서는 工藤元男(1994: 9~10쪽); 池澤優(1997: 29쪽) 참조.

106) 睡虎地秦簡『日書』에 보이는 신령·귀신에 대한 분류 방식은 학자들마다 조금씩 다르다. 예를 들어 工藤元男(1994: 10쪽)는 '조상 신령'·'일반 鬼魂·厲鬼'·'巫覡'으로 분류하지만, 劉樂賢(1994: 441~442쪽)은 '조상'·'귀신'·'오사'·'史先'·'기타'로 분류하고, 池澤優(1997: 29쪽)는 '조상'·'오사'·'厲鬼'·'巫覡'으로 분류한다.

는 점에서 초 문화와의 영향 관계를 상정해 볼 수 있다. 방마탄放馬灘『일서』와 같이 초 지역이 아닌 진秦 지역에서도 통일진統一秦 이전 시기의 『일서』가 출토되고 있기 때문에, 귀신 신앙을 둘러싼 초 지역과 다른 지역의 문화적인 차이와 교류 양상은 앞으로 좀 더 면밀히 분석해야 할 것이다.

셋째, 의뢰인의 입장에서 보았을 때 이들 신령들이 중요도 면에서 모두 동질적인 의미를 갖고 있었던 것은 아닌 것 같다. 〈표 8-12〉를 보면 알 수 있듯이 표면적으로 나타나는 출현 횟수만 보더라도 동일하지 않다. 가장 많이 출현하는 것은 조상신·오사·토지신이며, 천신 중에서는 사명이 비교적 자주 출현하는 편이다. 그러나 의뢰인에게 제사를 제시하는 입장에 있는 정인의 개인적인 성향에 따라 출현 횟수가 좌지우지되는 측면도 있기 때문에 이것만 가지고 중요도를 운운할 수는 없다. 보다 확실한 것은 어떤 신령의 제사가 실제로 실행되었는가 하는 점일 것이다. 제도간을 통하여 그것을 확인해 보면, 위에서 언급했듯이 제14조에는 사마 자음, 제15조에는 동릉련효, 제4조에는 소왕, 제5조에는 문평야군·오공 자춘·사마 자음·채공 자가의 제사가 각각 실행되었다고 기재되어 있다. 또, 제3조에는 직계 근조와 방계 조상 외에 토지신이나 오사 계통의 궁지주에 대한 제사가 실행되었다고 기재되어 있으며, 제8조에는 성격 미상의 신령을 제외하면 토지신 외에 천신 계통의 사명·사화나 산천에 대한 제사가 실행되었다고 기재되어 있다. 이상 제도간에 기재되어 있는 실제 제사 대상을 종합해 보면, 주로 직계 근조 및 방계 조상과 오사를 비롯한 토지신 등 혈연이나 주거와 밀접한 관련이 있는 신령들이 초나라 사람들의 종교 생활에 중요한 기둥이었다고 할 수 있다.[107]

---

107) 池澤優(2007: 21쪽).

넷째, 〈표 8-9〉와 〈표 8-10〉을 보면 또 한 가지 흥미로운 사실을 알 수 있다. 그것은 곧 신령에 대한 대처 방식이 제물을 수반하는 제사와 제물을 수반하지 않는 '공해'로 나뉜다는 점이다. 공해는 앞에서 언급했듯이 귀신을 책망하여 지벌을 제거하는 것을 의미하는데, 그 대상은 세·일월·불고·병사·수상·익인·인우·맹저 등과 같이 천신·원귀·여귀·맹약의 신 등이 중심을 이루고 있다. 그에 대해 제물을 수반하는 제사의 대상은 천신 계통 신령의 일부와 무축·산천의 신이 포함되어 있기는 하지만, 주로 조상신과 토지신 및 오사가 주축을 이루고 있다. 후자는 의뢰인과 매우 가깝거나 관계가 깊은 신령들이다.

그렇다면 종교학적으로 볼 때 제물을 수반하는 것과 수반하지 않는 것의 차이는 무엇일까? 이 문제와 관련하여 이케자와 마사루(池澤優)는 다음과 같은 하나의 해석을 제시하고 있다. 제물은 신과의 소통 가능성을 설정하기 위한 하나의 수단인데, 제물을 받는 신과 받지 못하는 신의 차이는 증여라는 수단으로 인간과 소통할 수 있는 존재인가 아닌가의 차이로 해석할 수 있다고 한다. 이미 언급했듯이 포산초간에서 제물을 수반하는 제사의 대상은 조상신과 토지신 및 오사와 같이 의뢰인과 관계가 깊은 신령들이었다. 그렇다면 이들이야말로 제물을 받는 신령들이며, 그런 의미에서 의뢰인과 직접적으로 소통 가능한 신령들이었다는 것을 의미한다.

그에 반해 천신 중 일부나 원귀·여귀, 맹약의 신 등은 제물을 수반하지 않는 공해의 대상, 즉 제물을 받지 못하는 신령들이다. 그것은 곧 이들은 의뢰인과 소통 불가능한 신령이라는 것을 의미한다. 천신은 일반인이 직접적으로 소통할 수 없는 지고한 존재이고, 원귀와 여귀는 일방적으로 인간에게 지벌을 내리는 존재이기 때문에, 양쪽 모두 소통 가능한 신령에게 제사

지내는 의례를 통하여 그 지벌을 제거할 수밖에 없는 위험한 존재이다. 양자의 성격은 이처럼 다르지만 소통 불가능하다는 측면에서는 공통점이 있었다. 이처럼 소통 불가능한 신령이 일방적으로 내리는 지벌에 대하여 당시 사람들은 소통 가능한 신령에게 제사지내는 방법으로 그것을 제거하거나, 그 신령이 어떤 신령인지 정체를 드러나게 함과 동시에 그것과 새로운 제사 관계를 맺는 등의 방법으로 대처했던 것 같다.[108]

## 제5절 소결

끝으로 포산초간이나 망산초간 등에서 근조 직계에 대한 제사가 5대를 대상으로 삼고 있는 것이 무엇을 의미하는지 문제 제기 형식으로 논해 보고 이 장을 맺도록 하겠다.

사실 『의례』나 『예기』 등에 보이는 유교적 질서관에 의하면, 천자나 제

---

108) 『春秋左氏傳』에는 病因으로 지목되는 '實沈·臺駘'(「昭公 원년조」), '鰎'(「昭公 7년조」), '河'(「哀公 6년조」) 등의 정체불명의 신령들이 보인다. 그중 '곤'에 대해서는 앞에서 잠깐 언급했는데 여기서 좀 더 보충 설명하면 다음과 같다. '곤'이라는 어귀는 「소공 7년조」의 "鄭子産聘于晉. 晉侯有疾. 韓宣子逆客, 私焉曰, 寡君寢疾, 於今三月矣, 竝走羣望, 有加而無瘳, 今夢黃熊入于寢門. 其何厲鬼也. 對曰, 以君之明, 子爲大政, 其何厲之有. 昔堯殛鯀于羽山, 其神化爲黃熊, 以入于羽淵, 實夏爲郊, 三代祀之. 晉爲盟主, 其或者未之祀也乎. 韓子祀夏郊. 晉侯有閒"이라는 문장에 보인다. 이 문장에서는 子産이 晉侯의 病因인 누런 곰의 정체가 바로 곤이라는 것을 밝히고 제사지내야 한다는 것을 언명함으로써, 진후와 곤 사이에 새로운 제사 관계가 맺어지고 있다. 참고로 신채갈릉초간에서는 '犬'나 '祏'가 '解' 즉 공해의 대상으로 기재되어 있기도 하고(零151호간) 제물을 수반하는 제사의 대상으로 기재되어 있기도 하다(甲三146호간 등). 이것은 곧 포산초간과 망산초간에 보이는 제물을 수반하는 제사와 제물을 수반하지 않는 공해라는 구분이 신채갈릉초간에는 적용되지 않는다는 것을 의미한다. 이상 제물을 받는 신령 및 받지 못하는 신령과 관련된 문제에 관해서는 池澤優(1997: 30~34쪽; 2007: 21·34~35쪽)도 참조하였다.

후로부터 분출된 가계는 그 출신 조상인 선왕이나 선공先公을 제사지낼 수 없다고 규정되어 있다.109) 즉, 천자의 종묘에 제사지낼 자격이 있는 것은 천자의 가계뿐이고, 제후의 가묘家廟에 제사지낼 자격이 있는 것은 제후의 가계뿐이라는 것이다. 이것은 바꾸어 말하면 제후가 천자의 종묘에 제사지 내거나 대부가 제후의 가묘에 제사지내는 것은 존비尊卑를 구별하지 못하는 비례非禮, 즉 참월에 해당된다는 것이다. 왜냐하면 천자나 제후는 직계만이 제사지낼 수 있고 방계는 제사지내지 못한다는 것이 이들 텍스트에 나타나 있는 유교이론의 핵심이기 때문이다. 그런데 포산초간 제도간에 의하면 소 왕의 대한 제사가 실행된 것으로 기재되어 있기 때문에, 이와 같은 유교적 질서관에 의하면 그것은 참월에 해당된다. 『예기』의 저자가 이러한 참월 현상은 춘추시대 노나라에서부터 시작되었다고 하는 것을 보면, 그것은 초 나라만의 고유한 현상은 아니었던 것 같다. 물론 이러한 현상을 참월이라고 표현한 것은 순전히 유교적 질서관에 입각했을 때 그렇다는 것일 뿐, 현실 은 그것과 상당히 동떨어져 있었던 것 같다.

그렇다면 선왕을 포함한 5대(포산초간의 경우는 소왕, 망산초간의 경우는 간왕·성 왕·도왕을 포함한 5대)를 제사 대상으로 삼고 있었다는 것은 초나라 왕실과의 종족 유대를 의미하는 것인가? 다시 말하면 세대 심도深度 5~6 정도의 종족 집단이 과연 중요성을 지니고 있었다는 것인가? 이러한 이해 방식에 대하여 이케자와 마사루(池澤優)는 다음과 같이 몇 가지 이유를 들면서 의문을 제기 한다. 첫째, 선왕의 제사가 종족 유대를 확인하기 위한 것일 뿐이었다면 망 산초간의 경우는 도왕까지로 충분했으며 간왕과 성왕까지 제사지낼 필연성

---

109) 『儀禮』, 권32, 「喪服」 11, 「傳」, "諸侯之子稱公子, 公子不得禰先君. 公子之子稱公孫, 公孫不得祖諸侯. 此自卑別於尊者也."; 『禮記』, 권25, 「郊特牲」 11, "諸侯不敢祖天子. 大夫不敢祖諸侯. 而公廟之設於私家, 非禮也. 由三桓始也."(池澤優, 1997: 30쪽)

은 없었을 것이라는 점이다. 둘째, 포산초간에서 고조인 문평야군과 증조인 오공 자춘의 제사는 단독이 아니라 역대 조상의 합제의 형식으로 제시되어 있는데, 이것은 곧 이 양자는 친족 유대가 아니라 가계의 연속성을 나타내기 위하여 대상에 포함되었을 가능성이 있는 점이다. 셋째, 포산초간에는 상당수의 방계 조상이 제사 대상으로 등장하는데, 그중 '형제무후자'나 '절무후자'의 경우 후사가 없는 이상 그들에게 직접적인 종족 유대 기능은 없었다고 판단되는 점이다. 넷째, 포산초간은 물론 망산초간에도 넓은 범위의 친족 집단이 관여하고 있던 흔적이 보이지 않는 점이다.

그리하여 그는 포산초간과 망산초간의 근조 직계 제사가 5대로 일치하는 것은 당시 직계 5대 제사가 규범화되어 있었기 때문일 것으로 추측한다. 또 이 두 초간에 대규모의 친족 집단의 흔적이 보이지 않는 것은 조상 숭배의 친족 유대 기능이 좁은 범위로 한정되어 있었기 때문일 것으로 추측한다. 특히 후사가 없는 방계 친족에 대한 제사가 복서제도간에서 비교적 중요하게 나타나는 것은 전국시대의 새로운 전개라고 한다. 즉, 종족을 기반으로 하는 조상 숭배의 경우 후사가 없는 망자에 대한 제사는 부차적인 중요성밖에 없었다. 그러던 것이 춘추전국시대의 사회변동 속에서 종족이라는 틀이 이완되고 조상 숭배를 행하는 단위가 종족에서 가족 단위로 이행해 가면서, 조상 숭배의 집단적 통합 기능은 점점 희박해지고 근친 조상을 기념하는 쪽으로 중점이 두어지게 된다. 그 과정 속에서 종족의 왜소화와 함께 숭배 대상이 역대 종족의 장에 대한 제사에서 친족 망자 일반으로 확대되는 한편, 후사가 없는 친족 망자에 대한 제사가 상대적으로 수면 위로 떠오르는 현상이 발생하게 되었다고 한다.[110]

---

110) 池澤優(1997: 30~32쪽).

이상의 견해 중 친족 유대와 친족 집단의 장의 권위, 조상 숭배의 내용의 변화, 후사가 없는 망자에 대한 제사의 상대적 중요성에 관한 설명은 어느 정도 설득력이 있다고 생각된다. 그러나 직계 5대의 제사가 규범화되어 있었다는 지적은 좀 더 재고해야 할 여지가 있다. 왜냐하면 신채갈릉초간의 경우는 5대가 아니라 3대를 대상으로 삼고 있기 때문이다. 구체적으로는 증조부(평왕)·조부(소왕)·부모가 제사 대상으로 되어 있다. 이러한 조상 제사의 심도는 포산초간·망산초간과는 다르지만, 무슨 이유에서인지 신채 갈릉초간보다 훨씬 후대의 자료인 수호지진간 『일서』의 그것과 일치한다.111) 이러한 차이가 과연 봉군과 대부라는 신분적 차이에서 오는 것인지, 중원 부근과 초나라의 수도권이라는 지역적 차이에서 오는 것인지, B.C. 4세기 초와 말이라는 시간적 차이에서 오는 것인지 아직 분명하지 않다. 앞으로 이 문제를 푸는 데 도움이 될 만한 새로운 자료가 지속적으로 나오기를 기대해 본다.

---

111) 池澤優(2002: 143～144쪽).

# 참고문헌

## 1. 원전류

『經典釋文』.
『管子』.
『孔子家語』.
『國語』.
『南史』.
『南齊書』.
『大戴禮記』.
『讀禮通考』.
『東觀餘論』.
『呂氏春秋』.
『禮記』.
『論語』.
『論衡』.
『毛詩』.
『墨子』.
『白虎通義』.
『封氏聞見記』.
『穆天子傳』.
『史記』.
『史通』.
『山海經』.
『三禮圖集注』.
『尙書』.
『尙書正義』.
『書斷』.

『釋名』.

『說文解字』(一篆一行本).

『說文解字注』.

『說苑』.

『邵氏聞見後錄』.

『水經注』.

『隋書』.

『荀子』.

『鹽鐵論』.

『藝文類聚』.

『魏書』.

『六韜』.

『儀禮』.

『儀禮正義』.

『儀禮注疏』.

『爾雅』.

『莊子』.

『戰國策』.

『前漢紀』.

『周禮』.

『周禮正義』.

『朱子家禮』.

『晉書』.

『靑溪暇筆』.

『楚辭』.

『楚辭集注』.

『春秋穀梁傳』.

『春秋公羊傳』.

『春秋左氏傳』.

『春秋左傳正義』.

『太平御覽』.

『通雅』.

『通典』.

『通志』.

『韓非子』.

『漢書』.

『玄怪錄』.

『淮南子』.

『後漢書』.


## 2. 단행본류

甘肅省文物考古研究所 편, 『敦煌漢簡』 上冊・下冊, 中華書局, 1991.

甘肅省文物工作隊・甘肅省博物館 편, 『漢簡研究文集』, 甘肅人民出版社, 1984.

甘肅省文物局 편, 岳邦湖・鍾聖祖 저, 『疏勒河流域漢長城考察報告』, 文物出版社, 2001.

甘肅省博物館・中國科學院考古研究所 편, 『武威漢簡』, 中華書局, 2005.

姜有爲, 『新學僞經考』, 中華書局, 1956.

岡村秀典, 『夏王朝: 王權誕生の考古學』, 講談社, 2003.

江村治樹, 『春秋戰國秦漢時代出土文字資料の研究』, 汲古書院, 2000.

고마츠 히사오 외, 이평래 역, 『중앙유라시아의 역사』, 소나무, 2005.

古文字詁林編纂委員會 편, 『古文字詁林』 1~12, 上海敎育出版社, 1999~2004.

高 亨, 『周易古經今注』(重訂本), 中華書局, 1984.

工藤元男, 『睡虎地秦簡よりみた秦代の國家と社會』, 創文社, 1998.

郭若愚 편저, 『戰國楚簡文字編』, 上海書畵出版社, 1994.

丘光明 편저, 『中國歷代度量衡考』, 科學出版社, 1992.

국립창원문화재연구소, 『韓國의 古代木簡』(개정판), 2006.

宮本一夫, 『神話から歷史へ: 神話時代夏王朝』, 講談社, 2005.

金子民雄, 『西域 探險の世紀』, 岩波新書 776, 岩波書店, 2002.

羅振玉・王國維 편저, 『流沙墜簡』, 中華書局, 1993.

唐 蘭, 『古文字學導論』(增訂本), 齊魯書社, 1981.

大庭脩, 『木簡』, 學生社, 1979.

_____, 『木簡學入門』, 講談社, 1984.

_____, 『大英圖書館藏敦煌漢簡』, 同朋舍, 1990.

_____, 『漢簡研究』, 同朋舍出版, 1992.

大庭脩 편저, 『木簡: 古代からのメッセージ』, 大修館書店, 1998.

稻葉一郎, 『中國史學史の研究』, 京都大學學術出版會, 2006.

董　說, 『七國考』, 商務印書館, 1936.

董　說 原著·繆文遠 訂補, 『七國考訂補』 上·下, 上海古籍出版社, 1987.

董作賓, 이형구 역, 『갑골학 60년』, 民音社, 1993.

滕壬生 편저, 『楚系簡帛文字編』, 湖北敎育出版社, 1995.

藤田勝久, 『史記戰國史料の研究』, 東京大學出版會, 1997.

藤枝晃, 『文字の文化史』, 岩波書店, 1991 제1쇄, 1994 제5쇄(원판: 1971).

馬承源 주편, 『上海博物館藏戰國楚竹書(一)』, 上海古籍出版社, 2001.

_____, 『上海博物館藏戰國楚竹書(二)』, 上海古籍出版社, 2002.

_____, 『上海博物館藏戰國楚竹書(三)』, 上海古籍出版社, 2003.

_____, 『上海博物館藏戰國楚竹書(四)』, 上海古籍出版社, 2004.

_____, 『上海博物館藏戰國楚竹書(五)』, 上海古籍出版社, 2005.

_____, 『上海博物館藏戰國楚竹書(六)』, 上海古籍出版社, 2007.

_____, 『上海博物館藏戰國楚竹書(七)』, 上海古籍出版社, 2008.

_____, 『上海博物館藏戰國楚竹書(八)』, 上海古籍出版社, 2011.

_____, 『上海博物館藏戰國楚竹書(九)』, 上海古籍出版社, 2012.

朴載福, 『先秦卜法研究』, 上海古籍出版社, 2011.

方詩銘·王修齡, 『古本竹書紀年輯證』(修訂本), 上海古籍出版社, 2005.

白川靜, 『漢字の世界』 2, 平凡社, 1976.

駢宇騫·段書安 편저, 『二十世紀出土簡帛綜述』, 文物出版社, 2006.

濮茅左, 『楚竹書≪周易≫研究 － 兼述先秦兩漢出土與傳世易學文獻資料』 下, 上
　　　　海古籍出版社, 2006.

福井重雅, 『漢代官吏登用制度の研究』, 創文社, 1988.

_____, 『漢代儒敎の史的研究 － 儒敎の官學化をめぐる定說の再檢討』, 汲古書院,
　　　　2005.

本田成之, 『支那經學史論』, 弘文堂書房, 1927.

冨谷至, 『秦漢刑罰制度の研究』, 同朋舍, 1998.

_____,『木簡・竹簡の語る中國古代 書記の文化史』, 岩波書店, 2003.

傅振倫,『簡策說』, 考古社刊 제6기, 1937.

北京大學出土文獻硏究所 編,『北京大學藏西漢竹書(貳)』, 上海古籍出版社, 2012.

史樹靑,『長沙仰天湖出土楚簡硏究』, 羣聯出版社, 1955.

山西省文物工作委員會 編,『侯馬盟書』, 文物出版社, 1976.

森三樹三郎,『'無'の思想 - 老莊思想の系譜』, 講談社新書, 講談社, 1969.

商承祚 편저,『戰國楚竹簡匯編』, 齊魯書社, 1995.

葉德輝,『書林淸話』, 叢書集成續編, 史部 66, 上海書店, 1994.

小南一郞,『古代中國 天命と靑銅器』, 京都大學學術出版會, 2006.

小林信明,『古文尙書乃硏究』, 大修館書店, 1959.

蘇秉琦,『中國文明起源新探』, 商務印書館, 1997; 蘇秉琦, 張明聲 역,『新探中國文明の起源』, 言叢社, 2004.

小曾戶洋・長谷部英一・町泉壽郎,『五十二病方』, 東力書店, 2007.

孫　機,『漢代物質文化資料圖說』(增訂本), 上海古籍出版社, 2008.

宋華强,『新蔡葛陵楚簡初探』, 武漢大學出版社, 2010.

松丸道雄,『甲骨文字』, 奎星會出版部, 1959.

_____,『西周靑銅器とその國家』, 東京大學出版會, 1980.

松丸道雄・永田英正,『中國文明の成立』, 講談社, 1985 제1쇄, 2001 제12쇄.

松丸道雄・池田溫・斯波義信・神田信夫・濱下武志 編,『中國史 1: 先史～後漢』, 山川出版社, 2003.

狩野直喜,『兩漢學術考』, 筑摩書房, 1964.

睡虎地秦墓竹簡整理小組 編,『睡虎地秦墓竹簡』, 文物出版社, 1990.

沈頌金,『二十世紀簡帛學硏究』, 學苑出版社, 2003.

沈載勳 편,『甲骨文』, 民音社, 1990.

楊　寬・吳浩坤 주편,『戰國會要』上・下, 上海古籍出版社, 2005.

呂思勉,『先秦史』, 上海古籍出版社, 1941 초판, 1947 재판.

連雲港市博物館・東海縣博物館・中國社會科學院簡帛硏究中心・中國文物硏究所 編,『尹灣漢墓簡牘』, 中華書局, 1997.

永田英正,『居延漢簡の硏究』, 同朋舍, 1989.

吳礽驤・李永良・馬建華 釋校,『敦煌漢簡釋文』, 甘肅人民出版社, 1991.

吳浩坤・潘　悠,『中國甲骨學史』, 上海人民出版社, 1985 제1판, 1991 제3차 인쇄.

王國維, 『古本竹書紀年輯校 今本竹書紀年疏證』, 遼寧教育出版社, 1997.

王國維 원저, 胡平生・馬月華 校注, 『簡牘檢署考校注』, 上海古籍出版社, 2004.

王 穎, 『包山楚簡詞彙研究』, 廈門大學出版社, 2008.

容 庚, 『商周彝器通考』 上(영인판), 汲古書院, 1979(원판: 1941).

≪雲夢睡虎地秦墓≫編寫組, 『雲夢睡虎地秦墓』, 文物出版社, 1981.

웨 난 지음, 이익희 옮김, 『마왕퇴의 귀부인』 1・2(개정판), 일빛, 2005.

劉國鈞, 『中國古代書籍史話』, 中華書局, 1962.

劉樂賢, 『睡虎地秦簡日書研究』, 文津出版社, 1994.

劉信芳, 『包山楚簡解詁』, 藝文印書館, 2003.

尹乃鉉, 『商周史』, 民音社, 1984 초판, 1990 4판.

銀雀山漢墓竹簡整理小組 편, 『銀雀山漢墓竹簡(壹)』, 文物出版社, 1985.

_____, 『銀雀山漢墓竹簡(貳)』, 文物出版社, 2010.

李均明, 『古代簡牘』, 文物出版社, 2003.

李均明・劉軍, 『簡牘文書學』, 廣西敎育出版社, 1999.

伊藤道治, 『中國古代國家の支配構造: 西周封建制度と金文』, 中央公論社, 1987.

李 零, 『長沙子彈庫戰國楚帛書研究』, 中華書局, 1985.

_____, 『簡帛古書與學術源流』, 三聯書店, 2004.

李守奎 편, 『楚文字編』, 華東師範大學出版社, 2003.

李守奎・曲氷・孫偉龍 편저, 『上海博物館藏戰國楚竹書(一－五)文字編』, 作家出版
　　　社, 2007.

李承律, 『郭店楚簡儒敎の研究 － 儒系三篇を中心にして』, 汲古書院, 2007.

李正光 외 편, 『楚漢簡帛書典』, 湖南美術出版社, 1998.

李 濟, 『西陰村史前的遺存』, 淸華學校硏究院, 1927.

林梅村・李均明 편, 『疏勒河流域出土漢簡』, 文物出版社, 1984.

林巳奈夫 편, 『漢代の文物』, 京都大學人文科學硏究所, 1976.

林巳奈夫, 『殷周時代靑銅器の研究: 殷周靑銅器綜覽一』, 吉川弘文館, 1984.

_____, 『中國殷周時代の武器』, 朋友書店, 1999.

籾山明, 『漢帝國と邊境社會 － 長城の風景』, 中央公論新社, 1999.

張光直, 『中國古代訴訟制度の研究』, 京都大學學術出版會, 2006.

滋賀秀三 편, 『中國法制史 基本資料の研究』, 東京大學出版會, 1993 초판, 2006 3쇄.

滋賀秀三, 『中國法制史論集 法典と刑罰』, 創文社, 2003.

張家山二四七號漢墓竹簡整理小組 편저, 『張家山漢墓竹簡(二四七號墓)』, 文物出版社, 2001.

張光裕 주편·袁國華 합편, 『包山楚簡文字編』, 藝文印書館, 1992.

_____, 『郭店楚簡研究 第一卷 文字編』, 藝文印書館, 1999.

張光裕 편저·袁國華 합저, 『望山楚簡校錄 附文字編』, 藝文印書館, 2004.

張光裕·黃錫全·滕壬生 주편, 『曾侯乙墓竹簡文字編』, 藝文印書館, 1997.

張光直, 『中國靑銅時代』, 香港中文大學出版社, 1982; 張光直, 小南一郎·間瀨收芳 역, 『中國靑銅時代』, 平凡社, 1989.

_____, 『中國靑銅時代 二集』, 三聯書店, 1990; _____, _____ 역, 『中國古代文明の形成: 中國靑銅時代 第二集』, 平凡社, 2000.

長沙市文物考古研究所·中國文物研究所 편, 『長沙東牌樓東漢簡牘』, 文物出版社, 2006.

張守中, 『包山楚簡文字編』, 文物出版社, 1996.

張守中·張小滄·郝建文, 『郭店楚簡文字編』, 文物出版社, 2000.

張 頷·陶正剛·張守中, 『侯馬盟書』, 增訂本, 山西古籍出版社, 2006.

蔣玄佁, 『長沙 "楚民族及其藝術"』 2, 美術考古學社, 1950.

田所義行, 『社會史上から見た漢代の思想と文學の基本的性格の硏究 - 五經と韻文を主として』, 中國學術硏究會, 1965.

錢存訓, 『書於竹帛 中國古代的文字記錄』(제4차 增訂本), 上海書店出版社, 2002(원판: 1962).

鄭有國, 『中國簡牘學綜論』, 華東師範大學出版社, 1989.

朱淵淸, 『中國出土文獻與傳統學術』, 華東師範大學出版社, 2001; 朱淵淸, 高木智見 역, 『中國出土文獻の世界 - 新發見と學術の歷史』, 創文社, 2006.

朱漢民·陳松長 주편, 『嶽麓書院藏秦簡(壹)』, 上海辭書出版社, 2010.

朱希祖, 『汲冢書考』, 中華書局, 1960.

中國科學院考古研究所 편저, 『長沙發掘報告』, 科學出版社, 1957.

中國文物研究所·甘肅省文物考古研究所 편, 『敦煌懸泉月令詔條』, 中華書局, 2001.

中國文物研究所·湖北省文物考古研究所 편, 『龍崗秦簡』, 中華書局, 2001.

中國社會科學院考古研究所 편, 『居延漢簡 甲乙編』 下冊, 中華書局, 1980.

增井經夫, 『中國の歷史書 - 中國史學史』, 刀水書房, 1984.

池田末利, 『中國古代宗教史研究 － 制度と思想』, 東海大學出版會, 1981.

池田溫, 『敦煌文書の世界』, 名著刊行會, 2003.

池田知久, 『老莊思想』, 放送大學教育振興會, 1996 초판, 2000 개정판.

_____, 『郭店楚簡老子研究』, 東京大學 文學部 中國思想文化學研究室, 1999・2000.

_____, 『老子』, 東方書店, 2006.

池田知久・伊藤文生・久保田知敏・中島隆博・馬淵昌也 편역, 『占いの創造力 － 現代中國周易論文集』, 勉誠出版, 2003.

池澤優, 『「孝」思想の宗敎學的研究 古代中國における祖先崇拜の思想的發展』, 東京大學出版會, 2002.

陳夢家, 『海外中國銅器圖錄』, 國立北平圖書館, 1946.

_____, 『漢簡綴述』, 中華書局, 1980 제1판, 2004 北京 제2차 인쇄.

陳松長 편저, 『香港中文大學文物館藏簡牘』, 香港中文大學文物館, 2001.

陳 偉, 『包山楚簡初探』, 武漢大學出版社, 1996.

陳 偉 等 著, 『楚地出土戰國簡冊(十四種)』, 經濟科學出版社, 2009.

津田左右吉, 『左傳の思想史的研究』, 『津田左右吉全集』 15, 岩波書店, 1964.

_____, 『儒敎の研究 三』, 『津田左右吉全集』 18, 岩波書店, 1965.

蔡季襄, 『晚周繒書考證』(石印本), 藝文印書館, 1972(원판 1944).

淺野裕一・湯淺邦弘 편, 『諸子百家<再發見>掘り起こされる古代中國思想』, 岩波書店, 2004.

清華大學出土文獻研究與保護中心 편(李學勤 주편), 『清華大學藏戰國竹簡(壹)』, 中西書局, 2010.

_____, 『清華大學藏戰國竹簡(貳)』, 中西書局, 2011.

_____, 『清華大學藏戰國竹簡(參)』, 中西書局, 2012.

崔 適, 『史記探源』, 中華書局, 1986.

湯餘惠 주편, 『戰國文字編』, 福建人民出版社, 2001.

貝塚茂樹 편, 『古代殷帝國』, みすず書房, 1957.

平勢隆郎, 『左傳の史料批判的研究』, 汲古書院, 1998.

_____, 『都市國家から中華へ: 殷周春秋戰國』, 講談社, 2005.

何介鈞, 『長沙馬王堆西漢軑侯家族墓』, 文史哲出版社, 1993.

何介鈞・張維明 編寫, 『馬王堆漢墓』, 文物出版社, 1982; 何介鈞・張維明 편저, 田

村正敬・福宿孝夫 역, 『馬王堆漢墓のすべて』, 中國書店, 1992.

何介鈞 주편, 湖南省博物館・湖南省文物考古研究所 편저, 『長沙馬王堆二・三號漢墓 第一卷 田野考古發掘報告』, 文物出版社, 2004.

河南省文物考古研究所 편저, 『新蔡葛陵楚墓』, 大象出版社, 2003.

河南省文物研究所, 『信陽楚墓』, 文物出版社, 1986.

河北省文物研究所定州漢墓竹簡整理小組, 『定州漢墓竹簡論語』, 文物出版社, 1997.

何琳儀, 『戰國古文字典 – 戰國文字聲系』 上・下, 中華書局, 1998.

荊門市博物館 편, 『郭店楚墓竹簡』, 文物出版社, 1998.

湖南省文物考古研究所, 『里耶發掘報告』, 岳麓書社, 2007.

湖南省博物館・長沙市博物館・湖南省文物考古研究所・長沙市文物考古研究所, 『長沙楚墓』 上, 文物出版社, 2000.

湖南省博物館・中國科學院考古研究所, 『長沙馬王堆一號漢墓發掘簡報』, 文物出版社, 1972.

_____, 『長沙馬王堆一號漢墓』 上集, 文物出版社, 1973.

湖南省博物館・湖南省文物考古研究所 편저, 『長沙馬王堆二・三號漢墓 田野考古發掘報告』 1, 文物出版社, 2004.

湖北省文物考古研究所, 『江陵望山沙塚楚墓』, 文物出版社, 1996.

湖北省文物考古研究所 편저, 『江陵九店東周墓』, 科學出版社, 1995.

湖北省文物考古研究所・北京大學中文系 편, 『望山楚簡』, 中華書局, 1995.

_____, 『九店楚簡』, 中華書局, 2000.

湖北省文物考古研究所・隨州市考古隊, 『隨州孔家坡漢墓簡牘』, 文物出版社, 2006.

湖北省博物館 편, 『曾侯乙墓』 上・下, 文物出版社, 1989.

湖北省荊沙鐵路考古隊 편, 『包山楚墓』 上, 文物出版社, 1991a.

_____, 『包山楚墓』 下, 文物出版社, 1991b.

湖北省荊州市周梁玉橋遺址博物館, 『關沮秦漢墓簡牘』, 中華書局, 2001.

胡平生・李天虹, 『長江流域出土簡帛與研究』, 湖北教育出版社, 2004.

胡平生・張德芳 編撰, 『敦煌懸泉漢簡釋粹』, 上海古籍出版社, 2001.

胡平生・韓自强 편저, 『阜陽漢簡詩經研究』, 上海古籍出版社, 1988.

黃文弼, 『西北史地論叢』, 人民出版社, 1981.

Chang, Kwang chih, *The Archaeology of Ancient China*(Fourth edition), New Haven: Yale

University Press, 1986.

Chavannes, Édouard, *Les documents Chinois: découverts par Aurel Stein dans les sables du Turkestan Oriental*, Oxford Imprimerie de l'Université, 1913.

Creel, Herrlee Glessner, *The Birth of China: a study of the formative period of Chinese civilization*, New York, John Day, 1937.

Stein, Mark Aurel, *Serindia: detailed report of explorations in Central Asia and westernmost China*, vol. Ⅱ, Oxford, Clarendon, 1921.

William H. Baxter, *A Handbook of Old Chinese Phonology*, Mouton de Gruyter, 1992.

## 3. 논문류

賈繼東,「包山楚墓簡文"見日"淺釋」,『江漢考古』1995-4.

角谷常子,「簡牘の形狀における意味」, 冨谷至 편,『邊境出土木簡の硏究』, 朋友書店, 2003.

甘肅省文物考古硏究所,「甘肅敦煌漢代懸泉置遺址發掘簡報」,『文物』2000-5.

甘肅省文物考古硏究所·天水市北道區文化館,「甘肅天水放馬灘戰國秦漢墓群的發掘」,『文物』1989-2.

甘肅省博物館,「甘肅武威磨嘴子漢墓發掘簡報」,『考古』1960-9.

甘肅省博物館·甘肅省武威縣文化館,「武威旱灘坡漢墓發掘簡報: 出土大批醫藥簡牘」,『文物』1973-12.

姜廣輝,「郭店一號墓墓主是誰?」,『中國哲學』20, 遼寧敎育出版社, 1999.

姜國鈞,「從郭店楚簡內容看"東宮之師"」,『中州學刊』2002-4.

江蘇省文物管理委員會 等,「江蘇鹽城三羊墩漢墓淸理報告」,『考古』1964-8.

강진석,「중국의 다양한 장례문화」, 한국외국어대학교 외국학종합연구센터 편,『세계의 장례문화』, 한국외국어대학교 출판부, 2006.

考古硏究所湖南調査發掘團,「長沙近郊古墓發掘記略」,『文物參考資料』1952(a)-2.

_____,「長沙近郊古墓發掘記略」,『科學通報』3, 1952년(b) 7월.

高大倫,「簡冊制度中幾個問題的考辨」,『文獻』1987-4.

_____,「"遣策"與"賵方"」,『江漢考古』1988-2.

高華平,「是"東宮之杯"還是"東宮之師"」,『古漢語硏究』2003-1.

工藤元男,「睡虎地秦簡「日書」における病因論と鬼神の關係について」,『東方學』88,

　　　　　　1994.

_____, 「簡帛資料からみた楚文化圈の鬼神信仰」, 『日中文化研究』 10, 1996.

_____, 「包山楚簡「卜筮祭禱簡」の構造とシステム」, 『東洋史研究』 59, 2001-4.

_____, 「楚王への忠誠を示す貞問記錄(包山楚簡・江陵望山楚簡・江陵九店楚簡)」,
　　　　　　『東方』 275, 東方書店, 2004.

_____, 「平夜君成楚簡「卜筮祭禱簡」初探 － 戰國楚の祭祀儀禮」, 『長江流域文化
　　　　　　研究所年報』 3, 早稻田大學長江流域文化研究所, 2005.

郭沫若, 「信陽墓的年代與國別」, 『文物參考資料』 1958-1.

郭寶鈞, 「濬縣辛村古殘墓之淸理」, 『田野考古報告』 1, 1936.

廣瀨薰雄, 「包山楚簡より見た戰國時代における訴訟の一考察」, 東京大學 大學院
　　　　　　人文社會系研究科 석사학위논문, 2000.

_____, 「包山楚簡『所記』分析」, 池田知久 감수・「古典學の再構築」東京大學郭店
　　　　　　楚簡研究會 편, 『郭店楚簡の思想史的研究』 5, 東京大學 文學部 中國思想
　　　　　　文化學研究室, 2001.

_____, 「包山楚簡に見える證據制度について」, 郭店楚簡研究會 편, 『楚地出土資料
　　　　　　と中國古代文化』, 汲古書院, 2002.

_____, 「新蔡楚簡所謂"賵書"簡試析 － 兼論楚國量制」, 武漢大學簡帛研究中心 主
　　　　　　辦, 『簡帛』 1, 上海古籍出版社, 2006.

_____, 「釋"卜缶"」, 『古文字研究』 28, 中華書局, 2010.

廣西壯族自治區文物工作隊, 「廣西貴縣羅泊灣一號墓發掘簡報」, 『文物』 1978-9.

橋本繁, 「金海出土『論語』木簡と新羅社會」, 『朝鮮學報』 193, 2004.

_____, 「東アジアにおける文字文化傳播: 朝鮮半島出土『論語』木簡の檢討を中心に」,
　　　　　　『福井重雅先生古稀・退職記念論集　古代東アジアの社會と文化』, 汲古書
　　　　　　院, 2007.

裘錫圭, 「談談隨縣曾侯乙墓的文字資料」, 『文物』 1979-7.

_____, 「殷周古代文字における正體と俗體」, 『シンポジウム中國古文字と殷周文化
　　　　　　甲骨文・金文をめぐって』, 東方書店, 1989.

_____, 「談談隨縣曾侯乙墓的文字資料」, 『古文字論集』, 中華書局, 1992.

_____, 「甲骨文中的見與視」, 『甲骨文發現一百周年學術硏討會論文集』, 文史哲出
　　　　　　版有限公司, 1998.

_____, 「釋戰國楚簡中的"脅"字」, 『古文字研究』 26, 中華書局, 2006.

裘錫圭・李家浩,「曾侯乙墓竹簡釋文與考釋」,湖北省博物館 편,『曾侯乙墓』上,文物出版社, 1989.

屈萬里,「我國古代的圖書: 竹帛」,『讀書通訊』48, 1942.

宮宅潔,「張家山漢簡≪二年律令≫解題」,『東方學報』京都 76, 2004.

近藤浩之,「包山楚簡卜筮祭禱記錄與郭店楚簡中的≪易≫」,武漢大學中國文化研究院 편,『郭店楚簡國際學術研討會論文集』,湖北人民出版社, 2000.

紀南城鳳凰山168號漢墓發掘整理組,「湖北江陵鳳凰山168號漢墓發掘簡報」,『文物』1975-9.

吉川忠夫,「汲冢書發見前後」,『東方學報』京都 71, 1999.

羅運環,「論郭店一號楚墓所出漆耳杯文及墓主和竹簡的年代」,『考古』2000-1.

南京博物館・連雲港市博物館,「海州西漢霍賀墓淸理簡報」,『考古』1974-3.

南京博物院,「江蘇連雲港市海州網疃莊漢木槨墓」,『考古』1963-6.

南玉泉,「楚國司法制度探微」,『政法論壇(中國政法大學學報)』2000-4.

南　波,「江蘇連雲港市海州西漢侍其䌛墓」,『考古』1975-3.

勞　榦, 喬衍琯 역,「從木簡到紙的應用」,『中央圖書館館刊』1-1, 1967.

譚步雲,「先秦楚語詞匯硏究」,中山大學 박사학위논문, 1998.

大西克也,「上博楚簡(四)"鄵之脾"的"脾"字怎麼讀?」,『中國語學硏究 開篇』27, 好文出版, 2008.

島田翰,「書冊裝潢考」,『古文舊書考』,宋元明清書目題跋叢刊,中華書局, 2006.

董國安,「常德市德山楚墓」,『中國考古學年鑑 1985』,文物出版社, 1985.

董　珊,「信陽楚墓遣策所記的陶壺和木壺」,武漢大學簡帛硏究中心 主辦,『簡帛』3, 上海古籍出版社, 2008.

滕壬生,「序言」,『楚系簡帛文字編』,湖北教育出版社, 1995.

＿＿＿,「前言」,『楚系簡帛文字編(增訂本)』,湖北教育出版社, 2008.

滕壬生・黃錫全,「江陵磚瓦廠M370楚墓竹簡」,李學勤・謝桂華 주편,『簡帛研究二○○一』上冊,廣西師範大學出版社, 2001.

藤田勝久,「包山楚簡よりみた戰國楚の縣と封邑」,『中國出土資料研究』3, 1999.

＿＿＿,「中國出土資料と古代社會 － 情報傳達の視點から」,『資料學の方法を探る (4) － 情報發信と受容の視點から』, 2005(a).

＿＿＿,「包山楚簡と楚國の情報傳達 － 紀年と社會システム」,『中國研究集刊』38, 2005(b).

藤枝晃,「長城のまもり － 河西地方出土の漢代木簡の内容の概観」,『自然と文化』
　　　別編 2호, 1955.

류병흥,「고고학분야에서 이룩한 성과」,『조선고고연구』1992-2.

馬得志・周永珍・張雲鵬,「一九五三年安陽大司空村發掘報告」,『考古學報』1955-9.

馬先醒,「簡牘通考」,『簡牘學報』1976년 4월.

＿＿＿＿,「簡牘形制」,『簡牘學報』1980년 7월.

＿＿＿＿,「簡牘制度之有無及其時代問題: 附商王國維著<簡牘檢署考>」,『國際簡牘
　　　學會會刊』1, 蘭臺出版社, 1993.

馬叔平,「中國書籍制度變遷之研究」,『圖書館學季刊』1-2, 1926.

馬　雍,「軑侯和長沙國丞相 － 談長沙馬王堆一號漢墓主人身份和墓葬年代的有
　　　關問題」,『文物』1972-9.

馬王堆漢墓帛書整理小組 편,『馬王堆漢墓帛書(肆)』, 文物出版社, 1985.

梅原末治,「近時出現の文字資料」,『書道全集』1, 平凡社, 1954.

木簡學會 편,「解說」,『日本古代木簡集成』, 東京大學出版會, 2003.

武威地區博物館,「甘肅武威旱灘坡東漢墓」,『文物』1993-10.

文物編輯委員會 편,「座談長沙馬王堆一號漢墓」,『文物』1972-9.

＿＿＿＿,「1979年以來湖北省的考古發現」,『文物考古工作十年 1979～1989』, 文物出
　　　版社, 1990.

龐　樸,「古墓新知 － 漫讀郭店楚簡」,『中國哲學』20, 遼寧教育出版社, 1999.

方旭東,「郭店一號楚墓墓主身份考異」,『北京大學學報(哲學社會科學版)』1999-6.

聞一多,「釋桑」,『聞一多全集』2, 開明書店, 1948.

閔丙勳,「韓國における大谷コレクションの展示および調査研究の現況」,『東洋文化
　　　研究』8, 2006.

潘　菽,「簡冊雜記」,『靑年中國季刊』2-2, 1941.

白於藍,「≪包山楚簡文字編≫校訂」,『中國文字』新25期, 藝文印書館, 1999.

范常喜,「戰國楚簡"視日"補議」, 簡帛研究網站
　　　(http://www.jianbo.org/admin3/list.asp?id＝1335), 2005.

＿＿＿＿,「戰國楚祭禱簡"蒿之"・"百之"補議」,『中國歷史文物』2006-5.

濮茅左 저, 田中良明 역,『孔子詩論』の整理と研究」, 渡邊義浩 편,『兩漢における詩
　　　と三傳』, 汲古書院, 2007(a).

＿＿＿＿ 저, ＿＿＿＿ 역,「二・上海博物館楚竹書概述」, 渡邊義浩 편,『兩漢における詩

と三傳』, 汲古書院, 2007(b).

鳳凰山167號漢墓發掘整理小組, 「江陵鳳凰山167號漢墓發掘簡報」, 『文物』 1976-10.

傅擧有・陳松長 편저, 『馬王堆漢墓文物』, 湖南出版社, 1992.

冨谷至, 「江陵張家山二四七號墓出土竹簡: とくに「二年律令」に關して」, 『木簡研究』
　　　　27, 2005.

北　文, 「秦始皇"書同文字"的歷史作用」, 『文物』 1973-11.

費孝通, 「中華民族的多元一體格局」, 『費孝通文集』 11, 群言出版社, 1999.

史傑鵬, 「讀包山司法文書簡札記三則」, 『簡帛研究二〇〇一』 上冊, 廣西師範大學
　　　　出版社, 2001.

四川省博物館・靑川縣文化館, 「靑川縣出土秦更修田律木牘: 四川靑川縣戰國墓發
　　　　掘簡報」, 『文物』 1982-1.

山田勝芳, 「境界の官吏: 中國古代における冥界への仲介者」, 『歷史』 83, 東北史學
　　　　會, 1994.

森　和, 「子彈庫楚帛書の資料的性格について － 占書と曆」, 『早稻田大學長江流域
　　　　文化研究所年報』 3, 2005.

商承祚, 「戰國楚帛書述略」, 『文物』 1964-9.

西江淸高, 「"中國"的文化領域の原型と'地域'文化」, 『文化人類學』 8, 1990.

徐養原, 「周代書冊制度考」, 『詁經精舍文集』, 叢書集成初編, 中華書局, 1985.

西澤治彦, 「費孝通著「中華民族の多元一體構造」」, 『武藏大學總合研究所紀要』 11,
　　　　2001.

石黑日沙子, 「關於曾侯乙墓出土竹簡的考察」, 『簡帛研究譯叢』 2, 湖南人民出版社,
　　　　1998.

蕭聖中, 「曾侯乙墓竹簡釋文補正暨車馬制度硏究」, 武漢大學 박사학위논문, 2005(a).

_____, 「楚簡車名匯釋」, 楚文化研究會 편, 『楚文化研究論集』 6, 湖北教育出版社,
　　　　2005(b).

宋華强, 「論楚簡中"卒歲"・"集歲"的不同」, 簡帛研究網站
　　　　(http://www.jianbo.org/admin3/2005/songhuaqiang003.htm), 2005.

_____, 「試論平夜君成卽平夜文君之子」, 簡帛網站
　　　　(http://www.bsm.org.cn/show_article.php?id＝344), 2006.

_____, 「包山簡祭禱名"伏"小考」, 簡帛網站
　　　　(http://www.bsm.org.cn/show_article.php?id＝749), 2007.

松丸道雄, 「殷人の觀念世界」, 『シンポジウム中國古文字と殷周文化 甲骨文・金文をめぐって』, 東方書店, 1989.

_____, 「古文字"解讀"の方法 – 甲骨文字はなぜ讀めたのか」, 『月刊しにか』 9, 1998.

_____, 「甲骨文字のしくみ」, 『月刊しにか』 10-4, 大修館書店, 1999.

隨縣擂鼓敦一號墓考古發掘隊, 「湖北隨縣曾侯乙墓發掘簡報」, 『文物』 1979-7.

神田喜一郎, 「汲冢書出土の始末に就て」 上, 『支那學』 1-2, 1920(a).

_____, 「汲冢書出土の始末に就て」 下, 『支那學』 1-3, 1920(b).

沈　培, 「周原甲骨文裏的"囟"和楚墓竹簡裏的"囟"或"思"(連載二)」, 簡帛網站 (http://www.bsm.org.cn/show_article.php?id=140), 2005.

_____, 「從戰國簡看古人占卜的"蔽志" – 兼論"移祟"說」, 第一屆古文字與古代史學術研討會論文, 臺灣中央研究院歷史語言研究所, 2006.

楊啓乾, 「常德市德山夕陽坡二號楚墓竹簡初探」, 湖南省楚史研究會 주편, 『楚史與楚文化研究』, 求索雜誌社, 1987.

揚州博物館, 「江蘇儀徵胥浦101號西漢墓」, 『文物』 1987-1.

楊　華, 「檖・賻・遣 – 簡牘所見楚地助喪禮制研究」, 『學術月刊』 2003-9.

_____, 「楚簡中的諸"司"及其經學意義」, 簡帛網站 (http://www.bsm.org.cn/show_article.php?id=331), 2006.

余嘉錫, 「書冊制度補考」, 『余嘉錫論學雜著』, 河洛圖書出版社, 1976(원판: 1935).

吳順靑・徐夢林・王紅星, 「荊門包山2號墓部分遺物的淸理與復原」, 『文物』 1988-5.

吳郁芳, 「≪包山楚簡≫卜禱簡牘釋讀」, 『考古與文物』 1996-2.

吳振武, 「說仰天湖1號簡中的"蘆定"一詞」, 『簡帛』 2, 上海古籍出版社, 2007.

汪繼培, 「周代書冊制度考」, 『詁經精舍文集』, 叢書集成初編, 中華書局, 1985.

王國維, 「簡牘檢署考」, 『藝文』 제3년 제4・5・6호, 1912.

_____, 「簡牘檢署考」, 羅振玉 편, 『雲窗叢刻』, 上虞羅氏日本京都東山僑舍景印本, 1914.

_____, 「最近二三十年中中國新發見之學問」, 『學衡』 45, 1925.

_____, 「戰國時秦用籒文六國用古文說」, 『古史新證 – 王國維最後的講義』, 淸華大學出版社, 1994 제1판, 2000 제5차 인쇄.

王　博, 「美國達慕思大學郭店≪老子≫國際學術討論會紀要」, 陳鼓應 주편, 『道家文化研究』 17, 三聯書店, 1999.

王紅星, 「包山簡牘所反映的楚國曆法問題 – 兼論楚曆沿革」, 湖北省荊沙鐵路考

古隊 편, 『包山楚墓』上, 文物出版社, 1991.

_____, 「九連墩1·2號楚墓的時代與墓主身份」, 『楚文化研究論集』6, 湖北教育出版社, 2005.

王　輝, 「花海畢家灘魏晉時期墓葬」, 『中國考古學年鑑2003』, 文物出版社, 2004.

饒宗頤, 「信陽長臺關編鐘銘の跋」, 『東方學』60, 1980.

元勇準, 「『周易』の儒教經典化研究 – 出土資料『周易』を中心に」, 東京大學 大學院 人文社會系研究科 박사학위논문, 2008.

于　茀, 「包山楚簡中的數字卦」, 『北方論叢』2005-2.

鈴木敦, 「甲骨文字を解讀する」, 『月刊しにか』10, 1999.

劉國勝, 「信陽長臺關楚簡≪遣策≫編聯二題」, 『江漢考古』2001-3.

_____, 「包山二七八號簡釋文及其歸屬問題」, 『第十三屆全國暨海峽兩岸中國文字學學術研討會論文集』, 萬卷樓圖書有限公司, 2002.

_____, 「楚喪葬簡牘集釋」, 武漢大學 박사학위논문, 2003.

_____, 「楚遣策制度述略」, 楚文化研究會 편, 『楚文化研究論集』6, 湖北教育出版社, 2005.

_____, 「包山楚墓簽牌文字補釋」, 『古文字研究』26, 中華書局, 2006.

劉金華, 「楚秦審判法律制度比較研究」, 『荊州師範學院學報(社會科學版)』1999-6.

劉彬徽, 「從包山楚簡紀年材料論及楚國紀年與楚曆」, 湖北省荊沙鐵路考古隊 편, 『包山楚墓』上, 文物出版社, 1991.

_____, 「常德夕陽坡楚簡考釋」, 『早期文明與楚文化研究』, 岳麓書社, 2001.

劉彬徽·彭浩·胡雅麗·劉祖信, 「包山二號楚墓簡牘釋文與考釋」, 湖北省荊沙鐵路考古隊, 『包山楚墓』上, 文物出版社, 1991.

劉　釗, 「包山楚簡文字考釋」, 『東方文化』1998년 1·2期 合刊 (원판: 1992).

劉信芳, 「包山楚簡神名與≪九歌≫神祇」, 『文學遺産』1993-5.

_____, 「楚簡器物釋名(上篇)」, 『中國文字』新22期, 藝文印書館, 1997(a).

_____, 「楚簡器物釋名(下篇)」, 『中國文字』新23期, 藝文印書館, 1997(b).

劉玉堂·賈濟東, 「楚秦審判制度比較研究」, 『江漢論壇』2003-9.

_____, 「楚秦刑事訴訟證據比較研究」, 『湖北大學學報(哲學社會科學版)』31-2, 2004.

劉宗漢, 「有關荊門郭店一號楚墓的兩個問題 – 墓主人的身份與儒道兼習」, 『中國哲學』20, 遼寧教育出版社, 1999.

劉　洪, 「從東海尹灣漢墓新出土簡牘看我國古代書籍制度」, 連雲港市博物館·中

國文物研究所 編, 『尹灣漢墓簡牘綜論』, 科學出版社, 1999.

殷和秀, 「韓國 出土 卜骨에 對한 考察」, 『湖南考古學報』 10, 1999.

鷹取祐司, 「漢簡所見文書考: 書·檄·記·符」, 冨谷至 編, 『邊境出土木簡の研究』, 朋友書店, 2003.

李家浩, 「包山楚簡中的旌旆及其他」, 陳勝長 主編, 『第二屆國際中國古文字學研討會論文集續編』, 香港中文大學中國語言及文學系, 1995.

_____, 「包山祭禱簡研究」, 『簡帛研究二〇〇一』 上册, 廣西師範大學出版社, 2001.

_____, 「包山竹簡"帗"字及其相關之字」, 『著名中年語言學家自選集·李家浩卷』, 安徽教育出版社, 2002.

_____, 「包山卜筮簡218-219號研究」, 長沙市文物考古研究所 編, 『長沙三國吳簡暨百年來簡帛發現與研究國際學術研討會論文集』, 中華書局, 2005.

_____, 「談包山楚簡"歸鄧人之金"一案及其相關問題」, 復旦大學出土文獻與古文字研究中心 編, 『出土文獻與古文字研究』 1, 復旦大學出版社, 2006.

伊東倫厚, 「壁中古文小考」, 內藤幹治 編, 『中國の人生觀·世界觀』, 東方書店, 1994.

李 零, 「包山楚簡研究(占卜類)」, 『中國典籍與文化論叢』 1, 中華書局, 1993.

_____, 「楚帛書的再認識」, 『中國文化』 10, 1994.

_____, 「包山楚簡研究(文書類)」, 『李零自選集』, 廣西師範大學出版社, 1998(원판: 1992).

_____, 「郭店楚簡研究中的兩個問題」, 武漢大學中國文化研究院 編, 『郭店楚簡國際學術研討會論文集』, 湖北人民出版社, 2000.

李釻起, 「考古學 資料를 통해 본 古代 南海岸地方 對外交流: 貨幣와 卜骨을 中心으로」, 『지방사와 지방문화』 9-2, 2006.

李書華, 「紙發明以前中國文字流傳工具」, 『大陸雜誌』 9-6, 1954.

_____, 「竹木簡的起源與古今出土的竹木簡」, 『慶祝李濟先生七十歲論文集』 上册, 淸華書報社, 1965.

李成市, 「古代朝鮮の文字文化と日本」, 『國文學 解釋と教材の研究』 47-4, 2002.

李成市·尹龍九·金慶浩, 「平壤 貞柏洞364號墳出土 竹簡 『論語』에 대하여」, 『목간과 문자』 4, 2009.

李守奎, 「出土簡策中的"軒"和"圓軒"考」, 『古文字研究』 22, 中華書局, 2000.

李承律, 「『莊子』の'知'とその思想的展開 － 『莊子』中の歷史敍述および歷史觀の考察を中心にして」, 『中國哲學研究』 13, 1999.

_____, 「先秦古佚書の寶庫(信陽楚簡・郭店楚簡・上海楚簡)」, 『東方』 276, 2004(a).

_____, 「上海博物館藏戰國楚竹書『容成氏』の古帝王帝位繼承說話研究」, 『大巡思想論叢』 17, 2004(b).

_____, 「上海博楚簡『容成氏』の堯舜禹禪讓の歷史」, 『中國研究集刊』 36, 2004(c).

_____, 「古代人が書いた中國古代王朝史 – 楚簡研究のすすめ」, 『歷史と地理』 584, 2005(a).

_____, 「上海博物館藏戰國楚竹書『容成氏』譯注(上)」, 上海博楚簡研究會 편, 『出土文獻と秦楚文化』 2, 2005(b).

_____, 「上博楚簡『子羔』の感生說と二重の受命論」, 『中國出土資料研究』 11, 2007.

_____, 「郭店楚簡『老子』의 '自然' 思想과 그 展開」, 『東洋哲學研究』 53, 2008.

_____, 「'道'의 존재론: 地下의 서적과 紙上의 서적을 통해 본 『老子』 철학의 형성과 전개 I」, 『東方學志』 159, 2012(a).

_____, 「'道'의 인식: 地下의 서적과 紙上의 서적을 통해 본 『老子』 철학의 형성과 전개 II」, 『東方學志』 160, 2012(b).

李也貞・張宏源・盧連成・趙承澤, 「有關西周絲織和刺繡的重要發現」, 『文物』 1976-4.

李裕民, 「郭店楚墓的年代與墓主新探」, 『陝西師範大學學報(哲學社會科學版)』 2000-3.

李學勤, 「補論戰國題銘的一些問題」, 『文物』 1960-7.

_____, 「記在美國擧行的馬王堆帛書工作會議」, 『文物』 1979-11.

_____, 「試論長沙子彈庫楚帛書殘片」, 『文物』 1992-11.

_____, 「江陵張家山二四七號漢律竹簡について」, 大庭脩 편, 『漢簡研究の現狀と展望』, 關西大學出版社, 1993.

_____, 「荆門郭店楚簡中的≪子思子≫」, 『中國哲學』 20, 遼寧敎育出版社, 1999(a).

_____, 「先秦儒家著作的重大發現」, 『中國哲學』 20, 遼寧敎育出版社, 1999(b).

_____, 「關於"東宮之師"的討論」, 『簡帛研究二○○一』, 廣西師範大學出版社, 2001.

_____, 「越涌君嬴將其衆以歸楚之歲考」, 『古文字研究』 25, 中華書局, 2004.

_____, 「淸華簡整理工作的第一年」, 『淸華大學學報(哲學社會科學版)』 2009(a)-5.

_____, 「論淸華簡≪保訓≫的幾個問題」, 『文物』 2009(b)-6.

人民日報社, 「東漢簡牘重見天日」, 『人民日報』, 1997. 8. 2.

籾山明, 「刻齒簡牘初探: 漢簡形態論のために」, 『木簡研究』 17, 1995.

林巳奈夫, 「中國古代の神巫」, 『東方學報』 京都 38, 1967.

長江流域第二期文物考古工作人員訓練班, 「湖北江陵鳳凰山西漢墓發掘簡報」, 『文物』1974-6.

張光直, 「論"中國文明的起源"」, 『文物』 2004-1.

張　峰, 「≪上博八≫考釋三則」, 『哈爾濱師範大學社會科學學報』 2011-6.

張緒球, 「宜黃公路仙江段考古發掘工作取得重大收穫」, 『江漢考古』 1992-3.

張政烺, 「試釋周初靑銅器銘文中的易卦」, 『考古學報』 1980-4.

張俊民, 「玉門花海出土的 《晉律注》」, 李學勤・謝桂華 주편, 『簡帛研究二○○二・
　　　　二○○三』, 廣西師範大學出版社, 2005.

田中有, 「漢代遣策考: 新出土資料を中心として」, 『加賀博士退官記念中國文史哲
　　　　學論集』, 講談社, 1979.

＿＿＿, 「文獻に見る簡牘發見について」, 『飯田利行博士古稀記念東洋學論叢』, 國
　　　　書刊行會, 1981.

井上亘, 「『冊書』の書誌學的考察: 中國古代における情報處理の樣態」, 『古代文化』
　　　　54-3, 2002.

井波陵一, 「王國維の學風を論ず – 經史子集の革命的轉換」, 『東方學報』京都 61,
　　　　1989.

曹硯農・宋少華・邱東聯, 「萬餘枚西漢簡牘驚現長沙走馬樓」(제1판), 『中國文物報』,
　　　　2004. 2. 18.

曹　瑋, 「東周時期的賵賻制度」, 『考古與文物』 2002-6.

趙　坦, 「漢唐以來書籍制度考」, 『詁經精舍文集』, 叢書集成初編, 中華書局, 1985.

周建忠, 「荊門郭店一號楚墓墓主考論 – 兼論屈原生平研究」, 『歷史研究』 2000-5.

周鳳五, 「包山楚簡≪集箸≫≪集箸言≫析論」, 『中國文字』 新21期, 藝文印書館,
　　　　1996.

朱淵淸, 「馬承源先生談上博簡」, 朱淵淸・廖名春 주편, 『上博館藏戰國楚竹書研究』,
　　　　上海書店出版社, 2002.

中國考古學會 편, 「常德市德山楚墓」, 『中國考古學年鑑』, 文物出版社, 1985.

中國科學院考古研究所實驗室, 「放射性碳素測定年代報告(四)」, 『考古』 1977-3.

中文系古文字研究室楚簡整理小組, 「江陵昭固墓若干問題的探討」, 『中山大學學報
　　　　(哲學社會科學版)』 1977-2.

中央人民政府文化部文物局, 「湖南文管會淸理長沙仰天湖木槨楚墓發現大量竹簡
　　　　・彩繪木俑等珍貴文物」, 『文物參考資料』 1953-12.

＿＿＿, 「長沙仰天湖戰國墓發現大批竹簡及彩繪木俑・雕刻花板」, 『文物參考資料』

1954-3.

池田知久, 「中國思想史における'自然'の誕生」, 『中國 ‒ 社會と文化』8, 1993.

＿＿＿, 「郭店楚墓竹簡『五行』譯注」, 東京大學郭店楚簡研究會 편, 『郭店楚簡の思
想史的研究』1, 東京大學 文學部 中國思想文化學研究室, 1999.

池田知久・近藤浩之, 「中國北京大學で開催された'新出土簡帛國際學術研討會'」,
『東方學』101, 2001.

池澤優, 「祭られる神と祭られぬ神 ‒ 戰國時代の楚の「卜筮祭禱記錄」竹簡に見る靈
的存在の構造に關する覺書」, 『中國出土資料研究』創刊號, 1997.

＿＿＿, 「甲骨文字と殷の祭祀」, 『月刊しにか』10-4, 大修館書店, 1999.

＿＿＿, 「新蔡葛陵楚墓の卜筮祭禱簡の體例と祭祀について」, 『中國出土資料研究』
11, 2007.

陳夢家, 「由實物所見漢代簡冊制度」, 『漢簡綴述』, 中華書局, 1980 제1판, 2004 제2
차 인쇄(원판: 1964).

＿＿＿, 「汲冢竹書考」, 『西周年代考・六國紀年』, 中華書局, 2005.

陳秉新, 「壽縣楚器銘文考釋拾零」, 楚文化研究會 편, 『楚文化研究論集』1, 荆楚書
社, 1987.

陳紹輝, 「從包山楚簡看楚國的訴訟制度」, 『江漢論壇』2008-5.

陳松長, 「≪包山楚簡≫遣策釋文訂補」, 陳勝長 주편, 『第二屆國際中國古文字學研
討會論文集續編』, 香港中文大學中國語言及文學系, 1995.

＿＿＿, 「馬王堆三號墓主的再認識」, 『文物』2003-8.

朱桂昌, 「"功比軑侯"解」, 『歷史研究』1978-5.

周世榮, 「略談馬王堆出土的帛書竹簡」, 長沙馬王堆醫書研究組 편, 『長沙馬王堆醫
書研究專刊』2, 湖南中醫學院, 1981.

中央人民政府文化部文物局 편, 「美帝掠奪我國文物罪行一斑」, 『文物參攷資料』
1950-11.

曾憲通, 「楚帛書研究述要」, 饒宗頤・曾憲通 저, 『楚地出土文獻三種研究』, 中華書
局, 1993(a).

＿＿＿, 「包山卜筮簡考釋(七篇)」, 『第二屆國際中國古文字學研討會論文集』, 香港
中文大學中文系, 1993(b).

池澤優, 「子彈庫楚帛書八行文譯註」, 郭店楚簡研究會 편, 『楚地出土資料と中國古
代文化』, 汲古書院, 2002.

546

陳　偉,「包山司法簡131~139號考析」,『江漢考古』1994-3.

_____,「楚國第二批司法簡芻議」,『簡帛研究』3, 廣西教育出版社, 1998.

_____,「關於楚簡"視日"的新推測」, 饒宗頤 主편,『華學』8, 紫禁城出版社, 2006.

_____,「上博八≪命≫篇滕義」, 簡帛網站
(http://www.bsm.org.cn/show_article.php?id=1511), 2011.

陳煒湛,「包山楚簡研究(七篇)」,『容庚先生百年誕辰紀念文集』, 廣東人民出版社, 1998.

陳振裕,「望山一號墓的年代與墓主」,『中國考古學會第一次年會論文集』, 文物出版
社, 1980.

_____,「略論九座楚墓的年代」,『考古』1981-4.

_____,「湖北楚簡概述」,『簡帛研究』1, 法律出版社, 1993.

清華大學出土文獻研究與保護中心,「清華大學所藏竹簡鑒定會鑒定意見」,『清華大
學出土文獻研究與保護中心簡報』1, 2008.

湯餘惠,「包山楚簡後讀記」,『考古與文物』1993-2.

彭　浩,「包山楚簡反映的楚國法律與司法制度」, 湖北省荊沙鐵路考古隊,『包山楚
墓』上, 文物出版社, 1991(a).

_____,「包山二號楚墓卜筮和祭禱竹簡的初步研究」, 湖北省荊沙鐵路考古隊 편,『包
山楚墓』上, 文物出版社, 1991(b).

_____,「戰國時期的遣冊」, 李學勤 主편,『簡帛研究』2, 法律出版社, 1996.

_____,「郭店一號墓的年代與簡本≪老子≫的結構」,『道家文化研究』17, 三聯書店,
1999.

平岡武夫,「竹冊と支那古代の記錄」,『東方學報』京都 13-2, 1942.

平勢隆郎 편,『春秋晉國『侯馬盟書』字體通覽 – 山西省出土文字資料』, 東京大學
東洋文化研究所附屬東洋學文獻センター, 1988.

平勢隆郎,「今本『竹書紀年』の性格」,『九州大學東洋史論集』20, 1992.

包山墓地竹簡整理小組,「包山2號墓竹簡概述」,『文物』1988-5.

浦野俊則,「甲骨文字と金石文 書體の萌芽を見る」,『月刊しにか』10-4, 大修館書店,
1999.

夏　鼐,「我國古代蠶・桑・絲・綢的歷史」,『考古』1972-2.

河南省文物考古研究所・河南省駐馬店市文化局・新蔡縣文化保護管理所,「河南
新蔡平夜君成墓的發掘」,『文物』2002-8.

河南省文物研究所,「河南溫縣東周盟誓遺址一號坎發掘簡報」,『文物』1983-3.

河南省文化局文物工作隊第一隊, 「我國考古史上的空前發現信陽長臺關發掘一座戰國大墓」, 『文物參考資料』1957-9.

河北省文物研究所, 「河北定縣40號漢墓發掘簡報」, 『文物』1981-8.

何琳儀, 「舒方新證」, 『安徽史學』1999-1.

郝本性, 「壽縣楚器集脰諸銘考釋」, 『古文字研究』10, 中華書局, 1983.

韓中民, 「長沙馬王堆漢墓帛書概述」, 湖南省博物館 편, 『馬王堆漢墓研究』, 湖南人民出版社, 1981.

海老根量介, 「上海博楚簡『弟子問』『譯注』, 出土資料と漢字文化研究會 편, 『出土文獻と秦楚文化』5, 日本女子大學 文學部 谷中信一 研究室, 2010.

荊沙鐵路考古隊, 「江陵秦家嘴楚墓發掘簡報」, 『江漢考古』1988-2.

荊州博物館, 「湖北荊州謝家桥一号汉墓发掘简报」, 『文物』2009-4.

荊州地區博物館, 「湖北江陵縣藤店1號墓發掘簡報」, 『文物』1973-9.

_____, 「湖北江陵馬山磚廠1號墓出土大批戰國時期絲織品」, 『文物』1982-10.

_____, 「江陵張家山三座漢墓出土大批竹簡」, 『文物』1985-1.

_____, 「江陵張家山兩座漢墓出土大批竹簡」, 『文物』1992-9.

_____, 「江陵楊家山135號秦墓發掘簡報」, 『文物』1993(a)-8.

_____, 「江陵高臺18號墓發掘簡報」, 『文物』1993(b)-8.

_____, 「江陵王家臺15號秦墓」, 『文物』1995-1.

湖南省文物考古研究所 등, 「元陵虎溪山1號漢墓發掘簡報」, 『文物』2003-1.

湖南省文物考古研究所·慈利縣文物保護管理研究所, 「湖南慈利石板村36號戰國墓發掘簡報」, 『文物』1990-10.

_____, 「湖南慈利縣石板村戰國墓」, 『考古學報』1995-2.

湖南省文物管理委員會, 「湖南省文管會清理長沙仰天湖木槨楚墓發現大量竹簡彩繪木俑等珍貴文物」, 『文物參考資料』1953-12.

_____, 「長沙楊家灣M006號墓清理簡報」, 『文物參考資料』1954-12.

_____, 「長沙出土的三座大型木槨墓」, 『考古學報』1957(a)-1.

_____, 「長沙仰天湖第25號木槨墓」, 『考古學報』1957(b)-2.

湖南省博物館, 「新發現的長沙戰國楚墓帛畫」, 『文物』1973-7.

_____, 「長沙子彈庫戰國木槨墓」, 『文物』1974-2.

湖南省博物館·中國科學院考古研究所, 「長沙馬王堆二·三號漢墓發掘簡報」, 『文物』1974-7.

_____, 「長沙馬王堆一號漢墓」, 湖南省博物館 편, 『馬王堆漢墓硏究』, 湖南人民出
　　　版社, 1981.

湖南省調查發掘團, 「長沙近郊古墓發掘記略」, 『文物參考資料』 1952-2.

湖北省文物考古硏究所, 「湖北棗陽市九連墩楚墓」, 『考古』 2003-7.

湖北省文化局文物工作隊, 「湖北江陵三座楚墓出土大批重要文物」, 『文物』 1966-5.

湖北省博物館·孝感地區文敎局·雲夢縣文化館, 「湖北雲夢西漢墓發掘簡報」, 『文
　　　物』 1973-9.

湖北省荊門市博物館, 「荊門郭店一號楚墓」, 『文物』 1997-7.

湖北省荊沙鐵路考古隊包山墓地整理小組, 「荊門市包山楚墓發掘簡報」, 『文物』 1988-5.

湖北省荊州地區博物館, 「江陵天星觀1號楚墓」, 『考古學報』 1982-1.

胡雅麗, 「包山楚簡所見"爵稱"考」, 楚文化硏究會 편, 『楚文化硏究論集』 4, 河南人
　　　民出版社, 1994.

_____, 「楚簡遣策に見られる葬器制度の考察」, 『長江流域文化硏究所年報』 5, 早稻
　　　田大學長江流域文化硏究所, 2007.

_____, 「箕·笨·籔名物辨」, 武漢大學簡帛硏究中心 主辦, 『簡帛』 4, 上海古籍出
　　　版社, 2009.

胡平生, 「≪簡牘檢署考≫導言」, 王國維 원저, 胡平生·馬月華 校注, 『簡牘檢署考
　　　校注』, 上海古籍出版社, 2004.

胡平生·李均明, 「湖南張家界古人堤遺址與出土簡牘槪述」, 『中國歷史文物』 2003-2.

胡厚宣, 「殷代的蠶桑和絲織」, 『文物』 1972-11.

黃岡市博物館·黃州區博物館, 「湖北黃岡兩座中型楚墓」, 『考古學報』 2000-2.

黃盛璋, 「關於江陵鳳凰山一六八號漢墓的幾個問題」, 『考古』 1977-1.

曉　菡, 「長沙馬王堆漢墓帛書槪述」, 『文物』 1974-9.

Barnard, Noel, "Scientific Examination of an Ancient Chinese Document as a Prelude to
　　　Deciperment, Translation, and Historical Assessment: the Ch'u Silk Manuscript",
　　　*Monograph on Far Eastern History* No.4, Department of Far Eastern History,
　　　Australian National University, Canberra, 1971.

_____, "The Chu Silk Manuscript: Translation and Commentary", *Monograph on Far Eastern
　　　History* No.5, Department of Far Eastern History, Australian National University,
　　　Canberra, 1973.

Chavannes, Édouard, "Les livres chinois avant l'invention du papier", *Journal Asiatique Series* 10 vol.5; Edouard Chavannes 저, 馮承鈞 역, 1931, 「紙未發明前之中國書」, 『圖書館學季刊』 5-1, 1905.

Kim Kyungho, "A Study of Excavated Bamboo and Wooden-strip *Analects*: The Spread of Confucianism and Chinese Script", *Sungkyun Journal of East Asian Studies*, vol.11 no.1, 2011.

Roger Tomlin, 「西方邊境からの言葉: ウェールズとカーライル出土の書板」, 浦野聰・深津行德 편, 『古代文字史料の中心性と周緣性』, 春風社, 2006.

## 그림 출처

<그림 2-1・2・4> 中國社會科學院考古硏究所, 『殷墟地下瑰寶 河南安陽婦好墓』, 文物出版社, 1994.

<그림 2-3> 中國社會科學院考古硏究所 편, 『殷周金文集成』 3, 中華書局, 1996.

<그림 2-5・6・13> 李濟 저, 國分直一 역, 『安陽發掘』, 新日本敎育圖書, 1982.

<그림 2-7~10> 郭沫若 주편, 『甲骨文合集』 1, 中華書局, 1982.

<그림 2-11> 陳夢家, 『殷墟卜辭綜述』, 中華書局, 1988.

<그림 2-12> 董作賓, 『甲骨學五十年』, 大陸雜誌社, 1955.

<그림 2-14> 佐藤武敏, 『王國維の生涯と學問』, 風間書房, 2003.

<그림 2-15・18~20・22・25・34・51> 高濱秀・岡村秀典 책임 편집, 『世界美術大全集 東洋編 先史・殷・周』 1, 小學館, 2000.

<그림 2-16・27・28・33・57> NHK・NHKプロモーション, 『世界四大文明 中國文明展』, 2000.

<그림 2-17・23> 樋口隆康, 『故宮博物院 靑銅器』 12, 日本放送出版協會, 1998.

<그림 2-21> 中國社會科學院考古硏究所 편, 『殷周金文集成』 15, 中華書局, 1996.

<그림 2-24> 中國社會科學院考古硏究所 편, 『殷周金文集成』 5, 中華書局, 1996.

<그림 2-26> 徐中舒, 「西周墻盤銘文箋釋」, 『考古學報』 1978-2.

<그림 2-29・30> 河北省文物硏究所, 『𨟠墓: 戰國中山國國王之墓』 下, 文物出版社, 1995.

<그림 2-31・32・35・37・42・43> 曾布川寬・谷豐信 책임 편집, 『世界美術大全集 東洋編 秦・漢』 2, 小學館, 1998.

<그림 2-36>　王建中 주편, 『中國畵像石全集 河南漢畵像石』 6, 河南美術出版社, 2000.

<그림 2-38>　山西省文物工作委員會, 『侯馬盟書』, 文物出版社, 1976.

<그림 2-39>　兪偉超・信立祥 주편, 『中國畵像磚全集 四川漢畵像磚』 1, 四川出版 集團・四川美術出版社, 2006.

<그림 2-40>　張文彬 주편, 『新中國出土瓦當集錄・齊臨淄卷』, 西北大學出版社, 1999.

<그림 2-41>　高明 편저, 『古陶文彙編』, 中華書局, 1990.

<그림 2-44>　馬飛海 총 주편, 『中國歷代貨幣大系≪先秦貨幣≫』 上卷, 東方書店, 1988.

<그림 2-45・69>　馬建華 주편, 『河西簡牘』, 重慶出版社, 2003.

<그림 2-46>　湖南省文物考古硏究所 등, 「湖南龍山里耶戰國: 秦古城一號井發掘 簡報」, 『文物』 2003-1.

<그림 2-47>　李均明・何雙全 편, 『散見簡牘合輯』, 文物出版社, 1990.

<그림 2-48・49・68>　傅擧有・陳松長, 『馬王堆漢墓文物』, 湖南出版社, 1992.

<그림 2-50>　郭沫若, 『殷契粹編』, 科學出版社, 1965.

<그림 2-52>　馬承源 주편, 『上海博物館藏戰國楚竹書(三)』, 上海古籍出版社, 2003.

<그림 2-53~56>　荊門市博物館 편, 『郭店楚墓竹簡』, 文物出版社, 1998.

<그림 2-58>　『文物』 1997-7.

<그림 2-59・63>　湖北省荊沙鐵路考古隊, 『包山楚墓』 下, 文物出版社, 1991.

<그림 2-60>　『文物』 1984-11.

<그림 2-61・76・77>　국립창원문화재연구소, 『韓國의 古代木簡』(개정판), 2006.

<그림 2-62>　甘肅省博物館・中國科學院考古硏究所 편, 『武威漢簡』, 中華書局, 2005(원판: 1964).

<그림 2-64>　동아닷컴 홈페이지

　　　http://www.donga.com/fbin/output?sfrm=1&f=total&&n=200710110358

<그림 2-65>　大庭脩, 『秦漢法制史の硏究』, 創文社, 1982 제1쇄, 2001 제3쇄.

<그림 2-66・67>　甘肅省文物考古硏究所 등 편, 『居延新簡 甲渠候官』, 中華書局, 1994.

<그림 2-70・73>　魏堅 주편, 『額濟納漢簡』, 廣西師範大學出版社, 2005.

<그림 2-71・72・75・82~84>　中國社會科學院考古硏究所 편, 『居延漢簡 甲乙編』

1995.

<그림 5-18>　湖北省文物考古硏究所·北京大學中文系 편,『九店楚簡』, 中華書局, 2000.

<그림 5-19>　劉彬徽,「常德夕陽坡楚簡考釋」,『早期文明與楚文化硏究』, 岳麓書社, 2001.

<그림 5-20·21·22·22-1>　湖北省荊沙鐵路考古隊 편,『包山楚墓』下, 文物出版社, 1991.

<그림 5-23>　湖南省文物考古硏究所·慈利縣文物保護管理硏究所,「湖南慈利石板村36號戰國墓發掘簡報」,『文物』1990-10.

<그림 5-24>　滕壬生·黃錫全,「江陵磚瓦廠M370楚墓竹簡」,『簡帛硏究二○○一』上冊, 廣西師範大學出版社, 2001.

<그림 5-25·26·26-1>　湖北省荊門市博物館,「荊門郭店一號楚墓」,『文物』1997-7.

<그림 5-27>　荊門市博物館 편,『郭店楚墓竹簡』, 文物出版社, 1998.

<그림 5-28>　馬承源 주편,『上海博物館藏戰國楚竹書(一)』, 上海古籍出版社, 2001.

<그림 5-29>　馬承源 주편,『上海博物館藏戰國楚竹書(五.)』, 上海古籍出版社, 2005.

<그림 5-30>　河南省文物考古硏究所 편저,『新蔡葛陵楚墓』, 大象出版社, 2003.

<그림 5-31>　淸華大學出土文獻硏究與保護中心,「淸華大學藏戰國竹簡」,『文物』2009-6.

<그림 7-1>　湖北省荊沙鐵路考古隊,『包山楚墓』下, 文物出版社, 1991.

<그림 8-1>　湖北省荊沙鐵路考古隊 편,『包山楚墓』下, 文物出版社, 1991.

# 찾아보기

554

566

**이승률李承律**

성균관대학교 한국철학과를 졸업하고 같은 대학 대학원을 거쳐 일본 도쿄대학에서 석사(장자철학)·박사(곽점초간 유가철학) 학위를 취득하였다. 도쿄대학 대학원 인문사회계연구과에서 전임강사를 역임했으며 한국으로 돌아와서는 성균관대학교 동아시아학술원에서 HK연구교수와 재단법인 플라톤 아카데미에서 연구원으로 활동하였다. 현재 성균관대학교에서 학생들을 가르치고 있다. 중국 고대 철학이 주 전공 분야로 최근에는 20세기 이래 중국에서 다량으로 발견되고 있는 출토본『노자』와『주역』을 현행본과 비교 연구하는 방법을 통해『노자』철학 및『주역』괘효사의 형성과 전개의 문제를 집중적으로 연구하고 있다.

주요 저서로『郭店楚簡儒教の研究─儒系三篇を中心にして─』등이 있고, 논문으로「莊子의 '自然'과 荀子의 '性僞之分'」,「'道'의 존재론: 地下의 서적과 紙上의 서적을 통해 본『老子』철학의 형성과 전개 Ⅰ」,「'道'의 인식: 地下의 서적과 紙上의 서적을 통해 본『老子』철학의 형성과 전개 Ⅱ」등이 있으며, 역서로는『한 단어 사전, 천』등이 있다.